NOMOSPRAXIS

**Bettina Schmidt**

Rechtsanwältin und Fachanwältin für Arbeitsrecht
und Sozialrecht, Bonn

# Schwerbehinderten-arbeitsrecht

3. Auflage

**Zitiervorschlag:** *Schmidt* SchwbArbR

Die Deutsche Nationalbibliothek verzeichnet diese Publikation in
der Deutschen Nationalbibliografie; detaillierte bibliografische Daten
sind im Internet über http://dnb.d-nb.de abrufbar.

ISBN 978-3-8487-4801-3

3. Auflage 2019

# Vorwort

Beim Titel dieses Buches „Schwerbehindertenarbeitsrecht" denkt man zunächst an ein arbeitsrechtliches Handbuch, was das vorliegende Werk auch sein will.

„Schwerbehindertenarbeitsrecht" betrifft die Regelungen in den §§ 151 ff. SGB IX, ist also eine Rechtsmaterie, die in einem Sozialgesetzbuch geregelt ist. Arbeitsrechtliche Aspekte kommen häufig in den sozialrechtlichen Kommentierungen zum SGB IX, das unter der Überschrift „Rehabilitation und Teilhabe von Menschen mit Behinderungen" steht, zu kurz.

„Schwerbehindertenarbeitsrecht" ist auch weiterhin in der arbeitsgerichtlichen Rechtsprechung hoch aktuell. Dieses Buch gibt zunächst einen Überblick über alle mit dem Begriff des Schwerbehindertenarbeitsrechts verbundenen Themenbereiche. Vor allem will es allen im Schwerbehindertenarbeitsrecht tätigen Rechtsanwendern praktische Hinweise geben, die sich aus den jeweiligen gesetzlichen Regelungen im SGB IX und insbesondere auch aus der neueren höchstrichterlichen Rechtsprechung für die arbeitsrechtliche Praxis ergeben. Insofern richtet sich dieses Buch sowohl an im Arbeitsrecht tätige Rechtsanwälte und Richter als auch an Personalabteilungen größerer Unternehmen, darüber hinaus an Integrations-/Inklusionsämter, Integrationsfachdienste, Inklusionsbeauftragte des Arbeitgebers, Personalräte, Betriebsräte und vor allem an Schwerbehindertenvertretungen, von denen ich viel Resonanz zu den Vorauflagen erhalten habe.

Im vorliegenden Werk sind alle Themen und Rechtsprobleme zusammengefasst, die sich typischerweise aus dem Arbeitsverhältnis mit einem behinderten oder schwerbehinderten Arbeitnehmer ergeben. Schwerpunkte der Darstellung sind die Feststellung der Behinderung und die Gleichstellung behinderter Menschen, die Pflichten des Arbeitgebers im Zusammenhang mit der Beschäftigung schwerbehinderter Menschen, die Besonderheiten bei der Einstellung schwerbehinderter Menschen, das Verbot der Benachteiligung wegen Behinderung im AGG, die Prävention nach § 167 Abs. 1 SGB IX, das Betriebliche Eingliederungsmanagement (BEM – § 167 Abs. 2 SGB IX) und vor allem der Kündigungsschutz.

In der dritten Auflage wurden vor allem die neuen Regelungen des Bundesteilhabegesetzes (BTHG) eingearbeitet und das Buch auf den Stand der aktuellen Rechtsprechung gebracht. Insbesondere der höchst praxisrelevante Bereich der Präventionsvorschriften, vor allem das Betriebliche Eingliederungsmanagement (BEM), wurden überarbeitet. Hierzu wird auch die neuere arbeitsgerichtliche Rechtsprechung, insbesondere die des BAG im Urteil vom 20.11.2014 (BEM und Kündigungsschutz) oder vom 13.12.2018 (Anhörung der Schwerbehindertenvertretung bei Kündigungen), ausführlich dargestellt, sowie auch die Thematik der Schadensersatzverpflichtung des Arbeitgebers bei nicht behinderungsgerechter bzw. leidensgerechter Beschäftigung eines schwerbehinderten Menschen.

Ich wünsche mir, dass dieses Werk weiterhin ein wertvolles Arbeitsbuch für die Praxis ist. Mir war es wichtig, die Fallgestaltungen, die sich aus einem Arbeitsverhältnis mit einem schwerbehinderten Menschen ergeben können, an zahlreichen Stellen des Buches zusammenzufassen und so einen schnellen Überblick über die sich daraus ergebenden Konsequenzen für die Praxis zu geben. Ergänzend dazu beitragen sollen Beispiele, Checklisten, Ablaufpläne, etwa bei den Pflichten, die ein Arbeitgeber bei der Einstellung schwerbehinderter Menschen zu beachten hat, oder beim Betrieblichen Eingliederungsmanagement.

Mein Dank gilt vor allem meinem Ehemann, Christoph Schmidt, der mich auch bei der dritten Auflage dieses Buches mit Geduld begleitet hat.


Bonn im April 2019
Rechtsanwältin Bettina Schmidt

# Inhaltsverzeichnis

# Literaturverzeichnis

*Bauer/Göpfert/Krieger,* AGG, Kommentar, 5. Aufl. 2018
(zit. Bauer/Göpfert/Krieger, § x Rn. y)

*Bauer/Krieger,* 10 Jahre AGG – Tops und Flops, NZA 2016, 1041

*Bauer/Opolony,* Arbeitsrechtliche Änderungen in der Gewerbeordnung, BB 2002, 1590

*Bauer/Powietzka,* Kündigung schwerbehinderter Arbeitnehmer – Nachweis, Sozialauswahl, Klagefrist und Reformbedarf, NZA-RR 2004, 505

*Bauer/Preis/Schunder,* Das Gesetz zu Reformen am Arbeitsmarkt – Reform oder Reförmchen, NZA 2004, 194

*Bayreuther,* Der neue Kündigungsschutz schwerbehinderter Arbeitnehmer nach § 95 II SGB IX, NZA 2017, 87

*Beck,* Betriebliches Eingliederungsmanagement – Eine Zwischenbilanz nach zehn Jahren Rechtsprechung des BAG, NZA 2017, 81

*Bender/Schmidt,* KSchG 2004: Neuer Schwellenwert und einheitliche Klagefrist, NZA 2004, 358

*Benkert,* Verstärkter Kündigungsschutz für schwerbehinderte Arbeitnehmer, NJW-Spezial 2017, 370

*Bertelsmann,* Altersdiskriminierung im Arbeitsrecht, ZESAR 2005, 242

*Beyer/Jansen,* Rechtsprobleme des betrieblichen Eingliederungsmanagements (Teil I), BehindertenR 2010, 89

*Beyer/Wocken,* Arbeitgeberpflichten gegenüber Arbeitnehmern mit einer Behinderung im Licht der aktuellen Rechtsprechung des EuGH, DB 2013, 2270

*Bitzer,* Sonderkündigungsschutz schwerbehinderter Menschen – Rechtsprechung und Standpunkte zu § 90 Abs. 2 a SGB IX, NZA 2006, 1082

*Boecken,* Neuregelungen des Rechts der Schwerbehindertenvertretung durch das Bundesteilhabegesetz (BTHG) – insbesondere zur Unwirksamkeit von Kündigungen nach § 95 Abs. 2 Satz 3 SGB IX, VSSR 2017, 69

*Britschgi,* Betriebliches Eingliederungsmanagement, AiB 2005, 284

*Cramer,* Die Neuerungen im Schwerbehindertenrecht des SGB IX – Gesetz zur Förderung der Ausbildung und Beschäftigung schwerbehinderter Menschen, NZA 2004, 698

*Daniels,* Neues zum betrieblichen Eingliederungsmanagement, PersR 2010, 428

*Däubler/Bertzbach* (Hrsg.), Allgemeines Gleichbehandlungsgesetz, Handkommentar, 4. Aufl. 2018 (zit. Bearbeiter in Däubler/Bertzbach, § x Rn. y)

*Dau/Düwell/Joussen* (Hrsg.), Rehabilitation und Teilhabe von Menschen mit Behinderungen, Lehr- und Praxiskommentar, 5. Aufl. 2019 (zit. Bearbeiter in LPK-SGB IX § x Rn. y)

*Deinert,* Kündigungsprävention und betriebliches Eingliederungsmanagement, NZA 2010, 969

*Deinert/Neumann, Volker* (Hrsg.), Rehabilitation und Teilhabe behinderter Menschen, Handbuch SGB IX, 2. Aufl. 2009
(zit. Bearbeiter in Deinert/Neumann (Hrsg.), HdB SGB IX, § x Rn. y)

*Diller,* AGG-Hopping durch Schwerbehinderte, NZA 2007, 1321

*Düwell,* Neu geregelt: Die Stellung der Schwerbehinderten im Arbeitsrecht, BB 2001, 1527

*Düwell,* Mehr Rechte für Schwerbehinderte und ihre Vertretungen durch das SchwbBAG, BB 2000, 2570

*Düwell,* Schwerbehindertenkündigung und Beteiligungsverfahren, BB 2011, 2485

*Düwell,* Verfahrensänderungen im Schwerbehindertenrecht und deren Auswirkungen auf die betriebliche Praxis, NZA 2017, 1237

*Düwell/Beyer,* Das neue Recht für behinderte Beschäftigte, 2018

*Edenfeld,* Prüfungspflichten aus § 81 Abs. 1 SGB IX bei Leiharbeit, NZA 2006, 126

*Edenfeld,* Offene arbeitsrechtliche Fragen im SGB IX, NZA 2012, 713

*Erfurter Kommentar zum Arbeitsrecht,* 18. Aufl. 2018
(zit. ErfK/Bearbeiter, § x Rn. y)

*Etzel,* Die unendliche Geschichte des Sonderkündigungsschutzes für Schwerbehinderte, in Festschrift zum 25-jährigen Bestehen der Arbeitsgemeinschaft Arbeitsrecht im Deutschen Anwaltverein, 2006, 246 ff. (zit. Etzel in FS zum 25-jährigen Bestehen der ARGE Arbeitsrecht im DAV)

*Feldes,* Rehabilitation vor Entlassung, SozSich 2004, 270

*Feldes,* „Ordnungsgemäßes" Eingliederungsmanagement, AiB 2011, 501

*Feldes/Kohte/Stevens-Bartol,* Kommentar zum SGB IX, 3. Aufl. 2015
(zit. Bearbeiter in FKS-SGB IX, § x Rn. y)

*Fenski,* Außerordentliche Kündigung von Schwerbehinderten, BB 2001, 570

*Fenski,* Die Neuregelungen des Zusatzurlaubs im Schwerbehindertenrecht, NZA 2004, 1255

*Gagel,* Betriebliches Eingliederungsmanagement – Rechtspflicht und Chance, NZA 2004, 1359

*Gagel,* Begrenzung des Sonderkündigungsschutzes (§ 85 SGB IX) durch § 90 Abs. 2 a SGB IX bei Gleichstellungen, in Forum B, Schwerbehindertenrecht und betriebliches Gesundheitsmanagement, Diskussionsbeitrag 5/2007
(zit. Gagel in Forum B 5/2007)

*Gaul/Niklas,* Neue Grundsätze zur Sperrzeit bei Aufhebungsvertrag, Abwicklungsvereinbarung und gerichtlichem Vergleich, NZA 2008, 137

*Gelhaar,* Neue Regeln für die Anzeige der Schwerbehinderung nach einer Kündigung, NZA 2011, 673

*Göttling/Neumann,* Leicht verständlicher Kündigungsschutz schwerbehinderter Menschen, NZA-RR 2007, 281

*Griebeling,* Neues im Sonderkündigungsschutz schwerbehinderter Menschen, NZA 2005, 494

*Grimm/Baron,* Einhaltung der Kündigungserklärungsfrist nach § 626 Abs. 2 BGB bei scheinbarer Schwerbehinderung des Arbeitnehmers, DB 2000, 570

*Grobys/Bram,* Die prozessuale Durchsetzung des Teilzeitanspruchs, NZA 2001, 1175

*Gröninger/Thomas,* Schwerbehindertengesetz, Kommentar, Loseblatt, Stand 2001

*Hanau,* Offene Fragen zum Teilzeitgesetz, NZA 2001, 1168

*Heuser,* Rechtsprechung zum Schwerbehindertenrecht, BehindertenR 1987, 29

*Hoffmann-Remy,* „Betriebliches Eingliederungsmanagement" als Ende der krankheitsbedingten Kündigung?, NZA 2016, 267

*Hunold,* Die „überflüssige" Änderungskündigung, NZA 2008, 860

*Joussen,* Si tacuisses – Der aktuelle Stand zum Fragerecht des Arbeitgebers nach einer Schwerbehinderung, NJW 2003, 2857

*Joussen,* Schwerbehinderung, Fragerecht und positive Diskriminierung nach dem AGG, NZA 2007, 174

*Joussen,* Verhältnis von Betrieblichem Eingliederungsmanagement und krankheitsbedingter Kündigung, DB 2009, 286

*Jüngst,* Mitarbeitergespräche als Maßnahmen des Gesundheitsmanagements, Betrieb und Personal 2004, 595

*Kasseler Kommentar Sozialversicherungsrecht,* Loseblatt, Stand September 2018 (zit. Bearbeiter in Kasseler Kommentar, § x Rn. y)

*Kempter/Steinat,* Betriebliches Eingliederungsmanagement nach § 84 II SGB IX – Entlassungs- oder Entlassungsverhinderungs-Management?, NZA 2015, 840

*Kilger/Schmidt/Bünger,* Das sozialrechtliche Mandat, 2005

*Klein,* Der Kündigungsschutz schwerbehinderter Arbeitnehmer nach dem Bundesteilhabegesetz, NJW 2017, 852

*Kleinebrink,* Beteiligungsrecht der Schwerbehindertenvertretung, ArbB 2012, 161

*Kleinebrink,* Bundesteilhabegesetz: Stärkung der Rechte der Schwerbehindertenvertretung, DB 2017, 126

*Kliemt,* Der neue Teilzeitanspruch, NZA 2001, 63

*Kossens/von der Heide/Maaß,* SGB IX, Rehabilitation und Teilhabe behinderter Menschen mit Behindertengleichstellungsgesetz, 3. Aufl. 2009 (zit. Bearbeiter in Kossens/von der Heide/Maaß, § x Rn. y)

*Kossens/Maaß,* Das Gesetz zur Bekämpfung der Arbeitslosigkeit Schwerbehinderter, NZA 2000, 1025

*Kossens/Maaß/Steck/Wollschläger,* Grundzüge des neuen Behindertenrechts, 2003

*Lingemann/Steinhauser,* Fallen beim Ausspruch von Kündigungen – Anhörung der Schwerbehindertenvertretung, NJW 2017, 1369

*Litzig,* BEM bei langzeiterkrankten Mitarbeitern – so kann der Betriebsrat vorgehen, AiB 2012, 397

*Löschau/Marschner,* Das neue Rehabilitations- und Schwerbehindertenrecht, 2001

*Löw,* Betriebliches Eingliederungsmanagement – Die Auswirkungen auf krankheitsbedingte Kündigungen, MDR 2005, 608

*Löwisch,* Neuregelung des Kündigungs- und Befristungsrechts durch das Gesetz zu Reformen am Arbeitsmarkt, BB 2004, 154

*Messingschlager,* „Sind Sie schwerbehindert?" – Das Ende einer (un)beliebten Frage, NZA 2003, 301

*Meyer-Ladewig/Keller/Leitherer/Schmidt,* SGG, Kommentar, 12. Aufl. 2017 (zit. Bearbeiter in Meyer-Ladewig/Keller/Leitherer/Schmidt, § x Rn. y)

*Mückl/Hiebert,* Anspruch auf einen leidensgerechten Arbeitsplatz – Was ist noch „zumutbar"?, NZA 2010, 1259

*Müller,* Betriebliches Eingliederungsmanagement (§ 84 Abs. 2 SGB IX) und Mitbestimmungsrechte des Betriebsrates aus § 87 Abs. 1 BetrVG, ArbuR 2009, 29

*Mühlmann,* Beteiligung der Schwerbehindertenvertretung bei Kündigungen durch den Arbeitgeber, zeitliche Reihenfolge der Beteiligung, NZA 2017, 884

*Nägele,* Der „neue" § 167 ZPO und seine Auswirkungen im Arbeitsrecht, NZA 2010, 1377

*Namendorf/Natzel,* Betriebliches Eingliederungsmanagement nach § 84 Abs. 2 SGB IX und seine arbeitsrechtlichen Implikationen, DB 2005, 1794

*Neumann/Pahlen/Winkler/Jabben,* SGB IX – Rehabilitation und Teilhabe behinderter Menschen, 13. Aufl. 2018 (zit. Neumann/Pahlen/Winkler/Jabben, § x Rn. y)

*Nicolai,* Das Allgemeine Gleichbehandlungsgesetz – AGG in der anwaltlichen Praxis, 2006

*Reich,* Die Beteiligung des Personalrates bei Nutzung eines betrieblichen Eingliederungsmanagements für Beamte, PersV 2011, 182

*Reus/Mühlhausen,* Inhalt und Grenzen der Einladungspflicht des öffentlichen Arbeitgebers nach § 82 S. 2 und 3 SGB IX, NZS 2012, 534

*Richter* (Hrsg.), Rehabilitationsrecht, 2008 (zit. Bearbeiter in Richter (Hrsg.), Rehabilitationsrecht, § x Rn. y)

*Roesner,* Das Allgemeine Gleichbehandlungsgesetz, 2006

*Rolfs/Feldhaus,* Die Frage nach der Schwerbehinderung im bestehenden Arbeitsverhältnis, SAE 2012, 85

*Rolfs/Paschke,* Die Pflichten des Arbeitgebers und die Rechte schwerbehinderter Menschen nach § 81 SGB IX, BB 2002, 1260

*Rost*, Arbeitnehmer und arbeitnehmerähnliche Personen im Betriebsverfassungsrecht, NZA 1999, 113

*Schaub*, Arbeitsrechtshandbuch, 17. Aufl. 2017 (zit. Bearbeiter in Schaub, § x Rn. y)

*Schaumberg/Seidel*, Der Behinderungsbegriff des Bundesteilhabegesetzes – ein überflüssiger Paradigmenwechsel, ASR 2018, 2, 46

*Schaub*, Ist die Frage nach der Schwerbehinderung zulässig?, NZA 2003, 299

*Schiefer/Borchard*, Betriebliches Eingliederungsmanagement (BEM) – „Erste Eckpunkte", DB 2010, 1884

*Schiek*, Gleichbehandlungsrichtlinien der EU – Umsetzung im deutschen Arbeitsrecht, NZA 2004, 873

*Schlachter*, Grenzüberschreitende Arbeitsverhältnisse, NZA 2000, 57

*Schlewing*, Der Sonderkündigungsschutz schwerbehinderter Menschen nach der Novelle des SGB IX – Zur Auslegung des neu eingefügten § 90 Abs. 2 a SGB IX, NZA 2005, 1218

*Schnelle*, Die Schwerbehindertenvertretung: Was ändert sich durch das Bundesteilhabegesetz?, NZA 2017, 880

*Schmidt, Bettina*, Zur Kündigung bei häufigen Kurzerkrankungen sowie zum betrieblichen Eingliederungsmanagement (bEM) – Anmerkung zu BAG vom 20.11.2014 – 2 AZR 755/13, RdA 2016, 166

*Schmidt, Bettina*, Gestaltung und Durchführung des BEM, 2. Aufl. 2017 (zit. Schmidt, BEM, Rn. y)

*Schmidt, Bettina*, Sozialversicherungsrecht in der arbeitsrechtlichen Praxis, 4. Aufl. 2018 (zit. Schmidt, SozVersR, Rn. y)

*Schmidt, Jan*, § 4 S. 4 KSchG und Gesetz zu Reformen am Arbeitsmarkt, NZA 2004, 79

*Schmidt, Jürgen*, Zur Gleichstellung mit schwerbehinderten Menschen, BehindertenR 2002, 141

*Thüsing/Lambrich*, Das Fragerecht des Arbeitgebers – aktuelle Probleme zu einem klassischen Thema, BB 2002, 1146

*Tschöpe*, Krankheitsbedingte Kündigung und betriebliches Eingliederungsmanagement, NZA 2008, 398

*vom Stein*, Das betriebliche Eingliederungsmanagement in § 84 Abs. 2 SGB IX – Eine (kritische) Bestandsaufnahme, ZfA 2016, 549

*von Boetticher*, Das neue Teilhaberecht, 2018

*von Medem*, Beweis und Vermutung bei diskriminierender Einstellung, NZA 2007, 545

*Welti*, Das betriebliche Eingliederungsmanagement nach § 84 Abs. 2 SGB IX – sozial- und arbeitsrechtliche Aspekte, NZS 2006, 623

*Wisskirchen/Bissels,* Das Fragerecht des Arbeitgebers bei Einstellung unter Berücksichtigung des AGG, NZA 2007, 169

*Zwanziger,* Aktuelle Rechtsprechung des Bundesarbeitsgerichtes in Insolvenzsachen, BB 2004, 824

# § 1 Arbeitsrechtliche Regelungen im SGB IX

## I. Zielsetzung der Regelungen im SGB IX

Bereits am 1.7.2001 ist das Neunte Buch des Sozialgesetzbuches, im Folgenden 1 SGB IX, in Kraft getreten, mit dem das Behinderten- und Rehabilitationsrecht neu geregelt worden ist.[1] Zu einer ganz erheblichen Neufassung kam es 2016 durch das „Gesetz zur Stärkung der Teilhabe und Selbstbestimmung von Menschen mit Behinderungen (Bundesteilhabegesetz – BTHG)".[2] Inhaltlich verfolgte der Gesetzgeber mit dem BTHG, das zur Änderung vor allem des SGB IX, aber auch zahlreicher anderer Gesetze führte, vor allem die Stärkung der gesellschaftlichen Teilhabe und Selbstbestimmung von Menschen mit Behinderungen. Zu diesem Zweck sollten die verschiedenen, auch von der UN-BRK vorgesehen Regelungen weiterentwickelt werden. Das führte vor allem zu einer Neustrukturierung des SGB IX, das nunmehr nicht mehr nur zwei, sondern drei Teile umfasst. Der 3. Teil in der Fassung des BTHG entspricht dem früheren 2. Teil, regelt also das – ebenfalls weiterentwickelte – sog „Schwerbehindertenrecht".[3]

**Ziel des SGB IX** ist es, die Selbstbestimmung und volle, wirksame und gleichberech- 2 tigte Teilhabe behinderter und von Behinderung bedrohter Menschen[4] am Leben in der Gesellschaft und damit auch am Arbeitsleben zu fördern, Benachteiligungen zu vermeiden und ihnen entgegenzuwirken (§ 1 SGB IX).[5] Das ist ohne Mitwirkung des Arbeitgebers nicht zu erreichen. Neben weiteren Pflichten im dritten Teil des SGB IX ist deshalb dem Arbeitgeber in § 182 Abs. 1 SGB IX die Pflicht auferlegt, zusammen mit anderen Stellen die Teilhabe schwerbehinderter Arbeitnehmer am Arbeitsleben zu ermöglichen.[6]

Das **SGB IX** ist in **drei Teile gegliedert**. Der **erste Teil** umfasst die Regelungen für 3 Menschen mit Behinderung und von Behinderung bedrohte Menschen (§§ 1–89 SGB IX) und im **zweiten Teil** sind die besonderen Leistungen zur selbstbestimmten Lebensführung für Menschen mit Behinderungen (Eingliederungshilferecht) geregelt (§§ 173–150 SGB IX).[7] Im **dritten Teil** (§§ 151–241 SGB IX) finden sich die Regelungen zur Teilhabe schwerbehinderter Menschen (Schwerbehindertenrecht), die Gegenstand dieses Buches sind. In diesem dritten Teil sind auch die **arbeitsrechtlichen Regelungen** aufgeführt, die für schwerbehinderte Menschen und die Betriebe wichtig sind; diese können auch unter dem Begriff „Schwerbehindertenarbeitsrecht" zusammenge-

---

1  BGBl. I 2001, 1046.
2  BGBl. I 2016, 3234.
3  Vgl. dazu im Einzelnen Joussen in LPK-SGB IX Einführung Rn. 30 ff.
4  Ein kurzes Wort vorab zur Sprache: In diesem Buch wird aus Platzgründen und aus Gründen der Lesbarkeit auf Doppelungen (männliche/weibliche/intersexuelle Form) verzichtet; selbstverständlich sind bei Verwendung der „männlichen" Bezeichnung, wie zB Schwerbehinderter, Bewerber, Inklusionsbeauftragter, Arbeitgeber etc – soweit nicht ohnehin eine neutrale Bezeichnung wie „behinderte Menschen" verwandt wird – auch alle weiblichen oder intersexuellen Menschen mitgemeint.
5  Vgl. zu den Zielen sowie zur Entstehungsgeschichte des SGB IX, Niemann, NZS 2001, 583 ff.; Welti, NJW 2001, 2210 ff.; Cramer, NZA 2004, 698; Koch in Schaub, § 178 Rn. 3 ff.; Joussen in LPK-SGB IX Einführung Rn. 25 ff. und § 1 Rn. 8 ff.
6  BAG vom 13.6.2006 – 9 AZR 229/05, NZA 2007, 91 (93).
7  Diese sozialrechtlichen Regelungen im ersten und zweiten Teil des SGB IX sind nicht Gegenstand dieses Buches.

fasst werden. Gem. § 151 Abs. 1 SGB IX gilt der dritte Teil des SGB IX für schwerbehinderte und gleichgestellte behinderte Menschen. Damit nimmt § 151 Abs. 1 SGB IX Bezug auf die Definition der Schwerbehinderung in § 2 Abs. 2 SGB IX sowie die Definition der Gleichstellung mit schwerbehinderten Menschen in § 2 Abs. 3 SGB IX.

### II. Definition der Behinderung (§ 2 Abs. 1 SGB IX) und des schwerbehinderten Menschen (§ 2 Abs. 2 SGB IX)

#### 1. Behinderung iSv § 2 Abs. 1 SGB IX

4    In § 2 Abs. 1 SGB IX findet sich zunächst der Begriff der „Behinderung". Menschen mit Behinderung sind Menschen, die körperliche, seelische, geistige oder Sinnesbeeinträchtigungen haben, die sie in Wechselwirkung mit einstellungs- und umweltbedingten Barrieren an der gleichberechtigten Teilhabe an der Gesellschaft mit hoher Wahrscheinlichkeit länger als sechs Monate[8] hindern können (§ 2 Abs. 1 S. 1 SGB IX).

5    Als **Maßstab** für die Beurteilung der **Schwere der Behinderung** wird die Abweichung „von dem für das jeweilige Lebensalter typischen Zustand" herangezogen. Gem. § 2 Abs. 1 S. 2 SGB IX liegt eine Beeinträchtigung nach Satz 1 vor, wenn der Körper- und Gesundheitszustand von dem für das Lebensalter typischen Zustand abweicht.[9] Das BSG versteht hierunter den Verlust oder die Störung bzw. Beeinträchtigung von in diesem Lebensalter normalerweise vorhandenen körperlichen Funktionen, geistigen Fähigkeiten oder seelischer Gesundheit.[10] Die Behinderung muss also immer auf einem **regelwidrigen Gesundheitszustand** beruhen.

6    **Altersbedingte Leistungseinschränkungen**, die für das jeweilige Alter typisch sind und generell auftreten, können grundsätzlich nicht als Behinderung anerkannt werden, sondern nur ausnahmsweise dann, wenn sie das altersbedingte Ausmaß erheblich übersteigen.[11] Über die genannte Abweichung bzw. Beeinträchtigung hinaus muss, um eine Behinderung im Sinne des SGB IX feststellen zu können, aus dieser Beeinträchtigung bzw. Abweichung zudem ursächlich eine Hinderung an der Teilhabe folgen, und zwar in Wechselwirkung mit einstellungs- und umweltbedingten Barrieren, wie es seit dem Inkrafttreten des BTHG heißt. Behinderung wird damit nicht mehr generell, statisch oder substantiell, sondern individuell sowie situations- und kontextabhängig verstanden; der Begriff der „Behinderung" ist ein sozialrechtlicher Begriff und keine medizinische Diagnose.[12] Entscheidend ist, dass aus einer zuvor festgestellten Abweichung vom für das jeweilige Lebensalter typischen Zustand eine Einschränkung der Teilhabe resultiert, also eine Einschränkung in der Fähigkeit zur Ausübung der beruflichen Tätigkeit, der aktiven Teilnahme am gesellschaftlichen Leben sowie der ausreichenden Sicherstellung der eigenen hauswirtschaftlichen Versorgung.[13] In

---

8    Vgl. dazu Joussen in LPK-SGB IX § 2 Rn. 9.
9    Vgl. zu den Problemlagen beim Umgang mit dem alterstypischen Zustand Schaumberg/Seidel, ASR 2018, 46 (48).
10   BSG vom 7.11.2001 – B 9 SB 10/01 R.
11   Vgl. dazu ausführlich auch Neumann/Pahlen/Winkler/Jabben, § 2 Rn. 12 ff.
12   Joussen in LPK-SGB IX § 2 Rn. 12 mwN; vgl. auch Schaumberg/Seidel, ASR 2018, 46 (49 ff.) mwN und Fallbeispielen.
13   Joussen in LPK-SGB IX § 2 Rn. 12 mwN; vgl. ausführlich dazu sowie zu den „Wechselwirkungen" iSv § 2 Abs. 1 S. 1 SGB IX Schaumberg/Seidel, ASR 2018, 46 (52 ff.) mwN und Fallbeispielen.

diesem Sinne ist der **Begriff der Behinderung** von demjenigen der **Krankheit** abzugrenzen. Eine Krankheit, die nicht auch zu einer entsprechenden Einschränkung der Teilhabe führt, fällt nicht unter den Begriff der Behinderung, weder unter den des SGB IX noch etwa vergleichbar im Anwendungsbereich der europäischen Richtlinie 2000/78/EG.[14]

In diesem Sinne ist auch der **Begriff der „Behinderung"** in § 1 des Allgemeinen   7
Gleichbehandlungsgesetzes (AGG) zu verstehen; der Begriff der Behinderung des AGG entspricht der Definition des § 2 Abs. 1 S. 1 SGB IX.[15] Der Begriff der „Behinderung" im Sinne der Richtlinie 2000/78/EG des Rates vom 27.11.2000 zur Festlegung eines allgemeinen Rahmens für die Verwirklichung der Gleichbehandlung in Beschäftigung und Beruf ist dahin auszulegen, dass er einen Zustand einschließt, der durch eine ärztlich diagnostizierte heilbare oder unheilbare Krankheit verursacht wird, wenn diese Krankheit eine Einschränkung mit sich bringt, die insbesondere auf physische, geistige oder psychische Beeinträchtigungen zurückzuführen ist, die in Wechselwirkung mit verschiedenen Barrieren den Betreffenden an der vollen und wirksamen Teilhabe am Berufsleben, gleichberechtigt mit den anderen Arbeitnehmern, hindern können, und wenn diese Einschränkung von langer Dauer ist.[16]

## 2. Schwerbehinderung iSv § 2 Abs. 2 SGB IX

Als Voraussetzung für die Anwendbarkeit der Vorschriften des zweiten Teils des   8
SGB IX muss eine **Schwerbehinderung** vorliegen. Der für das im zweiten Teil des SGB IX geregelte Schwerbehindertenrecht relevante **Schwerbehindertenbegriff** wird in § **2 Abs. 2 SGB IX** wie folgt definiert:

Menschen sind im **Sinne des Teil 3 schwerbehindert,** wenn

- bei ihnen ein Grad der Behinderung von wenigstens 50 vorliegt **und**

- sie ihren Wohnsitz, ihren gewöhnlichen Aufenthalt oder ihre Beschäftigung auf einem Arbeitsplatz im Sinne des § 238[17] rechtmäßig im Geltungsbereich dieses Gesetzbuches haben (§ 2 Abs. 2 SGB IX).

Die Regelungen des dritten Teils des SGB IX (Schwerbehindertenrecht) gelten gem.   9
der ausdrücklichen gesetzlichen Regelung in § 151 Abs. 1 SGB IX **für schwerbehinderte und diesen gleichgestellte Menschen.**[18] Von der Geltung ausgenommen sind gem. § 151 Abs. 3 SGB IX für Gleichgestellte nur

---

14  Joussen in LPK-SGB IX § 2 Rn. 12 unter Hinweis auf EuGH vom 11.4.2013 – C-335/11 (HK Danmark/ Dansk almennyttigt Boligselskab) und C-337/11 (HK Danmark/Dansk Arbejdsgiverforening), NZA 2013, 553 ff.
15  BAG vom 28.4.2011 – 8 AZR 515/10, NJW 2011, 2458, Rn. 24 mwN.
16  EuGH vom 11.4.2013 – C-335/11 (HK Danmark/Dansk almennyttigt Boligselskab) und C-337/11 (HK Danmark/Dansk Arbejdsgiverforening), NZA 2013, 553 ff.
17  Vgl. zum Begriff des Arbeitsplatzes iSv § 238 SGB IX Deinert in Deinert/Neumann (Hrsg.), HdB SGB IX, § 17 Rn. 36, 37; Joussen in LPK-SGB IX § 238 Rn. 6 ff.
18  Dabei gelten behördliche Feststellungen über die Schwerbehinderteneigenschaft, die noch unter der Geltung des Schwerbehindertengesetzes getroffen wurden, auch als Feststellung nach dem SGB IX (§ 241 Abs. 2 SGB IX).

- der Anspruch auf Zusatzurlaub (§ 208 SGB IX) (vgl. dazu → Rn. 452 ff.) und
- die unentgeltliche Beförderung im öffentlichen Personennahverkehr (Kapitel 13 – §§ 228 ff. SGB IX).

10  Liegt die in § 2 Abs. 2 SGB IX definierte Schwerbehinderteneigenschaft gem. den gesetzlichen Voraussetzungen vor, besteht die **Eigenschaft** als **schwerbehinderter Mensch kraft Gesetzes**, ohne dass es irgendeiner besonderen Anerkennung bedarf. Die Feststellung des Grades der Behinderung oder die Vorlage eines entsprechenden Ausweises, die Anerkennung durch Behörden oder Feststellung in einem Rentenbescheid ist nach heute einhelliger Auffassung keine Voraussetzung mehr für die Anwendung der Regelungen des dritten Teils des SGB IX. Der **Feststellungsbescheid** des Versorgungsamtes hat nach § 2 Abs. 2, § 152 SGB IX **keine rechtsbegründende** (konstitutive), sondern lediglich eine **erklärende** (deklaratorische) **Wirkung**.[19] Deutlich wird dies auch durch die Regelung in § 151 Abs. 2 SGB IX, die eine Gleichstellung nur auf Grund einer Feststellung nach § 152 Abs. 1 SGB IX zulässt. Das Fehlen einer solchen Bedingung in § 2 Abs. 2 SGB IX und § 151 SGB IX macht deutlich, dass allein das Vorliegen der gesetzlichen Voraussetzungen für die Eigenschaft als schwerbehinderter Mensch maßgeblich ist.[20]

### III. Feststellung der Behinderung

### 1. Antrag

11  Die **Feststellung** der Behinderung sowie des Grades der Behinderung (GdB) erfolgt **auf Antrag** des Betroffenen durch die für die Durchführung des Bundesversorgungsgesetzes zuständigen Behörden (§ 152 Abs. 1 S. 1 SGB IX), wobei **kein Schriftformerfordernis** besteht. Ein Antrag kann also auch per E-Mail, in einem persönlichen Beratungsgespräch, telefonisch oder per Fax gestellt werden.[21] Eine **Vertretung** bei der Antragstellung ist möglich; die **Bevollmächtigung** des Vertreters ist auf Verlangen der Behörde schriftlich nachzuweisen (§ 13 Abs. 1 S. 3 SGB X). Der **Arbeitgeber** hat weder ein Antrags- noch ein Widerspruchsrecht.[22]

### 2. Zuständigkeit

12  Zuständig für die Feststellung von Behinderungen und des dadurch bedingten GdB sind gem. § 152 Abs. 1 S. 1 SGB IX die für die Durchführung des Bundesversorgungsgesetzes (BVG) zuständigen Behörden. Dies sind **in der Regel die Versorgungsämter**; durch Landesrecht kann gem. § 152 Abs. 1 S. 7 SGB IX die Zuständigkeit abweichend von Satz 1 geregelt werden.[23]

---

19  St. Rspr. des BAG, vgl. nur BAG vom 13.2.2008 – 2 AZR 864/06, NZA 2008, 1055 (1056) Rn. 16 mwN; vgl. dazu auch ErfK/Rolfs, SGB IX § 152 Rn. 2.
20  Neumann/Pahlen/Winkler/Jabben, § 151 Rn. 3 und § 2 Rn. 22.
21  Vgl. dazu ausführlich Düwell, NZA 2017, 1237 (1239).
22  BSG vom 22.10.1986 – 9a RVs 3/84, AP Nr. 1 zu § 3 SchwbG; BVerwG vom 21.10.1987 – 5 C 42/84, NZA 1988, 431 (432 f.).
23  So wurden durch eine solche landesrechtliche Regelung in Nordrhein-Westfalen zum 31.12.2007 die Versorgungsämter aufgelöst; nach Landesrecht sind in Nordrhein-Westfalen nunmehr die Kommunen für die Durchführung des Bundesversorgungsgesetzes und die Feststellung des GdB zuständig.

Örtlich zuständig ist das Versorgungsamt bzw. die zuständige Behörde, in deren Be- 13
zirk der Antragsteller seinen **Wohnsitz** oder **gewöhnlichen Aufenthalt** hat.[24]

### 3. Verfahren (§ 152 SGB IX)

Das Verfahren, mit dem das Vorliegen einer Behinderung und der GdB festgestellt 14
wird, ist im Einzelnen in § 152 SGB IX geregelt. Nach Antragstellung haben die Versorgungsämter von Amts wegen festzustellen:

- das Vorliegen einer Behinderung,

- den durch alle Behinderungen in ihrer Gesamtheit bedingten Grad der Behinderung (GdB) – § 152 Abs. 1 S. 1 SGB IX – und

- ggf auch das Vorliegen weiterer gesundheitlicher Merkmale, soweit diese Feststellungen Voraussetzung für die Inanspruchnahme von Nachteilsausgleichen sind –
  § 152 Abs. 4 SGB IX.

### a) Vorliegen einer Behinderung (§ 152 Abs. 1 S. 1 SGB IX)

Unter einer Behinderung, die nach § 152 Abs. 1 S. 1 SGB IX festzustellen ist, ist nicht 15
eine Krankheit zu verstehen, sondern die nachteiligen Folgen dieses Krankheitszu-
standes.[25] Maßgeblich sind also **nicht die Krankheitsdiagnosen**, sondern die **Funktionsbeeinträchtigungen**, die Auswirkungen auf die Teilhabe am Leben in der Gesellschaft haben.

**Beispiel:** Liegt bei einem behinderten Menschen ein Verschleiß der rechten Hüfte, eine Hüftge- 16
lenksarthrose, vor, so ist nicht diese sog Coxarthrose als Diagnose die Behinderung, sondern die
durch sie bedingte schmerzhafte Bewegungseinschränkung des Hüftgelenkes. Auch bei der Bemessung der Höhe des GdB kommt es nicht auf die Krankheitsdiagnose als solche an, sondern
auf das konkrete Ausmaß der dadurch im Einzelfall bedingten Funktionseinschränkungen.

**Hinweis:** Bei der **Ausfüllung des Antrags** auf Feststellung einer Behinderung durch 17
den schwerbehinderten Menschen sollte daher unbedingt darauf geachtet werden,
dass die Funktionseinschränkungen nicht nur mit der durch den behandelnden Arzt
gestellten Diagnose aufgeführt werden. Vielmehr sollte dem Antrag ein Beiblatt beigefügt werden, auf dem die tatsächlichen Einschränkungen durch die Gesundheitsstö-
rung ausführlich geschildert werden. So sollte zB nicht nur im Antrag vermerkt werden „Wirbelsäulenbeschwerden", sondern vielmehr ausführlich dargelegt werden,
welche Wirbelsäulenabschnitte betroffen sind (HWS, BWS, LWS),[26] welche Funktionseinschränkungen bestehen, ob und inwiefern die Beweglichkeit beeinträchtigt ist,
ob und welche Schmerzen, auch wie oft, auftreten und ob auch weitere Beeinträchtigungen durch die Wirbelsäulenerkrankung bedingt sind, zB Kopfschmerzen bei einer
Degeneration der Halswirbelsäule. Diese ausführliche Schilderung der tatsächlichen
Funktionseinschränkungen erhöht die Chance, dass bei der Bemessung des GdB auch
alle Gesundheitsstörungen durch das Versorgungsamt berücksichtigt werden.

---

24  Koch in Schaub, § 178 Rn. 12.
25  BSG vom 10.2.1993 – 9/9 a RVs 5/91, Behindertenrecht 1993, 78.
26  Halswirbelsäule, Brustwirbelsäule, Lendenwirbelsäule.

18 Ein Anspruch des behinderten Menschen auf **isolierte Feststellung einzelner Gesund-heitsstörungen** als Behinderung, ohne dass dies zu einem wirtschaftlichen oder recht-lichen Vorteil führt, besteht nicht.[27] Zulässig ist aber die **Beschränkung des An-trags,**[28] so dass der behinderte Mensch dadurch verhindern kann, dass bestimmte Be-hinderungen festgestellt werden. Diese nicht im Antrag aufgeführten Behinderungen bleiben dann allerdings auch bei der Festsetzung des Gesamt-GdB außer Betracht.[29]

### b) Bemessung des GdB (§ 152 Abs. 1 S. 5 und 6 SGB IX)

19 Gem. § 152 Abs. 1 S. 5 SGB IX werden die Auswirkungen auf die Teilhabe am Leben in der Gesellschaft als **Grad der Behinderung (GdB)** nach Zehnergraden abgestuft festgestellt.[30]

Eine **Feststellung** betreffend den Grad der Behinderung ist **nur zu treffen**, wenn ein **GdB von wenigstens 20** vorliegt (§ 152 Abs. 1 S. 6 SGB IX). Es muss also entweder eine Behinderung von mindestens 20 vorliegen oder aber es müssen mehrere Behinde-rungen zusammenkommen, die im Zusammenwirken zu einem Grad der Behinde-rung von mindestens 20 führen.[31]

20 Der jeweilige Einzel-GdB für die verschiedenen Funktionsstörungen ist keiner eigenen Feststellung zugänglich. Er erscheint weder im Verfügungssatz des Bescheides, noch ist er isoliert anfechtbar. Er wird auch nicht rechtlich bindend.[32] Bei dem jeweiligen Einzel-GdB handelt es sich lediglich um einen Bewertungsfaktor des Gesamt-GdB.[33]

21 Darüber hinaus werden nur Funktionsstörungen festgestellt, die nicht nur vorüberge-hend auftreten. Der Zustand muss gem. § 2 Abs. 1 SGB IX „mit hoher Wahrschein-lichkeit" **länger als sechs Monate vom alterstypischen Zustand abweichen**, womit vorübergehende Funktionseinschränkungen von kurzer Dauer unbeachtlich blei-ben.[34] Unerheblich ist, ob der regelwidrige Zustand schon länger als sechs Monate lang besteht; entscheidend ist allein, dass seine Dauer prognostisch sechs Monate überschreiten wird.[35] Die bloße **Möglichkeit** einer **zukünftigen Beeinträchtigung** führt allerdings nicht zu einer Steigerung des GdB.[36]

22 Der GdB bezieht sich auf die Auswirkung einer Funktionsstörung in allen Lebensbe-reichen, also auf die Teilhabe am Leben in der Gesellschaft. Daher kommt eine Beur-teilung des GdB allein auf Grund von Einschränkungen der beruflichen Funktionsfä-higkeit nicht in Betracht; grundsätzlich ist der GdB auch **unabhängig vom ausgeübten oder angestrebten Beruf** zu beurteilen.[37] Aus der **Höhe des GdB** kann auch nicht auf

---

27 BSG vom 24.6.1998 – B 9 SB 17/97 R, SozR 3-3870 § 4 Nr. 24.
28 BVerwG vom 21.10.1987 – 5 C 42/84, NZA 1988, 431.
29 BSG vom 26.2.1986 – 9 a RVs 4/83, SozR 3870 § 3 Nr. 21.
30 Dabei hat das BSG unter Aufgabe seiner älteren Rechtsprechung eine genauere Abstufung, etwa nach Fün-fergraden, als unzulässig angesehen – BSG vom 14.2.2001 – B 9 V 12/00 R, BSGE 87, 289 = SozR 3-3100 § 31 Nr. 5.
31 BT-Drs. 10/5701, 9.
32 BSG vom 5.5.1993 – 9/9 a RVs 2/92, BehindertenR 1993, 78 = SozR 3870 § 4 Nr. 5.
33 BSG vom 10.9.1997 – 9 RVs 15/96.
34 Vgl. dazu auch Neuman/Pahlen/Winkler/Jabben, § 152 Rn. 7.
35 BSG vom 12.4.2000 – B 9 SB 3/99 R, BehindertenR 2000, 184.
36 LSG Rheinland-Pfalz vom 27.4.1995, Breithaupt 1995, 950.
37 So auch ErfK/Rolfs, SGB IX § 151 Rn. 4.

das Ausmaß der beruflichen Leistungsfähigkeit geschlossen werden, so dass er für die rentenversicherungsrechtliche Beurteilung irrelevant ist.[38]

Nach der seit dem 30.12.2016 geltenden Fassung des § 152 Abs. 1 S. 1 SGB IX wird   23 das Vorliegen einer Behinderung und der Grad der Behinderung „zum Zeitpunkt der Antragstellung" festgestellt. Auf Antrag kann gem. § 152 Abs. 1 S. 2 SGB IX festgestellt werden, dass ein Grad der Behinderung oder gesundheitliche Merkmale bereits zu einem früheren Zeitpunkt vorgelegen haben, wenn dafür ein **besonderes Interesse an dieser rückwirkenden Feststellung** glaubhaft gemacht wird. Ein besonderes Interesse an einer rückwirkenden Feststellung kann etwa die **beabsichtigte Inanspruchnahme von Steuervorteilen** begründen oder aber auch die Ermäßigung/Befreiung von Kraftfahrzeugsteuer für Inhaber der Merkzeichen „G/aG".[39] Das besondere Interesse muss nicht nachgewiesen, sondern – wie in Abs. 1 S. 2 jetzt ausdrücklich bestimmt – nur glaubhaft gemacht sein. Die Glaubhaftmachung beinhaltet neben einer Beweiserleichterung allerdings die Pflicht, in angemessenem Umfang Tatsachen darzulegen und Belege beizubringen.[40]

Die Beurteilung der **Höhe des GdB** erfolgt auf der Grundlage der versorgungsmedizi-   24 nischen Grundsätze in der Versorgungsmedizinverordnung vom 10.12.2008. Darin sind die einzelnen Grade für Funktionsstörungen aufgeführt.[41]

Liegen **mehrere Funktionsstörungen**, also Beeinträchtigungen der Teilhabe am Leben   25 in der Gesellschaft, vor, so wird der GdB nach den Auswirkungen der Beeinträchtigungen in ihrer Gesamtheit unter Berücksichtigung ihrer wechselseitigen Beziehungen festgestellt (§ 152 Abs. 3 S. 1 SGB IX).

Zunächst ist für jede Behinderung ein Einzel-GdB zu ermitteln, dann ist ein **Gesamt-**   26 **GdB** zu bilden, wobei mathematische Berechnungsformeln ungeeignet sind.[42] Der Einzel-GdB ist jeweils für alle Erkrankungen eines Funktionssystems des menschlichen Organismus zusammenfassend zu beurteilen.

Bei der Bildung des Gesamt-GdB ist es unzulässig, diesen durch schlichte Addition   27 der Einzel-GdB zu ermitteln. Es müssen stets die **Auswirkungen aller Behinderungen in ihrer Gesamtheit** festgestellt werden, wobei die Gesamtbeurteilung zu einem höheren oder niedrigeren Gesamt-GdB führen kann, als sie bei einem bloßen Zusammenrechnen der Einzel-GdB erzielt worden wäre. Dies hängt ganz von der Art der Behinderung und ihrem Zusammenwirken ab,[43] wobei in keinem Fall der Gesamt-GdB niedriger bemessen werden kann als der GdB einer einzigen Behinderung.[44] In der Praxis wird von der Beeinträchtigung mit dem höchsten Einzel-GdB ausgegangen; die

---

38  LSG Baden-Württemberg vom 11.3.2000 – L 11 RJ 4989/02; vgl. dazu auch Neumann/Pahlen/Winkler/Jabben, § 152 Rn. 4.
39  Vgl. dazu auch Dau in LPK-SGB IX § 152 Rn. 17.
40  BSG vom 16.2.2012 – B 9 SB 1/11 R, SozR 4-3250 § 152 Nr. 15; vgl. dazu auch Dau in LPK-SGB IX § 152 Rn. 17.
41  Vgl. zur Rechtsentwicklung und der Ablösung der „Anhaltspunkte" durch die Versorgungsmedizinverordnung ausführlich Dau in LPK-SGB IX § 152 Rn. 18 ff.
42  BSG vom 16.3.1982 – 9a/9 RVs 8/81, SozR 3870 § 3 Nr. 14.
43  LSG NRW vom 2.9.1993 – L 7 Vs 22/93, SGb 1994, 239.
44  Vgl. dazu auch ausführlich Neumann/Pahlen/Winkler/Jabben, § 152 Rn. 31.

anderen Beeinträchtigungen werden dann dahingehend überprüft, inwieweit sich durch sie das Maß der Behinderung vergrößert.[45]

28 Dabei werden so genannte „leichte Gesundheitsstörungen", die einen GdB von 10 bedingen, nur in Ausnahmefällen berücksichtigt; auch solche Gesundheitsstörungen mit einem GdB von 20 rechtfertigen es vielfach nicht, auf eine wesentliche Zunahme des Ausmaßes der Behinderung zu schließen.[46] Wenn die einzelnen Behinderungen allerdings unabhängig nebeneinander stehen und völlig verschiedene Bereiche des täglichen Lebens betreffen, führt in der Regel bereits ein GdB-Wert von 20 zu einer angemessenen Erhöhung des GdB des führenden Leidens.[47]

29 **Beispiele:**

■ Die Auswirkungen der einzelnen Behinderungen sind voneinander unabhängig und betreffen ganz verschiedene Lebensbereiche:

Verlust des linken Beines im Unterschenkel (GdB 50) und eine Lärmschwerhörigkeit (GdB 20). Beide Behinderungen müssen bei der Bildung des Gesamt-GdB berücksichtigt werden. Obergrenze ist die Summe beider Einzel-GdB. Daraus ergibt sich ein Gesamt-GdB von 60 bis 70.

■ Eine Behinderung wirkt sich auf die andere besonders nachteilig aus:

Der Verlust eines Zeigefingers bedingt einen GdB von 10, der Verlust beider Zeigefinger einen GdB von 30. Der Gesamt-GdB ist damit höher anzusetzen als die Summe einzelner GdB.

■ Die Auswirkungen der Behinderung überschneiden sich:

Ein behinderter Mensch leidet an Silikose mit Atemnot bei mittelschwerer Belastung (GdB 40), Verschleiß der Wirbelsäule (GdB 20), Kniegelenke (GdB 10) und der Ellenbogengelenke (GdB 10). Der Gesamt-GdB ist wesentlich niedriger als die Summe der einzelnen GdB, aber höher als für die Behinderung mit dem höchsten Einzel-GdB anzusetzen, da zusätzliche Beschwerden und Funktionsbeeinträchtigungen hinzutreten. Daraus ergibt sich ein Gesamt-GdB von 50.

■ Das Ausmaß einer Behinderung wird durch hinzutretende Gesundheitsstörungen nicht verstärkt:

Bei vollständigem Ausfall der Armnerven im Unterarmbereich wirkt sich der zusätzliche Verlust von zwei Fingern derselben Hand nicht erhöhend auf den Gesamt-GdB aus.

30 Eine **Gesamtbeurteilung** nach § 152 Abs. 3 SGB IX ist nicht nur zu treffen, wenn mehrere Behinderungen unterschiedlicher Art und Ursache vorliegen, für die noch kein Gesamt-GdB festgestellt worden ist, sondern auch in Fällen, in denen eine **neue Behinderung** hinzutritt.[48]

31 Dabei können bereits im **Feststellungsverfahren** medizinische **Gutachten** herangezogen sowie **Sachverständige** gehört und der Antragsteller kann zur persönlichen Vorstellung oder auch Untersuchung durch Sachverständige geladen werden.[49] Die Bei-

---

45  Vgl. dazu ausführlich Neumann/Pahlen/Winkler/Jabben, § 152 Rn. 30 ff.; vgl. auch LSG Saarland vom 28.9.2000 – L 5 b SB 70/99.
46  BSG vom 13.12.2000 – B 9 V 8/00 R, SozR 3-3870 § 4 Nr. 28.
47  LSG NRW vom 18.3.1993 – L 7 Vs 142/92.
48  Vgl. dazu Neumann/Pahlen/Winkler/Jabben, § 152 Rn. 32.
49  BSG vom 26.1.1994 – 9 RV 25/93, SozR 3-1750 § 372 Nr. 1.

ziehung von Krankenakten, Röntgenbildern und sonstigen medizinischen Befunden bedarf der Einwilligung des behinderten Menschen (§ 100 Abs. 1 S. 1 Nr. 2 SGB X).

**Auch im sozialgerichtlichen** Verfahren bedarf es zur Beurteilung der einzelnen Funktionsstörungen und ihrer Gesamtschau regelmäßig der **Heranziehung medizinischer Sachverständiger.**[50]

### c) Anderweitige Feststellung der Behinderung und ihres Grades (§ 152 Abs. 2 SGB IX)

Soweit das Vorliegen einer Behinderung und der Grad einer auf ihr beruhenden Erwerbsminderung bereits feststeht, kommt grundsätzlich eine nochmalige Feststellung durch die Versorgungsbehörde nicht in Betracht (§ 152 Abs. 2 SGB IX).    32

Als eine solche anderweitige Feststellung sind insbesondere Rentenbescheide der Unfallversicherung, einer öffentlichen Dienststelle nach Dienstunfällen oder einer Sozialbehörde anzusehen.[51] Nicht unter § 152 Abs. 2 SGB IX fallen Bescheide der Rentenversicherungsträger über die Gewährung einer Erwerbsminderungsrente sowie vertrauens- oder amtsärztliche Gutachten über den GdB/MdE, weil diese Feststellungen nach anderen Grundsätzen erfolgen.[52]    33

**Hinweis:** Eine Entscheidung eines Unfallversicherungsträgers über den Grad der Minderung der Erwerbsfähigkeit (MdE) schließt eine abweichende Entscheidung durch das Versorgungsamt bei der Feststellung des GdB aus. Dies gilt sogar dann, wenn dem Versorgungsamt der Bescheid des Unfallversicherungsträgers nicht bekannt war und der schwerbehinderte Mensch sich erst im gerichtlichen Verfahren auf den Bescheid des Unfallversicherungsträgers beruft.[53] Daher ist es sinnvoll, den Bescheid des Unfallversicherungsträgers dem Versorgungsamt vorzulegen bzw. spätestens im gerichtlichen Verfahren einzuführen, wenn er für den behinderten Menschen günstig ist.    34

Eine **anderweitige Feststellung** ist nach § 152 Abs. 2 S. 1 letzter Hs. SGB IX dann **zu treffen,** wenn der behinderte Mensch ein Interesse an anderweitiger Feststellung nach Abs. 1 glaubhaft macht. Ein solches Interesse liegt vor, wenn etwa Feststellungen nicht zu allen vorliegenden Behinderungen getroffen wurden, oder wenn die in der Unfallversicherung gängigen MdE-Sätze niedriger sind als der im Schwerbehindertenrecht gängige GdB.[54]    35

### d) Feststellung gesundheitlicher Merkmale für die Inanspruchnahme von Nachteilsausgleichen (§ 152 Abs. 4 SGB IX)

Nach § 152 Abs. 4 SGB IX treffen die Versorgungsämter auch die Feststellung über das Vorliegen weiterer gesundheitlicher Merkmale, soweit diese Feststellungen für die Inanspruchnahme von Nachteilsausgleichen erforderlich sind. Die gesundheitlichen    36

50  BSG vom 15.3.1979 – 9 RVs 16/78, SozR 3870 § 3 Nr. 5; BSG vom 9.3.1988 – 9/9 a RVs 14/86, Soziale Sicherheit 1988, 381.
51  Vgl. dazu ausführlich Neumann/Pahlen/Winkler/Jabben, § 152 Rn. 27 ff.
52  BSG vom 8.8.2001 – B 9 SB 5/01 B; Dau in LPK-SGB IX § 152 Rn. 35; Neumann/Pahlen/Winkler/Jabben, § 152 Rn. 27.
53  LSG Berlin vom 16.11.2000 – L 11 SB 15/99, SGb 2001, 184.
54  Vgl. dazu ausführlich Dau in LPK-SGB IX § 152 Rn. 36 mwN.

Merkmale, die Voraussetzung für die Inanspruchnahme von **Nachteilsausgleichen** sind, werden in § 3 Abs. 1 der Schwerbehindertenausweisverordnung (SchwbAwV) im Einzelnen aufgeführt:[55]

- **aG** – außergewöhnliche Gehbehinderung iSd § 229 Abs. 3,[56]

- **H** – wenn der schwerbehinderte Mensch hilflos iSd § 33 b des Einkommensteuergesetzes ist,[57]

- **BI** – wenn der schwerbehinderte Mensch blind iSd § 72 Abs. 5 SGB XII oder entsprechender Vorschriften ist,[58]

- **GI** – wenn der schwerbehinderte Mensch gehörlos iSd § 228 SGB IX ist,

- **RF** – wenn der schwerbehinderte Mensch die landesrechtlich festgelegten gesundheitlichen Voraussetzungen für die Befreiung von der Rundfunkgebührenpflicht erfüllt,[59]

- **1. Kl.** – wenn der schwerbehinderte Mensch die im Verkehr mit Eisenbahnen tariflich festgelegten gesundheitlichen Voraussetzungen für die Benutzung der 1. Wagenklasse mit Fahrausweis der 2. Wagenklasse erfüllt,

- in § 3 Abs. 2 der Schwerbehindertenausweisverordnung werden noch aufgeführt die weiteren Merkmale „B" und „G", wobei

  - **B** – gewährt wird, wenn der schwerbehinderte Mensch die Berechtigung zur Mitnahme einer Begleitperson nachgewiesen hat und auf die ständige Begleitung bei Benutzung von öffentlichen Verkehrsmitteln angewiesen ist,[60] und

  - **G** – „gehbehindert", wenn der schwerbehinderte Mensch erheblich in der Bewegungsfähigkeit im Straßenverkehr eingeschränkt ist.[61]

### 4. Ausweis (§ 152 Abs. 5 SGB IX)

37  Ein **Ausweis** über die Eigenschaft als schwerbehinderter Mensch wird ab einem GdB von 50 ausgestellt und dient dem Nachweis für die Inanspruchnahme von Leistungen und sonstigen Hilfen (§ 152 Abs. 5 S. 1 und 2 SGB IX).[62] Die **Gültigkeitsdauer** des Ausweises soll befristet werden (§ 152 Abs. 5 S. 3 SGB IX). Der Ausweis wird eingezogen, sobald der gesetzliche Schutz schwerbehinderter Menschen erloschen ist (§ 152 Abs. 5 S. 4 SGB IX). Der Ausweis wird berichtigt, sobald eine Neufeststellung unanfechtbar geworden ist (§ 152 Abs. 5 S. 5 SGB IX).[63]

---

55  Vgl. dazu ausführlich Dau in LPK-SGB IX § 152 Rn. 39; Neumann/Pahlen/Winkler/Jabben, § 152 Rn. 33 ff. mwN.
56  Vgl. dazu Neumann/Pahlen/Winkler/Jabben, § 152 Rn. 34 mwN.
57  Vgl. dazu Neumann/Pahlen/Winkler/Jabben, § 152 Rn. 34 a.
58  Vgl. dazu Neumann/Pahlen/Winkler/Jabben, § 152 Rn. 34 b.
59  Vgl. dazu Neumann/Pahlen/Winkler/Jabben, § 152 Rn. 34 c.
60  Vgl. dazu Neumann/Pahlen/Winkler/Jabben, § 152 Rn. 34 e.
61  Vgl. dazu Neumann/Pahlen/Winkler/Jabben, § 152 Rn. 34 d.
62  Vgl. dazu ausführlich Neumann/Pahlen/Winkler/Jabben, § 152 Rn. 35 ff.
63  Vgl. Dau in LPK-SGB IX § 152 Rn. 41.

## 5. Neufeststellung des GdB

Eine **Neufeststellung des GdB** kommt nur in Betracht, wenn eine wesentliche Änderung der für die Feststellung maßgebenden Verhältnisse eingetreten ist. Insoweit gilt § 48 SGB X, wonach der Verwaltungsakt mit Wirkung für die Zukunft aufzuheben ist, soweit in den tatsächlichen oder rechtlichen Verhältnissen eine wesentliche Änderung eingetreten ist.[64] Eine **wesentliche Änderung** wird sowohl dann angenommen, wenn sich bereits anerkannte Behinderungen bessern oder verschlimmern, als auch dann, wenn andere körperliche, seelische oder geistige Leiden hinzutreten.[65]

Die Neufestsetzung des GdB erfolgt dann unabhängig von der bisherigen Feststellung des Gesamt-GdB; der GdB ist insgesamt neu festzusetzen.[66]

In der Regel, insbesondere bei einer Verschlimmerung bzw. dem Hinzutreten weiterer Behinderungen, erfolgt die **Neufestsetzung auf Antrag** des behinderten Menschen. Neue Bescheide zugunsten des schwerbehinderten Menschen können vom Versorgungsamt jederzeit erteilt werden. Eine Neufeststellung ist aber auch ohne Antrag **von Amts wegen** durch das Versorgungsamt zulässig,[67] was insbesondere bei einer Besserung der bislang bei der Feststellung berücksichtigten Gesundheitsstörungen in Betracht kommt.

Dabei kann der Gesamt-GdB trotz der Veränderung in Form einer Verbesserung bzw. Verschlimmerung unverändert bleiben[68] oder auch ein geringerer Gesamt-GdB durch das Versorgungsamt für die Zukunft festgestellt werden. Soll jedoch ein niedrigerer Gesamt-GdB festgestellt werden, muss eine wesentliche Besserung der Behinderung eingetreten sein; dabei reicht es nicht aus, wenn bei unverändertem Gesundheitszustand lediglich der Gesamt-GdB später niedriger eingeschätzt wird.[69]

Insbesondere bei der sog „**Heilungsbewährung**" kommt eine Herabsetzung des GdB für die Zukunft in Betracht.[70] Bei bestimmten Erkrankungen, insbesondere bei zu Rezidiven neigenden bösartigen Krebserkrankungen, ist für die Zeit der „Heilungsbewährung" ein höherer GdB für eine bestimmte Zeit festzusetzen. Es handelt sich dabei um solche Krankheiten, bei denen nach dem akuten Stadium zwar bereits eine wesentliche Besserung eingetreten ist, aber noch abgewartet werden muss, ob ein Rückfall eintritt. Ist nach Ablauf dieser Frist, der sog Heilungsbewährung, kein Wiederauftreten der Erkrankung mehr ärztlich feststellbar, wird von einer Heilung ausgegangen und der GdB für die Erkrankung neu festgesetzt, und zwar regelmäßig niedriger als während der Heilungsbewährung.

Die erfolgreiche Heilungsbewährung stellt eine wesentliche Besserung dar, die nach § 48 SGB X die Herabsetzung des GdB rechtfertigt,[71] und zwar auch dann, wenn im

38

39

40

41

---

64  Vgl. dazu Neumann/Pahlen/Winkler/Jabben, § 152 Rn. 12, 16 ff.
65  Neumann/Pahlen/Winkler/Jabben, § 152 Rn. 14 mwN.
66  Neumann/Pahlen/Winkler/Jabben, § 152 Rn. 15.
67  Neumann/Pahlen/Winkler/Jabben, § 152 Rn. 13, 24 ff.
68  BSG vom 8.5.1981 – 9 RVs 4/80, SozR 3100 § 62 Nr. 21.
69  LSG Schleswig-Holstein vom 27.4.2006 – L 2 SB 39/05.
70  Vgl. dazu auch Neumann/Pahlen/Winkler/Jabben, § 152 Rn. 24 mwN.
71  BSG vom 22.5.1962 – 9 RV 590/59, BSGE 17, 63.

Ursprungsbescheid nicht ausdrücklich darauf hingewiesen worden ist, dass der GdB wegen Heilungsbewährung höher festgesetzt worden ist.[72]

Die Höhe des GdB nach Ablauf der Heilungsbewährung richtet sich nach der verbleibenden Funktionseinschränkung. Damit verringert sich regelmäßig auch der Gesamt-GdB.

42 **Beispiel:** Eine Frau erkrankt an **Brustkrebs**. Nach Entfernung eines malignen (bösartigen) Tumors ist in den ersten fünf Jahren eine Heilungsbewährung abzuwarten; während dieser Zeit ist der GdB nach den Anhaltspunkten für die ärztliche Gutachtertätigkeit mit mindestens 50[73] festzusetzen. Nach Ablauf der Heilungsbewährung ist der GdB nach den anhaltenden Beeinträchtigungen zu beurteilen; der Verlust der Brust (Mastektomie) einseitig bedingt dann einen GdB von 30 und beidseitig von 40; Funktionseinschränkungen im Schultergürtel, des Armes oder der Wirbelsäule als Operations- und Bestrahlungsfolgen sowie außergewöhnliche psychoreaktive Störungen sind zusätzlich zu berücksichtigen. Je nachdem verbleibt es dann unter Berücksichtigung dieser weiteren Funktionseinschränkungen auch nach Ablauf der Heilungsbewährung bei einem Gesamt-GdB von 50 oder es wird ein unter einem GdB von 50 liegender Gesamt-GdB mit Wirkung für die Zukunft neu festgestellt. Gegen diese Herabstufung kann die Betroffene Widerspruch einlegen und ggf. auch Klage erheben. In diesen Fällen ist es besonders wichtig, die Vorschrift des § 199 Abs. 1 SGB IX im Blick zu haben.

### 6. Verringerung des GdB auf unter 50

43 Verringert sich der bei einem schwerbehinderten Menschen festgestellte GdB auf unter 50, ist zu beachten, dass der Schutz für diesen Personenkreis nicht „automatisch" verloren geht.

44 **Hinweis:** Dies ist insbesondere für den Schutz als schwerbehinderter Arbeitnehmer zu beachten, der so lange bestehen bleibt, bis dass entsprechend der Vorschrift des § 199 SGB IX die besonderen Regelungen für schwerbehinderte Menschen nicht mehr angewendet werden können.

45 Der GdB kann nur durch einen Bescheid der zuständigen Behörde geändert werden. Nach der ausdrücklichen Regelung in § 199 Abs. 1 Hs. 1 SGB IX sind die besonderen Regelungen für schwerbehinderte Menschen nach dem Wegfall der Voraussetzungen des § 2 Abs. 2 SGB IX nicht mehr anzuwenden; wenn sich der GdB auf weniger als 50 verringert, jedoch erst am Ende des dritten Kalendermonats nach dem Eintritt der Unanfechtbarkeit des die Verringerung feststellenden Bescheides (§ 199 Abs. 1 Hs. 2 SGB IX). Die „Unanfechtbarkeit" des Bescheides, also die sog „**formelle Bestandskraft**", tritt gem. § 77 SGG ein, wenn ein Rechtsbehelf (Klage, Berufung, Revision, Nichtzulassungsbeschwerde) nicht oder erfolglos eingelegt worden ist.[74]

46 **Beispiel:** Bei der Arbeitnehmerin A ist auf Grund einer Brustkrebserkrankung für den Zeitraum der Heilungsbewährung von fünf Jahren ein GdB von 50 festgestellt worden. Mit Bescheid vom 12.7.2015 wird von Amts wegen nach Überprüfung durch das Versorgungsamt der Gesamt-GdB von 50 auf 30 herabgesetzt. Gegen diesen Bescheid hat A am 10.8.2015 fristgerecht Widerspruch eingelegt (§ 84 Abs. 1 SGG – Frist für den Widerspruch: ein Monat nach Zustellung des Bescheides), woraufhin der Widerspruchsbescheid am 23.2.2016 erging, der den GdB von 30 bestätigte

---

72  BSG vom 9.8.1995 – 9 RVs 2/95.
73  Je nach Stadium des Tumors bzw. bei Lymphknotenbefall auch höher als 50.
74  Vgl. zur Unanfechtbarkeit bei Feststellungsbescheiden zum GdB: B. Schmidt in Meyer-Ladewig/Keller/Leitherer/Schmidt, § 77 Rn. 5 f.

und den Widerspruch von A als unbegründet zurückwies. Gegen diesen Widerspruchsbescheid hat A am 21.3.2016 fristgerecht Klage zum Sozialgericht erhoben (§ 87 SGG – Frist für die Klage: ein Monat nach Zustellung des Widerspruchsbescheides). Nach Einholung mehrerer Gutachten wurde die Klage mit Urteil vom 24.4.2017 als unbegründet abgewiesen; das Urteil wurde am 22.5.2017 zugestellt. Gegen dieses Urteil hat A sogar noch die Berufung am 19.6.2017 eingelegt (§ 151 Abs. 1 SGG – Frist für die Berufung: ein Monat nach Zustellung des schriftlichen Urteils). Die Berufung wurde durch das LSG nach Einholung eines weiteren Gutachtens mit Urteil vom 23.5.2018 abgewiesen; dieses Berufungsurteil wurde A am 26.6.2018 zugestellt. Die Frist für die Nichtzulassungsbeschwerde beträgt einen Monat nach Zustellung des Berufungsurteils (§ 160 a Abs. 1 S. 2 SGG). Die Nichtzulassungsbeschwerde legt A nicht ein. Damit tritt gem. § 77 SGG die formelle Bestandskraft des die Verringerung des GdB von 50 auf 30 feststellenden Bescheides am 26.7.2018 ein. Erst am Ende des dritten Kalendermonats nach dem 26.7.2018, also nach dem 31.10.2018, sind die besonderen Regelungen für schwerbehinderte Menschen nicht mehr anwendbar.

Durch die Einlegung von Rechtsbehelfen kann also ein schwerbehinderter Mensch 47 den Eintritt der formellen Bestandskraft noch für einen längeren Zeitraum hinausschieben. Bis zum Ende des dritten Kalendermonats nach Eintritt der formellen Bestandskraft des den GdB auf unter 50 verringernden Bescheides gelten die besonderen Regelungen für schwerbehinderte Menschen, auch im Arbeitsverhältnis oder bei der Verbeamtung, weiter. Bis zu diesem Zeitpunkt genießt der Betroffene, der den Rechtsweg beschreitet, den vollen Schutz als schwerbehinderter Mensch.

### 7. Rechtsmittel

Sowohl gegen einen Bescheid, mit dem ein GdB festgestellt wird, mit dem der Betrof- 48 fene nicht einverstanden ist, als auch gegen einen die Feststellung eines GdB ändernden Bescheids kann **Widerspruch** eingelegt werden. Die **Frist** für den Widerspruch beträgt einen Monat, nachdem der Bescheid dem Betroffenen bekannt gegeben worden, also zugestellt worden, ist; bei Bekanntgabe im Ausland beträgt die Frist drei Monate (§ 84 Abs. 1 SGG).[75] Gegen den Widerspruchsbescheid, der bei einer negativen Entscheidung über den Widerspruch ergeht, kann binnen Monatsfrist **Klage zum Sozialgericht** erhoben werden; bei Bekanntgabe im Ausland beträgt auch hier die Frist wie beim Widerspruch drei Monate (§ 87 SGG).[76]

**Beurteilungszeitpunkt** für die sozialgerichtliche Überprüfung des die Feststellung des GdB ändernden Bescheides ist der Zeitpunkt, zu dem der Widerspruchsbescheid von der Versorgungsbehörde erlassen wurde.

**Widerspruch und Klage haben aufschiebende Wirkung** (§ 86 a Abs. 1 S. 1 SGG), so 49 dass bei einem die Feststellung des GdB ändernden Bescheid dieser erst nach Abschluss des Widerspruchs- und Klageverfahrens in der letztmöglichen gerichtlichen Instanz rechtskräftig wird.

### IV. Gleichgestellte behinderte Menschen (§ 2 Abs. 3 SGB IX)

Schwerbehinderten Menschen gleichgestellt werden sollen nach der Regelung in § 2 50 Abs. 3 SGB IX

---

75  Vgl. dazu B. Schmidt in Meyer-Ladewig/Keller/Leitherer/Schmidt, § 84 Rn. 4.
76  Vgl. dazu B. Schmidt in Meyer-Ladewig/Keller/Leitherer/Schmidt, § 87 Rn. 3 ff.

Menschen mit Behinderungen mit einem Grad der Behinderung von weniger als 50, aber wenigstens 30, bei denen die übrigen Voraussetzungen des Absatzes 2 vorliegen, wenn sie infolge ihrer Behinderung ohne die Gleichstellung einen geeigneten Arbeitsplatz im Sinne des § 156 *nicht erlangen* oder *nicht behalten* können (gleichgestellte behinderte Menschen).

51   Die Gleichstellung behinderter Menschen mit schwerbehinderten Menschen (§ 2 Abs. 3 SGB IX) erfolgt gem. § 151 Abs. 2 S. 1 SGB IX aufgrund einer Feststellung nach § 152 SGB IX auf Antrag des behinderten Menschen durch die **Bundesagentur für Arbeit**. Im Gegensatz zur bloß deklaratorischen Feststellung der Schwerbehinderteneigenschaft hat die Gleichstellung **konstitutive Wirkung**.[77]

### 1. Antrag

52   Für eine Gleichstellung muss zunächst eine Feststellung des Grades der Behinderung (GdB) durch die für die Durchführung des Bundesversorgungsgesetzes zuständigen Behörden erfolgen. Erst nach dieser Feststellung des GdB mit mindestens 30 kann der Betroffene bei der **für seinen Wohnort zuständigen Agentur für Arbeit**[78] die Gleichstellung mit einem schwerbehinderten Menschen beantragen. Es ist nicht notwendig, dass die Feststellung eines Gesamt-GdB von mindestens 30 rechtskräftig ist; daher kann eine Gleichstellung auch schon dann erfolgen, wenn die Feststellung eines GdB von mindestens 30 vorliegt, aber noch nicht endgültig ist.[79]

53   **Antragsberechtigt** ist nur der behinderte Mensch selbst; der **Arbeitgeber** eines behinderten Menschen kann weder einen Gleichstellungsantrag stellen noch Widerspruch gegen die Entscheidung der Arbeitsagentur einlegen.[80] Eine bestimmte **Form des Antrags** ist **nicht vorgeschrieben**, der Antrag kann also auch mündlich bei der für den Wohnsitz zuständigen Arbeitsagentur gestellt werden.[81]

54   Die Gleichstellung wird mit dem **Tag des Eingangs des Antrags wirksam** (§ 151 Abs. 2 S. 2 SGB IX). Kommt es somit zur Gleichstellung, tritt diese mit dem Tag des Eingangs des Antrags, also rückwirkend, in Kraft.

Der behinderte Mensch als Antragsteller hat die **Darlegungs- und Beweislast** für das Vorliegen der Voraussetzungen der Gleichstellung nach § 2 Abs. 3 SGB IX. **Maßgeblicher Zeitpunkt** für die Beurteilung einer Gleichstellung nach § 2 Abs. 2 SGB IX ist der Zeitpunkt der Antragstellung.[82]

55   **Hinweis:** Die Gleichstellung (§ 2 Abs. 3 SGB IX) begründet den Schutz für den behinderten Menschen somit erst durch den positiven Verwaltungsakt der Bundesagentur für Arbeit im Unterschied zu den kraft Gesetzes geschützten schwerbehinderten Menschen (§ 2 Abs. 3 SGB IX), bei denen durch die Anerkennung ein bestehender Rechtsschutz nur festgestellt wird.[83] Wegen dieser konstitutiven Wirkung der Gleich-

---

77   BAG vom 24.11.2005 – 2 AZR 514/04, NZA 2006, 665 (666) mwN.
78   Vgl. zur örtlichen Zuständigkeit Dau in LPK-SGB IX § 151 Rn. 7.
79   Neumann/Pahlen/Winkler/Jabben, § 2 Rn. 46 mwN.
80   BSG vom 19.12.2001 – B 11 Al 57/01 R, SozR 3-3870 § 2 Nr. 2 = NZA 2002, 664 = BSGE 89, 119.
81   Dau in LPK-SGB IX § 151 Rn. 7.
82   BSG vom 2.3.2000 – B 7 AL 46/99 R, BSGE 86, 10.
83   BAG vom 24.11.2005 – 2 AZR 514/04, NZA 2006, 665 (666) mwN; so auch BSG vom 2.3.2000 – B 7 AL 46/99 R, BSGE 86, 10.

stellung wird die **schriftliche Antragstellung** in jedem Falle **empfohlen**. Idealerweise sollte sogar der Antrag persönlich gestellt werden und der Antragsteller sich von der für ihn zuständigen Agentur für Arbeit eine Kopie mit Eingangsstempel mitgeben lassen, damit nachgewiesen werden kann, wann der Antrag gestellt worden ist. Die erst **nach Zugang der Kündigung beantragte Gleichstellung** hat für eine durch den Arbeitgeber ausgesprochene Kündigung keine Bedeutung mehr.[84] Darüber hinaus muss der Gleichstellungsantrag mindestens drei Wochen vor Zugang einer Arbeitgeberkündigung gestellt worden sein, damit der besondere Kündigungsschutz der §§ 168 ff. SGB IX auch für den gleichgestellten Arbeitnehmer gilt.[85]

## 2. Anspruch auf Gleichstellung

Die Gleichstellung „soll" nach § 2 Abs. 3 SGB IX erfolgen, ist also nicht in das freie 56 Ermessen der Bundesagentur für Arbeit gestellt, sondern durch die Sollvorschrift gebunden. Damit besteht ein **Rechtsanspruch auf Gleichstellung**; sie muss vorgenommen werden, wenn die in § 2 Abs. 3 SGB IX genannten Voraussetzungen gegeben sind. Nur in **atypischen Fällen**, in denen besondere Umstände entgegenstehen, etwa beim Bezug von Altersrente, kann im Einzelfall von der Gleichstellung abgesehen werden, oder dann, wenn der Behinderte im Einzelfall überhaupt nicht an der Erlangung eines geeigneten Arbeitsplatzes interessiert ist.[86]

Ob aber überhaupt ein atypischer Fall vorliegt, unterliegt als Rechtsvoraussetzung der uneingeschränkten gerichtlichen Überprüfung.[87]

## 3. Voraussetzungen der Gleichstellung

**Zweck der Gleichstellung** ist es, die ungünstige Konkurrenzsituation der behinderten 57 Menschen am Arbeitsplatz und auf dem Arbeitsmarkt zu verbessern und somit den Arbeitsplatz sicherer zu machen oder die Vermittlungschancen zu erhöhen.[88]

Der **Begriff des Arbeitsplatzes** ist in § 156 Abs. 1 SGB IX definiert. Danach sind Ar- 58 beitsplätze alle Stellen, auf denen Arbeitnehmerinnen und Arbeitnehmer beschäftigt werden. Der weite Arbeitsplatzbegriff des § 156 Abs. 1 SGB IX wird in Abs. 3 der Vorschrift des § 156 SGB IX allerdings dahingehend eingeschränkt, dass es sich um einen solchen mit einem Arbeitszeitaufwand von **18 Stunden pro Woche** handeln muss. Der behinderte Mensch muss daher über eine Resterwerbsfähigkeit verfügen, die ihm die Ausübung einer Beschäftigung von mindestens 18 Stunden pro Woche ermöglicht.[89] Der Arbeitsplatz muss auch für den behinderten Menschen „geeignet" sein. Der behinderte Mensch darf grundsätzlich durch die geschuldete Arbeitsleistung nicht gesundheitlich überfordert werden. Auf der anderen Seite führt das Auftreten

---

84 BAG vom 24.11.2005 – 2 AZR 514/04, NZA 2006, 665 (666) mwN.
85 BAG vom 1.3.2007 – 2 AZR 217/06, NZA 2008, 302.
86 BSG vom 2.3.2000 – B 7 AL 46/99 R, BSGE 86, 10, 16; BSG vom 1.3.2011 – B 7 AL 6/10 R, BSGE 108, 4; BSG vom 6.8.2014 – B 11 AL 5/14 R, Rn. 34, SozR 4-3250 § 2 Nr. 5; BSG vom 6.8.2014 – B 11 AL 16/13 R, SozR 4-3250 § 2 Nr. 6.
87 BSG vom 3.7.1991 – 9 b RAr 2/90, SozR 3-1300 § 48 Nr. 10.
88 BSG vom 1.3.2011 – B 7 AL 6/10 R, BSGE 108, 4; BSG vom 6.8.2014 – B 11 AL 16/13 R, Rn. 13, BSGE 116, 272.
89 BSG vom 6.8.2014 – B 11 AL 16/13 R, Rn. 17, BSGE 116, 272.

oder Hinzutreten einer behinderungsbedingten Einschränkung des beruflichen Leistungsvermögens für sich genommen noch nicht zum Wegfall der Geeignetheit des Arbeitsplatzes.[90]

59 Die **Geeignetheit des Arbeitsplatzes** bestimmt sich individuell-konkret nach dem Eignungs- und Leistungspotential des behinderten Menschen.[91] Die Bundesagentur für Arbeit und ggf. auch die Sozialgerichte haben die konkreten Behinderungen und ihre Auswirkungen auf die Eignung des behinderten Menschen für den **konkreten Arbeitsplatz** zu ermitteln. Danach haben sie zu entscheiden,

- ob der Arbeitsplatz entweder schon für sich betrachtet geeignet ist *oder*

- der Arbeitsplatz jedenfalls durch Umsetzung von Leistungen der Rehabilitationsträger oder des Arbeitgebers so umgestaltet werden kann, dass der behinderte Mensch die Anforderungen des Arbeitsplatzes erfüllen kann, ohne seinen Gesundheitszustand zu verschlechtern.[92]

60 Diese **konkrete Betrachtungsweise** bei der Prüfung der **Eignung des Arbeitsplatzes** ergibt sich bei Auslegung des § 2 Abs. 3 SGB IX nach seinem **Sinn und Zweck**. Eine Gleichstellung soll erfolgen, damit die Teilhabe des behinderten Menschen am Arbeitsleben gesichert wird.

61 Der **Erlangungstatbestand** der **ersten Alternative** des § 2 Abs. 3 SGB IX setzt voraus, dass der behinderte Mensch einen **konkreten Arbeitsplatz anstrebt**.[93] Dabei ist nicht Voraussetzung, dass ein Antragsteller ohne Gleichstellung keinen geeigneten Arbeitsplatz innehat; daher kann eine Gleichstellung **auch bei Innehaben eines geeigneten Arbeitsplatzes zur Erlangung eines neuen Arbeitsplatzes** begehrt werden.[94] Das Recht auf Gleichstellung zur Erlangung eines Arbeitsplatzes haben also nicht nur arbeitslose behinderte Menschen, sondern auch behinderte Menschen, die sich beruflich verändern wollen.[95] Somit umfasst das Recht auf Gleichstellung auch, dass ein diskriminierungsfreier Zugang zur Ausübung der entsprechenden Tätigkeit gerade im **Beamtenverhältnis** ermöglicht wird.[96]

62 Nach der **zweiten Alternative** des § 2 Abs. 3 SGB IX („**behalten können**") hat eine Gleichstellung zu erfolgen, um dem behinderten Menschen das **Behalten seines konkreten Arbeitsplatzes** zu ermöglichen.[97]

63 Zwischen der Behinderung und der Erforderlichkeit der Gleichstellung muss ein **Ursachenzusammenhang** bestehen („infolge"). Ein solcher liegt vor, wenn bei wertender Betrachtung in der Art und Schwere der Behinderung die Schwierigkeit begründet ist,

---

90 BSG vom 6.8.2014 – B 11 AL 16/13 R, Rn. 18, BSGE 116, 272.
91 BSG vom 2.3.2000 – B 7 AL 46/99 R, Rn. 16, BSGE 86, 10; BSG vom 6.8.2014 – B 11 AL 16/13 R, Rn. 19, BSGE 116, 272.
92 BSG vom 6.8.2014 – B 11 AL 16/13 R, Rn. 19, BSGE 116, 272.
93 BSG vom 6.8.2014 – B 11 AL 5/14 R, Rn. 19, SozR 4-3250 § 2 Nr. 5.
94 BSG vom 6.8.2014 – B 11 AL 5/14 R, Rn. 23, SozR 4-3250 § 2 Nr. 5.
95 BSG vom 6.8.2014 – B 11 AL 5/14 R, Rn. 24, SozR 4-3250 § 2 Nr. 5.
96 BSG vom 6.8.2014 – B 11 AL 5/14 R, Rn. 24, SozR 4-3250 § 2 Nr. 5 unter Hinweis auf OVG Niedersachsen vom 25.1.2011 – 5 LC 190/09; LSG Hessen vom 19.6.2013 – L 6 AL 116/12.
97 BSG vom 6.8.2014 – B 11 AL 16/13 R, Rn. 20, 21, BSGE 116, 272; BSG vom 6.8.2014 – B 11 AL 5/14 R, Rn. 19 ff., SozR 4-3250 § 2 Nr. 5.

den geeigneten Arbeitsplatz zu behalten.[98] Für diese **Kausalitätsprüfung** ist darauf abzustellen, ob die Behinderung zumindest eine wesentliche Mitursache für die **Arbeitsmarktprobleme** des behinderten Menschen ist.[99]

**Anhaltspunkte für eine behinderungsbedingte Gefährdung des Arbeitsplatzes** können ua sein

- wiederholte/häufige behinderungsbedingte Fehlzeiten,[100]

- behinderungsbedingt verminderte Arbeitsleistung auch bei behinderungsgerecht ausgestattetem Arbeitsplatz,

- dauernde verminderte Belastbarkeit für die mit dem Arbeitsplatz verbundenen Anforderungen,

- Abmahnungen oder Abfindungsangebote im Zusammenhang mit behinderungsbedingt verminderter Leistungsfähigkeit,

- auf Dauer notwendige Hilfeleistung anderer Mitarbeiter,

- eingeschränkte berufliche und/oder regionale Mobilität aufgrund der Behinderung.

Um die Anknüpfungstatsachen für die Kausalitätsprüfung sachgerecht zu erheben, **64** kann sich eine **Arbeitgeberanfrage** eignen.[101] Auch die Betriebs- und Personalvertretungen können zur Situation behinderter Menschen bei dem Arbeitgeber angehört werden.[102]

Dagegen reichen **65**

- betriebliche Defizite wie Missverständnisse, nicht geklärte Zuständigkeiten, ein unfreundlicher Umgang miteinander, unklare Arbeitsanweisungen,

- fachliche Defizite,

- ein fehlendes Verständnis für die jeweilige Situation des anderen oder auch

- persönliche Schwierigkeiten mit dem Vorgesetzten

nicht aus, weil diese Umstände nicht auf der Behinderung beruhen.[103] Um den Kausalzusammenhang zwischen Behinderung und Erforderlichkeit der Gleichstellung annehmen zu können, ist keine absolute Sicherheit iSd Vollbeweises erforderlich. Vielmehr genügt – wie auch sonst bei sozialrechtlichen Kausalitätsprüfungen –, dass **der Arbeitsplatz durch die Gleichstellung mit hinreichender Wahrscheinlichkeit sicherer gemacht werden kann.**[104]

---

98  BSG vom 1.3.2011 – B 7 AL 6/10 R, BSGE 108, 4; BSG vom 6.8.2014 – B 11 AL 16/13 R, Rn. 22, BSGE 116, 272.
99  BSG vom 2.3.2000 – B 7 AL 46/99 R, BSGE 86, 10; BSG vom 6.8.2014 – B 11 AL 16/13 R, Rn. 22 mwN.
100  BSG vom 6.8.2014 – B 11 AL 16/13 R, Rn. 24.
101  BSG vom 6.8.2014 – B 11 AL 16/13 R, Rn. 24 unter Hinweis auf LSG Schleswig-Holstein vom 14.12.2012 – L 3 AL 36/11.
102  BSG vom 6.8.2014 – B 11 AL 16/13 R, Rn. 24.
103  BSG vom 6.8.2014 – B 11 AL 16/13 R, Rn. 22 unter Hinweis auf LSG Baden-Württemberg vom 18.1.2011 – L 13 AL 3853/10.
104  BSG vom 6.8.2014 – B 11 AL 16/13 R, Rn. 23 unter Hinweis auf BSG vom 2.3.2000 – B 7 AL 46/99 R, BSGE 86, 10; vgl. dazu auch ErfK/Rolfs, SGB IX § 151 Rn. 12.

66 Der behinderte Mensch soll bei der zweiten Alternative („*nicht behalten können*") in das Arbeitsleben integriert bleiben. Er kann deshalb einerseits nicht darauf verwiesen werden abzuwarten, bis der Arbeitgeber Maßnahmen ergreift, die auf die Beendigung des Arbeitsverhältnisses zielen. In einer solchen Situation käme eine Gleichstellung nach § 2 Abs. 2 SGB IX in aller Regel zu spät. Andererseits **reicht** eine **rein abstrakte Gefährdung nicht aus**, weil – „abstrakt" betrachtet – das Arbeitsverhältnis des leistungsgeminderten behinderten Menschen stets gefährdet sein kann.[105]

67 Ein **wesentlicher** bei der Kausalitätsprüfung zu berücksichtigender **Umstand** ist daher die **arbeitsrechtliche Sicherung**, die der behinderte Mensch auf dem konkreten Arbeitsplatz (§ 156 SGB IX) erlangt hat.[106] So steht der Status des **Beamten** oder **Richters** oder die **langjährige Beschäftigung im öffentlichen Dienst** (Arbeitnehmer mit besonderem Kündigungsschutz) einer Gleichstellung mit einem schwerbehinderten Menschen in der Regel entgegen.[107] Anderes gilt aber, sofern ausnahmsweise **besondere Umstände** vorliegen, die eine Gleichstellung gebieten.[108] Ebenso haben tariflich unkündbare Arbeitnehmer ein bestandsgeschütztes Arbeitsverhältnis inne, das sie nur unter qualifizierten Voraussetzungen verlieren können oder selbst aufgeben müssen. Haben behinderte Menschen solchermaßen geschützte Arbeitsplätze inne, bedürfen sie zur weiteren Teilhabe am Arbeitsleben in der Regel keiner Gleichstellung. Hierin liegt nach Auffassung des BSG keine Benachteiligung dieser Personengruppe.[109] Im Ausnahmefall bedarf es einer besonderen Begründung, warum der Arbeitsplatz nachvollziehbar unsicherer ist als bei einem nichtbehinderten Kollegen. Dies ist etwa dann der Fall, wenn eine außerordentliche Kündigung wegen behinderungsbedingter Fehlzeiten droht und aus diesem Grund die Gleichstellung den Arbeitsplatz sicherer macht[110] oder wenn eine Versetzung oder Umsetzung auf einen anderen nicht gleichwertigen Arbeitsplatz droht.[111]

68 Bei dem in **§ 15 KSchG genannten Personenkreis** und **Schwerbehindertenvertretungen** (§ 179 Abs. 3 SGB IX), die besonderen Kündigungsschutz genießen, kommt dagegen eine **Gleichstellung** durchaus in Betracht, da der Kündigungsausschluss nur zeitweise besteht und überdies in den Fällen der §§ 15 Abs. 4 und 5 KSchG ganz entfällt.

69 Die Bundesagentur für Arbeit kann die **Gleichstellung befristen** (§ 151 Abs. 2 S. 3 SGB IX), also entweder zeitlich begrenzen oder auf unbestimmte Zeit aussprechen.[112] Nach § 199 Abs. 2 S. 2 SGB IX ist der **Widerruf** der Gleichstellung zulässig, wenn die Voraussetzungen nach § 2 Abs. 3 iVm § 151 Abs. 2 SGB IX weggefallen sind.[113]

---

105 BSG vom 6.8.2014 – B 11 AL 16/13 R, Rn. 26.
106 BSG vom 6.8.2014 – B 11 AL 16/13 R, Rn. 27.
107 BSG vom 6.8.2014 – B 11 AL 16/13 R, Rn. 27; BSG vom 1.3.2011 – B 7 AL 6/10 R, Rn. 13; vgl. zur Ausnahme BSG vom 6.8.2014 – B 11 AL 5/14 R, wonach die Gleichstellung erforderlich sein kann, um die Ausübung der Tätigkeit gerade im Beamtenverhältnis zu ermöglichen.
108 BSG vom 6.8.2014 – B 11 AL 16/13 R, Rn. 27 unter Hinweis auf BSG vom 1.3.2011 – B 7 AL 6/10 R, BSGE 108, 4 = SozR 4-3250 § 2 Nr. 4.
109 BSG vom 6.8.2014 – B 11 AL 16/13 R, Rn. 28.
110 Neumann/Pahlen/Winkler/Jabben, § 2 Rn. 51 mwN.
111 BSG vom 1.3.2011 – B 7 AL 6/10 R, SozR 4-3250 § 2 Nr. 4 = BSGE 108, 4 ff. = NJW 2011, 3117 ff., Rn. 13 mwN.
112 Vgl. dazu Dau in LPK-SGB IX § 151 Rn. 9; Neumann/Pahlen/Winkler/Jabben, § 151 Rn. 15 ff.
113 Vgl. dazu auch Koch in Schaub, § 178 Rn. 31; Neumann/Pahlen/Winkler/Jabben, § 151 Rn. 25.

Der Betroffene genießt jedoch auch bei Aufhebung des Gleichstellungsbescheides 70
durch Widerruf oder Rücknahme der Gleichstellung zunächst **Bestandsschutz.** Gem.
§ 199 Abs. 2 S. 3 SGB IX wird der Widerruf der Gleichstellung erst am Ende des dritten Kalendermonats nach Eintritt seiner Unanfechtbarkeit wirksam.

**Beispiel:** Bei der angestellten Lehrerin L ist auf Grund eines Bandscheibenvorfalls der Wirbel- 71
säule ein GdB von 30 festgestellt worden. Sie hatte die Gleichstellung mit einem schwerbehinderten Menschen am 13.6.2016 beantragt; die Gleichstellung erfolgte durch die Bundesagentur
für Arbeit gem. § 151 Abs. 2 S. 2 SGB IX rückwirkend ab dem Tag dieser Antragstellung am
13.6.2016. Mit Bescheid vom 13.7.2017 wurde die Gleichstellung widerrufen, weil L zwischenzeitlich auf Lebenszeit verbeamtet worden war. Gegen diesen Bescheid hatte L am 10.8.2017 fristgerecht Widerspruch eingelegt (§ 84 Abs. 1 SGG – Frist für den Widerspruch: ein Monat nach Zustellung des Bescheides), woraufhin am 26.11.2017 der Widerspruchsbescheid erging, der den Widerruf der Gleichstellung bestätigte und den Widerspruch von L als unbegründet zurückwies.
Gegen diesen Widerspruchsbescheid hat L am 20.12.2017 fristgerecht Klage zum Sozialgericht erhoben (§ 87 Abs. 1 SGG – Frist für die Klage: ein Monat nach Zustellung des Widerspruchsbescheides). Mit Urteil vom 3.9.2018 wurde die Klage als unbegründet abgewiesen; das Urteil wurde am 24.9.2018 zugestellt. Gegen dieses Urteil hat L allerdings nach anwaltlicher Beratung
durch einen Fachanwalt für Sozialrecht keine Berufung eingelegt. Die Frist für die Berufung beträgt einen Monat nach Zustellung des erstinstanzlichen Urteils (§ 151 Abs. 1 SGG). Gem. § 77
SGG tritt die formelle Bestandskraft des Widerrufs der Gleichstellung am 24.10.2015 ein, also mit
Ablauf der Frist für den nicht eingelegten Rechtsbehelf der Berufung gegen das erstinstanzliche
Urteil. Gem. § 199 Abs. 2 S. 3 SGB IX wird der Widerruf aber erst am Ende des dritten Kalendermonats nach dem 24.10.2018, also am 31.1.2019, wirksam. Erst nach diesem Zeitpunkt sind die besonderen Regelungen für schwerbehinderte Menschen nicht mehr anwendbar. Bis zu diesem
Zeitpunkt genießt der Gleichgestellte, der den Rechtsweg gegen den Widerruf der Gleichstellung beschreitet, den vollen Schutz als schwerbehinderter Mensch.

Bis zur Beendigung der Anwendung der besonderen Regelungen für schwerbehinder- 72
te und ihnen gleichgestellte Menschen werden die behinderten Menschen dem Arbeitgeber auch auf die Zahl der Pflichtarbeitsplätze für schwerbehinderte Menschen angerechnet.

### 4. Wirkungen der Gleichstellung

Auf gleichgestellte Menschen werden die besonderen Regelungen für schwerbehinder- 73
te Menschen mit Ausnahme des § 208 SGB IX (Zusatzurlaub) und des Kapitels 13
des zweiten Teils des SGB IX (Unentgeltliche Beförderung schwerbehinderter Menschen im öffentlichen Personennahverkehr) angewandt (§ 151 Abs. 3 SGB IX).
Gleichgestellte behinderte Menschen sind also im Arbeitsleben von Seiten der Arbeitgeber **wie schwerbehinderte Menschen zu behandeln.** Sie haben allerdings **keinen Anspruch** auf den **bezahlten Zusatzurlaub** von fünf Arbeitstagen im Urlaubsjahr (§ 208
SGB IX) und keinen Anspruch auf unentgeltliche Beförderung im öffentlichen Personennahverkehr (Kapitel 13 des dritten Teils des SGB IX – §§ 228 ff. SGB IX). Soweit
es um die Auslegung von Tarifverträgen, Betriebs- und Inklusionsvereinbarungen
geht, muss im Einzelfall geprüft werden, ob die Ansprüche für schwerbehinderte
Menschen auch gleichgestellten behinderten Menschen zustehen sollen. Hier wird
aber regelmäßig davon auszugehen sein, dass bei einem Verweis auf „Schwerbehin-

derte" oder „schwerbehinderte Menschen" auch die „Gleichgestellten" miteinbezogen sein sollen.[114]

### 5. Rechtsmittel

74 Auch gegen einen die Gleichstellung ablehnenden Bescheid kann der behinderte Mensch binnen eines Monats nach Bekanntgabe des Bescheides (§ 84 Abs. 1 SGG) **Widerspruch** einlegen. Der **Arbeitgeber** ist dagegen **nicht anfechtungsberechtigt**.[115] Gegen eine Zurückweisung des Widerspruches durch den Widerspruchsausschuss der Bundesagentur für Arbeit (§ 203 SGB IX) kann binnen eines Monats nach Bekanntgabe des Widerspruchsbescheides Klage **zum Sozialgericht** erhoben werden (§ 87 Abs. 1 SGG).

### V. Pflichten der Arbeitgeber im Zusammenhang mit der Beschäftigung schwerbehinderter Menschen

### 1. Beschäftigungspflicht der Arbeitgeber und Ausgleichsabgabe (§ 154 ff. SGB IX)

#### a) Beschäftigungspflicht der Arbeitgeber im Allgemeinen

75 Private und öffentliche Arbeitgeber haben unter bestimmten Voraussetzungen einen bestimmten Prozentsatz der Arbeitsplätze mit schwerbehinderten oder ihnen gleichgestellten Menschen zu besetzen, wobei sich diese Beschäftigungspflicht und ihr Umfang aus der Größe des Betriebes ergibt (§ 154 Abs. 1 SGB IX).[116] Dabei handelt es sich um eine öffentlich-rechtliche Verpflichtung. Ein individualrechtlicher Beschäftigungsanspruch des schwerbehinderten Menschen wird dadurch nicht begründet.[117]

76 Dieses Quoten- und Anreizsystem ist verfassungsgemäß, weil es geeignet ist, die berufliche Eingliederung Schwerbehinderter, die statistisch belegbar besondere Schwierigkeiten auf dem Arbeitsmarkt haben, zu fördern.[118] Beschäftigungspflicht und Ausgleichsabgabe sollen Arbeitgeber ua dazu anhalten, durch eigene Bemühungen wenigstens für einige Gruppen schwerbehinderter Menschen Arbeitsplätze bereit zu stellen und gezielt nach solchen Arbeitnehmern zu suchen.[119] Die Schwerbehindertenausgleichsabgabe verstößt auch nicht gegen das Recht der Europäischen Gemeinschaft, insbesondere nicht gegen die Dienstleistungsfreiheit,[120] und beinhaltet auch keine Inländerdiskriminierung.[121] **Schwerbehinderte Frauen** sind bei der Beschäftigungs-

---

114 Verneint für die Ermäßigung des Regelstundensatzes für sächsische Lehrer auf Grund allgemeiner Verwaltungsvorschrift, BAG vom 19.9.2000 – 9 AZR 516/99, ZTR 2001, 565.

115 BSG vom 19.12.2001 – B 11 Al 57/01 R, BSGE 89, 119 = NZA 2002, 664; so auch Neumann in Deinert/ Neumann (Hrsg.), HdB SGB IX, § 5 Rn. 19; Dau in LPK-SGB IX § 151 Rn. 17; differenzierend jedoch Neumann/Pahlen/Winkler/Jabben, § 151 Rn. 26 ff., die im Anfechtungsrecht des Arbeitgebers bejahen, wenn durch die Versagung der Gleichstellung die Anrechnung auf einen Pflichtplatz (§ 158 SGB IX) entfällt und der Arbeitgeber hinsichtlich der Ausgleichsabgabe in seinen Rechten beschränkt würde; vgl. dazu auch Schmidt, Behindertenrecht 2002, 141 ff.

116 Vgl. dazu ausführlich Deinert in Deinert/Neumann (Hrsg.), HdB SGB IX, § 17 Rn. 30 ff.

117 Vgl. dazu ausführlich Deinert in Deinert/Neumann (Hrsg.), HdB SGB IX, § 17 Rn. 30; Joussen in LPK-SGB IX § 154 Rn. 5 jeweils mwN.

118 BVerfG vom 26.5.1981 – 1 BvL 56/78, 1 BvL 57/78 und 1 BvL 58/78, AP Nr. 1 zu § 4 SchwbG; BVerfG vom 1.10.2004 – 1 BvR 2221/03, NZA 2005, 102 ff.; so auch BVerwG vom 13.12.2001 – 5 C 26/01, NZA 2002, 385 (386); vgl. auch Joussen in LPK-SGB IX § 154 Rn. 7 mwN.

119 BVerfG vom 10.11.2004 – 1 BvR 1785/01 ua, NZA 2005, 216 (217) mwN.

120 BVerwG vom 13.12.2001 – 5 C 26/01, NZA 2002, 385 (386).

121 Vgl. dazu Joussen in LPK-SGB IX § 154 Rn. 8 mwN.

pflicht besonders zu berücksichtigen (§ 154 Abs. 1 S. 2 SGB IX).[122] Diese Vorschrift hat aber für den einzelnen Arbeitgeber keinerlei verpflichtende Wirkung, sondern lediglich appellativen Charakter.[123]

§ 155 SGB IX verlangt für besondere Gruppen schwerbehinderter Menschen, und   77 zwar für diejenigen, die in Art oder Schwere ihrer Behinderung besonders betroffen sind (§ 155 Abs. 1 Nr. 1 a) bis e) SGB IX) und solche, die das 50. Lebensjahr vollendet haben (§ 155 Abs. 1 Nr. 2 SGB IX), dass diese im Rahmen der Erfüllung der Beschäftigungspflicht „in angemessenem Umfang" beschäftigt werden.[124] Auch diese Vorschrift hat nur appellativen Charakter, da jegliche Sanktion fehlt.[125] Dieser Personenkreis wird jedoch durch Mehrfachanrechnung nach § 159 SGB IX besonders gefördert.

### b) Beschäftigungspflichtige Arbeitgeber

Die Beschäftigungspflicht trifft im Grundsatz **private wie öffentliche Arbeitgeber** iSv   78 § 154 SGB IX.[126] Dabei müssen im Unternehmen **mindestens 20 Arbeitsplätze** iSv § 156 SGB IX vorhanden sein (§ 154 Abs. 1 S. 1 SGB IX),[127] wobei es nicht auf die Größe des Betriebes, sondern lediglich auf die Zahl der Arbeitnehmer ankommt, die im Unternehmen beschäftigt werden (Gesamtzahl der vom Arbeitgeber beschäftigten Arbeitnehmer), so dass auch Arbeitgeber mit mehreren kleinen Filialen erfasst werden.[128] Bei **Arbeitnehmerüberlassung** trifft die Verpflichtung zur Beschäftigung und zur Zahlung der Ausgleichsabgabe den Verleiher als Vertragsarbeitgeber der Leiharbeitnehmer.[129]

### c) Umfang der Beschäftigungspflicht

§ 154 Abs. 1 S. 1 SGB IX veranschlagt die **Mindestquote** (Pflichtquote) auf 5 %. Die-   79 se **Pflichtquote** ist zu erfüllen, unabhängig davon, ob freie Arbeitsplätze zur Verfügung stehen. Der Arbeitgeber kann also nicht einwenden, er verfüge nicht über genügend Arbeitsplätze für schwerbehinderte Menschen. Der Gesetzgeber hat vielmehr unterstellt, dass Arbeitgeber mit mehr als 20 Arbeitsplätzen in der Lage sind, schwerbehinderte Menschen zu beschäftigen.[130] Dabei sind gem. § 154 Abs. 1 S. 2 SGB IX schwerbehinderte Frauen besonders zu berücksichtigen.[131]

**Hinweis:** Sowohl der **Betriebs- bzw. der Personalrat**[132] als auch die **Schwerbehinder-**   80 **tenvertretung** haben die Aufgabe, darauf zu achten, dass der Arbeitgeber die ihm

---

122  Vgl. ausführlich Deinert in Deinert/Neumann (Hrsg.), HdB SGB IX, § 17 Rn. 43.
123  Joussen in LPK-SGB IX § 154 Rn. 8 mwN; Deinert in Deinert/Neumann (Hrsg.), HdB SGB IX, § 17 Rn. 43 spricht von einer „echten Rechtspflicht", die allerdings keine individuellen Rechtsansprüche begründe.
124  Vgl. dazu im Einzelnen Deinert in Deinert/Neumann (Hrsg.), HdB SGB IX, § 17 Rn. 44.
125  Vgl. dazu Joussen in LPK-SGB IX § 155 Rn. 9 mwN.
126  Vgl. dazu Koch in Schaub, § 178 Rn. 33; Joussen in LPK-SGB IX § 154 Rn. 9 mwN.
127  Vgl. dazu Joussen in LPK-SGB IX § 154 Rn. 30 mwN.
128  BVerfG vom 10.11.2004 – 1 BvR 1785/01 ua, NZA 2005, 216 f.; BVerwG vom 17.4.2003, NZA-RR 2004, 406 Ls.
129  BVerwG vom 13.12.2001 – 5 C 26/01, NZA 2002, 385.
130  BVerfG vom 10.11.2004 – 1 BvR 1785/01 ua, NZA 2005, 216 (217).
131  Vgl. dazu Joussen in LPK-SGB IX § 154 Rn. 30 mwN.
132  Als auch Richter-, Staatsanwalts- und Präsidialrat.

nach den §§ 154 und 155 SGB IX obliegenden Verpflichtungen erfüllt (§§ 176 S. 2, 178 Abs. 1 S. 2 Nr. 1 SGB IX).

81 Der **Umfang der Beschäftigungspflicht** richtet sich nach der Zahl der vorhandenen Arbeitsplätze, wobei die in § 156 Abs. 2 SGB IX aufgelisteten Arbeitsplätze nicht mitgerechnet werden.[133] Bei der Berechnung der Zahl der Pflichtplätze für Schwerbehinderte sind alle Arbeitsplätze im Direktionsbereich ein und desselben Arbeitgebers zusammenzufassen, unabhängig davon, ob die Arbeitsplätze über **mehrere Betriebe oder Filialen** verteilt sind oder nicht.[134] Zur Ermittlung des Umfangs der Beschäftigungspflicht werden von der Gesamtzahl der betrieblichen Arbeitsplätze zunächst die in § 156 Abs. 2 SGB IX genannten Stellen abgezogen.[135] Bei der Berechnung der Mindestanzahl von Arbeitsplätzen (20 Arbeitsplätze, § 154 Abs. 1 S. 1 SGB IX) und der Zahl der Arbeitsplätze, auf denen schwerbehinderte Menschen zu beschäftigen sind (Pflichtquote, § 154 Abs. 1 S. 1 SGB IX), zählen Stellen, auf denen **Auszubildende**[136] beschäftigt werden, ebenfalls nicht mit (§ 157 Abs. 1 S. 1 SGB IX). Das Gleiche gilt für Stellen, auf denen Rechts- oder Studienreferendare und -referendarinnen beschäftigt werden, die einen Rechtsanspruch auf Einstellung haben (§ 157 Abs. 1 S. 2 SGB IX).

82 Im Übrigen sind alle Stellen mitzuzählen, auf denen **abhängig beschäftigte Arbeitnehmer** tätig sind, und zwar ohne Rücksicht darauf, ob sie auf Dauer oder nur vorübergehend bestehen und welchen zeitlichen Umfang sie haben.[137] Diese Berechnung führt zu einer schwankenden Zahl der für die Beschäftigungspflicht zu berücksichtigenden Arbeitsplätze. Die Beschäftigungspflicht ist deshalb jeweils auf der Basis der Stichtage zu berechnen, die sich aus § 163 Abs. 2 und 3 SGB IX ergeben.

83 Ist ein Arbeitsplatz infolge von **Krankheit, Erholungsurlaub** oder sonstiger **Beurlaubung** nicht besetzt, so zählt er gleichwohl mit.[138] **Teilzeitarbeitsplätze,** die über 18 Stunden wöchentlich hinausgehen,[139] zählen nach Köpfen und **Schichtarbeitsplätze** werden entsprechend zwei- bzw. dreifach gezählt.[140] Dagegen ist nur von einem Arbeitsplatz auszugehen, wenn ein Arbeitnehmer während des laufenden Monats ausscheidet und seine Stelle neu wiederbesetzt wird.[141]

84 Die **Berechnungsformel** lautet dann:[142]

anrechnungspflichtige Arbeitsplätze nach § 156 SGB IX (A), multipliziert mit Pflichtsatz nach § 154 SGB IX (P), dividiert durch 100, also: (A x P): 100.

---

133 Vgl. zu diesen Arbeitsplätzen iSv § 156 Abs. 2 SGB IX – Joussen in LPK-SGB IX § 238 Rn. 6 ff.
134 BVerwG vom 17.4.2003 – 5 B 7/03, BehindertenR 2003, 222; vgl. auch Koch in Schaub, § 178 Rn. 35 mwN.
135 Vgl. zur Berechnung OVG Münster vom 31.10.2002 – 12 A 2567/02, DB 2003, 2449.
136 Auszubildende iSv § 157 Abs. 1 S. 1 SGB IX sind nur solche in einem Ausbildungsverhältnis nach § 3 BBiG, nicht aber zB Volontäre oder Praktikanten – Joussen in LPK-SGB IX § 157 Rn. 3 mwN.
137 Vgl. zu den Einzelheiten Koch in Schaub, § 178 Rn. 35.
138 BVerwG vom 16.12.2004 – 5 C 70/03, NJW 2005, 1674 (1676).
139 Teilzeitarbeitsplätze mit weniger als 18 Stunden wöchentlich zählen gem. § 156 Abs. 3 SGB IX nicht mit; vgl. dazu Joussen in LPK-SGB IX § 238 Rn. 21.
140 BSG vom 6.5.1994 – 7 RAr 68/93, SozR 3-3870 § 13 Nr. 2; Koch in Schaub, § 178 Rn. 35.
141 BSG vom 6.5.1994 – 7 RAr 68/93, SozR 3-3870 § 13 Nr. 2.
142 Vgl. dazu ausführlich mit entsprechenden Tabellen – Joussen in LPK-SGB IX § 160 Rn. 6 ff. mwN.

Damit steht die auf- oder abzurundende Zahl der zu beschäftigenden schwerbehinderten Menschen fest. Sich bei der Berechnung ergebende Bruchteile von 0,5 und mehr sind aufzurunden, bei Arbeitgebern mit jahresdurchschnittlich weniger als 60 Arbeitsplätzen abzurunden (§ 157 Abs. 2 SGB IX). 85

#### d) Anrechnung auf die Pflichtquote

Ein schwerbehinderter (§ 2 Abs. 2 SGB IX) oder gleichgestellter[143] (§ 2 Abs. 3 SGB IX) Mensch, der auf einem Arbeitsplatz iSv § 156 Abs. 1 oder Abs. 1 Nr. 1 oder 4 SGB IX beschäftigt wird, wird auf je einen Pflichtplatz angerechnet (§ 158 Abs. 1 SGB IX); ebenso wird der **Arbeitgeber** angerechnet, wenn er schwerbehindert ist (§ 158 Abs. 4 SGB IX).[144] Bei **mehreren Betrieben desselben Arbeitgebers** ist die Zahl der Pflichtplätze für alle Betriebe zusammen zu errechnen.[145] 86

§ 158 Abs. 2 SGB IX regelt die Anrechnung von **Teilzeitbeschäftigten** auf die Zahl der Pflichtarbeitsplätze.[146] Ein schwerbehinderter Mensch, der in Teilzeitbeschäftigung mehr als 18 Wochenstunden beschäftigt ist, wird auf einen Pflichtarbeitsplatz angerechnet (§ 158 Abs. 2 S. 1 SGB IX). Nur bei **Altersteilzeit** werden auch Teilzeitbeschäftigte mit einer wöchentlichen Arbeitszeit unter 18 Stunden gem. § 158 Abs. 2 S. 2 SGB IX angerechnet. 87

Nach § 158 Abs. 2 S. 3 SGB IX lässt die Bundesagentur für Arbeit eine Anrechnung auch bei einer wöchentlichen Beschäftigung von weniger als 18 Stunden zu, wenn die **Teilzeitbeschäftigung wegen Art oder Schwere der Behinderung notwendig** ist. Die Möglichkeit der Anrechnungszulassung besteht sowohl bei Begründung des Beschäftigungsverhältnisses als auch während dessen Laufzeit. Der **Antrag auf Anrechnungszulassung** ist formlos bei der örtlich zuständigen Agentur für Arbeit zu stellen; dies ist die für die Betriebsstätte zuständige Agentur für Arbeit oder bei arbeitslosen schwerbehinderten Menschen die Agentur für Arbeit am Wohnsitz.[147] Die Zulassung der Anrechnung ist von der Agentur für Arbeit bei Vorliegen der Voraussetzungen zu erteilen; ein Ermessensspielraum besteht nicht.[148] 88

Ein schwerbehinderter Mensch, der im Rahmen einer Maßnahme zur Förderung des Übergangs aus der Werkstatt für behinderte Menschen auf den allgemeinen Arbeitsmarkt (§ 5 Abs. 4 S. 1 WerkstättenVO) beschäftigt wird, wird auch für diese Zeit auf die Zahl der Pflichtarbeitsplätze angerechnet (§ 158 Abs. 3 SGB IX).[149] § 159 Abs. 1 SGB IX sieht zur Erleichterung der Eingliederung schwerbehinderter Menschen vor, dass eine **Mehrfachanrechnung**, also auf mehr als einen bis höchstens drei Pflichtarbeitsplätze, unter den dort genannten Voraussetzungen erfolgen kann, wenn die Teilhabe des schwerbehinderten Menschen am Arbeitsleben auf **besondere Schwierigkeiten** stößt. **Gründe** für solche besonderen Schwierigkeiten können sein: 89

---

143 Die Gleichstellung muss aber förmlich anerkannt sein – Joussen in LPK-SGB IX § 158 Rn. 14 jeweis mwN.
144 Vgl. dazu Joussen in LPK-SGB IX § 158 Rn. 10, 11 mwN auch zur Anrechnung von Geschäftsführern.
145 BVerwG vom 17.4.2003 – 5 B 7/03, BehindertenR 2003, 222.
146 Vgl. dazu Joussen in LPK-SGB IX § 158 Rn. 4 mwN sowie insgesamt zur Anrechnung auf die Pflichtarbeitsplätze gem. § 158 SGB IX Deinert in Deinert/Neumann (Hrsg.), HdB SGB IX, § 17 Rn. 46 ff.
147 Joussen in LPK-SGB IX § 158 Rn. 5 mwN.
148 Joussen in LPK-SGB IX § 158 Rn. 6 mwN.
149 Vgl. dazu im Einzelnen Joussen in LPK-SGB IX § 158 Rn. 8 mwN.

- die Art und Schwere der Behinderung, soweit sie – auf den konkreten Arbeitsplatz bezogen – eine wesentliche Leistungsminderung zur Folge hat,

- ein hohes Lebensalter,

- die besondere Ausstattung des Arbeitsplatzes mit technischen Arbeitshilfen,

- die Notwendigkeit der Einstellung eines Arbeitsassistenten, zB für einen Blinden,

- die Notwendigkeit der Zurverfügungstellung eines Kfz oder des Transportes für den täglichen Arbeitsweg.

90 Eine Mehrfachanrechnung kommt immer dann in Betracht, wenn die Beschäftigung des schwerbehinderten Menschen für den Arbeitgeber eine zusätzliche Belastung darstellt. Die für die Betriebsstätte zuständige Agentur für Arbeit entscheidet über eine Mehrfachanrechnung nach freiem Ermessen; ein **Rechtsanspruch besteht nicht**.[150] Der **Antrag auf Mehrfachanrechnung** kann formlos gestellt werden. **Antragsberechtigt** ist neben dem Arbeitgeber auch der schwerbehinderte Mensch selbst. Lehnt die zuständige Agentur für Arbeit die Mehrfachanrechnung ab, kann gegen den Bescheid binnen eines Monats **Widerspruch** (§ 84 Abs. 1 SGG) eingelegt und nach Ablehnung des Widerspruchs durch den Widerspruchsausschuss der Bundesagentur für Arbeit (§ 203 SGB IX) gegen den Widerspruchsbescheid binnen eines Monats **Klage** zum Sozialgericht erhoben werden (§ 87 Abs. 1 SGG).

91 Die Mehrfachanrechnung nach § 159 Abs. 1 S. 1 SGB IX ist auch bei schwerbehinderten Menschen im Anschluss an eine Beschäftigung in einer **Werkstatt für behinderte Menschen** und bei **teilzeitbeschäftigten** schwerbehinderten Menschen iSv § 158 Abs. 2 SGB IX möglich (§ 159 Abs. 1 S. 2 SGB IX). **Bis zur Beendigung der Anwendung der besonderen Regelungen** für schwerbehinderte und ihnen gleichgestellte Menschen werden die behinderten Menschen dem Arbeitgeber auf die Zahl der Pflichtarbeitsplätze für schwerbehinderte Menschen **angerechnet** (§ 199 Abs. 3 SGB IX).

### e) Pflicht zur Zahlung der Ausgleichsabgabe

92 Solange öffentliche oder private Arbeitgeber die vorgeschriebene Zahl von schwerbehinderten Menschen nicht beschäftigen, haben sie **für jeden unbesetzten Pflichtarbeitsplatz** monatlich eine Ausgleichsabgabe zu entrichten.[151] Dabei ist zu beachten, dass die Pflicht zur Zahlung der Ausgleichsabgabe nach § 160 SGB IX wegen Nichtbesetzung von Pflichtplätzen dem Arbeitgeber **kein Wahlrecht zwischen Beschäftigung und Ausgleichsabgabe** einräumt.[152] Die Zahlung der Ausgleichsabgabe hebt die Pflicht zur Beschäftigung schwerbehinderter Menschen nicht auf (§ 160 Abs. 1 S. 2 SGB IX).

---

150   Vgl. dazu SG Berlin vom 21.1.2013 – S 57 AL 1911/11; Joussen in LPK-SGB IX § 159 Rn. 18 mwN.
151   Vgl. zu Normzweck und Funktion der Ausgleichsabgabe Joussen in LPK-SGB IX § 160 Rn. 4 ff. mwN.
152   Deinert in Deinert/Neumann (Hrsg.), HdB SGB IX, § 17 Rn. 32.

Die **Verletzung der Beschäftigungspflicht** ist ungeachtet der Pflicht zur Zahlung der    93
Ausgleichsabgabe gem. § 156 Abs. 1 Nr. 1 SGB IX eine bußgeldbewehrte **Ordnungswidrigkeit** (§ 238 Abs. 1 Nr. 1 SGB IX).[153]

Auf die Gründe für die Verfehlung der Pflichtplatzquote kommt es nicht an. Diese    94
Arbeitgeber leisten auf diese Art und Weise einen Ausgleich zugunsten derjenigen, die
die Pflichtquote mit der Beschäftigung von schwerbehinderten oder gleichgestellten
Menschen erfüllen.[154] Auch eine Firma, die aus betrieblichen Gründen schwerbehinderte Menschen nicht einstellen kann, muss die gesetzlich vorgeschriebene Schwerbehindertenausgleichsabgabe gem. § 160 Abs. 1 SGB IX zahlen.[155]

Die **Höhe der Ausgleichsabgabe** liegt gem. der Regelung in § 160 Abs. 2 S. 1 SGB IX    95
zwischen **125 und 320 EUR monatlich** pro unbesetztem Pflichtarbeitsplatz. Die Einzelheiten der gestaffelten Berechnung ergeben sich aus § 160 Abs. 2 und 3 SGB IX.[156]
Die Verpflichtung zur Zahlung der Ausgleichsabgabe entsteht kraft Gesetzes; ein ihre
Höhe festsetzender Verwaltungsakt ist nicht erforderlich. Der Arbeitgeber hat jährlich bis zum 31.3. die Anzeige nach § 163 Abs. 2 SGB IX (vgl. dazu → Rn. 101 ff.) zu
erstatten und zugleich die Ausgleichsabgabe an das für seinen Sitz zuständige Integrationsamt abzuführen.[157] Die **Ausgleichsabgabe** darf nur für schwerbehinderte und
diesen gleichgestellte behinderte Menschen, die im Arbeitsleben stehen oder in das
Arbeitsleben eingegliedert werden, **Verwendung finden** (§ 160 Abs. 5 S. 1 SGB IX).[158]

## 2. Zusammenwirken der Arbeitgeber mit der Bundesagentur für Arbeit und den Integrationsämtern (§ 163 SGB IX)

Weitere umfassende Verpflichtungen für die Arbeitgeber sind in § 163 SGB IX gere-    96
gelt.

### a) Verzeichnis der schwerbehinderten und gleichgestellten Menschen (§ 163 Abs. 1 SGB IX)

Zunächst regelt § 163 Abs. 1 SGB IX, dass die Arbeitgeber gesondert für jeden Be-    97
trieb und jede Dienststelle ein **Verzeichnis der bei ihnen beschäftigten schwerbehinderten Menschen**, ihnen gleichgestellten behinderten Menschen und sonstigen an-
rechnungsfähigen Personen laufend zu führen haben und dieses Verzeichnis den Ver-
tretern der Bundesagentur für Arbeit und des Integrationsamtes, die für den Sitz des
Betriebes oder der Dienststelle zuständig sind, auf Verlangen vorzulegen haben. Diese
Vorschrift des § 163 Abs. 1 SGB IX betrifft sowohl private als auch öffentliche Arbeitgeber.[159] Diese Pflicht besteht unabhängig von der Beschäftigungspflicht nach

---

153  Vgl. dazu Deinert in Deinert/Neumann (Hrsg.), HdB SGB IX, § 17 Rn. 32; Hoffmann/Beyer in LPK-
SGB IX § 238 Rn. 12.
154  BVerfG vom 10.11.2004 – 1 BvR 1785/01 ua, NZA 2005, 216 (217) unter Hinweis auf BT-Drs. 7/656,
20.
155  OVG Koblenz vom 3.2.2006 – 7 A 11284/05, ArbRB 2006, 67.
156  Vgl. dazu ausführlich Deinert in Deinert/Neumann (Hrsg.), HdB SGB IX, § 17 Rn. 62 ff.; vgl. auch Joussen
in LPK-SGB IX § 160 Rn. 7 ff. mit Tabellen.
157  Vgl. zum Verwaltungsverfahren Deinert in Deinert/Neumann (Hrsg.), HdB SGB IX, § 17 Rn. 67 f.
158  Vgl. ausführlich zur Verwendung der Ausgleichsabgabe: Joussen in LPK-SGB IX § 160 Rn. 18 mwN; Koch
in Schaub, § 178 Rn. 39 ff.; Deinert in Deinert/Neumann (Hrsg.), HdB SGB IX, § 17 Rn. 71 ff.
159  Neumann/Pahlen/Winkler/Jabben, § 163 Rn. 2; Joussen in LPK-SGB IX § 163 Rn. 4.

§ 154 SGB IX und unabhängig von der Größe des Betriebes, so dass auch Arbeitgeber **mit Betrieben und Dienststellen unter 20 Arbeitsplätzen** das Verzeichnis der schwerbehinderten Menschen nach § 163 Abs. 1 SGB IX laufend zu führen haben. Dies ergibt sich sowohl aus dem Wortlaut von § 163 Abs. 1 SGB IX als auch aus dem Sinn und Zweck der Vorschrift, der darin besteht, eine Ermittlungs- und Überprüfungsgrundlage für das Bestehen und den Umfang der Beschäftigungspflicht und der Pflicht zur Zahlung der Ausgleichsabgabe zu schaffen.[160] Voraussetzung ist allerdings, dass ein „Betrieb" oder eine „Dienststelle" gegeben ist. Die Begriffe des selbstständigen Betriebes oder der Dienststelle bestimmen sich nach dem Betriebsverfassungsgesetz und dem Personalvertretungsrecht (§ 170 Abs. 1 S. 2 SGB IX).

98　Wenn kein selbstständiger Betrieb oder eine Dienststelle gegeben ist, sind die **Betriebsteile**, insbesondere die **Nebenbetriebe**, zusammenzurechnen und es muss ein **einheitliches Verzeichnis** geführt werden.[161] Das Verzeichnis muss laufend geführt werden, also Veränderungen zeitnah erfassen und immer auf dem neuesten Stand sein[162] sowie am Betriebssitz bzw. am Ort der Dienststelle aufbewahrt werden.[163]

99　Die **Form** des Verzeichnisses wird in § 163 Abs. 6 SGB IX insofern geregelt, als die Verwendung von Vordrucken der Bundesagentur für Arbeit zwingend vorgeschrieben wird. Mit der Software IW-Elan (früher: REHADAT-Elan) kann die Anzeige **elektronisch** erstattet werden.[164]

100　Ein Arbeitgeber, der das Verzeichnis nicht, nicht richtig, nicht vollständig oder nicht in der vorgeschriebenen Weise führt oder nicht oder nicht rechtzeitig vorlegt, handelt **ordnungswidrig** und kann mit einer **Geldbuße** von bis zu 10.000 EUR belegt werden (§ 238 Abs. 1 Nr. 2, Abs. 2 SGB IX). Davon erfasst wird aber nur die Nichterfüllung der Vorlagepflicht gegenüber der **zuständigen Agentur für Arbeit**, nicht aber die Nichtvorlage oder verspätete Vorlage des Verzeichnisses gegenüber einer **Arbeitnehmervertretung**, die aber ihren Vorlageanspruch im arbeitsgerichtlichen **Beschlussverfahren** nach § 2 a Abs. 1 Nr. 3 a ArbGG durchsetzen kann.[165]

**b)　Verpflichtung zur Datenübermittlung zwecks Prüfung der Beschäftigungs- und Ausgleichsabgabepflicht (§ 163 Abs. 2 SGB IX)**

101　Die Arbeitgeber haben darüber hinaus nach § 163 Abs. 2 S. 1 SGB IX der für ihren Sitz zuständigen Agentur für Arbeit einmal jährlich bis spätestens zum 31.3. für das vorangegangene Kalenderjahr, aufgegliedert nach Monaten, die Daten anzuzeigen, die zur Berechnung des Umfangs der Beschäftigungspflicht, zur Überwachung ihrer Erfüllung und der Ausgleichsabgabe notwendig sind. **Arbeitgeber**, die **nicht der Beschäftigungspflicht unterliegen**, also insgesamt nur über bis zu 20 Arbeitsplätze ver-

---

160　So die hM Neumann/Pahlen/Winkler/Jabben, § 163 Rn. 2; Deinert in Deinert/Neumann (Hrsg.), HdB SGB IX, § 17 Rn. 53; Joussen in LPK-SGB IX § 163 Rn. 4 mwN.
161　Neumann/Pahlen/Winkler/Jabben, § 163 Rn. 3.
162　Joussen in LPK-SGB IX § 163 Rn. 4 jeweils mwN.
163　Neumann/Pahlen/Winkler/Jabben, § 163 Rn. 3.
164　Vgl. dazu auch Neumann/Pahlen/Winkler/Jabben, § 163 Rn. 5, 6; Joussen in LPK-SGB IX § 163 Rn. 9 – die Software IW-Elan kann kostenlos unter www.iw-elan.de heruntergeladen werden.
165　Vgl. dazu Joussen in LPK-SGB IX § 163 Rn. 5.

fügen, haben die Anzeige **nur nach Aufforderung** durch die Bundesagentur für Arbeit zum Zwecke einer Teilerhebung alle fünf Jahre zu erstatten (§ 163 Abs. 4 SGB IX).

Auch für die Anzeige nach § 163 Abs. 2 SGB IX sind ausschließlich die geltenden **102** **Vordrucke der Bundesagentur für Arbeit** zu verwenden (§ 163 Abs. 6 SGB IX).[166] Der Anzeige sind das nach Abs. 1 geführte Verzeichnis sowie eine Kopie der Anzeige und des Verzeichnisses zur Weiterleitung an das für ihren Sitz zuständige Integrationsamt beizufügen (§ 163 Abs. 2 S. 2 SGB IX). Dem Betriebs-, Personal-, Richter-, Staatsanwalts- und Präsidialrat, der Schwerbehindertenvertretung (§ 176 SGB IX) und dem Inklusionsbeauftragten des Arbeitgebers (§ 181 SGB IX) ist je eine Kopie der Anzeige und des Verzeichnisses zu übermitteln (§ 163 Abs. 2 S. 3 SGB IX). **Zweck der Anzeigepflicht** ist es, den Dienststellen der Bundesagentur für Arbeit und den Integrationsämtern die Kenntnisse zu verschaffen, die zur Durchführung der gesetzlichen Bestimmungen notwendig sind.[167] Zeigt ein Arbeitgeber die Daten bis zum 30.6. nicht, nicht richtig oder nicht vollständig an, erlässt die **Bundesagentur für Arbeit** nach Prüfung in tatsächlicher sowie in rechtlicher Hinsicht einen **Feststellungsbescheid** über die zur Berechnung der Zahl der Pflichtarbeitsplätze für schwerbehinderte Menschen und der besetzten Arbeitsplätze notwendigen Daten (§ 163 Abs. 3 SGB IX).[168] Der Feststellungsbescheid tritt an die Stelle der Anzeige des Arbeitgebers oder korrigiert diese.[169] Das zuständige **Integrationsamt** legt dann auf der Grundlage dieses Feststellungsbescheides die zu zahlende **Ausgleichsabgabe** fest. Erstattet der Arbeitgeber die Anzeige aber in tatsächlicher Hinsicht richtig und vollständig, ist die Bundesagentur für Arbeit nicht befugt, einen Feststellungsbescheid über die vorhandenen Arbeitsplätze und die Zahl der beschäftigten Arbeitnehmer zu erlassen, selbst wenn der Arbeitgeber dabei eine unzutreffende rechtliche Wertung vorgenommen hat. Gleiches gilt, wenn der Arbeitgeber seiner Anzeigepflicht verspätet, aber noch vor Erlass eines Feststellungsbescheides, nachkommt; dann darf die Agentur für Arbeit keinen Feststellungsbescheid mehr erlassen.[170]

Die Verletzung dieser Anzeigepflicht stellt eine **Ordnungswidrigkeit** nach § 238 **103** Abs. 1 Nr. 3 SGB IX dar und kann mit Bußgeld geahndet werden. Auch die Nichtverwendung der Vordrucke der Bundesagentur für Arbeit fällt unter diesen Tatbestand einer Ordnungswidrigkeit, weil dann der Arbeitgeber die Anzeige nicht in der durch § 163 Abs. 6 SGB IX vorgeschriebenen Weise erstattet.[171]

### c) Auskunftspflicht (§ 163 Abs. 5 SGB IX)

Eine weitere in § 163 Abs. 5 SGB IX geregelte Auskunftspflicht verpflichtet alle **priva-** **104** **ten** und **öffentlichen Arbeitgeber**, auch wenn sie über weniger als 20 Arbeitsplätze verfügen,[172] dazu, auf Verlangen die zur Durchführung der besonderen Regelungen

---

166  Es ist auch möglich, die Anzeige elektronisch zu versenden, in diesem Fall braucht der Arbeitgeber kein Anzeigeformular mehr zu versenden. Das entsprechende Programm ist unter www.iw-elan.de abrufbar.
167  Vgl. dazu sowie zu den Einzelheiten der Anzeigepflicht Joussen in LPK-SGB IX § 163 Rn. 7 ff.
168  Vgl. zum Verfahren und den Rechtsschutzmöglichkeiten Joussen in LPK-SGB IX § 163 Rn. 13 mwN.
169  BSG vom 20.1.2000 – B 7 AL 26/99 R, NZS 2000, 573 (574).
170  BSG vom 20.1.2000 – B 7 AL 26/99 R, NZS 2000, 573 (574).
171  Neumann/Pahlen/Winkler/Jabben, § 163 Rn. 16 mwN; Hoffmann/Beyer in LPK-SGB IX § 238 Rn. 14.
172  Joussen in LPK-SGB IX § 163 Rn. 14; Neumann/Pahlen/Winkler/Jabben, § 163 Rn. 17.

zur Teilhabe schwerbehinderter und ihnen gleichgestellter behinderter Menschen am Arbeitsleben notwendigen Auskünfte zu erteilen, und zwar gegenüber der **Bundesagentur für Arbeit** und den **Integrationsämtern.** Aus dem **Zweck der Auskunftspflicht** ist zu folgern, dass nicht nur Auskünfte über die Zahl von Pflichtarbeitsplätzen, sondern auch über die mit dem gesetzlichen Schutz von schwerbehinderten Menschen zusammenhängenden Arbeitsbedingungen eingeholt werden können.[173] Die Auskünfte können **mündlich oder schriftlich** angefordert und erteilt werden, wobei das jeweilige Amt die Notwendigkeit seines Auskunftsersuchens glaubhaft zu machen hat.[174]

105 **Beispiel:** Auskünfte können erforderlich werden, um festzustellen, ob der Arbeitgeber beschäftigungspflichtig ist, ob er in angemessenem Umfang schwerbehinderte Menschen aus den Gruppen des § 155 SGB IX eingestellt hat oder ob der Betrieb in der Lage ist, schwerbehinderte Menschen über die Pflichtzahl hinaus zu beschäftigen. Als notwendig zu erachten sind auch alle Fragen, die mit der Arbeitszeit und sonstigen für den Schutz schwerbehinderter Menschen wesentlichen Arbeitsbedingungen, auch einzelner schwerbehinderter Menschen, zusammenhängen und die bei der Durchführung des Kündigungsschutzes auftreten.[175]

106 Aus dem Grundsatz der Verhältnismäßigkeit und einer Analogie zu § 65 SGB I folgt, dass die Bundesagentur für Arbeit und das Integrationsamt dann keinen Anspruch auf Auskunftserteilung haben, wenn sie sich die gewünschten Informationen selbst besorgen können. Der Arbeitgeber kann zudem gegen nicht erforderliche Auskünfte **Widerspruch** einlegen.[176] Die Verletzung der Auskunftsverpflichtung stellt eine **Ordnungswidrigkeit** dar und ist bußgeldbewehrt (§ 238 Abs. 1 Nr. 4 SGB IX).[177]

### d) Verpflichtung zum Einblick in den Betrieb (§ 163 Abs. 7 SGB IX)

107 Darüber hinaus sind alle Arbeitgeber gem. § 163 Abs. 7 SGB IX verpflichtet, den Beauftragten der Bundesagentur für Arbeit und der Integrationsämter einen **Einblick in den Betrieb zu gewähren,** soweit es im Interesse der schwerbehinderten Menschen erforderlich ist und Betriebs- und Dienstgeheimnisse nicht gefährdet werden. § 163 Abs. 7 SGB IX erfordert einen konkreten Bedarf für die Sachaufklärung.[178] Dabei kann der Einblick in den Betrieb sowohl im Interesse der beschäftigten schwerbehinderten Menschen notwendig werden, als auch der Feststellung dienen, ob und wie auf nicht besetzten Pflichtarbeitsplätzen schwerbehinderte Menschen und besondere Gruppen von schwerbehinderten Menschen iSv § 155 SGB IX oder etwa besonders Auszubildende mit einer Behinderung beschäftigt werden können,[179] wobei das Recht auf Einsichtnahme auf die Teile des Betriebes oder der Dienststelle beschränkt ist, deren Besichtigung zur Klärung der maßgeblichen Fragen erforderlich ist. Damit der Arbeitgeber dies erkennen kann, haben Arbeitsagentur und Integrationsamt die zu klärenden Fragen detailliert mitzuteilen.[180]

173 So Löschau/Marschner, Rn. 465.
174 Neumann/Pahlen/Winkler/Jabben, § 163 Rn. 18.
175 Neumann/Pahlen/Winkler/Jabben, § 163 Rn. 18; Joussen in LPK-SGB IX § 163 Rn. 14.
176 Vgl. dazu Neumann/Pahlen/Winkler/Jabben, § 163 Rn. 19.
177 Vgl. dazu Hoffmann/Beyer in LPK-SGB IX § 238 Rn. 15.
178 Vgl. dazu Neumann/Pahlen/Winkler/Jabben, § 163 Rn. 22.
179 Neumann/Pahlen/Winkler/Jabben, § 163 Rn. 22 mwN.
180 Joussen in LPK-SGB IX § 163 Rn. 15 mwN.

**Beispiel:** Im Zusammenhang mit einer beabsichtigten Kündigung ist streitig, welche Anforderungen der Arbeitsplatz an die Gesundheit des schwerbehinderten Arbeitnehmers stellt. Ist es erforderlich, dass sich ein Vertreter des Integrationsamtes selbst hiervon ein Bild macht, hat der Arbeitgeber im Rahmen einer Betriebsbegehung Einblick in den Betrieb zu gewähren.

Der **Arbeitgeber** kann die **Einblicknahme verweigern,** wenn hierdurch Betriebs- oder  108
Dienstgeheimnisse gefährdet werden. Was als **Betriebs- oder Dienstgeheimnis** anzusehen ist, bestimmt grundsätzlich der Arbeitgeber; er hat also ggf. seine Behauptung, dass es sich um eine für den Betrieb oder die Verwaltung wichtige und nicht für die Öffentlichkeit bestimmte Tatsache handelt, glaubhaft zu machen.[181] Unter einem Betriebs- oder Dienstgeheimnis wird jede im Zusammenhang mit einem Betrieb oder einer Dienststelle stehende Tatsache zu verstehen sein, die nicht offenkundig ist, sondern nur einem eng begrenzten Personenkreis bekannt ist und nach dem Willen des Betriebsinhabers oder des Dienststellenleiters aufgrund eines berechtigten wirtschaftlichen oder dienstlichen Interesses geheim gehalten werden soll.[182] Zu berücksichtigen ist aber auch, dass die Beauftragten der Behörden zur Geheimhaltung verpflichtet sind.[183] Ohne Grund darf nicht der gesamte Betrieb oder jeder Teil der Dienststelle in Augenschein genommen werden.[184]

Die schuldhafte Weigerung des Arbeitgebers, Einsicht in den Betrieb oder die Dienst-  109
stelle zu gewähren, oder die nicht rechtzeitige Einblicksgewährung durch den Arbeitgeber, kann ebenfalls als **Ordnungswidrigkeit** geahndet werden (§ 238 Abs. 1 Nr. 5 SGB IX).[185]

### e) Mitteilungspflicht der Vertrauenspersonen (§ 163 Abs. 8 SGB IX)

Nach § 163 Abs. 8 SGB IX sind vom Arbeitgeber unverzüglich nach der Wahl sowohl  110
die **Vertrauenspersonen der schwerbehinderten Menschen** (§ 177 Abs. 1 S. 1 bis 3 und § 180 Abs. 1 bis 5 SGB IX) als auch der **Inklusionsbeauftragte des Arbeitgebers**[186] für die Angelegenheiten der schwerbehinderten Menschen (§ 181 S. 1 SGB IX) gegenüber der für den Sitz des Betriebes oder der Dienststelle **zuständigen Agentur für Arbeit** und dem **Integrationsamt zu benennen.** Diese Vorschrift soll die Zusammenarbeit mit der Schwerbehindertenvertretung und dem Inklusionsbeauftragten des Arbeitgebers ermöglichen.[187] Die Meldung ist an die für den Sitz des jeweiligen Betriebes und der jeweiligen Dienststelle zuständige Agentur für Arbeit und an das zuständige Integrationsamt zu erstatten[188] und muss nach der Wahl der Schwerbehindertenvertretung

---

181 Vgl. dazu Neumann/Pahlen/Winkler/Jabben, § 163 Rn. 23.
182 Joussen in LPK-SGB IX § 163 Rn. 16 unter Hinweis auf BAG vom 26.2.1987 – 6 ABR 46/84, BAGE 55, 96; vgl. dazu auch Neumann/Pahlen/Winkler/Jabben, § 163 Rn. 24.
183 Die Beauftragten der Bundesagentur für Arbeit oder der Integrationsämter sind zur Geheimhaltung gem. der Regelung in § 213 SGB IX verpflichtet, vgl. dazu ausführlich Neumann/Pahlen/Winkler/Jabben, § 163 Rn. 24 ff.
184 Neumann/Pahlen/Winkler/Jabben, § 163 Rn. 23; Joussen in LPK-SGB IX § 163 Rn. 15.
185 Vgl. dazu Hoffmann/Beyer in LPK-SGB IX § 238 Rn. 16.
186 Gem. § 181 SGB IX bestellt der Arbeitgeber einen Inklusionsbeauftragten, der ihn in Angelegenheiten schwerbehinderter Menschen verantwortlich vertritt; falls erforderlich können auch mehrere Inklusionsbeauftragte bestellt werden. Dieser Inklusionsbeauftragte soll nach Möglichkeit ein schwerbehinderter Mensch sein und darauf achten, dass dem Arbeitgeber obliegende Verpflichtungen erfüllt werden.
187 Neumann/Pahlen/Winkler/Jabben, § 163 Rn. 27; Joussen in LPK-SGB IX § 163 Rn. 17.
188 Vgl. zu den Einzelheiten der Meldung, Neumann/Pahlen/Winkler/Jabben, § 163 Rn. 27 f.; Joussen in LPK-SGB IX § 163 Rn. 17.

(§ 177 SGB IX) und der Bestellung des Inklusionsbeauftragten (§ 181 SGB IX) „ohne schuldhaftes Zögern" („**unverzüglich**") erfolgen. Eine bestimmte **Form** ist nicht vorgeschrieben.[189]

111 **Hinweis:** Aus Beweisgründen sollten Arbeitgeber die Benennung nach § 163 Abs. 8 SGB IX immer **schriftlich** vornehmen.

112 Ein schuldhafter Verstoß gegen die Vorschrift wird als **Ordnungswidrigkeit** nach § 238 Abs. 1 Nr. 6 SGB IX geahndet.[190]

## VI. Einstellung schwerbehinderter Menschen

### 1. Fragerecht des Arbeitgebers nach der Schwerbehinderung

113 Bevor auf die Pflichten des Arbeitgebers bei der Einstellung schwerbehinderter Menschen – insbesondere nach § 164 Abs. 1 SGB IX – näher eingegangen wird, soll vorab die Frage geklärt werden, ob ein **Arbeitgeber** bei der **Einstellung eines Arbeitnehmers berechtigt** ist, diesen **nach einer Schwerbehinderung zu fragen**. Die Rechtsprechung gestand dem Arbeitgeber bei der Einstellung eines Arbeitnehmers grundsätzlich ein Fragerecht zu, wenn er ein „berechtigtes Interesse an der Beantwortung seiner Frage im Hinblick auf das Arbeitsverhältnis hatte".[191] In Bezug auf das Vorliegen einer **Schwerbehinderung** besteht sowohl in der Literatur als auch in der Rechtsprechung Einigkeit darüber, dass der Schwerbehinderte von sich aus nicht über die bestehende Schwerbehinderung aufklären muss, soweit ihm die vertraglich vereinbarte Tätigkeit dadurch nicht unmöglich gemacht wird.[192]

114 Nach der früheren Rechtsprechung des BAG hatte der Bewerber die Pflicht, auf die Frage nach der Schwerbehinderung wahrheitsgemäß zu antworten; ihm steht diesbezüglich also „kein Recht zur Lüge zu".[193] Begründet wurde diese Rechtsprechung mit der Überlegung, dass sich an die Schwerbehinderteneigenschaft des Arbeitnehmers für den Arbeitgeber zahlreiche gesetzliche Pflichten knüpfen, die – anders als die entsprechenden Pflichten bei Vorliegen einer Schwangerschaft – nicht bloß vorübergehender Natur, sondern dauerhaft und darüber hinaus auch nicht selten kostenintensiv sind. Dies begründe, so die Ansicht des BAG, ein berechtigtes Interesse des Arbeitgebers an der Frage nach dem Vorliegen einer Schwerbehinderung, das regelmäßig das

---

189  Neumann/Pahlen/Winkler/Jabben, § 163 Rn. 28.
190  Vgl. dazu Hoffmann/Beyer in LPK-SGB IX § 238 Rn. 17.
191  BAG vom 18.12.2000 – 2 AZR 380/99, NZA 2001, 315 mwN; Düwell in LPK-SGB IX § 168 Rn. 23 mwN; vgl. allgemein zum Fragerecht des Arbeitgebers Thüsing/Lambrich, BB 2002, 1146 ff.; Deinert in Deinert/Neumann (Hrsg.), HdB SGB IX, § 17 Rn. 4 ff.; Düwell in LPK-SGB IX § 168 Rn. 22 ff.
192  St. Rspr. des BAG, vgl. nur BAG vom 18.12.2000 – 2 AZR 380/99, NZA 2001, 315 mwN; vgl. dazu auch ausdrücklich BAG vom 18.9.2014 – 8 AZR 759/13, Rn. 40.
193  St. Rspr. des BAG (insgesamt 24 Entscheidungen), vgl. nur BAG vom 1.8.1985 – 2 AZR 101/83, BAGE 49, 214 = NZA 1986, 635; BAG vom 5.10.1995 – 2 AZR 923/94, BAGE 81, 120 = NZA 1996, 371; BAG vom 3.12.1998 – 2 AZR 754/97, NZA 1999, 584; BAG vom 18.12.2000 – 2 AZR 380/99, NZA 2001, 315; vgl. auch die Entscheidung des BAG vom 7.7.2011 – 2 AZR 396/10, NZA 2012, 34 (35), Rn. 17, wobei es in diesem Fall keiner Entscheidung darüber bedurfte, ob sich der Arbeitgeber weiterhin nach einer Anerkennung als Schwerbehinderter auch dann erkundigen darf, wenn die Behinderung für die Ausübung der vorgesehenen Tätigkeit ohne Bedeutung ist; die Frage, ob nach dem AGG die Frage nach der Schwerbehinderung generell zulässig ist, wurde in der weiteren Entscheidung des BAG vom 21.2.2013 – 8 AZR 180/12, NZA 2013, 840 (844), Rn. 52 ausdrücklich offen gelassen; vgl. zur Rechtsprechung des BAG auch Düwell in LPK-SGB IX § 168 Rn. 22 ff.

Interesse des Arbeitnehmers an der Wahrung seiner Privatsphäre überwiege. Eine Falschbeantwortung der Frage nach einer Schwerbehinderung des Arbeitnehmers berechtigte den Arbeitgeber nach der Rechtsprechung des BAG nur dann nicht zur **Anfechtung des Arbeitsvertrages**, wenn die Schwerbehinderung für den Arbeitgeber offensichtlich war und deshalb bei ihm kein Irrtum entstanden ist[194] oder die Täuschung für den Abschluss des Arbeitsvertrages nicht ursächlich war, also der Arbeitgeber den Arbeitnehmer auch eingestellt hätte, wenn er die Frage wahrheitsgemäß beantwortet hätte.[195]

Diese Rechtsprechung war in der Literatur überwiegend kritisiert worden und wurde vor dem Hintergrund des seit 1994 verfassungsrechtlich normierten **Diskriminierungsverbotes** in Art. 3 Abs. 3 S. 2 GG abgelehnt.[196] Teilweise wurde die Frage nach der Schwerbehinderung aber auch nach Inkrafttreten der Richtlinie des Rates zur Festlegung eines allgemeinen Rahmens für die Verwirklichung der Gleichbehandlung in Beschäftigung und Beruf (2000/78 EG) vom 27.11.2000[197] weiterhin für zulässig gehalten, solange sie nicht zur Diskriminierung eingesetzt wird.[198] Die vorherrschende Meinung in der Literatur und Rechtsprechung geht dagegen – zumindest nach Inkrafttreten des Diskriminierungsverbotes in § 165 Abs. 2 SGB IX – zutreffend davon aus, dass die **Frage nach dem Vorliegen einer Schwerbehinderung** bzw. danach, ob eine **Gleichstellung** nach § 2 Abs. 3 SGB IX vorliegt oder ein entsprechender Antrag gestellt wurde, **grundsätzlich als unzulässig anzusehen** ist und infolgedessen vom Bewerber auch nicht wahrheitsgemäß beantwortet werden muss.[199] Dies wird zu Recht damit begründet, dass die tätigkeitsneutrale Frage nach der Schwerbehinderung nicht lediglich darauf abzielt, berufliche Einschränkungen zu erfahren, die den Arbeitnehmer hindern, die geschuldete Tätigkeit auszuüben.[200] Insbesondere steht dem Arbeitgeber auch kein Anfechtungsrecht mehr gem. § 123 BGB zu, falls der Bewerber eine Schwerbehinderung auf entsprechende Nachfrage nicht offenbart.[201]

**Hinweis:** Arbeitgeber sollten keinesfalls mehr in ein Arbeitsvertragsformular die Formulierung aufnehmen „Der Mitarbeiter erklärt, dass er zum Zeitpunkt des Vertragsschlusses nicht schwerbehindert ist (oder: den Bestimmungen des SGB IX nicht unterliegt)." Allein hierin liegt bereits eine Benachteiligung wegen der Schwerbehinderung nach § 3 Abs. 1 S. 1 AGG, jedenfalls in den Fällen, in denen die Schwerbehinderung keinerlei Auswirkungen auf die auszuübende Tätigkeit haben kann. In einem solchen

115

116

---

194 BAG vom 18.12.2000 – 2 AZR 380/99, NZA 2001, 315.
195 BAG vom 7.7.2011 – 2 AZR 396/10, NZA 2012, 34 (35), Rn. 17.
196 Vgl. zum Diskussionsstand vor Inkrafttreten des AGG – Joussen, NJW 2003, 2857 (2859 f.); Düwell in LPK-SGB IX § 168 Rn. 22 ff.
197 AblEG Nr. L 303 v. 2.12.2000, 21.
198 Schaub, NZA 2003, 299 (301).
199 LAG Hamburg vom 30.11.2017 – 7 Sa 90/17, Rn. 58 ff.; so Joussen, NJW 2003, 2857 (2860); Messingschlager, NZA 2003, 301 (305); Thüsing/Lambrich, BB 2002, 1146 (1149); Rolfs/Paschke, BB 2002, 1260 (1261); Deinert in Deinert/Neumann (Hrsg.), HdB SGB IX, § 17 Rn. 19; Joussen, NZA 2007, 174 (176); Wisskirchen/Bissels, NZA 2007, 169 (173); Düwell, BB 2001, 1527 (1530); Düwell in LPK-SGB IX § 168 Rn. 23 ff.; LAG Hamburg vom 30.11.2017 – 7 Sa 90/17, Rn. 61 ff.; vgl. auch die Zusammenfassung des Meinungsstandes in der Entscheidung des BAG vom 7.7.2011 – 2 AZR 396/10, NZA 2012, 34 (35), Rn. 17.
200 LAG Hamburg vom 30.11.2017 – 7 Sa 90/17, Rn. 58; Düwell in LPK-SGB IX § 168 Rn. 36.
201 So auch LAG Hamm vom 19.10.2006 – 15 Sa 740/06; Düwell in LPK-SGB IX § 168 Rn. 30.

Fall hat der Arbeitnehmer einen Anspruch nach § 15 Abs. 2 S. 1 AGG auf eine angemessene Entschädigung in Geld.[202]

117 Nach diesseits vertretener Auffassung ist die **Frage** nach einer **Behinderung bei der Einstellung nur dann zulässig**, wenn bestimmte körperliche Funktionen, geistige Fähigkeiten oder die seelische Gesundheit wegen der Art der auszuübenden Tätigkeit oder der Bedingungen ihrer Ausübung eine **wesentliche und entscheidende berufliche Anforderung** darstellen, sofern der Zweck rechtmäßig und die Anforderung angemessen ist.[203] In diesem Fall ist auch gem. § 8 Abs. 1 AGG eine unterschiedliche Behandlung wegen der in § 1 AGG genannten Behinderung zulässig.[204]

118 Die vom BAG als Argument herangezogene fehlende gesetzliche Normierung eines **Diskriminierungsverbotes** ist nunmehr weggefallen. Nach § 7 Abs. 1 AGG dürfen Beschäftigte nicht wegen eines in § 1 AGG genannten Grundes benachteiligt werden. § 1 AGG nennt als Grund, weswegen Beschäftigte, auch bei der Einstellung, nicht diskriminiert werden dürfen, ausdrücklich auch eine „Behinderung". Damit ist eine „Behinderung" iSv § 2 Abs. 1 SGB IX gemeint;[205] der nationale Gesetzgeber hat Bezug auf die Legaldefinition des § 2 Abs. 1 SGB IX genommen.[206] Bei der Umsetzung der dem AGG zugrundeliegenden Richtlinie 2000/78/EG hat der Gesetzgeber damit deutlich gemacht, dass allein das Anknüpfen einer Auswahlentscheidung an das Vorliegen einer Behinderung bzw. Schwerbehinderung unzulässig ist.[207] Dass mit der Einstellung von Schwerbehinderten beim Arbeitgeber wirtschaftliche Nachteile und organisatorische Belastungen einhergehen können, soll dabei nicht verkannt werden. Diese werden aber zum einen – zumindest teilweise – durch die ebenfalls im SGB IX vorgesehenen **Leistungen an Arbeitgeber** (§ 185 Abs. 3 Nr. 2 SGB IX)[208] ausgeglichen. Darüber hinaus gehende wirtschaftliche und organisatorische Belastungen des Arbeitgebers sind nach der gesetzgeberischen Wertung unbeachtlich und damit hinzunehmen.[209]

119 Eine **Ausnahme** ist nur bei Vorliegen der Voraussetzungen des § **8 Abs. 1 AGG** gegeben, also dann, wenn die Art der Tätigkeit mit wesentlichen und entscheidenden unverzichtbaren Anforderungen verbunden ist, die aufgrund der vorhandenen individuellen Beeinträchtigung der behinderten Person objektiv nicht zu erbringen sind.

---

202 LAG Hamburg vom 30.11.2017 – 7 Sa 90/17, Rn. 87 ff.
203 In diesem Sinne auch Thüsing/Lambrich, BB 2002, 1146 (1149); LAG Hamm vom 19.10.2006 – 15 Sa 740/06; LAG Hamburg vom 30.11.2017 – 7 Sa 90/17, Rn. 62.
204 In diesem Sinne auch Joussen, NJW 2003, 2857 (2860) unter Bezugnahme auf die vor Inkrafttreten des AGG geltende Vorschrift des § 81 Abs. 2 Nr. 1 S. 4 SGB IX aF.
205 Wie hier: BAG vom 3.4.2007 – 9 AZR 823/06, NZA 2007, 1098 (1099); Wisskirchen/Bissels, NZA 2007, 169 (173); Annuß, BB 2006, 1631; Schiek, NZA 2004, 873 (881); aA Roesner, Allgemeines Gleichbehandlungsgesetz, A 6. a), S. 34.
206 BR-Drs. 329/06, 31.
207 In diesem Sinne auch Joussen, NZA 2007, 174 (177); vgl. zur Unvereinbarkeit des tätigkeitsneutralen Fragerechts mit Unionsrecht ausführlich Düwell in LPK-SGB IX § 168 Rn. 26.
208 Vgl. zu den Leistungen an Arbeitgeber ausführlich Deinert in Deinert/Neumann (Hrsg.), HdB SGB IX, § 11 Rn. 82 ff.; Schmidt, BEM, Rn. 194 ff.
209 So auch Wisskirchen/Bissels, NZA 2007, 169 (173) mwN.

**Beispiel:** Ein auf einem Auge blinder Mensch kann nicht als Pilot arbeiten, beispielsweise aber 120
als Fußballspieler. So gab es etwa schon einen Bundesligaspieler, der auf einem Auge blind
war.[210]

Auch besteht nach der Einstellung **keine Offenbarungspflicht** des schwerbehinderten 121
Beschäftigten in Bezug auf seine Schwerbehinderung. Eine solche Offenbarungspflicht kann auch nicht damit begründet werden, dass sonst der Arbeitgeber, der eine
ausreichende Zahl schwerbehinderter Menschen iSd § 154 SGB IX beschäftigt, zusätzlich noch einmal eine **Ausgleichsabgabe** gem. § 160 SGB IX zahlen müsste. Es besteht auch **keine Schadensersatzverpflichtung** des schwerbehinderten Arbeitnehmers
aus § 280 Abs. 1 BGB bei nicht erfolgter Offenbarung der Schwerbehinderung nach
Einstellung.[211]

Auch aus dem Arbeitsvertrag kann auf eine solch weitreichende **vertragliche Neben-** 122
**pflicht** nicht geschlossen werden. Nur die Verletzung einer solchen Nebenpflicht aus
dem Arbeitsvertrag würde aber Schadensersatzansprüche des Arbeitgebers aus § 280
Abs. 1 BGB begründen. Darüber hinaus ist zu berücksichtigen, dass der **besondere**
**Kündigungsschutz** nach §§ 168 ff. SGB IX für einen schwerbehinderten Arbeitnehmer
auch erst nach einem sechsmonatigen ununterbrochenen Bestehen des Arbeitsverhältnisses greift (§ 173 Abs. 1 Nr. 1 SGB IX). Wenn der schwerbehinderte Bewerber seine
Schwerbehinderteneigenschaft aus Gründen der Wahrung seiner Persönlichkeitsrech-
te nicht offenbaren möchte, muss er auch das Recht haben, diese Persönlichkeitsrech-
te nach der Einstellung zu schützen, indem er seine Schwerbehinderung nicht zu offenbaren braucht.[212] Dies gilt umso mehr, wenn während der ersten sechs Monate
des Arbeitsverhältnisses noch kein besonderer Kündigungsschutz aufgrund der
Schwerbehinderung besteht (§ 173 Abs. 1 Nr. 1 SGB IX).

In einer neueren Entscheidung hatte auch der 8. Senat des BAG in einem **obiter dic-** 123
**tum** ein **grundsätzliches Fragerecht des Arbeitgebers** nach der Schwerbehinderung bei
der Einstellung **abgelehnt.**[213] In der Bewerbersituation nachzufragen, welche Einschränkungen sich aus einer in den Bewerbungsunterlagen angegebenen Behinderung
ergeben, ist unter der Voraussetzung unbedenklich, dass damit die Verpflichtung zu
„angemessenen Vorkehrungen" (Art. 5 der Richtlinie 2000/78/E iVm Art. 27 Abs. 1
S. 2 Buchst. i, Art. 2 Unterabs. 4 des Übereinkommens der Vereinten Nationen vom
13.12.2006 über die Rechte von Menschen mit Behinderungen) zum Tragen kommt.
Eine solche, besonderen Umständen geschuldete Nachfrage im Bewerbungsgespräch
bezogen auf eine vom Bewerber selbst angeführte Schwerbehinderung ist nicht zu
verwechseln mit der „Frage nach der (Schwer)behinderung" oder der Anerkennung
als Schwerbehinderter.[214]

**Im bestehenden Arbeitsverhältnis** ist allerdings für die **Frage nach dem Vorliegen** 124
**einer Schwerbehinderung** bzw. nach einem diesbezüglich gestellten Antrag ein **berech-**

---

210  Diller verweist in NZA 2007, 1321 (1322) auf Wilfried Hannes, der von 1975 bis 1986 für Borussia
     Mönchengladbach spielte und dabei – als Abwehrspieler – 71 Tore erzielte. Er kam auf acht Länderspiele.
211  So aber Thüsing/Lambrich, BB 2002, 1146 (1149).
212  So auch LAG Hamburg vom 30.11.2017 – 7 Sa 90/17, Rn. 60.
213  BAG vom 18.9.2014 – 8 AZR 759/13, Rn. 40.
214  BAG vom 26.6.2014 – 8 AZR 547/13, Rn. 53 ff.

tigtes, billigenswertes und schutzwürdiges Interesse jedenfalls nach sechs Monaten (Frist des § 173 Abs. 1 Nr. 1 SGB IX) zu bejahen.[215] Die Frage ist insbesondere erforderlich, um dem Arbeitgeber ein rechtstreues Verhalten im Zusammenhang mit seinen Pflichten zur behinderungsgerechten Beschäftigung (§ 165 Abs. 4 S. 1 SGB IX), Zahlung einer Ausgleichsabgabe (§ 160 SGB IX) und auf Gewährung von Zusatzurlaub (§ 208 SGB IX) zu ermöglichen.[216] Die Frage nach der Schwerbehinderung ist aber auch **im Vorfeld einer beabsichtigten Kündigung** zulässig, damit der Arbeitgeber die Schwerbehinderung bei der Sozialauswahl gem. § 1 Abs. 3 KSchG berücksichtigen und damit er den Sonderkündigungsschutz nach §§ 168 SGB IX ff. beachten kann. Diese tätigkeitsneutrale Frage diskriminiert nach sechsmonatigem Bestand des Arbeitsverhältnisses den Arbeitnehmer wegen seiner Behinderung nicht unmittelbar iSd § 3 Abs. 1 S. 1 AGG; denn es gibt keine Handlungsalternativen.[217] In diesem Ausnahmefall ist auch nach diesseits vertretener Auffassung ein berechtigtes Interesse des Arbeitgebers nach dem Vorliegen der Schwerbehinderteneigenschaft anzunehmen, da der Schwerbehinderte sich in der hier vorliegenden Situation – anders als in der Situation der Stellenanbahnung – bereits in einer gesetzlich besonders geschützten Rechtsstellung befindet, die gerade zum Ziel hat, Diskriminierungen des Behinderten zu vermeiden, und der Arbeitgeber keine andere Möglichkeit hat, sich die zur Erfüllung seiner Pflichten im Zusammenhang mit der beabsichtigten Kündigung Kenntnis von der Schwerbehinderteneigenschaft rechtssicher zu verschaffen.[218] Auch datenschutzrechtliche Belange stehen der Zulässigkeit der Frage nicht entgegen.[219] Beantwortet der Arbeitnehmer diese zulässige Frage nicht oder unzutreffend, ist es ihm unter dem Gesichtspunkt von **Treu und Glauben verwehrt**, sich auf den Sonderkündigungsschutz als Schwerbehinderter **zu berufen.**[220]

### 2. Pflichten des Arbeitgebers bei der Stellenbesetzung (§ 164 Abs. 1 SGB IX)

125  Bei jeder Einstellung ist der Arbeitgeber grundsätzlich dazu verpflichtet, zu prüfen, ob freie Arbeitsplätze mit schwerbehinderten Menschen, insbesondere mit bei der Agentur für Arbeit arbeitslos oder arbeitsuchend gemeldeten schwerbehinderten Menschen, besetzt werden können (§ 164 Abs. 1 S. 1 SGB IX). Die Arbeitgeber nehmen frühzeitig mit der Agentur für Arbeit Verbindung auf (§ 164 Abs. 1 S. 2 SGB IX). **Zweck der Prüfungspflicht** ist es, die Einstellung und Beschäftigung schwerbehinderter Menschen zu fördern. Der Arbeitgeber verstößt gegen seine Pflichten, wenn er auf einem freien Arbeitsplatz einen nicht schwerbehinderten Menschen einstellt, ohne ge-

---

215  BAG vom 16.2.2012 – 6 AZR 553/10, NZA 2012, 555 (556), Rn. 13.
216  BAG vom 16.2.2012 – 6 AZR 553/10, NZA 2012, 555 (556), Rn. 13; vgl. dazu auch Düwell in LPK-SGB IX § 168 Rn. 30.
217  BAG vom 16.2.2012 – 6 AZR 553/10, NZA 2012, 555 (556), Rn. 19 ff.; vgl. dazu auch Düwell in LPK-SGB IX § 168 Rn. 30.
218  So auch BAG vom 16.2.2012 – 6 AZR 553/10, NZA 2012, 555 (556, 557) Rn. 15, 24, vgl. auch Rn. 16 ff. dieser Entscheidung des BAG – wonach die Einholung eines sog Negativattestes für den Arbeitgeber keine gleich geeignete Alternative zur Frage nach der Schwerbehinderung ist; in diesem Sinne auch Düwell in LPK-SGB IX § 168 Rn. 30.
219  BAG vom 16.2.2012 – 6 AZR 553/10, NZA 2012, 555 (558), Rn. 25 ff.
220  BAG vom 16.2.2012 – 6 AZR 553/10, NZA 2012, 555 (556), Rn. 1.

prüft zu haben, ob der Arbeitsplatz mit einem schwerbehinderten Menschen besetzt werden kann.[221]

Diese Pflicht des Arbeitgebers besteht unabhängig davon, ob Bewerbungen schwerbehinderter Menschen bereits vorliegen, ob der Arbeitgeber mehr als 20 Arbeitnehmer beschäftigt oder ob er seine **Pflichtquote nach § 154 SGB IX** bereits erfüllt hat oder nicht.[222] Erfüllt der Arbeitgeber die Pflichtquote, besteht insofern eine Ausnahme nur für die Verpflichtungen nach § 164 Abs. 1 S. 7–9 SGB IX.[223]

126

Streitig ist, ob die Verpflichtung des Arbeitgebers aus § 164 Abs. 1 SGB IX für alle Arten von Stellenbesetzungen gilt, also auch für **innerbetriebliche Versetzungen** oder **Umsetzungen**.[224] Dies ist zu bejahen, denn es entspricht dem Regelungszweck der weiteren Bestimmungen in § 164 SGB IX. In § 164 Abs. 1 S. 4 SGB IX wird nicht unterschieden, ob es sich um einen externen oder internen Bewerber handelt. Aus § 164 Abs. 4 S. 1 Nr. 2 und 3 SGB IX wird deutlich, dass der Arbeitgeber auch zu einer besonderen Förderung des beruflichen Weiterkommens des schwerbehinderten Menschen verpflichtet ist. Der Arbeitgeber hat daher unter Beteiligung der Schwerbehindertenvertretung zu prüfen, ob auch für einen bereits bei ihm beschäftigten Arbeitnehmer der freie Arbeitsplatz in Betracht kommt.[225] Teilweise wird unter Verweis auf die Neuregelung in § 165 S. 1 SGB IX[226] angenommen, die Ergänzung lege nahe, dass ein öffentlicher Arbeitgeber bei internen Stellenbesetzungen nicht mit der Agentur für Arbeit zu kooperieren habe und für private Arbeitgeber nichts anderes gelten könne.[227] Diese Auffassung verkennt jedoch, dass der Gesetzgeber mit der Neuregelung ausdrücklich nur den Wortlaut des § 165 S. 1 SGB IX geändert hat, bei dem es sich um besondere Regelungen für öffentliche Arbeitgeber handelt.[228]

127

Weder für durch **Drittmittel finanzierte Arbeitsplätze**[229] noch für mit Leiharbeitnehmern besetzte Arbeitsplätze gelten Ausnahmen, so dass auch vor der Besetzung einer freien Stelle mit einem **Leiharbeitnehmer** Arbeitgeber Besetzungsmöglichkeiten mit eigenen schwerbehinderten Arbeitnehmern prüfen müssen.[230] Eine Verletzung der nach

128

---

221 BAG vom 23.6.2010 – 7 ABR 3/09, NZA 2010, 1361 (1364), Rn. 25 mwN.
222 BAG vom 17.8.2010 – 9 AZR 839/08, NZA 2011, 153, Rn. 50; Neumann/Pahlen/Winkler/Jabben, SGB IX § 164 Rn. 2; Deinert in Deinert/Neumann (Hrsg.), HdB SGB IX, § 17 Rn. 80; ErfK/Rolfs, SGB IX § 164 Rn. 1 mwN; Düwell in LPK-SGB IX § 164 Rn. 108.
223 BAG vom 17.8.2010 – 9 AZR 839/08; NZA 2011, 131, Rn. 50; BAG vom 21.2.2013 – 8 AZR 180/12, NZA 2013, 840, Rn. 42, 44 mwN; vgl. auch Düwell in LPK-SGB IX § 164 Rn. 108.
224 Bejahend: BAG vom 17.8.2010 – 9 AZR 839/08, NZA 2011, 153, Rn. 39; LAG Hamm vom 23.1.2015 – 13 TaBV 44/14, BeckRS 2015, 66949; HessLAG vom 17.10.2006 – 4 TaBV 42/06; LAG Niedersachsen vom 19.11.2008 – 15 TaBV 159/07; Neumann/Pahlen/Winkler/Jabben, SGB IX § 164 Rn. 2; ausführlich Düwell in LPK-SGB IX § 164 Rn. 113 ff. mwN; ablehnend hingegen: LAG Köln vom 8.2.2010 – 5 TaBV 73/09 – BeckRS 2010, 69156; LAG Düsseldorf vom 30.10.2008 – 15 TaBV 114/08, BeckRS 2009, 53373.
225 So auch BAG vom 17.8.2010 – 9 AZR 839/08, NZA 2011, 153, Rn. 39; Düwell in LPK-SGB IX § 164 Rn. 113 mwN.
226 Die Neufassung des § 165 S. 1 SGB IX lautet wie folgt: „Die Dienststellen der öffentlichen Arbeitgeber melden den Agenturen für Arbeit frühzeitig nach einer erfolglosen Prüfung zur internen Besetzung des Arbeitsplatzes frei werdende und neu zu besetzende sowie neue Arbeitsplätze (§ 156)."
227 Schnelle, NZA 2017, 880 (881).
228 Vgl. dazu Düwell in LPK-SGB IX § 165 Rn. 2.
229 Vgl. dazu Düwell in LPK-SGB IX § 164 Rn. 118.
230 BAG vom 23.6.2010 – 7 ABR 3/09, NZA 2010, 1361 (1364), Rn. 28 ff.; ErfK/Rolfs, SGB IX § 164 Rn. 1; aA Edenfeld, NZA 2006, 126; vgl. ausführlich zum früheren Meinungsstreit Düwell in LPK-SGB IX § 164 Rn. 115.

§ 164 Abs. 1 S. 1 und 2 SGB IX bestehenden Prüf- und Kontrollpflicht **berechtigt den Betriebsrat** bei der Einstellung eines Leiharbeitnehmers **zur Verweigerung der Zustimmung** nach § 99 Abs. 2 Nr. 1 BetrVG.[231] Dem steht nicht entgegen, dass ein Verstoß des Arbeitgebers gegen seine Pflichten aus § 164 Abs. 1 S. 1 und 2 SGB IX nach der Rechtsprechung des BAG bei Versetzungen kein Zustimmungsverweigerungsrecht begründet. Dies wird durch das BAG damit begründet, dass bei Versetzungen schwerbehinderte Menschen nicht mit anderen, nicht schwerbehinderten externen Bewerbern konkurrieren, sondern wie diese zu Gunsten schon im Betrieb beschäftigter Arbeitnehmer von der Stellenbesetzung von vornherein ausgeschlossen sind. Außerdem werde durch die Versetzung eines bereits beschäftigten, nicht schwerbehinderten Menschen dem Arbeitsmarkt kein zur Verfügung stehender Arbeitsplatz zu Lasten der Gruppe der schwerbehinderten Menschen „entzogen". Demgegenüber werde bei der Einstellung eines Leiharbeitnehmers der frei gewordene oder neu geschaffene Arbeitsplatz mit einem externen, bislang noch nicht im Betrieb beschäftigten Arbeitnehmer besetzt, so dass sich die Stellenbesetzung nicht ausschließlich betriebsintern vollziehe.[232]

129   **Hinweis:** Die Prüfung nach § 164 Abs. 1 S. 1 SGB IX darf nicht erst dann einsetzen, wenn schon Bewerbungen vorliegen, unter denen sich ggf. auch Bewerbungen von schwerbehinderten Menschen befinden. Dies hat das BAG auch in seiner Entscheidung vom 17.8.2010 ausdrücklich klargestellt. Der Arbeitgeber hat unter Beteiligung der Schwerbehindertenvertretung zu prüfen, ob auch für einen **bereits bei ihm beschäftigten schwerbehinderten Arbeitnehmer** der freie Arbeitsplatz in Betracht kommt.[233] Soweit sich also nicht aus den Umständen des Einzelfalles eine Beschäftigung schwerbehinderter Menschen verbietet, wobei Beurteilungsgrundlage immer der der Behinderung angepasste und nicht nur der tatsächlich offerierte Arbeitsplatz ist, muss von vornherein auch die Einstellung schwerbehinderter Menschen in Betracht gezogen werden.[234] **Die Prüfung ist noch vor der Ausschreibung des freien Arbeitsplatzes vorzunehmen,** um zu gewährleisten, dass schwerbehinderte Menschen die Chance einer Beschäftigung bekommen, bevor personalpolitische Entscheidungen getroffen werden. Der Arbeitgeber genügt seiner Verpflichtung nach § 164 Abs. 1 S. 2 SGB IX, wenn er im Vorfeld jeder Stellenbesetzung rechtzeitig, dh vor dem Vorliegen von Bewerbungen und deren Auswertung, **mit der Arbeitsagentur Kontakt aufnimmt** und ihm kein geeigneter Arbeitnehmer benannt wird. Daher wird eine Anfrage mit einer möglichst genauen Arbeitsplatzbeschreibung, ggf. per E-Mail oder Fax, grundsätzlich – etwa eine Woche vor der externen oder internen Stellenausschreibung – empfohlen (vgl. dazu den Ablaufplan in → Rn. 141). In diesem Fall kann dem Arbeitgeber keine Pflichtverletzung vorgeworfen werden, an die Rechtsfolgen, wie Entschädigungs- bzw. Schadensersatzforderungen (§ 15 AGG) geknüpft werden könnten.

---

231   ArbG Frankfurt vom 7.3.2006 – 22 BV 856/05; BAG vom 23.6.2010 – 7 ABR 3/09, NZA 2010, 1361 (1364), Rn. 29 mwN.
232   BAG vom 23.6.2010 – 7 ABR 3/09, NZA 2010, 1361 (1364), Rn. 29 mwN.
233   BAG vom 17.8.2010 – 9 AZR 839/08, NZA 2011, 153, Rn. 39.
234   Neumann/Pahlen/Winkler/Jabben, SGB IX § 164 Rn. 2.

Die Bundesagentur für Arbeit oder ein Integrationsfachdienst schlägt den Arbeitge-  **130** bern geeignete schwerbehinderte Menschen vor (§ 164 Abs. 1 S. 3 SGB IX). Dabei können auch Betriebsbesuche der Mitarbeiter der Agentur für Arbeit in Betracht kommen, um sich so ein Bild davon zu machen, ob die Besetzung mit einem schwerbehinderten Arbeitnehmer möglich ist (§ 163 Abs. 7 SGB IX).

**Hinweis:** Insbesondere die **Schwerbehindertenvertrauenspersonen**, die gem. § 182  **131** Abs. 2 S. 2 SGB IX Verbindungspersonen zur Bundesagentur für Arbeit sind, sollten vermehrt auch die Agenturen für Arbeit ansprechen und darauf achten, dass das Verfahren der Prüfpflicht auch durch den Arbeitgeber eingehalten wird. Ihre Aufgabe ist es nach § 178 Abs. 1 S. 2 Nr. 1 SGB IX auch, darüber zu wachen, dass die dem Arbeitgeber nach § 164 SGB IX obliegenden Verpflichtungen erfüllt werden. Die sehr früh einsetzenden Informationspflichten des Arbeitgebers und die Beteiligungsrechte der Schwerbehindertenvertretung führen zu einer grundsätzlichen Beteiligung an der Personalplanung des Betriebes bzw. der Dienststelle bei der Besetzung von Stellen mit schwerbehinderten oder gleichgestellten Menschen. Bei einem Verstoß gegen die Prüfpflicht bezüglich einer Besetzung durch einen schwerbehinderten Bewerber besteht bei **Neueinstellungen** für den **Betriebsrat** ein **Zustimmungsverweigerungsrecht** analog zu § 99 Abs. 2 BetrVG.[235] Bei **Versetzungen** besteht dieses Zustimmungsverweigerungsrecht jedoch nicht.[236]

Über die Vermittlungsvorschläge und vorliegende Bewerbungen von schwerbehinder-  **132** ten Menschen haben die Arbeitgeber die **Schwerbehindertenvertretung** und die in § 176 SGB IX genannten Vertretungen (zB **Betriebsrat, Personalrat**) unmittelbar nach Eingang zu unterrichten (§ 164 Abs. 1 S. 4 SGB IX). Bei der Prüfung nach Satz 1 beteiligen die Arbeitgeber die Schwerbehindertenvertretung nach § 178 Abs. 2 SGB IX und hören die in § 176 SGB IX genannten Vertretungen an (§ 164 Abs. 1 S. 6 SGB IX). Während Betriebs- oder Personalrat „nur anzuhören" sind, was sich auf Unterrichtung und Entgegennahme einer eventuellen Stellungnahme beschränkt, ist die „Beteiligung" der Schwerbehindertenvertretung weitgehender, wie sich aus dem Verweis auf § 178 Abs. 2 SGB IX ergibt. Danach setzt die „Beteiligung" nach § 178 Abs. 2 SGB IX die unverzügliche und umfassende Unterrichtung und Anhörung der Schwerbehindertenvertretung voraus und zusätzlich noch die Begründung der getroffenen Entscheidung.

Die **Beteiligung der Schwerbehindertenvertretung** bedeutet, dass eine sachliche Aus-  **133** einandersetzung mit deren Äußerungen erforderlich ist. Die bloße Einräumung einer Gelegenheit zur Stellungnahme genügt dazu nicht; die Stellungnahme muss auch inhaltlich Gehör finden, ohne dass der Arbeitgeber aber dazu verpflichtet wäre, ihr zu folgen.[237]

---

235  BAG vom 10.11.1992 – 1 ABR 21/92, BB 1993, 367; BAG vom 23.6.2010 – 7 ABR 3/09, NZA 2010, 1361, Rn. 29; Düwell, BB 2001, 1527 (1528); Rolfs/Paschke, BB 2002, 1260 (1261) mwN.
236  BAG vom 17.6.2008 – 1 ABR 20/07, NZA 2008, 1139, Rn. 24 ff.
237  In diesem Sinne auch Deinert in Deinert/Neumann (Hrsg.), HdB SGB IX, § 17 Rn. 87; vgl. zur Art und Weise der Beteiligung der Schwerbehindertenvertretung auch Düwell in LPK-SGB IX § 164 Rn. 120.

134 **Hinweis:** Sowohl Betriebs-/Personalrat als auch insbesondere die Schwerbehindertenvertretung darf der Arbeitgeber **nicht erst nach einer Vorauswahl informieren,** ansonsten gehen ihre Rechte ins Leere.[238] Gegen § 164 Abs. 1 S. 4 SGB IX wird in der Praxis häufig verstoßen, weil es der übliche Weg ist, die Bewerbung eines schwerbehinderten Menschen gerade nicht sofort an den Betriebs- oder Personalrat und die Schwerbehindertenvertretung weiterzuleiten, sondern erst einmal alle eingehenden Bewerbungen zu sichten und eine Vorauswahl zu treffen. Ein Verstoß gegen die dargestellten Verfahrensvorschriften ist aber „Einfallstor" für einen **Schadensersatzanspruch** nach § 15 AGG, da die Verletzung der Verpflichtungen nach § 164 Abs. 1 SGB IX durch den Arbeitgeber die Vermutung einer Benachteiligung wegen Behinderung begründet (vgl. dazu → Rn. 191 ff.). Insofern sind Arbeitgeber gut beraten, die gesetzlich vorgeschriebenen Verfahrensvorschriften in §§ 164 Abs. 1, 178 Abs. 2 SGB IX auch einzuhalten, zumal die Verletzung einiger dieser Verfahrensvorschriften, nämlich die Verpflichtungen nach § 164 Abs. 1 S. 4 und 9 und § 178 Abs. 2 S. 1 Hs. 1 SGB IX, als **Ordnungswidrigkeit** auch mit einem **Bußgeld** von bis zu 10.000 EUR bedroht ist (§ 238 Abs. 1 Nr. 7 und 8 SGB IX).[239]

135 **Erfüllt der Arbeitgeber seine Beschäftigungspflicht nicht** und ist die Schwerbehindertenvertretung oder eine in § 176 SGB IX genannte Vertretung mit der beabsichtigten Entscheidung des Arbeitgebers nicht einverstanden, ist die Entscheidung des Arbeitgebers unter Darlegung der Gründe mit ihnen zu erörtern. Dabei wird auch der betroffene schwerbehinderte Mensch angehört (§ 164 Abs. 1 S. 7, 8 SGB IX). In diesem Fall gehen die Verpflichtungen des Arbeitgebers noch über den allgemeinen Pflichtenkatalog nach § 164 Abs. 1 S. 1 bis 6 SGB IX hinaus. Der Arbeitgeber muss auch die **Gründe seiner Entscheidung mit der widersprechenden Interessenvertretung** im direkten Gespräch oder telefonisch **erörtern.**[240] Zusätzlich verlangt § 164 Abs. 1 S. 8 SGB IX, dass „dabei" der **schwerbehinderte Bewerber angehört** wird. Dies ist so zu verstehen, dass

- entweder der schwerbehinderte Bewerber zu der Erörterung zwischen Arbeitgeber und Schwerbehindertenvertretung bzw. Betriebs-/Personalrat hinzugezogen wird, oder

- ihm mindestens durch den Arbeitgeber die Gründe für die geplante Nichtberücksichtigung mitgeteilt werden und er Gelegenheit zur Stellungnahme erhält, die wiederum der widersprechenden Interessenvertretung zuzuleiten und mit dieser durch den Arbeitgeber nochmals zu erörtern ist.

136 **Alle Beteiligten** sind vom Arbeitgeber über die getroffene Entscheidung unter Darlegung der Gründe **unverzüglich zu unterrichten** (§ 164 Abs. 1 S. 9 SGB IX). Diese Unterrichtung kann in mündlicher oder schriftlicher Form erfolgen.[241] Bei Bewerbungen schwerbehinderter Menschen ist die Schwerbehindertenvertretung nicht zu beteiligen, wenn der schwerbehinderte Mensch die Beteiligung der Schwerbehindertenvertretung

---

238  Diller, NZA 2007, 1321 (1323) mwN.
239  Vgl. dazu Hoffmann/Beyer in LPK-SGB IX § 238 Rn. 18.
240  Diller, NZA 2007, 1321 (1323).
241  BAG vom 18.11.2008 – 9 AZR 643/07, NZA 2009, 729 (732), Rn. 56.

ausdrücklich ablehnt (§ 164 Abs. 1 S. 10 SGB IX). Die Prüfung, ob freie Arbeitsplätze mit schwerbehinderten Menschen besetzt werden können (§ 164 Abs. 1 S. 1 SGB IX), ist eine **Einzelfallprüfung**. Insbesondere ergibt sich aus der Verpflichtung des Arbeitgebers nach § 164 Abs. 1 SGB IX **kein Einstellungsanspruch** eines schwerbehinderten Arbeitnehmers.

Die durch den Arbeitgeber vorzunehmende Prüfung nach § 164 Abs. 1 SGB IX erfolgt unter Berücksichtigung der konkreten Anforderungen des jeweiligen freien Arbeitsplatzes und der konkreten Voraussetzungen, die ggf. ein schwerbehinderter Bewerber mit sich bringt.[242] Den für alle Bewerber geeigneten behinderungsgerechten Arbeitsplatz gibt es nicht, da der Arbeitsplatz, der für einen blinden Arbeitnehmer eingerichtet ist, nicht für einen Querschnittgelähmten oder einen Beinamputierten geeignet sein muss.   137

**Hinweis:** Daher empfiehlt sich die **Erstellung einer Arbeitsplatzbeschreibung**,[243] die auch in einem möglichen späteren Diskriminierungsverfahren für den Arbeitgeber hilfreich sein kann, um die Vermutung einer Benachteiligung wegen der Behinderung zu entkräften.   138

Aus dieser **Arbeitsplatzbeschreibung** sollte hervorgehen:

- Welche Anforderungen stellt der zu besetzende Arbeitsplatz an einen Arbeitnehmer?

- Ist die Tätigkeit mit besonderen Anforderungen an das Konzentrations-/Reaktions-, Umstellungs- und Anpassungsvermögen, mit Verantwortung für Personen und Maschinen, mit Publikumsverkehr, mit der Überwachung und/oder der Steuerung komplexer Arbeitsvorgänge verbunden?

- Ist der Arbeitsplatz mit ständigem Gehen, Stehen oder Sitzen verbunden oder handelt es sich um eine Tätigkeit in wechselnden Körperhaltungen?

- Ist die Tätigkeit mit besonderen Belastungsfaktoren verbunden, wie etwa mit Nässe, Kälte, Zugluft, extrem schwankenden Temperaturen, inhalativen Belastungen, Allergenen, Lärm, Erschütterungen, Vibrationen oder Tätigkeiten mit erhöhter Unfallgefahr?

- Handelt es sich um Schichtarbeit oder eine Tätigkeit mit häufig wechselnden Arbeitszeiten?

- Ist die Tätigkeit mit Heben oder Tragen verbunden, wenn ja – welche Lasten sind zu heben und/oder zu tragen?

- Handelt es sich um eine körperlich leichte oder schwere Tätigkeit?

- Ist der Arbeitsplatz mit Zwangshaltungen verbunden?

---

242  In diesem Sinne auch Deinert in Deinert/Neumann (Hrsg.), HdB SGB IX, § 17 Rn. 82.
243  In diesem Sinne auch Düwell in LPK-SGB IX § 164 Rn. 129 mwN.

- Bestehen besondere Anforderungen an die Gebrauchsfähigkeit der Hände, ist häufiges Bücken erforderlich oder das Ersteigen von Treppen, Leitern und Gerüsten?

- Welche berufliche Qualifikation ist erforderlich?

139 Es kommt im Verfahren nach § 164 Abs. 1 SGB IX darauf an, zu prüfen, ob es für den freien Arbeitsplatz eine geeignete schwerbehinderte Person gibt, die mit ihrer Behinderung und ihrer Qualifikation in der Lage ist, die Arbeit zu verrichten und eine entsprechende Leistung zu erbringen. Dies herauszufinden, ist eine wichtige Aufgabe bei der Prüfpflicht des Arbeitgebers.

140 **Hinweis:** Insbesondere **Betriebsrat, Personalrat und Schwerbehindertenvertretung** haben hier eine wichtige Aufgabe zu erfüllen, da häufig Vorurteile gegenüber der Beschäftigung schwerbehinderter Menschen bestehen und zu schnell behauptet wird, der jeweilige Arbeitsplatz sei für schwerbehinderte Menschen nicht geeignet. Durch die Wahrnehmung der Beteiligungsrechte nach § 164 Abs. 1 SGB IX und ergänzend nach § 178 Abs. 2 SGB IX für die Schwerbehindertenvertretung können die Interessenvertretungen dazu beitragen, dass mehr schwerbehinderte Menschen beschäftigt werden. Bewährt hat sich hierbei eine genaue Beschreibung der Fähigkeiten und des Leistungsvermögens des behinderten Bewerbers. Dabei kommt es darauf an, eine positive Liste zusammenzustellen und sich nicht darauf zu beschränken, aufzuzählen, was der schwerbehinderte Mensch nicht kann. Defizite, die sich bei der Prüfung ergeben, können durch **technische Veränderungen des Arbeitsplatzes** im Sinne einer behinderungsgerechten Gestaltung oder – falls sie auf nicht genügender Qualifikation des Bewerbers beruhen – durch Anlernen, Einarbeiten und Umschulen ausgeglichen werden. Hierfür kann das Integrationsamt sowohl Beratung und Begleitung, ggf. auch durch die Integrationsfachdienste (§§ 192 ff. SGB IX), zur Verfügung stellen, aber auch **Geldleistungen** – sowohl **an den Arbeitnehmer** (§ 185 Abs. 3 Nr. 1 SGB IX) als auch **an den Arbeitgeber** – erbringen (§ 185 Abs. 3 Nr. 2 SGB IX), was vielen Arbeitgebern nicht bekannt ist. Auch hierauf können die Interessenvertretungen den Arbeitgeber im Rahmen ihrer Beteiligungsrechte nach § 164 Abs. 1 SGB IX hinweisen.

141 Der folgende **Ablaufplan** wird den Arbeitgebern (AG) bei allen Stellenbesetzungen, auch wenn nicht von vornherein die Schwerbehinderung eines Bewerbers bekannt ist, empfohlen:

1. **Einschaltung der Bundesagentur für Arbeit** (§ 164 Abs. 1 S. 1, 2 SGB IX), um von ihr oder dem von ihr beauftragten Integrationsfachdienst (IFD – §§ 192 ff. SGB IX) geeignete Bewerber für eine freie Stelle zu erhalten (§ 164 Abs. 1 S. 3 SGB IX)

   – mindestens eine Woche vor interner oder externer Ausschreibung der Stelle.

2. **Mitteilung an die Schwerbehindertenvertretung** (SBV – § 178 SGB IX), den Betriebsrat (BR) oder Personalrat (PR) oder die anderen in § 176 SGB IX genannten Vertretungen, wenn Bewerbungen oder Vermittlungsvorschläge schwerbehinderter Menschen eingegangen sind (§ 164 Abs. 1 S. 4 SGB IX)

   – unmittelbar nach Eingang der Bewerbungen oder Vermittlungsvorschläge.

Ist also die Schwerbehinderteneigenschaft mindestens eines Bewerbers bekannt, erfolgt die Prüfung der Einstellung zusammen mit den Interessenvertretungen der AN wie folgt:

3. **Beteiligung der SBV** nach § 178 Abs. 2 SGB IX und **Anhörung von BR bzw. PR** (§ 164 Abs. 1 S. 6 SGB IX):

   – Die SBV ist unverzüglich („ohne schuldhaftes Zögern" – § 121 Abs. 1 BGB) und umfassend zu unterrichten (§ 164 Abs. 1 S. 6 SGB IX iVm § 178 Abs. 2 SGB IX). Der AG kommt seiner Unterrichtungspflicht nach, wenn er der SBV umfassend von der zu besetzenden Stelle, den Einstellungsvoraussetzungen und den Bewerbungen Kenntnis verschafft und der SBV ausreichend Gelegenheit zur Stellungnahme gibt.[244]

   Form: schriftlich oder mündlich.[245] Frist zur Stellungnahme: eine Woche (entsprechend § 102 Abs. 2 S. 1 BetrVG).

   Hinweis: Die SBV hat nach § 178 Abs. 2 S. 4 SGB IX das Recht auf Beteiligung am Verfahren nach § 164 Abs. 1 SGB IX und beim Vorliegen von Vermittlungsvorschlägen der Bundesagentur für Arbeit nach § 164 Abs. 1 SGB IX oder von Bewerbungen schwerbehinderter Menschen das Recht auf Einsicht in die entscheidungsrelevanten Teile der Bewerbungsunterlagen[246] und Teilnahme an Bewerbungsgesprächen. Das Recht auf Einsichtnahme in die Bewerbungsunterlagen erstreckt sich auf sämtliche – auch die nicht behinderten – Bewerber, weil nur so ein Vergleich der Qualifikation und eine sachgerechte Überprüfung einer benachteiligungsfreien Stellenbesetzung möglich ist.[247]

   – Anhörung des BR bzw. PR oder der weiteren in § 176 SGB IX genannten Vertretungen (§ 164 Abs. 1 S. 6 SGB IX) wie bei der SBV.

   Frist: eine Woche; keine über die Anhörung hinausgehenden Beteiligungsrechte von BR bzw. PR!

   – nach Ablauf der Frist zur Anhörung der SBV und BR bzw. PR von einer Woche bzw. nach Vorliegen der Stellungnahme der SBV:

   Entscheidung des AG und Mitteilung der Entscheidung an die SBV – unverzüglich („ohne schuldhaftes Zögern" – § 121 Abs. 1 BGB).

4. Erfüllt der AG die Beschäftigungspflicht (§ 154 SGB IX – Mindestquote) nicht und ist die SBV oder der BR bzw. PR oder eine weitere in § 176 SGB IX genannte Vertretung mit der beabsichtigten Entscheidung des AG nicht einverstanden:

---

244 Die Unterrichtung der SBV über die betriebliche Interessenvertretung, etwa Betriebs- oder Personalrat, ist nicht ausreichend. Die SBV ist unmittelbar zu unterrichten – BAG vom 15.2.2005 – 9 AZR 635/03, NZA 2005, 870.

245 Da die Anhörung ggf. in einem späteren Prozess um eine mögliche Benachteiligung von schwerbehinderten Menschen vom AG zu beweisen ist, wird die Schriftform empfohlen.

246 ArbG Marburg vom 29.7.2005, DB 2005, 1860; ErfK/Rolfs, SGB IX § 164 Rn. 3; Deinert in Deinert/Neumann (Hrsg.), HdB SGB IX, § 17 Rn. 88.

247 BAG vom 15.2.2005 – 9 AZR 635/03, NZA 2005, 870 (872); vgl. auch Deinert in Deinert/Neumann (Hrsg.), HdB SGB IX, § 17 Rn. 88 mwN.

– Erörterung der beabsichtigten Entscheidung unter Darlegung der Gründe mit SBV bzw. Interessenvertretung BR bzw. PR (§ 164 Abs. 1 S. 7 SGB IX); dabei auch Anhörung des schwerbehinderten Menschen (§ 164 Abs. 1 S. 8 SGB IX).

5. **Unterrichtung aller Beteiligten** unter Darlegung der Gründe (§ 164 Abs. 1 S. 9 SGB IX) – unverzüglich („ohne schuldhaftes Zögern" – § 121 Abs. 1 BGB), was zwar eine gewisse Bedenkzeit – auch um ggf. rechtlichen Rat einzuholen – nicht ausschließt. Die Unverzüglichkeit ist aber nicht mehr gewahrt, wenn bis zur Antwort mehr als zwei Wochen vergangen sind.[248]

6. **Keine Beteiligung der SBV,** wenn der schwerbehinderte Mensch die Beteiligung der SBV ausdrücklich ablehnt (§ 164 Abs. 1 S. 10 SGB IX).

142 Bei den Beteiligungsrechten der Interessenvertretungen ist durch den AG noch Folgendes zu beachten:

■ Der **Betriebsrat** hat nach § 80 Abs. 1 Nr. 4 BetrVG die ausdrückliche Aufgabe, die Eingliederung schwerbehinderter Menschen zu fördern und kann nach § 99 BetrVG seine **Zustimmung zur Einstellung** eines (nicht behinderten) Bewerbers **verweigern,** wenn entgegen § 164 Abs. 1 SGB IX vorher nicht geprüft worden ist, ob der freie Arbeitsplatz mit einem schwerbehinderten Menschen besetzt werden kann.[249] Dasselbe gilt nach §§ 68 Abs. 1 Nr. 4, 77 Abs. 2 Nr. 1 BPersVG für den **Personalrat,** auch wenn das Verweigerungsrecht des Personalrates im Personalvertretungsrecht nicht so ausgeprägt ist.[250] Das Mitbestimmungsrecht entfällt allerdings, wenn der schwerbehinderte Bewerber seinen Status verschweigt.

■ Die Durchführung oder Vollziehung einer **ohne Beteiligung der SBV** nach § 178 Abs. 2 S. 1 SGB IX getroffenen **Entscheidung** (Einstellung eines AN) ist **auszusetzen,** die Beteiligung ist innerhalb von **sieben Tagen nachzuholen**; sodann ist endgültig zu entscheiden (§ 178 Abs. 2 S. 2 SGB IX). Die Einstellung eines AN ist zwar nicht unwirksam, wenn der AG die SBV nicht nach § 178 Abs. 2 SGB IX bei der Einstellung beteiligt,[251] der AG hat jedoch die Unterrichtung und Beteiligung der SBV nachzuholen.

■ Der Anspruch der SBV auf Aussetzung der Entscheidung nach § 178 Abs. 2 S. 2 SGB IX kann im **arbeitsgerichtlichen Beschlussverfahren,** ggf. im **einstweiligen Rechtsschutzverfahren,** durchgesetzt werden.[252] Im Falle der Aussetzung ist die Entscheidung des AG schwebend unwirksam. Sie darf nicht durchgeführt werden.[253]

---

248 BAG vom 21.2.2013 – 8 AZR 180/12, NZA 2013, 840, Rn. 38 mwN.
249 BAG vom 14.11.1989 – 1 ABR 77/88, DB 1990, 636 = BAGE 63, 226 = BB 1990, 421; BAG vom 10.11.1992 – 1 ABR 21/92, BB 1993, 367; BAG vom 23.6.2010 – 7 ABR 3/09, NZA 2010, 1361, Rn. 29; Neumann/Pahlen/Winkler/Jabben, § 164 Rn. 7 mwN; Düwell, BB 2001, 1527 (1528); Deinert in Deinert/ Neumann (Hrsg.), HdB SGB IX, § 17 Rn. 91 mwN; Rolfs/Paschke, BB 2002, 1260 (1261) mwN.
250 Neumann/Pahlen/Winkler/Jabben, § 164 Rn. 7; aA für Baden-Württemberg, VGH Mannheim vom 13.12.1988 ZBR 1989, 153 = Personalrat 1990, 149.
251 Neumann/Pahlen/Winkler/Jabben, § 178 Rn. 9 mwN.
252 BAG vom 21.9.1989, BAGE 62, 382 = BB 1990, 356; Rolfs/Paschke, BB 2002, 1260 (1261); Düwell, BB 2000, 2570 (2572); Neumann/Pahlen/Winkler/Jabben, § 178 Rn. 11 a.
253 Düwell in LPK-SGB IX § 178 Rn. 76 mwN.

- Holt der **AG** die **Unterrichtung der SBV nicht nach**, bleibt die **Einstellung wirksam**, denn – anders als bei § 99 Abs. 1 BetrVG – ist das Beteiligungsrecht der SBV keine Wirksamkeitsvoraussetzung;[254] diese Unterlassung ist allerdings **bußgeldbewehrt** (§ 238 Abs. 1 Nr. 7 SGB IX). Ein Anspruch der SBV, eine ohne ihre Beteiligung durchgeführte Entscheidung wieder rückgängig zu machen, besteht nicht.[255]

Das Gesetz sieht nur bei einem Verstoß gegen die in § 164 Abs. 1 S. 4 oder 9 SGB IX bestimmten Unterrichtungs- und Erörterungspflichten als Sanktion die Verhängung eines **Bußgeldes** vor (§ 238 Abs. 1 Nr. 7 SGB IX).[256] Die Nichtberücksichtigung von schwerbehinderten Menschen bei der Besetzung freier Arbeitsplätze ist dagegen nicht bußgeldbewehrt.    143

Alle Pflichtverletzungen, die ein Arbeitgeber begeht, indem er Vorschriften nicht befolgt, die zur Förderung der Chancen der schwerbehinderten Menschen geschaffen wurden, also insbesondere alle **Verstöße des Arbeitgebers gegen seine Verpflichtungen nach § 164 Abs. 1 SGB IX**, lassen eine **Benachteiligung wegen der Behinderung im Sinne von § 164 Abs. 2 SGB IX** vermuten[257] und können über die Regelungen über Entschädigung und Schadensersatz (§ 15 AGG iVm § 22 AGG) zu **Schadensersatzansprüchen des Arbeitnehmers** führen. Ein **schuldhaftes Handeln** oder eine **Benachteiligungsabsicht** sind **nicht erforderlich**.[258]    144

**Hinweis:** Allerdings muss der **Bewerber** darlegen und ggf. beweisen, dass die **Schwerbehinderteneigenschaft** oder Gleichstellung dem **Arbeitgeber bekannt** gewesen ist oder er sich aufgrund der Bewerbungsunterlagen diese Kenntnis jedenfalls hätte verschaffen können.[259] Ein **hinreichender Hinweis des Bewerbers** auf die Schwerbehinderung liegt vor, wenn die Mitteilung in einer Weise in den Empfangsbereich des Arbeitgebers gelangt ist, die es diesem ermöglicht, die Schwerbehinderung des Bewerbers zur Kenntnis zu nehmen.[260] Soweit die Schwerbehinderteneigenschaft dem Arbeitgeber nicht nachweislich bekannt ist oder – etwa bei einem Vorstellungsgespräch – eine körperliche Behinderung offensichtlich bekannt wird, zB im Falle fehlender Gliedmaßen oder der Notwendigkeit, einen Rollstuhl zu benutzen, muss der Bewerber den Arbeitgeber über seine Schwerbehinderteneigenschaft informieren. Eine In-    145

---

254  Neumann/Pahlen/Winkler/Jabben, § 178 Rn. 11 a; vgl. dazu auch Düwell in LPK-SGB IX § 178 Rn. 68.
255  Neumann/Pahlen/Winkler/Jabben, § 178 Rn. 11 a.
256  Vgl. dazu Hoffmann/Beyer in LPK-SGB IX § 238 Rn. 18.
257  St. Rspr. des BAG, vgl. nur BAG vom 12.9.2006 – 9 AZR 807/05, NZA 2007, 507; BAG vom 17.8.2010 – 9 AZR 839/08, NZA 2011, 153, Rn. 35; BAG vom 22.8.2013 – 8 AZR 574/12, Rn. 35; BAG vom 20.1.2016 – 8 AZR 194/14, Rn. 40 mwN; vgl. auch LAG Berlin-Brandenburg vom 20.12.2011 – 3 Sa 1505/11; ErfK/Rolfs, SGB IX § 164 Rn. 4 mwN.
258  St. Rspr. des BAG, vgl. nur BAG vom 17.8.2010 – 9 AZR 839/08, NZA 2011, 153; BAG vom 28.4.2011 – 8 AZR 515/10, NJW 2011, 2458, Rn. 33; BAG vom 16.2.2012 – 8 AZR 697/10, NZA 2012, 667 (672), Rn. 42; BAG vom 21.2.2013 – 8 AZR 180/12, NZA 2013, 840, Rn. 39; BAG vom 24.1.2013 – 8 AZR 188/12, NZA 2013, 896 (899), Rn. 35; BAG vom 22.8.2013 – 8 AZR 563/12, Rn. 37; BAG vom 26.6.2014 – 8 AZR 547/13, Rn. 56; BAG vom 18.9.2014 – 8 AZR 759/13, Rn. 27; ErfK/Rolfs, SGB IX § 164 Rn. 4.
259  BAG vom 18.11.2008 – 9 AZR 643/07, NZA 2009, 728; BAG vom 16.2.2012 – 8 AZR 697/10, NZA 2012, 667 (672), Rn. 55.
260  BAG vom 13.10.2011 – 8 AZR 608/10, Rn. 38; BAG vom 22.10.2015 – 8 AZR 384/10, NZA 2016, 625 (628), Rn. 31 mwN.

formation im Bewerbungsanschreiben[261] oder an gut erkennbarer Stelle im Lebenslauf[262] ist regelmäßig ausreichend,[263] wobei die Information im Lebenslauf deutlich und an hervorgehobener Stelle geschehen und der Lebenslauf ausdrücklich zum Bestandteil des Bewerbungsschreibens erklärt worden sein muss.[264] Zur **Mitteilung der Schwerbehinderung eines Bewerbers** kann auch die „Vorlage" des Schwerbehindertenausweises ausreichend sein;[265] allerdings genügt es nicht, wenn eine Kopie des Schwerbehindertenausweises lediglich den Anlagen zur Bewerbung beigefügt wird, ohne dass im Anschreiben oder im Lebenslauf hierauf ausreichend hingewiesen wird.[266]

146 Insbesondere haben Arbeitgeber auf die Verpflichtung in § 164 Abs. 1 S. 9 SGB IX zu achten. Hiernach sind Arbeitgeber verpflichtet, einen schwerbehinderten Bewerber, der sich auf eine Stelle beworben hat, über die Gründe ihrer Entscheidung unverzüglich zu unterrichten. Dabei besteht **keine Verpflichtung**, die Unterrichtung **schriftlich** vorzunehmen.[267] Sie kann auch im persönlichen Gespräch oder fernmündlich erfolgen.[268]

147 **Hinweis:** Eine **schriftliche Begründung** erleichtert dem Arbeitgeber die **Darlegungs- und Beweislast** in einem möglichen arbeitsgerichtlichen Verfahren, wenn ein abgelehnter Bewerber Schadensersatz nach § 15 AGG geltend macht und ist daher zu empfehlen.

148 Steht fest, dass der Arbeitgeber einem schwerbehinderten Bewerber gegenüber, entgegen § 164 Abs. 1 S. 9 SGB IX, **keine Gründe für die Ablehnung der Bewerbung mitgeteilt** hat, insbesondere nicht im Ablehnungsschreiben der Bewerbung, so ist dessen **Benachteiligung wegen der Schwerbehinderung zu vermuten**.[269]

149 Umstritten ist, ob die Verpflichtung des Arbeitgebers nach § 164 Abs. 1 S. 9 SGB IX davon abhängig ist, ob er die Pflicht zur Beschäftigung von schwerbehinderten Menschen nach § 154 SGB IX nicht hinreichend nachgekommen ist. Das **LAG Hessen** hat in seiner rechtskräftigen Entscheidung vom 7.11.2005[270] darauf hingewiesen, dass die Verpflichtung des Arbeitgebers gem. § 164 Abs. 1 S. 9 SGB IX nicht auf solche Betriebe beschränkt sei, in denen eine Schwerbehindertenvertretung besteht, da sich hierfür keine Stütze im Gesetz finde. Insbesondere folge dies nicht aus der Formulierung „Alle Beteiligten ...". Der Gesetzgeber habe, so das LAG Hessen, ganz offen-

---

261  BAG vom 18.9.2014 – 8 AZR 759/13, Rn. 36; BAG vom 22.10.2015 – 8 AZR 384/10, NZA 2016, 625 (628), Rn. 31 mwN.
262  BAG vom 18.9.2014 – 8 AZR 759/13, Rn. 37; BAG vom 22.10.2015 – 8 AZR 384/10, NZA 2016, 625 (628), Rn. 31 mwN.
263  BAG vom 22.10.2015 – 8 AZR 384/10, NZA 2016, 625 (628), Rn. 31 mwN.
264  BAG vom 26.9.2013 – 8 AZR 650/12, NZA 2014, 258 (261), Rn. 30, 31.
265  BAG vom 18.9.2014 – 8 AZR 759/13, Rn. 32 f.; BAG vom 22.10.2015 – 8 AZR 384/10, NZA 2016, 625 (628), Rn. 32.
266  BAG vom 18.9.2014 – 8 AZR 759/13, Rn. 37; BAG vom 22.10.2015 – 8 AZR 384/10, NZA 2016, 625 (628), Rn. 32.
267  BAG vom 18.11.2008 – 9 AZR 643/07, Rn. 55 f., NZA 2009, 728 (732); Düwell in LPK-SGB IX § 164 Rn. 157 mwN.
268  BAG vom 18.11.2008 – 9 AZR 643/07, Rn. 55.
269  BAG vom 21.2.2013 – 8 AZR 180/12, NZA 2013, 840, Rn. 37; LAG Hessen vom 7.11.2005 – 7 Sa 473/05, NZA-RR 2006, 157; Düwell in LPK-SGB IX § 164 Rn. 62 mwN.
270  NZA-RR 2006, 157; die Revision wurde nicht zugelassen.

sichtlich bewirken wollen, dass, wenn eine Schwerbehindertenvertretung besteht, auch diese neben dem Bewerber die Ablehnungsgründe mitgeteilt bekommt, nicht aber das Bestehen einer Schwerbehindertenvertretung zur Voraussetzung der Informationspflicht machen wollen.

Das **BAG** folgt jedoch in seiner neueren Rechtsprechung dieser Rechtsprechung des    150
LAG Hessen nicht. Nach Auffassung des BAG und anderer Stimmen in der Literatur stehen die Sätze 7–9 des § 164 Abs. 1 SGB IX in einem untrennbaren Zusammenhang und sind so zu lesen, dass § 164 Abs. 1 S. 9 SGB IX nur gelten soll, wenn der Arbeitgeber die Beschäftigungspflicht nach § 154 Abs. 1 SGB IX nicht erfüllt.[271]

Diese allein gesetzessystematisch begründete Auffassung ist jedoch abzulehnen. So-    151
wohl das LAG Hessen[272] als auch das BAG[273] haben zu Recht darauf hingewiesen, dass mit Hilfe der Begründungspflicht des § 164 Abs. 1 S. 9 SGB IX das Einstellungsverfahren für den schwerbehinderten Menschen transparent und überprüfbar gemacht werden solle.[274] Diese Notwendigkeit besteht aber unabhängig davon, ob bei dem jeweiligen Arbeitgeber eine Schwerbehindertenvertretung besteht oder nicht. Im Gegenteil muss in den Betrieben ohne Schwerbehindertenvertretung das Schutzbedürfnis des schwerbehinderten Bewerbers gerade besonders groß sein, weil im Rahmen des Bewerbungsverfahrens keine spezielle Vertretung über die spezifischen Interessen des schwerbehinderten Bewerbers wacht.[275]

**Hinweis:** In der arbeitsrechtlichen Praxis ist jedoch von der Rechtsprechung des BAG    152
auszugehen, dass ein Arbeitgeber, der die Beschäftigungsquote nach § 154 SGB IX erfüllt, nicht nach § 164 Abs. 1 S. 9 SGB IX verpflichtet ist, den Bewerber unverzüglich über die Gründe seiner Auswahlentscheidung zu unterrichten. Beruft sich der schwerbehinderte oder gleichgestellte Bewerber darauf, dass es der Arbeitgeber entgegen seiner Verpflichtung aus § 164 Abs. 1 S. 9 SGB IX versäumt habe, den abgelehnten Bewerber unverzüglich über die Gründe der getroffenen Entscheidung zu informieren, so gehört nach der Rechtsprechung des BAG zu einem **schlüssigen Vortrag des Arbeitnehmers die Darlegung, dass die Beschäftigungsquote des § 154 Abs. 1 SGB IX nicht erfüllt wurde**, auch wenn es dem Bewerber schwerfällt, Informationen über die Erfüllung der Quote zu erlangen.[276] Dabei steht auch aus dem Unionsrecht dem ab-

---

271 BAG vom 17.8.2010 – 9 AZR 839/08, NZA 2011, 153, Rn. 50; BAG vom 21.2.2013 – 8 AZR 180/12, NZA 2013, 840, Rn. 42, 44 mwN; Diller, NZA 2007, 1321 (1323); Neumann/Pahlen/Winkler/Jabben, § 164 Rn. 8, 9.
272 LAG Hessen vom 7.11.2005 – 7 Sa 473/05, NZA-RR 2006, 157.
273 BAG vom 18.11.2008 – 9 AZR 643/07, NZA 2009, 729 (732), Rn. 50; allerdings folgt wohl der inzwischen zuständige 8. Senat des BAG der Literaturmeinung und nimmt eine Darlegungsverpflichtung des Arbeitgebers nur an, wenn der Arbeitgeber seiner Pflicht zur Beschäftigung von schwerbehinderten Menschen nicht hinreichend nach § 154 SGB IX nachgekommen ist – BAG vom 21.2.2013 – 8 AZR 180/12, NZA 2013, 840.
274 So BT-Drs. 14/3372, 15 und 18 zur Einfügung der Vorgängervorschrift § 14 SchwbG.
275 LAG Hessen vom 7.11.2005 – 7 Sa 473/05, NZA-RR 2006, 157.
276 BAG vom 21.2.2013 – 8 AZR 180/12, NZA 2013, 840 (843), Rn. 46, 47.

gelehnten Bewerber grundsätzlich kein Auskunftsanspruch über die Einzelheiten des Auswahlverfahrens zu.[277]

### 3. Besondere Pflichten öffentlicher Arbeitgeber (§ 165 SGB IX)

153 Öffentliche Arbeitgeber haben besondere, über die §§ 163 und 164 SGB IX hinausgehende, Pflichten.

### a) Meldepflicht

154 Die Dienststellen der **öffentlichen Arbeitgeber** müssen gem. § 165 S. 1 SGB IX frei werdende und neu zu besetzende Stellen frühzeitig den Agenturen für Arbeit melden, anders als bei privaten Arbeitgebern aber erst „**nach einer erfolglosen Prüfung zur internen Besetzung**". Durch das BTHG ist insofern eine Änderung der Meldepflicht für öffentliche Arbeitgeber eingetreten, die der Gesetzgeber damit begründet hat, dass öffentliche Arbeitgeber zunächst eine Besetzung freier Stellen mit vorhandenem Personal prüfen müssten und eine Meldung bei der Agentur für Arbeit aufgrund haushaltsrechtlicher Vorschriften problematisch sein könnte.[278] Im Gegensatz zu privaten Arbeitgebern, die gegenüber der Bundesagentur für Arbeit erst dann tätig werden müssen, wenn ein Arbeitsplatz frei geworden ist, haben die **Arbeitgeber des öffentlichen Dienstes** der **Bundesagentur für Arbeit** ihren **voraussichtlichen Personalbedarf mitzuteilen**. Die Regelung ist Ausdruck besonderer **Fürsorgepflichten** und einer **Vorbildfunktion des öffentlichen Dienstes**.[279] Öffentliche Arbeitgeber sind alle in § 154 Abs. 3 SGB IX genannten Arbeitgeber. Unter den Begriff „Dienststelle" fallen nur solche Dienststellen, die in der Organisation selbstständig sind.[280]

155 Ein **frei werdender Arbeitsplatz** liegt vor, wenn ein Ausscheiden des bisherigen Stelleninhabers feststeht und die Stelle im Stellenplan fortgeschrieben wird. Ein Kw-Vermerk („künftig wegfallend") löst keine Meldepflicht gegenüber der Bundesagentur für Arbeit aus.[281] Eine **Meldepflicht** besteht ebenfalls **nicht**, wenn die **Stelle zulässigerweise nur intern zur Wiederbesetzung ausgeschrieben** wird.[282]

156 Die **frühzeitige Meldung** wird zwar schon allgemein in § 164 Abs. 1 S. 2 SGB IX gefordert; im öffentlichen Dienst soll aber möglichst noch frühzeitiger der Bundesagen-

---

277 BAG vom 21.2.2013 – 8 AZR 180/12, NZA 2013, 840 (844), Rn. 48 unter Hinweis auf EuGH vom 21.7.2011 – C-104/10 (Kelly) und EuGH vom 19.4.2012 – C-415/10 (Meister); vgl. dazu auch Bauer/Krieger, NZA 2016, 1041 ff.

278 BT-Drs. 18/10523, 64 (Ausschussbericht); vgl. dazu auch Schnelle, NZA 2017, 880, der auch darauf verweist, dass bereits vor dieser gesetzlichen Änderung das BVerwG und andere Verwaltungs- und Arbeitsgerichte eine Meldepflicht öffentlicher Arbeitgeber verneint hatten, wenn sie sich aus sachlichen Gründen entscheiden, die Stelle nur mit bereits bei ihnen beschäftigten Personen zu besetzen, so BVerwG vom 15.12.2011 – 2 A 13/10, NVwZ-RR 2012, 320; LAG Saarland vom 13.2.2008 – 1 TaBV 15/17, BeckRS 2010, 76052; VG Berlin vom 3.5.2016 – 28 K 234.15, BeckRS 2016, 47793; kritisch dazu Düwell in LPK-SGB IX § 165 Rn. 8.

279 Düwell in LPK-SGB IX § 165 Rn. 2.

280 Neumann/Pahlen/Winkler/Jabben, § 165 Rn. 2.

281 Braun, RiA 2004, 262; kritisch Düwell in LPK-SGB IX § 165 Rn. 4, mit dem Argument, dass dies nicht zwingend sei, denn bei sprunghaft erhöhtem Arbeitsaufkommen würden kw-Vermerke erfahrungsgemäß mehrfach von Haushaltsplan zu Haushaltsplan verschoben.

282 BVerwG vom 15.12.2011 – 2 A 13/10, NVwZ-RR 2012, 320; LAG Saarland vom 13.2.2008 – 1 TaBV 15/07, BehindertenR 2008, 208; LAG Köln vom 8.2.2010 – 5 TaBV 73/09, BehindertenR 2011, 114; ErfK/Rolfs, SGB IX § 165 Rn. 2.

tur für Arbeit Gelegenheit gegeben werden, schwerbehinderte Menschen zu vermitteln.[283] Der früheste Zeitpunkt ist der Tag, an dem sicher davon ausgegangen werden kann, dass eine **neue Stelle eingerichtet** wird. Nicht erforderlich ist, dass die **Haushaltsaufstellung** bereits erfolgt ist.[284]

Besteht eine Meldepflicht, sind der Bundesagentur für Arbeit                                    157

- eine Aufgaben- und Tätigkeitsbeschreibung,
- die notwendige Qualifikation eines Bewerbers,
- die persönliche Anforderung,
- die Vergütungshöhe bzw. Eingruppierung und
- die Befristung oder Unbefristung der Stelle

anzugeben.

### b) Einladung zum Vorstellungsgespräch

Haben sich schwerbehinderte Menschen um einen **Arbeitsplatz** bei einem **öffentlichen**   158
**Arbeitgeber** beworben oder sind sie von der Bundesagentur für Arbeit oder einem von dieser beauftragten Integrationsfachdienst vorgeschlagen worden, werden sie gem. § 165 S. 3 SGB IX zu einem **Vorstellungsgespräch eingeladen.** Dies bedeutet für die Personal verwaltende Stelle eine Pflicht, die nur dann nicht besteht, wenn der Bewerber offensichtlich fachlich ungeeignet ist (§ 165 S. 4 SGB IX). **Bewerber** ist dabei jeder, der eine Bewerbung eingereicht hat und entspricht dem Bewerberbegriff nach § 6 Abs. 1 S. 2 Alt. 1 AGG;[285] die Einreichung prüffähiger Unterlagen, insbesondere von Zeugnissen, ist keine Voraussetzung, da dies im Bewerbungsgespräch zu prüfen ist.[286]

**Unterlässt** es der öffentliche Arbeitgeber entgegen § 165 S. 3 SGB IX, den schwer-   159
hinderten oder gleichgestellten Bewerber zu einem **Vorstellungsgespräch einzuladen,** so begründet die fehlende Einladung zu dem Vorstellungsgespräch bereits die **Vermutung einer Benachteiligung wegen der Behinderung.**[287] Diese Pflichtverletzung ist nämlich grundsätzlich geeignet, den Anschein zu erwecken, an der Beschäftigung schwerbehinderter Menschen uninteressiert zu sein.[288] Dabei muss der öffentliche Arbeitgeber jeden einzelnen, nicht offensichtlich ungeeigneten schwerbehinderten oder gleichgestellten Bewerber zu einem Vorstellungsgespräch einladen. Wenn er die be-

---

283  Neumann/Pahlen/Winkler/Jabben, § 165 Rn. 3.
284  Neumann/Pahlen/Winkler/Jabben, § 165 Rn. 4; Braun, RiA 2004, 262.
285  BAG vom 11.8.2016 – 8 AZR 375/15, NZA 2017, 43 (47), Rn. 32; Neumann/Pahlen/Winkler/Jabben, § 165 Rn. 5.
286  BAG vom 11.8.2016 – 8 AZR 375/15, NZA 2017, 43 (47), Rn. 40; Neumann/Pahlen/Winkler/Jabben, § 165 Rn. 5.
287  BVerwG vom 3.3.2011 – 5 C 16/10, BVerGE 139, 135 = NZA 2011, 977; st. Rspr. des BAG seit BAG vom 12.2.2005 – 9 AZR 635/03; vgl. auch BAG vom 18.11.2008 – 9 AZR 643/07; BAG vom 21.7.2009 – 9 AZR 431/08, NZA 2009, 1087; BAG vom 16.2.2012 – 8 AZR 697/10, NZA 2012, 667; BAG vom 24.1.2013 – 8 AZR 188/12, NZA 2012, 896 ff.; BAG vom 26.4.2014 – 8 AZR 547/13; BAG vom 22.10.2015 – 8 AZR 384/14, NZA 2016, 625 (628), Rn. 35; BAG vom 11.8.2016 – 8 AZR 375/15, NZA 2017, 43 (46), Rn. 25 mwN; vgl. dazu auch Düwell in LPK-SGB IX § 165 Rn. 26 ff.; vgl. zu einem Schadensersatzanspruch nach § 15 AGG → Rn. 191 ff.
288  BAG vom 22.10.2015 – 8 AZR 384/14, NZA 2016, 625 (628), Rn. 35; BAG vom 11.8.2016 – 8 AZR 375/15, NZA 2017, 43 (46), Rn. 25 mwN.

hinderten Bewerber nur überproportional im Verhältnis zur Gesamtzahl der Bewerber einlädt, vermag dies die Vermutungswirkung des § 22 AGG nicht zu widerlegen.[289]

160 Das bedeutet im Umkehrschluss, dass der öffentliche Arbeitgeber einem schwerbehinderten Arbeitnehmer die Chance eines Vorstellungsgespräches gewähren muss, wenn seine fachliche Eignung zwar zweifelhaft, aber nicht offensichtlich ausgeschlossen ist. Insoweit ist der schwerbehinderte Bewerber im Bewerbungsverfahren besser gestellt als der nicht schwerbehinderte Konkurrent.[290] Dies gilt allerdings nur, wenn der schwerbehinderte **Bewerber** anlässlich seiner aktuellen Bewerbung im Bewerbungsanschreiben[291] oder an gut erkennbarer Stelle im Lebenslauf[292] **auf die Schwerbehinderung hingewiesen** hat.[293] Im Hinblick auf § 165 S. 3 SGB IX reicht die Information über das Vorliegen einer „Schwerbehinderung" aus; es ist nicht zusätzlich erforderlich, den Grad der Behinderung (GdB) mitzuteilen.[294]

161 Selbst wenn sich der öffentliche Arbeitgeber aufgrund einer anhand der Bewerbungsunterlagen getroffenen Vorauswahl von vornherein die Meinung gebildet hat, ein oder mehrere andere Bewerber seien so gut geeignet, dass der schwerbehinderte Bewerber nicht mehr in die nähere Auswahl einbezogen werden soll, muss er den schwerbehinderten Bewerber nach der gesetzlichen Intention einladen und ihm ein Vorstellungsgespräch gewähren.[295] Der **schwerbehinderte Bewerber** soll im Rahmen eines Vorstellungsgespräches die **Chance haben, den Arbeitgeber von seiner Eignung zu überzeugen**. Wird ihm diese Möglichkeit genommen, liegt darin eine weniger günstige Behandlung, als sie das Gesetz zur Herstellung gleicher Bewerbungschancen eines schwerbehinderten Menschen gegenüber anderen Bewerbern für erforderlich hält.[296] Der zugleich damit verbundene Ausschluss aus dem weiteren Bewerbungsverfahren stellt sich als eine Benachteiligung dar, die in einem ursächlichen Zusammenhang mit der Behinderung steht.[297] Sind bereits die Chancen eines Bewerbers durch

---

289 BAG vom 24.1.2013 – 8 AZR 188/12, NZA 2012, 896 ff., Rn. 38.

290 BAG vom 22.10.2015 – 8 AZR 384/14, NZA 2016, 625 (627), Rn. 27 mwN; BAG vom 20.1.2016 – 8 AZR 194/14, NZA 2016, 681 (685), Rn. 32.

291 BAG vom 18.9.2014 – 8 AZR 759/13, Rn. 36; BAG vom 22.10.2015 – 8 AZR 384/10, NZA 2016, 625 (628), Rn. 31 mwN.

292 BAG vom 18.9.2014 – 8 AZR 759/13, Rn. 37; BAG vom 22.10.2015 – 8 AZR 384/10, NZA 2016, 625 (628), Rn. 31 mwN.

293 BAG vom 22.10.2015 – 8 AZR 384/10, NZA 2016, 625 (628), Rn. 31 mwN.

294 BAG vom 22.10.2015 – 8 AZR 384/15, NZA 2016, 625 (628), Rn. 40; wobei der 8. Senat ausdrücklich darauf hinweist, dass – soweit sich aus der bisherigen Rechtsprechung des Senates (insbesondere BAG vom 18.9.2014 – 8 AZR 759/13, BeckRS 2014, 73585 = NZA 2014, 258, Rn. 33, 35) etwas anderes ergeben sollte – er an dieser Rechtsprechung nicht mehr festhält.

295 BAG vom 12.9.2006 – 9 AZR 807/05, NZA 2007, 507 (510); BAG vom 16.9.2008 – 9 AZR 791/07, NZA 2009, 79 (83), Rn. 48; BAG vom 21.7.2009 – 9 AZR 431/08, NZA 2009, 1087, Rn. 22 ff.; BAG vom 11.8.2016 – 8 AZR 375/15, NZA 2017, 43 (46), Rn. 29 mwN; Neumann/Pahlen/Winkler/Jabben, § 165 Rn. 5; ErfK/Rolfs, SGB IX § 165 Rn. 3.

296 BAG vom 16.2.2012 – 8 AZR 697/10, NZA 2012, 667 (671), Rn. 48 mwN; BAG vom 22.10.2015 – 8 AZR 384/14, NZA 2016, 625 (627), Rn. 29 mwN; BAG vom 20.1.2016 – 8 AZR 194/14, NZA 2016, 681 (684), Rn. 23 mwN; BAG vom 11.8.2016 – 8 AZR 375/15, NZA 2017, 43 (46), Rn. 29 mwN; vgl. dazu auch ausführlich Neumann/Pahlen/Winkler/Jabben, § 165 Rn. 3.

297 BAG vom 12.9.2006 – 9 AZR 807/05, NZA 2007, 507 (510); BAG vom 16.2.2012 – 8 AZR 697/10, NZA 2012, 667 (671), Rn. 48 mwN; BAG vom 22.10.2015 – 8 AZR 384/14, NZA 2016, 625 (627), Rn. 29 mwN; BAG vom 20.1.2016 – 8 AZR 194/14, NZA 2016, 681 (684), Rn. 23 mwN; BAG vom 11.8.2016 – 8 AZR 375/15, NZA 2017, 43 (46), Rn. 29 mwN.

ein diskriminierendes Verfahren beeinträchtigt worden, kommt es regelmäßig nicht mehr darauf an, ob eine nach § 1 AGG verbotene Anknüpfung bei der sich an das Auswahlverfahren anschließenden Einstellungsentscheidung noch eine nachweisbare Rolle gespielt hat. Deshalb ist es nach der Rechtsprechung des BAG auch **ohne Bedeutung**, ob es später im Zuge des Auswahlverfahrens tatsächlich **zu einer Einstellung oder Beschäftigung kommt.**[298]

**Hinweis:** Gerade Arbeitgeber im öffentlichen Dienst sollten beachten, dass ein behinderter Bewerber **Anspruch auf ein diskriminierungsfreies Bewerbungsverfahren** unabhängig vom Ausgang des Verfahrens hat.[299] Durch eine Nichteinladung zum Vorstellungsgespräch bei nicht offensichtlich fehlender fachlicher Eignung wird einem behinderten Arbeitnehmer diese Chance auf Einstellung versagt; eine **Benachteiligung** kann auch **in der Versagung einer Chance** liegen.[300] Für die durch den Verstoß gegen § 165 S. 3 SGB IX ausgelöste Vermutungswirkung ist es im Übrigen unerheblich, dass sich der öffentliche Arbeitgeber ansonsten gesetzeskonform verhalten hat, er also zB die gesetzlich festgelegte Mindestbeschäftigungsquote eingehalten hat.[301]

162

Ob ein Bewerber offensichtlich nicht die **notwendige fachliche Eignung** hat, ist anhand der für die zu besetzende Stelle bestehenden **Ausbildungs- und Prüfungsvoraussetzungen** zu beurteilen, bei deren Erstellung der öffentliche Arbeitgeber an die gesetzlichen und tariflichen Vorgaben gebunden ist.[302] Mit der Bestimmung eines **Anforderungsprofils** legt der Arbeitgeber die Kriterien für die Auswahl der Bewerber fest; an ihm werden die Eigenschaften und Fähigkeiten der Bewerber gemessen.[303] Der Arbeitgeber des öffentlichen Dienstes ist nach der Rechtsprechung des 8. Senates des BAG nicht nur berechtigt, sondern sogar verpflichtet, für die zu besetzende Stelle ein Anforderungsprofil festzulegen und nachvollziehbar zu dokumentieren. Nur so könne eine Auswahlentscheidung nach den Kriterien der Bestenauslese gem. Art. 33 Abs. 2 GG gerichtlich überprüft werden. Dabei soll es keinen Bedenken begegnen, wenn ein öffentlicher Arbeitgeber für zu besetzende Stellen von vornherein nur solche Bewerber in den Blick nehmen will, die aufgrund ihrer dokumentierten Ausbildungsergebnisse in besonderem Maße befähigt erscheinen.[304] Für die Dauer des Auswahl-

163

---

298  BAG vom 23.8.2012 – 8 AZR 285/14, NZA 2013, 37, Rn. 23; BAG vom 20.1.2016 – 8 AZR 194/14, NZA 2016, 681 (684), Rn. 23 mwN.

299  BAG vom 18.11.2008 – 9 AZR 643/07, NZA 2009, 728; BAG vom 7.4.2011 – 8 AZR 679/09, NZA-RR 2011, 494, Rn. 35; BAG vom 23.8.2012 – 8 AZR 285/14, NZA 2013, 37, Rn. 23; BAG vom 20.1.2016 – 8 AZR 194/14, NZA 2016, 681 (684), Rn. 23 mwN.

300  BAG vom 19.8.2010 – 8 AZR 530/09, EzA AGG § 15 Nr. 10; BAG vom 7.4.2011 – 8 AZR 679/09, NZA-RR 2011, 494, Rn. 35; BAG vom 24.1.2013 – 8 AZR 188/12, NZA 2013, 896, Rn. 24 mwN; BAG vom 22.10.2015 – 8 AZR 384/14, NZA 2016, 625 (627), Rn. 29 mwN; BAG vom 20.1.2016 – 8 AZR 194/14, NZA 2016, 681 (684), Rn. 23 mwN; BAG vom 11.8.2016 – 8 AZR 375/15, NZA 2017, 43 (46), Rn. 29 mwN.

301  BAG vom 24.1.2013 – 8 AZR 188/12, NZA 2012, 896 ff., Rn. 47.

302  BAG vom 12.9.2006 – 9 AZR 807/05, NZA 2007, 507 (510); BAG vom 16.9.2008 – 9 AZR 791/07, NZA 2009, 79 (83), Rn. 48 mwN; BAG vom 16.2.2012 – 8 AZR 697/10, NZA 2012, 667, Rn. 49 mwN; BAG vom 11.8.2016 – 8 AZR 375/15, NZA 2017, 4347, Rn. 35 mwN; BVerwG vom 3.3.3011 – 5 C 16/10, NJW 2011, 2452; Neumann/Pahlen/Winkler/Jabben, § 165 Rn. 6.

303  BAG vom 21.7.2009 – 9 AZR 431/08, NZA 2009, 1087; BAG vom 22.10.2015 – 8 AZR 384/14, NZA 2016, 625 (627), Rn. 27; BAG vom 11.8.2016 – 8 AZR 375/15, NZA 2017, 4347, Rn. 35 mwN; Neumann/Pahlen/Winkler/Jabben, § 165 Rn. 6.

304  BAG vom 7.4.2011 – 8 AZR 679/09, NZA-RR 2011, 494, Rn. 38 ff.; BAG vom 16.2.2012 – 8 AZR 697/10, NZA 2012, 667 (669), Rn. 36 ff.

verfahrens bleibt der Arbeitgeber an das in der veröffentlichten Stellenbeschreibung bekannt gegebene Anforderungsprofil – auch bei Massenbewerbungsverfahren – gebunden.[305]

164 **Hinweis:** Zu beachten ist auch, dass maßgeblich für die objektive Eignung dabei nicht das formelle Anforderungsprofil ist, welches der Arbeitgeber erstellt hat, sondern die **Anforderungen**, die der Arbeitgeber an einen Stellenbewerber **stellen durfte**. Dabei ist zwar davon auszugehen, dass der Arbeitgeber über den der Stelle zugeordneten Aufgabenbereich und die dafür geforderten Qualifikationen des Stelleninhabers frei entscheiden darf. Durch das Stellen von Anforderungen an den Bewerber, die nach der im Arbeitsleben herrschenden Verkehrsanschauung durch die Erfordernisse der wahrzunehmenden Aufgaben unter keinem nachvollziehbaren Gesichtspunkt gedeckt sind, darf er allerdings die Vergleichbarkeit der Situation nicht willkürlich gestalten.[306] Deshalb ist Arbeitgebern zu empfehlen, bereits bei der nach § 164 Abs. 1 S. 1 und 6 SGB IX mit der SBV gemeinsam vorzunehmenden Prüfung, ob die Stelle für schwerbehinderte Menschen geeignet ist, ein im Hinblick auf § 8 AGG und Art. 33 Abs. 2 GG angemessenes Anforderungsprofil zu erörtern und festzulegen.[307]

165 Die Bundesagentur für Arbeit ist ohnehin verpflichtet, nach § 187 Abs. 5 Nr. 1 SGB IX „geeignete" arbeitslose oder arbeitsuchende schwerbehinderte Menschen vorzuschlagen, wird also im Regelfall keine offensichtlich fachlich ungeeigneten Personen vorschlagen, so dass grundsätzlich, von Einzelfällen abgesehen, ein Vorstellungsgespräch mit einem schwerbehinderten Bewerber stattfinden muss.[308]

166 Auch nach der Rechtsprechung fehlt einem schwerbehinderten Bewerber offensichtlich nur dann die **fachliche Eignung für die Stelle**, wenn der Bewerber „unzweifelhaft" nicht dem Anforderungsprofil der zu vergebenden Stelle entspricht.[309] Bloße Zweifel an der fachlichen Eignung rechtfertigen es nicht, von einer Einladung abzusehen, weil sich Zweifel im Vorstellungsgespräch ausräumen lassen. Der schwerbehinderte Mensch soll nach § 165 S. 3 SGB IX die Chance haben, sich in einem Vorstellungsgespräch zu präsentieren und den öffentlichen Arbeitgeber von seiner Eignung zu überzeugen.[310] Auch dürfen überqualifizierte Bewerber nicht von vornherein aus dem Auswahlverfahren ausgeschlossen werden, sondern sind – wenn ihre Qualifikati-

---

305 BAG vom 21.7.2009 – 9 AZR 431/08, NZA 2009, 1087; BAG vom 16.2.2012 – 8 AZR 697/10, NZA 2012, 667 (670), Rn. 39; BAG vom 24.1.2013 – 8 AZR 188/12, NZA 2012, 896 ff., Rn. 31 jeweils mwN.

306 BAG vom 7.4.2011 – 8 AZR 679/09, NZA-RR 2011, 494, Rn. 38; BAG vom 16.2.2012 – 8 AZR 697/10, NZA 2012, 667 (669), Rn. 36 jeweils mwN.

307 Vgl. dazu Düwell in LPK-SGB IX § 165 Rn. 9, der darauf hinweist, dass etwa „sehr gute Sprachkenntnisse einer oder mehrerer Sprachen" Inhalt eines zulässigen Anforderungsprofils sein können, so dass Bewerber, die diese Sprachkenntnisse nicht aufweisen, bereits offensichtlich ungeeignet iSd § 165 S. 4 SGB IX sind; vgl. zu den Anforderungen an juristische Berufe im öffentlichen Dienst Düwell in LPK-SGB IX § 165 Rn. 9 und zu weiteren Eignungskriterien Düwell in LPK-SGB IX § 165 Rn. 15 ff.

308 Neumann/Pahlen/Winkler/Jabben, § 165 Rn. 6; vgl. auch Reus/Mühlhausen, NZS 2012, 534 (535).

309 BAG vom 21.7.2009 – 9 AZR 431/08, NZA 2009, 1087; BAG vom 22.10.2015 – 8 AZR 384/14, NZA 2016, 625 (627), Rn. 27; BAG vom 20.1.2016 – 8 AZR 194/14, NZA 2016, 681 (685), Rn. 32 mwN; BAG vom 11.8.2016 – 8 AZR 375/15, NZA 2017, 43 (47), Rn. 36 mwN; aus der Rechtsprechung der Instanzgerichte vgl. etwa LAG Hamm vom 17.11.2005 – 8 Sa 1213/05; LAG Sachsen vom 14.9.2005 – 2 Sa 279/05; vgl. auch VG Düsseldorf vom 6.5.2005 – 2 K 4552/03; vgl. auch Neumann/Pahlen/Winkler/Jabben, § 165 Rn. 6; Düwell in LPK-SGB IX § 165 Rn. 19.

310 BAG vom 21.7.2009 – 9 AZR 431/08, NZA 2009, 1087; BAG vom 22.10.2015 – 8 AZR 384/14, NZA 2016, 625 (627), Rn. 27; BAG vom 20.1.2016 – 8 AZR 194/14, NZA 2016, 681 (685), Rn. 32 mwN;

on für die ausgeschriebene Stelle mehr als ausreichend ist – zu einem Vorstellungsgespräch einzuladen.[311]

**Hinweis:** Beanstandet der abgelehnte Bewerber in einem noch laufenden Auswahlverfahren seine Nichteinladung, so ist dem öffentlichen Arbeitgeber zu raten, diesen Bewerber noch zum Auswahlverfahren zuzulassen und zum Vorstellungsgespräch einzuladen. Ein Verstoß des öffentlichen Arbeitgebers gegen seine Verpflichtung zur Einladung eines Bewerbers aus § 165 S. 3 SGB IX kann **geheilt** werden, und zwar dadurch, dass er den Stellenbewerber auf seine Beanstandung hin zu dem noch laufenden Bewerbungsverfahren zulässt und noch rechtzeitig vor Abschluss des Auswahlverfahrens zu einem Vorstellungsgespräch einlädt. Wird so der Verstoß geheilt, entfällt damit auch eine Indizwirkung nach § 22 AGG.[312]

167

Für das Vorliegen der Ausnahme von der Einladungspflicht nach § 165 S. 4 SGB IX trägt der **öffentliche Arbeitgeber** die volle **Darlegungs- und Beweislast**.[313]

168

**Hinweis:** Allerdings muss der öffentliche Arbeitgeber bereits im Verlauf des Auswahlverfahrens prüfen und entscheiden können, ob er einen schwerbehinderten Menschen zu einem Vorstellungsgespräch einladen muss oder ob er nach § 165 S. 4 SGB IX von der Verpflichtung zur Einladung befreit ist. Diese Prüfung und Entscheidung muss der schwerbehinderte **Bewerber** dem öffentlichen Arbeitgeber durch entsprechende **Angaben zu seinem fachlichen Leistungsprofil** in der Bewerbung bzw. den Bewerbungsunterlagen ermöglichen. Kommt der Bewerber dieser Mitwirkungsverpflichtung nicht ausreichend nach, geht dies regelmäßig zu seinen Lasten. In einem solchen Fall besteht für den öffentlichen Arbeitgeber keine Verpflichtung, den schwerbehinderten Menschen zu einem Vorstellungsgespräch einzuladen.[314]

169

## VII. Verbot der Benachteiligung wegen Behinderung

### 1. Regelung im AGG

Nach der früheren Regelung des Benachteiligungsverbotes in § 81 Abs. 2 S. 1 SGB IX aF durften Arbeitgeber schwerbehinderte Beschäftigte nicht wegen ihrer Behinderung benachteiligen. Nach dem Inkrafttreten des Allgemeinen Gleichbehandlungsgesetzes (AGG) zum 15.8.2006[315] verweist § 164 Abs. 2 S. 2 SGB IX insoweit auf die Regelungen des AGG: „Im Einzelnen gelten hierzu die Regelungen des Allgemeinen Gleichbehandlungsgesetzes".[316]

170

---

BAG vom 11.8.2016 – 8 AZR 375/15, NZA 2017, 43 (47), Rn. 36 mwN; Neumann/Pahlen/Winkler/Jabben, § 165 Rn. 6.

311  BAG vom 20.1.2016 – 8 AZR 194/14, NZA 2016, 681 (685), Rn. 35; aA wohl ErfK/Rolfs, SGB IX § 165 Rn. 4.

312  LAG Köln vom 29.1.2009 – 7 Sa 980/08, PersR 2010, 2; LAG Hessen vom 7.12.2011 – 2 Sa 851/11; vgl. dazu auch Düwell in LPK-SGB IX § 165 Rn. 13.

313  BAG vom 11.8.2016 – 8 AZR 375/15, NZA 2017, 43 (47), Rn. 38 mwN; Neumann/Pahlen/Winkler/Jabben, § 165 Rn. 6.

314  BAG vom 11.8.2016 – 8 AZR 375/15, NZA 2017, 43 (47), Rn. 38 mwN.

315  Gesetz zur Umsetzung europäischer Richtlinien zur Verwirklichung des Grundsatzes der Gleichbehandlung vom 14.8.2006, BGBl. I 2006, 1897 ff.

316  Art. 3 Abs. 10 Nr. 2 des Gesetzes zur Umsetzung europäischer Richtlinien zur Verwirklichung des Grundsatzes der Gleichbehandlung vom 14.8.2006, BGBl. I 2006, 1897 ff., 1909.

## 2. Inhalt des Benachteiligungsverbotes

171 Beschäftigte dürfen nach § 7 Abs. 1 AGG nicht wegen eines in § 1 AGG genannten Grundes, also auch nicht wegen einer Behinderung, benachteiligt werden; dies gilt auch, wenn die Person, die die Benachteiligung begeht, das Vorliegen einer Behinderung als einer der in § 1 genannten Gründe der Benachteiligung nur annimmt.

Der Begriff der Behinderung des AGG entspricht der Definition des § 2 Abs. 1 S. 1 SGB IX; auf einen bestimmten Grad der Behinderung kommt es nicht an.[317]

172 Zu dem vom Benachteiligungsverbot erfassten behinderten Beschäftigten zählen sowohl Arbeitnehmer als auch **Auszubildende** und **arbeitnehmerähnliche Personen** (§ 6 Abs. 1 S. 1 Nr. 1 bis 3 AGG).[318] Auch **Bewerberinnen und Bewerber** für ein Beschäftigungsverhältnis gelten als Beschäftigte (§ 6 Abs. 1 S. 2 AGG). Für den Bewerberbegriff kommt es dabei weder auf die objektive Eignung noch auf die subjektive Ernsthaftigkeit der Bewerbung an.[319] Dass sich der Bewerber **nicht subjektiv ernsthaft bewirbt**, führt zum Einwand treuwidrigen Verhaltens des Bewerbers.[320]

173 Darüber hinaus setzt die Benachteiligung als Bewerber grundsätzlich voraus, dass im Zeitpunkt der Besetzungsentscheidung die Bewerbung bereits vorlag. Das gilt jedenfalls, solange nicht besondere Anhaltspunkte für eine diskriminierende Gestaltung des Bewerbungsverfahrens ersichtlich sind.[321]

174 Von diesem Benachteiligungsverbot werden sowohl die unmittelbare als auch die mittelbare Benachteiligung erfasst.[322] Eine **unmittelbare Benachteiligung** wegen einer Behinderung liegt vor, wenn eine Person wegen eines in § 1 AGG genannten Grundes, ua wegen Behinderung, eine weniger günstige Behandlung als eine andere Person in vergleichbarer Situation erfährt, erfahren hat oder erfahren würde.[323] Unbestritten ist zunächst, dass das **direkte Anknüpfen an der Behinderteneigenschaft** bzw. an der An-

---

317 BAG vom 28.4.2011 – 8 AZR 515/10, NJW 2011, 2458, Rn. 24; BAG vom 16.2.2012 – 8 AZR 697/10, NZA 2012, 667 (669), Rn. 32; BAG vom 26.6.2014 – 8 AZR 547/13, Rn. 25 mwN.

318 Vgl. dazu ausführlich Nicolai, Rn. 169 ff.; ErfK/Schlachter, AGG § 6 Rn. 2.

319 BAG vom 17.12.2009 – 8 AZR 670/08, NZA 2010, 383, Rn. 16; BAG vom 27.1.2011 – 8 AZR 580/09, NZA 2011, 737, Rn. 20; BAG vom 7.4.2011 – 8 AZR 679/09, NZA-RR 2011, 494, Rn. 37 ff. jeweils mwN; vgl. auch BAG vom 16.2.2012 – 8 AZR 697/10, NZA 2012, 667 (669), Rn. 35 mwN; BAG vom 24.1.2013 – 8 AZR 188/12, NZA 2013, 896 (897), Rn. 17; BAG vom 26.9.2013 – 8 AZR 650/12, Rn. 14 mwN; ErfK/Schlachter, AGG § 6 Rn. 3.

320 BAG vom 13.10.2011 – 8 AZR 608/10, BeckRS 2012, 65090; BAG vom 16.2.2012 – 8 AZR 697/10, NZA 2012, 667 (669), Rn. 24; BAG vom 24.1.2013 – 8 AZR 188/12, NZA 2013, 896 (897), Rn. 17 mwN; BAG vom 11.8.2016 – 8 AZR 4/15, NZA 2017, 310 (314), Rn. 38, wobei der 8. Senat ausdrücklich darauf hinweist, dass – soweit teilweise in seiner Rechtsprechung zusätzlich die „subjektive Ernsthaftigkeit der Bewerbung" gefordert wurde – er hieran nicht festhält. Die Frage, ob eine Bewerbung „nicht ernsthaft" war, weil eine Person sich nicht beworben habe, um die ausgeschriebene Stelle zu erhalten, sondern um eine Entschädigung geltend zu machen, betreffe vielmehr die Frage, ob diese sich unter Verstoß gegen Treu und Glauben (§ 242 BGB) den formalen Status als Bewerber iSv § 6 Abs. 1 S. 2 Alt. 1 AGG verschafft und damit für sich den persönlichen Anwendungsbereich des AGG treuwidrig eröffnet habe, weshalb der Ausnutzung dieser Rechtsposition der durchgreifende Rechtsmissbrauchseinwand entgegenstehen könne, vgl. dazu Rn. 44 ff. dieser Entscheidung.

321 BAG vom 19.8.2010 – 8 AZR 370/09, NZA 2011, 200.

322 Die gesetzliche Definition der unmittelbaren Benachteiligung findet sich in § 3 Abs. 1 AGG, die der mittelbaren Benachteiligung in § 3 Abs. 2 AGG; vgl. dazu auch Richardi, NZA 2006, 881 (883).

323 BAG vom 3.4.2007 – 9 AZR 823/06, NZA 2007, 1098; so auch BAG vom 7.4.2011 – 8 AZR 679/09, NZA-RR 2011, 494, Rn. 35; BAG vom 16.2.2012 – 8 AZR 697/10, NZA 2012, 667 (669), Rn. 33; BAG vom 18.9.2014 – 8 AZR 759/13, Rn. 23 mwN; BAG vom 21.4.2016 – 8 AZR 402/14, NZA 2016, 1131 (1132), Rn. 16; BAG vom 11.8.2016 – 8 AZR 4/15, NZA 2017, 310 (312), Rn. 24; vgl. dazu auch Düwell in LPK-SGB IX § 164 Rn. 40.

erkennung als Schwerbehinderter eine unerlaubte Benachteiligung darstellt, wenn die Eignung für die in Aussicht genommene Tätigkeit in keiner Weise beeinträchtigt ist.[324] Eine unmittelbare Benachteiligung liegt aber bereits auch dann vor, wenn der Beschäftigte nicht in die Auswahl einbezogen, sondern vorab aussortiert wird; die Benachteiligung liegt dann in der **Versagung einer Chance**.[325]

**Hinweis:** Nach der Rechtsprechung des BAG kann eine Ablehnung eines schwerbehinderten Bewerbers **nicht** dadurch **gerechtfertigt** werden, die **Zahl „krankheitsbedingter Arbeitsunfähigkeitszeiten" möglichst gering** zu halten.[326]     175

Nach der Rechtsprechung genügt es in Fällen von **Motivbündeln**, dh wenn neben zulässigen auch nach § 1 AGG unzulässige Gründe vorliegen, dass dieser unzulässige Benachteiligungsgrund mitursächlich war.[327]     176

**Mittelbare Benachteiligungen** wegen Behinderung liegen dann vor, wenn dem Anschein nach neutrale Vorschriften, Kriterien oder Verfahren Personen mit einer bestimmten Behinderung gegenüber anderen Personen in besonderer Weise benachteiligen können – zB dann, wenn die Gewährung bestimmter Leistungen an Voraussetzungen geknüpft ist, die gesunde Beschäftigte eher erfüllen als behinderte Beschäftigte –, es sei denn, die betreffenden Vorschriften, Kriterien oder Verfahren sind durch ein rechtmäßiges Ziel sachlich gerechtfertigt und die Mittel sind zur Erreichung dieses Ziels angemessen und erforderlich.[328]     177

**Beispiel:** Das BAG hat etwa im Fall der Nichteinstellung eines Schwerbehinderten geprüft, ob das Erfordernis „Schreibmaschinenkenntnisse" mittelbar benachteiligend sei und dabei zugunsten des abgewiesenen Bewerbers unterstellt, dass Schwerbehinderte häufiger durch dieses Kriterium negativ betroffen sein können. Im konkreten Fall war diese Anforderung allerdings durch ein rechtmäßiges Ziel sachlich gerechtfertigt, da an dem fraglichen Arbeitsplatz derartige Kenntnisse notwendig waren.[329] Probleme können sich daher vor allem bei Anforderungen ergeben, die für den fraglichen Arbeitsplatz nützlich, aber nicht erforderlich sind. So ist eine mittelbare Diskriminierung zu Recht darin gesehen worden, dass eine „uneingeschränkte Belastbarkeit" auf dem Arbeitsplatz verlangt wurde, obwohl dies nicht durch die Aufgabe geboten war.     178

Soweit es um eine – insbesondere bei einer Einstellung und Beförderung – zu treffende **Auswahlentscheidung zwischen mehreren Bewerbern** geht, befinden sich Personen grundsätzlich bereits dann in einer vergleichbaren Situation, wenn sie sich für dieselbe Stelle beworben haben.[330] Seine frühere Rechtsprechung, wonach sich eine Person nur dann in einer vergleichbaren Situation befand, wenn sie für die ausgeschriebene     179

---

324   BAG vom 3.4.2007 – 9 AZR 823/06, NZA 2007, 1098.
325   BAG vom 7.4.2011 – 8 AZR 679/09, NZA-RR 2011, 494, Rn. 35; BAG vom 13.10.2011 – 8 AZR 698/10, BehindertenR 2012, 169, Rn. 24; BAG vom 16.2.2012 – 8 AZR 697/10, NZA 2012, 667 (669), Rn. 33 jeweils mwN; BAG vom 24.1.2013 – 8 AZR 188/12, NZA 2013, 896 (897), Rn. 24; BAG vom 18.9.2014 – 8 AZR 759/13, Rn. 23 mwN; BAG vom 22.10.2015 – 8 AZR 384/14, NZA 2016, 625 (628), Rn. 35 mwN; vgl. dazu auch Düwell in LPK-SGB IX § 164 Rn. 40.
326   BAG vom 3.4.2007 – 9 AZR 823/06, NZA 2007, 1098; vgl. auch Düwell in LPK-SGB IX § 164 Rn. 53.
327   BAG vom 12.9.2006 – 9 AZR 807/05; BAG vom 22.10.2015 – 8 AZR 384/14, NZA 2016, 625 (627), Rn. 25 mwN; BAG vom 11.8.2016 – 8 AZR 375/15, NZA 2017, 43 (46), Rn. 22 mwN; Düwell in LPK-SGB IX § 164 Rn. 40.
328   BAG vom 15.2.2005 – 9 AZR 635/03, NZA 2005, 870; BAG vom 11.8.2016 – 8 AZR 4/15, NZA 2017, 310 (312), Rn. 24; vgl. auch Düwell in LPK-SGB IX § 164 Rn. 41.
329   BAG vom 15.2.2005 – 9 AZR 635/03, NZA 2005, 870 (873).
330   BAG vom 11.8.2016 – 8 AZR 4/15, NZA 2017, 310 (312), Rn. 22 mwN.

Stelle „objektiv geeignet" war, hat der 8. Senat ausdrücklich aufgegeben.[331] Sofern ein Bewerber vorab ausgenommen und damit vorzeitig aus dem Bewerbungsverfahren ausgeschlossen wurde, kommt es damit nicht zwangsläufig auf einen Vergleich mit dem letztlich eingestellten Bewerber an.[332]

180 Es kommt nicht darauf an, ob der Arbeitgeber beabsichtigt, behinderte Bewerber zu benachteiligen. Es genügt, dass die Maßnahme objektiv geeignet ist, behinderten Bewerbern keine oder schlechtere Chancen einzuräumen. Allerdings muss der **Arbeitgeber die Behinderung kennen oder kennen müssen**; andernfalls ist ihm ein Verstoß gegen die bei der Bewerbung behinderter Menschen auferlegten Handlungs- und Unterlassungspflichten **objektiv nicht zurechenbar**.[333] Umgekehrt liegt nach dem eindeutigen Wortlaut von § 7 Abs. 1 Hs. 2 AGG eine ungerechtfertigte Benachteiligung auch dann vor, wenn die Person, die die Benachteiligung begeht, das **Vorliegen einer Behinderung nur annimmt**.[334]

181 § 8 Abs. 1 AGG sieht die Möglichkeit der Rechtfertigung einer unterschiedlichen Behandlung in Bezug auf das in § 1 AGG genannte Merkmal der „Behinderung" wegen beruflicher Anforderungen vor. Danach ist die **Zulässigkeit der unterschiedlichen Behandlung** einer behinderten Person nur dann gegeben, wenn der Grund hierfür in wesentlichen und entscheidenden beruflichen Anforderungen liegt, deren Zweck zudem rechtmäßig sein muss und die außerdem angemessen sein müssen.

182 Die **wesentlichen und entscheidenden beruflichen Anforderungen** müssen tätigkeitsbezogen sein oder im Zusammenhang mit den Bedingungen der Ausübung der Tätigkeit stehen. Hat die Behinderung zur Folge, dass die geforderte Leistung in keiner für den Arbeitgeber sinnvollen Weise erbracht werden kann oder zu unzumutbaren Nachteilen für den Arbeitgeber führen würde, wäre eine Ungleichbehandlung eines behinderten Beschäftigten zweckgebunden und damit rechtmäßig. Maßgeblich ist also, welche Anforderungen der Arbeitgeber an einen Stellenbewerber stellen durfte, wobei zunächst davon auszugehen ist, dass der Arbeitgeber über den der Stelle zugeordneten Aufgabenbereich und die dafür geforderten Qualifikationen des Stelleninhabers frei entscheiden darf. Er darf allerdings die Vergleichbarkeit der Situation **nicht** willkürlich gestalten und dadurch den **Schutz des AGG de facto beseitigen**.[335]

183 Eine pauschale Begründung, behinderte Menschen seien aufgrund ihrer Behinderung für bestimmte Tätigkeiten überhaupt nicht oder nur bedingt geeignet bzw. belastbar, ist nicht geeignet, eine Ungleichbehandlung zu rechtfertigen.

---

331 BAG vom 11.8.2016 – 8 AZR 4/15, NZA 2017, 310 (313), Rn. 27, 28 ff. mwN; noch offengelassen in BAG vom 20.1.2016 – 8 AZR 194/14, NZA 2016, 681 (683), Rn. 21.
332 BAG vom 20.1.2016 – 8 AZR 194/14, NZA 2016, 681 (683), Rn. 18; vgl. dazu auch Düwell in LPK-SGB IX § 164 Rn. 40.
333 BAG vom 16.9.2008 – 9 AZR 791/07, NZA 2009, 79 (81), Rn. 30; BAG vom 18.11.2008 – 9 AZR 643/07, NZA 2009, 728 (730), Rn. 24; BAG vom 16.2.2012 – 8 AZR 697/10, NZA 2012, 667 (672), Rn. 55 mwN; vgl. auch BAG vom 26.9.2013 – 8 AZR 650/12, Rn. 29 ff.
334 BAG vom 17.12.2009 – 8 AZR 670/08, NZA 201, 383, Rn. 14 mwN; vgl. dazu auch Düwell in LPK-SGB IX § 164 Rn. 40.
335 BAG vom 22.7.2010 – 8 AZR 1012/08, NZA 2011, 93; BAG vom 7.4.2011 – 8 AZR 679/09, NZA-RR 2011, 494, Rn. 38; BAG vom 16.2.2012 – 8 AZR 697/10, NZA 2012, 667 (669), Rn. 36 mwN; BAG vom 24.1.2013 – 8 AZR 188/12, NZA 2013, 896 (898), Rn. 27 mwN; BAG vom 21.2.2013 – 8 AZR 180/12, NZA 2013, 840 (841), Rn. 29 mwN.

Gerechtfertigt ist eine Benachteiligung behinderter Menschen iSd § 8 AGG nur dann, wenn der Arbeitgeber das behinderungsbedingte Beschäftigungshindernis nicht durch **angemessene Vorkehrungen** iSd Art. 5 der Richtlinie 2000/78/EG beseitigen konnte.[336] Danach ist ein Arbeitgeber also gehalten, den Arbeitsplatz in zumutbarem Maße anzupassen. Tut er dies nicht, liegt in der Versagung selbst eine Diskriminierung. Bevor der Arbeitgeber sich also auf berufsbezogene Rechtfertigungsgründe nach § 8 Abs. 1 AGG berufen kann, muss feststehen, dass Beurteilungsgrundlage der angepasste und nicht nur der tatsächlich offerierte Arbeitsplatz ist.

**Beispiel:**[337] Der Arbeitgeber kann den Zugang zum Arbeitsplatz ohne größere finanzielle Aufwendung durch eine Rampe schaffen. In diesem Fall kann er den gehbehinderten Bewerber nicht unter Hinweis auf erschwerte Zugangsmöglichkeiten zum Arbeitsplatz ablehnen.   184

Problematisch ist dabei, in welchem Maße der Arbeitsplatz angepasst werden muss, wobei zu berücksichtigen ist, dass die Anpassung nicht zwangsläufig mit Kosten verbunden sein muss.[338] Neben dem **Diskriminierungsschutz** zugunsten des behinderten Bewerbers ist auf Seiten des Arbeitgebers das **Amortisationsinteresse** an der Tätigkeit zu berücksichtigen.   185

**Hinweis:** Die **Befürchtung höherer Krankheitszeiten** ist jedenfalls kein Rechtfertigungsgrund für eine unterschiedliche Behandlung wegen der Behinderung.[339]   186

Die **Ausschreibung eines Arbeitsplatzes** darf ebenfalls nicht unter Verstoß gegen das in § 7 Abs. 1 AGG niedergelegte Benachteiligungsverbot erfolgen (§ 11 AGG). Bezogen auf das Benachteiligungsverbot wegen Behinderung ergänzt diese Regelung die in § 164 Abs. 1 SGB IX geregelte Verpflichtung des Arbeitgebers, zu prüfen, ob bei der Einstellung der Arbeitsplatz mit einem schwerbehinderten oder gleichgestellten Bewerber besetzt werden kann.[340]   187

Eine Benachteiligung kann statt in einem aktiven Tun **auch in einem Unterlassen** liegen. Bei allen Unterlassungen kommt es nicht darauf an, ob der Arbeitgeber beabsichtigt, einen behinderten Bewerber zu benachteiligen; es genügt, dass die unterlassenen Maßnahmen objektiv geeignet sind, dem Bewerber keine oder schlechtere Chancen einzuräumen.[341] Es spricht nach der Rechtsprechung des 8. Senates des BAG viel dafür, das § 3 Abs. 1 AGG unionsrechtskonform dahin auszulegen ist, dass eine Dis-   188

---

336 EuGH vom 11.4.2013 – C-335/11 und C-337/11 (Ring, Skouboe Werge); BAG vom 19.12.2013 – 6 AZR 190/12, NZA 2014, 372; BAG vom 22.5.2014 – 8 AZR 662/13, NZA 2014, 924; ErfK/Schlachter, AGG § 8 Rn. 7 mwN.
337 Nach Brors in Däubler/Bertzbach, AGG § 8 Rn. 33.
338 LAG Berlin-Brandenburg vom 4.12.2008 – 26 Sa 343/08, LAGE Nr. 1 zu § 3 AGG Umstellung von Schichten.
339 ArbG Berlin vom 13.7.2005 – 86 Ca 26618/04, NZA-RR 2005, 608; vgl. auch Brors in Däubler/Bertzbach, AGG § 8 Rn. 35 mwN; anders bei grundsätzlich fehlender Einsatzmöglichkeit – LAG Berlin-Brandenburg vom 13.1.2012 – 6 Sa 2159/11, NZA-RR 2012, 183; vgl. auch BAG vom 3.4.2007 – 9 AZR 823/06, NZA 2007, 1098; Düwell in LPK-SGB IX § 164 Rn. 53.
340 BT-Drucksache 16/1780, 32; BAG vom 21.4.2016 – 8 AZR 402/14, NZA 2016, 1131 (1132), Rn. 16 mwN.
341 BAG vom 16.9.2008 – 9 AZR 791/07, NZA 2009, 78 (81); BAG vom 18.11.2008 – 9 AZR 643/07, NZA 2009, 728 (730); BAG vom 24.1.2013 – 8 AZR 188/12, NZA 2013, 896 (897), Rn. 24 und BAG vom 21.2.2013 – 8 AZR 180/12, NZA 2013, 840 (841), Rn. 26; BAG vom 18.9.2014 – 8 AZR 759/13, Rn. 27 jeweils mwN.

kriminierung wegen einer Behinderung auch dann vorliegt, wenn der Arbeitgeber dem behinderten Arbeitnehmer angemessene Vorkehrungen iSv Art. 5 der Richtlinie 2000/78/EG sowie von Art. 27 Abs. 1 S. 2 Buchst. i iVm Art. 2 Unterabs. 3 und 4 der UN-BRK versagt.[342]

189   Der Arbeitgeber ist nach § 12 Abs. 1 S. 1 AGG verpflichtet, die erforderlichen Maßnahmen zum Schutz vor Benachteiligungen wegen eines in § 1 AGG genannten Grundes, zu dem auch die Behinderung zählt, zu treffen. Dieser Schutz umfasst auch vorbeugende Maßnahmen (§ 12 Abs. 1 S. 2 AGG). Der Arbeitgeber soll in geeigneter Art und Weise, insbesondere im Rahmen der beruflichen Aus- und Fortbildung, auf die Unzulässigkeit solcher Benachteiligungen hinweisen und darauf hinwirken, dass diese unterbleiben (§ 12 Abs. 2 S. 1 AGG). Hat der Arbeitgeber eine **geeignete Schulung seiner Beschäftigten** zum Zwecke der Verhinderung von Benachteiligungen durchgeführt, gilt dies als Erfüllung seiner Pflichten nach Absatz 1 (§ 12 Abs. 2 S. 2 AGG).

Verstoßen Beschäftigte gegen das Benachteiligungsverbot des § 7 Abs. 1 AGG, so hat der Arbeitgeber die im Einzelfall geeigneten, erforderlichen und angemessenen Maßnahmen zur Unterbindung der Benachteiligung, wie Abmahnung, Umsetzung, Versetzung oder Kündigung, zu ergreifen (§ 12 Abs. 3 AGG). Werden Beschäftigte bei der Ausübung ihrer Tätigkeit durch Dritte nach § 7 Abs. 1 AGG benachteiligt, so hat der Arbeitgeber die im Einzelfall geeigneten, erforderlichen und angemessenen Maßnahmen zum Schutz der Beschäftigten zu ergreifen (§ 12 Abs. 4 AGG). Insofern besteht zugunsten der behinderten Beschäftigten auch ein wirksamer Schutz, wenn sie bei der Ausübung ihrer Tätigkeit nicht durch den Arbeitgeber, sondern durch einen Dritten benachteiligt werden.

190   Das AGG und § 61 b ArbGG,[343] der die Klagefrist bei Benachteiligung regelt, sowie Informationen über die für die Behandlung von Beschwerden zuständigen Stellen sind im Betrieb oder in der Dienststelle bekannt zu machen (§ 12 Abs. 5 AGG).

### 3. Rechtsfolgen

191   Bestimmungen in Vereinbarungen, die gegen das Benachteiligungsverbot des § 7 Abs. 1 AGG verstoßen, sind unwirksam (§ 7 Abs. 2 AGG).[344] Darüber hinaus ist eine Benachteiligung nach § 7 Abs. 1 AGG eine **Verletzung vertraglicher Pflichten** (§ 7 Abs. 3 AGG).

192   Ein Verstoß gegen das Benachteiligungsverbot von behinderten Arbeitnehmern begründet keinen Anspruch auf Begründung eines **Beschäftigungsverhältnisses**, auch nicht auf Begründung eines **Berufsausbildungsverhältnisses** oder auf einen **berufli-**

---

342   BAG vom 21.4.2016 – 8 AZR 402/14, NZA 2016, 1131 (1132), Rn. 19 ff., wobei das Präventionsverfahren nach § 167 Abs. 1 SGB IX keine solche angemessene Vorkehrung ist; vgl. dazu auch Düwell in LPK-SGB IX § 167 Rn. 87.

343   So ist insbesondere die in § 61 b Abs. 1 ArbGG geregelte Klagefrist wichtig: Eine Klage auf Entschädigung nach § 15 AGG muss innerhalb von drei Monaten, nachdem der Anspruch schriftlich geltend gemacht worden ist, erhoben werden; vgl. dazu BAG vom 15.3.2012 – 8 AZR 37/11, NZA 2012, 910 (916), Rn. 52 ff. mwN; BAG vom 21.6.2012 – 8 AZR 188/11, NZA 2012, 1211 (1214), Rn. 38 mwN; vgl. zu den Ausschlussfristen auch ErfK/Schlachter, AGG § 15 Rn. 16.

344   Vgl. dazu auch Richardi, NZA 2006, 881 (885 f.).

chen **Aufstieg**, es sei denn, ein solcher Anspruch ergibt sich aus einem anderen Rechtsgrund (§ 15 Abs. 6 AGG).[345] Nach der Systematik des § 15 AGG besteht bei einem Verstoß gegen das Benachteiligungsverbot grundsätzlich ein Anspruch des behinderten Beschäftigten gegen den Arbeitgeber auf Ersatz des hierdurch entstandenen **materiellen Schadens** (§ 15 Abs. 1 S. 1 AGG). Voraussetzung dieses **Schadensersatzanspruchs** nach § 15 Abs. 1 AGG ist jedoch ein **Verschulden des Arbeitgebers** (§ 15 Abs. 1 S. 2 AGG).[346] Der Schadensersatzanspruch nach § 15 Abs. 1 AGG verdrängt als speziellere Regelung Ansprüche aus §§ 280 Abs. 1, 241 Abs. 2, 311 Abs. 2 BGB iVm § 7 Abs. 3 AGG, soweit der Anspruch allein mit einem Verstoß gegen das Benachteiligungsverbot begründet wird.[347]

Ergänzend sieht § 15 Abs. 2 AGG einen Anspruch des Beschäftigten auf Zahlung  **193** einer angemessenen Entschädigung als Ausgleich für einen erlittenen **immateriellen Schaden** vor. Die Entschädigung kann neben dem materiellen Schadensersatz verlangt werden. Besondere Bedeutung erlangt der Entschädigungsanspruch nach § 15 Abs. 2 AGG, wenn den Arbeitgeber **kein Verschulden** an der unzulässigen Benachteiligung trifft, weil in diesem Fall kein Schadensersatzanspruch nach § 15 Abs. 1 AGG besteht, wohl aber ein **Entschädigungsanspruch nach § 15 Abs. 2 AGG bestehen** kann. Ein Anspruch auf Entschädigung nach § 15 Abs. 2 AGG setzt einen Verstoß gegen das in § 7 Abs. 1 AGG geregelte Benachteiligungsverbot voraus und ist **verschuldensunabhängig**.[348]

Wegen eines Schadens, der nicht Vermögensschaden (**immaterieller Schaden**) ist, kann  **194** der oder die Beschäftigte gem. der Regelung in § 15 Abs. 2 S. 1 AGG eine **angemessene Entschädigung in Geld** verlangen. Die Höhe der im Einzelfall zu zahlenden Entschädigung steht im Ermessen der Arbeitsgerichte. Der Gesetzgeber[349] spricht insoweit von einem „notwendigen Bewertungsspielraum, um die Besonderheiten jedes einzelnen Falles zu berücksichtigen".

Wie bei der alten Regelung in § 81 Abs. 2 S. 2 SGB IX aF muss die vom Arbeitgeber  **195** zu zahlende **Entschädigung angemessen** sein. In diesem Zusammenhang ist auf die ständige Rechtsprechung des Europäischen Gerichtshofes zu verweisen, der die Anforderung stellt, dass zur Gewährleistung eines tatsächlichen und wirksamen Rechtsschutzes eine Entschädigung geeignet sein muss, eine wirklich abschreckende Wirkung gegenüber dem Arbeitgeber zu haben, und auf jeden Fall in einem angemessenen Verhältnis zu dem erlittenen Schaden stehen muss.[350]

Bei der Bestimmung der **Höhe des Entschädigungsanspruches** sind neben weiteren  **196** Gesichtspunkten[351] insbesondere zu berücksichtigen

---

345 Vgl. dazu ausführlich ErfK/Schlachter, AGG § 15 Rn. 16.
346 Vgl. dazu im Einzelnen ErfK/Schlachter, AGG § 15 Rn. 6.
347 BAG vom 21.6.2012 – 8 AZR 188/11, NZA 2012, 1211.
348 BAG vom 22.8.2013 – 8 AZR 563/12, NZA 2014, 82; BAG vom 21.4.2016 – 8 AZR 402/14, NZA 2016, 1131 (1132), Rn. 15; vgl. dazu auch ErfK/Schlachter, AGG § 15 Rn. 7.
349 BT-Drs. 16/1780, 38.
350 EuGH vom 22.4.1997 – C-180/95, NZA 1997, 645 (Rechtssache Draehmpaehl); vgl. auch BAG vom 16.2.2012 – 8 AZR 697/10, NZA 2012, 667 (673), Rn. 68 mwN.
351 Vgl. ausführlich zu den einzelnen Gesichtspunkten, die bei der Bemessung der Höhe der Entschädigung zu berücksichtigen sind ErfK/Schlachter, AGG § 15 Rn. 10 ff.

- die Art und Intensität der Benachteiligung, also die Folgen für den schwerbehinderten Menschen,

- die Art und Schwere des Verstoßes des Arbeitgebers,[352]

- eine Diskriminierung aus mehreren Gründen,[353]

- eine abschreckende Wirkung auf den Arbeitgeber,[354]

- der Grad des Verschuldens des Arbeitgebers,[355]

- wirtschaftliche Verhältnisse beim Arbeitgeber.[356]

197 Wäre der behinderte Bewerber auch bei benachteiligungsfreier Auswahl nicht eingestellt worden, ist die Entschädigung auf drei Monatsgehälter begrenzt (§ 15 Abs. 2 S. 2 AGG). Eine Regelung zur Höhe des Monatsverdienstes findet sich im AGG nicht; insofern kann zur Bestimmung des Monatsgehaltes auf die Vorgängervorschrift in § 81 Abs. 2 S. 2 SGB IX aF zurückgegriffen werden.[357]

198 Bei Anwendung **kollektivrechtlicher Vereinbarungen** ist der Arbeitgeber gem. § 15 Abs. 3 AGG nur dann zur Entschädigung verpflichtet, wenn er vorsätzlich oder grob fahrlässig handelt. Aufgrund der Gesetzesformulierung „bei der Anwendung" genügt es für die Erfüllung des Tatbestandes auch, wenn der Arbeitgeber in einem Arbeitsvertrag auf einen fachlichen, räumlichen und zeitlich einschlägigen Tarifvertrag Bezug nimmt.[358]

#### 4. Frist zur Geltendmachung eines Schadensersatzanspruches

199 Ein Anspruch des behinderten Arbeitnehmers nach den Absätzen 1 und 2 des § 15 AGG muss gem. § 15 Abs. 4 S. 1 AGG innerhalb einer **Frist von zwei Monaten schriftlich** geltend gemacht werden, es sei denn, die Tarifvertragsparteien haben etwas anderes vereinbart.

200 Die **Frist beginnt im Falle einer Bewerbung** oder eines beruflichen Aufstiegs mit dem Zugang der Ablehnung, nicht schon dann, wenn der schwerbehinderte Mensch Kenntnis von der Besetzung der Stelle mit einem anderen Bewerber hat.[359] Für den Fall einer Bewerbung oder eines beruflichen Aufstiegs ist § 15 Abs. 4 AGG dahin auszulegen, dass die Ausschlussfrist mit dem Zeitpunkt beginnt, zu dem dem Beschäftigten die Ablehnung zugegangen ist und er zusätzlich Kenntnis von der Benachteiligung erlangt hat. Der **Zeitpunkt des Zugangs der Ablehnung** stellt damit den frühestmöglichen Zeitpunkt des Fristbeginns dar.[360] In den sonstigen Fällen einer Benachteiligung

---

352  BAG vom 12.9.2006 – 9 AZR 807/05, NZA 2007, 507 (512) mwN.
353  Deinert in Däubler/Bertzbach, AGG § 15 Rn. 73 unter Hinweis auf die amtliche Begründung in BT-Drs. 16/1780, 38; Schiek, NZA 2004, 873 (880).
354  EuGH vom 22.4.1997 – C-180/95, NZA 1997, 645 (Rechtssache Draehmpaehl); kritisch dazu Bauer/Göpfer/Krieger, AGG § 15 Rn. 36.
355  BAG vom 12.9.2006 – 9 AZR 807/05, NZA 2007, 507 (510) mwN.
356  Deinert in Däubler/Bertzbach, AGG § 15 Rn. 74 mwN.
357  Als Monatsverdienst gilt, was dem schwerbehinderten Bewerber bei regelmäßiger Arbeitszeit in dem Monat, in dem das Arbeits- oder sonstige Beschäftigungsverhältnis hätte begründet werden sollen, an Geld- und Sachbezügen zugestanden hätte (§ 81 Abs. 2 S. 2 SGB IX aF).
358  Richardi, NZA 2006, 881; vgl. dazu auch ErfK/Schlachter, AGG § 15 Rn. 14 mwN.
359  BAG vom 17.8.2010 – 9 AZR 839/08, NZA 2011, 153, Rn. 21.
360  BAG vom 15.3.2012 – 8 AZR 37/11, NZA 2012, 910 (917), Rn. 59 mwN.

beginnt die Ausschlussfrist zu dem Zeitpunkt, in dem der oder die Beschäftigte von der Benachteiligung Kenntnis erlangt (§ 15 Abs. 4 S. 2 AGG).[361]

Der behinderte Arbeitnehmer muss bei Geltendmachung einer Klage auf Entschädigung nach § 15 Abs. 2 AGG auch zusätzlich noch die weitere, in § 61 b Abs. 1 ArbGG geregelte **Klagefrist** beachten.[362] Eine Klage auf Entschädigung nach § 15 Abs. 2 AGG muss **innerhalb von drei Monaten nach schriftlicher Geltendmachung** erhoben werden (§ 61 b Abs. 1 ArbGG).    201

Die **Ausschlussfrist** gilt sowohl für Entschädigungsansprüche nach § 15 Abs. 2 AGG als auch für Schadensersatzansprüche iSd § 15 Abs. 1 AGG, wenn diese allein mit einem Verstoß gegen das Benachteiligungsverbot begründet werden; sogar auch für deliktische Ansprüche, etwa nach § 823 Abs. 2 BGB iVm einem Schutzgesetz, die auf denselben Lebenssachverhalt wie Ansprüche aus § 15 Abs. 1 AGG gestützt werden.[363] Die Ausschlussfrist des § 15 Abs. 4 AGG verstößt nicht gegen Europarecht, da sie die europarechtlich gebotenen Grundsätze der Äquivalenz und der Effektivität wahrt.[364]    202

### 5. Beweislast

Die Verteilung der Beweislast findet sich seit der Neuregelung durch das AGG in § 22 AGG. Während nach § 81 Abs. 2 S. 2 Nr. 1 S. 3 SGB IX aF der schwerbehinderte Beschäftigte im Streitfall „Tatsachen glaubhaft" machen musste, die eine Benachteiligung wegen der Behinderung vermuten ließen, muss der behinderte Beschäftigte nach § 22 AGG „Indizien beweisen, die eine Benachteiligung wegen eines in § 1 genannten Grundes (Behinderung) vermuten lassen." Gelingt dies dem Beschäftigten, trägt die andere Partei, also der Arbeitgeber, die Beweislast dafür, dass kein Verstoß gegen die Bestimmungen zum Schutz vor Benachteiligung vorgelegen hat (§ 22 AGG).[365] Eine solche **Benachteiligung** wegen einer Behinderung ist **zu vermuten**, wenn der **Arbeitgeber gesetzliche Verpflichtungen nicht befolgt**, die zur **Förderung der Chancen schwerbehinderter Menschen** geschaffen wurden, also insbesondere seine Verpflichtungen aus §§ 164 Abs. 1, 165 SGB IX nicht eingehalten hat.[366]    203

Grundsätzlich kann also aus der Verletzung von Verfahrens- und Förderpflichten zu Gunsten schwerbehinderter Menschen des SGB IX die Vermutungswirkung des § 22    204

---

361 Vgl. dazu ErfK/Schlachter, AGG § 15 Rn. 17.
362 Vgl. zur Berechnung der Klagefrist ErfK/Koch, ArbGG § 61 b Rn. 3.
363 BAG vom 21.6.2012 – 8 AZR 188/11, NZA 2012, 1211.
364 Vgl. ausführlich BAG vom 15.3.2012 – 8 AZR 37/11, NZA 2012, 910 (913 ff.) und BAG vom 21.6.2012 – 8 AZR 188/11, NZA 2012, 1211 (1212 ff.)
365 Vgl. ausführlich zu § 22 AGG – LAG Baden-Württemberg vom 1.2.2011 – 22 Sa 67/10, NZA-RR 2011, 237; BAG vom 16.2.2012 – 8 AZR 697/10, NZA 2012, 667 (670), Rn. 43, BAG vom 26.6.2014 – 8 AZR 547/13, Rn. 31 ff.; BAG vom 18.9.2014 – 8 AZR 759/13, Rn. 28 ff.; BAG vom 22.10.2015 – 8 AZR 384/14, NZA 2016, 625 (627), Rn. 33 ff.; BAG vom 11.8.2016 – 8 AZR 375/15, NZA 2017, 43 (46), Rn. 24 jeweils mwN.
366 BAG vom 15.2.2005 – 9 AZR 635/03, NZA 2005, 870 (872); BAG vom 12.9.2006 – 9 AZR 807/05, NZA 2007, 507; BAG vom 16.9.2008 – 9 AZR 791/07, NZA 2009, 79 (81); BAG vom 17.8.2010 – 9 AZR 839/08, NZA 2011, 153, Rn. 35; BAG vom 22.10.2015 – 8 AZR 384/14, NZA 2016, 625 (627), Rn. 35 mwN; vgl. dazu auch die Zusammenstellung bei Düwell in LPK-SGB IX § 164 Rn. 62; kritisch dazu von Medem, NZA 2007, 545 (547); Diller, NZA 2007, 1321 (1324).

Hs. 1 AGG abgeleitet werden.[367] Allerdings gilt für eine Verletzung von Verfahrens- und Förderpflichten des SGB IX kein „Automatismus"; es sind bei der Klärung der Frage, ob (genügend) Indizien vorliegen, um eine Benachteiligung iSd AGG vermuten zu lassen, alle und nicht nur einzelne Umstände des Einzelfalles zu berücksichtigen.[368]

205 Ein Bewerber, der zwar **behindert** (§ 2 Abs. 1 SGB IX), jedoch **weder schwerbehindert** iSv § 2 Abs. 2 SGB IX **noch gleichgestellt** ist (§ 2 Abs. 3 SGB IX), kann sich auf von ihm gesehene Verstöße des Arbeitgebers im Bewerbungsverfahren gegen die Regelungen in §§ 164 Abs. 1, 165 SGB IX **nicht berufen**. Diese Regelungen gelten nur für schwerbehinderte und diesen gleichgestellte behinderte Menschen (§ 151 Abs. 1 SGB IX). Der Schutz **einfach behinderter Menschen** wird nur durch das AGG gewährleistet.[369]

206 Verletzt der Arbeitgeber seine Pflichten, indem er entgegen der Regelung in § 164 Abs. 1 S. 1 und 2 SGB IX nicht prüft, ob freie Arbeitsplätze mit schwerbehinderten Menschen besetzt werden können, und indem er auch nicht vor der Stellenbesetzung frühzeitig Verbindung mit der Arbeitsagentur aufnimmt, sind diese Umstände geeignet, die **Vermutung einer Benachteiligung** wegen der Behinderung zu begründen.[370] Gleiches gilt, wenn der Arbeitgeber entgegen den gesetzlichen Vorschriften des § 164 Abs. 1 S. 4 bis 9 SGB IX die Schwerbehindertenvertretung im Bewerbungsverfahren nicht beteiligt, insbesondere wenn er es unterlässt, die Schwerbehindertenvertretung von der Schwerbehinderung eines Bewerbers zu unterrichten[371] und eingehende Bewerbungen von schwerbehinderten Menschen unverzüglich an die Schwerbehindertenvertretung weiterzuleiten.[372] Auch wenn der Arbeitgeber einem schwerbehinderten Arbeitnehmer gegenüber entgegen § 164 Abs. 1 S. 9 SGB IX keine Gründe für die Ablehnung der Bewerbung mitgeteilt hat, so ist dessen Benachteiligung wegen der Schwerbehinderung zu vermuten.[373]

207 Es gehört zur **Aufgabe der Schwerbehindertenvertretung**, durch einen Vergleich der Qualifikation der Bewerber die benachteiligungsfreie Stellenbesetzung zu überprüfen.[374] Unterrichtet der Arbeitgeber die Schwerbehindertenvertretung nicht, kann sie diese Aufgabe nicht erfüllen. Die Schwerbehindertenvertretung soll nach den gesetzgeberischen Vorstellungen die Eingliederung arbeitsuchender schwerbehinderter Menschen in den Betrieb fördern (§ 178 Abs. 1 S. 1 SGB IX) und darüber wachen,

---

367  BAG vom 26.9.2013 – 8 AZR 650/12, Rn. 29; BAG vom 26.6.2014 – 8 AZR 547/13, Rn. 45 mwN.
368  BAG vom 26.6.2014 – 8 AZR 547/13, Rn. 46.
369  BAG vom 27.1.2011 – 8 AZR 580/09, NZA 2011, 737 ff.; BAG vom 18.9.2014 – 8 AZR 759/13, Rn. 31 mwN.
370  ArbG Frankfurt vom 19.2.2003 – 17 Ca 8469/02; BAG vom 12.9.2006 – 9 AZR 807/05, NZA 2007, 507; BAG vom 18.11.2008 – 9 AZR 643/07, NZA 2009, 728 (731), Rn. 48; vgl. auch die Zusammenstellung bei Düwell in LPK-SGB IX § 164 Rn. 62.
371  BAG vom 16.9.2008 – 9 AZR 791/07, NZA 2009, 79 (81), Rn. 29.
372  BAG vom 15.12.2005 – 9 AZR 635/03, NZA 2005, 870; zustimmend Düwell, BB 2006, 1741 (1743); vgl. auch BAG vom 21.2.2013 – 8 AZR 180/12, NZA 2013, 840 (842), Rn. 37 mwN.
373  BAG vom 21.2.2013 – 8 AZR 180/12, NZA 2013, 840 (842), Rn. 37 mwN – nach dieser Entscheidung des BAG gilt die Verpflichtung gem. § 164 Abs. 1 S. 9 SGB IX aber nur für Arbeitgeber, die die Beschäftigungsquote nach § 154 SGB IX nicht erfüllen – vgl. dazu Rn. 40 ff. der BAG-Entscheidung; anders noch LAG Hessen vom 7.11.2005 – 7 Sa 473/05, NZA-RR 2006, 157.
374  Vgl. dazu BAG vom 15.2.2005 – 9 AZR 635/03 – NZA 2005, 870 (872) mwN.

dass der Arbeitgeber schwerbehinderte Bewerber nicht entgegen § 164 Abs. 2 SGB IX benachteiligt (§ 178 Abs. 1 S. 2 Nr. 1 SGB IX). Insbesondere dann, wenn der Arbeitgeber entgegen seiner Unterrichtungspflicht über den Eingang einer Bewerbung eines schwerbehinderten Menschen verstößt, kann die Schwerbehindertenvertretung die ihr gesetzlich zugewiesene Funktion nicht erfüllen. Dann spricht eine Vermutung für die Benachteiligung des schwerbehinderten Stellenbewerbers.[375]

**Hinweis:** Zu diesem Zweck hat der Gesetzgeber der Schwerbehindertenvertretung ausdrücklich das Recht eingeräumt, in die **Bewerbungsunterlagen** – auch in die der nicht behinderten Bewerber – **Einblick zu nehmen** und an den **Vorstellungsgesprächen aller Bewerber teilzunehmen** (§ 178 Abs. 2 S. 4 SGB IX).[376] Diese Möglichkeit sollte die Schwerbehindertenvertretung auch nutzen. Sie hat nur so die Möglichkeit, durch einen Vergleich der Qualifikation aller Bewerber die benachteiligungsfreie Stellenbesetzung zu überprüfen.   **208**

Im **öffentlichen Dienst** ist die Nichteinladung eines schwerbehinderten bzw. gleichgestellten Bewerbers zum Vorstellungsgespräch, dem die fachliche Eignung nicht offensichtlich fehlt, nach ständiger Rechtsprechung des BAG ein geeignetes Indiz iSv § 22 AGG, das die Benachteiligung wegen der Behinderung vermuten lässt.[377]   **209**

Ein **Verstoß des Arbeitgebers** gegen seine **Verpflichtung, ein ordnungsgemäßes betriebliches Eingliederungsmanagement (BEM)** gem. § 167 Abs. 2 SGB IX durchzuführen, kann allenfalls ein Indiz für die Vermutung darstellen, dass er sich nicht an seine gesetzlichen Verpflichtungen gegenüber Arbeitnehmern mit längeren Krankheitszeiten hält, er begründet jedoch **keine Vermutung nach § 22 AGG** für eine Benachteiligung des Arbeitnehmers wegen einer Behinderung.[378] Der Arbeitgeber schuldet dem Arbeitnehmer auch nicht deshalb eine Entschädigung nach § 15 Abs. 2 AGG, weil er es unterlassen hat, innerhalb der Wartezeit nach § 1 Abs. 1 KSchG ein Präventionsverfahren nach § 167 Abs. 1 SGB IX durchzuführen.[379]   **210**

An die **Vermutungsregelung des § 22 AGG ist kein zu strenger Maßstab** anzulegen. Es ist nicht erforderlich, dass die Tatsachen einen zwingenden Indizienschluss für eine Verknüpfung der Benachteiligung mit einem Benachteiligungsmerkmal zulassen. Vielmehr reicht es aus, wenn die vorgetragenen Tatsachen – aus objektiver Sicht und mit **überwiegender Wahrscheinlichkeit** – darauf schließen lassen, dass die Benachteiligung   **211**

375 BAG vom 15.2.2005 – 9 AZR 635/03, NZA 2005, 870 (872); BAG vom 21.2.2013 – 8 AZR 180/12, NZA 2013, 840 (842), Rn. 37 mwN.
376 Vgl. dazu Düwell in LPK-SGB IX § 178 Rn. 44, 45.
377 LAG Schleswig-Holstein vom 8.11.2005 – 5 Sa 277/05; ArbG Berlin vom 10.10.2003 – 91 Ca 17871/03; LAG Rheinland-Pfalz vom 1.9.2005 – 4 Sa 865/04; st. Rspr. des BAG seit BAG vom 12.2.2005 – 9 AZR 635/03; BAG vom 12.9.2006 – 9 AZR 807/05, NZA 2007, 507; BAG vom 16.9.2008 – 9 AZR 791/07, NZA 2009, 79 (82); BAG vom 18.11.2008 – 9 AZR 643/07; BAG vom 21.7.2009 – 9 AZR 431/08, NZA 2009, 1087; BAG vom 7.4.2011 – 8 AZR 679/09, NZA-RR 2011, 494, Rn. 51 mwN; BAG vom 16.2.2012 – 8 AZR 697/10, NZA 2012, 667 (671), Rn. 46 mwN; BAG vom 24.1.2013 – 8 AZR 188/12, NZA 2013, 896 (899), Rn. 39 mwN; BAG vom 21.2.2013 – 8 AZR 180/12, NZA 2013, 840 (842), Rn. 37; BAG vom 26.4.2014 – 8 AZR 547/13; BAG vom 22.10.2015 – 8 AZR 384/14, NZA 2016, 625 (628), Rn. 35; BAG vom 11.8.2016 – 8 AZR 375/15, NZA 2017, 43 (46), Rn. 25 mwN; vgl. dazu auch Düwell in LPK-SGB IX § 165 Rn. 26 ff.
378 BAG vom 28.4.2011 – 8 AZR 515/10, NJW 2011, 2458.
379 BAG vom 21.4.2016 – 8 AZR 402/14, NZA 2016, 1131.

zumindest auch wegen jenes Merkmals erfolgt ist.[380] Dies ist zu bejahen, wenn die **Schwerbehinderung im Bewerbungsschreiben ordnungsgemäß mitgeteilt** wird und dem Arbeitgeber die Kenntniserlangung möglich ist, also in seinem Einflussbereich liegt.

212 **Hinweis:** Will ein Bewerber seine Eigenschaft als schwerbehinderter Mensch bei der Behandlung seiner Bewerbung berücksichtigt wissen, so hat er den Arbeitgeber über seine Schwerbehinderteneigenschaft regelmäßig **im Bewerbungsschreiben selbst** unter Angabe des GdB, ggf. einer Gleichstellung zu informieren. Ein **hinreichender Hinweis des Bewerbers** auf die Schwerbehinderung liegt vor, wenn die Mitteilung in einer Weise in den Empfangsbereich des Arbeitgebers gelangt ist, die es diesem ermöglicht, die Schwerbehinderung des Bewerbers zur Kenntnis zu nehmen.[381] Soweit die Schwerbehinderteneigenschaft dem Arbeitgeber nicht nachweislich bekannt ist oder – etwa bei einem Vorstellungsgespräch – eine körperliche Behinderung offensichtlich bekannt wird, zB im Falle fehlender Gliedmaßen oder der Notwendigkeit, einen Rollstuhl zu benutzen, muss der Bewerber den Arbeitgeber über seine Schwerbehinderteneigenschaft informieren. Eine Information im Bewerbungsschreiben oder an gut erkennbarer Stelle **im Lebenslauf** ist regelmäßig ausreichend,[382] wenn der Lebenslauf ausdrücklich zum Bestandteil des Bewerbungsschreibens erklärt worden ist.[383] Zur **Mitteilung der Schwerbehinderung eines Bewerbers** kann auch die „Vorlage" des Schwerbehindertenausweises ausreichend sein;[384] allerdings genügt es nicht, wenn eine Kopie des Schwerbehindertenausweises lediglich den Anlagen zur Bewerbung beigefügt wird, ohne dass im Anschreiben oder im Lebenslauf hierauf ausreichend hingewiesen wird.[385] Der Arbeitgeber ist gehalten, bei jeder Bewerbung das eigentliche Bewerbungsschreiben zur Kenntnis zu nehmen.[386] Auch auf eine **Behinderung iSd § 2 Abs. 1 SGB IX**, die berücksichtigt werden soll, aber keine Schwerbehinderung iSd § 2 Abs. 2 SGB IX darstellt und für die auch keine Gleichstellung nach § 2 Abs. 3 SGB IX erfolgt ist, ist **im Bewerbungsschreiben** mit weiteren Angaben zur Art der Behinderung hinzuweisen.[387] Bei einer **Außenbewerbung** ist auch bei jeder Bewerbung – auch beim gleichen (potentiellen) Arbeitgeber – **stets aufs Neue** klar und eindeutig die **Schwerbehinderung** in der zuvor dargestellten Art und Weise **durch den Bewerber mitzuteilen.**[388] Etwas anderes gilt nur, wenn dem Arbeitgeber außerhalb des Bewer-

---

380  BAG vom 17.12.2009 – 8 AZR 670/08, NZA 2010, 383, Rn. 19; BAG vom 18.9.2014 – 8 AZR 759/13, Rn. 28 mwN.
381  BAG vom 13.10.2011 – 8 AZR 608/10, Rn. 38; BAG vom 22.10.2015 – 8 AZR 384/10, NZA 2016, 625 (628), Rn. 31 mwN.
382  BAG vom 18.9.2014 – 8 AZR 759/13, Rn. 36; BAG vom 22.10.2015 – 8 AZR 384/10, NZA 2016, 625 (628), Rn. 31 mwN; in dieser Entscheidung vom 22.10.2015 hat der 8. Senat klargestellt, dass eine Information im Lebenslauf an gut erkennbarer Stelle ausreichend ist und nicht – wie noch in seiner Entscheidung vom 26.9.2013 – 8 AZR 650/12, NZA 2014, 258 – gefordert, dass sie an deutlich, etwa durch eine Überschrift, hervorgehobener Stelle erfolgen muss.
383  BAG vom 26.9.2013 – 8 AZR 650/12, NZA 2014, 258 (261), Rn. 30, 31.
384  BAG vom 18.9.2014 – 8 AZR 759/13, Rn. 32 f.; BAG vom 22.10.2015 – 8 AZR 384/10, NZA 2016, 625 (628), Rn. 32.
385  BAG vom 18.9.2014 – 8 AZR 759/13, Rn. 37; BAG vom 22.10.2015 – 8 AZR 384/10, NZA 2016, 625 (628), Rn. 32.
386  BAG vom 18.9.2014 – 8 AZR 759/13, Rn. 35 mwN.
387  BAG vom 18.9.2014 – 8 AZR 759/13, Rn. 35.
388  BAG vom 18.9.2014 – 8 AZR 759/13, Rn. 40.

bungsverhältnisses die Schwerbehinderteneigenschaft positiv bekannt ist, was regelmäßig bei der **Innenbewerbung** eines schwerbehinderten Mitarbeiters der Fall ist oder wenn bei einem Vorstellungsgespräch die **Schwerbehinderung offenkundig** wird, zB bei einem auf den Rollstuhl angewiesenen Bewerber.[389] Dabei sind auch die **für den Arbeitgeber handelnden Personen** verpflichtet sind, das Bewerbungsschreiben vollständig zu lesen und zur Kenntnis zu nehmen. Bedient sich der Arbeitgeber bei der Anbahnung eines Arbeitsverhältnisses eigener Mitarbeiter oder Dritter, so trifft ihn eine Verantwortlichkeit für deren Verhalten.[390]

Ein Nachteil für den schwerbehinderten Bewerber liegt nach der Rechtsprechung des BAG bereits vor, wenn der Beschäftigte nicht in die Auswahl einbezogen, sondern vorab ausgeschieden wird. Die Benachteiligung liegt hier in der **Versagung einer Chance.** Sind bereits die Chancen eines Bewerbers durch ein diskriminierendes Verfahren beeinträchtigt worden, kommt es nach ständiger Rechtsprechung des BAG nicht mehr darauf an, ob eine nach § 1 AGG verbotene Anknüpfung bei der abschließenden Einstellungsentscheidung noch eine nachweisbare Rolle gespielt hat. Daher ist es auch ohne Bedeutung, ob es später im Zuge des Auswahlverfahrens tatsächlich zu einer Einstellung oder Beschäftigung kommt.[391]

213

Der Kausalzusammenhang zwischen nachteiliger Behandlung und Behinderung ist bereits dann gegeben, wenn die Benachteiligung an die Behinderung anknüpft oder durch sie motiviert ist. Ausreichend ist, dass die **Behinderung Bestandteil eines Motivbündels ist, das die Entscheidung beeinflusst hat.** Es genügt, wenn vom Arbeitgeber unterlassene Maßnahmen objektiv geeignet sind, schwerbehinderten Menschen keine oder schlechtere Chancen einzuräumen. Ein **schuldhaftes Handeln** oder gar eine Benachteiligungsabsicht ist **nicht erforderlich.**[392]

214

**Hinweis:** So darf bei einer Entscheidung über eine Stellenbesetzung kein in § 1 AGG genannter Grund zu Lasten des Bewerbers berücksichtigt werden. Eine unzulässige Berücksichtigung wäre bereits dann gegeben, wenn in dem **Motivbündel,** das die Entscheidung des (potentiellen) Arbeitgebers beeinflusst hat, ein in § 1 AGG genannter

215

---

389  BAG vom 18.9.2014 – 8 AZR 759/13, Rn. 42.
390  BAG vom 17.12.2009 – 8 AZR 670/08, NZA 2010, 383, Rn. 23 mwN.
391  BAG vom 17.8.2010 – 9 AZR 839/08, NZA 2011, 153, Rn. 29; BAG vom 7.4.2011 – 8 AZR 679/09, NZA-RR 2011, 494, Rn. 35; BAG vom 13.10.2011 – 8 AZR 698/10, BehindertenR 2012, 169, Rn. 24; BAG vom 16.2.2012 – 8 AZR 697/10, NZA 2012, 667 (669), Rn. 33; BAG vom 23.8.2012 – 8 AZR 285/11, NZA 2013, 37, Rn. 23; BAG vom 24.1.2013 – 8 AZR 188/12, NZA 2013, 896 (897), Rn. 24; BAG vom 21.2.2013 – 8 AZR 180/12, NZA 2013, 840 (841), Rn. 26; BAG vom 18.9.2014 – 8 AZR 759/13, Rn. 23; BAG vom 22.10.2015 – 8 AZR 384/14, NZA 2016, 625 (628), Rn. 26 mwN; BAG vom 20.1.2016 – 8 AZR 194/14, NZA 2014, 681 (684), Rn. 23 mwN; vgl. dazu auch Düwell in LPK-SGB IX § 164 Rn. 40.
392  BAG vom 12.9.2006 – 9 AZR 807/05; BAG vom 17.12.2009 – 8 AZR 670/08, NZA 2010, 383, Rn. 19 mwN; BAG vom 17.8.2010 – 9 AZR 839/08, NZA 2011, 153, Rn. 31; BAG vom 27.1.2011 – 8 AZR 580/09, Rn. 28; BAG vom 16.2.2012 – 8 AZR 697/10, NZA 2012, 667, Rn. 58; BAG vom 24.1.2013 – 8 AZR 188/12, NZA 2013, 896 (899), Rn. 35; BAG vom 21.2.2013 – 8 AZR 180/12, NZA 2013, 840 (842), Rn. 35; BAG vom 26.9.2013 – 8 AZR 650/12, Rn. 25; BAG vom 18.9.2014 – 8 AZR 759/13, Rn. 27 jeweils mwN; BAG vom 22.10.2015 – 8 AZR 384/14, NZA 2016, 625 (627), Rn. 25 mwN; BAG vom 11.8.2016 – 8 AZR 375/15, NZA 2017, 43 (46), Rn. 22; BAG vom 20.1.2016 – 8 AZR 194/14, NZA 2014, 681 (684), Rn. 24 mwN; Düwell in LPK-SGB IX § 164 Rn. 40.

Grund als negatives oder (sein Fehlen) als positives Kriterium enthalten ist.[393] Der von Verfassungs wegen zu beachtende Maßstab zum Bestandteil eines Motivbündels ist auch unionsrechtskonform.[394]

216  Ein **erfolgloser Bewerber** genügt gem. § 22 AGG seiner **Darlegungslast**, wenn er Indizien vorträgt, die seine Benachteiligung wegen der Behinderung vermuten lassen.[395] Als Vermutungstatsachen für einen Zusammenhang mit einer Behinderung kommen alle Pflichtverletzungen in Betracht, die der Arbeitgeber begeht, indem er Vorschriften nicht befolgt, die zur Förderung der Chancen der schwerbehinderten Menschen geschaffen wurden.[396]

217  Der **schwerbehinderte oder gleichgestellte Bewerber** muss also nur eine **Verletzung der Vorschriften des § 164 Abs. 1 SGB IX durch den Arbeitgeber** darlegen und beweisen.[397]

218  Gelingt ihm dies, muss der **Arbeitgeber** darlegen und beweisen, dass die Behandlung des Bewerbers durch objektive Faktoren gerechtfertigt ist, die mit einer Diskriminierung wegen einer Behinderung nichts zu tun haben.[398]

Der **Arbeitgeber** muss im Wege des **Vollbeweises** Tatsachen vortragen und ggf. beweisen, aus denen sich ergibt, dass ausschließlich andere als die in § 1 AGG genannten Gründe zu einer ungünstigeren Behandlung geführt haben.

Insofern muss er darlegen und beweisen, dass in seinem Motivbündel weder die Behinderung als negatives noch die fehlende Behinderung als positives Kriterium enthalten ist. Die Beweiswürdigung erfolgt nach § 286 Abs. 1 S. 1 ZPO unter Zugrundelegung der Vorgaben des § 22 AGG.[399]

219  Für die Frage, welche Tatsachen im Bereich des **öffentlichen Dienstes** geeignet sind, die Vermutung der Benachteiligung zu widerlegen, sind die Besonderheiten des Bewerbungsverfahrens für ein öffentliches Amt iSv Art. 33 Abs. 2 GG und die gesetzlichen Regelungen des SGB IX zu beachten. Für den nach § 22 AGG möglichen Nachweis, dass für die Nichteinladung eines Bewerbers entgegen § 165 S. 3 SGB IX ausschließlich andere Gründe als die Behinderung erheblich waren, können nur solche

---

393  BAG vom 26.6.2014 – 8 AZR 547/13, Rn. 35 mwN; vgl. auch BAG vom 18.9.2014 – 8 AZR 759/13, Rn. 27; BAG vom 11.8.2016 – 8 AZR 375/15, NZA 2017, 43 (46), Rn. 22 mwN.

394  Vgl. ausführlich BAG vom 26.6.2014 – 8 AZR 547/13, Rn. 36 ff. mwN.

395  Vgl. dazu BAG vom 18.9.2014 – 8 AZR 759/13, Rn. 28.

396  BAG vom 17.8.2010 – 9 AZR 839/08, NZA 2011, 153, Rn. 32, 35; BAG vom 26.9.2013 – 8 AZR 650/12, Rn. 26 mwN; vgl. auch BAG vom 26.6.2014 – 8 AZR 547/12, Rn. 45, 46.

397  Vgl. zur Darlegungs- und Beweislast des Bewerbers BAG vom 21.2.2013 – 8 AZR 180/12, NZA 2013, 840 (843), Rn. 46; BAG vom 26.6.2014 – 8 AZR 547/13, Rn. 31 ff.; BAG vom 18.9.2014 – 8 AZR 759/13, Rn. 28 ff. jeweils mwN.

398  BAG vom 16.9.2008 – 9 AZR 791/07, Rn. 39, NZA 2009, 79 (82) unter Hinweis auf EuGH vom 17.7.2008 – C-303/06, NZA 2008, 932 = NJW 2008, 2763, Rn. 54 – Coleman; vgl. auch BAG vom 26.9.2013 – 8 AZR 650/12, Rn. 27 ff.; BAG vom 11.8.2016 – 8 AZR 375/15, NZA 2017, 43 (46), Rn. 22; BAG vom 20.1.2016 – 8 AZR 194/14, NZA 2014, 681 (684), Rn. 27 mwN.

399  BAG vom 17.8.2010 – 9 AZR 839/08, NZA 2012, 153, Rn. 45; BAG vom 16.2.2012 – 8 AZR 697/10, NZA 2012, 667 (672), Rn. 58; BAG vom 24.1.2013 – 8 AZR 188/12, NZA 2013, 896 (899), Rn. 41; BAG vom 26.6.2014 – 8 AZR 547/13, NZA 2015, 896, Rn. 45; BAG vom 22.10.2015 – 8 AZR 384/14, NZA 2016, 625, Rn. 34; BAG vom 11.8.2016 – 8 AZR 375/15, NZA 2017, 43 (46), Rn. 24; BAG vom 20.1.2016 – 8 AZR 194/14, NZA 2014, 681 (684), Rn. 27 mwN.

Gründe herangezogen werden, die nicht die fachliche Eignung betreffen.[400] Hierfür enthält die in § 165 S. 4 SGB IX geregelte Ausnahme mit dem Erfordernis der „offensichtlichen" Nichteignung eine abschließende Regelung.

Sie prägt auch die Anforderungen, die bei Verstößen im Bewerbungsverfahren bei auf die fachliche Eignung bezogenen Erwägungen für den Gegenbeweis zugrunde zu legen wären.[401] Die Widerlegung der infolge der Verletzung des § 165 S. 3 SGB IX vermuteten Kausalität setzt daher den Nachweis voraus, dass die Einladung zu einem Vorstellungsgespräch aufgrund von Umständen unterblieben ist, die weder einen Bezug zur Behinderung aufweisen noch die fachliche Eignung des Bewerbers berühren.[402]

Für eine mögliche **Widerlegung der Vermutung einer Benachteiligung** wegen der Behinderung ist auch die in § 205 SGB IX getroffene Regelung zu beachten, wonach die Verpflichtungen zur bevorzugten Einstellung und Beschäftigung bestimmter Personenkreise nach anderen Gesetzen den Arbeitgeber nicht von der Verpflichtung zur Beschäftigung schwerbehinderter Menschen nach den besonderen Regelungen für schwerbehinderte Menschen entbinden. Aus § 205 SGB IX folgt das Verbot, die Pflichten gegenüber schwerbehinderten Menschen aus Anlass von Verpflichtungen gegenüber anderen Personen zu missachten.[403]   220

**Hinweis:** Der Arbeitgeber kann sich also nicht mit dem Argument von der Vermutung der Benachteiligung wegen Behinderung entlasten, dass er Frauen oder freigesetzte Mitarbeiter aus anderen Unternehmen habe vorrangig einstellen müssen.[404]   221

Der **Arbeitgeber muss also nachweisen,** dass   222

- entweder gar keine Ungleichbehandlung stattgefunden hat

- oder eine unterschiedliche Behandlung nicht wegen der Behinderung erfolgt ist

- oder eine unterschiedliche Behandlung gem. § 8 AGG durch sachliche Gründe zulässig war.

Nach einer Entscheidung des **LAG Hessen** sollte es dem **Arbeitgeber** im Rahmen einer gerichtlichen Prüfung **grundsätzlich verwehrt** sein, sich **auf sachliche Gründe für die Ablehnung zu berufen, die er dem betroffenen Arbeitnehmer bei seiner Unterrichtung nach § 164 Abs. 1 S. 9 SGB IX nicht mitgeteilt** hat.[405] Ansonsten, so das LAG Hessen, werde es dem Arbeitgeber ermöglicht, das Benachteiligungsverbot jederzeit unter Missachtung der Formvorschriften zu umgehen, um dann im Falle der entsprechenden Rüge noch Gründe nachzutragen. Dieser Auffassung ist das **BAG** allerdings   223

---

400   BAG vom 24.1.2013 – 8 AZR 188/12, NZA 2013, 896, Rn. 42 unter Hinweis auf BVerwG vom 3.3.2011 – 5 C. 16.10, BVerwGE 139, 135, Rn. 29.
401   BAG vom 16.12.2012 – 8 AZR 697/10, NZA 2012, 667, Rn. 59; BAG vom 24.1.2013 – 8 AZR 188/12, NZA 2013, 896, Rn. 42.
402   BAG vom 24.1.2013 – 8 AZR 188/12, NZA 2013, 896, Rn. 42.
403   BAG vom 16.2.2012 – 8 AZR 697/10, NZA 2012, 667 (672), Rn. 60 mwN.
404   Vgl. dazu ausführlich BAG vom 16.2.2012 – 8 AZR 697/10, NZA 2012, 667 (672), Rn. 60 ff. mwN.
405   LAG Hessen vom 7.11.2005 – 7 Sa 473/05, NZA-RR 2006, 157.

in **späteren Entscheidungen nicht gefolgt**.[406] Nach Auffassung des BAG spricht die Ausgestaltung der Norm gegen ein umfassendes Verbot des Nachschiebens. Denn die Unterrichtungspflicht des Arbeitgebers sei lediglich zeitlich „unverzüglich" gebunden. Danach kann der Arbeitgeber auch im gerichtlichen Verfahren noch objektive Tatsachen vortragen, die geeignet sind, die Vermutung einer Benachteiligung zu widerlegen. Dies können auch Tatsachen sein, die nicht Gegenstand der Unterrichtung waren.[407] Dabei sind die Besonderheiten des Bewerbungsverfahrens für ein öffentliches Amt iSv Art. 33 Abs. 2 GG und die Dokumentationspflicht im öffentlichen Dienst zu beachten.[408]

### VIII. Anspruch des schwerbehinderten Menschen auf behinderungsgerechte Beschäftigung (§ 164 Abs. 4 SGB IX)

#### 1. Überblick

224 § 164 Abs. 4 SGB IX regelt Ansprüche des schwerbehinderten Menschen auf

- Beschäftigung, bei der sie ihre Fähigkeiten und Kenntnisse möglichst voll verwerten und weiterentwickeln können (§ 164 Abs. 4 S. 1 Nr. 1 SGB IX),

- bevorzugte Berücksichtigung bei innerbetrieblichen Maßnahmen der beruflichen Bildung zur Förderung ihres beruflichen Fortkommens (§ 164 Abs. 4 S. 1 Nr. 2 SGB IX),

- Erleichterungen im zumutbaren Umfang zur Teilnahme an außerbetrieblichen Maßnahmen der beruflichen Bildung (§ 164 Abs. 4 S. 1 Nr. 3 SGB IX),

- behinderungsgerechte Einrichtung und Unterhaltung der Arbeitsstätten einschließlich der Betriebsanlagen, Maschinen und Geräte sowie der Gestaltung der Arbeitsplätze, des Arbeitsumfeldes, der Arbeitsorganisation und der Arbeitszeit, unter besonderer Berücksichtigung der Unfallgefahr (§ 164 Abs. 4 S. 1 Nr. 4 SGB IX),

- Ausstattung ihres Arbeitsplatzes mit den erforderlichen technischen Arbeitshilfen (§ 164 Abs. 4 S. 1 Nr. 5 SGB IX) unter Berücksichtigung der Behinderung und ihrer Auswirkungen auf die Beschäftigung.

#### 2. Beschäftigungsanspruch (§ 164 Abs. 4 S. 1 Nr. 1 SGB IX)

225 § 164 Abs. 4 S. 1 SGB IX regelt in der Nr. 1 den Rechtsanspruch der schwerbehinderten Menschen[409] auf eine Beschäftigung, bei der sie ihre **Fähigkeiten und Kenntnisse möglichst voll verwerten** und weiterentwickeln können (§ 164 Abs. 4 S. 1 Nr. 1 SGB IX). Nach § 164 Abs. 4 S. 3 SGB IX steht dieser besonders kodifizierte Beschäftigungsanspruch allerdings unter dem Vorbehalt, dass seine Erfüllung für den Arbeit-

---

406 BAG vom 18.11.2008 – 9 AZR 643/07, NZA 2009, 729 (732), Rn. 52 ff.; BAG vom 17.8.2010 – 9 AZR 839/08, NZA 2011, 153, Rn. 46; noch offen gelassen in BAG vom 16.9.2008 – 9 AZR 791/07, NZA 2009, 79 (81), Rn. 28.
407 BAG vom 18.11.2008 – 9 AZR 643/07, NZA 2009, 729 (732), Rn. 55, 56.
408 BAG vom 18.11.2008 – 9 AZR 643/07, NZA 2009, 729 (732), Rn. 49 mwN.
409 Der Beschäftigungsanspruch nach § 164 Abs. 4 SGB IX gilt über § 151 Abs. 3 SGB IX auch für Gleichgestellte iSv § 2 Abs. 3 SGB IX.

geber zumutbar und nicht mit unverhältnismäßig hohen Aufwendungen verbunden sein muss.

Dabei erstreckt sich der Anspruch auch darauf, dass der bereits vom schwerbehinderten Mitarbeiter besetzte Arbeitsplatz entsprechend behinderungsgerecht mit den erforderlichen technischen Arbeitshilfen ausgestattet (§ 164 Abs. 4 S. 1 Nr. 5 SGB IX) bzw. eingerichtet und ggf. umgestaltet wird (§ 164 Abs. 4 S. 1 Nr. 4 SGB IX).  226

Kann der schwerbehinderte Arbeitnehmer die konkret zugewiesenen Tätigkeiten wegen seiner Behinderung nicht mehr wahrnehmen, so führt dieser Verlust nach der Konzeption der §§ 164 ff. SGB IX nicht ohne Weiteres zum Wegfall des Beschäftigungsanspruchs. Der schwerbehinderte Arbeitnehmer hat vielmehr **Anspruch auf eine anderweitige behinderungsgerechte Beschäftigung** und, soweit der bisherige Arbeitsvertrag diese Beschäftigungsmöglichkeiten nicht abdeckt, auf eine **entsprechende Vertragsänderung**.[410]  227

§ 164 Abs. 4 SGB IX begründet damit einen den Rahmen des Arbeitsvertrages übersteigenden **Anspruch auf Nutzung aller dem Arbeitgeber zumutbaren Möglichkeiten zur behinderungsgerechten Beschäftigung**.[411]  228

Ein Arbeitgeber ist zwar **nicht** verpflichtet, für den schwerbehinderten Menschen einen **zusätzlichen Arbeitsplatz** einzurichten,[412] muss aber nach § 106 S. 3 GewO unter Berücksichtigung der Behinderung dem schwerbehinderten Arbeitnehmer einen **freien geeigneten Arbeitsplatz zuweisen**.[413] Dabei sind zurzeit von **Leiharbeitnehmern** besetzte Arbeitsplätze **wie freie Arbeitsplätze** anzusehen,[414] so dass dieser Umstand zu einem Vorrang des durch § 164 Abs. 4 S. 1 SGB IX geschützten Arbeitnehmers bei der Besetzung des einem Leiharbeitnehmer zugedachten Arbeitsplatzes führen kann.[415]  229

---

410  BAG vom 4.10.2005 – 9 AZR 632/04, NZA 2006, 442 (444); BAG vom 10.5.2005 – 9 AZR 230/04, NZA 2006, 155 (158); BAG vom 14.3.2006 – 9 AZR 411/05, NZA 2006, 1214 (1216), Rn. 18 mwN; LAG Köln vom 21.9.2012 – 5 Sa 187/12; LAG Hessen vom 5.11.2012 – 21 Sa 593/10, Rn. 26; LAG Rheinland-Pfalz vom 20.2.2013 – 8 Sa 512/12, Rn. 31; LAG Rheinland-Pfalz vom 3.3.2016 – 5 Sa 341/15, Rn. 65 mwN.

411  Vgl. dazu auch Düwell in LPK-SGB IX § 167 Rn. 126.

412  BAG vom 14.3.2006 – 9 AZR 411/05, NZA 2006, 1214, Rn. 18, 19; BAG vom 20.11.2014 – 2 AZR 664/13, NZA 2015, 931 (934), Rn. 25, 30 ff.; LAG Schleswig-Holstein vom 19.6.2012 – 1 Sa 225e/11, LAGE § 164 SGB IX Nr. 11, Rn. 76; LAG Hessen vom 5.11.2012 – 21 Sa 593/10, Rn. 27; LAG Schleswig-Holstein vom 17.12.2013 – 1 Sa 175/13, Rn. 54; LAG Hamm vom 21.8.2014 – 8 Sa 1697/13, Rn. 54; LAG Köln vom 28.8.2014 – 7 Sa 642/13, Rn. 42; LAG Hamburg vom 15.4.2015 – 5 Sa 107/12, Rn. 24; LAG Rheinland-Pfalz vom 3.3.2016 – 5 Sa 341/15, Rn. 65; LAG Rheinland-Pfalz vom 21.4.2016 – 5 Sa 243/15, Rn. 65; vgl. dazu auch Beyer/Wocken, DB 2013, 2270 (2271); vom Stein, ZFA 2016, 549 (561); Düwell in LPK-SGB IX § 164 Rn. 182 mwN.

413  BAG vom 10.5.2005 – 9 AZR 230/04, NZA 2006, 155; BAG vom 20.11.2014 – 2 AZR 664/13, NZA 2015, 931 (933), Rn. 15 mwN; ErfK/Rolfs, SGB IX § 164 Rn. 10 mwN; Düwell in LPK-SGB IX § 164 Rn. 182 mwN.

414  LAG Hessen vom 5.11.2012 – 21 Sa 593/10, Rn. 38; Beyer/Wocken, DB 2013, 2270 (2271) mwN; Düwell in LPK-SGB IX § 164 Rn. 185 mwN.

415  BAG vom 15.10.2013 – 1 ABR 25/12, NZA 2014, 214, Rn. 24; Düwell in LPK-SGB IX § 164 Rn. 185 mwN.

230 Der Arbeitgeber ist auch **nicht** zur **Kündigung** eines bestehenden Arbeitsplatzes ver-pflichtet.[416] Das BAG hat offengelassen, ob etwas anderes zu gelten hat, wenn der Stelleninhaber einer für den erkrankten Mitarbeiter in Frage kommenden Stelle noch keinen Kündigungsschutz genießt, seinerseits nicht behindert ist und die Kündigung für ihn keine besondere Härte darstellen würde.[417] Die **Beweislast** hierfür trägt der **Arbeitnehmer**, und zwar auch dann, wenn der Arbeitgeber die Durchführung eines betrieblichen Eingliederungsmanagements nach § 167 Abs. 2 SGB IX (BEM) unterlassen hat.[418]

231 Der schwerbehinderte Mensch hat nach der Rechtsprechung des BAG **keinen An-spruch auf einen bestimmten Arbeitsplatz** oder darauf, nach seinen Neigungen oder Wünschen beschäftigt zu werden.[419] Der Anspruch beschränkt sich vielmehr auf **sol-che Tätigkeiten**, für die der schwerbehinderte Mensch nach seinen **Fähigkeiten und Kenntnissen** unter Berücksichtigung der Behinderung **befähigt** ist.[420] Zwar räumt das Schwerbehindertenrecht dem Arbeitnehmer keinen Anspruch auf **Beförderung** ein, schließt aber eine Beförderung auch nicht aus. Das verdeutlicht auch § 164 Abs. 4 S. 1 Nr. 2 und Nr. 3 SGB IX, der den Arbeitgeber zu einer besonderen Förderung des beruflichen Weiterkommens des schwerbehinderten Arbeitnehmers verpflichtet.[421]

232 Um eine behinderungsgerechte Beschäftigung zu ermöglichen, ist der **Arbeitgeber** nach § 164 Abs. 4 S. 1 Nr. 4 SGB IX auch zu einer **Umgestaltung** der Arbeitsorganisa-tion bzw. einer **Änderung der Arbeitsverteilung** verpflichtet.[422] So kann der Arbeit-nehmer verlangen, dass er **nur mit leichteren Arbeiten beschäftigt** wird, sofern im Be-trieb die Möglichkeit zu einer solchen Aufgabenumverteilung besteht und soweit dies mit den arbeitsvertraglichen Vorgaben der anderen Arbeitnehmer kompatibel ist.[423] Dazu muss der Arbeitgeber den Arbeitsablauf und die Verteilung der von den Arbeit-nehmern zu erledigenden Aufgaben so umorganisieren, dass der schwerbehinderte Mitarbeiter nur die leichteren Arbeiten zugeteilt bekommt.[424] Auch hat der Arbeitge-ber, soweit erforderlich, leichtere Arbeiten in einem größeren zeitlichen Umfang dem

---

416 BAG vom 10.5.2005 – 9 AZR 230/04, NZA 2006, 155 (159); BAG vom 4.1.2005 – 9 AZR 632/04, NZA 2006, 442 (444) mwN; BAG vom 22.11.2005 – 1 ABR 49/04, NZA 2006, 389 (393) mwN; BAG vom 14.3.2006 – 9 AZR 411/05, NZA 2006, 1214 (1215), Rn. 19 mwN; BAG vom 20.11.2014 – 2 AZR 664/13, NZA 2015, 931 (934), Rn. 30 ff.; vgl. dazu auch vom Stein, ZFA 2016, 549 (561).
417 BAG vom 20.11.2014 – 2 AZR 664/13, NZA 2015, 931 (935), Rn. 35; vgl. dazu auch vom Stein, ZFA 2016, 549 (561 f.).
418 BAG vom 20.11.2014 – 2 AZR 664/13, NZA 2015, 931 (935), Rn. 35 mwN.
419 BAG vom 23.1.2001 – 9 AZR 287/99, NZA 2001, 1020 (1022); BAG vom 10.5.2005 – 9 AZR 230/04, NZA 2006, 155, Rn. 34; ErfK/Rolfs, SGB IX § 164 Rn. 9; Düwell in LPK-SGB IX § 164 Rn. 185 mwN.
420 BAG vom 10.5.2005 – 9 AZR 230/04, NZA 2006, 155, Rn. 37.
421 BAG vom 10.5.2005 – 9 AZR 230/04, NZA 2006, 155, Rn. 52 mwN.
422 BAG vom 4.10.2005 – 9 AZR 632/04, NZA 2006, 442, Rn. 27 mwN; BAG vom 20.11.2014 – 2 AZR 664/13, NZA 2015, 931 (933), Rn. 15 mwN; LAG Stuttgart vom 22.6.2005 – 2 Sa 11/05, br 2006, 82, Rn. 27; LAG Rheinland-Pfalz vom 20.2.2013 – 8 Sa 512/12, Rn. 34; LAG Hessen vom 21.3.2013 – 5 Sa 842/11, Rn. 34; LAG Köln vom 28.8.2014 – 7 Sa 642/13, Rn. 40; LAG Hamburg vom 15.4.2015 – 5 Sa 107/12, br 2016, 19, Rn. 24 mwN.
423 BAG vom 14.3.2006 – 9 AZR 411/05, NZA 2006, 1214, Rn. 18; LAG Hessen vom 5.11.2012 – 21 Sa 593/10, Rn. 27; LAG Rheinland-Pfalz vom 20.2.2013 – 8 Sa 512/12, Rn. 31, 34; LAG Hessen vom 21.3.2013 – 5 Sa 842/11, Rn. 39; LAG Köln vom 28.8.2014 – 7 Sa 642/13, Rn. 40.
424 BAG vom 4.10.2005 – 9 AZR 632/04, NZA 2006, 442, Rn. 27 mwN; LAG Stuttgart vom 22.6.2005 – 2 Sa 11/05, br 2006, 82, Rn. 27; LAG Hessen vom 21.3.2013 – 5 Sa 842/11, Rn. 39.

schwerbehinderten Arbeitnehmer zuzuweisen als anderen Beschäftigten.[425] Hierzu gehört auch die **Einrichtung des Arbeitsumfeldes** bis hin zur Einrichtung eines **Heimarbeitsplatzes**.[426]

**Hinweis:** Dabei ist der schwerbehinderte **Arbeitnehmer nicht verpflichtet**, den Arbeitgeber vorab **auf Zustimmung zur Vertragsänderung** zu verklagen. Der besondere **Beschäftigungsanspruch** entsteht unmittelbar kraft Gesetzes und kann daher **ohne vorherige Vertragsänderung** geltend gemacht werden.[427]    233

Kommt eine solche anderweitige Beschäftigung in Betracht, ist der Arbeitgeber gleichwohl dann nicht zur Beschäftigung des schwerbehinderten Menschen verpflichtet, wenn ihm die **Beschäftigung unzumutbar** oder diese mit einem **unverhältnismäßig hohen Aufwand für den Arbeitgeber** verbunden ist (§ 164 Abs. 4 S. 3 SGB IX).[428]    234

Insoweit ist eine **Abwägung** zwischen den gesetzlich geschützten Interessen des schwerbehinderten Menschen auf der einen und der entgegenstehenden Belange des Arbeitgebers auf der anderen Seite erforderlich.[429] Es dürfen vom Arbeitgeber keine Leistungen verlangt werden, die für den Arbeitgeber unzumutbare, unverhältnismäßig hohe Aufwendungen erfordern oder den Arbeitsschutzbestimmungen entgegenstehen. Unzumutbarkeit iSd § 164 Abs. 4 S. 3 SGB IX ist etwa gegeben, wenn    235

- entweder die wirtschaftliche Lage des Unternehmens eine leidensgerechte Ausgestaltung und Zuweisung des Arbeitsplatzes nicht zulässt oder

- eine Umgestaltung mit technischen Arbeitshilfen nicht möglich oder

- mit einem nicht mehr zumutbaren Aufwand für den Arbeitgeber verbunden wäre.[430]

**Hinweis:** Bei dieser Abwägung sind auch die **finanziellen Zuschüsse** zu berücksichtigen, die ein Arbeitgeber aus Mitteln der Ausgleichsabgabe vom Integrationsamt erhalten kann (§ 185 Abs. 3 SGB IX);[431] darüber hinaus unterstützen die Bundesagentur für Arbeit und die Integrationsämter die Arbeitgeber nach § 164 Abs. 4 S. 2 SGB IX bei der Durchführung der Maßnahmen nach § 164 Abs. 4 S. 1 Nr. 1, 4 und 5 SGB IX.[432]    236

---

425  LAG Rheinland-Pfalz vom 20.2.2013 – 8 Sa 512/12, Rn. 34.
426  LAG Hannover vom 6.12.2010 – 12 Sa 860/10 mit Anm. von Beyer, jurisPR-ArbR 19/2011, Anm. 4; LAG Hamburg vom 15.4.2015 – 5 Sa 107/12, br 2016, 19, Rn. 24 mwN; vgl. dazu auch Beyer/Wocken, DB 2013, 2270 (2272).
427  BAG vom 10.5.2005 – 9 AZR 230/04, NZA 2006, 155, Rn. 36 mwN; LAG Hessen vom 5.11.2012 – 21 Sa 593/10, Rn. 26.
428  Vgl. dazu auch BAG vom 14.3.2006 – 9 AZR 411/05, NZA 2006, 1214 (1216), Rn. 19; BAG vom 20.11.2014 – 2 AZR 664/13, NZA 2015, 931 (934), Rn. 25 mwN; LAG Berlin-Brandenburg vom 17.8.2009 – 10 Sa 592/09, Rn. 28 unter Hinweis auf LAG Düsseldorf vom 30.1.2009 – 9 Sa 699/08; LAG Hessen vom 21.3.2013 – 5 Sa 842/11, Rn. 38 ff.; LAG Hessen vom 11.12.2013 – 12 Sa 1436/11, Rn. 21; LAG Schleswig-Holstein vom 17.12.2013 – 1 Sa 175/13, Rn. 54; LAG Köln vom 28.8.2014 – 7 Sa 642/13, AE 2016, 33, Rn. 42; LAG Hessen vom 2.11.2015 – 16 Sa 473/15, br 2016, 87, Rn. 25; LAG Rheinland-Pfalz vom 3.3.2016 – 5 Sa 341/15, Rn. 65; LAG Rheinland-Pfalz vom 21.4.2016 – 5 Sa 243/15, Rn. 65; vgl. dazu auch Beyer/Wocken, DB 2013, 2270 (2272); vom Stein, ZFA 2016, 549 (561).
429  Vgl. dazu ErfK/Rolfs, SGB IX § 164 Rn. 14.
430  Vgl. zu den technischen Arbeitshilfen: Düwell in LPK-SGB IX § 164, Rn. 203.
431  Vgl. dazu Schmidt, BEM, Rn. 194 ff.
432  Vgl. dazu auch Beyer/Wocken, DB 2013, 2270 (2273) unter Hinweis auf die ständige EuGH-Rechtsprechung, woraus sich eine Unverhältnismäßigkeit der Belastung bei der Umsetzung einer an sich wirksamen

237 Ein **unverhältnismäßig hoher Aufwand für den Arbeitgeber** liegt etwa vor, wenn die erforderlichen Aufwendungen – auch **unter Berücksichtigung von Leistungen und Zuschüssen** des Integrationsamtes oder anderer Rehabilitationsträger – sehr hoch wären und das Arbeitsverhältnis infolge von Befristung oder Erreichen der Altersgrenze ohnehin in absehbarer Zeit sein Ende finden würde.[433] Es ist allerdings unerheblich, ob der Einsatz des schwerbehinderten Menschen dem betriebswirtschaftlichen Optimum entspricht oder ob er sich – isoliert betrachtet – wirtschaftlich „rechnet".[434]

238 Der Arbeitgeber ist zwar **nicht** zur **Kündigung eines bestehenden Arbeitsplatzes** verpflichtet und muss für den schwerbehinderten Menschen **keinen zusätzlichen Arbeitsplatz** schaffen,[435] die nach § 164 Abs. 4 S. 1 Nr. 4 SGB IX geforderte behinderungsgerechte Gestaltung von Arbeitsplatz, Arbeitsumfeld und Arbeitsorganisation kann aber ergeben, dass der Arbeitgeber die im Betrieb anfallenden Arbeiten so neu zu organisieren hat, dass sich daraus ein neuer und behinderungsgerechter Arbeitsplatz für den betroffenen Mitarbeiter ergibt, ohne dass sich die Zahl der Arbeitsplätze insgesamt erhöht.[436]

239 Soweit für die Erfüllung des schwerbehindertenrechtlichen Beschäftigungsanspruchs eine **Versetzung** erforderlich ist, kann der schwerbehinderte Mensch einen Anspruch darauf haben, dass der Arbeitgeber die **Zustimmung des Betriebsrates** nach § 99 BetrVG einholt.[437] Wird diese verweigert und steht nicht fest, dass dem Betriebsrat objektiv Zustimmungsverweigerungsgründe nach § 99 Abs. 2 BetrVG zustehen, ist der Arbeitgeber bei schwerbehinderten oder gleichgestellten Beschäftigten zur Durchführung eines arbeitsgerichtlichen **Zustimmungsersetzungsverfahrens** nach § 99 Abs. 4 BetrVG verpflichtet.[438] Führt der Arbeitgeber das gerichtliche Zustimmungser-

---

Maßnahme gegenüber behinderten Arbeitnehmern auch daraus ergeben kann, dass es keine Kompensation durch staatliche Leistung an die Arbeitgeber gibt, wenn diese Mittel aufwenden, um Maßnahmen zu realisieren, die inhaltlich den Leistungen der begleitenden Hilfe im Arbeitsleben für schwerbehinderte Menschen entsprechen. Dies betrifft namentlich die Leistungen zur Teilhabe am Arbeitsleben durch die Rehabilitationsträger gem. §§ 49 ff. SGB IX, die für alle Menschen mit Behinderung (§ 2 Abs. 1 SGB IX) Anwendung finden.

433 LAG Stuttgart vom 22.6.2005 – 2 Sa 11/05, br 2006, 82, Rn. 31; ErfK/Rolfs, SGB IX § 164 Rn. 14; Mückl/Hiebert, NZA 2010, 1259 (1260) mwN; in diesem Sinn auch Düwell in LPK-SGB IX § 164 Rn. 204.

434 Düwell in LPK-SGB IX § 164 Rn. 205 unter Hinweis auf BAG vom 14.3.2006 – 9 AZR 411/05, NZA 2006, 1214.

435 BAG vom 10.5.2005 – 9 AZR 230/04, NZA 2006, 155 (159); BAG vom 4.10.2005 – 9 AZR 632/04, NZA 2006, 442 (444) mwN; BAG vom 22.11.2005 – 1 ABR 49/04, NZA 2006, 389 (393) mwN; BAG vom 14.3.2006 – 9 AZR 411/05, NZA 2006, 1214 (1215), Rn. 19 mwN; BAG vom 20.11.2014 – 2 AZR 664/13, NZA 2015, 931 (933), Rn. 25, 30 ff.; vgl. dazu auch Düwell in LPK-SGB IX § 164 Rn. 183.

436 Vgl. dazu Düwell in LPK-SGB IX § 164 Rn. 183.

437 BAG vom 10.5.2005 – 9 AZR 230/04, NZA 2006, 155, Rn. 36 mwN bei einem schwerbehinderten Arbeitnehmer; so auch Düwell in LPK-SGB IX § 164 Rn. 184; einschränkend nach erteilter Zustimmung des Integrationsamtes nach § 85 SGB IX – BAG vom 22.9.2005 – 2 AZR 519/04, NZA 2006, 486; BAG vom 20.11.2014 – 2 AZR 664/13, NZA 2015, 931 (933), Rn. 15 mwN.

438 BAG vom 3.12.2002 – 9 AZR 481/01, NZA 2003, 1216 (1218) mwN; BAG vom 10.5.2005 – 9 AZR 230/04, NZA 2006, 155 (159); aA bei krankheitsbedingter Kündigung – BAG vom 22.9.2005 – 2 AZR 519/04, NZA 2006, 486.

setzungsverfahren schuldhaft unzureichend durch, kann dies einen **Schadensersatzanspruch** des schwerbehinderten Arbeitnehmers begründen.[439]

**Hinweis:** Für den Fall, dass sich der Arbeitgeber im **BEM-Verfahren** weigern sollte, einen behinderungsgerechten Arbeitsplatz zuzuweisen, sollte sich der **schwerbehinderte oder gleichgestellte Arbeitnehmer auf den besonderen Beschäftigungsanspruch** nach § 164 Abs. 4 S. 1 Nr. 1 SGB IX **berufen**, der unmittelbar kraft Gesetzes entsteht und daher ohne vorherige Vertragsänderung geltend gemacht werden kann.[440] Dabei ist uU auch während eines laufenden BEM-Verfahrens zu einer parallelen arbeitsgerichtlichen Geltendmachung dieses Anspruches nach § 164 Abs. 4 SGB IX zu raten, um diesem Anspruch im BEM-Verfahren Geltung zu verschaffen. Gleiches gilt, wenn der Arbeitgeber das BEM-Verfahren nicht oder nicht ordnungsgemäß durchgeführt hat. Darüber hinaus haftet der Arbeitgeber nach § 280 Abs. 1 BGB auf **Schadensersatz** in den Fällen, in denen er nicht geklärt hat, ob bei Erfüllung der Pflichten aus § 164 Abs. 4 S. 1 SGB IX eine Überwindung der Arbeitsunfähigkeit durch eine behinderungsgerechte Ausstattung des Arbeitsplatzes oder entsprechende Gestaltung von Arbeitsabläufen, Arbeitsorganisation oder Arbeitszeit oder Zuweisung eines behinderungsgerechten Arbeitsplatzes möglich gewesen wäre.[441]

240

Der **Klageantrag** für einen Anspruch behinderungsgerechte Beschäftigung nach § 164 Abs. 4 SGB IX kann wie folgt formuliert werden:[442]

241

▶ Der Beklagte wird verurteilt, den Kläger, gegebenenfalls nach entsprechender Vertragsänderung, vorbehaltlich der Zustimmung des Betriebsrates und gegebenenfalls nach Durchführung eines Zustimmungsersetzungsverfahrens, in einem Arbeitsbereich einzusetzen, in dem der Kläger noch leichte körperliche Tätigkeiten ausüben kann, bevorzugt im Sitzen, in geschlossenen und temperierten Räumen,

[*hilfsweise:*] den Beklagten zu verurteilen, den Kläger, gegebenenfalls nach entsprechender Vertragsänderung, vorbehaltlich der Zustimmung des Betriebsrates und gegebenenfalls nach Durchführung eines Zustimmungsersetzungsverfahrens, als Verwaltungsangestellten (Einkauf), alternativ Sachbearbeiter (Telekommunikation), alternativ Angestellter (Materialverwaltung), alternativ Telefonist/Verwaltungsangestellten (Bürokommunikation), alternativ Lagerangestellter (Material- und Gütebestimmung) zu beschäftigen. ◀

Unter Umständen ist hilfsweise auch der ergänzende **Klageantrag** zu stellen,

▶ den Arbeitgeber zur Einholung der Zustimmung nach § 99 Abs. 1 BetrVG beim Betriebsrat zu verurteilen und bei Verweigerung der Zustimmung nach § 99 Abs. 4 BetrVG das Zustimmungsersetzungsverfahren durchzuführen.[443] ◀

---

439 BAG vom 3.12.2002 – 9 AZR 481/01, NZA 2003, 1216 (1218) mwN; BAG vom 10.5.2005 – 9 AZR 230/04, NZA 2006, 155 (159); ErfK/Rolfs, SGB IX § 164 Rn. 10 mwN.

440 BAG vom 10.5.2005 – 9 AZR 230/04, NZA 2006, 155 (158) mwN; noch offengelassen in BAG vom 3.12.2002 – 9 AZR 481/01, NZA 2003, 1216 (1217).

441 Vgl. dazu BAG vom 13.8.2009 – 6 AZR 330/08, NZA-RR 2010, 420; LAG Hamm vom 4.7.2011 – 8 Sa 726/11; LAG Schleswig-Holstein vom 19.6.2012 – 1 Sa 225e/11, LAGE § 164 SGB IX Nr. 11; LAG Köln vom 21.9.2012 – 5 Sa 187/12; LAG Hessen vom 21.3.2013 – 5 Sa 842/11; LAG Rheinland-Pfalz vom 20.2.2013 – 8 Sa 512/12; vgl. zum Schadensersatzanspruch ausführlich → Rn. 278 ff.

442 Entsprechend dem durch das BAG in seiner Entscheidung vom 10.5.2005 – 9 AZR 230/04, NZA 2006, 155 (158), für zulässig erachteten Klageantrag; dieser Klageantrag wird auch unter Bezugnahme auf diese Entscheidung des BAG von Düwell in LPK-SGB IX § 164 Rn. 219 empfohlen.

443 Vgl. dazu ausführlich BAG vom 3.12.2002 – 9 AZR 481/01, NZA 2003, 1216 (1218); vgl. auch Koch in Schaub, § 178, Rn. 51.

242 **Hinweis:** Dabei sollte der **Arbeitnehmer mehrere unterschiedliche Tätigkeiten** im Klageantrag benennen und dem Arbeitgeber die Zuweisung über den künftigen Arbeitseinsatz überlassen. Bei Angabe eines einzigen konkreten Arbeitsplatzes läuft der klagende Arbeitnehmer stets Gefahr, dass die so konkretisierte Klage zwar zulässig, aber unbegründet wäre, weil ihm der Arbeitgeber auch einen anderen behinderungsgerechten Arbeitsplatz zuweisen dürfte. Aus der Nennung der unterschiedlichen Tätigkeiten ergibt sich zugleich, dass der klagende Arbeitnehmer dem Arbeitgeber die Auswahl überlässt, mit welchen dieser Arbeitsaufgaben er ihn beschäftigen will.[444]

### 3. Darlegungs- und Beweislast

243 Macht der schwerbehinderte oder gleichgestellte **Arbeitnehmer** den schwerbehindertenrechtlichen Beschäftigungsanspruch nach § 164 Abs. 4 S. 1 SGB IX geltend, so hat er nach den allgemeinen Regeln grundsätzlich die Darlegungs- und Beweislast für die anspruchsbegründenden Voraussetzungen (§ 164 Abs. 4 S. 1 SGB IX). Dagegen hat der **Arbeitgeber** die **anspruchshindernden Umstände vorzutragen.** Dazu gehören insbesondere diejenigen, aus denen sich die **Unzumutbarkeit** der Beschäftigung des Arbeitnehmers iSv § 164 Abs. 4 S. 3 SGB IX für den Arbeitgeber ergeben soll.

244 Für die Feststellung, ob eine behinderungsgerechte Beschäftigungsmöglichkeit entsprechend den Fähigkeiten und Kenntnissen des schwerbehinderten Arbeitnehmers besteht, gilt folgende **abgestufte Darlegungs- und Beweislast:**[445]

- Der schwerbehinderte oder gleichgestellte **Arbeitnehmer** muss zur Begründung seines Beschäftigungsanspruchs nach § 164 Abs. 4 S. 1 Nr. 1 SGB IX zunächst sein **eingeschränktes Leistungsvermögen darlegen** und ggf. beweisen, seine **Weiterbeschäftigung geltend machen** und schlüssig **Beschäftigungsmöglichkeiten aufzeigen,** die seinen Kenntnissen und Fähigkeiten und seinem infolge der Behinderung eingeschränkten Leistungsvermögen entsprechen. Steht fest, dass der Arbeitnehmer seine Arbeitspflicht nur nach einer Umgestaltung oder besonderer Ausstattung erfüllen kann, hat er zumindest nachvollziehbar darzulegen, welche Maßnahmen hierzu notwendig sind.[446] Das Gericht muss dadurch in die Lage versetzt werden, auf Grund des tatsächlichen Vorbringens zu entscheiden, ob die gesetzlichen Voraussetzungen für das Bestehen des geltend gemachten Anspruchs vorliegen.[447]

---

444 BAG vom 10.5.2005 – 9 AZR 230/04, NZA 2006, 155 (158) mwN.
445 Entsprechend BAG vom 10.5.2005 – 9 AZR 230/04, NZA 2006, 155 ff., Rn. 40; BAG vom 4.10.2005 – 9 AZR 632/04, NZA 2006, 442, Rn. 28; BAG vom 14.3.2006 – 9 AZR 411/05, NZA 2006, 1214 ff.; LAG Schleswig-Holstein vom 7.6.2005 – 5 Sa 68/05, NZA-RR 2005, 514; LAG Schleswig-Holstein vom 7.6.2005 – 5 Sa 68/05, NZA-RR 2005, 510; LAG Schleswig-Holstein vom 19.6.2012 – 1 Sa 225 e/11, LAGE § 164 SGB IX Nr. 11, Rn. 77; LAG Rheinland-Pfalz vom 20.2.2013 – 8 Sa 512/12, Rn. 31; LAG Hamburg vom 15.4.2015 – 5 Sa 107/12, Rn. 25; vgl. auch ErfK/Rolfs, § 164 SGB IX Rn 11 mwN; Düwell in LPK-SGB IX § 164 Rn. 187 ff.
446 BAG vom 4.10.2005 – 9 AZR 632/04, NZA 2006, 442, Rn. 28; BAG vom 19.5.2010 – 5 AZR 162/09, NZA 2010, 1119, Rn. 28; LAG Hessen vom 11.12.2013 – 12 Sa 1436/11, Rn. 35 mwN; LAG Hamburg vom 15.4.2015 – 5 Sa 107/12, Rn. 25; LAG Berlin-Brandenburg vom 13.11.2015 – 9 Sa 1297/15, Rn. 61; LAG Rheinland-Pfalz vom 3.3.2016 – 5 Sa 341/15, Rn. 65, 70; vgl. auch LAG Nürnberg vom 18.4.2018 – 2 Sa 408/17.
447 BAG vom 4.10.2005 – 9 AZR 632/04, NZA 2006, 442, Rn. 28 ff.; BAG vom 10.5.2005 – 9 AZR 230/04, NZA 2006, 155, Rn. 39 mwN; so auch LAG Köln vom 16.5.2011 – 2 Sa 1276/10, PersV 2012, 268, Rn. 36.

■ Der **Arbeitgeber** hat sich auf den Vortrag des Arbeitnehmers substantiiert einzulassen und Tatsachen vorzutragen, aus denen sich ergibt, dass solche **behinderungsgerechten Beschäftigungsmöglichkeiten nicht bestehen** oder deren **Zuweisung** für ihn **unzumutbar** ist. Hierzu gehört auch die Darlegung, dass kein entsprechender Arbeitsplatz vorhanden ist und auch nicht durch Versetzung freigemacht werden kann. Als weitere Einwände kommen in Betracht, dass entsprechende Tätigkeitsbereiche überhaupt nicht vorhanden seien, der Arbeitnehmer das Anforderungsprofil nicht erfülle, die wirtschaftliche Lage des Unternehmens eine leidensgerechte Ausgestaltung und Zuweisung des Arbeitsplatzes nicht zulasse, eine Umgestaltung mit technischen Arbeitshilfen nicht möglich sei, die Beschäftigung gegen zwingende Bestimmungen des Arbeitsschutzes verstößt oder dass die Beschäftigung aus anderen Gründen unzumutbar bzw. mit einem nicht mehr zumutbaren Aufwand für den Arbeitgeber verbunden sei.[448]

Der Arbeitgeber hat sich nach der gesetzlichen Konzeption des Schwerbehindertenrechts um eine behinderungsgerechte Beschäftigung zu bemühen.[449] Daraus ergibt sich zugleich, dass der Arbeitgeber den durch den schwerbehinderten Beschäftigten nach § 164 Abs. 4 S. 1 Nr. 1 SGB IX **geltend gemachten Beschäftigungsanspruch** nicht mit der bloßen Behauptung abwehren kann, er **verfüge über keinen geeigneten Arbeitsplatz**.[450] Die gebotene sachliche Auseinandersetzung mit dem Verlangen des schwerbehinderten Arbeitnehmers auf anderweitige Beschäftigung erfordert eine substantiierte Darlegung des Arbeitgebers, aus welchen Gründen die vom Arbeitnehmer vorgeschlagenen Beschäftigungsmöglichkeiten nicht zur Verfügung stehen. Welche Einzelheiten vom Arbeitgeber vorzutragen sind, bestimmt sich nach den Umständen des Streitfalles unter Berücksichtigung der Darlegungen des klagenden Arbeitnehmers.[451] 245

Diese Substantiierungslast entspricht der Rechtsprechung zu § 138 Abs. 1 und 2 ZPO. Danach wird dem Gegner der primär darlegungspflichtigen Partei eine sekundäre Behauptungslast auferlegt, wenn die darlegungspflichtige Partei keine nähere Kenntnis der maßgebenden Tatsachen besitzt, während der Prozessgegner sie hat und ihm nähere Angaben zumutbar sind.[452] Nur der Arbeitgeber hat einen umfassenden Überblick über die betrieblich eingerichteten Arbeitsplätze und die dort zu erfüllenden Anforderungen. Er weiß, welche Arbeitsplätze für welche Zeiträume besetzt sind, ob Arbeitsaufgaben sinnvoll anders verteilt werden können oder ob Arbeitsplätze in absehbarer Zeit frei werden, etwa infolge Erreichens des Rentenalters, oder durch Versetzung freigemacht werden können. Einen solchen Einblick hat der Arbeitneh- 246

---

448  Vgl. etwa BAG vom 10.5.2005 – 9 AZR 230/04, NZA 2006, 155, Rn. 42; LAG Hamburg vom 15.4.2015 – 5 Sa 107/12, br 2016, 19, Rn. 25; Düwell in LPK-SGB IX § 164 Rn. 188.

449  BAG vom 10.5.2005 – 9 AZR 230/04, NZA 2006, 155, Rn. 41.

450  BAG vom 10.5.2005 – 9 AZR 230/04, NZA 2006, 155 (159), Rn. 42.

451  BAG vom 10.5.2005 – 9 AZR 230/04, NZA 2006, 155, Rn. 42; vgl. dazu auch Düwell in LPK-SGB IX § 164 Rn. 188 mwN.

452  BAG vom 10.5.2005 – 9 AZR 230/04, NZA 2006, 155, Rn. 42, 43; vgl. dazu auch Düwell in LPK-SGB IX § 164 Rn. 189.

mer regelmäßig nicht, erst recht nicht, wenn er – wie häufig – schon längere Zeit arbeitsunfähig und daher oftmals längere Zeit betriebsabwesend ist.[453]

247 Für die Darlegungs- und Beweislast spielt es eine Rolle, ob der Arbeitgeber seinen Pflichten nach § 167 Abs. 1 SGB IX zur Durchführung eines **Präventionsverfahrens** nachgekommen ist oder nicht. Der Arbeitgeber kann sich nicht auf die **Unzumutbarkeit** der behinderungsgerechten Beschäftigung des schwerbehinderten oder gleichgestellten Arbeitnehmers berufen, **ohne** ein **ordnungsgemäßes Präventionsverfahren** nach § **167 Abs. 1 SGB IX** durchgeführt zu haben, in dem auch versucht worden ist, die möglichen Nachteile durch finanzielle Leistungen oder sonstige Hilfen des Integrationsamtes oder anderer Rehaträger, wie etwa der Bundesagentur für Arbeit, auszugleichen.[454] Nach § 167 Abs. 1 SGB IX ist bei Auftreten von Schwierigkeiten bei der Beschäftigung schwerbehinderter oder gleichgestellter Menschen stets ein Klärungsverfahren einzuleiten. Eine derartige Schwierigkeit liegt vor, wenn sich zeigt, dass Probleme auftauchen. Der Arbeitgeber hat in diesem Präventionsverfahren nach § 167 Abs. 1 SGB IX unter Beteiligung der Schwerbehindertenvertretung und des zuständigen Integrationsamtes nach Lösungen zu suchen, um diese Schwierigkeiten zu beseitigen (vgl. ausführlich zum Präventionsverfahren nach § 167 Abs. 1 SGB IX unten → Rn. 354 ff.). Ziel dieses Verfahrens ist die frühzeitige Klärung, ob und welche Maßnahmen zu ergreifen sind, um eine möglichst dauerhafte Fortsetzung des Beschäftigungsverhältnisses zu erreichen.[455] Dem **Arbeitgeber** wird damit eine **aktive Rolle** für Eingliederung und gegen Ausgliederung von behinderten Menschen zugewiesen.[456] Die Beteiligung sachkundiger Stellen in einem solchen Präventionsverfahren nach § 167 Abs. 1 SGB IX dient dazu, alle Möglichkeiten zur Fortsetzung des Arbeitsverhältnisses, also auch die in § 164 Abs. 4 S. 1 SGB IX genannten Möglichkeiten, mit dem Arbeitgeber zu erörtern und deren technische und wirtschaftliche Realisierbarkeit zu prüfen.[457]

248 Der **Arbeitgeber** kann sich daher, wenn der Arbeitnehmer seinen Anspruch auf behinderungsgerechte Beschäftigung nach § 164 Abs. 4 SGB IX geltend macht, auf ein **fehlendes Wissen** in Bezug auf **behinderungsgerechte Arbeitsplätze** und/oder deren Einrichtung bzw. Ausstattung **nicht berufen**, wenn er seinen Pflichten zur Prävention gemäß § 167 Abs. 1 und/oder § 167 Abs. 2 SGB IX (BEM) nicht nachgekommen ist und es so versäumt hat, sich entsprechende Erkenntnisse zu verschaffen.[458] Die Erörterung mit den in § 167 SGB IX genannten fachkundigen Stellen dient nämlich gerade dazu, dass sich der **Arbeitgeber das entsprechende Wissen verschafft**.[459]

---

453 BAG vom 10.5.2005 – 9 AZR 230/04, NZA 2006, 155 (159), Rn. 43; vgl. auch Düwell in LPK-SGB IX § 164 Rn. 189.
454 LAG Stuttgart vom 22.6.2005 – 2 Sa 11/05, br 2006, 82, Rn. 31.
455 Düwell in LPK-SGB IX § 164 Rn. 189 mwN.
456 Vgl. dazu BAG vom 4.10.2005 – 9 AZR 632/04, NZA 2006, 442 (444), Rn. 30; BAG vom 10.5.2005 – 9 AZR 230/04, NZA 2006, 155 (159), Rn. 41 mwN; Düwell in LPK-SGB IX § 164 Rn. 189.
457 BAG vom 10.5.2005 – 9 AZR 230/04, NZA 2006, 155 (159); Düwell in LPK-SGB IX § 164 Rn. 189.
458 BAG vom 10.5.2005 – 9 AZR 230/04, NZA 2006, 155, Rn. 41 ff.; LAG Hessen vom 11.12.2013 – 12 Sa 1436/11, Rn. 36 mwN; Düwell in LPK-SGB IX § 164 Rn. 189.
459 BAG vom 4.10.2005 – 9 AZR 632/04, NZA 2006, 442, Rn. 30; LAG Rheinland-Pfalz vom 20.2.2013 – 8 Sa 512/12, Rn. 50; LAG Hessen vom 11.12.2013 – 12 Sa 1436/11, Rn. 35 mwN; Düwell in LPK-SGB IX § 164 Rn. 189.

**Hinweis:** Hat der Arbeitnehmer als primär darlegungspflichtige Partei keine nähere    249
Kenntnis der maßgeblichen Tatsachen, wie also eine behinderungsgerechte Beschäftigung im Betrieb realisiert werden kann, wird dem **Arbeitgeber** als Gegner des behinderungsgerechten Beschäftigungsanspruches eine **sekundäre Behauptungslast** auferlegt. Hat der Arbeitgeber entgegen seiner gesetzlichen Pflicht **kein ordnungsgemäßes
Präventionsverfahren** (§ 167 Abs. 1 SGB IX) durchgeführt, darf er sich auch bei der
Abwehr eines behinderungsgerechten Beschäftigungsanspruchs eines schwerbehinderten oder gleichgestellten Arbeitnehmers nach § 164 Abs. 4 SGB IX **keine darlegungs-
und beweisrechtlichen Vorteile** verschaffen. In diesem Fall trifft den Arbeitgeber die
sekundäre Darlegungslast dafür, dass ihm auch unter Berücksichtigung der besonderen Arbeitgeberverpflichtung nach § 167 Abs. 1 SGB IX eine zumutbare Beschäftigung des Arbeitnehmers nicht möglich ist. Er kann sich in diesem Fall nicht darauf
beschränken, vorzutragen, er kenne keine alternativen Einsatzmöglichkeiten für den
erkrankten Arbeitnehmer und es gebe keine leidensgerechten Arbeitsplätze, die der
Arbeitnehmer trotz seiner Erkrankung noch ausüben könne. Er hat vielmehr **von sich
aus** denkbare oder vom Arbeitnehmer außergerichtlich bereits genannte **Alternativen
zu würdigen und im Einzelnen darzulegen,** aus welchen Gründen sowohl eine Anpassung des bisherigen Arbeitsplatzes an dem Arbeitnehmer zuträgliche Arbeitsbedingungen als auch die Beschäftigung auf einem anderen – leidensgerechten – Arbeitsplatz ausscheiden. Erst dann ist es Sache des Arbeitnehmers, sich hierauf substantiiert
einzulassen und darzulegen, wie er sich selbst eine leidensgerechte Beschäftigung vorstellt.[460]

**Hinweis:** Den **Arbeitgeber** trifft im Rahmen des § 164 Abs. 4 SGB IX eine **eigene**    250
**Prüfpflicht hinsichtlich leidensgerechter Beschäftigungsmöglichkeiten.** Damit ist er
auch verpflichtet, die maßgeblichen Faktoren und Lösungsmöglichkeiten zu erheben.
Vor diesem Hintergrund sieht die arbeitsgerichtliche Rechtsprechung das **Fehlen eines
Beschäftigungsvorschlags durch den Arbeitnehmer** als **unschädlich** an, soweit der Ar-
beitgeber ein **gebotenes Präventionsverfahren nicht durchgeführt** hat.[461]

Hat ein ordnungsgemäßes Präventionsverfahren unter Beteiligung des Integrations-    251
amtes und den in § 167 Abs. 2 SGB IX genannten Beteiligten stattgefunden und
kommt dieses Präventionsverfahren zu dem Ergebnis, dass es keine Möglichkeit zur
Sicherung der Beschäftigung des Arbeitnehmers gibt, hat der Arbeitnehmer vorzutragen, welche konkreten technischen oder organisatorischen Veränderungen seine behinderungsgerechte Beschäftigung ermöglichen.[462]

---

460  BAG vom 10.12.2009 – 2 AZR 400/08, NZA 2010, 398, Rn. 19; LAG Köln vom 21.9.2012 – 5 Sa
     187/12; LAG Schleswig-Holstein vom 17.12.2013 – 1 Sa 175/13, Rn. 57.
461  LAG Hessen vom 21.3.2013 – 5 Sa 842/11, Rn. 36; vgl. dazu auch BAG vom 10.5.2005 – 9 AZR 230/04,
     NZA 2006, 155, Rn. 45, wo es als ausreichend angesehen wurde, dass der Kläger unter Hinweis auf ärztli-
     che Bescheinigungen den äußeren Rahmen für eine Beschäftigung abgesteckt hatte; ferner BAG vom
     4.10.2005 – 9 AZR 632/04; das LAG Berlin-Brandenburg hat dies in seiner Entscheidung vom 13.11.2015
     – 9 Sa 1297/15, Rn. 63 offengelassen.
462  BAG vom 4.10.2005 – 9 AZR 632/04, NZA 2006, 442, Rn. 30; vgl. auch Düwell in LPK-SGB IX § 164
     Rn. 188 ff.

252 Diese Darlegungs- und Beweislast gilt sowohl dann, wenn der schwerbehinderte oder gleichgestellte Arbeitnehmer seinen Rechtsanspruch auf behinderungsgerechte Beschäftigung nach § 164 Abs. 4 S. 1 Nr. 1 SGB IX (bzw. die weiteren Ansprüche aus § 164 Abs. 4 S. 1 Nr. 3–5 SGB IX)[463] geltend macht, als auch dann, wenn er seinen Schadensersatzanspruch wegen schuldhafter Verletzung der Verpflichtung zur behinderungsgerechten Beschäftigung (§§ 280 Abs. 1, 823 Abs. 2 BGB iVm § 164 Abs. 4 S. 1 SGB IX) geltend macht.[464]

**4. Förderung der beruflichen Bildung (§ 164 Abs. 4 S. 1 Nr. 2 und 3 SGB IX)**

253 Der Arbeitgeber hat die berufliche Aus- und Fortbildung schwerbehinderter Arbeitnehmer zu fördern, wobei der Umfang seiner Verpflichtung davon abhängig ist, ob es sich um eine inner- oder eine außerbetriebliche Fortbildungsmaßnahme handelt. Bei innerbetrieblichen Fortbildungsmaßnahmen ist der schwerbehinderte Arbeitnehmer bevorzugt zu berücksichtigen (§ 164 Abs. 4 Nr. 2 SGB IX); bei außerbetrieblichen Maßnahmen muss der Arbeitgeber den Zugang lediglich erleichtern.[465]

254 In welchem Umfang der Arbeitgeber eine Erleichterung bei **außerbetrieblichen Maßnahmen der beruflichen Bildung** zu schaffen hat, ist eine Frage des Einzelfalles; zu denken ist an Fahrtkostenzuschüsse, besondere Auswahl behindertengerechter Fortbildungsveranstaltungen, die uU mit Mehrkosten verbunden sind, Hilfe bei der An- und Abreise, Unterstützung bei besonderen Unterbringungserfordernissen oder eine Freistellung von der Arbeitspflicht unter gleichzeitiger Entgeltfortzahlung.[466]

255 **Innerbetriebliche Fortbildungsmaßnahmen** sind aber nur eine Maßnahme der Förderung des beruflichen Fortkommens. Der schwerbehinderte Mensch ist nicht nur hierbei **bevorzugt zu berücksichtigen**, so dass ihm vor anderen, gleichstehenden nicht schwerbehinderten Arbeitnehmern der Vorzug zu geben ist, an Lehrgängen, Ausbildungsstationen uÄ teilzunehmen. Vielmehr kann der schwerbehinderte Arbeitnehmer auch verlangen, etwa dadurch gefördert zu werden, dass er auf verschiedenen Arbeitsplätzen tätig wird, dort Kenntnisse erwirbt und er die Fähigkeit erlangt, eine höhere oder Vorgesetzten-Stellung einzunehmen.[467]

256 Neben den Rehabilitationsträgern wird damit auch den Arbeitgebern die Aufgabe der beruflichen Förderung schwerbehinderter Menschen auferlegt. Der Arbeitgeber wird jedoch nicht verpflichtet, überhaupt innerbetriebliche Bildungsmaßnahmen durchzuführen. Bietet er allerdings Bildungsmaßnahmen an, muss er schwerbehinderte Arbeitnehmer bevorzugen. Hierauf besteht ein **klagbarer Anspruch des schwerbehinder-**

---

463 BAG vom 10.5.2005 – 9 AZR 230/04, NZA 2006, 155 ff.
464 BAG vom 4.10.2005 – 9 AZR 632/04, NZA 2006, 442 ff.; vgl. zu diesem Schadensersatzanspruch unten → Rn. 278 ff.
465 ErfK/Rolfs, SGB IX § 164 Rn. 12; vgl. dazu auch Düwell in LPK-SGB IX § 164 Rn. 193; Neumann/Pahlen/Winkler/Jabben, § 164 Rn. 35 mwN.
466 Vgl. dazu auch Neumann/Pahlen/Winkler/Jabben, § 164 Rn. 35; Rolfs/Paschke, BB 2002, 1260 (1263) mwN; Düwell in LPK-SGB IX § 164 Rn. 198.
467 Neumann/Pahlen/Winkler/Jabben, § 164 Rn. 28 mwN; vgl. dazu auch Düwell in LPK-SGB IX § 164 Rn. 196.

ten Arbeitnehmers, da er bei gleichen Voraussetzungen zunächst Anspruch auf diese Förderung vor anderen, nicht schwerbehinderten Arbeitnehmern hat.[468]

Dabei hat der Betriebsrat nach § 98 BetrVG ein qualifiziertes Mitbestimmungsrecht bei der Auswahl von Personen, die an innerbetrieblichen Fortbildungsmaßnahmen teilnehmen. 257

**Hinweis:** Hierbei ist die **Interessenvertretung der Arbeitnehmer** (Betriebs-/Personalrat) geradezu verpflichtet, sich für den Personenkreis der schwerbehinderten Beschäftigten um die Aus- und Weiterbildung zu bemühen. Dies ergibt sich zum einen aus ihrer Verpflichtung, die Eingliederung schwerbehinderter Menschen zu unterstützen (§ 80 Abs. 1 Nr. 4 BetrVG; § 68 Abs. 1 Nr. 4 BPersVG, § 176 SGB IX), zum anderen aus ihrem Überwachungsauftrag in Bezug auf die Einhaltung der zugunsten der Arbeitnehmer geltenden Gesetze (§ 80 Abs. 1 Nr. 1 BetrVG, § 68 Abs. 1 Nr. 2 BPersVG).[469] 258

Auch diese Rechtsansprüche des schwerbehinderten Arbeitnehmers gegen seinen Arbeitgeber im Rahmen der Förderung der beruflichen Bildung gem. § 164 Abs. 4 S. 1 Nr. 2 und 3 SGB IX bestehen aber nach der ausdrücklichen gesetzlichen Regelung in § 164 Abs. 4 S. 3 SGB IX nicht, soweit 259

- ihre Erfüllung für den Arbeitgeber nicht zumutbar oder
- mit unverhältnismäßigen Aufwendungen verbunden wäre oder
- die staatlichen oder berufsgenossenschaftlichen Arbeitsschutzvorschriften oder beamtenrechtlichen Vorschriften entgegenstehen.

Insbesondere bei hohen finanziellen Aufwendungen, wie zB einer Freistellung unter Entgeltfortzahlung, ist dem Arbeitgeber die Fortzahlung der Vergütung dann nicht zumutbar, wenn dem schwerbehinderten Beschäftigten von einem Rehabilitationsträger Leistungen für die Dauer der Fortbildung erbracht werden. Der Arbeitgeber kann dann vorrangig die Ausschöpfung von Leistungen der Rehabilitationsträger an den schwerbehinderten Menschen vom Arbeitnehmer verlangen.[470] 260

## 5. Behindertengerechte Einrichtung und Gestaltung des Arbeitsplatzes (§ 164 Abs. 4 S. 1 Nr. 4 und 5 SGB IX)

§ 164 Abs. 4 S. 1 Nr. 4 SGB IX gibt dem schwerbehinderten Arbeitnehmer einen **klagbaren Rechtsanspruch**[471] auf behindertengerechte Einrichtung und Unterhaltung der Arbeitsstätten einschließlich der Betriebsanlagen, Maschinen und Geräte sowie der Gestaltung der Arbeitsplätze, des Arbeitsumfeldes, der Arbeitsorganisation und der Arbeitszeit, unter besonderer Berücksichtigung der Unfallgefahr. 261

Aus § 164 Abs. 4 S. 1 Nr. 4 SGB IX ergibt sich auch die grundsätzliche Verpflichtung des Arbeitgebers, Pkw-Stellplätze für schwerbehinderte Beschäftigte in der Nähe des 262

---

468 Neumann/Pahlen/Winkler/Jabben, § 164 Rn. 27.
469 Vgl. zu den qualifizierten Mitbestimmungsrechten Düwell in LPK-SGB IX § 164 Rn. 196.
470 Neumann/Pahlen/Winkler/Jabben, § 164 Rn. 35.
471 BAG vom 4.10.2005 – 9 AZR 632/04, NZA 2006, 442 (444 f.); Rolfs/Paschke, BB 2002, 1260 (1263); ErfK/Rolfs, SGB IX § 164 Rn. 13; Neumann/Pahlen/Winkler/Jabben, § 164 Rn. 25 mwN.

Arbeitsplatzes zur Verfügung zu stellen.[472] Zur **behindertengerechten Einrichtung und Unterhaltung** der Arbeitsstätten in **räumlicher Hinsicht** können des Weiteren zB Rollstuhlfahrerrampen, barrierefreie Zugänge zu den Betriebsanlagen und entsprechende behindertengerechte sanitäre Einrichtungen sowie Pausen- und Erholungsräume gehören.

263 Bei der **sächlichen und technischen Ausstattung** des Betriebes sind zB besondere Sitzgelegenheiten und behinderungsgerechte Werkzeuge und Maschinen zur Verfügung zu stellen. Eine notwendige Umgestaltung von Arbeitsabläufen muss bei spezifischen Behinderungen wie zB Anfallskranken, Epileptikern, Blinden oder Gehörlosen erfolgen. Welche **Anforderungen** an eine behindertengerechte Ausstattung zu stellen sind, ergibt sich nur aus dem jeweiligen Einzelfall und kann in Zusammenarbeit mit dem zuständigen Integrationsamt und seinen Fachdiensten geklärt werden.

264 Unter die Verpflichtung des Arbeitgebers aus § 164 Abs. 4 S. 1 Nr. 4 SGB IX fällt auch die **behinderungsgerechte Gestaltung der Arbeitszeit**. Das kann im Einzelfall neben der Befreiung von Nachtarbeit und/oder Bereitschaftsdienst auch zur Einhaltung einer Fünf-Tage-Woche durch den schwerbehinderten Arbeitnehmer führen.[473] Die wichtigste Aufgabe ist allerdings die auf den einzelnen behinderten Menschen zugeschnittene Gestaltung des Arbeitsplatzes. Sie wird sich immer auf die jeweilige Funktionseinschränkung bzw. Funktionsschwäche beziehen müssen.

265 In § 164 Abs. 4 S. 1 Nr. 4 aE SGB IX ist auch der gesetzliche Hinweis auf die besondere Berücksichtigung der **Unfallgefahr** enthalten. Dem Arbeits- und Gesundheitsschutz ist für bereits gesundheitsgeschädigte Arbeitnehmer durch den Arbeitgeber besondere Aufmerksamkeit zu widmen. Dabei geht es in der Hauptsache darum, dass zu den bereits bestehenden gesundheitlichen Schäden und Behinderungen nicht noch weitere hinzukommen. Aus diesem Grunde hat der Gesetzgeber die Arbeitgeber verpflichtet, die Arbeitsräume, Betriebsvorrichtungen, Maschinen und Gerätschaften unter besonderer Berücksichtigung der Unfallgefahr so einzurichten, dass schwerbehinderte Menschen möglichst gefahrlos beschäftigt werden können.[474]

266 Darüber hinaus ist der Arbeitsplatz individuell mit den **erforderlichen technischen Hilfsmitteln** auszustatten, die dem schwerbehinderten Beschäftigten unter Berücksichtigung seiner Behinderung und ihrer Auswirkungen auf die Beschäftigung seine Tätigkeit überhaupt erst ermöglichen oder erleichtern (§ 164 Abs. 4 S. 1 Nr. 5 SGB IX). Auch hierauf besteht ein klagbarer Anspruch des schwerbehinderten oder gleichgestellten behinderten Beschäftigten.[475]

267 Zur behindertengerechten Ausstattung des Arbeitsplatzes gehören zB spezielle Sehhilfen, Hebe- und Drehvorrichtungen, Arbeitsstühle und Einrichtungen zur Verringe-

---

472 Neumann/Pahlen/Winkler/Jabben, § 164 Rn. 42; Koch in Schaub, § 178 Rn. 53; Düwell in LPK-SGB IX § 164 Rn. 178.
473 BAG vom 3.12.2002 – 9 AZR 462/01, AP Nr. 1 zu § 124 SGB IX = NZA 2004, 1219 für eine Krankenhausärztin; vgl. auch Neumann/Pahlen/Winkler/Jabben, § 164 Rn. 25; Düwell in LPK-SGB IX § 164 Rn. 202.
474 Neumann/Pahlen/Winkler/Jabben, § 164 Rn. 43.
475 BAG vom 4.10.2005 – 9 AZR 632/04, NZA 2006, 442 (444, 445) mwN; Rolfs/Paschke, BB 2002, 1260 (1263); Neumann/Pahlen/Winkler/Jabben, § 164 Rn. 39.

rung des Kraftaufwandes. Nicht dazu gehören Hilfsmittel, die der allgemeinen Minderung oder Beseitigung der aus den Körperschäden stammenden Erwerbsminderung dienen, wie zB Körperersatzstücke, Prothesen etc.[476]

Nach § 164 Abs. 4 S. 3 SGB IX scheidet ein Anspruch des schwerbehinderten Menschen gegenüber dem Arbeitgeber aus, wenn die Forderung für diesen unzumutbar oder nur mit unverhältnismäßigen Mitteln zu verwirklichen ist oder die staatlichen oder berufsgenossenschaftlichen Arbeitsschutzvorschriften oder beamtenrechtlichen Vorschriften entgegenstehen. 268

Die **Zumutbarkeit** bei der Ausgestaltung des Betriebes und der Arbeitsplätze ist auch von der **finanziellen Leistungsfähigkeit des Arbeitgebers** abhängig.[477] Zu berücksichtigen ist, dass der Arbeitgeber nach § 185 Abs. 3 S. 1 Nr. 2 a) SGB IX vom Integrationsamt zur behindertengerechten Einrichtung von Arbeits- und Ausbildungsplätzen für schwerbehinderte Menschen Geldleistungen aus den Mitteln der Ausgleichsabgabe (§ 160 Abs. 5 SGB IX) als Zuschuss oder Darlehen erhalten kann.[478] Diese Hilfen (vgl. dazu ausführlich → Rn. 435 ff.) setzen keinen Arbeitsplatz nach § 156 SGB IX voraus, sondern sind auch für schwerbehinderte Menschen auf Stellen nach § 156 Abs. 2 Nr. 1–5 SGB IX zu gewähren.[479] 269

**Hinweis:** Nach § 182 Abs. 1 SGB IX arbeiten der Arbeitgeber, die Schwerbehindertenvertretung und der Betriebs- bzw. Personalrat zur Teilhabe schwerbehinderter Menschen im Betrieb oder der Dienststelle eng zusammen. Sowohl **Betriebs- bzw. Personalrat** (§ 176 SGB IX) als auch die **Schwerbehindertenvertretung** (§ 178 Abs. 1 S. 2 Nr. 1 SGB IX) haben darüber hinaus die Aufgabe, darüber zu wachen, dass die zugunsten schwerbehinderter Menschen geltenden Gesetze eingehalten werden und der Arbeitgeber seine Verpflichtungen aus § 164 Abs. 4 SGB IX erfüllt. Dabei können sie im Wege einer engen Zusammenarbeit den Arbeitgeber auch auf die finanziellen Leistungen des Integrationsamtes hinweisen. 270

Die erforderliche Maßnahme ist dann dem **Arbeitgeber nicht mehr zumutbar**, wenn die Kosten für den Arbeitgeber – trotz der möglichen finanziellen Unterstützung durch das Integrationsamt oder sonstige Rehabilitationsträger – unverhältnismäßig hoch wären.[480] 271

**Beispiel:** Das ist beispielsweise der Fall, wenn eine Maßnahme einen erheblichen finanziellen Aufwand erfordert und das Arbeitsverhältnis des schwerbehinderten Menschen in absehbarer Zeit aufgrund von Befristung oder Erreichens der Altersgrenze endet.[481] 272

Hat der Arbeitgeber das in § 167 Abs. 1 SGB IX vorgesehene **Präventionsverfahren** nicht durchgeführt und die Möglichkeit öffentlicher Zuschüsse nicht mit den gesetz- 273

---

476  BSG vom 22.9.1981 – 1 RA 11/80; Rolfs/Paschke, BB 2002, 1260 (1262); Neumann/Pahlen/Winkler/Jabben, § 164 Rn. 40 mwN.
477  ErfK/Rolfs, SGB IX § 164 Rn. 14, 15; Düwell in LPK-SGB IX § 164 Rn. 205.
478  Neumann/Pahlen/Winkler/Jabben, § 164 Rn. 44.
479  BVerwG vom 14.11.2003 – 5 C 13/02, NJW 2004, 2256 für eine blinde Pfarrvikarin; OVG Schleswig-Holstein vom 25.4.2001 – 2 L 35/01, NVwZ-RR 2002, 206 für einen Soldaten.
480  Vgl. dazu Düwell in LPK-SGB IX § 164 Rn. 205; Mückl/Hiebert, NZA 2010, 1259 (1260) mwN; ErfK/Rolfs, SGB IX § 164 Rn. 14, 15.
481  ErfK/Rolfs, SGB IX § 164 Rn. 15.

lich vorgesehenen Leistungserbringern erörtert, wird er sich nur im Ausnahmefall auf die Unzumutbarkeit oder Unverhältnismäßigkeit berufen können.

274 Die wirtschaftliche Lage des Gesamtunternehmens, nicht nur eines Betriebsteils oder eines Betriebes innerhalb eines Unternehmens, ist ua dann unzumutbar belastet, wenn die Maßnahme nur unter der **Gefahr des Arbeitsplatzverlustes** durchführbar ist oder sie zu unzumutbaren Belastungen anderer Arbeitnehmer des Unternehmens führen würde.[482]

275 Schließlich braucht der Arbeitgeber den Anspruch nicht zu erfüllen, soweit staatliche oder berufsgenossenschaftliche Arbeitsschutzvorschriften oder beamtenrechtliche Vorschriften[483] entgegenstehen. Der Anspruch des schwerbehinderten Menschen besteht nur im Rahmen dieser EG-Richtlinien, Gesetze, Verordnungen und Satzungen der Berufsgenossenschaften.[484]

276 Nach § 164 Abs. 4 S. 2 SGB IX unterstützen die **Bundesagentur für Arbeit** und die **Integrationsämter** die Arbeitgeber bei der Durchführung der Maßnahmen nach den Nummern 1, 4 und 5 unter Berücksichtigung der für die Beschäftigung wesentlichen Eigenschaften der schwerbehinderten Menschen.[485] Die Hilfestellung kann in fachlichem Rat bestehen, wobei auch die Integrationsfachdienste (§§ 192 ff. SGB IX) mit ihrem besonderen Sachverstand durch die Integrationsämter herangezogen werden können.

277 **Integrationsfachdienste** (IFD) können zur Teilhabe schwerbehinderter Menschen am Arbeitsleben (Aufnahme, Ausübung und Sicherung einer möglichst dauerhaften Beschäftigung) beteiligt werden, indem sie die Arbeitgeber informieren und ihnen Hilfe leisten (§ 193 Abs. 1 Nr. 2 SGB IX). Die Unterstützung kann aber auch in finanziellen Hilfen bestehen (§ 185 Abs. 3 S. 1 Nr. 2 SGB IX) (vgl. zu den finanziellen Hilfen → Rn. 435 ff.).

### 6. Schadensersatzanspruch

278 Ist ein schwerbehinderter oder gleichgestellter Arbeitnehmer aufgrund seiner Behinderung außer Stande, seine arbeitsvertraglich geschuldete Leistung zu erbringen, ist streitig, ob der Arbeitgeber mit der Annahme der Dienste in Verzug gerät oder nicht bzw. ob zugunsten des Arbeitnehmers ein Schadensersatzanspruch in Höhe der entgangenen Vergütung besteht.

279 Nach § 615 BGB hat der Arbeitgeber die vereinbarte Vergütung fortzuzahlen, wenn er in **Annahmeverzug** gerät. Nach § 293 BGB kommt der Gläubiger in Verzug, wenn er die ihm angebotene Leistung nicht annimmt. § 294 BGB sieht vor, dass die Leistung dem Gläubiger so, wie sie zu bewirken ist, tatsächlich angeboten werden muss. Das bedeutet, dass der Arbeitnehmer seine Arbeitskraft im ungekündigten Arbeitsver-

---

482 ErfK/Rolfs, SGB IX § 164 Rn. 14; Rolfs/Paschke, BB 2002, 1260 (1263) mwN.
483 § 164 Abs. 3 und 4 SGB IX gelten auch für Beamte – Neumann/Pahlen/Winkler/Jabben, § 164 Rn. 29, str. aA BAG vom 6.9.1966 – 1 AZR 466/65, AP Nr. 5 zu § 12 SchwBeschG; offengelassen BVerwG vom 12.1.1967 – II C 86.63, BVerwGE 26, 8.
484 ErfK/Rolfs, SGB IX § 164 Rn. 16.
485 Vgl. dazu Neumann/Pahlen/Winkler/Jabben, § 164 Rn. 44.

hältnis in eigener Person, zur rechten Zeit, am rechten Ort und in der rechten Weise anbieten muss.[486] Annahmeverzug setzt also **Leistungsfähigkeit des Arbeitnehmers** voraus (§ 297 BGB). Im Rahmen des Annahmeverzuges trägt der Arbeitgeber das verschuldensunabhängige Risiko, dem leistungsfähigen Arbeitnehmer die Erbringung der vertraglich geschuldeten Arbeitsleistung zu ermöglichen. Damit bestehen auch keine Ansprüche des Arbeitnehmers auf **Verzugslohn** nach § 615 BGB und auch nicht auf Entgeltfortzahlung, wenn ihm die Erbringung der vertraglich geschuldeten Arbeitsleistung aufgrund seiner eingeschränkten Leistungsfähigkeit teilweise oder ganz unmöglich ist, also wenn die Voraussetzungen des § 297 BGB vorliegen. Unmöglichkeit und Annahmeverzug schließen sich aus.[487]

Eine den **Annahmeverzug ausschließende Unmöglichkeit** liegt aber nicht vor, wenn   280 der Arbeitgeber dem Arbeitnehmer im Rahmen seines Direktionsrechtes gem. § 106 GewO nach billigem Ermessen Arbeiten zuweisen kann, die dessen verbleibender Leistungsfähigkeit entsprechen. Es obliegt dem Arbeitgeber, durch Ausübung des ihm zustehenden Direktionsrechtes arbeitstäglich einen vertragsgerechten Arbeitsplatz zur Verfügung zu stellen (§ 296 BGB). Im Rahmen der Zuweisung der konkreten Arbeit durch Ausübung seines Direktionsrechtes hat der Arbeitgeber auch auf Behinderungen des Arbeitnehmers Rücksicht zu nehmen (§ 106 S. 3 GewO). Weist der Arbeitgeber unter Verletzung der Verpflichtung aus § 106 S. 3 GewO dem Arbeitnehmer Tätigkeiten zu, die dieser wegen seiner Behinderung nicht verrichten kann, so gerät der Arbeitgeber in Annahmeverzug, wenn der Arbeitnehmer die behinderungsbedingte Unfähigkeit geltend macht oder diese dem Arbeitgeber bekannt ist und ihm die Zuweisung einer anderen vertragsgerechten Tätigkeit möglich wäre.

**Hinweis:** Bei **beschränkter Leistungsfähigkeit des Arbeitnehmers** aufgrund einer Be-   281 hinderung ist also der Arbeitgeber nach § 106 S. 3 GewO sogar verpflichtet, im Rahmen der Ausübung des Direktionsrechtes auf Behinderungen des Arbeitnehmers Rücksicht zu nehmen. Ist es deshalb dem Arbeitgeber möglich und zumutbar, dem nur eingeschränkt leistungsfähigen Arbeitnehmer im Rahmen des ihm zustehenden Direktionsrechtes Arbeiten zuzuweisen und unterlässt er dies, steht die Einschränkung der Leistungsfähigkeit des Arbeitnehmers dem Annahmeverzug des Arbeitgebers nicht entgegen.[488]

---

486  BAG vom 29.10.1992 – 2 AZR 250/92, EzA § 615 BGB Nr. 77.
487  BAG vom 4.10.2005 – 9 AZR 632/04, NZA 2006, 442, Rn. 11, 12; LAG Köln vom 21.9.2012 – 5 Sa 187/12; LAG Köln vom 6.11.2013 – 3 Sa 423/13, Rn. 53; LAG Hamm vom 4.7.2011 – 8 Sa 726/11, Rn. 19; LAG Hamm vom 20.10.2014 – 16 Sa 738/14, Rn. 28; LAG Berlin-Brandenburg vom 13.11.2015 – 9 Sa 1297/15, Rn. 56 ff.; LAG Hessen vom 24.6.2014 – 13 Sa 1501/13, Rn. 31; LAG Rheinland-Pfalz vom 3.3.2016 – 5 Sa 341/15, Rn. 59; vgl. auch Düwell in LPK-SGB IX § 164 Rn. 186.
488  BAG vom 4.10.2005 – 9 AZR 632/04, NZA 2005, 442 (443), Rn. 14, 15 mwN; LAG Köln vom 21.9.2012 – 5 Sa 187/12; vgl. auch Düwell in LPK-SGB IX § 164 Rn. 186 mwN; BAG vom 13.8.2009 – 6 AZR 330/08, NZA-RR 2010, 420, Rn. 15 – auch für einen nicht schwerbehinderten Arbeitnehmer mit einem GdB von 20; vgl. kritisch dazu Mückl/Hiebert, NZA 2010, 1259 ff.

282 Zu einer **Vertragsänderung**, mit dem Ziel, eine Beschäftigung des in seiner Leistungsfähigkeit eingeschränkten Arbeitnehmers zu ermöglichen, ist der Arbeitgeber im Rahmen des § 296 S. 1 BGB aber nicht verpflichtet.[489]

283 Diese Auffassung ist allerdings streitig. Der 5. Senat des BAG, einige Landesarbeitsgerichte und ein Teil der Literatur gehen demgegenüber von einer **schadensersatzrechtlichen Lösung** der Problematik aus, so dass ein Verschulden des Arbeitgebers erforderlich ist.[490] Kann der Arbeitnehmer, dessen Tätigkeit im Arbeitsvertrag nur rahmenmäßig umschrieben ist, danach die vom Arbeitgeber aufgrund seines Direktionsrechts nach § 106 S. 1 GewO wirksam näher bestimmte Tätigkeit aus in seiner Person liegenden Gründen nicht mehr ausüben, aber eine andere, im Rahmen der arbeitsvertraglichen Vereinbarung liegende Tätigkeit verrichten, ist das Angebot einer „leidensgerechten Arbeit" ohne Belang, solange der Arbeitgeber nicht durch eine Neuausübung seines Direktionsrechts diese zu der im Sinne von § 294 BGB zu bewirkenden Arbeitsleistung bestimmt hat. Mit der Ausübung des Direktionsrechtes wird die arbeitsvertraglich geschuldete Tätigkeit näher bestimmt und ist ab diesem Zeitpunkt bis zur – wirksamen – Neuausübung des Direktionsrechtes die konkret geschuldete Leistung. Anderenfalls könnte der Arbeitnehmer den Inhalt der arbeitsvertraglich nur rahmenmäßig umschriebenen Arbeitsleistung selbst konkretisieren. Das widerspräche § 106 S. 1 GewO. Die Konkretisierung der Arbeitspflicht ist nach § 106 S. 1 GewO Sache des Arbeitgebers. Verlangt der Arbeitgeber eine bestimmte Arbeit in rechtlich einwandfreier Art und Weise, kommt er nicht in Annahmeverzug, wenn der Arbeitnehmer diese Arbeit ablehnt und stattdessen eine andere, ebenfalls vertragsgemäße Arbeit anbietet. Mit der Ausübung des Direktionsrechts wird die vertraglich geschuldete Tätigkeit näher bestimmt und ist ab diesem Zeitpunkt bis zur wirksamen Neuausübung des Direktionsrechts die konkret geschuldete Leistung.[491]

284 Die arbeitsgerichtliche Rechtsprechung lässt sich wie folgt zusammenfassen:

**1. Fall:**

■ Bei schwerbehinderten, eingeschränkt leistungsfähigen Arbeitnehmern ist die Vergütung nach § 615 BGB wegen Annahmeverzug fortzuzahlen, wenn der Arbeitgeber **im Rahmen des ihm zustehenden Direktionsrechtes** dem Arbeitnehmer **Arbeiten zuweisen** kann, die seiner verbleibenden Leistungsfähigkeit entsprechen, so dass die Einschränkung der Leistungsfähigkeit des Arbeitnehmers aufgrund einer

---

489  BAG vom 4.10.2005 – 9 AZR 632/04, NZA 2005, 442 (443), Rn. 15 mwN; BAG vom 14.3.2006 – 9 AZR 411/05, NZA 2006, 1214 (1215); BAG vom 13.8.2009 – 6 AZR 330/08, NZA-RR 2010, 420, Rn. 15; LAG Köln vom 21.9.2012 – 5 Sa 187/12; vgl. auch Düwell in LPK-SGB IX § 164 Rn. 186 mwN.

490  BAG vom 19.5.2010 – 5 AZR 162/09, NZA 2010, 1119, Rn. 16; LAG Köln vom 21.9.2012 – 5 Sa 187/12; LAG Schleswig-Holstein vom 19.6.2012 – 1 Sa 225e/11; LAG Hessen vom 19.3.2012 – 17 Sa 518/11, Rn. 72 ff.; LAG Köln vom 6.11.2013 – 3 Sa 423/13, Rn. 56 ff.; LAG Hessen vom 24.6.2014 – 13 Sa 1501/13, Rn. 31 mwN; LAG Hamm vom 21.8.2014 – 8 Sa 1697/13, Rn. 50 ff.; LAG Berlin-Brandenburg vom 13.11.2015 – 9 Sa 1297/15, Rn. 61 ff.; LAG Rheinland-Pfalz vom 3.3.2016 – 5 Sa 341/15, Rn. 64 ff.; LAG Köln vom 24.5.2016 – 12 Sa 677/13; Deinert, NZA 2010, 969 (974); vom Stein, ZFA 2016, 549 (551) mwN; Kempter/Steinat, NZA 2015, 840 (845); ErfK/Rolfs, SGB IX § 164 Rn. 10.

491  BAG vom 19.5.2010 – 5 AZR 162/09, NZA 2010, 1119, Rn. 16; LAG Köln vom 21.9.2012 – 5 Sa 187/12; LAG Schleswig-Holstein vom 19.6.2012 – 1 Sa 225e/11, LAGE § 81 SGB IX Nr. 11.

Behinderung bei unbilliger Ausübung des Direktionsrechtes dem Annahmeverzug des Arbeitgebers nicht entgegensteht.[492]

Bietet ein krankheits- und behinderungsbedingt nur eingeschränkt leistungsfähiger schwerbehinderter oder gleichgestellter Arbeitnehmer Arbeitsleistungen an, gerät der Arbeitgeber in **Annahmeverzug,**

– wenn es sich um Arbeiten handelt, die der Arbeitnehmer sowohl nach seinen Kenntnissen und Fähigkeiten als auch nach seinem gesundheitlichen Leistungsvermögen tatsächlich auszuführen vermag, und

– der Arbeitgeber ihm diese Tätigkeiten im Rahmen seines Direktionsrechtes zuweisen kann.[493]

■ Kann der schwerbehinderte Arbeitnehmer dagegen **nur noch Arbeiten verrichten,**   285
die der **Arbeitgeber nicht** im Wege des **Direktionsrechtes zuweisen** kann, ist er also zu einer weiteren Ausübung der vertraglichen Arbeitsleistung nur imstande, wenn der Arbeitsplatz umgestaltet oder mit technischen Hebehilfen ausgestattet wird bzw. wenn eine Vertragsänderung erfolgen muss (§ 164 Abs. 4 S. 1 SGB IX), geht dies über die nach § 296 BGB obliegende Mitwirkungspflicht des Arbeitgebers hinaus und der Arbeitgeber gerät nicht in Annahmeverzug, wenn er die Übertragung solcher Tätigkeiten unterlässt.

Der Arbeitgeber kann auch dem Arbeitnehmer **keine niedriger zu bewertende Tätigkeit** im Wege des Direktionsrechtes zuweisen, selbst wenn er die höhere Vergütung, die der bisherigen Tätigkeit entspricht, weiterzahlen würde.[494]

In diesem Fall greift aber die verschuldensabhängig ausgestaltete Haftung aus   286
§ 280 BGB iVm § 164 Abs. 4 S. 1 SGB IX für die Verletzung von Pflichten ein, die dem Arbeitgeber eine Umgestaltung des Arbeitsplatzes oder die Anpassung des Arbeitsvertrages aufgeben.

Ist also der schwerbehinderte Arbeitnehmer infolge von Krankheit oder Verschlimmerung seiner Behinderung nicht mehr in der Lage, den Anforderungen des vertragsgemäß zugewiesenen Arbeitsplatzes zu genügen, so besteht kein Lohnanspruch unter dem Gesichtspunkt des Annahmeverzuges. Dem schwerbehinderten Menschen steht jedoch ein **Schadensersatzanspruch** wegen Verletzung einer Arbeitgeberpflicht aus § 280 BGB iVm § 164 Abs. 4 S. 1 SGB IX zu, wenn der Arbeitgeber es schuldhaft unterlassen hat, ihn auf einen anderen geeigneten Arbeitsplatz zu versetzen.[495]

---

492  BAG vom 4.10.2005 – 9 AZR 632/04, NZA 2005, 442 (443), Rn. 14, 15 mwN; vgl. auch Düwell in LPK-SGB IX § 164 Rn. 186 mwN.

493  Diese Grundsätze wendet der 6. Senat des BAG auch im Fall eines nicht schwerbehinderten oder gleichgestellten Arbeitnehmers (GdB von 20) an; vgl. BAG vom 13.8.2009 – 6 AZR 330/08, NZA-RR 2010, 420, Rn. 15, 16; kritisch dazu Mückl/Hiebert, NZA 2010, 1259 ff.; aA BAG vom 28.6.2017 – 5 AZR 263/17.

494  BAG vom 4.10.2005 – 9 AZR 632/04, NZA 2006, 442; BAG vom 19.5.2010 – 5 AZR 162/09, NZA 2010, 1119, Rn. 16; LAG Köln vom 21.9.2012 – 5 Sa 187/12; LAG Hamm vom 21.8.2014 – 8 Sa 1697/13, Rn. 40 mwN.

495  BAG vom 3.12.2002 – 9 AZR 462/01, BAGE 104, 73; BAG vom 4.10.2005 – 9 AZR 632/04, NZA 2006, 442, Rn. 22; LAG Köln vom 21.9.2012 – 5 Sa 187/12; LAG Schleswig-Holstein vom 19.6.2012 – 1 Sa 225e/11, LAGE § 81 SGB IX Nr. 11, Rn. 77; LAG Rheinland-Pfalz vom 20.2.2013 – 8 Sa 512/12, Rn. 46–

287 ■ Ein **Verschulden des Arbeitgebers** setzt voraus, dass der Arbeitnehmer dem Arbeitgeber die Schwerbehinderung mitgeteilt und ihm die behinderungsbedingten Einschränkungen offengelegt hat. Nach § 280 Abs. 1 S. 2 BGB obliegt es dem Arbeitgeber, darzulegen und zu beweisen, dass er eine objektiv vorliegende Pflichtverletzung nicht zu vertreten hat.[496]

288 **2. Fall:**

■ Ist der Arbeitnehmer **nicht schwerbehindert**, aber in seiner Leistungsfähigkeit eingeschränkt und nicht mehr in der Lage, die vom Arbeitgeber aufgrund seines Direktionsrechts nach § 106 S. 1 GewO näher bestimmte Leistung zu erbringen, steht ihm ein **Schadensersatzanspruch** nach § 280 Abs. 1 BGB zu, wenn der Arbeitgeber schuldhaft seine Rücksichtnahmepflicht aus § 241 Abs. 2 BGB dadurch verletzt, dass er dem Arbeitnehmer nicht durch Neuausübung des Direktionsrechtes einen leidensgerechten Arbeitsplatz zuweist.[497]

289 **Hinweis:** Ein Schadensersatzanspruch zugunsten des Arbeitnehmers setzt voraus, dass der Arbeitnehmer die **Umsetzung** auf einen leidensgerechten Arbeitsplatz verlangt und dem Arbeitgeber mitgeteilt hat, wie er sich seine weitere, die aufgetretenen Leistungshindernisse ausräumende Beschäftigung vorstellt. Diesem Verlangen des Arbeitnehmers muss der Arbeitgeber regelmäßig entsprechen, wenn ihm die in der Zuweisung einer anderen Tätigkeit liegenden Neubestimmung der zu bewirkenden Arbeitsleistung zumutbar und rechtlich möglich ist.[498] Zumutbar ist dem Arbeitgeber die Zuweisung einer anderen Tätigkeit, wenn dem keine betrieblichen Gründe, zu denen auch wirtschaftliche Erwägungen zählen können, oder die Rücksichtnahmepflicht gegenüber anderen Arbeitnehmern entgegenstehen.[499]

290 Nach § 241 Abs. 2 BGB ist jede Partei des Arbeitsvertrags zur Rücksichtnahme auf die Rechte, Rechtsgüter und Interessen ihres Vertragspartners verpflichtet. Dies dient

---

48; LAG Hamm vom 21.8.2014 – 8 Sa 1697/13, Rn. 40 mwN; vgl. zum Schadensersatzanspruch auch Beck, NZA 2017, 81 (86) mwN; Düwell in LPK-SGB IX § 164 Rn. 186 mwN.

496 Hierfür gelten die Grundsätze zur abgestuften Darlegungs- und Beweislast, wie sie in → Rn. 243 ff. dargestellt worden sind; vgl. auch BAG vom 10.5.2005 – 9 AZR 230/04, NZA 2006, 155, Rn. 42; BAG vom 4.10.2005 – 9 AZR 632/04, NZA 2006, 442, Rn. 28 ff.; LAG Schleswig-Holstein vom 19.6.2012 – 1 Sa 225e/11, LAGE § 81 SGB IX Nr. 11, Rn. 77; LAG Köln vom 6.11.2013 – 3 Sa 423/13, Rn. 58 mwN; LAG Rheinland-Pfalz vom 3.3.2016 – 5 Sa 341/15, Rn. 65 mwN.

497 BAG vom 19.5.2010 – 5 AZR 162/09, NZA 2010, 1119, Rn. 26; BAG vom 28.6.2017 – 5 AZR 263/16; LAG Hamm vom 4.7.2011 – 8 Sa 726/11, Rn. 19 mwN; LAG Köln vom 21.9.2012 – 5 Sa 187/12; LAG Köln vom 6.11.2013 – 3 Sa 423/13, Rn. 56 ff.; LAG Hessen vom 24.6.2014 – 13 Sa 1501/13, Rn. 33; LAG Hamm vom 21.8.2014 – 8 Sa 1697/13, Rn. 50 ff.; LAG Berlin-Brandenburg vom 13.11.2015 – 9 Sa 1297/15, Rn. 61 ff.; LAG Rheinland-Pfalz vom 3.3.2016 – 5 Sa 341/15, Rn. 63 ff.; LAG Köln vom 24.5.2016 – 12 Sa 677/13, Rn. 81 ff.; aA auch für einen nicht schwerbehinderten Arbeitnehmer (GdB von 20) BAG vom 13.8.2009 – 6 AZR 330/08, NZA-RR 2010, 420, Rn. 15, 16; Annahmeverzug, wenn der Arbeitgeber dem Arbeitnehmer andere Tätigkeiten im Wege des Direktionsrechtes zuweisen kann; Rn. 29 ff. sonst bei vertragsfremden Tätigkeiten Schadensersatzanspruch nach § 280 Abs. 1 BGB wegen Verletzung der Rücksichtnahmepflicht aus § 241 Abs. 2 BGB; kritisch dazu Mückl/Hiebert, NZA 2010, 1259 ff.

498 BAG vom 19.5.2010 – 5 AZR 162/09, NZA 2010, 1119, Rn. 27, 28; LAG Köln vom 21.9.2012 – 5 Sa 187/12; LAG Berlin-Brandenburg vom 13.11.2015 – 9 Sa 1297/15, Rn. 61; LAG Rheinland-Pfalz vom 3.3.2016 – 5 Sa 341/15, Rn. 63 ff.; LAG Köln vom 24.5.2016 – 12 Sa 677/13, Rn. 83.

499 BAG vom 19.5.2010 – 5 AZR 162/09, NZA 2010, 1119, Rn. 29; LAG Köln vom 21.9.2012 – 5 Sa 187/12.

dem Schutz und der Förderung des Vertragszwecks.[500] Im Arbeitsverhältnis können die Vertragspartner deshalb zur Verwirklichung des Leistungsinteresses zu leistungssichernden Maßnahmen verpflichtet sein. Dazu gehört auch die Pflicht, im Zusammenwirken mit dem Vertragspartner die Voraussetzungen für die Durchführung des Vertrags zu schaffen, Erfüllungshindernisse nicht entstehen zu lassen bzw. zu beseitigen und dem anderen Teil den angestrebten Leistungserfolg zukommen zu lassen. Im Rahmen der Mitwirkungspflicht kann es auch geboten sein, auf den Wunsch nach Vertragsanpassung als Reaktion auf unerwartete Änderungen der tatsächlichen Verhältnisse einzugehen, insbesondere wenn anderenfalls in Dauerschuldverhältnissen Unvermögen des Schuldners droht.[501]

Ist der Arbeitnehmer aus in seiner Person liegenden Gründen nicht mehr in der Lage, 291 die vom Arbeitgeber aufgrund seines Direktionsrechts nach § 106 S. 1 GewO näher bestimmte Leistung zu erbringen, kann es die **Rücksichtnahmepflicht** aus § 241 Abs. 2 BGB gebieten, dass der Arbeitgeber von seinem Direktionsrecht erneut Gebrauch macht und die vom Arbeitnehmer zu erbringende Leistung innerhalb des arbeitsvertraglich vereinbarten Rahmens anderweitig derart konkretisiert, dass dem Arbeitnehmer die Leistungserbringung wieder möglich wird. Dementsprechend ist kündigungsrechtlich der Arbeitgeber auch bei dauernder Unmöglichkeit, den Arbeitnehmer in seinem bisherigen Tätigkeitsbereich zu beschäftigen, erst dann zur Kündigung berechtigt, wenn das aus der persönlichen Sphäre des Arbeitnehmers resultierende Hindernis nicht nur einer Weiterbeschäftigung am bisherigen Arbeitsplatz, sondern auch einer Beschäftigung an anderer Stelle entgegensteht.[502]

Die **Verpflichtung des Arbeitgebers** zur **Neubestimmung der Tätigkeit** des Arbeitneh- 292 mers setzt voraus,

- dass der Arbeitnehmer die Umsetzung auf einen leidensgerechten Arbeitsplatz verlangt und

- dem Arbeitgeber mitgeteilt hat, wie er sich seine weitere, die aufgetretenen Leistungshindernisse ausräumende Beschäftigung vorstellt.

Dem Verlangen des Arbeitnehmers muss der Arbeitgeber regelmäßig entsprechen, 293 wenn ihm die in der Zuweisung einer anderen Tätigkeit liegende Neubestimmung der zu bewirkenden Arbeitsleistung zumutbar und rechtlich möglich ist.[503] **Zumutbar** ist dem Arbeitgeber die **Zuweisung einer anderen Tätigkeit**, wenn

---

500  BAG vom 10.9.2009 – 2 AZR 257/08, EzA KSchG § 1 Verhaltensbedingte Kündigung Nr. 77.
501  BAG vom 19.5.2010 – 5 AZR 162/09, NZA 2010, 1119, Rn. 25 ff.; LAG Köln vom 21.9.2012 – 5 Sa 187/12.
502  St. Rspr. des BAG, vgl. zuletzt BAG vom 26.11.2009 – 2 AZR 272/08, NZA 2010, 628, Rn. 34 mwN.
503  BAG vom 19.5.2010 – 5 AZR 162/09, NZA 2010, 1119, Rn. 27; LAG Köln vom 21.9.2012 – 5 Sa 187/12; LAG Köln vom 6.11.2013 – 3 Sa 423/13, Rn. 56 ff.; LAG Hessen vom 11.12.2013 – 12 Sa 1436/11, Rn. 21; LAG Hessen vom 2.11.2015 – 16 Sa 473/15, Rn. 25 ff.; LAG Berlin-Brandenburg vom 13.11.2015 – 9 Sa 1297/15, Rn. 61 mwN; LAG Köln vom 24.5.2016 – 12 Sa 677/13, Rn. 83; vgl. auch LAG Rheinland-Pfalz vom 3.3.2016 – 5 Sa 341/15; LAG Berlin-Brandenburg vom 12.2.2016 – 6 Sa 1084/15.

- dem keine betrieblichen Gründe, zu denen auch wirtschaftliche Erwägungen zählen können, oder

- die Rücksichtnahmepflicht gegenüber anderen Arbeitnehmern entgegensteht.[504]

294 **Betriebliche Gründe** werden in der Regel der Zuweisung einer anderweitigen Tätigkeit **nicht entgegenstehen,** wenn ein entsprechender Arbeitsplatz frei ist und der Arbeitgeber Bedarf für die Tätigkeit hat. Ist ein entsprechender **Arbeitsplatz nicht frei,** kann also die Zuweisung einer anderen Tätigkeit nur durch den **Austausch mit anderen Arbeitnehmern** erfolgen, ist weiter zu prüfen, ob einer Umsetzung neben betrieblichen Gründen die dem Arbeitgeber gegenüber allen Arbeitnehmern obliegende Rücksichtnahmepflicht aus § 241 Abs. 2 BGB entgegensteht.[505]

295 Letzteres ist anzunehmen, wenn der Arbeitgeber dem Arbeitnehmer, der den anderweitigen Arbeitsplatz innehat, nicht im Wege des Direktionsrechts eine andere Tätigkeit zuweisen kann oder die Neuausübung des Direktionsrechts diesem Arbeitnehmer gegenüber nicht billigem Ermessen entsprechen würde.

**Unzumutbar** ist ein Austausch ferner dann, wenn der **auszutauschende Arbeitnehmer einem Arbeitsplatzwechsel seine Zustimmung verweigert** und der Arbeitgeber Gefahr liefe, bei Ausübung seines Direktionsrechts einem Prozess über die Wirksamkeit der Maßnahme ausgesetzt zu sein. Die **Rücksichtnahmepflicht** aus § 241 Abs. 2 BGB verlangt vom Arbeitgeber nicht, die Belange eines Arbeitnehmers unter Hintanstellung eigener Belange oder solcher anderer Arbeitnehmer durchzusetzen. Der Arbeitgeber braucht deshalb das Risiko, dass ein „zwangsweise" ausgetauschter Arbeitnehmer die Wirksamkeit der (Neu-)Ausübung des Direktionsrechts gerichtlich überprüfen lässt, nicht einzugehen.[506]

296 Bei **Nichtdurchführung eines BEM** (Betriebliches Eingliederungsmanagement, § 167 Abs. 2 SGB IX) wird der Schadensersatzanspruch auch auf die Vorschriften der §§ 280, 823 Abs. 2 BGB iVm § 167 Abs. 2 SGB IX gestützt und die Verpflichtung zum BEM als Schutzgesetz iSv § 823 Abs. 2 BGB angesehen.[507]

297 **Beispiel:** Die Arbeitnehmerin A ist an Brustkrebs erkrankt und bei ihr ist ein GdB von 50 für die Dauer von fünf Jahren (Heilungsbewährung) festgestellt worden. A ist damit schwerbehindert iSv § 2 Abs. 2 SGB IX. A ist laut ihrem Arbeitsvertrag als Krankenschwester im B-Krankenhaus in Bonn beschäftigt und war bislang dort auf der Internistischen Station eingesetzt. Diese Tätigkeit ist mit dauerndem schwerem Heben und Tragen verbunden, da auf der Internistischen Station viele ältere Menschen behandelt werden, die eingeschränkt beim Gehen und Stehen sind. Die A kann aber aufgrund einer Lymphdrüsenschwellung im rechten Arm nicht mehr schwer Heben und Tragen und ist daher in Bezug auf ihre bisherige Tätigkeit auf der Internistischen Station in ihrer Leistungsfähigkeit eingeschränkt. Die Erbringung der vertraglich geschuldeten Arbeitsleistung ist der A damit teilweise – in Bezug auf Heben und Tragen schwerer Lasten – unmöglich.

---

504 BAG vom 19.5.2010 – 5 AZR 162/09, NZA 2010, 1119, Rn. 29; LAG Köln vom 21.9.2012 – 5 Sa 187/12; LAG Köln vom 24.5.2016 – 12 Sa 677/13, Rn. 84.
505 BAG vom 19.5.2010 – 5 AZR 162/09, NZA 2010, 1119, Rn. 29; LAG Köln vom 24.5.2016 – 12 Sa 677/13, Rn. 85.
506 BAG vom 19.5.2010 – 5 AZR 162/09, NZA 2010, 1119, Rn. 31; LAG Köln vom 21.9.2012 – 5 Sa 187/12; LAG Köln vom 24.5.2016 – 12 Sa 677/13, Rn. 85; Düwell in LPK-SGB IX § 164 Rn. 184 mwN.
507 LAG Hamm vom 4.7.2011 – 8 Sa 726/11, Rn. 26 mwN.

In diesem Fall hat A nach § 164 Abs. 4 S. 1 Nr. 1 SGB IX Anspruch auf Beschäfti- 298
gung, bei der sie ihre Fähigkeiten und Kenntnisse möglichst voll verwerten und weiterentwickeln kann. Das B-Krankenhaus ist als Arbeitgeber verpflichtet, im Rahmen
der Ausübung des Direktionsrechtes der A Arbeiten zuzuweisen, die ihrer verbleibenden Leistungsfähigkeit entsprechen. Dies wäre zB eine Versetzung auf die Station der
Handchirurgie oder der Geburtshilfe, auf denen die Patienten in der Regel gehfähig
sind und die Tätigkeit als Krankenschwester nicht mit ständigem schwerem Heben
und Tragen verbunden ist. Kann die A darlegen und nachweisen, dass sie auf einer
anderen Station, nämlich der Handchirurgie oder der Geburtshilfe, noch behinderungsgerecht tätig werden kann, und handelt es sich um Arbeiten, die A sowohl nach
ihren Kenntnissen und Fähigkeiten als auch nach ihrem gesundheitlichen Leistungsvermögen tatsächlich auszuführen vermag, gerät das B-Krankenhaus in Annahmeverzug und ist verpflichtet, auch die bisherige Vergütung nach § 615 BGB fortzuzahlen,
wenn es die A nicht auf die andere Station versetzt und ihr dort behinderungsgerechte Tätigkeiten zuweist.

Ist jedoch auch auf der anderen Station der A nur noch eine Tätigkeit möglich, die 299
weitere Maßnahmen nach § 164 Abs. 4 S. 1 Nr. 4, 5 SGB IX erfordert, gerät das
B-Krankenhaus nicht in Annahmeverzug. Die A hat dann jedoch einen Schadensersatzanspruch nach § 280 Abs. 1 BGB und § 823 Abs. 2 BGB iVm § 164 Abs. 4 S. 1
SGB IX, wenn sie darlegt und beweist, dass ihr nach entsprechender Anpassung eine
behinderungsgerechte Beschäftigung auf einer anderen Station möglich ist. Dann hat
das B-Krankenhaus als Arbeitgeberin die Darlegungs- und Beweislast dafür zu tragen, dass auch nach sachkundiger Prüfung der Möglichkeiten zur Gestaltung der Arbeitsbedingungen und zur Verfügungstellung technischer Hilfen eine zumutbare Beschäftigungsmöglichkeit nicht besteht.

Der Arbeitgeber ist nach § 164 Abs. 4 S. 1 Nr. 5 SGB IX verpflichtet, den Arbeitsplatz 300
eines schwerbehinderten oder gleichgestellten Menschen mit den erforderlichen technischen Arbeitshilfen auszustatten, wenn hierdurch eine Beschäftigung möglich wird.
Verbleiben dann noch Restarbeiten, deren Erfüllung dem Arbeitnehmer wegen seiner
Behinderung nicht möglich ist, kann der schwerbehinderte Arbeitnehmer verlangen,
dass er nur mit leichteren Arbeiten beschäftigt wird, sofern im Betrieb die Möglichkeit zu einer solchen Aufgabenumverteilung besteht. Das folgt aus § 164 Abs. 4 S. 1
Nr. 4 SGB IX, wonach der schwerbehinderte Arbeitnehmer Anspruch auf **behinderungsgerechte Gestaltung der Arbeitsorganisation** hat.[508]

Im obigen Beispielsfall ist das B-Krankenhaus als Arbeitgeber auch verpflichtet, den 301
Arbeitsplatz der A auf der Station Handchirurgie oder Geburtshilfe mit Hebe- und
Tragevorrichtungen auszustatten. Falls dies nicht möglich oder ausreichend ist, damit
die A nicht mehr schwer heben oder tragen muss, hat die A Anspruch darauf, dass sie
im Rahmen ihrer Tätigkeit nur mit leichten Arbeiten ohne schweres Heben und Tragen beschäftigt wird. Das Heben und Tragen der Patienten wäre durch die anderen

---

508 BAG vom 4.10.2005 – 9 AZR 632/04, NZA 2006, 442 (444); BAG vom 14.3.2006 – 9 AZR 411/05,
    NZA 2006, 1214 (1215) mwN.

Schwestern auf der Station durchzuführen, falls dies im Rahmen der Arbeitsorganisation möglich ist. Ein solcher Anspruch der A besteht gem. § 164 Abs. 4 S. 3 SGB IX nur dann nicht, wenn die Erfüllung für das B-Krankenhaus nicht zumutbar oder mit unverhältnismäßigen Aufwendungen verbunden wäre.

302 Auch die **Schwerbehindertenvertretung**, sofern sie gewählt ist, ist bei einer solchen Versetzung der A gem. § 178 Abs. 2 SGB IX zu beteiligen und durch das B-Krankenhaus als Arbeitgeber unverzüglich und umfassend zu unterrichten sowie vor einer Entscheidung anzuhören; ihr ist die getroffene Entscheidung unverzüglich mitzuteilen (§ 178 Abs. 2 S. 1 SGB IX).

303 Dabei kommt auch dem **Betriebsrat** eine wichtige Aufgabe zu; er hat nach § 80 Abs. 1 Nr. 4 BetrVG die Aufgabe, die Eingliederung Schwerbehinderter zu fördern und sollte nach Möglichkeit der Versetzung der A auf eine andere Station zustimmen. Sollte der Betriebsrat die Zustimmung zur Versetzung der A verweigern, so muss das B-Krankenhaus als Arbeitgeber das gerichtliche Zustimmungsersetzungsverfahren nach § 99 Abs. 4 BetrVG durchführen, wenn nicht feststeht, dass dem Betriebsrat objektiv Zustimmungsverweigerungsgründe nach § 99 Abs. 2 BetrVG zustehen.[509]

304 Die **Durchführung des Zustimmungsersetzungsverfahrens** ist nach der Rechtsprechung des 9. Senates des BAG also dem Arbeitgeber nicht von vornherein nach § 164 Abs. 4 S. 3 SGB IX unzumutbar.[510]

305 Mit dieser Rechtsprechung setzt sich der 9. Senat des BAG nicht in Widerspruch zu der Rechtsprechung des 2. Senates des BAG.[511] Der 2. Senat des BAG vertritt die Ansicht, der Arbeitgeber müsse vor einer Kündigung wegen Krankheit als milderes Mittel zur Verfügung stehende Arbeitsumorganisationen dann nicht durchführen, wenn er dazu ein Zustimmungsersetzungsverfahren nach § 99 Abs. 4 BetrVG durchführen müsste. Es würde, so der 2. Senat des BAG, die Grenzen der Zumutbarkeit nach § 164 Abs. 4 S. 3 SGB IX unzulässig zulasten des Arbeitgebers verschieben, würde man von ihm im Fall der Verweigerung der Zustimmung des Betriebsrates zur Änderung der Arbeitsbedingungen des schwerbehinderten Arbeitnehmers stets ohne Berücksichtigung der besonderen Umstände die Durchführung eines entsprechenden Beschlussverfahrens verlangen. Er könnte dann die Monatsfrist des § 171 Abs. 3 SGB IX regelmäßig nicht mehr einhalten, obwohl möglicherweise das Verfahren vor dem Integrationsamt ergeben hat, dass die fragliche Weiterbeschäftigungsmöglichkeit nicht besteht.[512] Lediglich bei Vorliegen besonderer Umstände kann nach der Rechtsprechung des 2. Senates des BAG eine Pflicht des Arbeitgebers angenommen werden, gegen den Betriebsrat vorzugehen und durch ein entsprechendes Beschlussverfahren ggf. die Zusammenarbeit mit dem Betriebsrat zu belasten. Als solche besonde-

---

509 BAG vom 3.12.2002 – 9 AZR 481/01, NZA 2003, 1216; BAG vom 10.5.2005 – 9 AZR 230/04, NZA 2006, 155 (159), Rn. 36; Neumann/Pahlen/Winkler/Jabben, § 164 Rn. 31; aA bei krankheitsbedingter Kündigung – BAG vom 22.9.2005 – 2 AZR 519/04, NZA 2006, 486.
510 BAG vom 3.12.2002 – 9 AZR 481/01, NZA 2003, 1216 (1218); BAG vom 10.5.2005 – 9 AZR 230/04, NZA 2006, 155 (159).
511 BAG vom 29.1.1997 – 2 AZR 9/96, NZA 1997, 709; BAG vom 22.9.2005 – 2 AZR 519/04, NZA 2006, 486 (489), Rn. 38 ff.
512 BAG vom 22.9.2005 – 2 AZR 519/04, NZA 2006, 486 (489), Rn. 38.

ren Umstände kommen etwa ein offensichtlich unbegründeter Widerspruch des Betriebsrates oder ein kollusives Zusammenwirken zwischen Arbeitgeber und Betriebsrat in Betracht.[513]

Diese Rechtsprechung des 2. Senates ist aber auf die Fallgestaltungen des § 164     306
Abs. 4 S. 1 Nr. 1 SGB IX im bestehenden Arbeitsverhältnis nicht übertragbar.[514] Beim Anspruch auf behinderungsgerechte Beschäftigung nach § 164 Abs. 4 SGB IX geht es um einen gesetzlich ausdrücklich geregelten Anspruch im bestehenden Arbeitsverhältnis und nicht um richterrechtlich aufgestellte Anforderungen, welche Obliegenheiten der Arbeitgeber erfüllen muss, um wirksam von dem ihm zustehenden Kündigungsrecht Gebrauch machen zu können. Der 2. Senat des BAG begründet seine Rechtsauffassung auch maßgeblich damit, dass wenn es um die Wirksamkeit einer Kündigung eines schwerbehinderten Arbeitnehmers geht, die Weiterbeschäftigungsmöglichkeiten für den schwerbehinderten Menschen bereits im Zustimmungsverfahren durch das Integrationsamt geprüft worden sind, mit dem Ergebnis, dass sie keine Lösungsmöglichkeit zur Aufrechterhaltung des Arbeitsverhältnisses darstellen. In derartigen Fällen sei davon auszugehen, dass der Widerspruch des Betriebsrates auf vertretbaren Gründen beruhe, die von der Stelle, die nach dem Gesetz für die Prüfung derartiger Weiterbeschäftigungsmöglichkeiten zuständig ist, erwogen und für zutreffend befunden worden sind. Dem Arbeitgeber sei es mangels besonderer Umstände nicht zuzumuten, das Verfahren durch die Einleitung des Beschlussverfahrens nach § 99 BetrVG weiter zu verzögern und damit zu riskieren, dass er nach der Ersetzung der Zustimmung durch die Arbeitsgerichte möglicherweise erneut die Zustimmung des Integrationsamtes zu einer dann auszusprechenden Kündigung beantragen müsste.[515]

Diese kündigungsschutzrechtliche Argumentation des 2. Senates des BAG kann aber     307
im bestehenden Arbeitsverhältnis und in Bezug auf die Fallgestaltungen des § 164 Abs. 4 SGB IX nicht durchgreifen. Der Arbeitgeber ist daher im Fall der **Versetzung** eines schwerbehinderten bzw. gleichgestellten Arbeitnehmers auf einen leidensgerechten Arbeitsplatz **im bestehenden Arbeitsverhältnis** nur dann nicht verpflichtet, das Zustimmungsersetzungsverfahren in Bezug auf § 99 BetrVG durchzuführen, wenn feststeht, dass die vom Betriebsrat geltend gemachten Zustimmungsverweigerungsrechte objektiv vorliegen und die Zustimmungsverweigerung tragen.[516] Nur bei nicht schwerbehinderten Arbeitnehmern verlangt die Rücksichtnahmepflicht nach § 241 Abs. 2 BGB vom Arbeitgeber nicht, ein Zustimmungsersetzungsverfahren nach § 99 Abs. 4 BetrVG durchzuführen.[517]

---

513  BAG vom 22.9.2005 – 2 AZR 519/04, NZA 2006, 486 (490), Rn. 42.
514  BAG vom 3.12.2002 – 9 AZR 481/01, NZA 2003, 1216 (1218).
515  BAG vom 22.9.2005 – 2 AZR 519/04, NZA 2006, 486 (489), Rn. 41.
516  BAG vom 3.12.2002 – 9 AZR 481/01, NZA 2003, 1216 (1218); vgl. auch LAG Köln vom 16.5.2011 –
     2 Sa 1276/10, Rn. 38, 39: Je nach Begründungstiefe einer eventuell gegebenen Ablehnung der Versetzung
     muss der Arbeitgeber nicht in jedem Fall ein Zustimmungsersetzungsverfahren durchführen. Der Scha-
     densersatzanspruch soll danach aber regelmäßig nicht entscheidungsreif sein, bevor der Betriebsrat der
     Versetzung nicht zugestimmt hat.
517  BAG vom 19.5.2010 – 5 AZR 162/09, NZA 2010, 1119, Rn. 32; LAG Köln vom 24.5.2016 – 12 Sa
     677/13, Rn. 86 mwN; Neumann/Pahlen/Winkler/Jabben, § 164 Rn. 31 und 7; anders bei Versetzung eines
     schwerbehinderten Arbeitnehmers BAG vom 3.12.2002 – 9 AZR 481/01.

### IX. Wiedereingliederung – Beschäftigungspflicht des Arbeitgebers

308 Für eine erfolgreiche Rehabilitation ist die Wiedereingliederung eines gesundheitlich eingeschränkten Arbeitnehmers in das Arbeitsleben, speziell in dessen bisheriges Arbeitsverhältnis, unverzichtbar. Zwar hat ein Arbeitnehmer nach ständiger Rechtsprechung des BAG einen arbeitsvertraglichen Anspruch auf tatsächliche Beschäftigung, dieser Anspruch entfällt aber bei gesundheitlichen Einschränkungen, die dazu führen, dass der Arbeitnehmer nicht seine volle, vertraglich vereinbarte Arbeitsleistung erbringen kann.[518] Betrifft das individuelle Leistungsvermögen allerdings nur unwesentliche Teile der geschuldeten Dienste, kann der Arbeitgeber die angebotene Arbeitskraft nicht wegen Arbeitsunfähigkeit zurückweisen.[519] Eine „**Teilarbeitsunfähigkeit**" ist dem geltenden Arbeits- und Sozialrecht unbekannt; der Arbeitgeber ist nach § 266 BGB grundsätzlich nicht verpflichtet, eine nur eingeschränkt angebotene Arbeitsleistung anzunehmen.[520]

309 Andererseits ist anerkannt, dass ein Arbeitnehmer trotz seiner Erkrankung, zumal nach einer medizinischen Rehabilitation, oft nur in der Lage ist, seine Arbeitsleistung unter geänderten Arbeitsbedingungen zu erbringen, und dass eine allmähliche Steigerung der beruflichen Belastung die Rückkehr in das aktive Erwerbsleben im Interesse beider Arbeitsvertragsparteien erleichtern kann. Die gesetzlichen Krankenkassen (§ 74 SGB V) und die sonstigen Sozialversicherungsträger (§ 44 SGB IX) fördern deshalb die sog „**stufenweise Wiedereingliederung**" des Arbeitnehmers in das Erwerbsleben.[521]

310 Während dieser „stufenweisen Wiedereingliederung" erhält der weiterhin arbeitsunfähige Arbeitnehmer die ihm sozialrechtlich zustehenden Leistungen, in der Regel **Krankengeld** von der gesetzlichen Krankenkasse oder aber auch **Übergangsgeld** von der gesetzlichen Rentenversicherung bzw. Arbeitslosengeld von der Agentur für Arbeit.[522]

311 Ein **Wiedereingliederungsverhältnis** ist nicht als Teil des Arbeitsverhältnisses anzusehen, sondern stellt neben diesem ein Vertragsverhältnis eigener Art dar. Anders als das Arbeitsverhältnis ist das Wiedereingliederungsverhältnis nicht durch den Austausch von Leistung und Gegenleistung gekennzeichnet, sondern durch den Rehabilitationszweck. Die Tätigkeit des Arbeitnehmers ist auf die Wiedererlangung der Arbeitsfähigkeit und nicht auf die Erfüllung der vertraglich geschuldeten Arbeitsleistung gerichtet.[523] Es besteht deshalb kein **Entgeltanspruch** des Arbeitnehmers gegenüber

---

518 BAG vom 13.6.2006 – 9 AZR 229/05, NZA 2007, 91 (92) mwN.
519 BAG vom 9.4.2014 – 10 AZR 673/13, NZA 2014, 719, Rn. 25.
520 BAG vom 13.6.2006 – 9 AZR 229/05, NZA 2007, 91 (92); BAGE 69, 272 = NZA 1992, 643.
521 Vgl. zur stufenweisen Wiedereingliederung nach § 28 SGB IX Bieritz-Harder in Deinert/Neumann (Hrsg.), HdB SGB IX, § 10 Rn. 173 ff. und nach § 74 SGB V Hess in Kasseler Kommentar, SGB V § 74 Rn. 2 ff.
522 Bei der stufenweisen Wiedereingliederung handelt es sich nicht um ein die Arbeitslosigkeit ausschließendes Beschäftigungsverhältnis im leistungsrechtlichen Sinn des § 138 Abs. 1 Nr. 1 SGB III, daher besteht grundsätzlich bei Erfüllung der sonstigen Voraussetzungen ein Anspruch auf Arbeitslosengeld, vgl. dazu ausführlich Schmidt, BEM, Rn. 221.
523 BAG vom 28.7.1999 – 4 AZR 192/98; BAG vom 24.9.2014 – 5 AZR 611/12, NZA 2014, 1407, Rn. 32; LAG Rheinland-Pfalz vom 21.4.2016 – 5 Sa 243/15, Rn. 62; LAG Köln vom 24.5.2016 – 12 Sa 677/13, Rn. 102 mwN.

dem Arbeitgeber, es sei denn der Arbeitgeber hat sich bei Abschluss der Wiedereingliederungsvereinbarung ausdrücklich oder stillschweigend zu einer Zahlung verpflichtet. Auch ein gesetzlicher Anspruch des Arbeitnehmers auf Zahlung einer angemessenen Vergütung nach § 612 Abs. 1 BGB besteht nicht.[524]

Zur Begründung des Wiedereingliederungsverhältnisses bedarf es einer Vereinbarung 312 zwischen Arbeitnehmer und Arbeitgeber. Es gilt für beide Seiten das „**Freiwilligkeitsprinzip**". Deshalb lehnt die Rechtsprechung eine generelle Verpflichtung des Arbeitgebers zur Mitwirkung ab.[525] Arbeitsrechtlich bedarf die Maßnahme der „stufenweisen Wiedereingliederung" wegen der vom Arbeitsvertrag abweichenden Beschäftigung grundsätzlich der **Zustimmung des Arbeitgebers**.

Arbeitgeber und Arbeitnehmer sind, weil die Arbeitsunfähigkeit des Arbeitnehmers 313 andauert, während des Wiedereingliederungsverhältnisses weiterhin von den Hauptleistungspflichten des Arbeitsverhältnisses gem. §§ 275 Abs. 1, 326 Abs. 1 BGB befreit. Der Arbeitnehmer erbringt nicht die geschuldete Arbeitsleistung, so dass er die Arbeit im Rahmen der „stufenweisen Wiedereingliederung" jederzeit ohne Rechtsfolgen abbrechen kann, wenn er nachteilige Folgen für seine Gesundheit befürchtet. Das Direktionsrecht des Arbeitgebers hinsichtlich Ort, Zeit und Inhalt der Arbeitsleistung ist während der „stufenweisen Wiedereingliederung" suspendiert.[526]

Aus dem Arbeitsvertrag kann grundsätzlich kein Anspruch des Arbeitnehmers gegen 314 den Arbeitgeber abgeleitet werden, im Rahmen der stufenweisen Wiedereingliederung mitzuwirken und entsprechend die Arbeit zu organisieren.

Das BAG hat jedoch aus § 164 Abs. 4 S. 1 Nr. 1 SGB IX abgeleitet, dass ein Beschäftigungsanspruch für **schwerbehinderte und gleichgestellte Arbeitnehmer** im Sinne der Wiedereingliederung besteht, wenn der Arbeitnehmer arbeitsunfähig erkrankt ist und er nach ärztlicher Empfehlung stufenweise seine berufliche Tätigkeit wieder aufnehmen will.[527] Das Urteil des BAG ist ganz wesentlich für die betriebliche Rehabilitation, weil es zumindest den schwerbehinderten und gleichgestellten Arbeitnehmern erhöhte Chancen eröffnet, eine stufenweise Wiedereingliederung tatsächlich durchführen zu können. Immer noch gehen Arbeitgeber davon aus, dass die schrittweise Wiedereingliederung arbeitsunfähiger Arbeitnehmer ausschließlich vom Prinzip der Freiwilligkeit beherrscht wird. Dem stimmt das BAG nicht zu und schließt aus der Neuregelung der Präventions- und Teilhabevorschriften durch das SGB IX auf einen Wandel für die Mitwirkungsverpflichtung des Arbeitgebers bei der „stufenweisen Wiedereingliederung". Zeiten langandauernder Arbeitsunfähigkeit seien nicht mehr Zeiten des „Ruhens", sondern Zeiten für betriebliche Eingliederungsmaßnahmen.[528] Das

---

524  BAG vom 21.1.1992 – 5 AZR 37/91, BAGE 69, 272 = NZA 1992, 643; BAG vom 24.9.2014 – 5 AZR 611/12, Rn. 32; LAG Köln vom 24.5.2016 – 12 Sa 677/13, Rn. 102 ff., 106 mwN.
525  BAG vom 21.1.1992 – 5 AZR 37/91, BAGE 69, 272 = NZA 1992, 643; BAG vom 13.6.2006 – 9 AZR 229/05, NZA 2007, 91 (92); BAG vom 24.9.2014 – 5 AZR 611/12, Rn. 32; LSG NRW vom 28.3.2006 – L 1 AL 8/06, BeckRS 2006, 42213; LAG Hamm vom 4.7.2011 – 8 Sa 726/11, Rn. 26; LAG Rheinland-Pfalz vom 21.4.2016 – 5 Sa 243/15, Rn. 62; LAG Köln vom 24.5.2016 – 12 Sa 677/13, Rn. 102, 107.
526  LAG Köln vom 24.5.2016 – 12 Sa 677/13, Rn. 106; LSG NRW vom 30.8.2012 – L 16 AL 90/12.
527  BAG vom 13.6.2006 – 9 AZR 229/05, NZA 2007, 91.
528  BAG vom 13.6.2006 – 9 AZR 229/05, NZA 2007, 91 (93) unter Hinweis auf Gagel, NZA 2004, 1359.

SGB IX will, so das BAG, der Ausgrenzung des behinderten Menschen aus dem Arbeitsleben entgegenwirken und dessen Teilhabe am Arbeitsleben stärken. Das sei ohne Mitwirkung des Arbeitgebers nicht zu erreichen. Dem Arbeitgeber sei deshalb in § 182 Abs. 1 SGB IX die Pflicht auferlegt, zusammen mit anderen Stellen die Teilhabe schwerbehinderter Arbeitnehmer am Arbeitsleben zu ermöglichen.[529]

315    Ein auf § 164 Abs. 4 S. 1 Nr. 1 SGB IX gestützter **Rechtsanspruch auf „stufenweise Wiedereingliederung"** des schwerbehinderten oder gleichgestellten Arbeitnehmers setzt voraus, dass der nach allgemeinen Grundsätzen darlegungs- und beweisbelastete Arbeitnehmer[530] spätestens bis zum Schluss der mündlichen Verhandlung vor dem Landesarbeitsgericht eine **ärztliche Bescheinigung** seines behandelnden Arztes vorlegt, aus der sich

- ■ die Art und Weise der empfohlenen Beschäftigung,[531]

- ■ die Beschäftigungsbeschränkungen,

- ■ der Umfang der täglichen oder wöchentlichen Arbeitszeit sowie

- ■ die Dauer der Maßnahme

ergeben.

316    Insbesondere muss die ärztliche Bescheinigung die Prognose enthalten, wann voraussichtlich die Wiederaufnahme der Tätigkeit erfolgt, da durch den Arbeitgeber die bessere Wiedereingliederung „in das Erwerbsleben" gefördert werden soll.[532] Der behandelnde **Arzt** muss also eine **Prognose** in Bezug auf die **Wiederherstellung der Arbeitsfähigkeit** des Arbeitnehmers nach Durchführung der Maßnahme der stufenweisen Wiedereingliederung abgeben.

317    Dabei muss sich die **Prognose** nicht zwingend auf das Ziel der Wiederherstellung der vollen Arbeitsfähigkeit richten, auch wenn dieses Ziel mit der „stufenweisen Wiedereingliederung" regelmäßig verfolgt wird.[533] Auch die Befähigung zu einer nach Art, Dauer, zeitlicher und räumlicher Lage veränderten Arbeitstätigkeit kann das Ziel einer Wiedereingliederung in das Erwerbsleben sein. Es muss also im Verlauf der stufenweisen Eingliederung prognostisch nicht die letzte Stufe im Sinne einer vollen Wiedererlangung der Befähigung zur Ausübung erreicht werden,[534] da das Wiedereingliederungsverhältnis nicht auf die für Arbeitsverhältnisse typische Leistungsbeziehung „Arbeit gegen Lohn" gerichtet ist. Daher unterliegt der Arbeitnehmer im Wiedereingliederungsverhältnis nicht seiner ursprünglichen Arbeitspflicht. Er kann die Arbeit unterbrechen, wenn nachteilige Folgen zu erkennen oder zu befürchten sind.[535] Es besteht jedoch kein Anspruch gegenüber dem Arbeitgeber auf Mitwirkung an einer

---

529    BAG vom 13.6.2006 – 9 AZR 229/05, NZA 2007, 91 (93).
530    BAG vom 10.5.2005 – 9 AZR 230/04, NZA 2006, 155, Rn. 40 ff.
531    Dies verlangt eine erkennbar auf die Erkrankung und Behinderung des Arbeitnehmers und seine Tätigkeit abgestellte Empfehlung über die Art. und Weide der Beschäftigung – BAG vom 13.6.2006 – 9 AZR 229/05, NZA 2007, 91 (94).
532    BAG vom 13.6.2006 – 9 AZR 229/05, NZA 2007, 91 (93).
533    BAG vom 28.7.1999 – 4 AZR 192/98, NZA 1999, 1295; Düwell in LPK-SGB IX § 164 Rn. 212.
534    BAG vom 13.6.2006 – 9 AZR 229/05, NZA 2007, 91 (93).
535    BAG vom 13.6.2006 – 9 AZR 229/05, NZA 2007, 91 (93).

nur therapeutischen Erprobung, ohne dass in absehbarer Zeit das „Ob" und „Wie" einer möglichen Fortsetzung des Arbeitsverhältnisses ersichtlich wäre.[536]

Von Seiten des Arbeitnehmers ist es ausreichend, wenn der arbeitsunfähige schwerbe 318 hinderte oder gleichgestellte Arbeitnehmer trotz seiner die Arbeitsunfähigkeit verursachenden Krankheiten und Behinderungen noch über **sinnvoll in betrieblicher Organisation einsetzbare Fähigkeiten** verfügt. Dann muss es ihm der Arbeitgeber nach § 164 Abs. 4 S. 1 SGB IX ermöglichen, im Rahmen der stufenweisen Wiedereingliederung berufsnahe Tätigkeiten zu verrichten.[537]

Die Rechte des schwerbehinderten oder gleichgestellten Arbeitnehmers gehen damit 319 über die Rechte nichtbehinderter Arbeitnehmer bei der stufenweisen Wiedereingliederung hinaus. Noch nicht abschließend geklärt ist, ob auch **nichtbehinderte Arbeitnehmer** in einem BEM-Verfahren nach § 167 Abs. 2 SGB IX einen Anspruch auf stufenweise Wiedereingliederung haben, der sich aus Art. 5 der Richtlinie 2000/78/EG des Rates vom 27.11.2000 bzw. der UN-Behindertenrechtskonvention ergeben kann.[538]

## X. Anspruch auf Teilzeitbeschäftigung (§ 164 Abs. 5 SGB IX)

§ 164 Abs. 5 S. 1 SGB IX enthält die Verpflichtung der Arbeitgeber, die Einrichtung 320 von **Teilzeitarbeitsplätzen** zu fördern. Sie werden dabei von den Integrationsämtern unterstützt (§ 164 Abs. 5 S. 2 SGB IX). § 164 Abs. 5 S. 1 SGB IX ergänzt insoweit die sich aus § 164 Abs. 1 S. 1 SGB IX ergebende Verpflichtung des Arbeitgebers, zu prüfen, ob freie Arbeitsplätze mit schwerbehinderten Menschen besetzt werden können. Dabei soll der Arbeitgeber auch besonders die Teilzeitbeschäftigung von schwerbehinderten Menschen fördern, da ein schwerbehinderter Mensch oftmals mit dem verbliebenen Restleistungsvermögen nur noch in einer Teilzeitbeschäftigung tätig sein kann. Die Unterstützung dieser Förderung von Teilzeitarbeitsplätzen durch die Integrationsämter nach § 164 Abs. 5 S. 2 SGB IX wird mit Mitteln der begleitenden Hilfe (§ 185 Abs. 2 SGB IX) ermöglicht. Die Vorschrift des § 185 Abs. 2 S. 3 SGB IX, wonach als Arbeitsplätze auch Stellen gelten, auf denen Beschäftigte befristet oder als Teilzeitbeschäftigte in einem Umfang von mindestens 15 Wochenstunden beschäftigt werden, stellt klar, dass die begleitende Hilfe durch das Integrationsamt nicht nur bei unbefristeten, sondern auch bei befristeten Voll- und Teilzeitbeschäftigungsverhältnissen erfolgen kann. Ergänzend sieht § 164 Abs. 5 S. 3 SGB IX für schwerbehinderte und gleichgestellte Arbeitnehmer einen individualrechtlichen Anspruch auf tatsächliche Beschäftigung mit einer verringerten Arbeitszeit gegenüber ihrem Arbeitgeber vor, wenn die Arbeitszeitverkürzung wegen Art und Schwere der Behinderung notwendig ist.[539]

---

536  BAG vom 13.6.2006 – 9 AZR 229/05, NZA 2007, 91 (94).
537  BAG vom 13.6.2006 – 9 AZR 229/05, NZA 2007, 91 (93).
538  Vgl. dazu ausführlich Schmidt, BEM, Rn. 187.
539  BAG vom 14.10.2003 – 9 AZR 100/03, NZA 2004, 614 (617) mwN; LAG Hamm vom 18.2.2002 – 8 Sa 620/01, LAGReport 2002, 301.

321  Dieser **Teilzeitanspruch** eines schwerbehinderten oder gleichgestellten Arbeitnehmers nach § 164 Abs. 5 S. 3 SGB IX besteht neben einem allgemeinen Anspruch auf Verringerung der Arbeitszeit nach § 8 TzBfG.[540]

322  **Hinweis:** Daher sollte bei der Prüfung eines Anspruches auf Teilzeitarbeit der Anspruchsteller – etwa im Rahmen der Beratung eines Mandanten – immer auch danach gefragt werden, ob er schwerbehindert oder gleichgestellt ist. Der Anspruch eines schwerbehinderten oder gleichgestellten Arbeitnehmers auf Teilzeitbeschäftigung ist sowohl unter den Voraussetzungen von § 8 TzBfG als auch von § 164 Abs. 5 S. 3 SGB IX zu überprüfen.

323  Im Unterschied zum allgemeinen Teilzeitanspruch, der zur Voraussetzung hat, dass der Arbeitgeber, unabhängig von der Anzahl der Personen in Berufsausbildung, in der Regel mehr als 15 Arbeitnehmer beschäftigt (§ 8 Abs. 7 TzBfG), besteht der Teilzeitanspruch nach § 164 Abs. 5 S. 3 SGB IX auch in **Kleinbetrieben** mit weniger als 15 Beschäftigten und unabhängig davon, ob das Arbeitsverhältnis bereits sechs Monate bestanden hat (anders § 8 Abs. 1 TzBfG).[541]

324  Auch ist eine **mehrfache Reduzierung der Arbeitszeit** möglich sowie eine Kombination der Ansprüche, indem das Verlangen einmal auf § 164 Abs. 5 S. 3 SGB IX und ein anderes Mal auf § 8 TzBfG gestützt wird. Für die wiederholte Geltendmachung von Ansprüchen auf Teilzeitbeschäftigung nach § 164 Abs. 5 S. 3 SGB IX gilt die Zweijahresfrist des § 8 Abs. 6 TzBfG nicht, auch nicht im Verhältnis zwischen einem Anspruch nach § 164 Abs. 5 S. 3 SGB IX und einem Anspruch nach § 8 TzBfG.[542]

325  Auch kann der Anspruch nach § 164 Abs. 5 S. 3 SGB IX bei Erfüllung der Voraussetzungen jederzeit geltend gemacht werden, ohne dass der schwerbehinderte Arbeitnehmer an Formen und Fristen, wie sie für den allgemeinen Teilzeitanspruch in § 8 TzBfG geregelt sind, gebunden ist.[543] Nach Sinn und Zweck des § 164 Abs. 5 S. 3 SGB IX ist dagegen ein anschließendes **Verlängerungsverlangen** nach § 9 TzBfG ausgeschlossen.[544] Nicht ausdrücklich gesetzlich geregelt ist die Frage, ob der schwerbehinderte Arbeitnehmer die Verlängerung seiner Arbeitszeit beanspruchen kann, wenn sich sein gesundheitlicher Zustand soweit verbessert hat, dass eine Teilzeitbeschäftigung wegen Art und Schwere der Behinderung nicht mehr notwendig wäre. Ein solcher Anspruch ist zu bejahen, weil es zur Teilhabe des schwerbehinderten Menschen am Arbeitsleben gehört, dass er wieder in Vollzeit arbeiten kann, wenn er hierzu gesundheitlich in der Lage ist.[545]

326  **Hinweis:** Ist absehbar, dass eine Teilzeitbeschäftigung des schwerbehinderten Arbeitnehmers wegen seiner Behinderung nur eine bestimmte Zeit notwendig sein wird, etwa wegen Durchführung einer bestimmten ärztlichen Therapie, empfiehlt es sich

---

540  ErfK/Rolfs, SGB IX § 164 Rn. 18; Hanau, NZA 2001, 1168 (1173); Rolfs/Paschke, BB 2002, 1260 (1263); Deinert in Deinert/Neumann (Hrsg.), HdB SGB IX, § 18 Rn. 29 mwN.
541  ErfK/Rolfs, SGB IX § 164 Rn. 17; Rolfs/Paschke, BB 2002, 1260 (1263).
542  ErfK/Rolfs, SGB IX § 164 Rn. 18; Rolfs/Paschke, BB 2002, 1260 (1263).
543  BAG vom 14.10.2003 – 9 AZR 100/03, NZA 2004, 614 (617); Düwell in LPK-SGB IX § 164 Rn. 136.
544  ErfK/Rolfs, SGB IX § 164 Rn. 18.
545  ErfK/Rolfs, SGB IX § 164 Rn. 18.

grundsätzlich, die **Reduzierung der Arbeitszeit** von vornherein **zu befristen**, um mögliche Probleme hinsichtlich einer Rückkehr zur vollen Beschäftigung von vornherein zu vermeiden. Darüber hinaus sollte auf die Schriftform der Befristung geachtet werden.[546]

Ein **Anspruch auf Einstellung** eines schwerbehinderten Arbeitnehmers **in Teilzeit** ergibt sich aber aus § 164 Abs. 5 S. 3 SGB IX nicht.[547] Ebenso ergibt sich aus § 164 Abs. 5 S. 3 SGB IX kein Anspruch auf einen **Wechsel in Altersteilzeit.**[548]  327

Bei Vorliegen der Voraussetzungen des § 164 Abs. 5 S. 3 SGB IX entsteht der schwerbehindertenrechtliche Teilzeitanspruch unmittelbar;[549] es bedarf keiner Zustimmung des Arbeitgebers und keiner Vertragsänderung. Dem schwerbehinderten Arbeitnehmer soll ermöglicht werden, ohne Gefährdung seiner Gesundheit weiterhin aktiv am beruflichen Leben teilzuhaben. Ihm wird deshalb ermöglicht, durch den Zugang seines Verlangens beim Arbeitgeber eine behinderungsgerechte Verringerung der vertraglich geschuldeten Arbeitszeit zu bewirken.[550]  328

Lehnt der Arbeitgeber das Verlangen des schwerbehinderten Arbeitnehmers auf Reduzierung der Arbeitszeit ab, kann dieser seinen Anspruch vor den Arbeitsgerichten mit einer **Leistungsklage** geltend machen. Der Teilzeitanspruch nach § 164 Abs. 5 S. 3 SGB IX kann wie der allgemeine Teilzeitanspruch grundsätzlich auch im Wege einer **einstweiligen Verfügung** geltend gemacht werden.[551]  329

Zur Darlegung der **Notwendigkeit einer Verkürzung** der Arbeitszeit iSv § 164 Abs. 5 S. 3 SGB IX genügt es, wenn der schwerbehinderte Arbeitnehmer eine **ärztliche Bescheinigung** vorlegt, aus der hervorgeht, dass eine Verkürzung der Arbeitszeit aus gesundheitlichen Gründen erforderlich ist. Liegt ein **Bescheid eines Rentenversicherungsträgers** vor, der eine Teilerwerbsminderungsrente gewährt (Rente wegen teilweiser Erwerbsminderung – § 43 Abs. 1 SGB VI; Rente wegen teilweiser Erwerbsminderung bei Berufsunfähigkeit – § 240 Abs. 1 SGB VI), wird der Nachweis der Notwendigkeit einer Verkürzung der Arbeitszeit durch diesen Bescheid erbracht. Es obliegt dann dem Arbeitgeber, dessen Beweiskraft zu erschüttern.[552]  330

Hinreichende **Gründe für eine Reduzierung** der Arbeitszeit können ua sein:  331

- Körperliche Erkrankungen, die ein längeres Sitzen oder Stehen nicht möglich machen,

- Schmerzzustände, die ein längeres Stehen oder Sitzen beeinträchtigen,

---

546  Das Schriftformerfordernis des § 14 Abs. 4 TzBfG erfasst nicht die Befristung einzelner Arbeitsbedingungen, wie der Arbeitszeit im unbefristeten Arbeitsverhältnis – BAG vom 3.9.2003 – 7 AZR 106/03, NZA 2004, 255 (256).
547  Deinert in Deinert/Neumann (Hrsg.), HdB SGB IX, § 18 Rn. 34.
548  BAG vom 26.6.2001 – 9 AZR 244/00, NZA 2002, 44 (47); Deinert in Deinert/Neumann (Hrsg.), HdB SGB IX, § 18 Rn. 33; ErfK/Rolfs, SGB IX § 164 Rn. 17; Koch in Schaub, § 178 Rn. 54.
549  BAG vom 14.10.2003 – 9 AZR 100/03, NZA 2004, 614 (617) mwN; BAG vom 17.3.2016 – 6 AZR 221/15, Rn. 43; Deinert in Deinert/Neumann (Hrsg.), HdB SGB IX, § 18 Rn. 32; Neumann/Pahlen/Winkler/Jabben, § 164 Rn. 45 mwN.
550  BAG vom 14.10.2003 – 9 AZR 100/03, NZA 2004, 614 (617) mwN.
551  LAG Berlin vom 20.2.2002 – 4 Sa 2243/91, NZA 2002, 859; LAG Rheinland-Pfalz vom 12.4.2002 – 3 Sa 161/02, NZA 2002, 857; Grobys/Bram, NZA 2001, 1175 (1181); Kliemt, NZA 2001, 63 (67).
552  ArbG Frankfurt vom 27.3.2002, ArbuR 2004, 69.

- Probleme bei häufig wechselnden Anforderungen am Arbeitsplatz,

- seelische Erkrankungen, die das Konzentrationsvermögen beeinträchtigen,

- seelisch bedingte hohe Stressanfälligkeit,

- gesundheitliche Belastungen durch lange Wegezeiten,

- regelmäßiger Ausfall wegen einer Dialysebehandlung,

- ambulante Reha-Maßnahmen,

- Durchführung von zeitaufwändigen Therapien.

332 Der Teilzeitanspruch des schwerbehinderten Menschen steht unter dem **Vorbehalt der Zumutbarkeit für den Arbeitgeber**, da gem. § 164 Abs. 5 S. 3 Hs. 2 SGB IX die Regelung in § 164 Abs. 4 S. 3 SGB IX entsprechend gilt. Demnach besteht ein Anspruch auf Teilzeitbeschäftigung nicht, soweit seine Erfüllung für den Arbeitgeber nicht zumutbar oder mit unverhältnismäßigen Aufwendungen verbunden wäre oder soweit die staatlichen oder berufsgenossenschaftlichen Arbeitsschutzvorschriften oder beamtenrechtlichen Vorschriften entgegenstehen.

333 Im Unterschied zum allgemeinen Teilzeitanspruch (§ 8 Abs. 4 TzBfG) reichen für die **Ablehnung des Teilzeitverlangens** des schwerbehinderten Arbeitnehmers durch den Arbeitgeber noch **keine betrieblichen Gründe** aus, also etwa die Beeinträchtigung der betrieblichen Organisation oder höhere Kosten durch die Einrichtung des Teilzeitarbeitsplatzes.[553] Die bei einer Teilzeitstelle erforderliche zusätzliche Arbeitsübergabe stellt ebenso wie der allgemein höhere Verwaltungs- und Betreuungsaufwand für Teilzeittätigkeiten für sich betrachtet keinen ausreichenden Grund dar.[554] Vielmehr besteht nur unter den sehr viel engeren Voraussetzungen der Unzumutbarkeit bzw. unverhältnismäßiger Aufwendungen iSv § 164 Abs. 4 S. 3 SGB IX kein Teilzeitanspruch des schwerbehinderten Arbeitnehmers. Eine **unzumutbare Belastung des Arbeitgebers** kann dadurch vermindert werden, dass die Integrationsämter die Ausgleichsabgabe für Leistungen zur Förderung der Teilhabe schwerbehinderter Menschen am Arbeitsleben einsetzen (§ 160 Abs. 5 SGB IX) und dafür auch **Geldleistungen an Arbeitgeber** erbringen können (§ 185 Abs. 3 Nr. 2 SGB IX) (vgl. dazu → Rn. 435 ff.). Erst wenn diese Mittel ausgeschöpft sind, ist zu beurteilen, ob trotzdem noch die Einrichtung eines Teilzeitarbeitsplatzes unzumutbar ist.[555]

334 **Hinweis:** Es ist sinnvoll, dass der schwerbehinderte Arbeitnehmer sein Teilzeitverlangen bereits mit dem Hinweis auf diese Förderungsmöglichkeiten verbindet und ergänzend darauf hinweist, dass ein Teilzeitarbeitsplatz mit mehr als 18 Wochenstunden auf die Pflichtplatzquote iSv § 154 Abs. 1 SGB IX als voller Arbeitsplatz angerechnet wird (§ 158 Abs. 2 S. 1 SGB IX). Da die **Schwerbehindertenvertretung** gem. § 178 Abs. 2 S. 1 SGB IX in allen Angelegenheiten zu beteiligen ist, die einen einzelnen schwerbehinderten Menschen betreffen, sowie unverzüglich und umfassend zu unter-

---

553 Rolfs/Paschke, BB 2002, 1260 (1264); Deinert in Deinert/Neumann (Hrsg.), HdB SGB IX, § 18 Rn. 30 mwN.
554 LAG Köln vom 15.3.2006 – 3 Sa 1593/05, NZA-RR 2006, 515, Rn. 17.
555 Neumann/Pahlen/Winkler/Jabben, § 164 Rn. 47 mwN.

richten und vor einer Entscheidung anzuhören ist,[556] kann auch die Schwerbehindertenvertretung auf diese Anreize für den Arbeitgeber hinweisen. Die Schwerbehindertenvertretung hat auch die Aufgabe, zu überwachen, dass der Arbeitgeber seine Verpflichtung aus § 164 Abs. 5 SGB IX erfüllt (§ 178 Abs. 1 S. 2 Nr. 1 SGB IX), und kann so ebenfalls das Teilzeitverlangen des schwerbehinderten Menschen unterstützen. Ein schwerbehinderter Arbeitnehmer sollte immer vor einem Teilzeitverlangen die Schwerbehindertenvertretung informieren und sie um Unterstützung bitten.

Eine **Beschäftigung** des schwerbehinderten Menschen **in Teilzeit** ist aber etwa dann dem Arbeitgeber **unzumutbar**, wenn    335

- die Art der Arbeit des schwerbehinderten Menschen bestimmte Mindestzeiten erfordert[557] oder

- für das wegfallende Arbeitszeitdeputat keine Ersatzkraft gefunden werden kann[558] oder

- eine Teilung des Arbeitsplatzes technisch nicht möglich ist[559] oder

- der Arbeitgeber Änderungen der Arbeitsorganisation vornehmen müsste, die einen Eingriff in andere Arbeitsverhältnisse erfordern.[560]

## XI. Inklusionsvereinbarung

Gem. § 166 Abs. 1 S. 1 SGB IX treffen die Arbeitgeber mit der Schwerbehindertenvertretung und den in § 176 SGB IX genannten Vertretungen[561] in Zusammenarbeit mit dem Inklusionsbeauftragten des Arbeitgebers (§ 181 SGB IX)[562] eine verbindliche Inklusionsvereinbarung. Auf **Antrag der Schwerbehindertenvertretung** wird unter Beteiligung der in § 176 SGB IX genannten Vertretungen hierüber verhandelt (§ 166 Abs. 1 S. 2 SGB IX). Ist eine Schwerbehindertenvertretung nicht vorhanden, steht das Antragsrecht den in § 176 SGB IX genannten Vertretungen zu (§ 166 Abs. 1 S. 3 SGB IX).    336

**Partner** einer Inklusionsvereinbarung sind also der **Arbeitgeber** auf der einen und die **Schwerbehindertenvertretung** sowie die jeweilige in § 176 SGB IX genannte Vertretung auf der anderen Seite. Beide Seiten können im Rahmen der gesetzlich geforderten Zusammenarbeit die **Integrationsämter** einladen, sich am Zustandekommen der Inklusionsvereinbarung zu beteiligen (§ 166 Abs. 1 S. 4 SGB IX).    337

---

556  Die Verletzung dieser Verpflichtung durch den Arbeitgeber ist eine Ordnungswidrigkeit und mit einem Bußgeld von bis zu 10.000 EUR bewehrt, § 238 Abs. 1 Nr. 8 SGB IX.

557  Neumann/Pahlen/Winkler/Jabben, § 164 Rn. 47.

558  LAG Schleswig-Holstein vom 23.10.2001 – 3 Sa 393/01, LAGReport 2002, 29, das allerdings einen großzügigen Maßstab anlegt; vgl. auch Deinert in Deinert/Neumann (Hrsg.), § 18 Rn. 30.

559  Neumann/Pahlen/Winkler/Jabben, § 164 Rn. 47.

560  LAG Schleswig-Holstein vom 23.10.2001 – 3 Sa 393/01, LAG-Report 2002, 29; Rolfs/Paschke, BB 2002, 1260 (1264); Kossens/Maaß, NZA 2000, 1025 (1027).

561  Dies sind Betriebs-, Personal-, Richter-, Staatsanwalts- und Präsidialrat.

562  Gem. § 181 SGB IX bestellt der Arbeitgeber einen Inklusionsbeauftragten, der ihn in Angelegenheiten schwerbehinderter Menschen verantwortlich vertritt; falls erforderlich, können auch mehrere Inklusionsbeauftragte bestellt werden. Dieser Inklusionsbeauftragte soll nach Möglichkeit ein schwerbehinderter Mensch sein und darauf achten, dass dem Arbeitgeber obliegende Verpflichtungen erfüllt werden.

338 Wenn auch für jeden Arbeitgeber die Verpflichtung besteht, für Betriebe und Einrichtungen Inklusionsvereinbarungen zu treffen, muss das nicht für jeden Betrieb getrennt erfolgen. Vielmehr kann ein Arbeitgeber mit **mehreren Betrieben** auch einheitlich eine solche Vereinbarung für alle Betriebe und Dienststellen schließen. Es gehört zu den Aufgaben der **Gesamtschwerbehindertenvertretung** nach § 180 Abs. 6 SGB IX, entsprechende Verhandlungen zu beantragen und gemeinsam über solche Regelungen zu beraten.[563] Dies schließt jedoch ein Initiativrecht der Schwerbehindertenvertretungen auf Ebene des einzelnen Betriebes nicht aus, denn die Gesamtschwerbehindertenvertretung vertritt die Interessen der schwerbehinderten Menschen in Angelegenheiten, die das Gesamtunternehmen oder mehrere Betriebe oder Dienststellen des Arbeitgebers betreffen, nur, wenn diese von den Schwerbehindertenvertretungen der einzelnen Betriebe oder Dienststellen nicht geregelt werden können (§ 180 Abs. 6 S. 1 SGB IX). Dies ist aber nur dann der Fall, wenn ein zwingendes Erfordernis für eine betriebs- oder unternehmensübergreifende Regelung besteht. Dies ist zu verneinen, wenn die Gesamtschwerbehindertenvertretung ihr Initiativrecht nicht ausübt; in diesem Fall können auch die Schwerbehindertenvertretungen der einzelnen Betriebe eine Inklusionsvereinbarung beantragen und verhandeln, so wünschenswert auch eine betriebsübergreifende Lösung wäre. Die Schwerbehindertenvertretung ist allein antragsberechtigt; Betriebs- bzw. Personalrat sind etwa dann antragsberechtigt, wenn die Schwerbehindertenvertretung von ihrem **Initiativrecht** keinen Gebrauch macht oder nicht gewählt worden ist.[564]

339 Durch Änderung des Betriebsverfassungsgesetzes in § 80 Abs. 1 Nr. 4 BetrVG durch das BTHG wird der **Betriebsrat** dazu angehalten, nicht nur die Eingliederung schwerbehinderter Menschen allgemein, sondern auch den **Abschluss von Inklusionsvereinbarungen** iSd SGB IX **zu fördern.** Dabei hat der Arbeitgeber seinerseits den Betriebsrat über seine diesbezügliche Personalplanung zu informieren (§ 92 BetrVG).

340 Der Arbeitgeber, in dessen Betrieb eine Schwerbehindertenvertretung oder ein Betriebsrat bzw. eine der in § 176 SGB IX genannten Vertretungen besteht, ist also zu Verhandlungen über den Abschluss einer Inklusionsvereinbarung verpflichtet, jedoch nicht zum Abschluss einer Inklusionsvereinbarung nach Durchführung der Verhandlungen.[565] Das Gesetz geht insoweit vom guten Willen aller Beteiligten aus und sieht insoweit lediglich vor, dass beide Seiten im Rahmen der gesetzlich geforderten Zusammenarbeit die Integrationsämter einladen können, sich am Zustandekommen der Inklusionsvereinbarung zu beteiligen und die Integrationsämter uU auftretende Pattsituationen und Meinungsverschiedenheiten auflösen können (§ 166 Abs. 1 S. 4 SGB IX).[566]

341 **Hinweis:** Die **Hinzuziehung der Integrationsämter** zu den Verhandlungen ist auch deshalb sinnvoll, weil dann nicht nur Auskunft über mögliche Hilfen gegeben wer-

---

563 Neumann/Pahlen/Winkler/Jabben, § 166 Rn. 3.
564 Neumann/Pahlen/Winkler/Jabben, § 166 Rn. 2; Düwell in LPK-SGB IX § 166 Rn. 6; ErfK/Rolfs, SGB IX § 166 Rn. 1.
565 LAG Hamm vom 19.1.2007 – 13 TaBV 58/06, NZA-RR 2007, 535; Düwell in LPK-SGB IX § 166 Rn. 18 mwN; Neumann/Pahlen/Winkler/Jabben, § 166 Rn. 4 mwN; ErfK/Rolfs, SGB IX § 166 Rn. 1.
566 Neumann/Pahlen/Winkler/Jabben, § 166 Rn. 4; Düwell in LPK-SGB IX § 166 Rn. 19, 20 mwN.

den, sondern zugleich festgelegt werden kann, was im Einzelnen beantragt wird und wie in Zukunft mit dem Integrationsamt und der Bundesagentur für Arbeit zusammengearbeitet werden kann. So kann die Inklusionsvereinbarung zugleich auch zur Verfahrensordnung werden, wie zB bei Einstellungen oder Personalplanungen zur Verbesserung der Lage schwerbehinderter Arbeitnehmer künftig vorgegangen wird. Dazu kann der Inhalt von Anträgen festgelegt werden, es können aber auch Mitteilungspflichten und bestimmte Verfahrensabläufe vereinbart werden. Wird das Integrationsamt eingeladen, kommt ihm die Pflichtaufgabe zu („soll") zwischen den Parteien moderierend tätig zu werden (§ 166 Abs. 1 S. 5 SGB IX).[567]

Unterlässt es der Arbeitgeber, sich an den Verhandlungen über eine Inklusionsvereinbarung zu beteiligen, kann er im Rahmen eines **arbeitsgerichtlichen Beschlussverfahrens** zur Aufnahme von Verhandlungen gezwungen werden.[568] Das Gesetz sieht auch kein **Einigungsstellenverfahren** vor, wie etwa bei den in § 87 BetrVG geregelten Mitbestimmungsrechten des Betriebsrates. Wenn also bei den Verhandlungen über eine Inklusionsvereinbarung keine Einigung erzielt werden kann, kommt eine Vereinbarung nicht zustande, weil für den Arbeitgeber keine Verpflichtung zum Abschluss einer solchen Inklusionsvereinbarung besteht.[569]   342

§ 166 SGB IX schreibt für die Inklusionsvereinbarung keine spezielle **Rechtsform** vor. Sie ist ein mehrseitiger kollektivrechtlicher Vertrag eigener Art, der rechtlich und inhaltlich verbindlich sein muss, wenn er Maßnahmen regelt, die der Eingliederung schwerbehinderter Menschen in den Betrieb bzw. die Dienststelle dienen.[570] Die Inklusionsvereinbarung legt Rechte und Pflichten fest, die insbesondere für den Arbeitgeber gelten. Er hat für die Durchführung der Inklusionsvereinbarung zu sorgen. Die Schwerbehindertenvertretung hat die Pflicht zur Überwachung der vereinbarungsgemäßen Durchführung der Vereinbarung durch den Arbeitgeber (§ 178 Abs. 1 S. 2 Nr. 1 SGB IX).   343

In der Literatur wird vertreten, dass es sich bei der Inklusionsvereinbarung um eine **Betriebs- bzw. Dienstvereinbarung** handle.[571] Dieser Auffassung ist nicht zu folgen. Da das Gesetz eine Schriftform nicht zwingend vorsieht, kann es sich nicht um eine Betriebs- oder Dienstvereinbarung handeln. Die Inklusionsvereinbarung ist eine Vereinbarung eigener Art zur Ausgestaltung einer integrativen Personalpolitik.[572] Zwar ist der rechtliche Status einer Inklusionsvereinbarung der einer verbindlichen Vereinbarung; darin ist sie einer Betriebs- oder Dienstvereinbarung gleichgestellt. Die Verbindlichkeit der Inklusionsvereinbarung ist in § 166 Abs. 1 S. 1 SGB IX unmittelbar angesprochen. Dies schließt unverbindliche, allgemeine Absichtserklärungen und -bekundungen aus. Nur wenn die Inklusionsvereinbarung durch den Betriebsrat als **frei-**   344

---

567   Vgl. zum Hintergrund des durch das BTHG neu eingefügten Satz 5 in § 166 Abs. 1 SGB IX Düwell in LPK-SGB IX § 166 Rn. 20.
568   So auch Düwell in LPK-SGB IX § 166 Rn. 18 unter Hinweis auf LAG Köln vom 3.5.2005 – 9 TaBV 76/04, NZA-RR 2006, 580.
569   Neumann/Pahlen/Winkler/Jabben, § 166 Rn. 4.
570   Wie hier Düwell in LPK-SGB IX § 166 Rn. 10; ErfK/Rolfs, SGB IX § 166 Rn. 1.
571   Neumann/Pahlen/Winkler/Jabben, § 166 Rn. 8 mwN.
572   Wie hier Düwell in LPK-SGB IX § 166 Rn. 10, 26 ff. mwN; ErfK/Rolfs, SGB IX § 166 Rn. 1.

**willige Betriebsvereinbarung** gem. § 88 BetrVG abgeschlossen und ausgestaltet wird, kann ihr die Wirkung einer Betriebsvereinbarung zukommen.

345 **Subjektive Rechte** des einzelnen Arbeitnehmers können sich aus einer Inklusionsvereinbarung nicht ergeben, allenfalls dann, wenn die Inklusionsvereinbarung konkrete Regelungen zugunsten der schwerbehinderten Arbeitnehmer im Sinne eines Vertrages zugunsten Dritter enthält.[573]

346 § 166 Abs. 2 SGB IX gibt an, welchen **obligatorischen Inhalt** die Inklusionsvereinbarung haben soll, dies sind:

- die Eingliederung schwerbehinderter Menschen,

- Personalplanung,

- Arbeitsplatzgestaltung,

- Gestaltung des Arbeitsumfelds,

- Arbeitsorganisation,

- Arbeitszeit sowie

- Regelungen über die Durchführung in den Betrieben und Dienststellen.

347 In der Inklusionsvereinbarung ist nach dem durch das BTHG neu geregelten § 166 Abs. 2 S. 2 SGB IX „die gleichberechtigte Teilhabe schwerbehinderter Menschen am Arbeitsleben bei der Gestaltung von Arbeitsprozessen und Rahmenbedingungen von Anfang an zu berücksichtigen", um dadurch auf eine Arbeitswelt hinzuwirken, die von vornherein barrierefrei ist.[574]

348 Bei der Personalplanung werden besondere Regelungen zur Beschäftigung eines angemessenen Anteils von schwerbehinderten Frauen vorgesehen (§ 166 Abs. 2 S. 3 SGB IX). Die Inklusionsvereinbarung legt also fest, wie im Betrieb oder der Dienststelle zu verfahren ist, um möglichst effektiv diese Aufgaben des Arbeitgebers praktisch umzusetzen.

349 Mit dem ab dem 1.5.2004 eingeführten § 166 Abs. 3 SGB IX (§ 83 Abs. 2a SGB IX aF) werden durch den Gesetzgeber weitere Inhalte einer Inklusionsvereinbarung vorgegeben. Eingeführt wurde dieser Zusatz, um zu den obligatorischen Inhalten des § 166 Abs. 2 SGB IX Anregungen für **weitere sinnvolle Regelungsgegenstände** zu geben und damit die Verhandlungen zu erleichtern.[575]

350 Dies können nach § 166 Abs. 3 SGB IX folgende Regelungsgegenstände sein:

- angemessene Berücksichtigung schwerbehinderter Menschen bei der Besetzung freier, frei werdender oder neuer Stellen,

- eine anzustrebende Beschäftigungsquote einschließlich eines angemessenen Anteils schwerbehinderter Frauen,

---

573  LAG Bremen vom 9.9.2003 – 1 Sa 77/03; Düwell in LPK-SGB IX § 166 Rn. 11.
574  Vgl. dazu auch Düwell in LPK-SGB IX § 166 Rn. 3.
575  Neumann/Pahlen/Winkler/Jabben, § 166 Rn. 7 unter Hinweis auf BT-Drs. 15/1783, 15; Cramer, NZA 2004, 698 (703).

- Teilzeitarbeit,

- Ausbildung behinderter Jugendlicher,

- Durchführung der betrieblichen Prävention (betriebliches Eingliederungsmanagement) und Gesundheitsförderung,

- Hinzuziehung des Werks- und Betriebsarztes auch für Beratungen über Leistungen zur Teilhabe sowie über besondere Hilfen im Arbeitsleben.

Mit den in § 166 Abs. 3 SGB IX aufgeführten Nummern 1 bis 6 werden alle Maßnahmen angesprochen, die dem Arbeitgeber schon kraft Gesetzes nach § 164 SGB IX und § 167 SGB IX obliegen. Diese Verpflichtungen sollen durch die Aufnahme in eine Inklusionsvereinbarung noch größere Bedeutung erlangen. **Musterinklusionsvereinbarungen** für verschiedenste Betriebe und Branchen finden sich im Internet und in der Literatur.[576] 351

Die Inklusionsvereinbarung ist sowohl dem Integrationsamt als auch der Agentur für Arbeit zu übermitteln, die für den Sitz des Arbeitgebers zuständig sind (§ 166 Abs. 1 S. 5 SGB IX). Die zuständige **Agentur für Arbeit** soll hierdurch einen Überblick über die innerbetrieblichen Gegebenheiten erhalten, soweit es um die Einstellung und Beschäftigung schwerbehinderter Menschen geht. Sie soll dadurch den Arbeitgeber gezielter beraten und die Vermittlung von arbeitslosen schwerbehinderten Menschen besser vorbereiten können. Für das **Integrationsamt** ist die Kenntnis der Inhalte der Inklusionsvereinbarung eine wichtige Orientierung für die gezielte Durchführung von Präventionsmaßnahmen gem. § 167 SGB IX und die Bewertung von Anträgen von Arbeitgebern auf Zustimmung zu einer Kündigung schwerbehinderter Arbeitnehmer. § 166 Abs. 3 SGB IX verpflichtet den Arbeitgeber, in den **Versammlungen der schwerbehinderten Menschen** nach § 178 Abs. 6 SGB IX über alle Angelegenheiten im Zusammenhang mit der Eingliederung schwerbehinderter Menschen zu berichten. Eine besondere **Form der Berichterstattung** ist nicht vorgeschrieben. Zulässig ist auch ein schriftlicher Bericht, wenn die Möglichkeit der Nachfrage und Erörterung in der Versammlung besteht.[577] Der Arbeitgeber kann sich auch durch einen Vertreter bzw. den **Inklusionsbeauftragten** des Arbeitgebers (§ 181 SGB IX) vertreten lassen.[578] 352

Nach der **Übergangsregelung** in § 241 Abs. 6 SGB IX gelten bestehende Integrationsvereinbarungen als Inklusionsvereinbarungen fort, müssen also nicht neu verhandelt werden.[579] 353

---

576  So auf der Seite www.rehadat-gutepraxis.de; vgl. zum Inhalt einer Inklusionsvereinbarung auch die Hinweise und das Muster bei Düwell in LPK-SGB IX § 166 Rn. 31 ff.
577  Neumann/Pahlen/Winkler/Jabben, § 166 Rn. 14.
578  Neumann/Pahlen/Winkler/Jabben, § 166 Rn. 15.
579  Vgl. dazu Düwell in LPK-SGB IX § 166 Rn. 12.

## XII. Prävention und betriebliches Eingliederungsmanagement

### 1. Präventionsmaßnahmen bei Gefährdung des Arbeitsverhältnisses (§ 167 Abs. 1 SGB IX)

354 Nach § 167 Abs. 1 S. 1 SGB IX ist der Arbeitgeber bei Eintreten von personen-, verhaltens- oder betriebsbedingten Schwierigkeiten im Arbeits- oder sonstigen Beschäftigungsverhältnis, die zur Gefährdung dieses Verhältnisses führen können, verpflichtet, möglichst frühzeitig die Schwerbehindertenvertretung, die in § 176 SGB IX genannten Vertretungen sowie das Integrationsamt einzuschalten, um mit ihnen alle Möglichkeiten und alle zur Verfügung stehenden Hilfen zur Beratung sowie mögliche finanzielle Leistungen zu erörtern, mit denen die Schwierigkeiten beseitigt werden können und das Arbeits- oder sonstige Beschäftigungsverhältnis möglichst dauerhaft fortgesetzt werden kann. Die Regelung in § 167 Abs. 1 SGB IX richtet sich an alle Arbeitgeber, die schwerbehinderte Mitarbeiter beschäftigen,[580] **betrifft** also nur **schwerbehinderte und gleichgestellte** Menschen, was sich aus § 151 Abs. 1 SGB IX ergibt.[581]

355 Die genannten Gründe entsprechen den Gründen, die eine ordentliche Kündigung nach § 1 Abs. 2 KSchG sozial rechtfertigen können, zB

- Gründe in der Person:[582] etwa Alkohol- und Drogensucht, Eignung, Krankheit bis zu Straftaten, Alkoholmissbrauch,

- Gründe im Verhalten:[583] etwa Anzeigen gegen den Arbeitgeber, Betriebsfriedensverstöße, private Telefongespräche, unerlaubte Internetnutzung bis zu Tätlichkeiten, unentschuldigtem Fehlen und laufendem Zuspätkommen,

- dringende betriebliche Gründe: etwa Arbeitsverdichtung, Betriebsübergang, Fremdvergabe bis hin zur Rationalisierung, Umsatzrückgang und Unrentabilität.[584]

356 Die Vorschrift des § 167 Abs. 1 SGB IX findet bei einer **außerordentlichen Kündigung** keine Anwendung, da sie nicht der Vermeidung einer außerordentlichen Kündigung aus wichtigem Grund dient, was sich schon aus der Aufzählung der Gründe für eine ordentliche Kündigung im Gesetzestext ergibt.[585] § 167 Abs. 1 SGB IX gilt dagegen auch für eine **ordentliche Änderungskündigung**.[586]

357 Der Arbeitgeber hat die genannten Stellen bei einer Gefährdung des Arbeitsverhältnisses möglichst frühzeitig einzuschalten. Der Gesetzgeber hatte die Vorstellung, dass durch den Ausbau der **betrieblichen Prävention** die Entstehung von Schwierigkeiten bei der Beschäftigung Schwerbehinderter möglichst verhindert werden und bei ihrem Eintreten

---

580 Neumann/Pahlen/Winkler/Jabben, § 167 Rn. 2; BAG vom 7.12.2006 – 2 AZR 182/06, NZA 2007, 617 (619) mwN.

581 Vgl. dazu Düwell in LPK-SGB IX § 167 Rn. 10; Deinert in Deinert/Neumann (Hrsg.), HdB SGB IX, § 18 Rn. 4 jeweils mwN.

582 Vgl. dazu auch Düwell in LPK-SGB IX § 167 Rn. 16 ff.

583 Vgl. dazu auch Düwell in LPK-SGB IX § 167 Rn. 19 ff.

584 Vgl. zu einzelnen betriebsbedingten Gründen Düwell in LPK-SGB IX § 167 Rn. 22, 23 und allgemein zu den geeigneten Gründen Neumann/Pahlen/Winkler/Jabben, § 167 Rn. 3 und ErfK/Rolfs, SGB IX § 167 Rn. 2.

585 So auch Düwell in LPK-SGB IX § 167 Rn. 11; differenzierend: Neumann/Pahlen/Winkler/Jabben, § 167 Rn. 4: nur anwendbar, wenn durch länger andauerndes Verhalten die Fortsetzung des Arbeitsverhältnisses unzumutbar wird; aA Kossens in Kossens/von der Heide/Maaß, § 84 Rn. 3.

586 Düwell in LPK-SGB IX § 167 Rn. 12.

jedenfalls frühzeitig behoben werden könnten.[587] **Ziel** dieser gesetzlichen Prävention ist die frühzeitige Klärung, ob und welche Maßnahmen zu ergreifen sind, um eine möglichst dauerhafte Fortsetzung des Beschäftigungsverhältnisses zu erreichen.[588] Daher hat der Arbeitgeber die genannten Stellen bereits dann einzuschalten, wenn er **erstmalig** eine **Gefährdungslage für das Beschäftigungsverhältnis** sieht. Die Vorschrift des § 167 Abs. 1 SGB IX dient als Steuerungsinstrument zur Früherkennung von Situationen, die in einer Gefährdung des Arbeitsverhältnisses enden können; Schwierigkeiten sollen bereits im Ansatz behoben werden. Zu spät ist eine Einschaltung der genannten Stellen erst kurz vor Einleitung des formalen Anhörungsverfahrens nach § 102 BetrVG.[589] „**Schwierigkeiten**" können nur dann noch angenommen werden, wenn es sich um Unzulänglichkeiten handelt, die noch nicht den Charakter von Kündigungsgründen aufweisen. Denn nach dem Gesetzeszweck sollen die präventiven Maßnahmen der Gefährdung und damit dem Entstehen von Kündigungsgründen zuvorkommen. Sind solche Gründe aber bereits entstanden, so können sie nicht mehr verhindert werden. Das Arbeitsverhältnis ist dann bereits „kündigungsreif" und nicht etwa nur von Gefährdung bedroht. Eine Prävention kann es dann nicht mehr geben.[590] Daher ist ein Präventionsverfahren nach § 167 Abs. 1 SGB IX auch dann dem **Arbeitgeber nicht mehr zumutbar**, wenn eine **erhebliche Vertragsverletzung** vorliegt, die den Arbeitgeber zum Ausspruch einer Kündigung ohne vorherige Abmahnung oder sogar zu einer **außerordentlichen Kündigung** (§ 626 BGB) berechtigt. In einem solchen Fall kann auch ein Präventionsverfahren nur zu dem Ergebnis führen, dass die Weiterbeschäftigung in Ermangelung von Präventionsmöglichkeiten unzumutbar ist; ein sinnloses Präventionsverfahren muss der Arbeitgeber nicht durchführen.[591]

Der Arbeitgeber hat mit der Schwerbehindertenvertretung, den in § 176 SGB IX genannten Stellen und den Integrationsämtern alle Hilfen zur Beratung und finanziellen Leistungen mit dem Ziel zu erörtern, das Arbeitsverhältnis zu sichern.[592] **Erörtern** bedeutet den Austausch von Argumenten und Meinungen im Zusammenhang mit dem konkreten Einzelfall. Der Arbeitgeber kann sich daher nicht darauf beschränken, die im Gesetz genannten Stellen zu unterrichten, sondern es muss eine Besprechung mit dem Ziel einer Klärung des Sachverhalts und der Möglichkeit einer Kündigungsvermeidung stattfinden. Ein schriftlicher Informationsaustausch oder die bloße Anhörung genügen nicht.[593]

358

---

587 Gesetzesbegründung zum „Gesetz zur Bekämpfung der Arbeitslosigkeit Schwerbehinderter" vom 29.9.2000, BGBl. I, 1394; BT-Drs. 14/3372, 16.

588 BAG vom 4.10.2005 – 9 AZR 632/04, NZA 2006, 442 (445); BAG vom 28.6.2007 – 6 AZR 750/06, NZA 2007, 1049 (1053); vgl. dazu auch Düwell in LPK-SGB IX § 167 Rn. 8, 9; Neumann/Pahlen/Winkler/Jabben, § 167 Rn. 5.

589 Deinert in Deinert/Neumann (Hrsg.), HdB SGB IX, § 18 Rn. 7; Düwell in LPK-SGB IX § 167 Rn. 14 mwN; vgl. dazu auch Neumann/Pahlen/Winkler/Jabben, § 167 Rn. 7.

590 BAG vom 7.12.2006 – 2 AZR 182/06, NZA 2007, 617 (620); kritisch dazu Düwell in LPK-SGB IX § 167 Rn. 15.

591 BAG vom 7.12.2006 – 2 AZR 182/06, NZA 2007, 617 (620); zu dem gleichen Ergebnis gelangt Kossens in Kossens/von der Heide/Maaß, § 84 Rn. 3, der generell eine Anwendbarkeit des § 167 Abs. 1 SGB IX verneint, wenn Gründe für eine außerordentliche Kündigung aus wichtigem Grund gem. § 626 BGB vorliegen.

592 Vgl. dazu ausführlich Düwell in LPK-SGB IX § 167 Rn. 24, 25.

593 So auch Düwell in LPK-SGB IX § 167 Rn. 24, 25.

359 Anders als beim BEM nach § 167 Abs. 2 SGB IX ist beim Klärungsverfahren nach § 167 Abs. 1 SGB IX **keine Zustimmung des Betroffenen erforderlich.**[594] Jedoch muss im Einzelfall trotzdem der **Persönlichkeitsschutz des schwerbehinderten Arbeitnehmers** gewahrt bleiben, so dass Krankengespräche[595] und die namentliche Bekanntgabe der Arbeitsunfähigkeit[596] der Zustimmung des behinderten Menschen bedürfen. Sollte er das im Einzelfall trotzdem ablehnen und sich dagegen wehren, wirken sich die Folgen auf ihn und seinen Bestandsschutz negativ aus.[597] Schwerbehindertenvertretung, Betriebs- und Personalrat und das Integrationsamt können auf alle Beteiligten einwirken, die aufgetretenen Schwierigkeiten zu beseitigen. Der behinderte Mensch ist zu beteiligen, dh zunächst anzuhören und über alle Maßnahmen zu unterrichten. Ihm ist auch stets die Möglichkeit zu geben, seine Vorschläge einzubringen und damit Einfluss auf das Klärungsverfahren zu nehmen. Insbesondere die zur Verfügung stehenden Mittel der **begleitenden Hilfen im Arbeitsleben** lassen sich nur unter Mithilfe des schwerbehinderten Menschen sachgerecht umsetzen.[598]

360 Als Hilfen kommen insbesondere die **begleitenden Hilfen im Arbeitsleben** nach § 185 Abs. 2 bis 4 SGB IX in Betracht. Diese umfassen neben finanziellen Leistungen (§ 185 Abs. 3 SGB IX) auch die nach den Umständen des Einzelfalles notwendige psychosoziale Betreuung des schwerbehinderten Menschen (§ 185 Abs. 2 S. 4 SGB IX) und die Übernahme der Kosten für eine Arbeitsassistenz aus den Mitteln der Ausgleichsabgabe (§ 185 Abs. 4 SGB IX).

361 Im Rahmen der begleitenden Hilfe im Arbeitsleben können nach § 185 Abs. 2 S. 5 SGB IX auch die **Integrationsfachdienste** (§ 192 ff. SGB IX) beteiligt werden, zu deren **Aufgaben** es ua gehört,

- als Ansprechpartner für die Arbeitgeber zur Verfügung zu stehen,

- über die Leistungen für die Arbeitgeber zu informieren und

- für die Arbeitgeber diese Leistungen abzuklären (§ 193 Abs. 1 Nr. 2, Abs. 2 Nr. 10 SGB IX),

- die schwerbehinderten Menschen, solange erforderlich, am Arbeitsplatz zu begleiten (§ 193 Abs. 2 Nr. 4 SGB IX) und

- eine Krisenintervention oder psychosoziale Betreuung durchzuführen (§ 193 Abs. 2 Nr. 8 SGB IX),

- aber auch mit Zustimmung des schwerbehinderten Menschen die Mitarbeiter im Betrieb oder in der Dienststelle über die Art und die Auswirkungen der Behinderung und über entsprechende Verhaltensregeln zu informieren und zu beraten (§ 193 Abs. 2 Nr. 7 SGB IX).[599]

---

594 Vgl. dazu Düwell in LPK-SGB IX § 167 Rn. 13 mwN und Erläuterung der Gründe.
595 LAG Hamburg vom 21.5.2008 – H 3 TaBV 1/08, AiB 2009, 232 mit Anm. Müller.
596 OVG Berlin-Brandenburg vom 20.11.2008 – 60 PV 9.07, PersR 2009, 149 mit Anm. Timmermann.
597 So Neumann/Pahlen/Winkler/Jabben, § 167 Rn. 5.
598 So Neumann/Pahlen/Winkler/Jabben, § 167 Rn. 6.
599 Vgl. zur Zielgruppe und Indikation des IFD – Deusch in LPK-SGB IX § 192 Rn. 1 ff. und Schmidt, BEM, Rn. 97 ff.

**Hinweis:** Auch die **Schwerbehindertenvertretung** kann die Einschaltung des **Integrati-** 362
**onsfachdienstes** (IFD) im Rahmen des Präventionsverfahrens anregen, falls dies nicht
durch das Integrationsamt geschieht. Falls der Arbeitgeber das Präventionsverfahren
nicht durchführt, kann die Schwerbehindertenvertretung auch ein **arbeitsgerichtliches**
**Beschlussverfahren** einleiten, denn die Überwachung der Durchführung des Präventionsverfahrens nach § 167 Abs. 1 SGB IX durch den Arbeitgeber gehört zu ihren Aufgaben (§ 178 Abs. 1 S. 2 Nr. 1 SGB IX). Entsprechendes gilt für den **Betriebs- und**
**Personalrat** (§ 80 Abs. 1 Nr. 1 BetrVG, § 68 Abs. 1 Nr. 4, 5 PersVG, § 176 S. 2
SGB IX).[600] Dabei kann auch eine **einstweilige Anordnung** geboten sein.[601] Die
Nichteinschaltung der SBV nach § 167 Abs. 1 SGB IX ist zugleich ein Verstoß gegen
das Unterrichtungsgebot aus § 178 Abs. 2 SGB IX, der nach § 238 Abs. 1 Nr. 8
SGB IX als **Ordnungswidrigkeit** mit einem Bußgeld bis zu 10.000 EUR bedroht ist.[602]

Die Einhaltung des Präventionsverfahrens nach § 167 Abs. 1 SGB IX ist **keine formelle** 363
**Wirksamkeitsvoraussetzung für den Ausspruch einer Kündigung** mit der Folge, dass eine
Kündigung unwirksam wäre, wenn ein Präventionsverfahren vor ihrem Ausspruch
nicht durchgeführt worden ist.[603] Das BAG begründet diese zutreffende Ansicht damit,
dass sich weder dem Wortlaut des § 167 Abs. 1 SGB IX noch der Gesetzesbegründung
entnehmen lasse, dass Rechtsfolge einer Verletzung von § 167 Abs. 1 SGB IX stets die
Unwirksamkeit einer Kündigung sein soll.[604] Während § 168 SGB IX ausdrücklich
vorschreibt, dass die Kündigung des Arbeitsverhältnisses gegenüber einem schwerbehinderten Menschen durch den Arbeitgeber der Zustimmung des Integrationsamtes
bedarf, und damit den Ausspruch der Kündigung verbietet, ihn jedoch unter Erlaubnis-
vorbehalt stellt, findet sich eine solche Formulierung in § 167 Abs. 1 SGB IX nicht. Die
systematische Zuordnung der Vorschrift unter Kapitel 3: „Sonstige Pflichten der
Arbeitgeber; Rechte der schwerbehinderten Menschen" statt unter Kapitel 4: „Kündigungsschutz" weist in dieselbe Richtung. Auch die Gesetzesbegründung,[605] wonach
durch den Ausbau der betrieblichen Prävention die Entstehung von Schwierigkeiten bei
der Beschäftigung schwerbehinderter Menschen möglichst verhindert bzw. möglichst
frühzeitig behoben werden sollte, erfordert es zwar, schwerbehinderte Arbeitnehmer
vor Beeinträchtigungen zu schützen, nicht jedoch, sie von vornherein – und damit
möglicherweise auch grundlos – besser zu stellen als nicht behinderte Arbeitnehmer.[606]
§ 167 Abs. 1 SGB IX stellt allerdings auch **keine reine Ordnungsvorschrift** dar, deren

---

600  Für den Personalrat ist der Rechtsweg zu den Verwaltungsgerichten eröffnet – vgl. dazu Düwell in LPK-
     SGB IX § 167 Rn. 105, 119.
601  Vgl. dazu Düwell in LPK-SGB IX § 167 Rn. 105 mwN.
602  Vgl. dazu Düwell in LPK-SGB IX § 167 Rn. 106.
603  BAG vom 7.12.2006 – 2 AZR 182/06, NZA 2007, 617 (619); BAG vom 28.6.2007 – 6 AZR 750/06, NZA
     2007, 1049 (1053); BAG vom 8.11.2007 – 2 AZR 425/06, NZA 2008, 471 (472); ErfK/Rolfs, SGB IX § 167
     Rn. 3; Düwell in LPK-SGB IX § 167 Rn. 93 mwN; aA Brose, RdA 2006, 149; Schimanski, BehindertenR 2002,
     121.
604  BAG vom 7.12.2006 – 2 AZR 182/06, NZA 2007, 617 (619) mwN; aA Brose, RdA 2006, 149; Schimanski,
     BehindertenR 2002, 121.
605  Gesetzesbegründung zum „Gesetz zur Bekämpfung der Arbeitslosigkeit Schwerbehinderter" vom 29.9.2000,
     BGBl. I, 1394; BT-Drs. 14/3372, 16.
606  BAG vom 7.12.2006 – 2 AZR 182/06, NZA 2007, 617 (619); BAG vom 28.6.2007 – 6 AZR 750/06, NZA
     2007, 1049 (1053).

**Missachtung in jedem Fall folgenlos** für den Arbeitgeber bliebe.[607] Durch die dem Arbeitgeber in § 167 Abs. 1 SGB IX auferlegten besonderen Verhaltenspflichten soll möglichst frühzeitig einer Gefährdung des Arbeitsverhältnisses eines schwerbehinderten Menschen begegnet und die dauerhafte Fortsetzung der Beschäftigung erreicht werden. **Ziel** der gesetzlichen **Prävention** ist die frühzeitige Klärung, ob und welche Maßnahmen zu ergreifen sind, um eine möglichst dauerhafte Fortsetzung des Beschäftigungsverhältnisses zu erreichen.[608] Die in § 167 Abs. 1 SGB IX genannten Maßnahmen dienen damit letztlich der Vermeidung eines Kündigungsausspruches zur Verhinderung der Arbeitslosigkeit schwerbehinderter Menschen.

364 Vor diesem Hintergrund ist davon auszugehen, dass § 167 Abs. 1 SGB IX eine Konkretisierung des dem gesamten Kündigungsschutzrecht innewohnenden **Verhältnismäßigkeitsgrundsatzes** darstellt.[609] Eine Kündigung ist danach nur erforderlich (ultima ratio), wenn sie nicht durch mildere Maßnahmen zu vermeiden ist.[610] Sie ist nicht gerechtfertigt, wenn es andere geeignete und mildere Mittel gibt, um die Vertragsstörung zukünftig zu beseitigen.[611] Auch wenn das Klärungsverfahren selbst im Verhältnis zur Kündigung keine mildere Maßnahme ist, dient es doch zur Feststellung der Umstände, auf Grund derer eine Kündigung durch andere, den Grundsatz der Verhältnismäßigkeit wahrende Maßnahmen vermieden werden kann.[612] Solche Mittel können beim Arbeitsverhältnis eines schwerbehinderten Menschen die in § 167 Abs. 1 SGB IX genannten Möglichkeiten und Hilfen zur Beratung und mögliche finanzielle Hilfen darstellen. Eine Kündigung kann damit wegen des Verstoßes gegen den **Verhältnismäßigkeitsgrundsatz** als sozial ungerechtfertigt zu beurteilen sein, wenn bei gehöriger Durchführung des **Präventionsverfahrens** Möglichkeiten bestanden hätten, die Kündigung zu vermeiden.[613]

365 Das **Unterlassen des Präventionsverfahrens** steht einer Kündigung des schwerbehinderten Menschen dann nicht entgegen, wenn die Kündigung auch durch das Präventionsverfahren nicht hätte verhindert werden können.[614] Davon ist nach der Rechtsprechung des BAG auszugehen, wenn das **Integrationsamt** nach eingehender Prüfung unter Abwägung der Interessen des Schwerbehinderten und der betrieblichen Interessen zu dem Ergebnis gelangt ist, dass die **Zustimmung zur Kündigung** zu erteilen ist. Dann kann nur bei Vorliegen besonderer Anhaltspunkte davon ausgegangen werden,

---

607  BAG vom 7.12.2006 – 2 AZR 182/06, NZA 2007, 617 (619).
608  BAG vom 4.10.2005 – 9 AZR 632/04, NZA 2006, 442 (445); BAG vom 7.12.2006 – 2 AZR 182/06, NZA 2007, 617 (619); BAG vom 28.6.2007 – 6 AZR 750/06, NZA 2007, 1049 (1053).
609  So auch – mit Unterschieden im Einzelnen – BAG vom 7.12.2006 – 2 AZR 182/06, NZA 2007, 617 (619, 620) mwN; BAG vom 28.6.2007 – 6 AZR 750/06, NZA 2007, 1049 (1053); Düwell, DB 2000, 2570 (2573); Neumann/Pahlen/Winkler/Jabben/Neumann, SGB IX, § 167 Rn. 16; Düwell in LPK-SGB IX § 167 Rn. 107, 108 mwN.
610  St. Rspr. des BAG, vgl. nur BAG vom 15.8.2002 – 2 AZR 514/01, NZA 2003, 795; BAG vom 7.12.2006 – 2 AZR 182/06, NZA 2007, 617 (620) mwN.
611  St. Rspr. des BAG, vgl. nur BAG vom 12.1.2006 – 2 AZR 179/05, NZA 2006, 980.
612  BAG vom 28.6.2007 – 6 AZR 750/06, NZA 2007, 1049 (1053).
613  Düwell, DB 2000, 2570 (2573); BAG vom 7.12.2006 – 2 AZR 182/06, NZA 2007, 617 (620); BAG vom 28.6.2007 – 6 AZR 750/06, NZA 2007, 1049 (1053).
614  BAG vom 7.12.2006 – 2 AZR 182/06, NZA 2007, 617 (620); die neuere Rechtsprechung des 2. Senates des BAG lässt es dahinstehen, ob die Entscheidung vom 7.12.2006 so zu verstehen ist, dass dem Arbeitgeber eine Vortragserleichterung allein aufgrund der Tatsache zukommt, dass das Integrationsamt der Kündigung zugestimmt hat – BAG vom 13.12.2018 – 2 AZR 378/18, Rn. 34.

dass ein **Präventionsverfahren** nach § 167 Abs. 1 SGB IX die Kündigung hätte verhindern können.[615]

**Hinweis:** Daher ist von Seiten des schwerbehinderten Menschen besonderer Wert auf eine ordnungsgemäße Durchführung des Zustimmungsverfahrens nach §§ 168 ff. SGB IX zu legen. In diesem Zustimmungsverfahren sollte sich der schwerbehinderte Arbeitnehmer darauf berufen, dass ein Präventionsverfahren noch nicht durchgeführt worden ist.[616] In diesem Fall holt dies das Integrationsamt im Zustimmungsverfahren nach. Ist aber erst einmal die Zustimmung des Integrationsamtes nach § 168 SGB IX zur Kündigung erfolgt, ohne dass ein Präventionsverfahren durchgeführt worden ist, steht dies im Kündigungsschutzprozess vor dem Arbeitsgericht einer Rechtmäßigkeit nur noch bei Vorliegen besonderer Anhaltspunkte entgegen.

Da der Verhältnismäßigkeitsgrundsatz **außerhalb des Geltungsbereiches des Kündigungsschutzgesetzes** bei der Prüfung der Wirksamkeit einer Kündigung keine Anwendung findet, hat die unterbliebene Durchführung des Präventionsverfahrens nach § 167 Abs. 1 SGB IX keine kündigungsrechtlichen Folgen für Kündigungen, die innerhalb der **Wartezeit** von sechs Monaten (§ 1 Abs. 1 KSchG) erfolgen; der Arbeitgeber ist nicht verpflichtet, während der in § 1 Abs. 1 KSchG ein Präventionsverfahren nach § 167 Abs. 1 SGB IX durchzuführen.[617] Gleiches gilt, wenn das Kündigungsschutzgesetz generell, wie in **Kleinbetrieben** (§ 23 Abs. 1 S. 2, 3 KSchG), nicht anwendbar ist. Indem § 167 Abs. 1 SGB IX an die Terminologie des § 1 Abs. 2 KSchG anknüpft, wird deutlich, dass ein Unterbleiben des Präventionsverfahrens nur dann kündigungsrechtliche Folgen haben kann, wenn das Kündigungsschutzgesetz anwendbar ist und ein nach § 1 Abs. 2 S. 1 KSchG geeigneter Kündigungsgrund vorliegt.[618]   366

**Hinweis:** Ist nicht von vornherein eindeutig zu erkennen, dass die Kündigung durch das Präventionsverfahren nach § 167 Abs. 1 SGB IX nicht zu verhindern ist, ist dem **Arbeitgeber** zu raten, die Präventionsmaßnahmen vor Ausspruch einer Kündigung bzw. einem Antrag auf Zustimmung des Integrationsamtes zu einer Kündigung nach § 168 SGB IX durchzuführen. Sind diese Möglichkeiten genutzt worden und ist dem Arbeitgeber gleichwohl die Aufrechterhaltung des Arbeitsverhältnisses nicht zumutbar, wird sich die Dauer des Kündigungsschutzverfahrens erheblich verkürzen und die Integrationsämter werden dann einer Kündigung des betroffenen Arbeitnehmers eher zustimmen. Insofern sollten Arbeitgeber die Bestimmung des § 167 SGB IX als Chance betrachten, eine Zustimmung des Integrationsamtes leichter erhalten zu können, zumal die Praxis zeigt, dass die Integrationsämter regelmäßig die Zustimmung unter Hinweis auf die Nichtdurchführung der in § 167 SGB IX genannten Präventionsmaßnahmen verweigern.   367

---

615  BAG vom 7.12.2006 – 2 AZR 182/06, NZA 2007, 617 (620); aA Düwell, BB 2011, 2485 (2487).

616  Vgl. dazu Düwell in LPK-SGB IX § 167 Rn. 109.

617  BAG vom 28.6.2007 – 6 AZR 750/06, NZA 2007, 1049 (1053); BAG vom 21.4.2016 – 8 AZR 402/14, NZA 2016, 1131 (1133) Rn. 27.

618  So BAG vom 28.6.2007 – 6 AZR 750/06, NZA 2007, 1049 (1053) sowohl zum Präventionsverfahren nach § 167 Abs. 1 als auch nach § 167 Abs. 2 SGB IX; aA Deinert in Deinert/Neumann (Hrsg.), HdB SGB IX, § 18 Rn. 4 – die Anwendbarkeit des § 167 Abs. 1 SGB IX ist nicht davon abhängig, ob der schwerbehinderte oder gleichgestellte Arbeitnehmer Kündigungsschutz nach dem KSchG genießt.

368 Nach der Rechtsprechung des BAG gebietet der Umstand, dass sich im Verlaufe eines Präventionsverfahren nach § 167 Abs. 1 SGB IX herausstellen kann, dass die Schwierigkeiten im Arbeitsverhältnis mit einer angemessenen, den Arbeitgeber nicht unverhältnismäßig belastenden Vorkehrung iSv Art. 5 der RL 2000/78/EG, Art. 2 Unterabs. 3 und 4 der UN-BRK begegnet werden kann, keine andere Beurteilung. Hierdurch wird das Präventionsverfahren nach § 167 Abs. 1 SGB IX weder eine angemessene Vorkehrung iSv Art. 5 der RL 2000/8/EG, Art. 2 Unterabs. 3 und 4 der UN-BRK noch Teil der solchen; hiergegen bestehen auch keine unionsrechtlichen Bedenken.[619]

## 2. Betriebliches Eingliederungsmanagement (§ 167 Abs. 2 SGB IX)

369 § 167 Abs. 2 S. 1 SGB IX (§ 84 Abs. 2 S. 1 SGB IX aF) enthält seit dem 1.5.2004[620] die rechtliche Verpflichtung des Arbeitgebers für ein betriebliches Eingliederungsmanagement (BEM):

> Sind Beschäftigte innerhalb eines Jahres länger als sechs Wochen ununterbrochen oder wiederholt arbeitsunfähig, klärt der Arbeitgeber mit der zuständigen Interessenvertretung im Sinne des § 176 [§ 93 aF], bei schwerbehinderten Menschen außerdem mit der Schwerbehindertenvertretung, mit Zustimmung und Beteiligung der betroffenen Person die Möglichkeiten, wie die Arbeitsunfähigkeit möglichst überwunden werden und mit welchen Leistungen oder Hilfen erneuter Arbeitsunfähigkeit vorgebeugt und der Arbeitsplatz erhalten werden kann (betriebliches Eingliederungsmanagement).

### a) Zweck des betrieblichen Eingliederungsmanagements

370 Zweck des BEM ist es, durch die gemeinsame Anstrengung aller in § 167 Abs. 2 SGB IX genannten Beteiligten ein Verfahren zu schaffen, das durch geeignete Gesundheitsprävention das Arbeitsverhältnis möglichst dauerhaft sichert, weil viele Abgänge in die Arbeitslosigkeit aus Krankheitsgründen erfolgen und arbeitsplatzsichernde Hilfen der Integrationsämter vor der Beantragung einer Zustimmung zur Kündigung kaum in Anspruch genommen werden.[621] Die dem Arbeitgeber gem. § 167 Abs. 2 SGB IX auferlegten Verhaltenspflichten dienen dem Ziel, festzustellen, aufgrund welcher gesundheitlichen Einschränkungen es zu den bisherigen Ausfallzeiten gekommen ist und ob Möglichkeiten bestehen, sie durch bestimmte Veränderungen künftig zu verringern, um so eine Kündigung zu vermeiden und damit möglichst frühzeitig einer Gefährdung des Arbeitsverhältnisses eines kranken Menschen zu begegnen und die **dauerhafte Fortsetzung der Beschäftigung** zu erreichen.[622] § 167 Abs. 2 SGB IX ist vom Gesetzgeber als ein Instrument der betrieblichen Rehabilitation zur Ergänzung der im ersten Teil des SGB IX geregelten beruflichen und medizinischen Rehabilitati-

---

619  BAG vom 21.4.2016 – 8 AZR 402/14, NZA 2016, 1131 (1133), Rn. 25, 26; vgl. dazu auch Düwell in LPK-SGB IX § 167 Rn. 87.

620  Gesetz zur Förderung der Ausbildung und Beschäftigung schwerbehinderter Menschen vom 23.4.2004, BGBl. I, 606.

621  BT-Drs. 15/1783, 16; BAG vom 13.3.2012 – 1 ABR 78/10, NZA 2012, 748 (749), Rn. 14.

622  Vgl. zu den Zielen des § 167 Abs. 2 SGB IX: BAG vom 28.6.2007 – 6 AZR 750/06, NZA 2007, 1049 (1053); BAG vom 30.9.2010 – 2 AZR 88/09, NZA 2011, 39 (41), Rn. 32; BAG vom 10.12.2009 – 2 AZR 400/08, DB 2010, 621 = NZA 2010, 398, Rn. 20; BAG vom 7.2.2012 – 1 ABR 46/10, NZA 2012, 744 (745), Rn. 21 mwN; BAG vom 13.3.2012 – 1 ABR 78/10, NZA 2012, 748 (749), Rn. 14 mwN; Düwell in LPK-SGB IX § 167 Rn. 32 ff.; ErfK/Rolfs, SGB IX § 167 Rn. 4; Gagel, NZA 2004, 1359; Nassibi, NZA 2012, 720 (721); Deinert, NZA 2010, 969 (971), jeweils mwN.

on[623] gedacht. Daneben kann die Klärung von möglichen Maßnahmen nicht nur zur Verringerung der Arbeitsunfähigkeitszeiten und den mit dem krankheitsbedingten Ausfall verbundenen betrieblichen und finanziellen Belastungen des Arbeitgebers führen, sondern auch die Mehrbelastungen reduzieren, die der Belegschaft durch die vorübergehende Abwesenheit des arbeitsunfähigen Arbeitnehmers entstehen.[624] Zeiten der Arbeitsunfähigkeit sind also seit Einführung des BEM nach § 167 Abs. 2 SGB IX keine Phasen der Passivität, sondern dienen der Suche nach den Möglichkeiten zur Beseitigung der gesundheitsbedingten Störungen im Arbeitsverhältnis.[625]

Das Problem ist erheblich: Nach Schätzungen enden in Deutschland jährlich 400.000     371
Arbeitsverhältnisse aus rein gesundheitlichen Gründen. 200.000 Personen scheiden gesundheitsbedingt vorzeitig aus dem Arbeitsleben aus.[626] Nach dem DAK-Gesundheitsreport 2018 steigt die Anzahl der Arbeitnehmer, die wegen psychischer Erkrankungen lange ausfallen, stetig, und die Zahl der Fehltage aufgrund psychischer Erkrankungen ist auch im Jahr 2017 weiter angestiegen, wenn auch nur noch geringfügig. Mit 249,9 Fehltagen bezogen auf 100 Versichertenjahre sind es 1,5 % mehr als im Vorjahr. Die Zahl der Krankschreibungsfälle stieg ebenfalls von 6,5 Fällen im Jahr 2016 auf 7,0 Fälle je 100 Versichertenjahre im Jahr 2017. Der in den vergangenen Jahren beobachtete Anstieg der Arbeitsunfähigkeitsfälle aufgrund psychischer Erkrankungen setzt sich also auch im Jahr 2017 fort.[627]

### b) Persönlicher und sachlicher Anwendungsbereich

In Bezug auf den **persönlichen Anwendungsbereich** des § 167 Abs. 2 SGB IX stellt     372
sich die Frage, ob die Regelung über das BEM in § 167 Abs. 2 SGB IX nur für schwerbehinderte Arbeitnehmer gilt[628] oder auf alle Arbeitnehmer anzuwenden ist.[629] Nach zutreffender Auffassung ist die Vorschrift des § 167 Abs. 2 SGB IX – anders als die Prävention nach § 167 Abs. 1 SGB IX – nicht nur auf schwerbehinderte oder behinderte Arbeitnehmer, sondern auf **alle Beschäftigten**, also auch auf nichtbehinderte Arbeitnehmer, anzuwenden.[630] Die Verpflichtung des Arbeitgebers zur

---

623  Kapitel 9 des ersten Teils und Kapitel 3 des zweiten Teils des SGB IX regeln die Leistungen zur medizinischen Rehabilitation; Kapitel 10 des ersten Teils und Kapitel 4 des zweiten Teils des SGB IX regeln die Leistungen zur Teilhabe am Arbeitsleben, also die berufliche Rehabilitation; vgl. zu den Leistungen der medizinischen Rehabilitation aus der gesetzlichen Krankenversicherung Brandts in Richter (Hrsg.), Rehabilitationsrecht, § 1 Rn. 21 ff.; vgl. zu den Leistungen der medizinischen Rehabilitation aus der gesetzlichen Rentenversicherung Ritter in Richter (Hrsg.), Rehabilitationsrecht, § 2 Rn. 46 ff. und zu den Leistungen der beruflichen Rehabilitation § 2 Rn. 106 ff.
624  BAG vom 7.2.2012 – 1 ABR 46/10, NZA 2012, 744 (745), Rn. 21.
625  Vgl. zu diesem Gesichtspunkt auch Deinert, NZA 2010, 969 (971) mwN; vgl. zum Nutzen eines BEM für Arbeitgeber und Arbeitnehmer Schmidt, BEM, Rn. 9 ff.; Düwell in LPK-SGB IX § 167 Rn. 33, 34.
626  Welti, NZS 2006, 623 (624) mwN.
627  Vgl. dazu auch Schmidt, BEM, Rn. 7 mwN.
628  So Balders/Lepping, NZA 2005, 854; Brose, DB 2005, 719; Namendorf/Natzel, DB 2005, 390 (391); ErfK/Rolfs, SGB IX § 167 Rn. 4.
629  LAG Niedersachsen vom 25.10.2006 – 6 Sa 974/05, BB 2007, 719; LAG Berlin vom 27.10.2005 – 10 Sa 783/05, NZA-RR 2006, 184; Löw, MDR 2005, 608 (609); Britschgi, AiB 2005, 284; Gagel, NZA 2004, 1359; Welti, NZS 2006, 623 (624);Neumann/Pahlen/Winkler/Jabben, § 167 Rn. 10; Düwell in LPK-SGB IX § 167 Rn. 62 mwN.
630  BAG vom 12.7.2007 – 2 AZR 716/06, NZA 2008, 173 (175); BAG vom 30.9.2010 – 2 AZR 88/09, NZA 2011, 39 (41), Rn. 27; BAG vom 28.4.2011 – 8 AZR 515/10, NJW 2011, 2458, Rn. 37; BAG vom 7.2.2012 – 1 ABR 46/10, NZA 2012, 744, Rn. 9; BAG vom 13.5.2015 – 2 AZR 565/14, NZA 2015, 1249, Rn. 25 mwN; LAG Hessen vom 19.3.2012 – 17 Sa 518/11, Rn. 58; Linck in Schaub, § 131 Rn. 7;

Durchführung des BEM als Ausprägung des Verhältnismäßigkeitsgrundsatzes gilt jedoch nur im Rahmen der Anwendbarkeit des Kündigungsschutzgesetzes, also weder in **Kleinbetrieben**[631] noch in dem Fall, dass das gekündigte Arbeitsverhältnis nicht dem deutschen Vertragsstatut unterliegt.[632] Auch während der **sechsmonatigen Wartezeit** nach § 1 Abs. 1 KSchG ist kein BEM durchzuführen.[633] Dies wird zu Recht durch das BAG damit begründet,[634] dass gem. § 173 Abs. 1 Nr. 1 SGB IX der präventive Kündigungsschutz Schwerbehinderter nicht für Kündigungen gilt, die in den ersten sechs Monaten des Arbeitsverhältnisses erfolgen. Das Integrationsamt ist in diesen Fällen vor Ausspruch der Kündigung nicht zu beteiligen. Der Arbeitgeber hat solche Kündigungen nach § 173 Abs. 3 SGB IX nur innerhalb von vier Tagen dem Integrationsamt anzuzeigen. Auch liegt nach Auffassung des BAG kein Verstoß gegen Grundrechte des Arbeitnehmers oder Europarecht vor, wenn außerhalb des Geltungsbereiches des Kündigungsschutzgesetzes kein BEM durchzuführen ist.[635]

373 Die Vorschrift ist **sachlich** immer dann anzuwenden, wenn Beschäftigte innerhalb eines Jahres länger als sechs Wochen ununterbrochen oder wiederholt arbeitsunfähig sind; es reichen auch **mehrere Zeitabschnitte** von Arbeitsunfähigkeit, die insgesamt mehr als sechs Wochen umfassen.[636] Mit der Verwendung des Begriffs „arbeitsunfähig" in § 167 Abs. 2 S. 1 SGB IX hat der Gesetzgeber auf die zu § 3 Abs. 1 EFZG ergangene Begriffsbestimmung[637] Bezug genommen, die sich nicht von der Definition in den Arbeitsunfähigkeitsrichtlinien[638] unterscheidet, und keinen vom Entgeltfortzahlungsgesetz abweichenden Begriff mit anderen Merkmalen schaffen wollen.[639] Arbeitsunfähigkeit liegt gem. § 2 Abs. 1 S. 1, 2 AU-RL (Arbeitsunfähigkeits-Richtlinie) vor, wenn der Arbeitnehmer aufgrund von Krankheit seine zuletzt vor der Arbeitsunfähigkeit ausgeübte Tätigkeit nicht mehr oder nur unter der Gefahr der Verschlimmerung der Erkrankung ausführen kann. Für die Einleitung eines BEM gibt § 167 Abs. 2 S. 1 SGB IX den Begriff der Arbeitsunfähigkeit zwingend vor; dieser ist einer Ausgestaltung durch die Betriebsparteien nach § 87 Abs. 1 Nr. 7 BetrVG nicht zu-

Neumann/Pahlen/Winkler/Jabben, SGB IX, § 167 Rn. 10; Düwell in LPK-SGB IX § 167 Rn. 62; Deinert, NZA 2010, 969 (971); Nassibi, NZA 2012, 720 (721) jeweils mwN; aA ErfK/Rolfs, SGB IX § 167 Rn. 4; kritisch zur systematischen Stellung des § 167 Abs. 2 SGB IX Edenfeld, NZA 2012, 713 (718).

631 BAG vom 24.1.2008 – 6 AZR 97/07, Rn. 33, NZA-RR 2008, 405; Beyer/Jansen, BehindertenR 2010, 89 (94); aA LAG Niedersachsen vom 29.3.2005 – 1 Sa 1429/04, AuA 2005, 433; Düwell in LPK-SGB IX § 167 Rn. 55; Linck in Schaub, § 131 Rn. 7; Deinert, NZA 2010, 969 (971); Deinert in Deinert/Neumann (Hrsg.), HdB SGB IX, § 18 Rn. 10 jeweils mwN; Kempter/Steinat, NZA 2015, 840 mwN.

632 BAG vom 22.10.2015 – 2 AZR 720/14, NZA 2016, 473 (480), Rn. 76.

633 BAG vom 28.6.2007 – 6 AZR 750/06, NZA 2007, 1049 (1053); BAG vom 24.1.2008 – 6 AZR 96/07, NZA-RR 2008, 405; Kempter/Steinat, NZA 2015, 840 mwN; Beck, NZA 2017, 81; aA für Notwendigkeit des BEM auch in der Wartezeit Deinert, NZA 2010, 969 (971); Deinert in Deinert/Neumann (Hrsg.), HdB SGB IX, § 18 Rn. 10.

634 BAG vom 24.1.2008 – 6 AZR 96/07, NZA-RR 2008, 405, Rn. 34.

635 BAG vom 24.1.2008 – 6 AZR 96/07, NZA-RR 2008, 405, Rn. 35 ff.

636 BAG vom 24.3.2011 – 2 AZR 170/10, NZA 2011, 933, Rn. 19; LAG Hamm vom 26.4.2013 – 10 Sa 23/13, Rn. 50; vgl. auch Neumann/Pahlen/Winkler/Jabben, § 167 Rn. 11.

637 Vgl. dazu ErfK/Reinhard, EFZG § 3 Rn. 9 ff.

638 Richtlinien des Gemeinsamen Bundesausschusses über die Beurteilung der Arbeitsunfähigkeit und die Maßnahmen zur stufenweisen Wiedereingliederung nach § 92 Abs. 1 S. 2 Nr. 7 SGB V (Arbeitsunfähigkeits-Richtlinie) in der Fassung vom 14.11.2013, veröffentlicht im Bundesanzeiger BAnz AT 27.1.2014 B4, in Kraft getreten am 28.1.2014, zuletzt geändert am 20.10.2016, veröffentlicht im Bundesanzeiger BAnz AT 23.12.2016 B5, in Kraft getreten am 24.12.2016.

639 BAG vom 13.3.2012 – 1 ABR 78/10, NZA 2012, 748, Rn. 14, 15 mwN.

gänglich.[640] Bei der **Beurteilung der Arbeitsunfähigkeit** ist darauf abzustellen, welche Bedingungen die bisherige Tätigkeit geprägt haben.[641] Mit der Regelung des BEM in § 167 Abs. 2 SGB IX knüpft der Gesetzgeber an das Ende der Entgeltfortzahlung (§ 3 Abs. 1 S. 1 EFZG) und den Beginn des Krankengeldanspruchs gegen die Krankenkasse (§§ 44 Abs. 1, 49 Abs. 1 Nr. 1 SGB V) an. Die Verpflichtung des Arbeitgebers zur Durchführung von BEM setzt ein, wenn das Risiko fortgesetzter Arbeitsunfähigkeit nicht mehr von ihm allein zu tragen ist, sondern sozialisiert wird.[642]

Für die **Bemessung des Sechswochenzeitraums** des § 167 Abs. 2 S. 1 SGB IX sind die dem Arbeitgeber vom Arbeitnehmer nach § 5 Abs. 1 EFZG angezeigten Arbeitsunfähigkeitszeiten maßgeblich.[643] Dem Gesetzestext des § 167 Abs. 2 SGB IX ist nicht zu entnehmen, wie der Zeitraum „innerhalb eines Jahres" zu verstehen ist. Dem Zweck der Vorschrift nach, Arbeitsunfähigkeit vorzubeugen und den Arbeitsplatz zu erhalten, entspricht es am ehesten, auf das jeweils **zurückliegende Jahr** und nicht auf das Kalenderjahr abzustellen.[644] Würde auf das Kalenderjahr abgestellt, würde ohne vernünftigen Grund eine sich über den Jahreswechsel hinziehende Krankheit ausgeschlossen.     374

Die **Ursache der Arbeitsunfähigkeit** bzw. die Art der Erkrankung sind dabei unerheblich.[645] Eine Beschränkung des BEM auf solche Arbeitsunfähigkeitszeiträume, die auf dieselbe oder verwandte Ursachen zurückzuführen sind, ist zum einen mit dem Wortlaut von § 167 Abs. 2 SGB IX nicht zu vereinbaren und zum anderen nicht praktikabel. Die **Arbeitsunfähigkeitsbescheinigung**, die der Arbeitnehmer gem. § 5 Abs. 1 EntgFG dem Arbeitgeber vorzulegen hat, enthält in der Ausfertigung für den Arbeitgeber keine Diagnosen, sondern nur die Dauer der voraussichtlichen Arbeitsunfähigkeit. Nur in die Ausfertigung für die gesetzliche Krankenkasse sind durch den behandelnden Arzt die Diagnosen einzutragen, welche die Arbeitsunfähigkeit begründen, und entsprechend den Bestimmungen des § 295 SGB V zu bezeichnen (§ 5 Abs. 1 S. 2 AU-RL).     375

Der Arbeitgeber kann gem. § 275 Abs. 1 a S. 3 SGB V nur verlangen, dass die Krankenkasse eine **gutachtliche** Stellungnahme des Medizinischen Dienstes zur Überprüfung der Arbeitsunfähigkeit einholt; er hat aber keinen Anspruch auf Mitteilung der der Arbeitsunfähigkeit zugrunde liegenden Diagnosen oder Ursachen. Daher kann die Anwendbarkeit des betrieblichen Eingliederungsmanagements nicht von einer nicht überprüfbaren Voraussetzung abhängig sein, nämlich dass die Arbeitsunfähigkeit auf dieselbe Ursache oder auf verwandte Ursachen zurückzuführen ist.[646]     376

---

640  BAG vom 13.3.2012 – 1 ABR 78/10, NZA 2012, 748, Rn. 13.
641  Vgl. dazu auch BAG vom 7.8.1991 – 5 AZR 410/90, NZA 1992, 69; Balders/Lepping, NZA 2005, 854 (855); so auch § 2 Abs. 1 S. 2 der Arbeitsunfähigkeits-Richtlinie (AU-RL).
642  Welti, NZS 2006, 623 (625).
643  BAG vom 13.3.2012 – 1 ABR 78/10, NZA 2012, 748, Rn. 14.
644  Linck in Schaub, § 131, Rn. 7; Balders/Lepping, NZA 2005, 854 (855); Düwell in LPK-SGB IX § 167 Rn. 61; Welti, NZS 2006, 623 (625); ErfK/Rolfs, SGB IX § 167 Rn. 5.
645  BAG vom 20.11.2014 – 2 AZR 755/13, NZA 2015, 612, Rn. 42 mwN; so auch ErfK/Rolfs, SGB IX § 167 Rn. 5; Deinert, NZA 2010, 969 (971) mwN; aA Balders/Lepping, NZA 2005, 854 (855).
646  So aber Balders/Lepping, NZA 2005, 854 (855).

377 Ein BEM ist im Zeitablauf **wiederholt durchzuführen** oder jedenfalls anzubieten, sofern die gesetzlichen Voraussetzungen erneut erfüllt werden. Mit der Beendigung des Berechnungszeitraums, dh dem Zeitpunkt, in dem eine sechswöchige Arbeitsunfähigkeit eingetreten ist, setzt ein neuer Jahreszeitraum ein.[647] Es kommt daher für die Beantwortung der Frage, ob vor einer Kündigung ein (weiteres) BEM anzubieten und durchzuführen ist, immer auf das zurückliegende Jahr vor Ausspruch der Kündigung an. Liegen innerhalb des der Kündigung vorangegangenen Jahres erneut Zeiten einer Arbeitsunfähigkeit des Arbeitnehmers von mehr als sechs Wochen, ist durch den Arbeitgeber erneut ein BEM anzubieten.[648]

**c) Umsetzung des betrieblichen Eingliederungsmanagements durch den Arbeitgeber**

378 Der Arbeitgeber soll gem. § 167 Abs. 1 S. 1 SGB IX mit der zuständigen Interessenvertretung klären, wie die Arbeitsunfähigkeit möglichst überwunden und mit welchen Leistungen und Hilfen erneuter Arbeitsunfähigkeit vorgebeugt und der Arbeitsplatz erhalten werden kann. Ein BEM nach § 167 Abs. 2 SGB IX ist dabei auch dann durchzuführen, wenn **keine betriebliche Interessenvertretung** iSv § 176 SGB IX gebildet ist.[649] Besteht eine betriebliche Interessenvertretung, muss der Arbeitgeber, das Einverständnis des Arbeitnehmers vorausgesetzt, diese zum BEM-Verfahren hinzuziehen.[650]

379 Die Initiative für die Einleitung des BEM und dessen organisatorische Umsetzung obliegen dabei dem Arbeitgeber,[651] wobei das Gesetz in § 167 Abs. 2 SGB IX weder konkrete inhaltliche Anforderungen noch bestimmte Verfahrensschritte für das BEM vorsieht.[652] Die gesetzliche Verpflichtung zur Einleitung und Durchführung des BEM nach § 167 Abs. 2 SGB IX kann auch vom Arbeitnehmer eingefordert und eingeklagt werden.[653]

380 § 167 Abs. 2 S. 3 SGB IX verpflichtet den Arbeitgeber, vor Beginn eines BEM die betroffene Person oder ihren gesetzlicher Vertreter[654] auf die **Ziele** des BEM sowie auf **Art und Umfang** der hierfür erhobenen und verwendeten **Daten hinzuweisen**. Diese

---

647  LAG Düsseldorf vom 20.10.2016 – 13 Sa 356/16, Rn. 36; Kempter/Steinat, NZA 2015, 840 (842); kritisch Hoffmann-Remy, NZA 2016, 267; vgl. dazu auch Schmidt, BEM, Rn. 19 mwN.

648  LAG Düsseldorf vom 20.10.2016 – 13 Sa 356/16, Rn. 36; LAG Schleswig-Holstein vom 3.6.2015 – 6 Sa 396/14, Rn. 113; offengelassen durch BAG vom 20.11.2014 – 2 AZR 755/13, NZA 2015, 612, Rn. 36; aA wohl Kempter/Steinat, NZA 2015, 840 (842); vgl. dazu auch Neumann/Pahlen/Winkler/Jabben, § 167 Rn. 13; Schmidt, BEM, Rn. 19 mwN.

649  BAG vom 30.9.2010 – 2 AZR 88/09, NZA 2011, 39 = DB 2011, 535, Rn. 28, 31 mwN; Linck in Schaub, § 131 Rn. 7; vgl. dazu auch Kempter/Steinat, NZA 2015, 840 (841).

650  BAG vom 20.11.2014 – 2 AZR 755/13, NZA 2015, 612, Rn. 31; BAG vom 13.5.2015 – 2 AZR 565/14, NZA 2015, 1249, Rn. 25 mwN; BAG vom 22.3.2016 – 1 ABR 14/14, Rn. 11; für den öffentlichen Dienst BVerwG vom 23.10.2010 – 6 P 8/09, Rn. 52.

651  In diesem Sinne auch BAG vom 10.12.2009 – 2 AZR 198/09, DB 2010, 1015 = NZA 2010, 639, Rn. 18; die Intiativlast für das BEM obliegt nach BAG vom 24.3.2011 – 2 AZR 170/10, NZA 2011, 254 dem Arbeitgeber; so auch BAG vom 20.11.2014 – 2 AZR 755/13, NZA 2015, 612, Rn. 31; BAG vom 6.7.2015 – 2 AZR 15/15, NZA 2016, 99, Rn. 32; ErfK/Rolfs, SGB IX § 167 Rn. 5 mwN; vgl. dazu auch Schmidt, BEM, Rn. 22, 23 mwN.

652  BAG vom 10.12.2009 – 2 AZR 198/09, DB 2010, 1015 = NZA 2010, 639, Rn. 18; BAG vom 10.12.2009 – 2 AZR 400/08, DB 2010, 621 = NZA 2010, 398, Rn. 20; Balders/Lepping, NZA 2005, 854 (855); Gagel, NZA 2004, 1359; Deinert, NZA 2010, 969 (972); Nassibi, NZA 2012, 720 (721).

653  Welti, NZS 2006, 623 (626); Gagel, NZA 2004, 1359 (1361); aA Namendorf/Natzel, DB 2005, 1794 (1796).

654  Dies kann etwa ein Betreuer sein.

Belehrung gehört zu einem regelkonformen Ersuchen des Arbeitgebers um Zustimmung des Arbeitnehmers zur Durchführung eines BEM; sie soll dem Arbeitnehmer die Entscheidung ermöglichen, ob er dem BEM zustimmt oder nicht.[655]

Im nächsten Schritt kommen bei der Umsetzung des BEM verschiedene Vorgehensweisen in Betracht, die den konkreten Bedingungen des Einzelfalles angepasst werden müssen. Soweit erforderlich wird der **Werks- oder Betriebsarzt** hinzugezogen (§ 167 Abs. 2 S. 2 SGB IX).     381

Welche **Anforderungen an ein ordnungsgemäßes BEM** zu stellen sind, hat die Rechtsprechung des BAG bereits in zwei Urteilen vom 10.12.2009 konkretisiert.[656] Danach beschreibt § 167 Abs. 2 SGB IX den Klärungsprozess nicht als formalisiertes Verfahren, sondern als rechtlich regulierten, verlaufs- und ergebnisoffenen „Suchprozess", der individuell angepasste Lösungen zur Vermeidung zukünftiger Arbeitsunfähigkeit ermitteln soll.[657] Nach Auffassung des BAG soll so erreicht werden, dass keine der vernünftigerweise in Betracht kommenden zielführenden Möglichkeiten ausgeschlossen wird. Das Gesetz schreibt weder bestimmte Mittel vor, die auf jeden – oder auf gar keinen – Fall in Erwägung zu ziehen sind, noch beschreibt es bestimmte Ergebnisse, die das Eingliederungsmanagement haben muss oder nicht haben darf. Das BEM schreibt nicht die Erörterung bestimmter Mittel zur Vermeidung künftiger Arbeitsunfähigkeit vor. Ebenso wenig verlangt es bestimmte Ergebnisse. Erst recht verlangt es vom Arbeitgeber nicht, bestimmte Vorschläge zu unterbreiten. Vielmehr hat es jeder am BEM Beteiligte – auch der Arbeitnehmer – selbst in der Hand, alle ihm sinnvoll erscheinenden Gesichtspunkte und Lösungsmöglichkeiten in das Gespräch einzubringen. Dies darf allerdings auch dem Arbeitnehmer nicht verwehrt werden.[658]     382

**Hinweis:** Daher ist es sinnvoll, dass jeder Beteiligte, insbesondere auch der Arbeitnehmer, seine Vorstellungen in das Verfahren des BEM einbringt und darauf hinwirkt, dass die Ergebnisse des BEM schriftlich festgehalten werden. Der Arbeitgeber ist grundsätzlich verpflichtet, einen Vorschlag, auf den sich die Teilnehmer eines BEM verständigt haben, zunächst umzusetzen, ehe er eine Kündigung ausspricht. Es ist kündigungsrechtlich gerade der Sinn des BEM, Möglichkeiten zur Erhaltung der Beschäftigung im Betrieb zu erkunden.[659]     383

Gleichwohl lassen sich aus dem Gesetz **gewisse Mindeststandards** ableiten. Zu diesen gehört es, die gesetzlich dafür vorgesehenen Stellen, Ämter und Personen zu beteili-     384

---

655  BAG vom 24.3.2011 – 2 AZR 170/10, NZA 2011, 254; BAG vom 20.11.2014 – 2 AZR 755/13, NZA 2015, 612, Rn. 31 mwN; vgl. dazu auch ausführlich Schmidt, BEM, Rn. 24.

656  BAG vom 10.12.2009 – 2 AZR 198/09, DB 2010, 1015 = NZA 2010, 639; BAG vom 10.12.2009 – 2 AZR 400/08, DB 2010, 621 = NZA 2010, 398.

657  BAG vom 10.12.2009 – 2 AZR 198/09, DB 2010, 1015 = NZA 2010, 639, Rn. 18; BAG vom 10.12.2009 – 2 AZR 400/08, DB 2010, 621 = NZA 2010, 398, Rn. 20; BAG vom 20.11.2014 – 2 AZR 755/13, NZA 2015, 612, Rn. 30; BAG vom 22.3.2016 – 1 ABR 14/14, Rn. 11; LAG Köln vom 13.4.2012 – 5 Sa 551/11, Rn. 43; LAG Schleswig-Holstein vom 3.6.2015 – 6 Sa 396/14, BeckRS 2015, 72174, Rn. 103; Kohte, DB 2008, 582 (583).

658  BAG vom 10.12.2009 – 2 AZR 198/09, DB 2010, 1015 = NZA 2010, 639, Rn. 19; vgl. auch ErfK/Rolfs, SGB IX § 167 Rn. 6; Schiefer/Borchard, DB 2010, 1884 (1886 f.).

659  BAG vom 10.12.2009 – 2 AZR 198/09, DB 2010, 1015 = NZA 2010, 63, Rn. 21.

gen und zusammen mit ihnen eine an den gesetzlichen Zielen des BEM orientierte Klärung ernsthaft zu versuchen.[660]

385 **Hinweis:** Danach entspricht jedes Verfahren eines BEM den gesetzlichen Anforderungen, das die

- zu **beteiligenden Stellen** = zuständige Interessenvertretung nach § 176 SGB IX (zB Betriebs- oder Personalrat) und bei schwerbehinderten Mitarbeitern die Schwerbehindertenvertretung,

- **Ämter** = soweit Leistungen zur Teilhabe oder begleitende Hilfen im Arbeitsleben in Betracht kommen, die Sozialversicherungsträger und das Integrationsamt bei schwerbehinderten Mitarbeitern, und

- **Personen** = Arbeitnehmer und soweit erforderlich der Werks- oder Betriebsarzt

einbezieht, das keine vernünftigerweise in Betracht zu ziehende Anpassungs- und Änderungsmöglichkeit ausschließt und in dem die von den Teilnehmern eingebrachten Vorschläge sachlich erörtert werden. Wird das durchgeführte Verfahren nicht einmal diesen Mindestanforderungen gerecht, führt dies zur Unbeachtlichkeit des BEM-Verfahrens insgesamt.[661] Da mit Hilfe des BEM mildere Mittel als die Kündigung, zB eine Umgestaltung des Arbeitsplatzes oder eine Fortbeschäftigung auf einem anderen, ggf. durch Umsetzung freizumachenden Arbeitsplatz erkannt und entwickelt werden sollen, um auf diese Weise für eine möglichst dauerhafte Sicherung des Arbeitsverhältnisses zu sorgen, hat ein BEM zeitnah vor dem beabsichtigten Ausspruch einer krankheitsbedingten Kündigung zu erfolgen; ggf. muss ein BEM mehrfach durchgeführt werden.[662]

386 Es besteht zwar keine Verpflichtung, eine **Inklusionsvereinbarung** nach § 166 Abs. 3 Nr. 5 SGB IX abzuschließen oder eine Verfahrensordnung, etwa in Form einer **Betriebsvereinbarung,** aufzustellen, dies ist allerdings empfehlenswert. Die betrieblichen Interessenvertretungen sollten die Vorgabe verfahrensrechtlicher Mindeststandards durch die Rechtsprechung[663] zum Anlass nehmen, das betriebliche Eingliederungsmanagement über die Wahrnehmung der Mitbestimmungsrechte (vgl. zum Mitbestim-

---

660 BAG vom 10.12.2009 – 2 AZR 400/08, NZA 2010, 398 (399), Rn. 20; vgl. zu den Mindestanforderungen des BAG auch Feldes, AiB 2011, 501.

661 BAG vom 10.12.2009 – 2 AZR 400/08, NZA 2010, 398, Rn. 22; BAG vom 24.3.2011 – 2 AZR 170/10, Rn. 21; BAG vom 20.11.2014 – 2 AZR 755/13, NZA 2015, 612, Rn. 37; LAG Hamm vom 26.4.2013 – 10 Sa 24/13; LAG Nürnberg vom 28.1.2015 – 2 Sa 519/14, Rn. 27; vgl. dazu auch Schmidt, BEM, Rn. 32 ff.; kritisch dazu Hofmann-Remy, NZA 2016, 267 (269).

662 LAG Hamm vom 27.1.2012 – 13 Sa 1493/11, Rn. 50 ff.: Der beklagte Arbeitgeber hatte sich auf ein erstes Schreiben vom 25.11.2008 gestützt und auf ein erst wesentlich später stattgefundenes BEM-Gespräch am 29.9.2009; die Kündigung erfolgte dann am 3.11.2010. Dieser Zeitablauf wurde vom LAG Hamm als nicht mehr den Anforderungen für ein regelkonformes Ersuchen des Arbeitgebers um Zustimmung des Arbeitnehmers zur Durchführung des BEM nach § 167 Abs. 2 SGB IX angesehen und es wurde ein erneutes BEM vor Ausspruch der Kündigung für erforderlich gehalten und die Kündigung als nicht verhältnismäßig angesehen.

663 BAG vom 10.12.2009 – 2 AZR 198/09, DB 2010, 1015 = NZA 2010, 639, Rn. 18; BAG vom 20.11.2014 – 2 AZR 755/13, NZA 2015, 612, Rn. 37; LAG Hamm vom 26.4.2013 – 10 Sa 24/13; LAG Nürnberg vom 28.1.2015 – 2 Sa 519/14, Rn. 27.

mungsrecht des Betriebsrates unten → Rn. 400 ff.) als qualitätsgesicherten Prozess mit Verfahrensschritten und Instrumenten zu optimieren.[664]

### d) Zustimmung des Betroffenen

Ganz entscheidend ist, dass die Klärung der Möglichkeiten einer Aufrechterhaltung des Arbeitsverhältnisses nur „mit Zustimmung und Beteiligung der betroffenen Person" erfolgen kann. **387**

§ 167 Abs. 2 S. 3 SGB IX verpflichtet den Arbeitgeber, **vor Beginn eines BEM die betroffene Person** oder ihren gesetzlichen Vertreter auf die **Ziele** des betrieblichen Eingliederungsmanagements sowie auf **Art und Umfang** der hierfür erhobenen und verwendeten **Daten** hinzuweisen. Diese Belehrung gehört zu einem regelkonformen Ersuchen des Arbeitgebers um Zustimmung des Arbeitnehmers zur Durchführung eines BEM. Sie soll dem Arbeitnehmer die Entscheidung ermöglichen, ob er ihm zustimmt oder nicht.[665] **388**

**Hinweis:** Der Hinweis des Arbeitgebers auf die Ziele des BEM sowie Art und Umfang der erhobenen und verwendeten Daten erfordert zunächst eine Darstellung der Ziele, die inhaltlich über eine bloße Bezugnahme auf die Vorschrift des § 167 Abs. 2 SGB IX hinausgeht.[666] Zu diesen **Zielen des BEM** rechnet die Klärung, wie die Arbeitsunfähigkeit möglichst überwunden, erneuter Arbeitsunfähigkeit vorgebeugt und wie das Arbeitsverhältnis erhalten werden kann. Dem Arbeitnehmer muss verdeutlicht werden, dass es um die Grundlagen der Weiterbeschäftigung geht und dazu ein ergebnisoffenes Verfahren durchgeführt werden soll, in das er Vorschläge einbringen kann.[667] Daneben ist ein **Hinweis zur Datenerhebung und Datenverwendung** erforderlich, der klarstellt, dass nur solche Daten erhoben werden, deren Kenntnis erforderlich ist, um ein zielführendes, der Gesundung und Gesunderhaltung des Betroffenen dienendes BEM durchführen zu können. Dem Arbeitnehmer muss mitgeteilt werden, welche Krankheitsdaten erhoben und gespeichert und inwieweit und für welche Zwecke sie dem Arbeitgeber zugänglich gemacht werden.[668] Nur bei entsprechender Unterrichtung kann vom Versuch der ordnungsgemäßen Durchführung eines BEM die Rede sein.[669] Zu dem **Ersuchen des Arbeitgebers um Zustimmung** des betroffenen Arbeitnehmers zur Durchführung des BEM gehört – neben dem Hinweis auf die Ziele des BEM sowie auf Art und Umfang der hierfür erhobenen und verwendeten Daten – aber auch die **Information**, die Zustimmung zu einem BEM könne auch unter **389**

---

664  In diesem Sinne auch Feldes, AiB 2011, 501; vgl. dazu auch Gagel, NZA 2004, 1359; Deinert in Deinert/ Neumann (Hrsg.), HdB SGB IX, § 18 Rn. 8 mwN; Düwell in LPK-SGB IX § 167 Rn. 70 ff.; vgl. dazu auch ausführlich Schmidt, BEM, Rn. 36 ff.

665  BAG vom 24.3.2011 – 2 AZR 170/10, NZA 2011, 254; LAG Hessen vom 3.6.2013 – 2 Sa 1456/12, Rn. 54; BAG vom 20.11.2014 – 2 AZR 755/13, NZA 2015, 612, Rn. 32 mwN.

666  BAG vom 20.11.2014 – 2 AZR 755/13, NZA 2015, 612 (615), Rn. 32 unter Hinweis auf BVerwG vom 23.10.2010 – 6 P 8/09, BVerwGE 137, 148 = NZA-RR 2010, 554, Rn. 52; BAG vom 13.5.2015 – 2 AZR 565/14, NZA 2015, 1249, Rn. 25 mwN; vgl. zur Art und Weise dieser Information, etwa im Einladungsschreiben an den Arbeitnehmer Schmidt, BEM, Rn. 45 ff., 51 mwN.

667  BAG vom 20.11.2014 – 2 AZR 755/13, NZA 2015, 612 (615), Rn. 32.

668  BAG vom 20.11.2014 – 2 AZR 755/13, NZA 2015, 612 (615), Rn. 32; BAG vom 22.3.2016 – 1 ABR 14/14, Rn. 11.

669  BAG vom 20.11.2014 – 2 AZR 755/13, NZA 2015, 612 (615), Rn. 32.

der Maßgabe erteilt werden, ein **Einverständnis zur Beteiligung des Betriebsrates** werde **nicht erteilt**.[670]

390    Bei der **Zustimmung des Beschäftigten** handelt es sich um eine **zwingende Voraussetzung** für ein ordnungsgemäßes BEM.[671] Oberster Grundsatz und Ziel des SGB IX ist nach § 1 S. 1 SGB IX das Selbstbestimmungsrecht des behinderten Menschen, der durch das Zustimmungserfordernis „Herr des Verfahrens" ist und beeinflussen kann, welche in § 167 Abs. 2 SGB IX genannten Stellen beteiligt und welche personenbezogenen Daten an sie weitergegeben werden.[672] Das in § 167 Abs. 2 S. 1 SGB IX bestimmte Zustimmungserfordernis soll gewährleisten, dass die Klärung des Gesundheitszustands nur freiwillig erfolgt.[673]

391    Der betroffene Mitarbeiter ist also in jeder Phase des BEM ein mitwirkungsberechtigter Partner. Der Erfolg eines vom Arbeitgeber ernst gemeinten BEM hängt maßgeblich vom Vertrauen des betroffenen Arbeitnehmers ab. Es geht vor allem darum, sein Vertrauen und seine Bereitschaft für Eingliederungsmaßnahmen zu gewinnen. Ein BEM kann ohne Vertraulichkeit in Bezug auf die gesundheitlichen Angaben des Arbeitnehmers schon deshalb nicht sinnvoll durchgeführt werden, weil der Arbeitnehmer regelmäßig nicht zur Mitteilung der Gründe für seine krankheitsbedingten Fehlzeiten verpflichtet ist und die vom Gesetzgeber angestrebte Klärung der möglichen Maßnahmen zu deren Reduzierung ohne die dafür erforderlichen Angaben des Arbeitnehmers nicht möglich ist. Ein BEM, an dem der betroffene Arbeitnehmer nicht aktiv mitwirkt, ist wenig erfolgversprechend.[674] Daher sollten Arbeitgeber für besondere **Verschwiegenheit** der an den BEM-Gesprächen Beteiligten Sorge tragen.

392    **Hinweis:** Die Bedeutung des **Einstiegs in das BEM** wird häufig unterschätzt; gerade bei der Frage, ob ein Arbeitnehmer der Durchführung eines BEM zustimmt oder nicht, spielen die Ängste der Arbeitnehmer, ihren Gesundheitszustand offenbaren zu müssen, eine große Rolle. Viele Arbeitnehmer sind durch die in der Vergangenheit häufig geübte Praxis sog „Kranken- oder Rückkehrergespräche" verunsichert und fürchten den Verlust ihres Arbeitsplatzes wegen der Erkrankung. Hier ist es wichtig, die Betroffenen zu überzeugen, dass der Arbeitgeber ein Interesse an der Erhaltung des Arbeitsplatzes hat und es sinnvoll ist, die Zeit der Arbeitsunfähigkeit zur Erhaltung des Arbeitsplatzes zu nutzen.[675] Um Vertrauen zu schaffen, sollte Wert darauf gelegt werden, dem Arbeitnehmer zu vermitteln, dass er nicht verpflichtet ist, Dia-

---

670  BAG vom 22.3.2016 – 1 ABR 14/14, Rn. 30.
671  BAG vom 12.7.2007 – 2 AZR 716/06, NZA 2008, 173, Rn. 51; BAG vom 24.3.2011 – 2 AZR 170/10, NZA 2011, 993, Rn. 24 mwN.
672  ErfK/Rolfs, SGB IX § 167 Rn. 5; Balders/Lepping, NZA 2005, 854 (855); Gagel, NZA 2004, 1359 (1360 f.).
673  BAG vom 7.2.2012 – 1 ABR 46/10, NZA 2012, 744 (745), Rn. 22.
674  BAG vom 7.2.2012 – 1 ABR 46/10, NZA 2012, 744 (745), Rn. 22; vgl. auch BVerwG vom 23.6.2010 – 6 P 8/09, NZA-RR 2010, 554, Rn. 40 zur Beteiligung des Personalrates für Mitarbeiteranschreiben im Rahmen des BEM, vgl. zu dieser Entscheidung – Daniels, PersR 2010, 428.
675  Für die Einleitung eines Erstkontaktes sowie für das weitere Verfahren finden sich sinnvolle Hinweise und Materialien zur Prozesskette in den Handlungsempfehlungen zum betrieblichen Eingliederungsmanagement, herausgegeben vom Landschaftsverband Rheinland in Köln, kostenlos zu bestellen als Publikation mit CD über die Homepage www.lvr.de; vgl. dazu auch die Mustertexte zum BEM bei Schmidt, BEM, Rn. 245 ff.

gnosen zu nennen. Arbeitnehmer sollten auch darauf vertrauen können, dass ihre Gesundheitsdaten von allen Beteiligten streng vertraulich behandelt werden und jede Phase des Klärungsprozesses von ihrer weiteren Zustimmung abhängig ist.

Auch wenn die **Interessenvertretung** nach § 176 SGB IX oder die **Schwerbehindertenvertretung** nach § 167 Abs. 2 S. 6 SGB IX die Klärung möglicher Maßnahmen verlangen, ist die Zustimmung des Betroffenen erforderlich.[676] Die nach § 167 Abs. 2 S. 1 SGB IX erforderliche Zustimmung der betroffenen Person bezieht sich jedoch nur auf den Klärungsprozess, nicht jedoch auf die dem **BEM vorangehende Phase**, die mit dem Zugang des Angebots über die Durchführung des BEM beim Arbeitnehmer endet.[677] Für diesen Teil des BEM hat der Gesetzgeber **kein Zustimmungserfordernis** des Arbeitnehmers normiert, so dass der Arbeitgeber dem Betriebsrat die Namen der Arbeitnehmer mit Arbeitsunfähigkeitszeiten von mehr als sechs Wochen im Jahreszeitraum auch dann mitteilen muss, wenn die Arbeitnehmer der Weitergabe nicht zugestimmt haben.[678] Ein BEM ist auch dann durchzuführen, wenn der Beschäftigte eine Beteiligung der betrieblichen Interessenvertretungen iSd § 167 Abs. 2 SGB IX nicht wünscht.[679]    **393**

Wenn der Arbeitnehmer von einem BEM keinen Gebrauch machen möchte oder die Zustimmung verweigert, entfallen die Verpflichtungen des Arbeitgebers; es besteht für den Arbeitgeber dann kein Anlass, weitere Maßnahmen im Rahmen des § 167 Abs. 2 SGB IX zu prüfen.[680] Der Arbeitgeber kann sich auf die fehlende Zustimmung des Arbeitnehmers im Hinblick auf die Vorschrift des § 167 Abs. 2 S. 3 SGB IX allerdings nur berufen, wenn er den betroffenen Arbeitnehmer zuvor auf die Ziele des BEM sowie auf Art und Umfang der hierfür erhobenen und verwendeten Daten hingewiesen hatte.[681] Die **Ablehnung** eines **Personalgespräches** aus **gesundheitlichen Gründen** reicht nicht aus, um darauf schließen zu können, es fehle am erforderlichen Einverständnis zur Durchführung des BEM.[682] Gleiches gilt, wenn der Mitarbeiter ein BEM nicht dauerhaft abgelehnt hat, sondern es nur „zur Zeit nicht für erforderlich" hielt.[683]    **394**

Auch die Weigerung des Arbeitnehmers, Angaben zu seinem Krankheitsbild zu machen, ist nur dann erheblich, wenn dem Arbeitnehmer ordnungsgemäß ein BEM nach    **395**

---

676  Balders/Lepping, NZA 2005, 854 (855) unter Hinweis auf BT-Drs. 15/1783, 16.
677  BAG vom 7.2.2012 – 1 ABR 46/10, NZA 2012, 744 (745), Rn. 19; vgl. zum öffentlichen Dienst BVerwG vom 23.6.2010 – 6 P 8/09, NZA-RR 2010, 554, Rn. 38 f.; Daniels, PersR 2010, 428; Düwell in LPK-SGB IX § 167 Rn. 50 mwN.
678  BAG vom 7.2.2012 – 1 ABR 46/10, NZA 2012, 744 (745), Rn. 16 ff.; vgl. dazu auch Düwell in LPK-SGB IX § 167 Rn. 49, 52 mwN.
679  LAG Hamburg vom 20.2.2014 – 1 TaBV 4/13, Rn. 53 mwN; LAG Berlin-Brandenburg vom 13.11.2015 – 9 Sa 1297/15, Rn. 64; vgl. dazu auch vom Stein, ZFA 2016, 549 (557); Düwell in LPK-SGB IX § 167 Rn. 69.
680  Vgl. dazu BAG vom 12.7.2007 – 2 AZR 716/06, NZA 2008, 173; BAG vom 7.2.2012 – 1 ABR 46/10, NZA 2012, 744 (745); in diesem Sinne auch Schiefer/Borchard, DB 2011, 2435; Düwell in LPK-SGB IX § 167 Rn. 64.
681  BAG vom 24.3.2011 – 2 AZR 170/10, NZA 2011, 993, Rn. 23 mwN; BAG vom 20.11.2014 – 2 AZR 755/13, NZA 2015, 612 (615), Rn. 32; Düwell in LPK-SGB IX § 167 Rn. 65; vgl. dazu auch Beyer/Jansen, BehindertenR 2010, 89 (92 f.).
682  Beyer/Jansen, BehindertenR 2010, 89 (93) unter Hinweis auf LAG Hamm vom 26.9.2008 – 10 Sa 1876/07.
683  LAG Hamm vom 27.1.2012 – 13 Sa 1493/11, Rn. 53.

§ 167 Abs. 2 S. 3 SGB IX angeboten und er daraufhin seine Teilnahme bzw. Auskünfte zur Art der bestehenden Beeinträchtigungen verweigert. Nur dann kann nach der neueren Rechtsprechung des BAG von der Aussichtslosigkeit des BEM ausgegangen und von seiner Durchführung abgesehen werden.

396 **Hinweis:** Daher sollte der Arbeitgeber **aus Beweisgründen** in jedem Einzelfall stets zu Beginn der jeweiligen Einzelmaßnahme im Rahmen des BEM dokumentieren, dass er den betreffenden Mitarbeiter eindeutig unter Einhaltung der Informationsverpflichtung nach § 167 Abs. 2 S. 3 SGB IX zur Durchführung des BEM aufgefordert hat. Auch sollte er sich die **Zustimmung** des Beschäftigten **schriftlich** geben lassen bzw. insbesondere eine **Verweigerung der Zustimmung schriftlich** dokumentieren. Eine **pauschale Zustimmung** des Beschäftigten zum BEM ist unzulässig.

397 Es besteht zwar **keine Pflicht des Beschäftigten** zum BEM; wer sich jedoch dem Angebot des Arbeitgebers verschließt, wird das Versäumnis später dem Arbeitgeber nicht vorhalten können und kann sich nach Verweigerung der Zustimmung auch nicht im Kündigungsschutzverfahren auf ein unterlassenes BEM berufen, sofern der Arbeitgeber seine Hinweispflichten aus § 167 Abs. 2 SGB IX korrekt erfüllt hat.[684] Stimmt der Arbeitnehmer einem BEM trotz ordnungsgemäßer Aufklärung nicht zu, ist das Unterlassen eines BEM „kündigungsneutral", so dass der Arbeitgeber nicht den erhöhten Anforderungen an seine Darlegungs- und Beweislast unterliegt.[685]

398 **Hinweis: Arbeitnehmer** müssen sich also genau überlegen, ob sie ein Angebot des Arbeitgebers zur Einleitung und Durchführung des BEM nach § 167 Abs. 2 SGB IX ablehnen oder auch einzelnen Maßnahmen nicht zustimmen. Auch wenn die gesetzliche Regelung vom Freiwilligkeitsprinzip ausgeht, kann sich der Beschäftigte, der dem BEM – trotz ordnungsgemäßer Information über Ziele des BEM sowie über Art und Umfang der hierfür erhobenen Daten – nicht zugestimmt hat, im späteren Kündigungsprozess nicht darauf berufen, das BEM sei nicht durchgeführt worden. Er wird darlegen müssen, warum seine Weigerung kein Indiz für eine negative Prognose hinsichtlich seiner Arbeitsunfähigkeit ist,[686] kann sich allerdings trotzdem darauf berufen, dass eine Weiterbeschäftigung im Betrieb möglich ist.[687]

399 Es bedarf darüber hinaus einer gesonderten Einwilligung des Arbeitnehmers in den Umgang mit seinen Gesundheitsdaten. Insoweit ist eine **gesonderte Datenschutzerklärung** des Arbeitnehmers erforderlich; diese ist nicht konkludent dadurch abgegeben, dass der Arbeitnehmer der Durchführung des BEM zugestimmt hat.[688] Die im Rahmen des BEM zu Tage kommenden Daten bedürfen eines besonderen Geheimnis-

---

684  Beyer/Jansen, BehindertenR 2010, 89 (92); Deinert, NZA 2010, 969 (974) mwN.
685  BAG vom 24.3.2011 – 2 AZR 170/10, NZA 2011, 993, Rn. 24; LAG Hessen vom 19.3.2012 – 17 Sa 518/11, Rn. 55; BAG vom 13.5.2015 – 2 AZR 565/14, NZA 2015, 1249, Rn. 26 mwN; Düwell in LPK-SGB IX § 167 Rn. 64.
686  So auch Welti, NZS 2006, 623 (626).
687  Deinert, NZA 2010, 969 (974).
688  Vgl. hierzu sowie insgesamt ausführlich zum Datenschutz beim BEM: BAG vom 7.2.2012 – 1 ABR 46/10, NZA 2012, 744 (746), Rn. 24 ff.; Deinert, NZA 2010, 969 (973); Kempter/Steinat, NZA 2015, 840 (843); Düwell in LPK-SGB IX § 167 Rn. 89 ff.; Schmidt, BEM, Rn. 58 ff. mit einem Muster zur gesonderten Datenschutzerklärung in Rn. 248, 265.

schutzes, der etwa dadurch gewährleistet werden kann, dass diese Daten in einer besonderen Akte oder in einem verschlossenen Umschlag mit eingeschränkten Zugangsrechten enthalten sind.

### e) Beteiligung der betrieblichen Interessenvertretungen

Besteht eine Interessenvertretung im Sinne des § 176 SGB IX und bei schwerbehinderten Menschen eine Schwerbehindertenvertretung, können diese ebenfalls die Durchführung eines BEM verlangen. Bei der Durchführung des BEM muss der Arbeitgeber eine bestehende Interessenvertretung, das Einverständnis des Arbeitnehmers vorausgesetzt, hinzuziehen.[689]    400

Es besteht ein **Initiativrecht** zur Einleitung und Durchführung des BEM des Betriebs- oder Personalrates und anderer Interessenvertretungen iSv § 176 SGB IX sowie im Falle eines schwerbehinderten oder gleichgestellten Arbeitnehmers auch der Schwerbehindertenvertretung, wobei das BEM im Einzelfall durch diese betrieblichen Interessenvertretungen mithilfe eines **arbeitsgerichtlichen Beschlussverfahrens** eingefordert werden kann.[690]    401

**Hinweis:** Der **Betriebsrat** kann der **beabsichtigten Kündigung** nach § 102 Abs. 3 Nr. 4 BetrVG **widersprechen**, wenn der Arbeitgeber Maßnahmen zur Beschäftigungssicherung, die sich im BEM-Verfahren gezeigt haben, insbesondere wenn eine angemessene Beschäftigung nach § 164 Abs. 4 SGB IX in Betracht kommt, unterlässt.[691]    402

Ein BEM ist nach § 167 Abs. 2 SGB IX bei Vorliegen der sonstigen Voraussetzungen allerdings auch dann durchzuführen, wenn **keine betriebliche Interessenvertretung** iSd § 176 SGB IX gebildet ist[692] oder der Arbeitnehmer eine Beteiligung der Interessenvertretung iSd § 167 Abs. 2 SGB IX nicht wünscht;[693] in diesem Fall ist aber das **Überwachungsrecht** der betrieblichen Interessenvertretungen nach § 167 Abs. 2 S. 7 SGB IX zu beachten.[694] Danach wachen die betrieblichen Interessenvertretungen darüber, dass der Arbeitgeber die ihm nach dieser Vorschrift obliegenden Verpflichtungen erfüllt (§ 167 Abs. 2 S. 6 und 7 SGB IX). Der Betriebsrat kann verlangen, dass ihm zu diesem Zweck der Arbeitgeber die Arbeitnehmer benennt, welche nach § 167 Abs. 2 SGB IX die Voraussetzungen für die Durchführung des BEM erfüllen. Hierfür ist die Überlassung einer Aufstellung mit den Namen der betroffenen Arbeitnehmer erforderlich.[695] Die Überwachungsaufgabe des Betriebsrates nach § 80 Abs. 1 Nr. 1 BetrVG ist nicht von einer vorherigen Einwilligung der betroffenen Arbeitnehmer ab-    403

---

689   BAG vom 20.11.2014 – 2 AZR 755/13, NZA 2015, 612 (615), Rn. 31; BAG vom 22.3.2016 – 1 ABR 14/14, Rn. 11; BVerwG vom 23.10.2010 – 6 P 8/09, BVerwGE 137, 148 = NZA-RR 2010, 554, Rn. 55.

690   Balders/Lepping, NZA 2005, 854 (856); Gagel, NZA 2004, 1359 (1361); Welti, NZS 2006, 623 (626); Düwell in LPK-SGB IX § 167 Rn. 70, 105; Nassibi, NZA 2012, 720 (722) mwN.

691   Deinert in Deinert/Neumann (Hrsg.), HdB SGB IX, § 18 Rn. 12.

692   BAG vom 30.9.2010 – 2 AZR 88/09, NZA 2011, 39; LAG Schleswig-Holstein vom 17.11.2005 – 4 Sa 328/05, BehindertenR 2006, 170; LAG Hessen vom 19.3.2012 – 17 Sa 518/11, Rn. 59; Nassibi, NZA 2012, 720 (722); Düwell in LPK-SGB IX § 167 Rn. 48 mwN.

693   LAG Hamburg vom 20.2.2014 – 1 TaBV 4/13, Rn. 53; BAG vom 22.3.2016 – 1 ABR 14/14, Rn. 11.

694   LAG Hamburg vom 20.2.2014 – 1 TaBV 4/13, Rn. 53; BAG vom 22.3.2016 – 1 ABR 14/14, Rn. 11; vgl. dazu ausführlich Schmidt, BEM, Rn. 69 ff.

695   BAG vom 7.2.2012 – 1 ABR 46/10, NZA 2012, 744; vgl. dazu auch Düwell in LPK-SGB IX § 167 Rn. 49 ff., 52, 58; Nassibi, NZA 2012, 720 (722) mwN; Kempter/Steinat, NZA 2015, 840 (841).

hängig und eine solche Zustimmungspflicht folgt auch nicht aus § 167 Abs. 2 SGB IX.[696] **Datenschutzrechtliche Gründe** stehen der Übermittlung der Namen der Arbeitnehmer, denen der Arbeitgeber die Durchführung eines BEM anbieten muss, nicht entgegen.[697] Für diesen Teil des BEM hat der Gesetzgeber kein Zustimmungserfordernis normiert, so dass der Arbeitgeber dem Betriebsrat die Namen der Arbeitnehmer mit Arbeitsunfähigkeitszeiten von mehr als sechs Wochen im Jahreszeitraum auch dann mitteilen muss, wenn diese Arbeitnehmer der Weitergabe nicht zugestimmt haben.[698]

404 Nach überwiegender Auffassung unterliegt die **generelle Einführung** des BEM der zwingenden Mitbestimmung des Betriebsrates nach § 87 Abs. 1 Nr. 1 bzw. § 87 Abs. 1 Nr. 7 BetrVG.[699] Schließlich wird noch ein Mitbestimmungsrecht nach § 87 Abs. 1 Nr. 6 BetrVG bejaht, wenn die Zeiten der Arbeitsunfähigkeit elektronisch ausgewertet werden können.[700] Das BAG geht davon aus, dass bei der Ausgestaltung des BEM für jede einzelne Regelung zu prüfen ist, ob ein Mitbestimmungsrecht besteht. Ein solches könne sich bei allgemeinen Verfahrensfragen aus § 87 Abs. 1 Nr. 1 BetrVG, in Bezug auf die Nutzung und Verarbeitung von Gesundheitsdaten aus § 87 Abs. 1 Nr. 6 BetrVG und hinsichtlich der Ausgestaltung des Gesundheitsschutzes aus § 87 Abs. 1 Nr. 7 BetrVG ergeben, denn § 167 Abs. 2 SGB IX sei eine Rahmenvorschrift im Sinne der Bestimmung.[701]

405 **Hinweis:** Danach kann der Betriebsrat die Einführung eines BEM im Betrieb im Rahmen seiner Mitbestimmungsrechte unter Berufung auf § 87 Abs. 1 Nr. 1 bzw. Nr. 7 BetrVG verlangen und ggf. ein Einigungsstellenverfahren erzwingen. Für das **Einigungsstellenbesetzungsverfahren** ist durch die Rechtsprechung der Landesarbeitsgerichte inzwischen mehrfach entschieden worden, dass ein Mitbestimmungsrecht bei

---

696  BAG vom 7.2.2012 – 1 ABR 46/10, NZA 2012, 744, Rn. 17 ff.; vgl. dazu auch ErfK/Rolfs, SGB IX § 167 Rn. 7.

697  BAG vom 7.2.2012 – 1 ABR 46/10, NZA 2012, 744, Rn. 24 ff.; die Frage, ob das durch Art. 2 Abs. 1 iVm Art. 1 Abs. 1 GG gewährleistete Recht auf informationelle Selbstbestimmung der Übermittlung der Namen von Arbeitnehmern mit krankheitsbedingten Fehlzeiten von mehr als sechs Wochen im vorangegangenen Jahreszeitraum an den Betriebsrat entgegensteht, hat das BAG in dieser Entscheidung offen gelassen, da der Arbeitgeber nicht geeignet ist, sich gegenüber dem Überwachungsrecht des Betriebsrates auf Grundrechte von Arbeitnehmern zu berufen – Rn. 50 unter Hinweis auf BAG vom 20.12.1995 – 7 ABR 8/95, NZA 1996, 945; BVerwG vom 23.6.2010 – 6 P 8/09, NZA-RR 2010, 554, Rn. 38 ff.; vgl. dazu auch Nassibi, NZA 2012, 720 (722) mwN und Daniels, PersR 2010, 428.

698  BAG vom 7.2.2012 – 1 ABR 46/10, NZA 2012, 744 (745), Rn. 16 ff.; vgl. dazu auch Düwell in LPK-SGB IX § 167 Rn. 49, 52 mwN.

699  ArbG Dortmund vom 20.6.2005 – 5 BV 48/05 – MBR nach § 87 Abs. 1 Nr. 1 BetrVG; LAG Schleswig-Holstein vom 19.12.2006 – 6 TaBV 14/06 – MBR nach § 87 Abs. 1 Nr. 7 BetrVG; LAG Berlin-Brandenburg vom 23.9.2010 – 25 TaBV 1155/10 – MBR nach § 87 Abs. 1 Nr. 1 BetrVG; Gagel, NZA 2004, 1359 (1360 f.) – MBR nach § 87 Abs. 1 Nr. 1 BetrVG; Deinert in Deinert/Neumann (Hrsg.), HdB SGB IX, § 18 Rn. 8 mwN – MBR nach § 87 Abs. 1 Nr. 7 und uU auch Nr. 1; Deinert, NZA 2010, 969 (972) – MBR nach § 87 Abs. 1 Nr. 1 und Nr. 7 BetrVG; Nassibi, NZA 2012, 720 (722) – MBR nach § 87 Abs. 1 Nr. 1 und Nr. 7 BetrVG mwN; aA Balders/Lepping, NZA 2005, 854 (856) – kein MBR; nur in sehr eingeschränktem Umfang – ErfK/Rolfs, SGB IX § 167 Rn. 7; vgl. auch die ausführliche Darstellung des Meinungsstandes bei Düwell in LPK-SGB IX § 167 Rn. 73; Schmidt, BEM, Rn. 72 ff.

700  Nassibi, NZA 2012, 720 (723) mwN.

701  BAG vom 13.3.2012 – 1 ABR 78/10, NZA 2012, 748 (749), Rn. 12 mwN; BAG vom 22.3.2016 – 1 ABR 14/14, Rn. 9.

der Durchführung des BEM nach § 87 Abs. 1 Nr. 1 bzw. § 87 Abs. 1 Nr. 7 BetrVG nicht offensichtlich ausgeschlossen ist.[702]

Grundsätzlich empfiehlt sich für das betriebliche Eingliederungsmanagement eine **406** Verfahrensregelung in Form einer **Betriebs- oder Dienstvereinbarung** über die Einführung und Durchführung eines BEM, sofern ein Betriebs-/Personalrat besteht.[703] Diese sollte regeln

- die Art und Weise der Einleitung des Verfahrens,

- die Bestimmung etwaiger besonderer Ansprechpartner für den Arbeitnehmer,

- die Einschaltung der betrieblichen Vertretungen,

- die Konkretisierung von Verfahrensrechten des Betroffenen und der Betriebsvertretungen,

- die Rolle des Betriebs- oder Werksarztes,

- die Bestimmung von Korrespondenzpartnern für die gemeinsame Servicestelle und das Integrationsamt und

- die Mitwirkungspflichten des Betroffenen.

Eine **Inklusionsvereinbarung** (§ 166 SGB IX) kann ebenfalls das Verfahren eines BEM regeln, erfasst aber nur die schwerbehinderten Arbeitnehmer und daher nicht alle Arbeitnehmer des Betriebes.

**Hinweis:** Eine kollektive Regelung des BEM bietet vor allem die Chance, Misstrauen **407** bei den Beschäftigten abzubauen. Dies betrifft insbesondere den Umgang mit den Gesundheitsdaten der Beschäftigten. Die Krankengeschichte der Personalabteilung oder selbst dem Betriebs- oder Personalrat zu offenbaren, wird vielen Langzeitkranken schwerfallen, gerade wenn Krankheiten eine psychische Komponente oder Ursache haben. In diesen Fällen kann eine Betriebsvereinbarung etwa regeln, dass sensible Daten nur einem kleinen Kreis von am BEM Beteiligten offenbart werden müssen, und auch nur insoweit, als sie für die Sachverhaltsermittlung in dem jeweiligen BEM-Verfahren von Bedeutung sind. Auch kann ein zur Verschwiegenheit besonders verpflichtetes **Integrationsteam** gebildet werden, so dass die Zahl derjenigen, die von diesen sensiblen Daten Kenntnis erlangen, auf das unumgänglich Notwendige beschränkt wird.

---

702 LAG Schleswig-Holstein vom 19.12.2006 – 6 TaBV 14/06; LAG Berlin-Brandenburg vom 18.9.2009 – 14 TaBV 1416/09; LAG Düsseldorf vom 29.9.2009 – 17 TaBV 107/99; LAG Düsseldorf vom 4.2.2013 – 9 TaBV 129/12, Rn. 61; LAG Hamm vom 17.12.2013 – 7 TaBV 91/13; vgl. auch Düwell in LPK-SGB IX § 167 Rn. 80; ErfK/Rolfs, SGB IX § 167 Rn. 7 mwN.
703 Düwell in LPK-SGB IX § 167 Rn. 83.

408 In einer **Betriebs- oder Dienstvereinbarung zum BEM** können zB folgende Punkte behandelt werden:[704]

▶ **1. Präambel**

– gemeinsame Grundlage und gemeinsame Ziele von Arbeitgeber, betrieblicher Interessenvertretung und Schwerbehindertenvertretung für das BEM im Betrieb
– gemeinsame Arbeit mit dieser Vereinbarung zum Wohl der Beschäftigten
– gemeinsame Weiterentwicklung

**2. Ziele des Betrieblichen Eingliederungsmanagements**

– die im § 167 Abs. 2 SGB IX genannten Ziele
– Konkretisierung nach den betrieblichen Gegebenheiten

**3. Geltungsbereich**

– gilt für alle Mitarbeiter/innen, nicht nur für schwerbehinderte oder gleichgestellte Beschäftigte

**4. Maßnahmen zur Umsetzung**

– Beauftragung von Integrationsteam, Betriebsarzt oder sonstigen BEM-Beauftragten
– Verantwortlichkeiten
– Erfassung von AU-Zeiten, Bedarfsfeststellung, Auslösung des BEM
– Maßnahmen, betriebliche Angebote zur Eingliederung
– Koordination der Aktivitäten im Einzelfall
– übergreifende Maßnahmen: Sensibilisierung von Führungskräften, Information und Kommunikation des Themas Eingliederung im Betrieb

**5. Datenschutz**

**6. Geltungsdauer** ◀

409 Für die **Einführung und Durchführung** des BEM haben die Integrationsämter **Handlungsempfehlungen** und **Materialien** erarbeitet, die die Durchführung des BEM in den Betrieben erleichtern sollen.[705] Zu berücksichtigen ist, dass das BEM ein individuelles Verfahren ist, dessen Umsetzung sich immer an den Bedürfnissen des einzelnen Unternehmens und Betriebes zu orientieren hat. Das BEM ist in größeren Betrieben ganz anders umzusetzen als in kleineren Betrieben, beim Bestehen einer betrieblichen Interessenvertretung wiederum anders als in Betrieben ohne Betriebs-/Personalrat oder Schwerbehindertenvertretung.

**f) Einbindung der Rehabilitationsträger und des Integrationsamtes**

410 Das **Integrationsamt** benennt gem. § 185 Abs. 2 S. 7 SGB IX Ansprechpartner, die den Arbeitgebern zur Verfügung stehen, um sie über Funktion und Aufgaben der Integrationsfachdienste aufzuklären, über Möglichkeiten der begleitenden Hilfe im Arbeits-

---

704 Weiterführende Hinweise zur Gestaltung von Betriebs- oder Dienstvereinbarungen sind zu finden unter: www.iqpr.de und www.teilhabepraxis.de sowie bei Düwell in LPK-SGB IX § 167 Rn. 83; vgl. auch Schmidt, BEM, Rn. 83 mwN und die Mustertexte zum BEM einschließlich einer Betriebsvereinbarung, Rn. 245 ff.
705 Vgl. etwa „Handlungsempfehlungen zum Betrieblichen Eingliederungsmanagement" des Landschaftsverbandes Rheinland, kostenlos als Publikation zu bestellen über die Homepage www.lvr.de oder www.zbfs.b ayern.de.

leben zu informieren und Kontakt zum Integrationsamt herzustellen. Insofern stehen die Integrationsämter und **Integrationsfachdienste** als Ansprechpartner für Informationen im Rahmen des BEM zur Verfügung.

Kommen **Leistungen zur Teilhabe** oder **begleitende Hilfen im Arbeitsleben** in Betracht, werden gem. der Regelung in § 167 Abs. 2 S. 4 SGB IX vom Arbeitgeber die **Rehabilitationsträger** und bei schwerbehinderten Beschäftigten das **Integrationsamt** zum BEM hinzugezogen. Diese wirken darauf hin, dass die erforderlichen Leistungen oder Hilfen unverzüglich beantragt und innerhalb der Frist des § 14 Abs. 2 S. 2 SGB IX erbracht werden (§ 167 Abs. 2 S. 5 SGB IX).[706]   **411**

Als **Leistungen zur Teilhabe am Arbeitsleben** kommen die in §§ 49, 50 SGB IX genannten Leistungen an Arbeitnehmer und Arbeitgeber in Betracht,[707] aber uU auch eine **medizinische Rehabilitation** mit anschließender „stufenweiser Wiedereingliederung" (§ 44 SGB IX).[708] Diese Leistungen werden an alle Arbeitnehmer erbracht, während ergänzend, allerdings nur für schwerbehinderte und gleichgestellte Arbeitnehmer, die in § 185 Abs. 3 Nr. 1 SGB IX genannten Leistungen der begleitenden Hilfe in Betracht kommen (vgl. dazu ausführlich → Rn. 435 ff.).   **412**

**Hinweis:** Auch das BAG geht in seiner neueren Rechtsprechung davon aus, dass sich neben dem Arbeitnehmer auch die anderen am BEM Beteiligten, insbesondere die Rehabilitationsträger, aktiv in die Suche nach Möglichkeiten zur Vermeidung von Arbeitsunfähigkeit einbringen.[709] Denkbares Ergebnis eines BEM kann es daher sein, den Arbeitnehmer auf eine Maßnahme zur Rehabilitation zu verweisen. Dem steht nicht entgegen, dass deren Durchführung von der Mitwirkung des Arbeitnehmers abhängt. Ggf. muss der Arbeitgeber dem Arbeitnehmer eine angemessene Frist zur Inanspruchnahme der Rehabilitationsmaßnahme als Leistung der Sozialleistungsträger (in der Regel der Rentenversicherung) setzen und ihn zur Antragstellung auffordern.[710] Der Arbeitgeber hat vor Ausspruch einer krankheitsbedingten Kündigung eine (durch ein BEM) empfohlene Rehabilitationsmaßnahme in Erwägung zu ziehen und ihre Durchführung in die Wege zu leiten. Bedarf es dazu der Einwilligung oder der Initiative des Arbeitnehmers, muss der Arbeitgeber um diese nachsuchen oder den Arbeitnehmer hierzu auffordern. Dazu kann er dem Arbeitnehmer eine Frist setzen. Der Arbeitgeber muss den Arbeitnehmer dabei deutlich darauf hinweisen, dass er im Weigerungsfall mit einer Kündigung rechnen müsse. Lehnt der Arbeitnehmer die Maßnahme dennoch ab oder bleibt er trotz Aufforderung untätig, braucht der Arbeitgeber die Maßnahme vor Ausspruch der Kündigung nicht mehr als milderes   **413**

---

706  Diese Frist beträgt gem. § 14 Abs. 2 S. 2 SGB IX längstens drei Wochen.
707  Vgl. zur Teilhabe am Arbeitsleben ausführlich Ritter in Richter (Hrsg.), Rehabilitationsrecht, § 2 Rn. 118 ff.
708  Vgl. zu den Leistungen der medizinischen Rehabilitation in der gesetzlichen Rentenversicherung ausführlich Ritter in Richter (Hrsg.), Rehabilitationsrecht, § 2 Rn. 46 ff. und zur medizinischen Rehabilitation in der gesetzlichen Krankenversicherung Brandts in Richter (Hrsg.), Rehabilitationsrecht, § 1 Rn. 21 ff.
709  BAG vom 20.11.2014 – 2 AZR 755/13, NZA 2015, 612, Rn. 45; vgl. dazu auch Schmidt, RdA 2016, 166 (169).
710  Schmidt, RdA 2016, 166 (169).

Mittel berücksichtigen und kann kündigen, wenn die Frist trotz Kündigungsandrohung ergebnislos verstrichen ist.[711]

### g) Zusammenfassung des BEM

414   Eine kurze Zusammenfassung eines BEM sieht wie folgt aus:

1. Der **Arbeitgeber** leitet das Verfahren ein; er bemüht sich um die **Zustimmung des Arbeitnehmers** zur Einleitung des Verfahrens.

2. Bei Vorliegen der Zustimmung des Betroffenen zur Einleitung des Verfahrens klärt der **Arbeitgeber** mit dem **Betriebs-/Personalrat** und ggf. der **Schwerbehindertenvertretung** sowie dem betroffenen Arbeitnehmer die Möglichkeiten, wie die Arbeitsunfähigkeit möglichst überwunden und mit welchen Hilfen und Leistungen erneuter Arbeitsunfähigkeit vorgebeugt und der Arbeitsplatz erhalten werden kann.

3. Soweit erforderlich wird der **Werks- oder Betriebsarzt** hinzugezogen.

4. Soweit Leistungen der Rehabilitationsträger oder des Integrationsamtes in Betracht kommen, ist der **zuständige Rehabilitationsträger** und bei schwerbehinderten Arbeitnehmern zusätzlich das **Integrationsamt** hinzuzuziehen.

5. Der **Arbeitnehmer** ist zu beteiligen. In jeder Phase des BEM ist jeder Schritt von seiner Zustimmung abhängig. Der Arbeitnehmer ist zuvor auf die Ziele des BEM sowie auf die Art und den Umfang der hierfür erhobenen und verwendeten Daten hinzuweisen.

### h) Auswirkungen auf den Kündigungsschutz

415   In der Literatur war die Frage umstritten, inwieweit eine **Verpflichtung des Arbeitgebers** besteht, vor Ausspruch einer krankheitsbedingten Kündigung des Arbeitnehmers ein BEM durchführen zu müssen. Nach einer in der Literatur vertretenen Auffassung sollte die Durchführung des BEM nach § 167 Abs. 2 SGB IX formelle Wirksamkeitsvoraussetzung für den Ausspruch einer Kündigung sein.[712] Nach anderer Auffassung ist § 167 Abs. 2 S. 1 SGB IX kündigungsschutzrechtlich irrelevant, da die Vorschrift selbst und die Gesetzesbegründung keine kündigungsschutzrechtlichen Folgen benennen.[713] Zum überwiegenden Teil wird in der Literatur die Auffassung vertreten, dass eine krankheitsbedingte Kündigung, die ohne Durchführung eines betrieblichen Eingliederungsmanagements ausgesprochen wird, wegen des Verstoßes gegen den „ultima-ratio-Grundsatz" sozialwidrig sei.[714] Dieser Auffassung ist zu folgen. Eine Nichtdurchführung der Verpflichtung gem. § 167 Abs. 2 SGB IX ist zwar nicht bußgeldbewehrt und, wie das BAG in ständiger Rechtsprechung bestätigt hat, keine formelle Wirksamkeitsvoraussetzung für den Ausspruch einer Kündigung, wie dies etwa bei

---

711   BAG vom 10.12.2009 – 2 AZR 400/08, DB 2010, 621 = NZA 2010, 398, Rn. 29; BAG vom 20.11.2014 – 2 AZR 755/13, NZA 2015, 612, Rn. 49; vgl. dazu auch Schmidt, RdA 2016, 166 (169) und Schmidt, BEM, Rn. 118 mit Hinweisen zum Vorgehen des Arbeitgebers.
712   Brose, DB 2005, 390 (393).
713   Balders/Lepping, NZA 2005, 854 (857); Namendorf/Natzel, DB 2005, 1794 (1798).
714   Linck in Schaub, § 131 Rn. 9; Gagel, NZA 2001, 988; Welti, NZS 2006, 623 (626); Düwell, BB 2000, 2570 (2573); Löw, MDR 2005, 608 (609); Britschgi, AiB 2005, 284 (287); Deinert in Deinert/Neumann (Hrsg.), HdB SGB IX, § 18 Rn. 9; Düwell in LPK-SGB IX § 167 Rn. 107, 108 und 121.

§ 102 BetrVG der Fall ist.[715] Allerdings ist § 167 Abs. 2 SGB IX auch kein bloßer Programmsatz oder eine reine Ordnungsvorschrift mit appellativem Charakter, deren Missachtung in jedem Fall folgenlos bliebe.[716]

Durch die dem Arbeitgeber von § 167 Abs. 2 SGB IX auferlegten besonderen Verhal-  416
tenspflichten soll möglichst frühzeitig einer Gefährdung des Arbeitsverhältnisses eines kranken Arbeitnehmers begegnet und die dauerhafte Fortsetzung der Beschäftigung erreicht werden. Die in § 167 Abs. 2 SGB IX genannten Maßnahmen dienen damit letztlich der Vermeidung der Kündigung und der Verhinderung von Arbeitslosigkeit erkrankter Arbeitnehmer. Dementsprechend stellt § 167 Abs. 2 SGB IX eine Konkretisierung des dem gesamten Kündigungsschutzrecht innewohnenden **Verhältnismäßigkeitsgrundsatzes** dar.[717] Eine Kündigung ist danach nur erforderlich („ultima ratio"), wenn sie nicht durch mildere Maßnahmen vermieden werden kann. Es muss somit immer geprüft werden, ob die Kündigung nicht durch andere Maßnahmen vermieden werden kann.[718] Wenn die Durchführung des BEM nicht direkt ein solches milderes Mittel im Verhältnis zur Kündigung ist,[719] dient das BEM doch zur Feststellung solcher Umstände, aufgrund derer eine Kündigung durch andere, den Grundsatz der Verhältnismäßigkeit wahrende Maßnahmen vermieden werden kann,[720] wie zB die Umgestaltung des Arbeitsplatzes oder die Weiterbeschäftigungsmöglichkeit auf einem freien Arbeitsplatz – ggf. zu geänderten Bedingungen, was eine krankheitsbedingte Kündigung ausschließen würde.[721]

---

715 BAG vom 7.12.2006 – 2 AZR 182/06, DB 2007, 1089 = NJW 2007, 1995 = NZA 2007, 617; BAG vom 28.6.2007 – 6 AZR 750/06, NZA 2007, 1049 (1053); BAG vom 12.7.2007 – 2 AZR 716/06, NZA 2008, 173 (176); BAG vom 8.11.2007 – 2 AZR 425/06, NZA 2008, 471; BAG vom 24.1.2008 – 6 AZR 96/07, NZA-RR 2008, 405; BAG vom 23.4.2008 – 2 AZR 1012/06, Rn. 25, DB 2008, 2091 = BB 2008, 2409 = NZA-RR 2008, 515; BAG vom 10.12.2009 – 2 AZR 400/08, DB 2010, 621 = NZA 2010, 398 (399), Rn. 18; BAG vom 10.12.2009 – 2 AZR 198/09, DB 2010, 1015 = NZA 2010, 639 (640), Rn. 14; BAG vom 28.4.2011 – 8 AZR 515/10, NJW 2011, 2458, Rn. 39 mwN; LAG Rheinland-Pfalz vom 5.7.2012 – 10 Sa 685/11; vgl. zur BAG-Rechtsprechung auch ausführlich Beyer/Jansen, BehindertenR 2010, 89 ff.; so auch Düwell in LPK-SGB IX § 167 Rn. 107 und 121.
716 So ebenfalls BAG vom 12.7.2007 – 2 AZR 716/06, NZA 2008, 173 (176); BAG vom 10.12.2009 – 2 AZR 400/08, NZA 2010, 398 (399), Rn. 18; so auch Düwell in LPK-SGB IX § 167 Rn. 107 und 121.
717 BAG vom 7.12.2006 – 2 AZR 182/06, DB 2007, 1089 = NJW 2007, 1995 = NZA 2007, 617; BAG vom 28.6.2007 – 6 AZR 750/06, NZA 2007, 1049 (1053); BAG vom 12.7.2007 – 2 AZR 716/06, NZA 2008, 173 (176); BAG vom 24.1.2008 – 6 AZR 750/06, NZA 2007, 1049; BAG vom 10.12.2009 – 2 AZR 198/09, DB 2010, 1015 = NZA 2010, 639; BAG vom 10.12.2009 – 2 AZR 400/08, DB 2010, 621 = NZA 2010, 398; BAG vom 30.9.2010 – 2 AZR 88/09, NZA 2011, 39 (42), Rn. 35 mwN; BAG vom 28.4.2011 – 8 AZR 515/10, NJW 2011, 2458; BAG vom 20.11.2014 – 2 AZR 755/13, NZA 2015, 612 (615), Rn. 38; BAG vom 13.5.2015 – 2 AZR 565/14, NZA 2015, 1249, Rn. 28 mwN; LAG Hessen vom 19.3.2012 – 17 Sa 518/11; LAG Rheinland-Pfalz vom 5.7.2012 – 10 Sa 685/11; LAG Mecklenburg-Vorpommern vom 13.11.2012 – 5 Sa 19/12, Rn. 45; LAG Schleswig-Holstein vom 18.9.2013 – 3 Sa 133/13, Rn. 29 und 22.9.2015 – 1 Sa 48a/15, NZA-RR 2016, 250, Rn. 58; LAG Hamm vom 3.6.2013 – 21 Sa 1456/12, Rn. 50 ff.; Düwell in LPK-SGB IX § 167 Rn. 107, 108 und 121.
718 BAG vom 15.8.2002 – 2 AZR 514/01, NZA 2003, 795; BAG vom 12.1.2006 – 2 AZR 179/05, NZA 2006, 980; BAG vom 30.9.2010 – 2 AZR 88/09, NZA 2011, 39 (40), Rn. 12 mwN.
719 BAG vom 28.6.2007 – 6 AZR 750/06, NZA 2007, 1049 (1053); BAG vom 12.7.2007 – 2 AZR 716/06, NZA 2008, 173 (176); BAG vom 30.9.2010 – 2 AZR 88/09, NZA 2011, 39 (42), Rn. 35; Linck in Schaub, § 131 Rn. 9.
720 BAG vom 28.6.2007 – 6 AZR 750/06, NZA 2007, 1049 (1053); BAG vom 12.7.2007 – 2 AZR 716/06, NZA 2008, 173 (176); vgl. dazu auch Jüngst, Betrieb und Personal 2004, 595 ff.
721 BAG vom 19.4.2007 – 2 AZR 293/06, NZA 2007, 1041 (1042); vgl. auch BAG vom 10.12.2009 – 2 AZR 198/09, DB 2010, 1015 = NZA 2010, 639 (640), Rn. 14; BAG vom 10.12.2009 – 2 AZR 400/08, DB 2010, 621 = NZA 2010, 398 (399), Rn. 18; BAG vom 30.9.2010 – 2 AZR 88/09, NZA 2011, 39 (42), Rn. 35 mwN; BAG vom 20.11.2014 – 2 AZR 755/13, NZA 2015, 612 (615), Rn. 38; BAG vom 13.5.2015 – 2 AZR 565/14, NZA 2015, 1249, Rn. 28 mwN.

417 Allerdings kann sich im Kündigungsschutzprozess ein Arbeitnehmer nur dann mit Erfolg auf ein nicht durchgeführtes BEM berufen, wenn bei gehöriger Durchführung des BEM überhaupt Möglichkeiten einer alternativen Weiterbeschäftigung bestanden hätten, die eine Kündigung vermieden hätten; das Unterlassen eines BEM ist also dann im Hinblick auf eine spätere personenbedingte Kündigung unschädlich, wenn das BEM-Verfahren wegen der gesundheitlichen Beeinträchtigung des Arbeitnehmers **unter keinen Umständen ein positives Ergebnis** hätte bringen können.[722] Die **Beweislast** hierfür trägt der **Arbeitgeber**.[723]

418 **Hinweis:** Die **Unterlassung des BEM** steht also dann einer **Kündigung nicht entgegen**, wenn sie auch durch ein BEM nicht hätte verhindert werden können. Ein solcher Fall kann etwa vorliegen, wenn feststeht, dass die Wiederherstellung der Arbeitsfähigkeit eines Arbeitnehmers völlig ungewiss ist.[724] Dies gilt etwa auch bei einer Kündigung innerhalb der **sechsmonatigen Wartezeit** des § 1 Abs. 1 S. 1 KSchG. § 167 Abs. 2 SGB IX ist nach der Rechtsprechung eine Konkretisierung des Verhältnismäßigkeitsgrundsatzes,[725] der außerhalb des Kündigungsschutzgesetzes bei der Prüfung der Wirksamkeit einer Kündigung keine Anwendung findet.[726] Selbst wenn der Arbeitgeber das BEM durchführt, ist er innerhalb der Wartezeit des § 1 Abs. 1 S. 1 KSchG nicht verpflichtet, den Arbeitnehmer aufgrund der hierbei gewonnenen Erkenntnisse zur Vermeidung einer Kündigung auf einem anderen Arbeitsplatz weiter zu beschäftigen.[727]

419 Findet das **Kündigungsschutzgesetz keine Anwendung**, ist allerdings bei einem Schwerbehinderten zu prüfen, ob sich die Kündigung als willkürlich erweist, wenn der Arbeitgeber sie ohne vorheriges BEM ausgesprochen hat.[728] **Willkür** kann aber nicht schon dann bejaht werden, wenn der Arbeitgeber nicht den durch § 167 Abs. 2 SGB IX vorgezeichneten Weg gegangen ist, sondern erst, wenn er die Zielsetzung die-

---

722 BAG vom 12.7.2007 – 2 AZR 716/06, NZA 2008, 173 (176); BAG vom 23.4.2008 – 2 AZR 1012/06, 27, DB 2008, 2091 = BB 2008, 2409 = NZA-RR 2008, 515; BAG vom 10.12.2009 – 2 AZR 400/08, DB 2010, 621 = NZA 2010, 398 (399), Rn. 18 mwN; vgl. auch BAG vom 30.9.2010 – 2 AZR 88/09, NZA 2011, 39 (42), Rn. 36; BAG vom 13.5.2015 – 2 AZR 565/14, NZA 2015, 1249, Rn. 28 mwN; LAG Hessen vom 19.3.2012 – 17 Sa 518/11, Rn. 54 und vom 3.6.2013 – 21 Sa 1456/12, Rn. 51; LAG Hamm vom 27.1.2012 – 13 Sa 1493/11, Rn. 57 und vom 26.4.2013 – 10 Sa 24/13, Rn. 61; LAG Düsseldorf vom 20.10.2016 – 13 Sa 356/16, Rn. 33; so auch Düwell, BB 2000, 2570 (2573); Welti, NZS 2006, 623 (626); ErfK/Rolfs, SGB IX § 167 Rn. 3; Deinert in Deinert/Neumann (Hrsg.), HdB SGB IX, § 18, Rn. 12.

723 BAG vom 30.9.2010 – 2 AZR 88/09, NZA 2011, 39 (42), Rn. 36; BAG vom 20.11.2014 – 2 AZR 664/13, NZA 2015, 931 (933), Rn. 20; BAG vom 20.11.2014 – 2 AZR 755/13, NZA 2015, 612 (614), Rn. 39; LAG Hessen vom 19.3.2012 – 17 Sa 518/11, Rn. 54; LAG Rheinland-Pfalz vom 5.7.2012 – 10 Sa 685/11, Rn. 28; LAG Hamm vom 27.1.2012 – 13 Sa 1493/11, Rn. 57 und vom 26.4.2013 – 10 Sa 24/13, Rn. 61 mwN; LAG Düsseldorf vom 20.10.2016 – 13 Sa 356/16, Rn. 33; vgl. dazu auch Kempter/Steinat, NZA 2015, 840 (844).

724 Düwell in LPK-SGB IX § 167 Rn. 83 unter Hinweis auf LAG Hamm vom 29.3.2006 – 18 Sa 2104/05, LAGE § 1 KSchG Krankheit Nr. 39.

725 BAG vom 7.12.2006 – 2 AZR 182/06, DB 2007, 1089; BAG vom 10.12.2009 – 2 AZR 400/08, 18, DB 2010, 621 = NZA 2010, 398; BAG vom 10.12.2009 – 2 AZR 198/09, Rn. 14, DB 2010, 1015 = NZA 2010, 639.

726 BAG vom 28.8.2003 – 2 AZR 333/02, AP Nr. 17 zu § 242 BGB Kündigung.

727 BAG vom 28.6.2007 – 6 AZR 750/06, NZA 2007, 1049 (1053); BAG vom 24.1.2008 – 6 AZR 96/07, NZA-RR 2008, 405; aA für Notwendigkeit des BEM auch für Arbeitnehmer, die keinen Kündigungsschutz genießen, Deinert in Deinert/Neumann (Hrsg.), HdB SGB IX, § 18 Rn. 10; vgl. auch Deinert, NZA 2010, 969 (973 f.).

728 Vgl. auch Deinert, NZA 2010, 969 (974).

ses Gesetzes völlig ignoriert hat.[729] Bei der Prüfung einer willkürlichen Kündigung ist die Zustimmungsentscheidung des Integrationsamtes nach § 168 SGB IX zu beachten; wenn das Integrationsamt keine Veranlassung gesehen hat, im Hinblick auf § 167 Abs. 2 SGB IX die Zustimmung zu verweigern, so kann die daraufhin erfolgte Kündigung des Arbeitgebers unter diesem Gesichtspunkt erst recht nicht als willkürlich betrachtet werden.[730]

Ein Verstoß des Arbeitgebers gegen seine Verpflichtung, vor Ausspruch einer personenbedingten Kündigung ein ordnungsgemäßes BEM nach § 167 Abs. 2 SGB IX durchzuführen, kann allenfalls ein Indiz für die Vermutung darstellen, dass sich der Arbeitgeber nicht an seine gesetzlichen Verpflichtungen gegenüber Arbeitnehmern mit längeren Krankheitszeiten hält, aber nicht dafür, dass er behinderte Arbeitnehmer unzulässig benachteiligt. Damit ist ein Verstoß gegen § 167 Abs. 2 SGB IX nicht vergleichbar mit Verstößen gegen ausschließlich zugunsten behinderter Arbeitnehmer bestehende Verpflichtungen, welche ein Indiz iSd § 22 AGG für eine unzulässige Benachteiligung Behinderter darstellen können.[731]     420

#### i) Darlegungs- und Beweislast
Nach der Rechtsprechung des BAG führt die **Unterlassung eines BEM** durch den Arbeitgeber dazu, dass sich der Arbeitgeber in diesem Fall nicht darauf beschränken darf, im Kündigungsschutzprozess pauschal vorzutragen, er kenne keine alternativen Einsatzmöglichkeiten für den erkrankten Arbeitnehmer bzw. es gebe keine „freien Arbeitsplätze", die der erkrankte Arbeitnehmer noch aufgrund seiner Erkrankung ausfüllen könne, es bedarf vielmehr eines umfassenderen konkreten Sachvortrages des Arbeitgebers dazu,     421

- dass der Einsatz des Arbeitnehmers auf dem bisherigen Arbeitsplatz nicht mehr möglich ist und

- warum eine leidensgerechte Anpassung und Veränderung des bisherigen Arbeitsplatzes ausgeschlossen sei oder

- warum der Arbeitnehmer nicht auf einem (alternativen) Arbeitsplatz bei geänderter Tätigkeit eingesetzt werden könne.[732]

---

729  LAG Schleswig-Holstein vom 17.11.2005 – 4 Sa 328/05, BehindertenR 2006, 170; aA Deinert, NZA 2010, 969 (974).
730  LAG Schleswig-Holstein vom 17.11.2005 – 4 Sa 328/05, BehindertenR 2006, 170; vgl. auch BAG vom 8.11.2007 – 2 AZR 425/06, 17, NZA 2008, 471; vgl. zur Zustimmung des Integrationsamtes auch Beyer/Jansen, BehindertenR 2010, 89 (93 f.), BAG vom 20.11.2014 – 2 AZR 664/13, NZA 2015, 931 (935), Rn. 40 f.
731  BAG vom 28.4.2011 – 8 AZR 515/10, NJW 2011, 2458, Rn. 42, 43; ErfK/Rolfs, SGB IX § 167 Rn. 4.
732  BAG vom 28.6.2007 – 6 AZR 750/06, NZA 2007, 1049 (1053); BAG vom 10.12.2009 – 2 AZR 400/08, DB 2010, 621 = NZA 2010, 398 (399), Rn. 19; BAG vom 10.12.2009 – 2 AZR 198/09, DB 2010, 1015 = NZA 2010, 639 (640), Rn. 14; BAG vom 30.9.2010 – 2 AZR 88/09, NZA 2011, 39 (42), Rn. 35 mwN; BAG vom 20.11.2014 – 2 AZR 755/13, NZA 2015, 612 (615), Rn. 39; BAG vom 20.11.2014 – 2 AZR 664/13, NZA 2015, 931 (935), Rn. 39; BAG vom 13.5.2015 – 2 AZR 565/14, NZA 2015, 1249, Rn. 28 mwN; LAG Hessen vom 19.3.2012 – 17 Sa 518/11, Rn. 53; LAG Hamm vom 27.1.2012 – 13 Sa 1493/11, Rn. 57; LAG Köln vom 13.4.2012 – 5 Sa 551/11, Rn. 49; LAG Rheinland-Pfalz vom 5.7.2012 – 10 Sa 685/11, Rn. 29; LAG Hamm vom 26.4.2013 – 10 Sa 24/13, Rn. 52; LAG Hessen vom 3.6.2013 – 21 Sa 1456/12, Rn. 51; LAG Schleswig-Holstein vom 18.9.2013 – 3 Sa 133/13, Rn. 30; LAG Hamm vom 1.8.2014 – 1 Sa 182/14, Rn. 40; LAG Rheinland-Pfalz vom 24.3.2015 – 7 Sa 512/14, Rn. 66; LAG Schleswig-Holstein vom 3.6.2015 – 6 Sa 396/14, Rn. 100; LAG Schleswig-Holstein vom 22.9.2015 – 1 Sa 48

422 Diese neuere Rechtsprechung des BAG bedeutet eine Abkehr von der früheren Rechtsprechung zur Darlegungs- und Beweislast bei krankheitsbedingter Kündigung im Fall eines nicht durchgeführten BEM. Nach früherer Rechtsprechung trug der Arbeitgeber nach § 1 Abs. 2 S. 4 KSchG die Darlegungs- und Beweislast für die Tatsachen, die die Kündigung bedingen. Dazu gehörte bei einer krankheitsbedingten Kündigung auch die Darlegung fehlender – alternativer – Beschäftigungsmöglichkeiten, wobei nach ständiger Rechtsprechung ohnehin nur solche anderweitigen Beschäftigungsmöglichkeiten in Betracht kommen, die entweder gleichwertig mit der bisherigen Beschäftigung oder geringer bewertet sind.[733] Der Arbeitgeber konnte zunächst pauschal behaupten, es bestehe keine andere Beschäftigungsmöglichkeit für einen dauerhaft erkrankten Arbeitnehmer. Diese pauschale Behauptung umfasste auch den Vortrag, es bestehe keine Möglichkeit einer leidensgerechten Anpassung des Arbeitsverhältnisses bzw. des Arbeitsplatzes. Der Arbeitnehmer musste in diesem Fall dann konkret darlegen, wie er sich eine Änderung des bisherigen Arbeitsplatzes oder eine andere Beschäftigungsmöglichkeit – an einem anderen Arbeitsplatz – vorstellt, die er trotz seiner gesundheitlichen Beeinträchtigung ausüben kann.[734]

423 Führt der **Arbeitgeber** aber bei Vorliegen der Voraussetzungen des § 167 Abs. 2 SGB IX ein **BEM nicht durch**, so gelten diese allgemeinen Beweislastgrundsätze nicht mehr. Der Arbeitgeber, so das BAG, dürfe sich durch seine dem Gesetz widersprechende Untätigkeit **keine darlegungs- und beweisrechtlichen Vorteile** verschaffen. Er hat vielmehr von sich aus denkbare oder vom Arbeitnehmer außergerichtlich bereits genannte Alternativen zu würdigen und im Einzelnen darzulegen, aus welchen Gründen sowohl eine Anpassung des bisherigen Arbeitsplatzes an dem Arbeitnehmer zuträgliche Arbeitsbedingungen als auch die Beschäftigung auf einem anderen leidensgerechten Arbeitsplatz ausscheiden.[735] Erst wenn dem **Arbeitgeber** eine solche **anspruchsvolle Darlegung gelingt,**[736] ist es Sache des betroffenen **Arbeitnehmers, auf**

---

a/15, NZA-RR 2016, 250, Rn. 64; LAG Hamm vom 19.7.2016 – 7 Sa 1707/15, DB 2016, 2244, Rn. 56; LAG Düsseldorf vom 20.10.2016 – 13 Sa 356/16, Rn. 33; vgl. dazu auch mit ausführlicher Darstellung des Meinungsstandes – ErfK/Rolfs, SGB IX § 167 Rn. 10, 11; Düwell in LPK-SGB IX § 167 Rn. 121.

733  St. Rspr. des BAG, vgl. nur BAG vom 19.4.2007 – 2 AZR 239/06, NZA 2007, 1041 (1043) mwN.

734  BAG vom 26.5.1977 – 2 AZR 201/76, NJW 1978, 603; BAG vom 12.7.2007 – 2 AZR 716/06, NZA 2008, 173 (177).

735  BAG vom 12.7.2007 – 2 AZR 716/06, NZA 2008, 173 (177); BAG vom 10.12.2009 – 2 AZR 198/09, NZA 2010, 639 (640), Rn. 14; BAG vom 24.3.2011 – 2 AZR 170/10, NZA 2011, 992; LAG Hessen vom 19.3.2012 – 17 Sa 518/11, Rn. 53; BAG vom 20.11.2014 – 2 AZR 755/13, NZA 2015, 612 (615), Rn. 39; LAG Köln vom 13.4.2012 – 5 Sa 551/11, Rn. 49; LAG Mecklenburg-Vorpommern vom 13.11.2012 – 5 Sa 19/12, Rn. 45; LAG Hamm vom 26.4.2013 – 10 Sa 24/13, Rn. 52; LAG Hessen vom 3.6.2013 – 21 Sa 1456/12, Rn. 51; LAG Schleswig-Holstein vom 18.9.2013 – 3 Sa 133/13, Rn. 30; LAG Rheinland-Pfalz vom 10.2.2014 – 3 Sa 372/13, Rn. 86; LAG Rheinland-Pfalz vom 24.3.2015 – 7 Sa 512/14, Rn. 65; kritisch hierzu Tschöpe, NZA 2008, 398 (399 f.) und Kempter/Steinat, NZA 2015, 840 (845).

736  Ein gelungenes Beispiel dieser anspruchsvollen Argumentation zeigt die Entscheidung des LAG Rheinland-Pfalz vom 24.3.2015 – 7 Sa 512/14, in den Rn. 71 ff. auf; dort wird sehr genau der umfassende Vortrag des Arbeitgebers beschrieben, der letztlich dazu führte, dass trotz eines nicht ordnungsgemäß durchgeführten BEM der beklagte Arbeitgeber darlegen konnte, dass auch bei einem ordnungsgemäß durchgeführten BEM weder eine leidensgerechte Anpassung oder Veränderung des bisherigen Arbeitsplatzes des Arbeitnehmers noch sein Einsatz auf einem anderen Arbeitsplatz mit geänderter Tätigkeit möglich gewesen wäre. In einem solchen Fall ist dann – trotz nicht ordnungsgemäß durchgeführtem BEM – die krankheitsbedingte Kündigung bei Vorliegen einer negativen Prognose sowie der sonstigen Voraussetzungen nicht unverhältnismäßig. Bei einer dauerhaften Arbeitsunfähigkeit ist in aller Regel davon auszugehen, dass der Ar-

den Vortrag des Arbeitgebers substantiiert einzugehen und unter Beweisantritt darzulegen, wie er sich eine leidensgerechte Beschäftigung vorstellt.[737]

Das Gleiche gilt, wenn der Arbeitgeber zur Erfüllung seiner Verpflichtung aus § 167    424
Abs. 2 SGB IX ein Verfahren durchgeführt hat, das **nicht den gesetzlichen Mindestanforderungen** an ein BEM genügt.[738] Zu diesen gehört es, die gesetzlich dafür vorgesehenen Stellen, Ämter und Personen zu beteiligen und zusammen mit ihnen eine an den gesetzlichen Zielen des BEM orientierte Klärung ernsthaft zu versuchen.[739]

**Hinweis:** Das **Unterlassen** eines vorgeschriebenen BEM hat also **Auswirkungen auf**    425
**die Darlegungs- und Beweislast des Arbeitgebers** in einem Kündigungsschutzprozess.[740] Er hat **von sich aus alle denkbaren oder vom Arbeitnehmer ggf. außergerichtlich genannten Alternativen** zu würdigen und im **Einzelnen darzulegen,** aus welchen Gründen weder eine Anpassung des bisherigen Arbeitsplatzes an dem Arbeitnehmer zuträgliche Arbeitsbedingungen noch die Beschäftigung auf einem anderen – leidensgerechten – Arbeitsplatz in Betracht kommt.[741]

Ist ein **BEM ordnungsgemäß durchgeführt** worden, ist der Arbeitgeber seiner Verpflichtung    426
aus § 167 Abs. 2 SGB IX nachgekommen. Das BEM hat seinen Zweck erfüllt und sein Ende gefunden. Dieser Umstand hat – **je nach dem Ergebnis des BEM** – allerdings nach der neuen Rechtsprechung des BAG weitere Folgen für die Darlegungslast.[742]

Hat das BEM zu einem **negativen Ergebnis,** also zur Erkenntnis geführt, es gebe keine    427
Möglichkeiten, die Arbeitsunfähigkeit des Arbeitnehmers zu überwinden oder künftig zu vermeiden, genügt der Arbeitgeber seiner Darlegungslast nach § 1 Abs. 2 S. 4 KSchG, wenn er auf diesen Umstand hinweist und behauptet, es bestünden keine anderen Beschäftigungsmöglichkeiten. Der nunmehr darlegungspflichtige Arbeitnehmer genügt seiner Darlegungslast grundsätzlich nicht dadurch, dass er auf alternative Beschäftigungsmöglichkeiten verweist, die während des BEM behandelt und verworfen worden sind. Der Verweis auf nicht behandelte Alternativen wird grundsätzlich ausgeschlossen sein. Der Arbeitnehmer muss diese bereits in das BEM einbringen. Er

---

beitgeber eine weitere unabsehbare Zeit der Arbeitsunfähigkeit billigerweise nicht hinzunehmen braucht, selbst wenn die Erkrankung des Arbeitnehmers im Zusammenhang mit der geleisteten Arbeit steht – LAG Rheinland-Pfalz vom 24.3.2015 – 7 Sa 512/14, Rn. 78 unter Hinweis auf BAG vom 18.1.2007 – 2 AZR 759/05, AP KSchG 1969 § 1 Krankheit Nr. 44 und BAG vom 19.4.2007 – 2 AZR 239/06, BeckRS 2007, 45855.

737  LAG Schleswig-Holstein vom 17.12.2013 – 1 Sa 175/13, Rn. 57; LAG Rheinland-Pfalz vom 24.3.2015 – 7 Sa 512/14, Rn. 65.
738  BAG vom 10.12.2009 – 2 AZR 400/08, DB 2010, 621 = NZA 2010, 398 (399), Rn. 20 mwN; LAG Köln vom 13.4.2012 – 5 Sa 551/11, Rn. 43 ff.; LAG Hamm vom 26.4.2013 – 10 Sa 24/13, Rn. 53; so auch Düwell in LPK-SGB IX § 167 Rn. 108.
739  BAG vom 10.12.2009 – 2 AZR 400/08, DB 2010, 621 = NZA 2010, 398 (399), Rn. 20 ff.; LAG Hamm vom 26.4.2013 – 10 Sa 24/13, Rn. 53; vgl. dazu auch Schmidt, BEM, Rn. 32 ff.
740  BAG vom 10.12.2009 – 2 AZR 198/09, NZA 2010, 639 (640), Rn. 14; BAG vom 28.4.2011 – 8 AZR 515/10, NJW 2011, 2458, Rn. 39.
741  BAG vom 13.5.2015 – 2 AZR 565/14, NZA 2010, 398 (399), Rn. 23 ff.
742  BAG vom 10.12.2009 – 2 AZR 400/08, DB 2010, 621 = NZA 2010, 398 (399), Rn. 23 ff.

kann allenfalls auf Möglichkeiten verweisen, die sich erst nach Abschluss des BEM bis zum Zeitpunkt der Kündigung ergeben haben.[743]

428 Hat das BEM zu einem **positiven Ergebnis** geführt, ist der Arbeitgeber grundsätzlich verpflichtet, die empfohlene Maßnahme – soweit dies in seiner alleinigen Macht steht – vor Ausspruch einer krankheitsbedingten Kündigung als milderes Mittel umzusetzen. Kündigt er, ohne sie umgesetzt zu haben, muss er im Einzelnen und konkret darlegen, warum die Maßnahme entweder trotz Empfehlung undurchführbar war oder selbst bei einer Umsetzung diese keinesfalls zu einer Vermeidung oder Reduzierung von Arbeitsunfähigkeitszeiten geführt hätte. Dem wird der Arbeitnehmer regelmäßig mit einem einfachen Bestreiten entgegentreten können.[744]

429 **Hinweis:** Angesichts der Ausgestaltung der neuen Darlegungs- und Beweislast bei Nichtdurchführung des BEM durch die Rechtsprechung des BAG ist einem Arbeitgeber dringend zur ordnungsgemäßen Durchführung des BEM entsprechend den durch die Rechtsprechung des BAG aufgestellten Mindeststandards zu raten. Andernfalls wird der Arbeitgeber bei den verschärften Anforderungen an seine Darlegungs- und Beweislast nur sehr geringe Chancen haben, eine krankheitsbedingte Kündigung – insbesondere wegen langanhaltender oder dauerhafter Erkrankung – durchzusetzen.

430 Zusammengefasst ergibt sich folgender **Ablaufplan** bei der Kündigung eines Arbeitnehmers:[745]

- Die Durchführung des BEM ist keine formelle Wirksamkeitsvoraussetzung für eine Kündigung, aber auch kein bloßer Programmsatz.

- Das BEM konkretisiert den Verhältnismäßigkeitsgrundsatz, der aber nicht allein dadurch verletzt wird, dass das BEM nicht durchgeführt wird. Vielmehr müssen Möglichkeiten der Weiterbeschäftigung bestehen.

- Die Pflicht zur Durchführung des BEM hat Auswirkungen auf die Darlegungs- und Beweislast im Kündigungsschutzprozess.

- Wurde kein oder ein ungenügendes BEM durchgeführt, hat der Arbeitgeber darzulegen, weshalb denkbare oder aufgezeigte Alternativen mit Aussicht auf Reduzierung der Fehlzeiten nicht in Betracht kommen.

- Nach einem BEM mit negativem Ergebnis genügt der Hinweis darauf und auf fehlende andere Beschäftigungsmöglichkeiten. Der Arbeitnehmer muss dann weitere Alternativen im Einzelnen vortragen.

- Nach einem BEM mit positivem Ergebnis ist die Empfehlung grundsätzlich umzusetzen. Wird das nicht versucht und gekündigt, muss der Arbeitgeber darlegen,

---

743  BAG vom 10.12.2009 – 2 AZR 400/08, DB 2010, 621 = NZA 2010, 398 (399), Rn. 24; Düwell in LPK-SGB IX § 167 Rn. 85; kritisch hierzu Deinert, NZA 2010, 969 (974).

744  BAG vom 10.12.2009 – 2 AZR 400/08, DB 2010, 621 = NZA 2010, 398 (399), Rn. 25; so auch BAG vom 10.12.2009 – 2 AZR 198/09, NZA 2010, 639 (641), Rn. 21; BAG vom 20.11.2014 – 2 AZR 755/13, NZA 2015, 612 (615), Rn. 39, 40; Düwell in LPK-SGB IX § 167 Rn. 109 mwN.

745  Entsprechend Neumann/Pahlen/Winkler/Jabben, SGB IX, § 167 Rn. 18 nach BAG vom 10.12.2009 – 2 AZR 400/08, NZA 2010, 398; vgl. auch das Ablaufdiagramm bei Düwell in LPK-SGB IX § 167 Rn. 136 und den ausführlichen strukturierten Ablaufplan bei Schmidt, BEM, Rn. 228 ff.

dass die Maßnahme undurchführbar war oder selbst die Umsetzung nicht zu einer Reduzierung der Ausfallzeiten geführt hätte.

■ Bedarf die Empfehlung einer Einwilligung oder Initiative des Arbeitnehmers, kann der Arbeitgeber dafür eine angemessene Frist setzen. Läuft die Frist ergebnislos ab, ist eine angedrohte Kündigung nicht unverhältnismäßig.

### j) Bedeutung für das Zustimmungsverfahren nach den §§ 168 ff. SGB IX

Auch der EuGH hat klargestellt, dass das **Verbot der Diskriminierung wegen einer Behinderung** Entlassungen entgegensteht, die unter Berücksichtigung der Arbeitgeberpflichten zu angemessenen Vorkehrungen am Arbeitsplatz nicht gerechtfertigt sind.[746] In der verwaltungsgerichtlichen Rechtsprechung wird teilweise angenommen, dass ein unterlassenes Präventionsverfahren ein Verfahrensfehler ist und zur formellen Rechtswidrigkeit des Zustimmungsbescheides des Integrationsamtes führt.[747] Dieser Auffassung ist nicht zu folgen, da es sich weder beim Präventionsverfahren nach § 167 Abs. 1 SGB IX noch beim BEM nach § 167 Abs. 2 SGB IX um eine formelle Wirksamkeitsvoraussetzung im Hinblick auf die Zulässigkeit der Kündigung handelt;[748] dies muss entsprechend für das Zustimmungsverfahren nach den §§ 168 ff. SGB IX gelten.[749] **431**

Ist aber der kranke Beschäftigte schwerbehindert oder gleichgestellt, muss im Falle einer späteren Kündigung das **Integrationsamt** nach § 168 SGB IX der Kündigung zustimmen. Dieses entscheidet nach **Ermessen** und überprüft insbesondere jene Kündigungsgründe, die mit der Schwerbehinderung zusammenhängen.[750] Ist eine Zustimmung zur krankheitsbedingten Kündigung beantragt, muss das Integrationsamt seine Entscheidung danach ausrichten, ob die gesetzlich gebotenen Möglichkeiten zur Vermeidung der Kündigung eines schwerbehinderten oder gleichgestellten Beschäftigten ausgeschöpft worden sind. Zu diesen Möglichkeiten gehört auch die Durchführung des BEM nach § 167 Abs. 2 SGB IX.[751] Daher führt die Nichtdurchführung des BEM vor Ausspruch einer krankheitsbedingten Kündigung regelmäßig zur **Aussetzung des Zustimmungsverfahrens** nach den §§ 168 ff. SGB IX und zur Aufforderung des Arbeitgebers durch das Integrationsamt, das Verfahren nach § 167 Abs. 2 SGB IX nachzuholen.[752] Dies gilt nur dann nicht, wenn die Kündigung auch bei Durchführung des BEM nicht hätte verhindert werden können. **432**

**Hinweis:** In jedem Fall sind, insbesondere bei schwerbehinderten Arbeitnehmern, die möglichen **begleitenden Hilfen im Arbeitsleben**, die das Integrationsamt nach § 185 Abs. 3 SGB IX erbringen kann, sorgfältig zu prüfen. Mit diesen können die Kosten für den Arbeitgeber ausgeglichen oder gemindert werden, die ihm durch eine behin- **433**

---

746  EuGH vom 11.7.2006 – C-13/05 (Chacon Naves).
747  OVG Mecklenburg-Vorpommern vom 9.1.2003 – 2 M 105/03, BehindertenR 2005, 143.
748  So auch BAG vom 28.6.2007 – 6 AZR 750/06, NZA 2007, 1049 (1053); BAG vom 12.7.2007 – 2 AZR 716/06, NZA 2008, 173 (175 f.) jeweils mwN; vgl. dazu auch Düwell in LPK-SGB IX § 167 Rn. 113 unter Hinweis auf BVerwG vom 19.8.2013 – 5 B 47/13, Rn. 12.
749  So auch BVerwG vom 29.8.2007 – 5 B 77/07, NJW 2008, 166 = BehindertenR 2008, 166.
750  St. Rspr. vgl. nur BVerwG vom 19.10.1995 – 5 C 24/93, BVerwGE 99, 336, 338; vgl. auch → Rn. 677 ff.
751  BVerwG vom 29.8.2007 – 5 B 77/07, BehindertenR 2007, 193 = NJW 2008, 166, Rn. 5.
752  Vgl. dazu auch Deinert, NZA 2010, 969 (974) mwN.

dertengerechte Umgestaltung des Arbeitsplatzes, die Qualifikation des schwerbehinderten Beschäftigten und eine wesentlich verminderte Leistungsfähigkeit des schwerbehinderten Beschäftigten entstehen (§ 185 Abs. 3 Ziff. 1 a, 1 e, 2 a und 2 b SGB IX).

434 Bislang nicht abschließend geklärt ist, welche **Folgen die Zustimmung des Integrationsamtes in kündigungsschutzrechtlicher Hinsicht** hat. Das BAG vertritt im Hinblick auf das Präventionsverfahren gem. § 167 Abs. 1 SGB IX die Auffassung, dass das Präventionsverfahren die Kündigung nicht hätte vermeiden können, wenn das Integrationsamt der Kündigung zugestimmt hat.[753] Dies soll auch für das BEM nach § 167 Abs. 2 SGB IX gelten, weil das Integrationsamt vor jeder Zustimmungsentscheidung eine intensive Prüfung nach §§ 168 ff. SGB IX durchführe und das Zustimmungsverfahren aussetzen könne, bis das BEM durchgeführt sei.[754] Dieser Auffassung ist aber nicht zu folgen,[755] weil § 167 Abs. 1 SGB IX nach seinem Anwendungsbereich nur für schwerbehinderte Menschen gilt,[756] während das Erfordernis des BEM nach § 167 Abs. 2 SGB IX für alle Arbeitnehmer, auch für nicht schwerbehinderte Menschen besteht. Würde es auf die Zustimmungsentscheidung des Integrationsamtes ankommen, so führt dies dazu, dass nicht behinderte Arbeitnehmer im Kündigungsschutzprozess bessergestellt wären als schwerbehinderte Arbeitnehmer.[757]

### 3. Förderung der Arbeitgeber durch Rehabilitationsträger und Integrationsämter (§§ 167 Abs. 2, 185 Abs. 3 u. 4 SGB IX)

435 Das SGB IX sieht eine Reihe von begleitenden Hilfen im Arbeitsleben vor, die in § 185 Abs. 3 SGB IX aufgeführt und Arbeitgebern oft unbekannt sind. Zum einen sind dies **finanzielle Angebote an schwerbehinderte und gleichgestellte behinderte Menschen** – § 185 Abs. 3 S. 1 Nr. 1 SGB IX –, ua

- für technische Arbeitshilfen,

- zum Erreichen des Arbeitsplatzes,

- zur wirtschaftlichen Selbstständigkeit,

- zur behindertengerechten Gestaltung der Wohnung,

- zur Fortbildung,

---

753  BAG vom 7.12.2006 – 2 AZR 182/06, DB 2007, 1089 = NZA 2007, 617; die neuere Rechtsprechung des 2. Senates des BAG lässt es dahinstehen, ob die Entscheidung vom 7.12.2006 so zu verstehen ist, dass dem Arbeitgeber eine Vortragserleichterung allein aufgrund der Tatsache zukommt, dass das Integrationsamt der Kündigung zugestimmt hat – BAG vom 13.12.2018 – 2 AZR 378/18, Rn. 34.

754  LAG Nürnberg vom 21.6.2006 – 4 (9) Sa 933/05, Rn. 45, BB 2006, 2362 = NZA-RR 2007, 75; in diesem Sinne auch LAG Köln vom 13.4.2012 – 5 Sa 551/11, Rn. 55 ff.; Balders/Lepping, NZA 2005, 854 (857); vgl. dazu auch Beyer/Jansen, BehindertenR 2010, 89 (93) mwN.

755  So im Ergebnis auch Deinert, NZA 2010, 969 (974); Düwell in LPK-SGB IX § 167 Rn. 83.

756  BAG 7.12.2006 – 2 AZR 182/06, DB 2007, 1089 = NZA 2007, 617 (619).

757  So zu Recht Beyer/Jansen, BehindertenR 2010, 89 (94); LAG Düsseldorf vom 30.1.2009 – 9 Sa 699/08, Rn. 45, LAGE § 1 KSchG Krankheit Nr. 44; diese Entscheidung wurde zwar vom BAG mit Urteil vom 10.12.2009 – 2 AZR 198/09, DB 2010, 1015 = NZA 2010, 639, aufgehoben und zur erneuten Entscheidung an das LAG zurück verwiesen; in diesem Punkt hat das BAG der Entscheidung des LAG Düsseldorf in seinem Urteil vom 10.12.2009 nicht widersprochen.

- zur Bereitstellung einer Arbeitsassistenz sowie

- zur Beratung und psychosozialen Betreuung im Arbeitsleben, etwa durch den Integrationsfachdienst (§§ 192 ff. SGB IX).

Das Gesetz sieht in § 185 Abs. 3 S. 1 Nr. 2 SGB IX aber auch **finanzielle Angebote an** **436** **den Arbeitgeber** vor, ua

- zur Schaffung neuer Arbeits- und Ausbildungsplätze,

- zur behindertengerechten Einrichtung vorhandener Arbeits- und Ausbildungsplätze,

- zur Abgeltung außergewöhnlicher Belastungen,

- Prämien zur Einführung des BEM,

- Prämien und Zuschüsse zu den Kosten der Berufsausbildung behinderter Jugendlicher und besonders betroffener schwerbehinderter Menschen,

- Beratung in allen Fragen, die im Zusammenhang mit der Beschäftigung behinderter Menschen stehen.

Schwerbehinderte Menschen haben im Rahmen der Zuständigkeit des Integrations-   **437** amtes für die begleitende Hilfe im Arbeitsleben aus den im Rahmen der Ausgleichsabgabe zur Verfügung stehenden Mitteln Anspruch auf Übernahme der Kosten einer notwendigen Arbeitsassistenz (§ 185 Abs. 5 SGB IX). Bei diesem Anspruch handelt es sich um einen echten Rechtsanspruch. **Arbeitsassistenz** iSd § 185 Abs. 5 SGB IX ist die über gelegentliche Handreichungen hinausgehende, zeitlich wie tätigkeitsbezogen regelmäßig wiederkehrende Unterstützung von schwerbehinderten Menschen bei der Ausübung ihres Berufes in Form einer von ihnen selbst beauftragten persönlichen Arbeitskraft zur Erlangung oder Erhaltung eines Arbeitsplatzes auf dem allgemeinen Arbeitsmarkt.[758] Voraussetzung der Kostenübernahme durch das Integrationsamt ist die Notwendigkeit der Arbeitsassistenz, um eine Eingliederung in das Erwerbsleben zu erreichen. Dies ist der Fall, wenn erst durch die Arbeitsassistenz eine den Anforderungen des allgemeinen Arbeitsmarktes entsprechende Arbeitsleistung erzielt werden kann.

§ 14 SGB IX gilt gem. § 185 Abs. 7 S. 1 SGB IX sinngemäß, wenn beim Integrations-   **438** amt eine Leistung zur Teilhabe am Arbeitsleben beantragt wird. Das Gleiche gilt, wenn ein Antrag bei einem Rehabilitationsträger gestellt und der Antrag von diesem nach § 16 Abs. 2 SGB I an das Integrationsamt weitergeleitet worden ist (§ 185 Abs. 7 S. 2 SGB IX). Das Integrationsamt kann gem. § 185 Abs. 7 S. 3 SGB IX in Eilfällen auch **vorläufige Leistungen** erbringen.

Die Rehabilitationsträger haben nach den Vorschriften des SGB IX ihre Rehabilitati-   **439** onsleistungen so umfassend und vollständig zu erbringen, dass Leistungen eines anderen Trägers möglichst nicht erforderlich werden (§ 4 Abs. 2 S. 2 SGB IX). Die Auf-

---

758 Vgl. auch die Zusammenstellung der in einem BEM-Verfahren in Betracht kommenden Maßnahmen einschließlich einer Arbeitsassistenz bei Schmidt, BEM, Rn. 238, 241.

gaben der Bundesagentur für Arbeit bei der Zusammenarbeit mit den Arbeitgebern und Integrationsämtern regelt § 187 SGB IX.

### XIII. Zusammenarbeit aller Beteiligten (§ 182 SGB IX)

440  Ergänzt werden die finanziellen Regelungen in § 185 SGB IX durch die Verpflichtung zur Zusammenarbeit aller an der Rehabilitation im Arbeitsleben Beteiligten in § 182 SGB IX. Ziel dieser Regelung ist die Förderung der beruflichen Eingliederung von schwerbehinderten und gleichgestellten behinderten Menschen im Arbeitsleben. Danach arbeiten Arbeitgeber, Inklusionsbeauftragter des Arbeitgebers, Schwerbehindertenvertretung und die betrieblichen Interessenvertretungen (§ 176 SGB IX) zur Teilhabe schwerbehinderter Menschen am Arbeitsleben eng zusammen (§ 182 Abs. 1 SGB IX). Die Art und Weise der Zusammenarbeit ist dabei freigestellt. Rechtlich zulässig, wenn auch nicht verpflichtend, ist die Institutionalisierung einer ständigen „Helfergruppe" oder eines „Integrationsteams" für den einzelnen Betrieb oder das Unternehmen.[759] Zur engen Zusammenarbeit iSv § 182 Abs. 1 SGB IX gehört es auch, dass der Arbeitgeber die bei ihm tätigen, von der Schwerbehindertenvertretung repräsentierten schwerbehinderten Menschen namentlich benennt. Denn die Schwerbehindertenvertretung kann die ihr gesetzlich zugewiesenen Aufgaben nur erfüllen, wenn sie die von ihr zu vertretenden Personen kennt, dazu gehören die in Ausbildung befindlichen schwerbehinderten Rehabilitanden.[760] Die Pflicht zur Zusammenarbeit besteht auch für die **Stufenvertretungen** nach § 180 SGB IX.[761]

441  Die in § 182 Abs. 1 SGB IX genannten Personen und Vertretungen, die mit der Durchführung des Teil 2 beauftragten Stellen und die Rehabilitationsträger haben sich nach § 182 Abs. 2 S. 1 SGB IX gegenseitig bei der Erfüllung ihrer Aufgaben zu unterstützen. In erster Linie sind dies die **Integrationsämter** und die **Bundesagentur für Arbeit**. Unterstützung heißt, dass sich alle an der betrieblichen Rehabilitation Beteiligten gegenseitig unterrichten, informieren und Vorschläge zur Verbesserung unterbreiten, wobei eine bestimmte Art und Weise nicht vorgeschrieben ist.

442  Nach § 182 Abs. 2 S. 2 SGB IX sind Vertrauensperson der Schwerbehinderten und Inklusionsbeauftragter des Arbeitgebers Verbindungspersonen zur Bundesagentur für Arbeit und zum Integrationsamt.

443  **Hinweis:** Die **Schwerbehindertenvertretungen** haben das Recht, sich als Verbindungspersonen jederzeit direkt an die zuständigen außerbetrieblichen Stellen zu wenden. Es bedarf dazu keiner Genehmigung des Arbeitgebers.[762] Dies ist insbesondere dann sinnvoll, wenn die Schwerbehindertenvertretung zur Bewältigung ihrer Aufgaben Informationen, Kenntnisse und Ratschläge benötigt.

---

759  Vgl. dazu Düwell in LPK-SGB IX § 182 Rn. 3.
760  Düwell in LPK-SGB IX § 182 Rn. 5 unter Hinweis auf BAG vom 16.4.2003 – 7 ABR 27/02, NZA 2003, 1105.
761  Neumann/Pahlen/Winkler/Jabben, § 182 Rn. 2; Düwell in LPK-SGB IX § 182 Rn. 4 mwN.
762  Vgl. dazu ausführlich Düwell in LPK-SGB IX § 182 Rn. 7.

## XIV. Mehrarbeit (§ 207 SGB IX)

Schwerbehinderte Arbeitnehmer sind auf ihr Verlangen von Mehrarbeit freizustellen (§ 207 SGB IX). Diese Vorschrift gilt sowohl für schwerbehinderte Menschen als auch für ihnen **Gleichgestellte** in allen Beschäftigungs- und Dienstverhältnissen und somit auch für **Beamte und Richter**.[763] Unerheblich ist, ob die Mehrarbeit eine konkrete zusätzliche Belastung mit sich bringt.[764]    444

**Hinweis:** Die Vorschrift des § 207 SGB IX enthält kein Verbot der Anordnung von Mehrarbeit durch den Arbeitgeber, sondern gibt dem schwerbehinderten oder gleichgestellten Arbeitnehmer das Recht, sich von Mehrarbeit befreien zu lassen.[765]    445

Der **Begriff der Mehrarbeit** iSv § 207 SGB IX wird allerdings nicht einheitlich beurteilt. Mehrarbeit ist nach der herkömmlichen arbeitsrechtlichen Begriffsbestimmung die über die regelmäßige gesetzliche Arbeitszeit hinaus geleistete Arbeitszeit. Das BAG greift für den Begriff der Mehrarbeit iSv § 207 SGB IX auf den Mehrarbeitsbegriff der **Arbeitszeitordnung** zurück, mit der Folge, dass nur die über 8 Stunden werktäglich hinausgehende Arbeitszeit erfasst ist.[766] Nach Auffassung des BAG gilt dies auch bei abweichenden tariflichen Arbeitszeiten, so dass jede über 8 Stunden hinausgehende Arbeitszeit, auch bei flexibler Arbeitszeit mit einer Verlängerungsmöglichkeit auf höchstens 10 Stunden (§ 3 S. 2 ArbZG), Mehrarbeit iSd § 207 SGB IX darstellt.[767] Die Acht-Stunden-Grenze ist ebenso bei der Arbeitsleistung während der Rufbereitschaft einzuhalten.[768]    446

**Hinweis:** Mit dem BAG und der Literatur ist also davon auszugehen, dass der schwerbehinderte Mensch erst bei Überschreiten der **regelmäßigen gesetzlichen Arbeitszeit** einschließlich etwaiger **Bereitschaftsdienste**[769] von acht Stunden täglich Freistellung von der Mehrarbeit verlangen kann.[770]    447

§ 207 SGB IX gibt dem schwerbehinderten Menschen kein Recht, **Sonn- oder Feiertagsarbeit** bzw. **Nachtarbeit** abzulehnen oder auf Einhaltung einer Fünf-Tage-Woche zu bestehen. Nur dann, wenn damit auch Mehrarbeit verbunden ist, besteht ein Anspruch auf Befreiung von dieser Mehrarbeit.[771] Eine Verpflichtung des Arbeitgebers, keine Nachtarbeit anzuordnen oder die **Fünf-Tage-Woche** einzuhalten, kann sich bei Vorliegen der Voraussetzungen aber grundsätzlich aus dem einklagbaren Anspruch    448

---

763 Neumann/Pahlen/Winkler/Jabben, § 207 Rn. 2; ErfK/Rolfs, SGB IX § 207 Rn. 1; Düwell in LPK-SGB IX § 207 Rn. 3, 6 zu Beamten und Richtern.

764 Neumann/Pahlen/Winkler/Jabben, § 207 Rn. 2; Düwell in LPK-SGB IX § 207 Rn. 3.

765 Düwell in LPK-SGB IX § 207 Rn. 3; ErfK/Rolfs, SGB IX § 207 Rn. 1.

766 BAG vom 3.12.2002 – 9 AZR 462/01, NZA 2004, 1219; BAG vom 21.11.2006 – 9 AZR 176/06, NZA 2007, 446; so auch Düwell in LPK-SGB IX § 207 Rn. 4 mwN; Neumann/Pahlen/Winkler/Jabben, § 207 Rn. 3; Düwell in LPK-SGB IX § 207 Rn. 3.

767 BAG vom 3.12.2002 – 9 AZR 462/01, NZA 2004, 1219 (1221); BAG vom 21.11.2006 – 9 AZR 176/06, NZA 2007, 446 (447).

768 LAG Hamm vom 30.3.2006 – 8 Sa 1992/04, AuR 2003, 293.

769 BAG vom 21.11.2006 – 9 AZR 176/06, NZA 2007, 446 (447) mwN; vgl. zu Arbeitsbereitschaft und Bereitschaftsdienst ausführlich Düwell in LPK-SGB IX § 207 Rn. 8 mwN.

770 BAG vom 3.12.2002 – 9 AZR 462/01, NZA 2004, 1219 (1221); BAG vom 21.11.2006 – 9 AZR 176/06, NZA 2007, 446 (447); ErfK/Rolfs, SGB IX § 207 Rn. 1; Düwell in LPK-SGB IX § 207 Rn. 4; Neumann/Pahlen/Winkler/Jabben, § 207 Rn. 3.

771 BAG vom 3.12.2002 – 9 AZR 462/01, NZA 2004, 1219 (1222); Düwell in LPK-SGB IX § 207 Rn. 7 mwN.

des schwerbehinderten Menschen auf behinderungsgerechte Gestaltung der Arbeitszeit nach § 164 Abs. 4 Nr. 4 SGB IX ergeben.[772]

449   **Beispiel:** Die gleichgestellte Arbeitnehmerin A ist als Altenpflegerin beschäftigt und wird im Schichtdienst, also auch im Nachtdienst sowie an Wochenenden und Feiertagen, in den Dienstplan eingeteilt. Dadurch ergeben sich unregelmäßige Arbeitszeiten, die mit ihrer Behinderung, einer Depression, nicht vereinbar sind. A macht gegenüber ihrem Arbeitgeber B eine behindertengerechte Gestaltung ihrer Arbeitszeit gem. § 164 Abs. 4 S. 1 Nr. 4 SGB IX geltend und fordert die Herausnahme aus dem Schichtdienst und die Befreiung von Nachtarbeit. Der Arbeitgeber B teilt A trotzdem ohne weitere Prüfung im Schichtdienst ein und verweigert eine Dienstplanänderung. Ist in einem solchen Fall die Erfüllung des Anspruchs der A auf behindertengerechte Gestaltung ihrer Arbeitszeit nach § 164 Abs. 4 S. 3 SGB IX nicht unzumutbar oder mit unverhältnismäßigen Aufwendungen verbunden, so hat A einen Anspruch auf die Befreiung von der Nachtarbeit. Anders als beim Anspruch auf Befreiung von Mehrarbeit nach § 207 SGB IX muss A aber ihren behinderungsgerechten Beschäftigungsanspruch gerichtlich geltend machen.

450   Der schwerbehinderte Mensch kann **nur auf Verlangen** von der Mehrarbeit freigestellt werden, dh er muss das ihm nach § 207 SGB IX zustehende Leistungsverweigerungsrecht auch geltend machen. **Gründe für sein Verlangen** muss der schwerbehinderte Arbeitnehmer nicht angeben; er muss sich aber auf seine Schwerbehinderung oder Gleichstellung berufen.[773] Er kann die Mehrarbeit für eine bestimmte oder unbestimmte Zeit verlangen; das Verlangen muss nicht für jeden Arbeitstag oder jede Arbeitswoche wiederholt werden.[774] Eine solche Beschränkung lässt sich dem Gesetzeswortlaut nicht entnehmen und dient auch nicht dem Interesse des Arbeitgebers, dem ansonsten eine längerfristige Personalplanung und Dienstplangestaltung unmöglich wäre, zumal § 207 SGB IX auch keine Erklärungsfrist für das Verlangen der Freistellung von der Mehrarbeit vorsieht.[775] Verlangt der Arbeitnehmer die Freistellung, wird die Mehrarbeit nicht mehr geschuldet. Nach der Regelung in § 207 SGB IX tritt die Rechtsfolge der Freistellung allein mit dem Zugang des Verlangens des schwerbehinderten Menschen ein; es bedarf daher keiner Freistellungserklärung des Arbeitgebers, wie sie für die Arbeitsbefreiung bei Urlaubserteilung erforderlich ist.[776]

451   **Hinweis:** Ohne ein entsprechendes Verlangen darf der schwerbehinderte oder gleichgestellte Arbeitnehmer allerdings nicht die Mehrarbeit ablehnen und seinen Arbeitsplatz verlassen. In außergewöhnlichen Fällen bzw. einem Notfall, also wenn Rohstoffe oder Lebensmittel zu verderben drohen, muss die notwendige Arbeit ausgeführt werden (§ 14 ArbZG).[777]

---

772   BAG vom 3.12.2002 – 9 AZR 462/01, NZA 2004, 1219 (1222); Neumann/Pahlen/Winkler/Jabben, § 207 Rn. 5; vgl. dazu auch Düwell in LPK-SGB IX § 207 Rn. 7 mwN.
773   Neumann/Pahlen/Winkler/Jabben, § 207 Rn. 5; Düwell in LPK-SGB IX § 207 Rn. 9.
774   BAG vom 3.12.2002 – 9 AZR 462/01, NZA 2004, 1219 (1222), Rn. 54; Düwell in LPK-SGB IX § 207 Rn. 9.
775   BAG vom 3.12.2002 – 9 AZR 462/01, NZA 2004, 1219; BAG vom 21.11.2006 – 9 AZR 176/06, NZA 2007, 446 (447).
776   BAG vom 3.12.2002 – 9 AZR 462/01, NZA 2004, 1219; BAG vom 21.11.2006 – 9 AZR 176/06, NZA 2007, 446 (447); Neumann/Pahlen/Winkler/Jabben, § 207 Rn. 5; Düwell in LPK-SGB IX § 207 Rn. 9.
777   Neumann/Pahlen/Winkler/Jabben, § 207 Rn. 4.

## XV.  Zusatzurlaub (§ 208 SGB IX)

Schwerbehinderte Menschen haben gem. § 208 Abs. 1 S. 1 SGB IX Anspruch auf    452
einen bezahlten Zusatzurlaub von fünf Arbeitstagen im Urlaubsjahr. Nach der Rechtsprechung des BAG folgt der Zusatzurlaub hinsichtlich seiner **Entstehung, Übertragung, Kürzung, Abgeltung** und seines **Erlöschens dem Anspruch auf Erholungsurlaub**.[778] Der Zusatzurlaubsanspruch nach § 208 SGB IX ist also an das rechtliche
Schicksal des sonstigen Urlaubsanspruchs des Arbeitnehmers gebunden.[779] Der Zusatzurlaub wird zu dem unabhängig von der Behinderung bestehenden Urlaubsanspruch hinzuaddiert, auf den der schwerbehinderte Mensch aufgrund von Tarifvertrag, Betriebsvereinbarung oder Arbeitsvertrag Anspruch hat, also nicht nur zum gesetzlichen Urlaubsanspruch.[780]

**Hinweis:** Das bedeutet, dass der Anspruch auf Zusatzurlaub nur dann und insoweit    453
erworben wird, wie ein Hauptanspruch auf Erholungsurlaub entstanden ist, so dass
auch für den vollen Zusatzurlaub die **Wartezeit** nach § 4 BUrlG zurückzulegen ist.[781]
Auch der Zusatzurlaub erlischt mit Ablauf des Urlaubsjahres, soweit nicht eine Übertragung stattfindet; ebenso erlischt er, wenn der **schwerbehinderte Beschäftigte
stirbt**.[782]

Anspruch auf diesen Zusatzurlaub haben nur schwerbehinderte **Arbeitnehmer** und    454
**arbeitnehmerähnliche Personen**[783] mit einem GdB von 50 (§ 2 Abs. 2 SGB IX), nicht
aber Gleichgestellte. Für **gleichgestellte behinderte Menschen** findet gem. der ausdrücklichen gesetzlichen Regelung in § 151 Abs. 3 SGB IX der § 208 SGB IX keine
Anwendung.

Die **Dauer** dieses Zusatzurlaubs bemisst sich im Unterschied zu § 3 BUrlG nicht nach    455
Werk-, sondern nach Arbeitstagen, an denen der schwerbehinderte Arbeitnehmer
aufgrund seines Arbeitsvertrages zu arbeiten hat. Der Zusatzurlaub beträgt grundsätzlich **fünf Arbeitstage**.[784] Der Feststellung eines individuellen Bedürfnisses nach
zusätzlicher Erholung bedarf es nicht.[785]

---

778  St. Rspr. des BAG, vgl. BAG vom 21.2.1995 – 9 AZR 166/94, NZA 1995, 746; BAG vom 25.6.1996 –
  9 AZR 182/95, BB 1996, 2361; BAG vom 24.10.2006 – 9 AZR 669/05, NZA 2007, 330 = DB 2007, 351;
  BAG vom 23.3.2010 – 9 AZR 128/09, NZA 2010, 810, Rn. 69; BAG vom 13.12.2011 – 9 AZR 399/10,
  NZA 2012, 514, Rn. 40 mwN; vgl. dazu auch ErfK/Rolfs, SGB IX § 208 Rn. 2; Neumann/Pahlen/Winkler/
  Jabben, § 208 Rn. 10; Deinert in Deinert/Neumann (Hrsg.), HdB SGB IX, § 18 Rn. 61; Düwell in LPK-
  SGB IX § 208 Rn. 24 mwN.
779  BAG vom 23.3.2010 – 9 AZR 128/09, NZA 2010, 810, Rn. 71; BAG vom 13.12.2011 – 9 AZR 399/10,
  NZA 2012, 514, Rn. 40 jeweils mwN.
780  BAG vom 24.10.2006 – 9 AZR 669/05, NZA 2007, 330 = DB 2007, 351.
781  BAG vom 21.2.1995 – 9 AZR 166/94, NZA 1995, 746; vgl. dazu auch ErfK/Rolfs, SGB IX § 208 Rn. 2;
  Neumann/Pahlen/Winkler/Jabben, § 208 Rn. 10 mwN; vgl. dazu auch Düwell in LPK-SGB IX § 208
  Rn. 13.
782  BAG vom 8.7.1989 – 8 AZR 74/88; vgl. dazu auch Düwell in LPK-SGB IX § 208 Rn. 24; allerdings ist die
  unionsrechtliche Rechtsprechung zur Vererbarkeit des finanziellen Ausgleichs für nicht genommene Urlaubstage zu beachten EuGH vom 6.11.2018 – C-569/16 und C-570/16 (Bauer); vgl. zur Vererbbarkeit
  auch Düwell in LPK-SGB IX § 208 Rn. 24.
783  Vgl. zum erfassten Personenkreis ausführlich Düwell in LPK-SGB IX § 208 Rn. 9.
784  Vgl. dazu auch Düwell in LPK-SGB IX § 208 Rn. 10.
785  BAG vom 21.2.1995 – 9 AZR 166/94, NZA 1995, 746; vgl. dazu auch ErfK/Rolfs, SGB IX § 208 Rn. 1;
  Düwell in LPK-SGB IX § 208 Rn. 5; Neumann/Pahlen/Winkler/Jabben, § 208 Rn. 6 mwN.

456 § 208 Abs. 1 S. 1 Hs. 2 SGB IX regelt die Fälle, in denen die **Verteilung der Arbeitszeit von einer Fünf-Tage-Woche abweicht.** Die Zahl der zusätzlichen Urlaubstage soll sich dann entsprechend erhöhen oder vermindern. Der Zusatzurlaub erhöht sich, wenn die regelmäßige Arbeitszeit eines Schwerbehinderten nicht auf fünf, sondern auf mehr Tage verteilt ist, und vermindert sich, wenn sie auf weniger als fünf Tage verteilt ist.

457 **Beispiel:** Ist der Schwerbehinderte an sechs Wochentagen beschäftigt, besteht ein Anspruch auf Zusatzurlaub für sechs Arbeitstage. Beträgt die regelmäßige Arbeitszeit des schwerbehinderten Beschäftigten dagegen nur drei Tage pro Woche, so erhält er auch nur einen Zusatzurlaub von drei Arbeitstagen.[786]

458 **Tarifliche, betriebliche oder sonstige Urlaubsregelungen,** die einen längeren Zusatzurlaub vorsehen, bleiben nach § 208 Abs. 1 S. 2 SGB IX unberührt. Tarif- oder einzelvertragliche Abweichungen vom gesetzlichen Urlaubsanspruch nach § 208 SGB IX zu Ungunsten des schwerbehinderten Arbeitnehmers sind unzulässig.[787] Da der Zusatzurlaub nach § 208 SGB IX ein gesetzlicher Mindesturlaubsanspruch ist, ist er unabdingbar.[788]

459 Besteht die **Schwerbehinderteneigenschaft nicht während des gesamten Kalenderjahres,** so hat der schwerbehinderte Arbeitnehmer gem. § 208 Abs. 2 S. 1 SGB IX für jeden vollen Monat der im Beschäftigungsverhältnis vorliegenden Schwerbehinderteneigenschaft einen Anspruch auf ein Zwölftel des Zusatzurlaubs nach § 208 Abs. 1 S. 1 SGB IX. § 208 Abs. 2 S. 1 SGB IX begrenzt in Abweichung von der Rechtsprechung des BAG[789] also den Zusatzurlaub für die Fälle, in denen die Schwerbehinderung erst im Laufe des Kalenderjahres entsteht oder anerkannt wird bzw. wegfällt.[790] Bruchteile von Urlaubstagen, die mindestens einen halben Tag ergeben, sind auf volle Urlaubstage aufzurunden (§ 208 Abs. 2 S. 2 SGB IX).[791] Der so ermittelte Zusatzurlaub ist dem Erholungsurlaub hinzuzurechnen und kann bei einem nicht im ganzen Kalenderjahr bestehenden Beschäftigungsverhältnis nicht erneut gemindert werden (§ 208 Abs. 2 S. 3 SGB IX).[792] Die Zwölftelung greift auch dann ein, wenn ein schwerbehinderter Mensch diese Eigenschaft im Verlauf des Urlaubsjahres nach § 199 Abs. 1 SGB IX verliert.[793]

460 **Beispiel:** A ist seit dem 1.1.2000 bei der Gebäudereinigung B beschäftigt. Ihr tariflicher Urlaubsanspruch beträgt 30 Arbeitstage bei einer Fünf-Tage-Woche. Die Schwerbehinderteneigenschaft wird ab dem 8.7.2018 festgestellt. Die Schwerbehinderteneigenschaft bestand damit im Jahr 2018 fünf volle Monate. Die Berechnung erfolgt wie folgt: 5/12 von fünf Tagen Zusatzurlaub =

---

786 Vgl. dazu auch die Übersicht bei Düwell in LPK-SGB IX § 208 Rn. 10–12 mit mehreren Beispielen.
787 BAG vom 8.3.1994 – 9 AZR 49/93, DB 1994, 1528.
788 BAG vom 25.10.1996 – 9 AZR 182/95, NZA 1996, 1153, Rn. 22; Düwell in LPK-SGB IX § 208 Rn. 26; Deinert in Deinert/Neumann (Hrsg.), HdB SGB IX, § 18 Rn. 61.
789 BAG vom 21.2.1995 – 9 AZR 166/94, NZA 1995, 839; BAG vom 21.2.1995 – 9 AZR 675/93, NZA 1995, 746.
790 Vgl. dazu Düwell in LPK-SGB IX § 208 Rn. 6; ErfK/Rolfs, SGB IX § 208 Rn. 3.
791 Vgl. dazu ausführlich Fenski, NZA 2004, 1255 ff.; Düwell in LPK-SGB IX § 208 Rn. 6 sowie Rn. 15–20 mit Beispielen.
792 Vgl. zur Berechnung der Quotelung des Zusatzurlaubs bei Eintritt der Schwerbehinderung im Urlaubsjahr ausführlich Düwell in LPK-SGB IX § 208 Rn. 16 ff. mit weiterem Beispiel in Rn. 20; Neumann/Pahlen/Winkler/Jabben, § 208 Rn. 10.
793 Vgl. Düwell in LPK-SGB IX § 208 Rn. 22; Neumann/Pahlen/Winkler/Jabben, § 208 Rn. 10.

2,08 Tage; damit ergeben sich zwei zusätzliche Urlaubstage,[794] die zum tariflichen Urlaubsanspruch hinzuzurechnen sind.

A hat demgemäß für 2018 insgesamt einen Urlaubsanspruch von 32 Urlaubstagen und für die Folgejahre ab 2019 jeweils 35 Urlaubstage pro Kalenderjahr.

Entscheidend für das Entstehen des Anspruchs auf Zusatzurlaub ist der **Beginn der** **461** **Schwerbehinderteneigenschaft**, also der Zeitpunkt, ab dem Funktionseinschränkungen vorliegen, die mit einem GdB von 50 zu bewerten sind (§ 2 Abs. 2 SGB IX). Unerheblich ist, wann die Schwerbehinderteneigenschaft festgestellt wurde oder mit welchem Datum ein Ausweis über die Schwerbehinderteneigenschaft ausgestellt wurde.[795] Da der Feststellung der Schwerbehinderteneigenschaft durch die zuständigen Behörden (Versorgungsämter) nur deklaratorische Wirkung zukommt,[796] entsteht nach der ständigen Rechtsprechung des BAG der Anspruch auf Zusatzurlaub auch dann, wenn der schwerbehinderte Arbeitnehmer durch das Versorgungsamt erst später als Schwerbehinderter anerkannt wird.[797] Der Arbeitgeber kann allerdings die Gewährung des Zusatzurlaubs solange verweigern, wie die Voraussetzungen hierfür vom Arbeitnehmer nicht nachgewiesen sind.

Wird die **Eigenschaft als schwerbehinderter Mensch** nach § 152 Abs. 1 und 2 SGB IX **462** **rückwirkend festgestellt**, finden auch für die Übertragbarkeit des Zusatzurlaubs in das nächste Kalenderjahr die dem Beschäftigungsverhältnis zugrunde liegenden urlaubsrechtlichen Regelungen Anwendung (§ 208 Abs. 3 SGB IX). Mit dieser 2004 in Kraft getretenen Regelung in § 208 Abs. 3 SGB IX ist erstmalig eine gesetzliche Regelung für das Problem geschaffen worden, das auftritt, wenn das Versorgungsamt erst nach Ablauf des Urlaubsjahres über den Feststellungsantrag positiv entscheidet.[798] Im Falle **rückwirkender Anerkennung** als schwerbehinderter Mensch besteht im Fall langfristiger Erkrankung des Arbeitnehmers jedenfalls dann kein rückwirkender Anspruch auf Zusatzurlaub, wenn auch ein nicht erkrankter Arbeitnehmer die Gewährung dieses Urlaubs nicht mehr verlangen könnte.[799]

Es tritt also kein Erlöschen des Anspruchs auf Zusatzurlaub ein, sofern der Urlaubs- **463** anspruch übertragen wird. Für Arbeitnehmer gilt nach § 7 Abs. 3 S. 2, 3 BurlG für den nach § 4 BurlG nach sechsmonatigem Bestehen des Arbeitsverhältnisses erworbenen Anspruch auf Vollurlaub[800] eine Übertragung auf die ersten drei Monate des folgenden Kalenderjahres, soweit dringende betriebliche oder in der Person des Arbeitnehmers liegende Gründe die Übertragung rechtfertigen. Das ist insbesondere der Fall, wenn der Urlaub aus Gründen der Arbeitsunfähigkeit oder wegen entgegenste-

---

794 Da der Bruchteil von 0,08 nicht mindestens 1/2, also 0,5 erreicht (§ 208 Abs. 2 S. 2 SGB IX), sind die Tage abzurunden.

795 BAG vom 28.1.1982 – 6 AZR 636/79, DB 1982, 1329; BAG vom 26.6.1986 – 8 AZR 550/84; BAG vom 26.4.1990 – 8 AZR 517/89, BAGE 65, 122 = NZA 1990, 940; vgl. dazu auch Neumann/Pahlen/Winkler/Jabben, § 208 Rn. 8.

796 St. Rspr. des BAG, vgl. nur BAG vom 13.2.2008 – 2 AZR 864/06, NZA 2008, 1055 (1056), Rn. 16 mwN.

797 St. Rspr., vgl. nur BAG vom 25.6.1996 – 9 AZR 182/95, BB 1996, 2361 (2362) = NZA 1996, 1153, Rn. 14 mwN; vgl. dazu auch Neumann/Pahlen/Winkler/Jabben, § 208 Rn. 8.

798 Vgl. dazu Düwell in LPK-SGB IX § 208 Rn. 25; Düwell, NZA 2017, 1237 (1241); Neumann/Pahlen/Winkler/Jabben, § 208 Rn. 10.

799 ArbG Bonn vom 18.1.2012 – 5 Ca 2499/11; vgl. dazu auch Düwell, NZA 2017, 1237 (1241).

800 Vgl. zum Sonderfall der rückwirkenden Anerkennung der Schwerbehinderung und einem Ausscheiden des Arbeitnehmers im ersten Halbjahr Düwell in LPK-SGB IX § 208 Rn. 21.

hender betrieblicher Belange nicht gewährt werden konnte. Für den gesetzlichen Mindesturlaub und den akzessorischen Zusatzurlaub nach § 208 SGB IX gilt eine den Wortlaut ergänzende unionskonforme Auslegung des § 7 Abs. 3 S. 3 BUrlG, wonach **Urlaubsansprüche arbeitsunfähiger Arbeitnehmer** ausnahmsweise erst 15 Monate nach Ablauf des jeweiligen Urlaubsjahres verfallen.[801] Für die Übertragung bedarf es keines Antrags, sie vollzieht sich am Jahresende automatisch, wenn Übertragungsgründe vorliegen.

464 **Hinweis:** Bei **längerer Arbeitsunfähigkeit** eines Arbeitnehmers ist also zu beachten, dass nach der aktuellen Rechtsprechung des BAG sowohl der Urlaubsanspruch nach §§ 1, 3 Abs. 1 BUrlG wie auch der Zusatzurlaubsanspruch nach § 208 SGB IX nicht unter der Bedingung stehen, dass der Arbeitnehmer im Bezugszeitraum eine Arbeitsleistung erbracht hat. Der Urlaubsanspruch entsteht unabhängig davon, ob der Arbeitnehmer eine Arbeitsleistung im Urlaubsjahr erbracht hat oder nicht.[802] Die gesetzlichen Urlaubsansprüche (gesetzlicher Mindesturlaub und Zusatzurlaub für schwerbehinderte Menschen) verfallen allerdings bei andauernder Erkrankung des Arbeitnehmers gem. § 7 Abs. 3 S. 3 BUrlG 15 Monate nach Ablauf des jeweiligen Urlaubsjahres, so dass mit Ablauf des 31.3. des übernächsten Jahres Urlaubsansprüche nicht mehr bestehen und damit dann nicht mehr abzugelten sind. § 7 Abs. 3 S. 3 BUrlG ist unionsrechtskonform so auszulegen, dass gesetzliche Urlaubsansprüche arbeitsunfähiger Arbeitnehmer 15 Monate nach Ablauf des jeweiligen Urlaubsjahres verfallen.[803]

465 Somit finden zwar in Bezug auf die **Übertragbarkeit des Zusatzurlaubs** die dem Beschäftigungsverhältnis zugrunde liegenden urlaubsrechtlichen Regelungen Anwendung (§ 208 Abs. 3 SGB IX), die rückwirkende Feststellung der Schwerbehinderteneigenschaft soll jedoch – obwohl sie nicht konstitutiv wirkt – nicht dazu führen, dass der schwerbehinderte Mensch Urlaubsansprüche für vergangene Zeiten geltend machen kann.[804] Die **Ungewissheit über das Bestehen der Schwerbehinderteneigenschaft** allein ist kein in der Person des Arbeitnehmers liegender Grund für eine Übertragung des Zusatzurlaubs auf den gesetzlichen oder tariflichen Übertragungszeitraum.[805]

466 **Hinweis:** Schwerbehinderte Arbeitnehmer sollten also wissen, dass der Zusatzurlaubsanspruch, der bei rückwirkender Feststellung des Vorliegens der Schwerbehin-

---

801 BAG vom 7.8.2012 – 9 AZR 335/10, Rn. 32; Düwell in LPK-SGB IX § 208 Rn. 26, 52 mwN; diese Beschränkung der Urlaubs- und Zusatzurlaubsansprüche durch einen Übertragungszeitraum von maximal 15 Monaten ist durch das BVerfG als verfassungskonform beurteilt worden BVerfG vom 15.5.2014 – 2 BvR 324/14, NJW 2014, 838.

802 BAG vom 7.8.2012 – 9 AZR 353/10, NZA 2012, 1216, Rn. 8 mwN; vgl. auch ausführlich und mit einem Überblick über die unionsrechtliche Rechtsprechung ErfK/Gallner, § 1 BUrlG Rn. 6 ff.

803 BAG vom 7.8.2012 – 9 AZR 353/10, NZA 2012, 1216, Rn. 32 ff.; BAG vom 18.9.2012 – 9 AZR 623/10, Rn. 14; so auch das ArbG Berlin vom 22.4.2009 – 56 Ca 21280/08, NZA-RR 2009, 411, Rn. 31 ff.; Neumann/Pahlen/Winkler/Jabben, § 208 Rn. 11; aA ErfK/Rolfs, SGB IX § 208 Rn. 4, der davon ausgeht, dass die Rechtsprechung des EuGH zur Übertragbarkeit des Urlaubsanspruchs nach der Richtlinie nicht auf den Zusatzurlaub Anwendung findet, da der Zusatzurlaub nach § 208 SGB IX nicht auf Unionsrecht beruht.

804 Neumann/Pahlen/Winkler/Jabben, § 208 Rn. 9; ErfK/Rolfs, SGB IX § 208 Rn. 4, jeweils unter Hinweis auf BT-Drs. 15/1783, 18; vgl. auch ausführlich Düwell in LPK-SGB IX § 208 Rn. 26 mwN.

805 BAG vom 13.6.1991 – 8 AZR 360/90, AuR 1991, 248; BAG vom 21.2.1995 – 9 AZR 675/93, NZA 1995, 746, Rn. 14 mwN; Neumann/Pahlen/Winkler/Jabben, § 208 Rn. 9 mwN; Düwell in LPK-SGB IX § 208 Rn. 23; Düwell, NZA 2017, 1237 (1241); ErfK/Rolfs, SGB IX § 208 Rn. 4.

derung schon vor dem Jahr der behördlichen Anerkennung entstanden ist, mit dem Ende des Urlaubsjahres verfällt, weil die Ungewissheit des Ergebnisses der behördlichen Feststellung kein Übertragungsgrund ist. Eine Ausnahme besteht nur dann, sofern der Urlaubsanspruch unter den Voraussetzungen des § 7 Abs. 3 S. 2, 3 BUrlG auf die ersten drei Monate des folgenden Kalenderjahres übertragen werden kann.[806] Insbesondere kann ein schwerbehinderter Arbeitnehmer nicht in einem späteren Urlaubsjahr rückwirkend, nachdem er sich nunmehr auf den Schutz als schwerbehinderter Mensch beruft, noch Zusatzurlaub für die Vergangenheit verlangen. Allerdings kann der Arbeitnehmer den Verlust dadurch verhindern, dass er den Anspruch auf Zusatzurlaub rechtzeitig bis zum Ablauf des Urlaubsjahres gegenüber dem Arbeitgeber geltend macht. Ist der Arbeitnehmer objektiv schwerbehindert, gerät der Arbeitgeber in Verzug. Dem steht eine zu diesem Zeitpunkt noch fehlende behördliche Anerkennung nicht entgegen. Der Zusatzurlaub ist dann nachträglich durch Freistellung zu gewähren.[807]

**Beispiel:** A beantragt am 15.10.2018 die Feststellung der Schwerbehinderteneigenschaft, wobei  467
der Antrag am 12.1.2019 rückwirkend ab Antragstellung positiv entschieden wird. A hat nur dann Anspruch auf den anteiligen Zusatzurlaub für das Jahr 2018, wenn er wegen Arbeitsunfähigkeit oder aus dringenden betrieblichen Gründen seinen Zusatzurlaub nicht im laufenden Kalenderjahr nehmen konnte. Ist der Urlaubsanspruch verfallen, weil keine Übertragungsgründe vorliegen, nützt dem A jedenfalls in Bezug auf den Zusatzurlaub für 2018 auch die rückwirkende Anerkennung als schwerbehinderter Mensch nichts mehr. Um den Urlaubsanspruch als Schadensersatzanspruch zu erhalten, hätte er den Zusatzurlaubsanspruch bereits im laufenden Urlaubsjahr vom Arbeitgeber fordern müssen.

Sofern eine Übertragung des Urlaubsanspruchs unter den Voraussetzungen des § 7  468
Abs. 3 S. 2, 3 BUrlG auf die ersten drei Monate des folgenden Kalenderjahres erfolgt, gilt für den vom Arbeitnehmer **im Übertragungszeitraum** geäußerten Urlaubswunsch das **Gebot der vorrangigen Erfüllung**, dh der Urlaubswunsch muss auch dann vom Arbeitgeber erfüllt werden, wenn dringende betriebliche Belange oder vorrangige Urlaubswünsche anderer Arbeitnehmer entgegenstehen.[808]

Für den im ersten Beschäftigungsjahr mit einer Beschäftigungsdauer bis sechs Monate  469
entstehenden **Anspruch auf Teilurlaub** ist nach § 7 Abs. 3 S. 4 BurlG kein Übertragungsgrund erforderlich.[809] Im Unterschied zum Vollurlaub muss der Arbeitnehmer hier die Übertragung verlangen,[810] wobei an ein solches Verlangen nur geringe Anforderungen zu stellen sind. Das Verlangen ist an keine Form gebunden, bedarf keiner Begründung und muss nicht ausdrücklich erklärt werden. Ausreichend ist, dass der Arbeitnehmer zumindest konkludent deutlich macht, der Teilurlaub solle in das folgende Kalenderjahr übertragen werden.[811]

---

806  Vgl. dazu Düwell in LPK-SGB IX § 208 Rn. 25, 26 und 29.
807  BAG vom 26.6.1986 – 8 AZR 75/83, NZA 1987, 98; BAG vom 26.6.1986 – 8 AZR 371/84; BAG vom 26.6.1986 – 8 AZR 266/84, NZA 1986, 833; BAG vom 25.7.1997 – 9 AZR 484/96, NZA 1998, 649, Rn. 42 mwN; vgl. auch Neumann/Pahlen/Winkler/Jabben, § 208 Rn. 9; Düwell in LPK-SGB IX § 208 Rn. 31 mwN; Düwell, NZA 2017, 1237 (1241) mwN.
808  Vgl. dazu Düwell in LPK-SGB IX § 208 Rn. 28 mwN.
809  Vgl. dazu Düwell in LPK-SGB IX § 208 Rn. 27.
810  BAG vom 29.7.2003 – 9 AZR 270/02, NZA 2004, 385; vgl. dazu auch Düwell in LPK-SGB IX § 208 Rn. 27.
811  LAG Rheinland-Pfalz vom 12.11.2009 – 10 Sa 437/09; Düwell in LPK-SGB IX § 208 Rn. 27.

470    Bei einem **Ausscheiden** des schwerbehinderten Arbeitnehmers **innerhalb des Kalenderjahres** bleibt der Zusatzurlaub von einer tarifvertraglichen Zwölftelungsregelung unberührt, da es sich um einen gesetzlichen Urlaubsanspruch handelt, dessen Gehalt durch einen Tarifvertrag nicht geändert werden kann, so dass bei einem Ausscheiden in der zweiten Jahreshälfte der volle Urlaubsanspruch besteht (§ 5 Abs. 1 c BUrlG).[812]

471    Bislang war es hM, dass ein Anspruch auf den Zusatzurlaub ebenso wie auch der Erholungsurlaub erlischt, wenn ihn der schwerbehinderte Arbeitnehmer bis zum Ablauf des Urlaubsjahres oder ggf. bis zum Ende des jeweils einschlägigen Übertragungszeitraums nicht **ausdrücklich geltend gemacht** hat.[813] Jedoch ist die **neue Rechtsprechung des EuGH** zu beachten, wonach Urlaubsansprüche nach Unionsrecht nicht mehr automatisch verfallen dürfen, nur weil der Arbeitnehmer den Urlaub nicht beantragt hat. Der EuGH hat klargestellt, dass es in der Verantwortung des Arbeitgebers liegt, den Urlaub zu gewähren und verpflichtet ihn nachzuweisen, dass er konkrete organisatorische Maßnahmen ergriffen hat, die geeignet sind, dem Arbeitnehmer die Ausübung seines Anspruchs auf bezahlten Jahresurlaub zu ermöglichen. Der Mindesterholungsurlaub, so der EuGH, dürfe nicht verfallen, wenn der Arbeitnehmer keinen Urlaubsantrag stellt; bevor der Urlaub verfalle, sei zu prüfen, ob der Arbeitnehmer tatsächlich in die Lage versetzt worden sei, diesen Anspruch wahrzunehmen.[814] Im Lichte dieser Rechtsprechung kann auch der Anspruch auf den Zusatzurlaub als gesetzlicher Urlaubsanspruch nur untergehen, wenn sich der schwerbehinderte Arbeitnehmer dem Arbeitgeber aus freier Entscheidung nicht mitteilt, dass er als schwerbehinderter Mensch anerkannt ist, und sich auch nicht auf den Zusatzurlaubsanspruch beruft; nur in diesem Fall geht der Zusatzurlaub mit Ablauf des Urlaubsjahres bzw. des Übertragungszeitraums unter.[815]

472    **Hinweis:** Im Hinblick auf diese neue Rechtsprechung des EuGH ist Arbeitgebern zu raten, sofern ihnen die Schwerbehinderteneigenschaft bekannt ist, auch schwerbehinderte Arbeitnehmer rechtzeitig und klar darüber zu informieren, dass ihr Zusatzurlaub nach § 208 SGB IX am Ende des Urlaubsjahres ersatzlos und ohne finanzielle Kompensation verfallen kann, wenn er nicht genommen wird. Ihre Verpflichtung geht aber nicht so weit, den Arbeitnehmer zu zwingen, den Erholungsurlaub tatsächlich in Anspruch zu nehmen. Schwerbehinderten Arbeitnehmern ist zu raten, vorsorglich nach Beantragung der Feststellung der Schwerbehinderteneigenschaft (GdB von 50) ihren **Zusatzurlaub** beim Arbeitgeber unter Berufung auf ihre Schwerbehinderung ausdrücklich verlangen, und zwar für das laufende Urlaubsjahr.[816] Im Lichte der

---

812   BAG vom 8.3.1994 – 9 AZR 49/93, NZA 1994, 1095; vgl. auch ErfK/Rolfs, SGB IX § 208 Rn. 3; Düwell in LPK-SGB IX § 208 Rn. 13, 14.
813   Vgl. etwa BAG vom 21.2.1995 – 9 AZR 675/93, NZA 1995, 746; Neumann/Pahlen/Winkler/Jabben, § 208 Rn. 8, 9 mwN.
814   EuGH vom 6.11.2018 – C-619/16 (Kreuziger) und EuGH vom 6.11.2018 – C-684/16 (Max-Planck-Gesellschaft); vgl. dazu auch Düwell in LPK-SGB IX § 208 Rn. 24 und 52 aE unter Hinweis auf die Schlussanträge in diesen beiden Verfahren.
815   So schon vor der neuen Rechtsprechung des EuGH Neumann/Pahlen/Winkler/Jabben, § 208 Rn. 8 mwN unter Hinweis auf BAG vom 28.1.1982 – 6 AZR 636/79, APSchwbG § 44 Nr. 3.
816   BAG vom 26.6.1986 – 8 AZR 550/84; in diesem Sinne auch Fenski, NZA 2004, 1255 (1257) mwN; Düwell in LPK-SGB IX § 208 Rn. 31.

neuen Urlaubsrechtsprechung des EuGH genügt für eine wirksame Geltendmachung eine Erklärung des Arbeitnehmers, den Zusatzurlaub „vorsorglich" geltend machen zu wollen bzw. ihn „anzumelden", und die Information des Arbeitgebers über den gestellten Antrag auf Feststellung der Schwerbehinderteneigenschaft.[817] Eine Geltendmachung **nach Ablauf des Kalenderjahres** genügt nicht.[818] Wenn eine entsprechende Mahnung, den Zusatzurlaub zeitlich festzulegen, erfolgt ist und der Anspruch noch vor Ablauf des Urlaubsjahres erfüllbar ist, muss der Arbeitgeber für die infolge des Erlöschens des Urlaubsjahres eingetretene Unmöglichkeit seiner Erfüllung unabhängig von der Frage des Verschuldens einstehen (§ 287 S. 2 BGB).

Wurde also der Urlaub trotz Geltendmachung durch den schwerbehinderten Arbeitnehmer vom Arbeitgeber nicht gewährt, so gerät der Arbeitgeber in Leistungsverzug (§ 284 Abs. 1 BGB). Der Arbeitgeber hat dann den Zusatzurlaub als **Schadensersatz** zu gewähren, sofern der Arbeitgeber die infolge Zeitablaufs eingetretene Unmöglichkeit der Arbeitsbefreiung nach § 280 Abs. 1 BGB zu vertreten hat.[819]   473

Dazu muss der Arbeitnehmer den Anspruch auf Zusatzurlaub rechtzeitig bis zum Ablauf des Urlaubsjahres gegenüber dem Arbeitgeber geltend gemacht haben. Kommt der Arbeitgeber mit der geschuldeten Freistellungserklärung in Verzug, so ist er nach § 287 S. 2 BGB für den mit dem Verfall des Zusatzurlaubsanspruchs eintretenden Fall des zufälligen Untergangs des Anspruchs verantwortlich. Der Zusatzurlaub ist dann nachträglich durch Freistellung zu gewähren.[820] Ist dies wegen Beendigung des Arbeitsverhältnisses nicht mehr möglich, ist der Arbeitnehmer, ggf. auch sein Erbe, in Geld zu entschädigen.   474

Eine generelle **Abgeltung** des Anspruchs auf Zusatzurlaub für schwerbehinderte Menschen in Geld ist unzulässig. Der Zusatzurlaub ist aber dann abzugelten, wenn er wegen der Beendigung des Arbeitsverhältnisses nicht mehr gewährt werden kann. Die Vorschrift des § 7 BUrlG gilt auch für den Zusatzurlaub.[821] Die Entstehung des Abgeltungsanspruchs ist dabei nicht von einem vorherigen Urlaubsverlangen abhängig, da der Freistellungsanspruch mit der Beendigung des Arbeitsverhältnisses kraft Gesetzes in einen Abgeltungsanspruch umgewandelt wird.[822] Dies gilt auch dann, wenn der Arbeitnehmer erst im laufenden Urlaubsjahr als Schwerbehinderter anerkannt wird und den Arbeitgeber erstmals nach seinem Ausscheiden darauf hinweist.[823]   475

---

817  EuGH vom 6.11.2018 – C-619/16 (Kreuziger) und EuGH vom 6.11.2018 – C-684/16 (Max-Planck-Gesellschaft); aA BAG vom 28.1.1982 – 6 AZR 636/79, DB 1982, 1329; BAG vom 26.6.1986 – 8 AZR 550/84; BAG vom 26.6.1986 – 8 AZR 266/84, NZA 1986, 833, Rn. 24; Neumann/Pahlen/Winkler/Jabben, § 208 Rn. 9.

818  BAG vom 21.2.1995 – 9 AZR 675/93, NZA 1995, 746; Düwell in LPK-SGB IX § 208 Rn. 22, 23.

819  Vgl. allgemein zu diesem Schadensersatzanspruch BAG vom 11.4.2006 – 9 AZR 523/05, Rn. 24; ErfK/Gallner, § 7 BUrlG, Rn. 40 jeweils mwN.

820  BAG vom 26.6.1986 – 8 AZR 75/83, NZA 1987, 98; BAG vom 26.6.1986 – 8 AZR 371/84; BAG vom 26.6.1986 – 8 AZR 266/84, NZA 1986, 833; BAG vom 25.7.1997 – 9 AZR 484/96, NZA 1998, 649, Rn. 42 mwN; vgl. auch Neumann/Pahlen/Winkler/Jabben, § 208 Rn. 9; Düwell in LPK-SGB IX § 208 Rn. 31 mwN.

821  BAG vom 25.6.1996 – 9 AZR 182/95, BB 1996, 2361 (2362) = NZA 1996, 1153 mwN; vgl. auch BAG vom 7.8.2012 – 9 AZR 353/10, NZA 2012, 1216.

822  Vgl. dazu BAG vom 25.6.1996 – 9 AZR 182/95, BB 1996, 2361 (2362).

823  BAG vom 25.6.1996 – 9 AZR 182/95, BB 1996, 2361 (2362).

476    Der Anspruch auf Abgeltung des Zusatzurlaubs nach § 208 SGB IX ist ein reiner Geldanspruch, auf den **tarifliche und vertragliche Ausschlussfristen** Anwendung finden, die deutlich kürzer als ein Jahr sein können.[824]

477    Der Arbeitnehmer kann daher auf den Zusatzurlaub nicht wirksam verzichten. Entsprechende **Ausgleichsquittungen** sind nichtig.[825]

478    Ist in einem Tarifvertrag ein **zusätzliches Urlaubsgeld** für Urlaubstage vorgesehen, gilt dies auch für den Zusatzurlaub, selbst wenn im Tarifvertrag kein Bezug zum Zusatzurlaub oder SGB IX hergestellt wird.[826] Soweit allerdings eine ausdrückliche Beschränkung auf den Erholungsurlaub besteht, besteht kein Anspruch auf Urlaubsgeld für den Zusatzurlaubsanspruch.[827]

---

824    BAG vom 13.12.2011 – 9 AZR 399/10, NZA 2012, 514, Rn. 41; BAG vom 21.2.2012 – 9 AZR 486/10, NZA 2012, 750; Düwell in LPK-SGB IX § 208 Rn. 39; ErfK/Rolfs, SGB IX § 208 Rn. 4.
825    BAG vom 25.6.1996 – 9 AZR 182/95; Düwell in LPK-SGB IX § 208 Rn. 33.
826    BAG vom 23.11.1996 – 9 AZR 891/94, AiB 1996, 745; vgl. dazu auch Düwell in LPK-SGB IX § 208 Rn. 44.
827    BAG vom 30.7.1986 – 8 AZR 241/83, DB 1986, 2684; vgl. dazu auch Düwell in LPK-SGB IX § 208 Rn. 44.

# § 2 Kündigungsschutz für schwerbehinderte Arbeitnehmer

## I. Zustimmungserfordernis für schwerbehinderte Arbeitnehmer

### 1. Vorherige Zustimmung durch das Integrationsamt

Der Kündigungsschutz nach dem Sozialgesetzbuch IX besteht darin, dass die Kündigung des Arbeitsverhältnisses eines schwerbehinderten Arbeitnehmers durch den Arbeitgeber der vorherigen Zustimmung des Integrationsamtes bedarf (§ 168 SGB IX). Dieser besondere Kündigungsschutz des Teil 2 des SGB IX gilt für schwerbehinderte Menschen (§ 2 Abs. 2 SGB IX) sowie auch für ihnen Gleichgestellte (§ 2 Abs. 3 SGB IX).[1]

**479**

Das Erfordernis der vorherigen **Zustimmung des Integrationsamtes vor Ausspruch einer arbeitgeberseitigen Kündigung** ist der wesentliche Inhalt des Kündigungsschutzes für schwerbehinderte Arbeitnehmer nach den §§ 168 ff SGB IX. Erst wenn die Entscheidung des Integrationsamtes in Form der Zustimmung erteilt worden ist, darf der Arbeitgeber die Kündigung erklären, die **Rechtskraft der Zustimmung** muss aber nicht vorliegen.[2]

Die ohne vorherige Zustimmung des Integrationsamtes ausgesprochene Kündigung ist **unwirksam**.[3] Da sie gegen ein gesetzliches Verbot verstößt, ist sie gem. § 134 BGB nichtig. Sie kann daher auch nicht nachträglich durch das Integrationsamt **genehmigt** werden.

Die **Zustimmung** ist – trotz ihrer privatrechtlichen Auswirkungen auf die Kündigung des Arbeitgebers – ihrer Rechtsnatur nach ein **Verwaltungsakt** iSv § 31 SGB X und ist daher nach den im Verwaltungsrecht gültigen Vorschriften zu beurteilen. Das gilt auch für ihre Wirkung, die Rechtsgültigkeit und die Möglichkeit von Anfechtung und Klage.[4]

**480**

Das Erfordernis der Zustimmung erstreckt sich sowohl auf die **ordentliche** Kündigung durch den Arbeitgeber (§ 168 SGB IX) als auch auf die **außerordentliche** Kündigung aus wichtigem Grund gem. § 174 SGB IX und gilt ebenso für eine **Änderungskündigung;**[5] dagegen gilt es nicht für eine **Teilkündigung**, mit der einzelne Bestimmungen des Arbeitsvertrages unter Fortbestand der Übrigen gekündigt werden sollen.[6] Eine grundsätzlich zustimmungsbedürftige Kündigung ist auch die sog **vorsorgliche Kündigung**, die wegen drohender Betriebseinschränkung oder aus sonstigen Gründen ausgesprochen wird.[7] Dies gilt auch bei **Insolvenz**.[8] Darüber hinaus ist auch die Beendigung des Arbeitsverhältnisses eines schwerbehinderten Mitarbeiters zustimmungspflichtig, wenn sie bei Gewährung einer Rente wegen **Berufs- bzw. Er-**

**481**

---

1 Vgl. dazu Neumann/Pahlen/Winkler/Jabben, § 168 Rn. 23; Düwell in LPK-SGB IX Vor § 168 Rn. 5 ff.
2 Neumann/Pahlen/Winkler/Jabben, § 168 Rn. 5.
3 ErfK/Rolfs, SGB IX § 168 Rn. 13.
4 BVerwG vom 18.11.1958, AP Nr. 16 zu § 14 SchwBeschG; BAG vom 17.2.1982 – 7 AZR 846/79, AP Nr. 1 zu SchwG.
5 Vgl. auch ErfK/Rolfs, SGB IX § 168 Rn. 11; ausführlich Neumann/Pahlen/Winkler/Jabben, § 168 Rn. 56 f.
6 Vgl. dazu Braasch in Deinert/Neumann (Hrsg.), HdB SGB IX, § 19 Rn. 41 mwN.
7 Vgl. dazu ausführlich Braasch in Deinert/Neumann (Hrsg.), HdB SGB IX, § 19 Rn. 40; Neumann/Pahlen/Winkler/Jabben, § 168 Rn. 63 mwN.
8 LAG Hamm vom 12.2.1001 – 4 Ta 277/00, NZA-RR 2002, 157.

werbsunfähigkeit auf Zeit sowie teilweiser oder voller Erwerbsminderung auf Zeit ohne Kündigung erfolgt (erweiterter Beendigungsschutz, § 175 SGB IX).

482 Der besondere Kündigungsschutz nach den §§ 168 ff. SGB IX besteht unabhängig von der Anzahl der beschäftigten Arbeitnehmer und gilt daher auch in **Kleinbetrieben**.[9]

483 Das Erfordernis der Zustimmung besteht nur für **inländische Arbeitsverhältnisse**[10] und solche, bei denen der Arbeitnehmer trotz der vorübergehenden Entsendung einem inländischen Betrieb zugeordnet bleibt (sog „**Ausstrahlung**").[11] Bei einem **Auslandsarbeitsverhältnis**, das nach dem zugrunde liegenden Vertrag und seiner Abwicklung auf den Einsatz des Arbeitnehmers im Ausland beschränkt ist und keinerlei Ausstrahlung auf den inländischen Betrieb des Arbeitgebers hat, bedarf die Kündigung des Arbeitgebers auch dann nicht der Zustimmung des Integrationsamtes, wenn die Arbeitsvertragsparteien die Anwendung deutschen Rechts vereinbart haben und die Kündigung im Inland ausgesprochen wird.[12]

484 § 168 SGB IX ist zwingendes Recht. Von vornherein kann daher ein schwerbehinderter Mensch **nicht** auf den besonderen Kündigungsschutz **verzichten**, insbesondere nicht vor Ausspruch der Kündigung.[13] Auch ist wegen der Umgehung des § 168 SGB IX eine **Vereinbarung unzulässig**, durch die sich der schwerbehinderte Mensch im Voraus **jeder beliebigen Änderung des Arbeitsvertrages** durch einseitige Erklärung des Arbeitgebers **unterwirft**.[14] Allerdings kann der schwerbehinderte Mensch **nach Ausspruch der Kündigung** durch Vereinbarung mit dem Arbeitgeber auf den Schutz als schwerbehinderter Mensch **verzichten** oder einen **Aufhebungsvertrag** schließen.[15]

## 2. Zielsetzung des besonderen Kündigungsschutzes

485 **Zweck** der Vorschrift des § 168 SGB IX (Erfordernis der vorherigen Zustimmung des Integrationsamtes) ist es, vor Ausspruch der Kündigung die besonderen Schutzinteressen schwerbehinderter Menschen zu berücksichtigen und eine damit unvereinbare Kündigung zu vermeiden.[16] Das Integrationsamt soll im Rahmen des Zustimmungsverfahrens sowohl das berechtigte Interesse des schwerbehinderten Arbeitnehmers am Erhalt seines Arbeitsplatzes als auch die berechtigten Interessen des Arbeitgebers berücksichtigen. Deshalb hat das Integrationsamt, falls es nicht zu einer vorrangig anzustrebenden gütlichen Einigung kommt, grundsätzlich aufgrund des objektiv er-

---

9   VGH Mannheim vom 3.2.2002 – 7 S 1651/01, NZA-RR 2002, 417 (421); Braasch in Deinert/Neumann (Hrsg.), HdB SGB IX, § 19 Rn. 3; ErfK/Rolfs, SGB IX § 168 Rn. 3.

10  BAG vom 10.12.1964 – 2 AZR 369/63, AP Nr. 4 zu § 1 SchBeschG; ErfK/Rolfs, SGB IX § 168 Rn. 2; Düwell in LPK-SGB IX Vor § 168 Rn. 5; vgl. auch Schlachter, NZA 2000, 57 (62).

11  BAG vom 30.4.1987 – 2 AZR 192/86, AP Nr. 15 zu § 12 SchwbG mit Anm. von Gamillscheg = NJW 1987, 2766.

12  BAG vom 30.4.1987 – 2 AZR 192/86, AP Nr. 15 zu § 12 SchwbG mit Anm. von Gamillscheg = NJW 1987, 2766; Braasch in Neumann, HdB SGB IX § 19 Rn. 4; Neumann/Pahlen/Winkler/Jabben, § 168 Rn. 29; ErfK/ Rolfs, SGB IX § 168 Rn. 2: vgl. auch Düwell in LPK-SGB IX Vor § 168 Rn. 5.

13  Neumann/Pahlen/Winkler/Jabben, § 168 Rn. 50 ff. mwN.

14  Neumann/Pahlen/Winkler/Jabben, § 168 Rn. 58.

15  ErfK/Rolfs, SGB IX § 168 Rn. 11; Braasch in Deinert/Neumann (Hrsg.), HdB SGB IX, § 19 Rn. 29 ff.; vgl. auch ausführlich Neumann/Pahlen/Winkler/Jabben, § 168 Rn. 51 mwN.

16  BVerwG vom 10.9.1992 – 5 C 39/88, BVerwGE 91, 7; vgl. auch Düwell in LPK-SGB IX Vor § 168 Rn. 2; Braasch in Deinert/Neumann (Hrsg.), HdB SGB IX, § 19 Rn. 14.

mittelten Sachverhalts eine Entscheidung unter Abwägung der Belange des Schwerbehinderten und der Interessen des Arbeitgebers zu treffen.[17] Dieser Schutzzweck greift auch ein, wenn die Kündigung gegenüber einem dauernd arbeitsunfähigen schwerbehinderten oder gleichgestellten Arbeitnehmer ausgesprochen werden soll.

### 3. Verhältnis zum allgemeinen Kündigungsschutz

Das Erfordernis der Zustimmung stellt für den schwerbehinderten Mitarbeiter einen zusätzlichen Schutz dar. Daneben steht ihm, wie jedem anderen Arbeitnehmer auch, der **allgemeine arbeitsrechtliche Kündigungsschutz** zu; insbesondere kann der schwerbehinderte Arbeitnehmer geltend machen, dass die Kündigung nach § 1 KSchG sozial ungerechtfertigt ist.[18] Der besondere Kündigungsschutz, der infolge des Erfordernisses der Zustimmung des Integrationsamtes nach § 168 SGB IX besteht, tritt neben alle übrigen vertraglichen und gesetzlichen Kündigungsbeschränkungen, die für eine arbeitgeberseitige Kündigung bestehen.[19] Dabei ist das Kündigungsschutzverfahren nach dem SGB IX dem arbeitsgerichtlichen Kündigungsschutzverfahren vorgeschaltet, da erst nach zustimmender Entscheidung durch das Integrationsamt die Kündigung ausgesprochen werden kann. Die Prüfung, ob die arbeitsrechtlichen Kündigungsschutzbestimmungen eingehalten worden sind, erfolgt nach Erhebung einer Kündigungsschutzklage durch den schwerbehinderten Arbeitnehmer im arbeitsgerichtlichen Verfahren.[20]

486

### 4. Geschützter Personenkreis – Erfordernis der Zustimmung

#### a) Schwerbehinderteneigenschaft

Das Zustimmungserfordernis setzt die Schwerbehinderteneigenschaft des Arbeitnehmers iSv § 2 Abs. 2 SGB IX voraus. Dabei genügt es im Grundsatz, dass die Schwerbehinderteneigenschaft im Zeitpunkt des Zugangs der Kündigung objektiv vorgelegen hat. Sowohl die Anerkennung als auch die Feststellung des GdB haben nur **deklaratorische Bedeutung**.[21]

487

Der besondere Kündigungsschutz nach den §§ 168 ff. SGB IX findet jedoch nach der gesetzlichen Regelung in § 173 Abs. 3 SGB IX keine Anwendung, wenn im Zeitpunkt der Kündigung die Schwerbehinderteneigenschaft iSv § 2 Abs. 2 SGB IX nicht nachgewiesen ist (vgl. dazu → Rn. 542 ff.).

488

#### b) Gleichgestellte behinderte Menschen

Auch einem **gleichgestellten behinderten Arbeitnehmer** iSd § 2 Abs. 3 SGB IX kommt der besondere Kündigungsschutz für schwerbehinderte Menschen zugute (§ 151 Abs. 3 SGB IX). Gleichgestellte erwerben die Gleichstellung jedoch erst durch den

489

---

17 Sog pflichtgemäßes Ermessen; in bestimmten, gesetzlich geregelten Fällen bestehen Einschränkungen der Ermessensentscheidung (§ 172 SGB IX) – vgl. dazu ausführlich → Rn. 678 ff. bzw. → Rn. 712 ff.
18 Neumann/Pahlen/Winkler/Jabben, § 168 Rn. 6 mwN.
19 ErfK/Rolfs, SGB IX § 168 Rn. 1 mwN.
20 Vgl. zum arbeitsgerichtlichen Verfahren ausführlich → Rn. 748 ff.
21 St. Rspr. des BAG, vgl. nur BAG vom 21.2.1995 – 9 AZR 166/94, BB 1995, 1410 1411; BAG vom 20.1.2005 – 2 AZR 675/03, NZA 2005, 689 (690); BAG vom 13.2.2008 – 2 AZR 864/06, NZA 2008, 1055 (1056), Rn. 16 mwN; ErfK/Rolfs, SGB IX § 168 Rn. 4, SGB IX § 152 Rn. 9; Bauer/Powietzka, NZA-RR 2004, 505 (506); Düwell in LPK-SGB IX Vor § 168 Rn. 7 mwN.

entsprechenden Bescheid der Bundesagentur für Arbeit, der **konstitutive** Wirkung hat (§ 151 Abs. 2 S. 2 SGB IX).[22]

### c) Arbeitnehmer

490 Der Kündigungsschutz der §§ 168 ff. SGB IX gilt nur für schwerbehinderte **Arbeitnehmer**; es muss also ein **Arbeitsverhältnis** bestehen.[23] Auch schwerbehinderte **Auszubildende** fallen darunter [24] sowie **Familienangehörige**, sofern sie in einem Arbeitsverhältnis stehen.[25] Geschützt sind zudem **leitende Angestellte**, die nicht Organmitglieder juristischer Personen oder Gesellschafter sind.[26] Dagegen sind Kündigungen von Personen, die auf Grund eines **Dienstvertrages** beschäftigt werden, zB Vorstandsmitglieder, Geschäftsführer oder die **Organmitglieder** oder **Gesellschafter** juristischer Personen, zustimmungsfrei.[27]

491 Unter den Begriff des Arbeitnehmers fallen auch **Teilzeitarbeitnehmer**, und zwar ohne Rücksicht auf den Umfang der Arbeitszeit.[28] Gem. § 210 Abs. 2 S. 2 SGB IX gilt der besondere Kündigungsschutz darüber hinaus für schwerbehinderte **Heimarbeiter**[29] und **Leiharbeitnehmer**.[30] Auch wenn ein schwerbehinderter Mensch auf Grund eines Werkstattvertrages im Rahmen von §§ 219 Abs. 1, 220 Abs. 2 SGB IX beschäftigt wird, ist das Vertragsverhältnis nach Maßgabe von § 221 SGB IX als Arbeitsverhältnis zu werten, so dass der besondere Kündigungsschutz nach den §§ 168 ff. SGB IX gilt.[31]

Auf andere sogenannte **arbeitnehmerähnliche Personen**, zB selbstständige Handelsvertreter, finden die Kündigungsschutzbestimmungen des SGB IX dagegen **keine Anwendung**.[32] Arbeitnehmerähnliche Personen sind rechtlich selbstständig, aber wie Arbeitnehmer **wirtschaftlich abhängig** und **einem Arbeitnehmer vergleichbar sozial schutzbedürftig**.[33]

---

22 BAG vom 21.11.2005 – 2 AZR 514/04, NZA 2006, 665 (666) mwN; ErfK/Rolfs, SGB IX § 168 Rn. 5; Neumann/Pahlen/Winkler/Jabben, § 168 Rn. 24; Bauer/Powietzka, NZA-RR 2004, 505 (506); Düwell in LPK-SGB IX Vor § 168 Rn. 6 mwN.

23 Vgl. dazu Braasch in Deinert/Neumann (Hrsg.), HdB SGB IX, § 19 Rn. 5; Neumann/Pahlen/Winkler/Jabben, § 168 Rn. 25; Düwell in LPK-SGB IX Vor § 168 Rn. 9 mwN.

24 BAG vom 10.12.1987 – 2 AZR 385/87, DB 1988, 1069 = AP Nr. 2 zu § 21 SchwbG; BAG vom 4.2.1993 – 2 AZR 416/92, NZA 1994, 214; ErfK/Rolfs, SGB IX § 168 Rn. 3; Neumann/Pahlen/Winkler/Jabben, § 168 Rn. 25; Düwell in LPK-SGB IX Vor § 168 Rn. 9 mwN; Braasch in Deinert/Neumann (Hrsg.), HdB SGB IX, § 19 Rn. 6.

25 Neumann/Pahlen/Winkler/Jabben, § 168 Rn. 31; vom Arbeitsverhältnis eines Familienangehörigen ist die sog familienhafte Mitarbeit abzugrenzen, vgl. dazu ausführlich Seewald in Kasseler Kommentar, SGB IV § 7 Rn. 101 ff.

26 Neumann/Pahlen/Winkler/Jabben, § 168 Rn. 31; Düwell in LPK-SGB IX Vor § 168 Rn. 9 mwN.

27 BVerwG vom 8.3.1999 – 5 C 5/98, NZA 1999, 826; BVerwG vom 26.9.2002 – 5 C 53/01, NZA 2003, 1094; str. ist, ob die gegenteilige Rechtsprechung des EuGH zum Mutterschutz vom 11.11.2010 – C 232/09 (Danosa), NZA 2011, 143, auch auf das Schwerbehindertenrecht zu übertragen ist, vgl. dazu ErfK/Rolfs, SGB IX § 168 Rn. 3.

28 Neumann/Pahlen/Winkler/Jabben, § 168 Rn. 25.

29 Neumann/Pahlen/Winkler/Jabben, § 168 Rn. 27; Braasch in Deinert/Neumann (Hrsg.), HdB SGB IX, § 19 Rn. 10.

30 Düwell in LPK-SGB IX Vor § 168 Rn. 9 mwN.

31 ArbG Koblenz vom 9.8.2002 – 2 Ca 447/02, NZA-RR 2003, 188; Düwell in LPK-SGB IX Vor § 168 Rn. 9.

32 ErfK/Rolfs, SGB IX § 168 Rn. 3; Braasch in Deinert/Neumann (Hrsg.), HdB SGB IX, § 19 Rn. 8; Düwell in LPK-SGB IX Vor § 168 Rn. 11; Rost, NZA 1999, 113 (115); Neumann/Pahlen/Winkler/Jabben, § 168 Rn. 26 mwN.

33 BAG vom 16.7.1997 – 5 AZB 29/96, BAGE 86, 178 = NJW 1997, 2973.

**Hinweis:** Die Abgrenzung zwischen arbeitnehmerähnlichen Personen und Arbeitneh-  492
mern ist vielfach mit großen Schwierigkeiten behaftet. Im Zweifelsfall sollte daher
auch der Auftraggeber eines arbeitnehmerähnlichen Selbstständigen vor einer ordentlichen Kündigung die Zustimmung des Integrationsamtes beantragen. Bescheidet dieses dann den Antrag dahingehend, dass die Zustimmung nicht erforderlich ist, sog
**Negativattest**, so ersetzt dieses Negativattest die Zustimmung, falls sich ergeben sollte, dass der Betreffende Arbeitnehmer ist und es daher zur Beendigung des Vertrags-
verhältnisses doch der Zustimmung des Integrationsamtes bedurft hätte.

Auch die Kündigung sog **Dienstordnungsangestellter** der Sozialversicherung bedarf  493
nach § 168 SGB IX der vorherigen Zustimmung des Integrationsamtes.[34] Erfolgt die
Beendigung durch **Versetzung in den Ruhestand wegen Dienstunfähigkeit**, ist § 175
SGB IX dagegen nach neuerer Rechtsprechung nicht entsprechend anwendbar.[35]

### d) Beamte und Richter

Die Vorschriften der §§ 168 ff. SGB IX finden nur auf Arbeiter und Angestellte, nicht  494
aber auf **Beamte** Anwendung.[36] Gleiches gilt für **Richter**, aber auch für **Soldaten**.
Zwar sind die Stellen dieser Personen für die Pflichtquote mitzuzählen; da diese Personen aber nicht in einem Arbeitsverhältnis stehen, sind die §§ 168 ff. SGB IX nicht
anwendbar.[37]

### 5. Fehlende Tatbestandsvoraussetzung – „Negativattest"

Fehlt es an den Tatbestandsvoraussetzungen des § 168 SGB IX, teilt das Integrations-  495
amt dem antragstellenden Arbeitgeber und dem schwerbehinderten Mitarbeiter mit,
dass eine Zustimmung des Integrationsamtes nicht erforderlich und daher eine Entscheidung über den Antrag nicht zu treffen ist – diese Entscheidung wird auch als
„Negativattest" bezeichnet.[38] Ein solches Negativattest wird zB dann erteilt, wenn es
sich um eine zustimmungsfreie Beendigung des Arbeitsverhältnisses handelt oder dem
Arbeitnehmer keine Schwerbehinderteneigenschaft vom Versorgungsamt zuerkannt
worden ist. Das Negativattest hat dieselbe Wirkung wie eine Zustimmungserklärung
des Integrationsamtes.[39]

Ist ein **Feststellungsverfahren** über die **Schwerbehinderteneigenschaft anhängig**, so  496
sind folgende Fälle zu unterscheiden:

- Die dem Versorgungsamt gesetzten Fristen zur Feststellung der Schwerbehinderung sind noch nicht abgelaufen oder wegen nicht ordnungsgemäßer Mitwirkung

---

34  Neumann/Pahlen/Winkler/Jabben, § 168 Rn. 28; Braasch in Deinert/Neumann (Hrsg.), HdB SGB IX, § 19
    Rn. 12.
35  BAG vom 24.5.2012 – 6 AZR 679/10, NZA 2012, 1158 unter Aufgabe der früheren Rspr. BAG vom
    20.10.1977 – 2 AZR 688/76, AP Nr. 1 zu § 19 SchwbG = EzA § 19 SchwbG Nr. 1; so auch Düwell in LPK-
    SGB IX Vor § 168 Rn. 13.
36  Düwell in LPK-SGB IX Vor § 168 Rn. 13; Braasch in Deinert/Neumann (Hrsg.), HdB SGB IX, § 19 Rn. 11;
    Neumann/Pahlen/Winkler/Jabben, § 168 Rn. 28.
37  Vgl. dazu Braasch in Deinert/Neumann (Hrsg.), HdB SGB IX, § 19 Rn. 11.
38  Vgl. dazu BAG vom 27.5.1983 – 7 AZR 482/81; BAGE 42, 169 = NJW 1984, 1420.
39  Vgl. dazu BAG vom 27.5.1983 – 7 AZR 482/81; BAGE 42, 169 = NJW 1984, 1420; BAG vom 6.9.2007 –
    2 AZR 342/06, NZA 2008, 407; Düwell in LPK-SGB IX § 168 Rn. 47 mwN.

des Arbeitnehmers ohne Entscheidung abgelaufen:[40] Der Arbeitnehmer genießt keinen Sonderkündigungsschutz; das Negativattest ist zu erteilen.

- Die vom Versorgungsamt zu beachtenden Fristen sind trotz ordnungsgemäßer Mitwirkung des Arbeitnehmers abgelaufen: in diesem Fall kann der Arbeitnehmer den Sonderkündigungsschutz noch erlangen; das Integrationsamt darf kein Negativattest erteilen, sondern muss einen vorsorglichen Bescheid über die beantragte Zustimmung zur Kündigung erteilen.

- Das Versorgungsamt lehnt eine Feststellung der Schwerbehinderung ab; der Arbeitnehmer erhebt hiergegen Widerspruch oder Klage: Das Integrationsamt muss einen vorsorglichen Bescheid in Bezug auf die beantragte Zustimmung erlassen.

497  Hat das Integrationsamt ein Negativattest erteilt, bedarf die Kündigung grundsätzlich keiner zustimmenden Entscheidung des Integrationsamtes mehr, weil damit die **Kündigungssperre** einschließlich der Frist zum Ausspruch der Kündigung aufgehoben ist; der Arbeitgeber kann also ohne Zustimmung kündigen.[41] Ein auf einen form- und fristgerecht eingereichten Antrag des Arbeitgebers ergehendes Negativattest beseitigt, jedenfalls wenn es bestandskräftig ist, ebenso wie die Zustimmung des Integrationsamtes die zunächst bestehende Kündigungssperre.[42] Da das Negativattest aber nur an die Stelle der an sich erforderlichen Zustimmung treten kann, muss es vor dem Ausspruch der Kündigung vorliegen, es gilt aber nicht mehr, wenn später eventuell im Gerichtsverfahren die Schwerbehinderteneigenschaft dann doch festgestellt wird.[43]

498  Das Negativattest stellt ebenso wie die Zustimmungsentscheidung einen Verwaltungsakt dar, den der schwerbehinderte Mensch mit Widerspruch und Klage anfechten kann.[44] Das Negativattest ist wie die sonstige Entscheidung des Integrationsamtes über die beantragte Zustimmung zur Kündigung **förmlich zuzustellen**.

## II. Zustimmungsfreie Beendigung des Arbeitsverhältnisses

### 1. Kündigung durch den Schwerbehinderten

499  Da das Schwerbehindertenrecht nur den Schutz vor einer Beendigung des Arbeitsverhältnisses bezweckt, die ohne oder gegen den Willen des schwerbehinderten Arbeitnehmers geschieht, bedarf allein die Kündigung durch den Arbeitgeber der vorherigen Zustimmung des Integrationsamtes. Der schwerbehinderte Mensch ist dagegen in seiner Entscheidung frei, das Arbeitsverhältnis durch eigene Kündigung aufzulösen. Daher bedarf die Eigenkündigung des Arbeitnehmers keiner vorherigen Zustimmung des Integrationsamtes nach § 168 SGB IX.[45]

---

40  Vgl. dazu die Fallgruppen in → Rn. 570.
41  BAG vom 27.5.1983 – 7 AZR 482/81, BAGE 42, 169 = NJW 1984, 1420; aA LAG Köln vom 16.7.2008 – 3 Sa 190/08, AuR 2008, 361 – nur im Fall der Bestandskraft des Negativattestes; Neumann/Pahlen/Winkler/Jabben, § 168 Rn. 82 mwN; vgl. dazu auch Düwell in LPK-SGB IX § 168 Rn. 47.
42  BAG vom 6.9.2007 – 2 AZR 324/06, NZA 2008, 407 (408) mwN auf die ständige Rspr. des BAG.
43  BAG vom 6.9.2007 – 2 AZR 324/06, NZA 2008, 407 (408); LAG Hamm vom 7.4.2008 – 8 (19) Sa 1151/06; Neumann/Pahlen/Winkler/Jabben, § 168 Rn. 85 mwN; aA Düwell in LPK-SGB IX § 168 Rn. 47 mwN.
44  Neumann/Pahlen/Winkler/Jabben, § 168 Rn. 82.
45  Vgl. dazu Neumann/Pahlen/Winkler/Jabben, § 168 Rn. 40; Düwell in LPK-SGB IX § 168 Rn. 15.

## 2. Beendigung des Arbeitsverhältnisses ohne Kündigung

Nur in den Fällen des § 175 SGB IX ist bei einer Beendigung des Arbeitsverhältnisses 500 ohne Kündigung die Zustimmung des Integrationsamtes erforderlich. Im Übrigen ist § 168 SGB IX unanwendbar und damit die vorherige Zustimmung des Integrationsamtes entbehrlich, wenn das Arbeitsverhältnis ohne Kündigung des Arbeitgebers endet.

Eine Auflösung des Arbeitsverhältnisses ohne Kündigung ist auch in den Fällen anzunehmen, in denen eine personelle Maßnahme, vor allem also eine Einstellung, vorläufig durchgeführt wird und der Betriebsrat widerspricht (§ 100 BetrVG). Lehnt das Gericht nach einer solchen **vorläufigen Einstellung** iSv § 100 BetrVG, der der Betriebsrat unverzüglich widersprochen hat, durch rechtskräftige Entscheidung die vom Arbeitgeber beantragte Ersetzung der Zustimmung des Betriebsrates zur Einstellung ab oder stellt es rechtskräftig fest, dass die vorläufige Einstellung offensichtlich aus sachlichen Gründen nicht dringend erforderlich war, endet sie mit Ablauf von zwei Wochen nach Rechtskraft der Entscheidung (§ 100 Abs. 3 BetrVG), ohne dass es einer Kündigung durch den Arbeitgeber bedarf. Deshalb ist in diesem Fall auch keine vorherige Zustimmung des Integrationsamtes erforderlich.[46]

Wird jedoch der Arbeitnehmer eingestellt, ohne dass die Mitbestimmung eingehalten 502 ist, oder werden sonst Rechte des Betriebsrates verletzt, entsteht ein individualrechtliches Arbeitsverhältnis,[47] das wirksam nur durch Kündigung des Arbeitgebers beendet werden kann. In diesem Fall ist vor einer Kündigung die Zustimmung des Integrationsamtes durch den Arbeitgeber zu beantragen.[48]

## 3. Aufhebungsvertrag

Das Arbeitsverhältnis kann von den Vertragsparteien einvernehmlich zu einem bestimmten Zeitpunkt durch einen Aufhebungsvertrag beendet werden. Auch der Abschluss eines Aufhebungsvertrages bedarf keiner vorherigen Zustimmung des Integrationsamtes nach den §§ 168 ff. SGB IX.[49] Gleiches gilt für einen **Abwicklungsvertrag**, der nach Ausspruch einer Kündigung abgeschlossen wird und die Folgen der Kündigung regelt. Nur die vorangehende Kündigung bedarf bei schwerbehinderten oder gleichgestellten Arbeitnehmern der vorherigen Zustimmung des Integrationsamtes nach den §§ 168 ff. SGB IX.[50]

## 4. Befristetes Arbeitsverhältnis

Ein **befristetes Arbeitsverhältnis**, das durch Fristablauf endet, bedarf keiner Kündigung und somit auch nicht der Zustimmung des Integrationsamtes.[51]

---

46 Neumann/Pahlen/Winkler/Jabben, § 168 Rn. 54 mwN.
47 BAG vom 2.7.1980 – 5 AZR 1241/79, EzA § 99 BetrVG Nr. 28 = NJW 1981, 703.
48 Neumann/Pahlen/Winkler/Jabben, § 168 Rn. 55 mwN.
49 BAG vom 27.3.1958 – 2 AZR 20/56, AP Nr. 12 zu § 14 SchwBG; Düwell in LPK-SGB IX § 168 Rn. 16; Braasch in Deinert/Neumann (Hrsg.), HdB SGB IX, § 19 Rn. 33 mwN.
50 Vgl. dazu Braasch in Deinert/Neumann (Hrsg.), HdB SGB IX, § 19 Rn. 33 mwN.
51 Vgl. dazu ausführlich Düwell in LPK-SGB IX § 168 Rn. 17; Neumann/Pahlen/Winkler/Jabben, § 168 Rn. 45 ff.; Braasch in Deinert/Neumann (Hrsg.), HdB SGB IX, § 19 Rn. 21 ff. mwN.

505 **Hinweis:** Haben die Vertragsparteien die vorzeitige Kündbarkeit des befristeten Arbeitsvertrages gem. § 15 Abs. 3 TzBfG vereinbart, so bedarf die nach Ablauf von sechs Monaten (§ 173 Abs. 1 Nr. 1 SGB IX) vom Arbeitgeber erklärte **ordentliche** oder **außerordentliche Kündigung** allerdings immer der Zustimmung des Integrationsamtes.

### 5. Auflösende Bedingung

506 Arbeitsverträge, deren Auflösung an den Eintritt eines bestimmten Ereignisses geknüpft sind, enden ohne Kündigung mit dem Eintritt des Ereignisses, zB mit Ende des Monats, in dem eine Erwerbsminderungsrente gewährt oder ein bestimmtes Alter vollendet wird. Solche auflösenden Bedingungen sind vielfach in Tarifverträgen oder Betriebsvereinbarungen enthalten, die insoweit über Verweisungsklauseln auch Bestandteil des Einzelarbeitsverhältnisses sein können.

507 Auch wenn grundsätzlich die Beendigung des Arbeitsverhältnisses auf Grund einer **auflösenden Bedingung** nicht der Zustimmung des Integrationsamtes bedarf, ist dies ausnahmsweise anders, wenn durch den Eintritt von Berufs- oder Erwerbsunfähigkeit auf Zeit bzw. der teilweisen oder vollen Erwerbsminderung auf Zeit das Arbeitsverhältnis ohne Kündigung enden soll (§ 175 S. 1 SGB IX). In diesem Fall gelten die Vorschriften über die Zustimmung zur ordentlichen Kündigung entsprechend (§ 175 S. 2 SGB IX).

### 6. Anfechtung des Arbeitsvertrages

508 Einen Sonderfall der Beendigung des Arbeitsverhältnisses ohne Kündigung stellt die Anfechtung des Arbeitsvertrages durch den Arbeitgeber gegenüber dem Arbeitnehmer dar. Die Anfechtung löst den Arbeitsvertrag für die Zukunft auf,[52] ohne dass es einer Zustimmung des Integrationsamtes nach § 168 SGB IX bedarf.[53]

### 7. Direktionsrecht

509 Dem schwerbehinderten Arbeitnehmer kann ohne Kündigung des Arbeitsverhältnisses und damit auch ohne vorherige Zustimmung des Integrationsamtes eine andere Tätigkeit im Betrieb übertragen werden, soweit der Arbeitgeber sich hierbei an den Rahmen des ihm zustehenden Direktionsrechtes hält.[54] Das Direktionsrecht bezieht sich aber nur auf die Tätigkeiten, die der Arbeitnehmer innerhalb seines Arbeitsvertrages zu verrichten hat, und berechtigt den Arbeitgeber nicht, den schwerbehinderten Arbeitnehmer auf einen anderen, nach dem Inhalt des Arbeitsvertrages nicht vorgesehen Arbeitsplatz zu versetzen. Das Direktionsrecht muss sich also im Rahmen des Arbeitsvertrages und der gesetzlichen Bestimmungen halten (§ 106 S. 1 GewO).

Nach § 106 S. 3 GewO hat der Arbeitgeber bei der Ausübung seines Direktionsrechtes auch auf **Behinderungen des Arbeitnehmers Rücksicht** zu nehmen. Insoweit ist

---

52  BAG vom 18.4.1968 – 2 AZR 145/67, DB 1968, 1073.
53  Vgl. dazu Braasch in Deinert/Neumann (Hrsg.), HdB SGB IX, § 19 Rn. 24 ff. sowie ausführlich Düwell in LPK-SGB IX § 168 Rn. 19 ff. jeweils mwN.
54  Neumann/Pahlen/Winkler/Jabben, § 168 Rn. 59; Braasch in Deinert/Neumann (Hrsg.), HdB SGB IX, § 19 Rn. 38 mwN.

eine Weisung zu beanstanden, die einen schwerbehinderten Menschen gesundheitlich gefährdet, auch wenn diese Gefährdung nur durch dessen Behinderung entstehen kann. Eine Verpflichtung des Arbeitgebers, seine Interessen bei einer Behinderung des Arbeitnehmers schlechthin zurückzustellen, besteht aber nicht, es ist immer eine Interessenabwägung erforderlich.[55]

**Hinweis:** Bei der Ausübung des Direktionsrechtes ist zu beachten, dass der Arbeitgeber in allen Angelegenheiten, die einen schwerbehinderten Menschen betreffen, gem. § 178 Abs. 2 S. 1 SGB IX die **Schwerbehindertenvertretung** unverzüglich und umfassend zu unterrichten und vor einer Entscheidung anzuhören hat. Darüber hinaus hat der Arbeitgeber die getroffene Entscheidung der Schwerbehindertenvertretung unverzüglich mitzuteilen. — 510

Das Direktionsrecht wird auch durch die Vorschrift des § 164 SGB IX begrenzt, insbesondere durch § 164 Abs. 4 S. 1 Nr. 1 SGB IX, der den Arbeitgeber zu einer Beschäftigung von schwerbehinderten Menschen verpflichtet, bei der sie ihre Fähigkeiten und Kenntnisse möglichst voll verwerten können.[56] Überschreitet der Arbeitgeber die Grenzen seines Direktionsrechtes, so liegt hierin eine **Änderungskündigung**, die nur nach Zustimmung des Integrationsamtes zulässig ist und außerdem der Schriftform des § 623 BGB bedarf.[57] — 511

## 8. Einführung von Kurzarbeit

Kurzarbeit kann ohne Ausspruch einer Änderungskündigung nur eingeführt werden, wenn dies eine wirksame gesamtvertragliche Vereinbarung (Tarifvertrag, Betriebsvereinbarung) erlaubt oder die betroffenen Arbeitnehmer damit einverstanden sind. In diesen Fällen kommt eine Zustimmung des Integrationsamtes nicht in Betracht.[58] — 512

## 9. Insolvenz

Auch durch die Insolvenz des Arbeitgebers wird der besondere Kündigungsschutz des schwerbehinderten Menschen nicht aufgehoben. Das gilt auch für den Insolvenzverwalter.[59] — 513

## 10. Gesetzliche Ausnahmen vom besonderen Kündigungsschutz (§ 173 SGB IX)

Bei der Beendigung des Arbeitsverhältnisses eines schwerbehinderten Menschen durch arbeitgeberseitige Kündigung gibt es von dem Erfordernis der Zustimmung einige gesetzliche Ausnahmetatbestände, die sich in § 173 SGB IX finden. Diese Ausnahmetatbestände sind insoweit in § 173 SGB IX erschöpfend geregelt. In allen anderen Fällen bleibt die arbeitgeberseitige Kündigung zustimmungspflichtig. — 514

---

55  Vgl. dazu auch Bauer/Opolony, BB 2002, 1590 (1591).
56  Neumann/Pahlen/Winkler/Jabben, § 168 Rn. 60; Braasch in Deinert/Neumann (Hrsg.), HdB SGB IX, § 19 Rn. 38.
57  Braasch in Deinert/Neumann (Hrsg.), HdB SGB IX, § 19 Rn. 37; Neumann/Pahlen/Winkler/Jabben, § 168 Rn. 60.
58  Neumann/Pahlen/Winkler/Jabben, § 168 Rn. 61.
59  Braasch in Deinert/Neumann (Hrsg.), HdB SGB IX, § 19 Rn. 43; Neumann/Pahlen/Winkler/Jabben, § 168 Rn. 65 mwN.

### a) Ausnahme in den ersten sechs Monaten (§ 173 Abs. 1 Nr. 1 SGB IX)

515 Wenn das Arbeitsverhältnis zum Zeitpunkt der Kündigungserklärung ohne Unterbrechung noch nicht länger als sechs Monate bestanden hat, entfällt der besondere Kündigungsschutz der §§ 168 ff. SGB IX (§ 173 Abs. 1 Nr. 1 SGB IX). Es ist in diesem Fall weder die Zustimmung des Integrationsamtes nach § 168 SGB IX noch die Einhaltung der **Mindestkündigungsfrist** nach § 169 SGB IX erforderlich.[60]

516 Der Ausschluss des besonderen Kündigungsschutzes in den ersten sechs Monaten soll die Einstellungsbereitschaft der Arbeitgeber fördern und ihnen die Möglichkeit geben, ohne Beschäftigungsrisiko den schwerbehinderten Menschen zu erproben.[61] Die Frist korrespondiert mit der des § 1 Abs. 1 KSchG. Die dort geltenden Grundsätze gelten auch hier.[62] Maßgebend dafür, ob die Kündigung innerhalb des Sechsmonatszeitraums erfolgt oder nicht, ist der Zeitpunkt des **Zugangs der Kündigungserklärung**.[63]

517 **Hinweis:** Die Kündigungserklärung kann also auch noch wenige Tage vor Ablauf des Sechs-Monats-Zeitraums dem schwerbehinderten Menschen zugehen;[64] es sei denn, mit der Kündigung wird durch den Arbeitgeber nur der Zweck verfolgt, den Kündigungsschutz nicht eintreten zu lassen, was aber der schwerbehinderte Mensch darlegen und beweisen müsste.[65]

518 Eine solche Umgehung des besonderen Kündigungsschutzes kommt vor allem in den Fällen in Betracht, in denen viel früher gekündigt wird, als dies nach dem Gesetz oder dem Arbeitsvertrag zur Wahrung der Kündigungsfrist notwendig wäre. Bei einer Kündigung kurz vor Ablauf der sechsmonatigen Wartezeit müssen aber weitere Umstände des individuellen Rechtsmissbrauchs hinzukommen, wenn der Kündigungsschutz in analoger Anwendung des § 162 BGB eingreifen soll.[66] Wird das Kündigungsschreiben hingegen vor Ablauf des Sechsmonatszeitraums abgesandt, geht es aber dem Arbeitnehmer erst nach dem Fristablauf zu, bedarf die Kündigung der Zustimmung des Integrationsamtes und darf nur unter Einhaltung der **Mindestkündigungsfrist** des § 169 SGB IX (vgl. dazu → Rn. 672 ff.) ausgesprochen werden.

519 **Hinweis:** Es ist also für **Arbeitgeber** wichtig, bei einer Kündigung während der Sechsmonatsfrist so rechtzeitig für den Zugang der Kündigungserklärung zu sorgen, dass dieser **Kündigungszugang** noch innerhalb der Frist liegt. Der Arbeitgeber trägt das Risiko des rechtzeitigen Zugangs. Er hat diesen daher zu beweisen.[67] Hier wird grundsätzlich die Zustellung per Boten und Zustellprotokoll empfohlen. Hat der Arbeitnehmer den **Zugang der Kündigung** vor Ablauf der Sechsmonatsfrist **treuwidrig**

---

60 ErfK/Rolfs, SGB IX § 173 Rn. 1.
61 Düwell in LPK-SGB IX § 173 Rn. 5.
62 BAG vom 19.6.2007 – 2 AZR 94/06, NZA 2007, 1103 (1104) mwN; ErfK/Rolfs, SGB IX § 173 Rn. 1; Düwell in LPK-SGB IX § 173 Rn. 6 ff.
63 Neumann/Pahlen/Winkler/Jabben, § 173 Rn. 7.
64 BAG vom 25.2.1981 – 7 AZR 25/79, DB 1981, 1417.
65 Düwell in LPK-SGB IX § 173 Rn. 19, wonach der Arbeitgeber die Frist ohne Ausnahme ausnutzen darf; so auch ErfK/Rolfs, SGB IX § 173 Rn. 1; aA Kossens in Kossens/von der Heide/Maaß, § 90 Rn. 3 mwN.
66 Neumann/Pahlen/Winkler/Jabben, § 173 Rn. 7 mwN.
67 Düwell in LPK-SGB IX § 173 Rn. 19.

vereitelt, zB durch bewusste Angabe einer unzutreffenden Anschrift, steht dies einem Zugang der Kündigung in den ersten sechs Monaten gleich, wenn der Zugang ansonsten noch innerhalb der Frist gelegen hätte.[68] Der Arbeitgeber, der die Frist ausschöpft, sollte auch bedenken, dass der Kündigungsadressat die Kündigung nach § 174 BGB zurückweisen kann, wenn dieser das Fehlen der Originalvollmacht rügt.[69] Die auf die berechtigte Rüge erfolgte erneute Zustellung kann dann zu spät zugehen.[70]

Für die **Berechnung des Sechsmonatszeitraums** ist allein auf den rechtlichen Bestand   520 des Arbeitsverhältnisses abzustellen,[71] so wie dies auch bei der Berechnung der Frist des § 1 Abs. 1 KSchG der Fall ist, so dass die dort entwickelten Grundsätze entsprechend heranzuziehen sind.[72] Daher hemmen **tatsächliche Unterbrechungen** der Arbeit, zB durch Krankheit, Urlaub, Kurzarbeit oder Streik, den Ablauf der Sechsmonatsfrist nicht. Ohne Einfluss ist es, wenn sich ohne zeitliche Unterbrechung an ein Ausbildungsverhältnis ein Arbeitsverhältnis oder ein weiteres Arbeitsverhältnis mit dem bisherigen Arbeitgeber anschließt.[73]

Das BAG geht in seiner neueren Rechtsprechung zu § 173 Abs. 1 Nr. 1 SGB IX davon   521 aus, dass bei **rechtlichen Unterbrechungen** vom Sinn und Zweck des Gesetzes her nicht jede rechtliche Unterbrechung, sei sie auch von kurzer Dauer, die Frist des § 173 Abs. 1 Nr. 1 SGB IX neu beginnen lässt. Wie schon nach der Rechtsprechung des BAG zu § 1 Abs. 1 KSchG,[74] sind auch bei § 173 Abs. 1 Nr. 1 SGB IX Zeiten eines früheren Arbeitsverhältnisses mit demselben Arbeitgeber anzurechnen, wenn das neue Arbeitsverhältnis in einem engen sachlichen Zusammenhang mit dem früheren Arbeitsverhältnis steht, wobei es insbesondere auf Anlass und Dauer der Unterbrechung sowie auf die Art der Weiterbeschäftigung ankommt.[75] Bei der Prüfung, wann von einem engen sachlichen Zusammenhang zwischen mehreren Arbeitsverhältnissen und damit von einem ununterbrochenen Arbeitsverhältnis iSv § 173 Abs. 1 Nr. 1 SGB IX ausgegangen werden kann, können nicht die festen zeitlichen Grenzen zugrunde gelegt werden, die in anderen Gesetzen, etwa § 1 Abs. 1 S. 3 BeschFG 1985 oder § 14 Abs. 3 TzBfG, enthalten sind.[76]

Bei **mehreren hintereinander geschalteten Arbeitsverhältnissen** ist also zu unterscheiden:   522

---

68  BAG vom 22.9.2005 – 2 AZR 366/04, NZA 2006, 204; ErfK/Rolfs, SGB IX § 173 Rn. 1.
69  LAG Köln vom 2.3.2018 – 6 Sa 958/17, FA 2018, 204.
70  Vgl. dazu Düwell in LPK-SGB IX § 173 Rn. 19.
71  Düwell in LPK-SGB IX § 173 Rn. 6 mwN; Braasch in Deinert/Neumann (Hrsg.), HdB SGB IX, § 19 Rn. 119; Neumann/Pahlen/Winkler/Jabben, § 173 Rn. 8 mwN.
72  BAG vom 4.2.1993 – 2 AZR 416/92, NZA 1994, 214; ErfK/Rolfs, SGB IX § 173 Rn. 1.
73  BAG vom 23.9.1976 – 2 AZR 309/75, NJW 1977, 1311; Düwell in LPK-SGB IX § 173 Rn. 6.
74  BAG vom 20.8.1998 – 2 AZR 76/98, NZA 1999, 481; BAG vom 20.8.1998 – 2 AZR 83/98; NZA 1999, 314.
75  BAG vom 19.6.2007 – 2 AZR 94/06, NZA 2007, 1103 (1104).
76  BAG vom 19.6.2007 – 2 AZR 94/06, NZA 2007, 1103 (1104) mwN.

- Schließen sich mehrere Arbeitsverhältnisse unmittelbar aneinander an, dh ohne zeitliche Unterbrechung, sind die Arbeitsverhältnisse für die Berechnung der Sechsmonatsfrist zusammenzuzählen.[77]

- Liegt dagegen zwischen den Arbeitsverhältnissen eine rechtliche Unterbrechung über einen längeren Zeitraum, beginnt die Sechsmonatsfrist neu zu laufen.

523  Wann eine längere Unterbrechung in diesem Sinne anzunehmen ist, wird in der Rechtsprechung nicht festgelegt, sondern von den Umständen abhängig gemacht.[78]

524  Keine Unterbrechung des Arbeitsverhältnisses liegt vor, wenn ein **Betriebsübergang** nach § 613 a BGB vorliegt oder wenn **Insolvenz** eingetreten ist und der Betrieb fortgeführt wird.[79]

525  Der Arbeitgeber ist in den Fällen des § 173 Abs. 1 Nr. 1 SGB IX verpflichtet, die Beendigung des Arbeitsverhältnisses unabhängig von der Anzeigepflicht nach anderen Gesetzen dem Integrationsamt innerhalb von vier Tagen anzuzeigen (§ 173 Abs. 4 Alt. 2 SGB IX). Gleiches gilt für **Einstellungen auf Probe** (§ 173 Abs. 4 Alt. 1 SGB IX).[80] Diese Anzeigepflicht von Entlassungen während des Sechsmonatszeitraums nach § 173 Abs. 4 Alt. 2 SGB IX soll allein dem Integrationsamt eine besondere Fürsorge ermöglichen und hat deshalb keinen Einfluss auf die Rechtsbeziehungen des Arbeitgebers zum schwerbehinderten Arbeitnehmer oder auf die Wirksamkeit der Kündigung.[81]

526  **Hinweis:** Sollten sich bei schuldhafter Verletzung der Anzeigepflicht nach § 173 Abs. 4 Alt. 2 SGB IX aber deswegen Geldzahlungen des Integrationsamtes verzögern und dem Arbeitnehmer daraus ein Schaden entstehen, so kann der Arbeitgeber zum Ersatz des Schadens verpflichtet sein.[82]

### b) Stellen nach § 156 Abs. 2 Nr. 2 bis 5 SGB IX (§ 173 Abs. 1 Nr. 2 SGB IX)

527  Weiterhin besteht kein Zustimmungserfordernis für schwerbehinderte Arbeitnehmer, die auf bestimmten Arbeitsplätzen iSd § 156 Abs. 2 Nr. 2 bis 5 SGB IX beschäftigt werden (§ 173 Abs. 1 Nr. 2 SGB IX).

---

77  BAG vom 23.9.1976 – 2 AZR 309/75, AP Nr. 1 zu § 1 KSchG 1969 Wartezeit; Neumann/Pahlen/Winkler/Jabben, § 173 Rn. 8.

78  Die maximale Dauer des Unterbrechung wird im Rahmen einer Gesamtbetrachtung ermittelt, wobei zwei Tage Wartezeit nach der Entscheidung des BAG vom 27.6.2002 – 2 AZR 270/01, AP Nr. 15 zu § 1 KSchG 1969 Wartezeit = DB 2003, 452 = NJW 2003, 773 = NZA 2003, 145, keine beachtliche Unterbrechung sind; zwei Monate sind dabei nach BAG vom 10.5.1989 – 7 AZR 450/88, NZA 1990, 221, schon als erheblich angesehen worden, vgl. dazu eingehend Neumann/Pahlen/Winkler/Jabben, § 173 Rn. 8 mwN; in seiner Entscheidung vom 19.6.2007 – 2 AZR 94/06, NZA 2007, 1103 (1104), hat das BAG grundsätzlich eine Unterbrechung von sechs Wochen, so wie das LAG Hamm als Berufungsinstanz in seinem Urteil vom 21.6.2005 – 6 Sa 292/05, als erheblich angesehen; es sei nach § 242 Abs. 2 BGB als Verstoß gegen Treu und Glauben anzusehen, wenn ein Bundesland einen Lehrer trotz positiver Leistungsbeurteilung während der Schulferien nicht beschäftige. In diesem Fall sei die rechtliche Unterbrechung des Arbeitsverhältnisses für die Dauer der Sommerferien nicht als rechtlich erhebliche Unterbrechung zu werten; vgl. dazu auch Düwell in LPK-SGB IX § 173 Rn. 7 mwN.

79  Neumann/Pahlen/Winkler/Jabben, § 173 Rn. 9.

80  Vgl. zu diesen Anzeigepflichten im Einzelnen Braasch in Deinert/Neumann (Hrsg.), HdB SGB IX, § 19 Rn. 133; Neumann/Pahlen/Winkler/Jabben, § 173 Rn. 25 ff. mwN.

81  Neumann/Pahlen/Winkler/Jabben, § 173 Rn. 25 mwN.

82  BAG vom 21.3.1980 – 7 AZR 314/78, AP Nr. 1 zu § 17 SchwbG mAnm Jung; Neumann/Pahlen/Winkler/Jabben, § 173 Rn. 25 mwN.

Ausdrücklich **vom besonderen Kündigungsschutz** des SGB IX **ausgenommen** sind da-    528
nach

- Personen, deren Beschäftigung nicht in erster Linie dem Erwerb dient, sondern aus religiösen und karitativen Beweggründen erfolgt (§ 156 Abs. 2 Nr. 2 SGB IX), zB Diakonissen, Missionare, sowie die ausdrücklich im Gesetz genannten Geistlichen öffentlich-rechtlicher Religionsgemeinschaften. Für diesen Personenkreis ist ohnehin keine Zustimmung zur Kündigung erforderlich, weil sie nicht in einem Arbeitsverhältnis stehen.[83]

- Personen, deren Beschäftigung nicht in erster Linie ihrem Erwerb dient und vorwiegend zu ihrer Heilung, Wiedereingewöhnung oder Erziehung erfolgt (§ 156 Abs. 2 Nr. 3 SGB IX), zB Insassen von Heilanstalten, Strafgefangene, Sicherungsverwahrte. Dieser Personenkreis steht in keinem Arbeitsverhältnis, so dass bereits deshalb keine Zustimmung erforderlich ist.[84]

- Teilnehmer an Arbeitsbeschaffungsmaßnahmen nach dem SGB III (§ 156 Abs. 2 Nr. 4 SGB IX).[85]

- Personen, die nach ständiger Übung in ihre Stelle gewählt werden (§ 156 Abs. 2 Nr. 5 SGB IX), zB bei Verbänden, politischen Parteien, Gewerkschaften oder Kommunen. Auch wenn hier in der Regel ein echtes Arbeitsverhältnis begründet wird, würde es demokratischen Grundsätzen widersprechen, solche Personen in ihrer Stellung zu halten, wenn die Voraussetzungen, nämlich die Wahl und damit das erforderliche Vertrauen der Wähler, nicht mehr gegeben sind.[86]

**Hinweis:** Ist keine dieser Bedingungen erfüllt, muss der Arbeitgeber grundsätzlich die    529
Zustimmung des Integrationsamtes zur Kündigung beantragen.

#### c) Vollendung des 58. Lebensjahres und soziale Alterssicherung (§ 173 Abs. 1 Nr. 3 SGB IX)

Zustimmungsfrei sind ferner Kündigungen von schwerbehinderten Menschen, sofern    530
sie

- das 58. Lebensjahr vollendet und Anspruch auf eine Abfindung, Entschädigung oder ähnliche Leistung aufgrund eines Sozialplanes haben oder

- Anspruch auf Knappschaftsausgleichsleistung nach dem SGB VI oder auf Anpassungsgeld für entlassene Arbeitnehmer des Bergbaus.

Weitere Voraussetzung der Zustimmungsfreiheit ist, dass der Arbeitgeber ihnen die Kündigungsabsicht rechtzeitig mitgeteilt hat und sie der beabsichtigten Kündigung bis zu deren Ausspruch nicht widersprechen (§ 173 Abs. 1 Nr. 3 SGB IX).[87]

Personen, deren **Altersversorgung gesichert** ist, bedürfen nach Auffassung des Gesetz-    531
gebers des besonderen Schutzes der §§ 168 ff. SGB IX nicht, wenn sie der Kündigung

---

83  Neumann/Pahlen/Winkler/Jabben, § 173 Rn. 12 und § 156 Rn. 51.
84  Vgl. dazu Neumann/Pahlen/Winkler/Jabben, § 173 Rn. 12 und § 156 Rn. 52.
85  Vgl. Neumann/Pahlen/Winkler/Jabben, § 173 Rn. 13 und § 156 Rn. 54.
86  Vgl. Neumann/Pahlen/Winkler/Jabben, § 173 Rn. 15 und § 156 Rn. 55.
87  Vgl. dazu im Einzelnen Düwell in LPK-SGB IX § 173 Rn. 21 ff.

nicht widersprechen.[88] Darin wird teilweise eine unzulässige Benachteiligung wegen Alters gesehen.[89] Diese dürfte aber durch Art. 6 a Richtlinie 2000/78/EG gerechtfertigt sein, zumal die Richtlinie keinen Sonderkündigungsschutz für Menschen mit Behinderungen vorschreibt.[90]

532 Bei der ersten Variante bezieht sich das **Sozialplanerfordernis** auf alle drei Formen der Entlassungsentschädigung, so dass die Zustimmung des Integrationsamtes nur verzichtbar ist, wenn der schwerbehinderte Arbeitnehmer seinen Anspruch auf § 77 Abs. 6 BetrVG stützen kann.[91] Eine **einzelvertragliche Zusage** genügt dagegen nicht;[92] ebenso wenig der gesetzliche **Nachteilsausgleich** nach § 113 BetrVG oder eine vereinbarte oder durch das Gericht zugesprochene Abfindung nach den §§ 9, 10 KSchG.[93]

533 Die **Mitteilung der Kündigungsabsicht durch den Arbeitgeber** ist dabei an **keine Form** gebunden.[94] Dem schwerbehinderten Arbeitnehmer muss aber Zeit gegeben werden, um zu entscheiden, ob er der beabsichtigten Kündigung widersprechen will oder nicht.

534 **Hinweis:** Die an die „Rechtzeitigkeit" der Mitteilung der Kündigungsabsicht durch den **Arbeitgeber** zu stellenden Anforderungen hängen von den Umständen des Einzelfalles ab. Arbeitgebern ist zu raten, vorsorglich eine **Frist von drei Wochen** bis zum Ausspruch der Kündigung einzuhalten, denn diese Frist wird als ausreichend und angemessen angesehen.[95]

535 Der Arbeitgeber muss in seiner Mitteilung den schwerbehinderten Menschen nicht auf seine Widerspruchsmöglichkeit hinweisen.[96] Er muss aber mitteilen, wann die Kündigung ausgesprochen werden soll, denn nur dann weiß der Arbeitnehmer, bis wann er seinen Widerspruch erklären kann.[97]

536 Für den **Widerspruch des Arbeitnehmers** ist **keine bestimmte Form** vorgeschrieben; er ist formlos möglich und braucht auch nicht begründet zu werden.[98] Entscheidend ist allein, dass – bei rechtzeitiger Unterrichtung – der Widerspruch dem Arbeitgeber noch „vor Ausspruch" der Kündigung zugeht. Da eine mündliche Kündigung ausscheidet, ist die Aufgabe des Kündigungsschreibens zur Post oder die Beauftragung eines Boten mit der Übergabe maßgebend.[99]

---

88  BT-Drs. 10/3138, 21.
89  Bertelsmann, ZESAR 2005, 242 (245).
90  ErfK/Rolfs, SGB IX § 173 Rn. 3.
91  LAG Köln vom 4.4.1997, AiB 1998, 351 = FA 1998, 57; ErfK/Rolfs, SGB IX § 173 Rn. 3.
92  ErfK/Rolfs, SGB IX § 173 Rn. 3.
93  Braasch in Deinert/Neumann (Hrsg.), HdB SGB IX, § 19 Rn. 123; Düwell in LPK-SGB IX § 173 Rn. 22.
94  Düwell in LPK-SGB IX § 173 Rn. 24; Braasch in Deinert/Neumann (Hrsg.), HdB SGB IX, § 19 Rn. 125.
95  Braasch in Deinert/Neumann (Hrsg.), HdB SGB IX, § 19 Rn. 125; ErfK/Rolfs, SGB IX § 173 Rn. 3; Neumann/Pahlen/Winkler/Jabben, § 173 Rn. 17 mwN; vgl. auch die Darstellung des Meinungsstandes bei Düwell in LPK-SGB IX § 173 Rn. 24.
96  Düwell in LPK-SGB IX § 173 Rn. 24; Neumann/Pahlen/Winkler/Jabben, § 173 Rn. 17.
97  Düwell in LPK-SGB IX § 173 Rn. 24 mwN.
98  Düwell in LPK-SGB IX § 173 Rn. 25, 26; Neumann/Pahlen/Winkler/Jabben, § 173 Rn. 18; Braasch in Deinert/Neumann (Hrsg.), HdB SGB IX, § 19 Rn. 125 mwN.
99  Düwell in LPK-SGB IX § 173 Rn. 26 mwN; ErfK/Rolfs, SGB IX § 173 Rn. 3; Braasch in Deinert/Neumann (Hrsg.), HdB SGB IX, § 19 Rn. 125; Neumann/Pahlen/Winkler/Jabben, § 173 Rn. 18.

**Hinweis:** Aus Beweisgründen, auch im Hinblick auf die Länge der Widerspruchsfrist, sollte der **Arbeitgeber** die beabsichtigte Kündigung dem schwerbehinderten Arbeitnehmer immer **schriftlich** mitteilen. **Notwendiger Inhalt** der Unterrichtung des Arbeitgebers ist die Angabe, wann die Kündigung ausgesprochen werden soll; denn nur dann weiß der Arbeitnehmer, bis wann er seinen Widerspruch erklären kann.[100] Der **Arbeitnehmer** sollte für seinen **Widerspruch** aus Beweisgründen ebenso die Schriftform wählen. Es genügt der Hinweis, dass der schwerbehinderte Arbeitnehmer die Kündigung generell nicht oder nicht zu den vorgeschlagenen Bedingungen akzeptiert.[101] Äußert sich der schwerbehinderte Mensch allerdings innerhalb der Frist bis zum Ausspruch der Kündigung nicht, entfällt nach § 173 Abs. 1 Nr. 3 SGB IX der besondere Kündigungsschutz.

537

Die **Rücknahme des Widerspruches** kann jederzeit, auch noch im Rechtsmittelverfahren, erfolgen.[102] Dann ist das Zustimmungserfordernis weggefallen und das Verfahren erledigt. Eine einvernehmliche Aufhebung des Arbeitsvertrages ist aber darin noch nicht zu sehen.[103]

538

### d) Entlassung aus Witterungsgründen (§ 173 Abs. 2 SGB IX)

Bei Kündigungen, die aus Witterungsgründen vorgenommen werden, ist keine Zustimmung erforderlich (§ 173 Abs. 2 SGB IX), sofern die Wiedereinstellung des schwerbehinderten Menschen bei Wiederaufnahme der Arbeit gewährleistet ist. Eine Entlassung aus Witterungsgründen setzt voraus, dass die Fortsetzung der Arbeit infolge ungünstiger Witterung, zB Eis, Schnee, Frost, nicht möglich ist oder nicht mehr zugemutet werden kann. Ist die Beschäftigung im Innendienst nicht möglich, weil wegen der Einstellung der Arbeit im Außendienst keine Arbeiten mehr anfallen, ist § 173 Abs. 2 SGB IX nicht anwendbar.[104]

539

Der Kündigungsschutz entfällt nur, wenn sich der Arbeitgeber gegenüber dem schwerbehinderten Arbeitnehmer verpflichtet, ihn bei Wiederaufnahme der Tätigkeit wieder einzustellen; unerheblich ist, ob der Wiedereinstellungsanspruch auf **Tarifvertrag, Betriebsvereinbarung oder Einzelvertrag** beruht.[105] Stellt der Arbeitgeber den Arbeitnehmer trotz seiner Zusage nicht wieder ein, berührt dies nicht die Wirksamkeit der Kündigung; vielmehr hat der schwerbehinderte Arbeitnehmer einen einklagbaren Wiedereinstellungsanspruch als Schadensersatzanspruch ab dem Tag der Wiederaufnahme der Arbeit.[106]

540

---

100  Düwell in LPK-SGB IX § 173 Rn. 24 mwN; Neumann/Pahlen/Winkler/Jabben, § 173 Rn. 18.
101  Vgl. dazu auch LAG Hamm vom 8.7.1986 – 11 (14) Sa 2359/85.
102  Braasch in Deinert/Neumann (Hrsg.), HdB SGB IX, § 19 Rn. 125; Neumann/Pahlen/Winkler/Jabben, § 173 Rn. 18; Düwell in LPK-SGB IX § 173 Rn. 26 mwN.
103  Neumann/Pahlen/Winkler/Jabben, § 173 Rn. 18 mwN.
104  So auch Neumann/Pahlen/Winkler/Jabben, § 173 Rn. 20; Braasch in Deinert/Neumann (Hrsg.), HdB SGB IX, § 19 Rn. 127; Düwell in LPK-SGB IX § 173 Rn. 28 mwN; aA LAG München vom 24.10.1986 – 3 Sa 438/86, DB 1987, 1444.
105  ErfK/Rolfs, SGB IX § 173 Rn. 4; Düwell in LPK-SGB IX § 173 Rn. 29; Braasch in Deinert/Neumann (Hrsg.), HdB SGB IX, § 19 Rn. 130 mwN.
106  So auch hM, vgl. EfK/Rolfs, SGB IX § 173 Rn. 4; Düwell in LPK-SGB IX § 173 Rn. 30; aA Neumann/Pahlen/Winkler/Jabben, § 173 Rn. 22; Braasch in Deinert/Neumann (Hrsg.), HdB SGB IX, § 19 Rn. 131 jeweils mwN.

541 **Hinweis:** Die **Schwerbehindertenvertretung** ist gem. § 178 Abs. 2 SGB IX vom Arbeitgeber zu beteiligen, da es sich um eine Angelegenheit handelt, die einen einzelnen schwerbehinderten Menschen berührt.

### 11. Fehlender Nachweis/Fehlende Mitwirkung (§ 173 Abs. 3 SGB IX)

542 Die Vorschriften über den besonderen Kündigungsschutz für schwerbehinderte Menschen finden nach § 173 Abs. 3 SGB IX auch dann keine Anwendung, wenn zum Zeitpunkt der Kündigung die Eigenschaft als schwerbehinderter Mensch nicht nachgewiesen ist oder das Versorgungsamt nach Ablauf der Frist des § 152 Abs. 1 S. 3 SGB IX eine Feststellung wegen fehlender Mitwirkung nicht treffen konnte.

543 Die Auslegung und der Anwendungsbereich des § 173 Abs. 3 SGB IX waren seit seiner Einführung in den Gesetzestext des SGB IX zum 1.5.2004 heftig umstritten.[107] Inzwischen wurden einige der Streitfragen jedoch höchstrichterlich geklärt. Daher werden im folgenden Abschnitt die in der Vergangenheit umstrittenen Probleme nicht mehr im Einzelnen dargestellt;[108] es soll vielmehr ein **Leitfaden für die Praxis** auf der Grundlage der höchstrichterlichen Rechtsprechung gegeben werden, wie die Regelung des § 173 Abs. 3 SGB IX anzuwenden ist.

#### a) Fehlender Nachweis der Schwerbehinderteneigenschaft (§ 173 Abs. 3 Alt. 1 SGB IX)

544 Nach der ersten Alternative des § 173 Abs. 3 SGB IX ist der besondere Kündigungsschutz ausgeschlossen, wenn zum Zeitpunkt der Kündigung die Schwerbehinderung „nicht nachgewiesen" ist.

545 Da sich die Vorschrift des § 173 Abs. 3 SGB IX primär an die Arbeitgeber und nicht an die Integrationsämter wendet und der Nachweis über die Schwerbehinderteneigenschaft gegenüber dem Arbeitgeber zu führen ist, ist hinsichtlich der Frage, ob die Vorschriften über den besonderen Kündigungsschutz Anwendung finden, auf den **Zeitpunkt des Zugangs der Kündigung** abzustellen.[109]

546 Zunächst war umstritten, ob die Vorschrift des § 173 Abs. 3 SGB IX auch für **gleichgestellte Arbeitnehmer** gilt oder nicht. Dies wurde in der Literatur unter Berufung auf den Wortlaut der Vorschrift teilweise verneint.[110] Nach herrschender Auffassung,[111] der sich inzwischen auch das BAG angeschlossen hat, gilt § 173 Abs. 3 SGB IX aber auch für gleichgestellte Arbeitnehmer, weil eine Besserstellung der weniger schutzbe-

---

107 Vgl. dazu etwa Griebeling, NZA 2005, 494 (499); Schlewing, NZA 2005, 1218 (1219); Düwell in LPK-SGB IX § 173 Rn. 36 ff.

108 Vgl. dazu ausführlich Etzel in FS zum 25-jährigen Bestehen der ARGE Arbeitsrecht im DAV, 246 ff.

109 BAG vom 29.11.2007 – 2 AZR 613/06, NZA 2008, 361; Cramer, NZA 2004, 698 (704); ErfK/Rolfs, SGB IX § 173 Rn. 6.

110 Bauer/Powietzka, NZA-RR 2004, 505 (507), Fn. 15; Schlewing, NZA 2005, 1218 (1224); Düwell, BB 2004, 2811 (2813).

111 LAG Baden-Württemberg vom 14.6.2006 – 10 Sa 43/06; LAG Rheinland-Pfalz vom 12.10.2005 – 10 Sa 502/05; LAG Brandenburg vom 30.8.2006 – 23 Sa 95/06; BAG vom 1.3.2007 – 2 AZR 217/06, NZA 2008, 302 (304) mwN; ErfK/Rolfs, SGB IX § 173 Rn. 6; Griebeling, NZA 2005, 494 (496); Göttling/Neumann, NZA-RR 2007, 281 (284); Düwell in LPK-SGB IX § 173 Rn. 47, 48.

dürftigen Gruppe der Gleichgestellten sachlich nicht zu rechtfertigen und mit dem Zweck der Regelung des § 173 Abs. 3 SGB IX[112] nicht zu vereinbaren ist.

Nach der **ersten Alternative** des § 173 Abs. 3 SGB IX muss also bei Zugang der Kündigung des Arbeitgebers entweder 547

- die Schwerbehinderung bereits nach §§ 2 Abs. 2, 152 Abs. 1 SGB IX durch einen Feststellungsbescheid des Versorgungsamtes anerkannt sein, oder

- eine Gleichstellung durch Bescheid der Bundesagentur für Arbeit erfolgt sein (§§ 151 Abs. 2, 152 SGB IX), oder

- die Schwerbehinderteneigenschaft offenkundig sein.

Einem Bescheid des Versorgungsamtes über das Vorliegen einer Schwerbehinderung nach § 152 Abs. 1 SGB IX stehen nach der Gesetzesbegründung Feststellungen nach § 152 Abs. 2 SGB IX gleich (vgl. dazu oben → Rn. 32 ff.). Dies kann zB ein Unfallrentenbescheid einer Berufsgenossenschaft sein, mit dem eine MdE (Minderung der Erwerbsfähigkeit) in Höhe von mindestens 50 % festgestellt wird, da sich MdE und GdB entsprechen. Ein Bescheid der gesetzlichen Rentenversicherung über eine volle oder teilweise Erwerbsminderungsrente reicht aber nicht aus, da sich der Begriff der Erwerbsminderung nach § 43 SGB VI und der GdB nicht entsprechen und jemand eine Erwerbsminderungsrente nach § 43 SGB VI beziehen kann, ohne dass ein GdB von 50 vorliegt. 548

Es reicht also nicht aus, dass objektiv die Schwerbehinderteneigenschaft vorliegt, sondern sie muss auch durch Bescheid anerkannt sein. Auch wenn die **Schwerbehinderteneigenschaft** kraft Gesetzes entsteht, wenn die in § 2 SGB IX genannten Voraussetzungen vorliegen, und der Feststellungsbescheid des Versorgungsamtes nach §§ 2 Abs. 2, 152 SGB IX keine rechtsbegründende, sondern lediglich eine erklärende, also **deklaratorische Wirkung** hat,[113] treten die rechtlichen Wirkungen der Eigenschaft als schwerbehinderter Mensch im Falle des Sonderkündigungsschutzes nicht ohne Weiteres, dh nicht schon bei bloß objektiv bestehender Eigenschaft als schwerbehinderter Mensch, ein. Voraussetzung ist vielmehr nur, dass vor Zugang der Kündigung ein **Feststellungsbescheid** über die Eigenschaft als schwerbehinderter Mensch (§ 152 Abs. 1 SGB IX) oder eine entsprechende, dem gleichstehende Feststellung nach § 152 Abs. 2 SGB IX ergangen ist.[114] 549

Ausreichend ist auch die im Zeitpunkt des Zugangs der Kündigung durch Bescheid der Agentur für Arbeit nachgewiesene **Gleichstellung** iSv § 151 Abs. 2, 3 SGB IX. Die Gleichstellung erfolgt im Gegensatz zur Schwerbehinderteneigenschaft mit einem 550

---

112  Vgl. dazu ausführlich BAG vom 1.3.2007 – 2 AZR 217/06, NZA 2008, 302 (304); Göttling/Neumann, NZA-RR 2007, 281 (284).

113  St. Rspr. des BAG, vgl. nur BAG vom 20.1.2005 – 2 AZR 675/03, NZA 2005, 689 (690); BAG vom 24.11.2005 – 2 AZR 514/04, NZA 2006, 665 (666); BAG vom 13.2.2008 – 2 AZR 864/06, NZA 2008, 1055 (1056) mwN in Rn. 16; BAG vom 9.6.2011 – 2 AZR 703/09, NZA-RR 2011, 516, Rn. 28.

114  St. Rspr. des BAG, vgl. BAG vom 20.1.2005 – 2 AZR 675/03, NZA 2005, 689 (690) mwN; BAG vom 11.12.2008 – 2 AZR 395/07, NZA 2009, 556, Rn. 28 mwN; BAG vom 9.6.2011 – 2 AZR 703/09, NZA-RR 2011, 516, Rn. 35; zum rechtzeitig gestellten Antrag nach der zweiten Alternative des § 173 Abs. 3 SGB IX – vgl. → Rn. 553 ff.

**konstitutiven Verwaltungsakt** und wird gem. § 151 Abs. 2 S. 2 SGB IX mit dem Tag des Antragseingangs wirksam.[115] Die Gleichstellung muss also nach der ersten Alternative des § 173 Abs. 3 SGB IX im Zeitpunkt des Kündigungszugangs bereits durch **Bescheid** erfolgt sein, der dem Arbeitnehmer vor Zugang der Kündigung zugestellt worden sein muss.

551 Trotz des entgegenstehenden Wortlauts der ersten Alternative des § 173 Abs. 3 SGB IX kommt der Sonderkündigungsschutz auch dann zum Tragen, wenn die **Schwerbehinderung offenkundig** ist.[116] Dies ergibt sich aus der Gesetzesbegründung, in der die Offenkundigkeit ausdrücklich als nachgewiesen bezeichnet wird.[117] Offenkundig ist die Schwerbehinderteneigenschaft zB bei Blindheit, Kleinwuchs oder dem Verlust von Gliedmaßen wie Armen und Beinen.[118]

552 Entgegen einer in der Literatur vertretenen Auffassung[119] ist es für die Anwendung des § 168 SGB IX auch allein maßgeblich, dass ein Bescheid über die Schwerbehinderung oder die Gleichstellung erlassen und dieser dem Arbeitnehmer vor Zugang der Arbeitgeberkündigung zugegangen ist.[120] Für den besonderen Kündigungsschutz kommt es dagegen nicht darauf an, ob der Arbeitnehmer den Arbeitgeber von seiner Schwerbehinderung oder Gleichstellung in Kenntnis gesetzt hat. Eine Pflicht des Arbeitnehmers, dem Arbeitgeber Kenntnis von der Schwerbehinderung oder Gleichstellung zu verschaffen, folgt aus der gesetzlichen Neuregelung des § 173 Abs. 3 SGB IX nicht.[121] Im Gegenteil ist ein Vorschlag des Bundesrates, den Sonderkündigungsschutz entfallen zu lassen, wenn der Arbeitnehmer einen Arbeitgeber nicht vor Ausspruch der Kündigung durch Vorlage eines Ausweises oder Bescheides über seine Schwerbehinderung informiert hat, nicht Gesetz geworden.[122]

### b) Fehlende Mitwirkung im Feststellungsverfahren (§ 173 Abs. 3 Alt. 2 SGB IX)

553 Die meisten Schwierigkeiten bereitet die Auslegung der zweiten Alternative des § 173 Abs. 3 SGB IX. Danach gilt der Sonderkündigungsschutz dann nicht, „wenn zum Zeitpunkt der Kündigung das Versorgungsamt nach Ablauf der Frist des § 152 Abs. 1 S. 3 SGB IX eine Feststellung wegen fehlender Mitwirkung nicht treffen konnte".

---

115  St. Rspr. des BAG, vgl. nur BAG vom 24.11.2005 – 2 AZR 514/04, NZA 2006, 665 (666) mwN.

116  St. Rspr. des BAG, vgl. nur BAG vom 24.11.2005 – 2 AZR 514/04, NZA 2006, 665 (667); BAG vom 13.2.2008 – 2 AZR 864/06, NZA 2008, 1055 (1056) mwN in Rn. 17; Cramer, NZA 2004, 698 (704); ErfK/Rolfs, SGB IX § 173 Rn. 6.

117  So ausdrücklich BAG vom 13.2.2008 – 2 AZR 864/06, NZA 2008, 1055 (1056), Rn. 17 unter Hinweis auf BT-Drs. 15/2357, 24; Cramer, NZA 2004, 698 (704).

118  BAG vom 28.6.1995 – 7 AZR 555/94, BB 1995, 2484.

119  Bauer/Powietzka, NZA-RR 2004, 505 (507); Cramer, NZA 2004, 698 (704); Neumann/Pahlen/Winkler/Jabben, § 173 Rn. 23, der davon nur bei Offenkundigkeit der Schwerbehinderteneigenschaft eine Ausnahme machen will.

120  BAG vom 1.3.2007 – 2 AZR 217/06, NZA 2008, 302 (304); BAG vom 6.9.2007 – 2 AZR 324/06, NZA 2008, 407 (409); BAG vom 11.12.2008 – 2 AZR 395/07, NZA 2009, 556, Rn. 28 mwN; BAG vom 9.6.2011 – 2 AZR 703/09, NZA-RR 2011, 516, Rn. 35; OVG Koblenz vom 7.3.2006 – 7 A 11298/05, NZA 2006, 1108 (1110); so auch die weit überwiegende Meinung in der Literatur, Etzel in FS zum 25-jährigen Bestehen der ARGE Arbeitsrecht im DAV, 246, 249; Griebeling, NZA 2005, 494 (496 f.); ErfK/Rolfs, SGB IX § 173 Rn. 6; Schlewing, NZA 2005, 1218 (1219).

121  So auch ArbG Bonn von 25.11.2004 – 7 Ca 2459/04, NZA-RR 2005, 193.

122  BT-Drs. 746/2/03; vgl. zur Unkenntnis des Arbeitgebers ergänzend die Ausführungen in → Rn. 762 ff.

§ 152 Abs. 1 S. 3 SGB IX verweist auf die Fristen des § 14 Abs. 2 SGB IX. Danach    554
gelten unterschiedliche **Fristen**:

- Das Versorgungsamt soll innerhalb von drei Wochen über vorliegende Anträge auf Feststellung der Behinderung entscheiden, soweit ein Gutachten für die Feststellung nicht erforderlich ist (§ 152 Abs. 1 S. 3 iVm § 14 Abs. 2 S. 2 SGB IX).

- Ist zur Feststellung der Behinderung ein Gutachten erforderlich, so hat das Versorgungsamt innerhalb von zwei Wochen nach Vorliegen des Gutachtens zu entscheiden (§ 152 Abs. 1 S. 3 iVm § 14 Abs. 2 S. 3 SGB IX).

Die streitige Frage, ob § 173 Abs. 3 Alt. 2 SGB IX mit dem Verweis auf die „Frist des    555
§ 152 Abs. 1 S. 3 SGB IX" sämtliche in § 152 Abs. 1 S. 3 SGB IX angesprochenen
Fristen oder nur eine bestimmte Frist meint,[123] hat das BAG in inzwischen ständiger
Rechtsprechung dahin gehend beantwortet, dass § 173 Abs. 3 SGB IX allein auf „die
Frist" des § 152 Abs. 1 S. 3 SGB IX verweist, so dass nur **die dreiwöchige Grundfrist**
(§§ 152 Abs. 1 S. 3, 14 Abs. 2 S. 2 SGB IX) maßgebend ist.[124] Ein anderes Verständnis – je nachdem, ob ein Gutachten erforderlich ist oder nicht, soll eine drei- oder siebenwöchige Frist gelten[125] – würde dem Ziel des Gesetzgebers zuwiderlaufen,
Rechtssicherheit in die, wie schon der Wortlaut des Gesetzes zeigt, durch verfahrensrechtliche Komplikationen erheblich befrachtete Materie zu bringen.[126]

Gestritten wurde in der Literatur des Weiteren darüber, welche Rechtsfolgen § 173    556
Abs. 3 SGB IX nach sich zieht und wie der Gesetzeswortlaut der zweiten Alternative
auszulegen ist.[127] Nach zutreffender Ansicht, die das BAG in seiner neueren Rechtsprechung vertritt, ist nach dem Gesetzeswortlaut kein Fall denkbar, in dem die zweite Alternative des § 173 Abs. 3 SGB IX (es liegt kein Nachweis vor, weil das Versorgungsamt mangels Mitwirkung noch keine Feststellung treffen konnte) eingreift, ohne dass gleichzeitig bereits die erste Alternative erfüllt ist. Da der Gesetzgeber kaum
beabsichtigt haben dürfte, dass die zweite Alternative keinen Anwendungsfall hat,
muss die zweite Alternative des § 173 Abs. 3 SGB IX als Einschränkung der ersten
Alternative des § 173 Abs. 3 SGB IX verstanden werden.[128]

Grundsätzlich findet der Sonderkündigungsschutz daher keine Anwendung, wenn    557
zum Zeitpunkt des Kündigungszugangs die Schwerbehinderteneigenschaft bzw. die
Gleichstellung nicht festgestellt worden ist (§ 173 Abs. 3 Alt. 1 SGB IX). Dagegen

---

123  Vgl. dazu Etzel in FS zum 25-jährigen Bestehen der ARGE Arbeitsrecht im DAV, 246, 250.
124  Zuerst entschieden in BAG vom 1.3.2007 – 2 AZR 217/06, NZA 2008, 302 (305), Rn. 43; bestätigt in den
     weiteren Entscheidungen des BAG vom 6.9.2007 – 2 AZR 324/06, NZA 2008, 407 (408) Rn. 19; BAG
     vom 29.11.2007 – 2 AZR 613/06, NZA 2008, 361, Rn. 15; BAG vom 9.6.2011 – 2 AZR 703/09, NZA-
     RR 2011, 516, Rn. 18.
125  So aber Etzel in FS zum 25-jährigen Bestehen der ARGE Arbeitsrecht im DAV, 246, 251 f.; Griebeling,
     NZA 2005, 494 (498); Göttling/Neumann, NZA-RR 2007, 281 (282); Bauer/Powietzka, NZA-RR 2004,
     505 (507); Schlewing, NZA 2005, 1218 (1221).
126  So zu Recht BAG vom 1.3.2007 – 2 AZR 217/06, NZA 2008, 302 (305), Rn. 43.
127  Vgl. dazu ausführlich BAG vom 1.3.2007 – 2 AZR 217/06, NZA 2008, 302 (305), Rn. 40–42; Etzel in FS
     zum 25-jährigen Bestehen der ARGE Arbeitsrecht im DAV, 246, 250 ff.
128  BAG vom 1.3.2007 – 2 AZR 217/06, NZA 2008, 302 (305); ArbG Düsseldorf vom 29.10.2004 – 13 Ca
     5326/04, NZA-RR 2005, 138 (139); VG Arnsberg vom 20.11.2007 – 11 K 3670/06; so auch Etzel in FS
     zum 25-jährigen Bestehen der ARGE Arbeitsrecht im DAV, 246, 251; Bitzer, NZA 2006, 1082 (1083); aA
     OVG Münster vom 13.6.2006 – 2 A 1778/06, BehindertenR 2007, 29.

bleibt nach § 173 Abs. 3 Alt. 2 SGB IX der Sonderkündigungsschutz trotz fehlenden Nachweises bestehen, wenn der Antrag so frühzeitig vor dem Kündigungszugang gestellt worden ist, dass eine Entscheidung vor Ausspruch der Kündigung bei ordnungsgemäßer Mitwirkung des Antragstellers – binnen der Frist des § 152 Abs. 1 S. 3 SGB IX von drei Wochen – möglich gewesen wäre. Der **Antrag** auf Feststellung der Schwerbehinderung bzw. Gleichstellung muss also **mindestens drei Wochen vor Zugang der Kündigung** mit den erforderlichen Angaben gestellt worden sein, so dass über ihn eine positive Entscheidung vor Kündigung hätte ergehen können.[129]

558 Welche **Mitwirkungspflichten** den schwerbehinderten Arbeitnehmer bei der Antragstellung treffen, ergibt sich aus der entsprechenden Anwendung des § 60 Abs. 1 S. 1 SGB I (§ 152 Abs. 1 S. 3 SGB IX). **Vollständig** ist der **Antrag**, wenn dem Versorgungsamt ein ausgefülltes und unterschriebenes Antragsformular vorliegt und der Antragsteller seine behandelnden Ärzte sowie weitere behandelnde Dritte (zB Psychotherapeuten, Heilpraktiker, Krankenhäuser, Rehabilitationskliniken) von ihrer Schweigepflicht entbunden hat. Geht lediglich ein **formloser Antrag** beim Versorgungsamt ein, bedeutet dies, dass das Versorgungsamt den Antrag nicht bearbeiten kann und damit aufgrund fehlender Mitwirkung des Antragstellers keine Entscheidung treffen kann. Eine formlose Antragstellung genügt der Mitwirkungsverpflichtung daher nur, wenn der antragstellende Arbeitnehmer alle Tatsachen angegeben hat, die für die Feststellung der Schwerbehinderung erforderlich sind. Der Arbeitnehmer muss also

- das Antragsformular auf dem amtlichen Vordruck vollständig ausfüllen,

- alle behandelnden Ärzte, sonstigen Heilberufe und Krankenhäuser, die Auskunft über seinen Gesundheitszustand geben können, sowie – insbesondere beim Antrag auf Gleichstellung – Auskunftspersonen (Arbeitgeber, Betriebs-/Personalrat, Schwerbehindertenvertretung) angeben, und

- die behandelnden Ärzte, Heilpraktiker, Psychotherapeuten, Krankenhäuser von ihrer **Schweigepflicht entbinden.**

559 Ist der Antrag auf Feststellung der Schwerbehinderteneigenschaft oder auf Gleichstellung mit diesen Anforderungen mindestens drei Wochen vor Kündigungszugang gestellt und beruht das Fehlen des Nachweises der Schwerbehinderteneigenschaft durch einen Bescheid des Versorgungsamtes nicht auf fehlender Mitwirkung des Arbeitnehmers, so bleibt – trotz fehlenden Nachweises – der Sonderkündigungsschutz erhalten und ist nicht nach § 173 Abs. 3 SGB IX ausgeschlossen.[130]

560 § 173 Abs. 3 Alt. 2 SGB IX erweist sich damit als Bestimmung einer **Vorfrist**, um nach dem Zweck der Vorschrift die Fälle auszuschließen, in denen – wie nach alter

---

129 BAG vom 1.3.2007 – 2 AZR 217/06, NZA 2008, 302 (305); BAG vom 6.9.2007 – 2 AZR 324/06, NZA 2008, 407 (408); BAG vom 29.11.2007 – 2 AZR 613/06, NZA 2008, 361, Rn. 15; BAG vom 9.6.2011 – 2 AZR 703/09, NZA-RR 2011, 516, Rn. 18; vgl. zur Kritik an dieser Rechtsprechung Düwell in LPK-SGB IX § 173 Rn. 43.
130 BAG vom 1.3.2007 – 2 AZR 217/06, NZA 2008, 302 (305) mit Besprechung von Göttling/Neumann, NZA-RR 2007, 281; BAG vom 29.11.2007 – 2 AZR 613/06, NZA 2008, 361 (362), Rn. 15; BAG vom 6.9.2007 – 2 AZR 324/06, NZA 2008, 407 (408) mwN; so auch ErfK/Rolfs, SGB IX § 173 Rn. 6; Gagel in Forum B 5/2007, S. 4.

Rechtslage – vom Arbeitnehmer kurz vor Zugang der Kündigung noch ein möglicherweise aussichtsloser Feststellungsantrag beim Versorgungsamt gestellt wird, um den Sonderkündigungsschutz zu erhalten.[131] Mit § 173 Abs. 3 Alt. 2 SGB IX sollte Rechtssicherheit geschaffen werden.[132] Daher ist auch die in der Literatur vertretene Auffassung, der besondere Kündigungsschutz sei bei schuldhaftem zögerlichem Verhalten des Antragstellers bei der Erfüllung seiner Mitwirkungspflichten nach § 60 Abs. 1 SGB I ausgeschlossen,[133] abzulehnen. Eine Beurteilung, ob der schwerbehinderte Mensch das Antragsverfahren schuldhaft zögerlich betreibt oder nicht, schafft Rechtsunsicherheit, zumal das Versorgungsamt keine Auskunftsverpflichtung trifft. Da im Übrigen nur auf die dreiwöchige Grundfrist (§§ 152 Abs. 1 S. 3, 14 Abs. 2 S. 2 SGB IX) abzustellen ist,[134] kann es nicht darauf ankommen, ob ein Antragsteller etwa Untersuchungstermine verzögert oder nicht. Der Gesetzgeber wollte mit der Regelung in § 173 Abs. 3 SGB IX ausschließen, dass der Sonderkündigungsschutz auch in einem Zeitraum besteht, in dem ein in der Regel aussichtsloses Anerkennungsverfahren betrieben wird.[135] Über einen solchen aussichtslosen Antrag kann das Versorgungsamt regelmäßig ohne Einholung eines Gutachtens binnen drei Wochen nach Antragstellung entscheiden und wird ablehnen. Es ist daher ausreichend, wenn der Antrag auf Schwerbehinderung bzw. Gleichstellung mit den og Angaben vollständig ausgefüllt und der Behörde übersandt worden ist.

Problematisch und in Literatur und Rechtsprechung umstritten war die Fallgestaltung, dass der schwerbehinderte Arbeitnehmer seinen Feststellungsantrag mit allen erforderlichen Angaben mindestens drei Wochen vor Kündigungszugang eingereicht, also seine Mitwirkungsverpflichtungen ordnungsgemäß erfüllt hat, das Versorgungsamt jedoch die Feststellung der Schwerbehinderung zu Unrecht ablehnt und die **Schwerbehinderung erst im Rechtsmittelverfahren** (Widerspruchs- und Klageverfahren) mit einem GdB von mindestens 50 rückwirkend auf den Zeitpunkt des vor Kündigungszugang liegenden Antrags **anerkannt** wird. 561

Nach einer Auffassung sollte der Sonderkündigungsschutz in diesem Fall nur dann bestehen, wenn das Versorgungsamt im Zeitpunkt des Zugangs der Kündigung überhaupt noch keine Entscheidung getroffen hatte.[136] Wie das BAG zu Recht klargestellt hat,[137] ordnet § 173 Abs. 3 SGB IX den Verlust des Sonderkündigungsschutzes in diesem Fall nicht an. Eine solche weitgehende Folge des § 173 Abs. 3 SGB IX wie die faktische Entziehung des Rechtsschutzes bei zunächst unzutreffender Entscheidung des Versorgungsamtes, die im Rechtsmittelverfahren korrigiert wird, hätte der Gesetzgeber unmissverständlich und eindeutig festlegen müssen. Der Gesetzgeber wollte 562

---

131  Vgl. zur alten Rechtslage BAG vom 1.3.2007 – 2 AZR 217/06, NZA 2008, 302 (303), Rn. 23; Bauer/Powietzka, NZA-RR 2004, 505 (506); Schlewing, NZA 2005, 1218 (1219).

132  BAG vom 1.3.2007 – 2 AZR 217/06, NZA 2008, 302 (305); BAG vom 29.11.2007 – 2 AZR 613/06, NZA 2008, 361 (362).

133  So aber Etzel in FS zum 25-jährigen Bestehen der ARGE Arbeitsrecht im DAV, 246, 253.

134  BAG vom 1.3.2007 – 2 AZR 217/06, NZA 2008, 302 (305); BAG vom 6.9.2007 – 2 AZR 324/06, NZA 2008, 407 (408); BAG vom 29.11.2007 – 2 AZR 613/06, NZA 2008, 361 (362).

135  BT-Drs. 15/2357, 24.

136  So OVG Koblenz vom 7.3.2006 – 7 A 11298/05, NZA 2006, 1108 (1111); VG Köln vom 13.12.2007 – 26 K 1957/06; Grimm/Brock/Windeln, DB 2005, 282 (284); Schlewing, NZA 2005, 1218 (1221) mwN.

137  BAG vom 6.9.2007 – 2 AZR 324/06, NZA 2008, 407 (409).

aber mit der Vorschrift des § 173 Abs. 3 SGB IX nur ausschließen, dass „ein besonderer Kündigungsschutz auch für den Zeitraum gilt, in dem ein in der Regel aussichtsloses Anerkennungsverfahren betrieben wird".[138] Da also nur das aussichtslose Anerkennungsverfahren ausgeschlossen werden sollte, besteht nach der zweiten Alternative des § 173 Abs. 3 SGB IX Sonderkündigungsschutz auch in dem Fall, dass im Zeitpunkt des Kündigungszugangs zwar ein die Schwerbehinderteneigenschaft ablehnender Bescheid des Versorgungsamtes vorliegt, im Rechtsmittelverfahren aber die Schwerbehinderteneigenschaft rückwirkend auf den Zeitpunkt des Antrags festgestellt wird. Voraussetzung für das Bestehen des besonderen Kündigungsschutzes ist aber auch hier eine ordnungsgemäße und mindestens drei Wochen vor Kündigungszugang liegende Antragstellung des schwerbehinderten Menschen.[139]

563 Nach der **zweiten Alternative** des § 173 Abs. 3 SGB IX besteht **Sonderkündigungsschutz** und damit eine Zustimmungspflicht des Integrationsamtes nach § 168 SGB IX, wenn der schwerbehinderte Arbeitnehmer

- ■ den Antrag auf Anerkennung der Schwerbehinderung oder Gleichstellung mindestens drei Wochen vor dem Zugang der Kündigung gestellt hat,

- ■ der Antrag auf Feststellung der Schwerbehinderung oder Gleichstellung mit allen erforderlichen Angaben einschließlich einer Entbindung von der ärztlichen/heilberuflichen Schweigepflicht gestellt worden ist, so dass über ihn eine positive Entscheidung vor Kündigungsausspruch bei ordnungsgemäßer Bearbeitung grundsätzlich ergehen könnte, und

- ■ das Versorgungsamt nach Ablauf der dreiwöchigen Grundfrist (§§ 152 Abs. 1 S. 3, 14 Abs. 2 S. 2 SGB IX) entweder eine Feststellung noch nicht getroffen hat **oder** das Versorgungsamt eine ablehnende Entscheidung getroffen hat, die im Rechtsmittelverfahren dahin gehend korrigiert wird, dass die Schwerbehinderteneigenschaft rückwirkend auf den Zeitpunkt der mindestens drei Wochen vor Kündigungszugang liegenden Antragstellung festgestellt wird.[140]

564 Dabei steht der besondere Kündigungsschutz nach den §§ 168 ff. SGB IX dem Arbeitnehmer bei Erfüllung der genannten Voraussetzungen auch dann zu, wenn der **Arbeitgeber keine Kenntnis** von der Schwerbehinderteneigenschaft bzw. Gleichstellung oder Antragstellung hatte.[141] Allerdings muss der Arbeitnehmer, der sich im Prozess auf eine Schwerbehinderung und die Zustimmungsbedürftigkeit der Kündigung beruft, innerhalb einer **Frist von drei Wochen nach Zugang der Kündigung** gegenüber dem Arbeitgeber seine bereits festgestellte oder zur Feststellung beantragte Schwerbe-

---

138  BT-Drs. 15/2357, 24.
139  BAG vom 6.9.2007 – 2 AZR 324/06, NZA 2008, 407 (409); so bereits schon vor dieser klarstellenden Entscheidung des BAG: LAG Düsseldorf vom 22.5.2005 – 6 Sa 1934/04; LAG Düsseldorf vom 17.1.2006 – 8 Sa 1052/05; LAG Baden-Württemberg vom 15.2.2007 – 3 Sa 49/06; LAG Köln vom 16.6.2006 – 12 Sa 118/06; VG Arnsberg vom 20.11.2007 – 11 K 3670/06; OVG Münster vom 27.7.2007 – 12 E 1497/06; Bitzer, NZA 2006, 1082 (1083); Gagel in Forum B 5/2007, 6.
140  So auch Düwell, NZA 2017, 1237 (1240) mwN.
141  BAG vom 6.9.2007 – 2 AZR 324/06, NZA 2008, 407 (409); BAG vom 11.12.2008 – 2 AZR 395/07, NZA 2009, 556, Rn. 25 ff.; BAG vom 9.6.2011 – 2 AZR 703/09, NZA-RR 2011, 516, Rn. 21.

hinderteneigenschaft geltend machen. Unterlässt der Arbeitnehmer diese Mitteilung, so hat er den besonderen Kündigungsschutz verwirkt.[142]

**Hinweis:** Der **Arbeitnehmer** muss also darauf achten, dass er innerhalb der dreiwö-chigen Klagefrist des § 4 KSchG nach Zugang der Kündigung dem Arbeitgeber seine entweder bereits festgestellte Schwerbehinderung, seine bereits festgestellte Gleich-stellung oder die diesbezügliche Antragstellung schriftlich mitteilt. Diese Mitteilung gehört unbedingt in die Klageschrift einer **Kündigungsschutzklage**.[143]

**Arbeitgeber** haben zu beachten, dass der **besondere Kündigungsschutz** und die Zu-stimmungsverpflichtung des Integrationsamtes nach der zweiten Alternative des § 173 Abs. 3 SGB IX im Umkehrschluss demnach **nur in folgenden Fällen nicht gel-ten**:

- innerhalb der ersten drei Wochen nach Antragstellung betreffend die Feststellung der Schwerbehinderung beim Versorgungsamt (§ 152 Abs. 1 S. 3 iVm § 14 Abs. 2 S. 2 SGB IX),

- bei Gleichstellung innerhalb der ersten drei Wochen nach Beantragung der Gleichstellung bei der Agentur für Arbeit (§ 151 Abs. 2 SGB IX).

Im bestehenden Arbeitsverhältnis ist der Arbeitgeber **im Vorfeld einer beabsichtigten Kündigung berechtigt**, den **Arbeitnehmer** nach einer Schwerbehinderung, Gleichstel-lung oder einem entsprechenden Antrag **zu fragen**. Beantwortet der Arbeitnehmer diese zulässige Frage nicht zutreffend, kann er sich nach Treu und Glauben im späte-ren arbeitsgerichtlichen Kündigungsschutzverfahren nicht auf den Sonderkündi-gungsschutz berufen.[144] Aus Beweisgründen sollten sich Arbeitgeber diese Frage schriftlich beantworten lassen. In Zweifelsfällen ist Arbeitgebern zu raten, das Inte-grationsamt einzuschalten und sich ein **Negativattest** geben zu lassen (vgl. zum Nega-tivattest ausführlich oben → Rn. 495 ff.). Hat das Integrationsamt ein Negativattest erteilt, bedarf die Kündigung grundsätzlich keiner zustimmenden Entscheidung des Integrationsamtes mehr, weil damit die Kündigungssperre aufgehoben ist und das Negativattest die Zustimmung zur Kündigung ersetzt; der Arbeitgeber kann also oh-ne Zustimmung kündigen.[145]

## 12. Darlegungs- und Beweislast

Hat das Arbeitsgericht in einem anhängigen Kündigungsschutzprozess zu prüfen, ob Sonderkündigungsschutz besteht, stellt sich die Frage, wer die Darlegungs- und Be-weislast für das Eingreifen der Voraussetzungen des § 173 Abs. 3 SGB IX trägt. Nach

565

566

---

142  So BAG vom 12.1.2006 – 2 AZR 539/05, NZA 2006, 1035 (1036); BAG vom 6.9.2007 – 2 AZR 324/06, NZA 2008, 407 (409); BAG vom 11.12.2008 – 2 AZR 395/07, NZA 2009, 556, Rn. 17; BAG vom 23.2.2010 – 2 AZR 659/08, NZA 2011, 411 (412), Rn. 16; BAG vom 9.6.2011 – 2 AZR 703/09, NZA-RR 2011, 516, Rn. 22 mwN.
143  Die Geltendmachung in der Kündigungsschutzklage ist nach der neueren Rechtsprechung des BAG ausrei-chend, BAG vom 23.2.2010 – 2 AZR 659/08, NZA 2011, 411, Rn. 19; vgl. ausführlich zur Problematik der Unkenntnis des Arbeitgebers → Rn. 762 ff.
144  BAG vom 16.2.2012 – 6 AZR 553/10, NZA 2012, 555 f.; vgl. dazu auch → Rn. 124.
145  BAG vom 27.5.1983 – 7 AZR 482/81, BAGE 42, 169 = NJW 1984, 1420; offengelassen in LAG Düssel-dorf vom 17.1.2006 – 8 Sa 1052/05, Rn. 62; Neumann/Pahlen/Winkler/Jabben, § 168 Rn. 82 mwN; Braasch in Deinert/Neumann (Hrsg.), HdB SGB IX, § 19 Rn. 233 mwN.

den allgemeinen Grundsätzen zur Darlegungs- und Beweislast trägt der Arbeitgeber sie für die tatsächlichen Voraussetzungen der Ausnahmeregelung gem. § 173 Abs. 3 SGB IX.[146] Danach trägt jede Partei die Darlegungs- und Beweislast für die Voraussetzungen der ihr günstigen Norm, dh derjenigen Norm, deren Rechtswirkungen ihr zugutekommen. Bei Ausnahmetatbeständen trägt derjenige die Darlegungs- und Beweislast, der sich auf das Vorliegen eines Ausnahmetatbestandes beruft. § 173 Abs. 3 SGB IX findet sich im § 173 SGB IX, der mit der Überschrift „Ausnahmen" (vom Kündigungsschutz) versehen ist.

567 Sieht man die Vorschrift des § 173 Abs. 3 SGB IX also als eine solche Ausnahmevorschrift an,[147] ist der Arbeitgeber grundsätzlich darlegungs- und beweispflichtig für die tatsächlichen Voraussetzungen des § 173 Abs. 3 SGB IX.

568 Nach zutreffender Ansicht ist § 173 Abs. 3 SGB IX aber keine Ausnahmevorschrift, sondern zusätzliche Voraussetzung für das Eingreifen des Sonderkündigungsschutzes, was konsequenterweise dazu führt, dass den **Arbeitnehmer die Darlegungs- und Beweislast trifft**.[148]

569 **Hinweis:** Ist also im Kündigungsschutzverfahren das Vorliegen der Schwerbehinderteneigenschaft streitig, muss der **Arbeitnehmer** im Streitfall **darlegen und beweisen**, dass

- im Zeitpunkt des Zugangs der Kündigung das Arbeitsverhältnis länger als sechs Monate bestanden hat (§ 173 Abs. 1 Nr. 1 SGB IX),

- im Zeitpunkt des Zugangs der Kündigung seine Schwerbehinderung oder Gleichstellung bereits durch Bescheid nach § 152 Abs. 1 SGB IX festgestellt worden ist (§ 173 Abs. 3 – erste Alternative SGB IX) oder

- eine anderweitige Feststellung nach § 152 Abs. 2 SGB IX[149] vorliegt oder

- dass er mindestens drei Wochen vor Kündigungszugang die Feststellung seiner Schwerbehinderung bzw. der Gleichstellung formgerecht und vollständig beantragt hat (§ 173 Abs. 3 – zweite Alternative SGB IX).

Der Arbeitnehmer sollte sich daher immer eine Kopie des Feststellungs- oder Gleichstellungsantrags fertigen, um dieser Darlegungs- und Beweislast genügen zu können. Ist die Kopie nicht gefertigt worden, kann sie beim Versorgungsamt angefordert werden; es besteht gem. § 25 SGB X ein Anspruch auf Akteneinsicht, der dazu berechtigt, sich Kopien aus den Akten des Versorgungsamtes zu fertigen bzw. Ablichtungen durch die Behörde erteilen zu lassen (§ 25 Abs. 5 SGB X).

---

146  Cramer, NZA 2004, 698 (704).
147  So ArbG Düsseldorf vom 29.10.2004 – 13 Ca 5326/04, NZA-RR 2005, 138.
148  So Etzel in FS zum 25-jährigen Bestehen der ARGE Arbeitsrecht im DAV, 246, 256; Griebeling, NZA 2005, 494 (499); Schlewing, NZA 2005, 1218 (1223) mwN.
149  ZB Unfallrentenbescheid einer Berufsgenossenschaft über das Vorliegen einer MdE, die dem GdB entspricht.

## 13. Übersicht über die Fallgruppen des § 173 Abs. 3 SGB IX

570

| Fallgruppen | Kündigungs-schutz | Quelle/Begründung |
|---|---|---|
| Gültiger Feststellungsbescheid mit GdB von mindestens 50 des Versorgungsamtes liegt vor.[150] | besteht | § 173 Abs. 3 Alt. 1 |
| Gleichstellungsbescheid der Agentur für Arbeit liegt vor. | besteht | § 173 Abs. 3 Alt. 1 |
| Schwerbehinderung ist offensichtlich.[151] | besteht | § 173 Abs. 3 Alt. 1 |
| Feststellungsbescheid liegt vor, der Ausweis ist jedoch abgelaufen und (noch) nicht verlängert worden. | besteht | § 173 Abs. 3 Alt. 1 – es kommt allein auf den Bescheid an! |
| Antrag auf Feststellung einer Schwerbehinderung ist gestellt, der Bescheid liegt noch nicht vor, die Frist des § 152 Abs. 1 S. 3 SGB IX von drei Wochen ist noch nicht erreicht. | besteht nicht | § 173 Abs. 3 Alt. 2 liegt nicht vor |
| Antrag auf Feststellung einer Gleichstellung wurde vollständig und formgerecht mindestens drei Wochen vor Zugang der Kündigung ist gestellt, der Bescheid liegt noch nicht vor. | besteht | § 173 Abs. 3 Alt. 2 – BAG vom 1.3.2007 – 2 AZR 217/06, NZA 2008, 302 (304) |
| Antrag auf Feststellung einer Schwerbehinderung wurde vollständig und formgerecht gestellt, der Bescheid liegt noch nicht vor, die Frist des § 152 Abs. 1 S. 3 SGB IX von drei Wochen ist erreicht (keine fehlende Mitwirkung). | besteht | § 173 Abs. 3 Alt. 2 |
| Antrag auf Feststellung einer Schwerbehinderung ist gestellt, der Bescheid liegt noch nicht vor, die Frist des § 152 Abs. 1 S. 3 SGB IX ist erreicht – fehlende Mitwirkung vom Versorgungsamt ist bestätigt, zB kein vollständiger Antrag. | besteht nicht | § 173 Abs. 3 Alt. 2 |
| Antrag auf Feststellung einer Schwerbehinderung ist ordnungsgemäß mindestens drei Wochen vor Kündigungszugang gestellt, ablehnender Bescheid liegt vor – Widerspruch bzw. Klage anhängig. | besteht | § 173 Abs. 3 Alt. 2 – BAG vom 6.9.2007 – 2 AZR 324/06, NZA 2008, 407 (409); OVG Münster vom 27.7.2007 – 12 E 1497/06; aA OVG Koblenz vom 7.3.2006 – 7 A 11298/05, NZA 2006, 1108 (1111) |
| GdB von mindestens 50 ist festgestellt; Verschlimmerungsantrag ist gestellt, eine Entscheidung liegt noch nicht vor. | besteht | § 173 Abs. 3 Alt. 1 |
| GdB von mindestens 50 ist festgestellt. Widerspruch oder Klage ist erhoben mit dem Ziel, einen höheren GdB zu erreichen, über den/die noch nicht rechtskräftig entschieden wurde. | besteht | § 173 Abs. 3 Alt. 1 |

---

150 Einem Feststellungsbescheid des Versorgungsamtes über das Bestehen einer Schwerbehinderung (GdB von mindestens 50) stehen nach der Gesetzesbegründung zu § 173 Abs. 3 SGB IX Feststellungen nach § 152 Abs. 2 SGB IX gleich, also zB ein Unfallrentenbescheid einer Berufsgenossenschaft über eine MdE von mindestens 50, BT-Drs. 15/2357, 24.

151 Bei einer Gleichstellung scheidet eine Offensichtlichkeit aus – BAG vom 24.11.2005 – 2 AZR 514/04, NZA 2006, 665 (667) mwN.

| Fallgruppen | Kündigungs- schutz | Quelle/Begründung |
|---|---|---|
| Antrag auf Gleichstellung ist mindestens drei Wochen vor Kündigungszugang ordnungsgemäß gestellt, ein ablehnender Bescheid liegt vor – Widerspruch bzw. Klage anhängig. | besteht | § 173 Abs. 3 Alt. 2 – BAG vom 1.3.2007 – 2 AZR 217/06, NZA 2008, 302 (304); BAG vom 6.9.2007 – 2 AZR 324/06, NZA 2008, 407 (409) |
| GdB von 30 oder 40 ist festgestellt. Verschlimmerungsantrag ist gestellt, ein Bescheid liegt noch nicht vor, die Frist des § 152 Abs. 2 S. 3 SGB IX von drei Wochen ist noch nicht erreicht. | besteht nicht | § 173 Abs. 3 Alt. 2 liegt nicht vor |
| GdB von 30 oder 40 ist festgestellt. Verschlimmerungsantrag ist ordnungsgemäß gestellt – Bescheid liegt noch nicht vor – Frist des § 152 Abs. 1 S. 3 SGB IX von drei Wochen ist erreicht (keine fehlende Mitwirkung). | besteht | § 173 Abs. 3 Alt. 2 – wie neuer Antrag zu behandeln. |
| GdB von 30 oder 40 ist festgestellt. Verschlimmerungsantrag ist gestellt, ein Bescheid liegt noch nicht vor, die Frist des § 152 Abs. 1 S. 3 SGB IX ist erreicht – fehlende Mitwirkung, zB wegen unvollständigem Antrag. | besteht nicht | § 173 Abs. 3 Alt. 2 – wie neuer Antrag zu behandeln. |

### III. Kündigungsschutzverfahren

### 1. Antrag des Arbeitgebers auf Zustimmung zur Kündigung

571 Das Kündigungsschutzverfahren nach den §§ 168 ff. SGB IX wird gem. § 170 Abs. 1 SGB IX auf **Antrag** des Arbeitgebers eingeleitet. Der Arbeitgeber hat den Antrag auf Zustimmung zur Kündigung **schriftlich oder elektronisch** zu stellen. **Örtlich zuständig** ist das für den Sitz des Betriebes oder der Dienststelle zuständige Integrationsamt. Der Begriff des Betriebes und der Begriff der Dienststelle bestimmen sich nach dem Betriebsverfassungsgesetz bzw. dem Personalvertretungsrecht.[152]

572 Wird der Antrag auf Zustimmung zur Kündigung **beim örtlich unzuständigen Integrationsamt** oder einer gänzlich unzuständigen Behörde eingereicht, so ist diese verpflichtet, den Antrag an die zuständige Behörde weiterzuleiten (§ 16 Abs. 2 S. 1 SGB I).[153] Die Frist des § 171 Abs. 1 SGB IX über die Entscheidung und die Frist des § 174 Abs. 3 SGB IX zur Entscheidung bei außerordentlicher Kündigung beginnen jedoch erst vom Eingang des Antrags bei dem zuständigen Integrationsamt an zu laufen, da sich ein Irrtum des Arbeitgebers nicht zum Nachteil des schwerbehinderten Arbeitnehmers auswirken darf.[154]

Bei **schriftlicher Antragstellung** auf Zustimmung zur Kündigung muss durch den Arbeitgeber **eigenhändig** durch Namensunterschrift oder mittels notariell beglaubigten

---

152 Vgl. dazu ausführlich Neumann/Pahlen/Winkler/Jabben, § 170 Rn. 3–18; Braasch in Deinert/Neumann (Hrsg.), HdB SGB IX, § 19 Rn. 164–167.
153 § 16 Abs. 2 S. 2 SGB I, wonach der Antrag als zu dem Zeitpunkt gestellt gilt, in dem er bei der erstangegangenen, aber örtlich unzuständigen Behörde eingegangen ist, ist nach allgM nicht anwendbar – vgl. dazu Neumann/Pahlen/Winkler/Jabben, § 170 Rn. 2.
154 Neumann/Pahlen/Winkler/Jabben, § 170 Rn. 2 mwN.

Handzeichen **unterzeichnet** werden (§ 126 Abs. 1 BGB).[155] Das Erfordernis der Eigenhändigkeit ist bei faksimilierten Unterschriften nicht erfüllt.[156] Bei der **elektronischen Antragstellung** ist § 36 a Abs. 2 SGB I zu beachten.[157]

**Hinweis:** Teilweise wird vertreten, dass auch die Antragstellung als einfache E-Mail zulässig sein soll,[158] was aber durch die Rechtsprechung noch nicht abschließend geklärt ist. Auch wenn die elektronische Kommunikation genutzt wird, ist die Einhaltung der Textform nach § 126 b BGB erforderlich, der nur entsprochen ist, wenn die Person des Erklärenden ausdrücklich genannt und der Abschluss der Erklärung ausdrücklich deutlich gemacht wird. Die Integrationsämter haben dazu elektronische Kommunikationswege eröffnet, die genutzt werden können. Ausreichend ist auch die Antragstellung per **Fax**.[159] Ein **mündlicher oder telefonischer Antrag** beim Integrationsamt reichen aber weiterhin nicht aus.[160]     573

Der Arbeitgeber kann sich bei der Antragstellung auch durch einen Bevollmächtigten vertreten lassen (§ 13 SGB X). Eine Antragstellung durch einen **Vertreter** ist nicht allein deshalb unwirksam, weil dieser dem Antrag keine **Vollmacht** beigefügt hat. Dies ergibt sich aus § 13 Abs. 1 S. 3 SGB X, der auf das verwaltungsrechtliche Zustimmungsverfahren Anwendung findet. Danach hat ein Bevollmächtigter nur auf Verlangen seine Vollmacht schriftlich nachzuweisen.[161] Zum anderen reicht nach allgemeinen arbeitsrechtlichen Grundsätzen die Unterschrift eines **zur Kündigung berechtigten Vertreters** auch beim Ausspruch einer Kündigung aus, zB die des Leiters der Personalabteilung, da dieser eine Stellung bekleidet, mit der das Kündigungsrecht im Allgemeinen verbunden zu sein pflegt.[162] Insofern können an das Zustimmungsverfahren nach den §§ 168 ff. SGB IX keine höheren Anforderungen gestellt werden.     574

Die Nichteinhaltung der **Form** führt zur Unwirksamkeit des Antrags; einer ausdrücklichen Ablehnung durch das Integrationsamt bedarf es in diesem Fall nicht. Bei fehlender Schriftform muss das Integrationsamt allerdings beim Arbeitgeber auf eine korrekte Antragstellung hinwirken (§ 13 SGB I); es darf jedoch den unwirksamen Antrag in der Sache nicht bescheiden.[163] Eine gleichwohl erteilte Zustimmung ist zwar anfechtbar,[164] aber von den Arbeitsgerichten bindend zu beachten, wenn sie vom Ar-     575

155  Braasch in Deinert/Neumann (Hrsg.), HdB SGB IX, § 19 Rn. 154; Düwell in LPK-SGB IX § 170 Rn. 6; ErfK/Rolfs, SGB IX § 170 Rn. 2; Neumann/Pahlen/Winkler/Jabben, § 170 Rn. 1 mwN.
156  Braasch in Deinert/Neumann (Hrsg.), HdB SGB IX, § 19 Rn. 154; Neumann/Pahlen/Winkler/Jabben, § 170 Rn. 1.
157  Vgl. dazu ausführlich Düwell in LPK-SGB IX § 170 Rn. 6; Düwell, NZA 2017, 1237 (1240) und zu § 36 a Abs. 2 SGB I S. 1239 unter II.4.
158  Düwell in LPK-SGB IX § 170 Rn. 6.
159  Düwell in LPK-SGB IX § 170 Rn. 6 mwN; ErfK/Rolfs, SGB IX § 170 Rn. 2.
160  Düwell in LPK-SGB IX § 170 Rn. 6 mwN.
161  VG Karlsruhe vom 9.3.2004 – 5 K 3302/02, BehindertenR 2004, 114; aA Braasch in Deinert/Neumann (Hrsg.), HdB SGB IX, § 19 Rn. 155 – es gilt die Regelung des § 174 BGB.
162  St. Rspr. des BAG, vgl. nur BAG vom 30.5.1972 – 2 AZR 298/71, BAGE 24, 273 = EzA § 174 BGB Nr. 1; BAG vom 29.10.1992 – 2 AZR 469/92, EzA § 174 BGB Nr. 10 = NJW 1993, 1286; Düwell in LPK-SGB IX § 170 Rn. 7.
163  ErfK/Rolfs, SGB IX § 170 Rn. 2; Neumann/Pahlen/Winkler/Jabben, § 170 Rn. 1 mwN.
164  Str., teilweise wird vertreten, dass bei Erteilung der Zustimmung des Integrationsamtes der Formmangel geheilt wird, so: Neumann/Pahlen/Winkler/Jabben, § 170 Rn. 1; wie hier – Anfechtbarkeit: Düwell in LPK-SGB IX § 170 Rn. 8; Braasch in Deinert/Neumann (Hrsg.), HdB SGB IX, § 19 Rn. 161 mwN.

beitnehmer nicht mit Widerspruch und Klage im Verwaltungsrechtsweg angefochten worden ist.[165]

576 **Hinweis:** Ein schwerbehinderter **Arbeitnehmer** oder sein Rechtsanwalt sollten daher im Zustimmungsverfahren immer auch auf die Einhaltung der Form des Antrags des Arbeitgebers auf Zustimmung zur Kündigung achten. Dieser Antrag wird vom Integrationsamt regelmäßig in Kopie dem schwerbehinderten Arbeitnehmer mit der Bitte um Stellungnahme übersandt. Erteilt das Integrationsamt trotz Formfehlern beim Antrag des Arbeitgebers seine Zustimmung zur Kündigung gem. § 168 SGB IX, so muss gegen diesen Zustimmungsbescheid in jedem Fall Widerspruch und ggf. später Klage zum Verwaltungsgericht erhoben werden, damit er nicht im Kündigungsschutzprozess vor dem Arbeitsgericht seine Bindungswirkung entfalten kann.

Der **Arbeitgeber** sollte – ganz besonders bei einer außerordentlichen Kündigung – ebenfalls auf die Einhaltung der Form achten. Zwar wird die Verletzung der Formvorschrift geheilt, wenn der für den Erlass des Verwaltungsaktes erforderliche Antrag nachträglich ordnungsgemäß gestellt wird (§ 41 Abs. 1 S. 1 SGB X), was auch mit heilender Wirkung bis zur letzten Tatsacheninstanz im Rechtsmittelverfahren möglich ist.[166] Legt der betroffene schwerbehinderte oder gleichgestellte Arbeitnehmer rechtzeitig Widerspruch ein, so ist regelmäßig die Frist des § 174 Abs. 2 S. 1 SGB IX bei einer außerordentlichen Kündigung verstrichen.[167]

577 **Inhaltlich** muss der Arbeitgeber in seinem Antrag eindeutig zum Ausdruck bringen, dass er den betroffenen schwerbehinderten Menschen kündigen will. Der Arbeitgeber muss dabei folgende Mindestangaben machen:[168]

- Name und Adresse des schwerbehinderten Arbeitnehmers,
- Dauer des Beschäftigungsverhältnisses,
- Art der Tätigkeit,
- Name und Sitz des Betriebes,
- beabsichtigter Kündigungstermin und
- Kündigungsfrist.[169]

578 Die **Angabe der Gründe**, die die Kündigung rechtfertigen, ist **kein Wirksamkeitserfordernis** für den Antrag.[170] Angaben über die Gründe sind aber für die Prüfung des Integrationsamtes erforderlich und beschleunigen die Bescheidung über den Antrag. Darüber hinaus hat das Integrationsamt nach § 20 SGB X den Sachverhalt zu ermitteln und kann den Arbeitgeber auch zur Angabe der Kündigungsgründe auffordern.

---

165 BAG vom 11.5.2000 – 2 AZR 276/99, NZA 2000, 1106; ErfK/Rolfs, SGB IX § 170 Rn. 2 mwN.
166 Düwell in LPK-SGB IX § 170 Rn. 8; Braasch in Deinert/Neumann (Hrsg.), HdB SGB IX, § 19 Rn. 161 mwN.
167 Vgl. dazu Braasch in Deinert/Neumann (Hrsg.), HdB SGB IX, § 19 Rn. 161 mwN.
168 Braasch in Deinert/Neumann (Hrsg.), HdB SGB IX, § 19 Rn. 158; Düwell in LPK-SGB IX § 170 Rn. 9.
169 Antragsformulare stellen auch die Integrationsämter, in der Regel auf ihrer Homepage auch in elektronischer Form zur Verfügung; vgl. dazu auch die Hinweise bei Düwell in LPK-SGB IX § 170 Rn. 41.
170 ErfK/Rolfs, SGB IX § 170 Rn. 3; Düwell in LPK-SGB IX § 170 Rn. 10; vgl. dazu auch Braasch in Deinert/Neumann (Hrsg.), HdB SGB IX, § 19 Rn. 157; Neumann/Pahlen/Winkler/Jabben, § 170 Rn. 1.

Wenn der Arbeitgeber allerdings trotz angemessener Fristsetzung durch das Integrationsamt keine Begründung für den gestellten Antrag abgibt, ist er ohne weitere Einholung von Stellungnahmen abzuweisen.[171]

**Hinweis:** Der Arbeitgeber sollte im Antrag unbedingt angeben, ob er **ordentlich** oder 579
**außerordentlich kündigen** will. Will er neben der außerordentlichen Kündigung auch hilfsweise ordentlich kündigen, muss er die Zustimmung des Integrationsamtes zu beiden Kündigungen beantragen. Bei **Unklarheiten über die Art der Kündigung** ist im **Zweifel** von einer **ordentlichen Kündigung** auszugehen.[172] Eine **Antragsfrist** besteht nur in den Fällen der außerordentlichen Kündigung.[173]

### 2. Durchführung des Zustimmungsverfahrens

### a) Ermittlung des Sachverhalts

Im weiteren Verfahrensablauf nach Antragstellung durch den Arbeitgeber ermittelt 580
das Integrationsamt den Sachverhalt **von Amts wegen** (§ 20 SGB X).[174] Sie hört dazu den schwerbehinderten Arbeitnehmer und holt die Stellungnahmen des Betriebs- oder Personalrates sowie der Schwerbehindertenvertretung ein (§ 170 Abs. 2 SGB IX). Die Pflicht zur Einholung einer Stellungnahme des Betriebsrates sowie der Schwerbehindertenvertretung gilt auch bei **leitenden Angestellten**.[175] Ist ein Sprecherausschuss gebildet worden, so ist auch dieser zu einer Stellungnahme aufzufordern.[176]

Die Stellungnahme des Betriebs- bzw. Personalrates ersetzt die Stellungnahme iSv 581
§ 102 BetrVG bzw. § 79 BPersVG nicht; Gleiches gilt umgekehrt.[177] Die **Anhörung des Betriebsrates** nach § 102 BetrVG bzw. die **Beteiligung des Personalrates** nach § 79 BPersVG kann vor, während oder nach dem Zustimmungsverfahren vor dem Integrationsamt durchgeführt werden.[178] Allerdings ist, wenn eine Anhörung des Betriebsrates bereits vor der Zustimmung des Integrationsamtes stattgefunden hat, eine erneute Anhörung des Betriebs- bzw. Personalrates erforderlich, wenn sich der Kündigungssachverhalt zwischenzeitlich wesentlich verändert hat.[179]

**Hinweis:** Der **Arbeitgeber** muss also die betrieblichen Interessenvertretungen auf eine 582
vor Zugang der Kündigung veränderte Sachlage hinweisen, wenn die Unterrichtung nach § 102 Abs. 1 S. 2 BetrVG andernfalls irreführend wäre. Dies gilt nach der neueren Rechtsprechung des BAG bei einer wesentlichen Änderung des bislang als für den

171 Düwell in LPK-SGB IX § 170 Rn. 10.
172 AllgM vgl. Neumann/Pahlen/Winkler/Jabben, § 170 Rn. 1 mwN; Düwell in LPK-SGB IX § 170 Rn. 12 mwN.
173 Vgl. dazu Braasch in Deinert/Neumann (Hrsg.), HdB SGB IX, § 19 Rn. 156, 157 mwN.
174 Vgl. dazu ausführlich Düwell in LPK-SGB IX § 170 Rn. 28 ff.
175 Neumann/Pahlen/Winkler/Jabben, § 170 Rn. 19; Braasch in Deinert/Neumann (Hrsg.), HdB SGB IX, § 19 Rn. 173 mwN.
176 Düwell in LPK-SGB IX § 170 Rn. 3; Braasch in Deinert/Neumann (Hrsg.), HdB SGB IX, § 19 Rn. 173 mwN.
177 Vgl. Neumann/Pahlen/Winkler/Jabben, § 170 Rn. 19; § 168 Rn. 16; Düwell in LPK-SGB IX § 170 Rn. 32.
178 ErfK/Rolfs, SGB IX § 170 Rn. 1; Neumann/Pahlen/Winkler/Jabben, § 168 Rn. 16 mwN.
179 BAG vom 20.1.2000 – 2 AZR 378/99, NZA 2000, 768 (769) mwN; BAG vom 22.9.2016 – 2 AZR 700/15, NZA 2017, 304; ErfK/Rolfs, SGB IX § 170 Rn. 1; Düwell in LPK-SGB IX § 170 Rn. 32; Neumann/Pahlen/Winkler/Jabben, § 171 Rn. 9.

Kündigungsentschluss maßgeblich dargestellten Sachverhalts selbst dann, wenn das Anhörungsverfahren bereits abgeschlossen war.[180]

583 Ist der **schwerbehinderte Arbeitnehmer** Mitglied des Betriebs- oder Personalrates, muss die Zustimmung zur Kündigung nach §§ 103 BetrVG, 108 BPersVG durch das Vertretungsorgan vorliegen oder durch das Gericht ersetzt werden.[181]

### b) Stellungnahmen der Beteiligten

584 Bei der Abgabe der Stellungnahmen haben besonders Betriebs- bzw. Personalrat und Schwerbehindertenvertretung, die die jeweiligen betrieblichen Verhältnisse besser kennen als das ermittelnde Integrationsamt, eine große Verantwortung, da der Stellungnahme des Betriebsrates bei der Sachverhaltsermittlung durch das Integrationsamt eine besondere Bedeutung zukommt, vor allem bei einer betriebsbedingten Kündigung.

585 **Hinweis:** Dabei ist es wichtig, dass sowohl der **Betriebsrat** als auch der **Personalrat** und die **Schwerbehindertenvertretung** in ihrer jeweiligen Stellungnahme konkret und im Einzelnen auf die von dem Arbeitgeber vorgetragenen Kündigungsgründe eingehen. Die Stellungnahme sollte auch erkennen lassen, was der Betrieb bzw. die Dienststelle in der Vergangenheit unternommen haben, um die Entlassung des schwerbehinderten Menschen abzuwenden. Hierzu gehört vor allem die Durchführung der präventiven Maßnahmen nach § 167 Abs. 1 und Abs. 2 SGB IX.

### c) Untersuchungsgrundsatz (§ 20 SGB X)

586 In streitigen Fällen sind die Ermittlungen oft schwierig und umfangreich. Das Integrationsamt ermittelt den **Sachverhalt von Amts wegen** unter Berücksichtigung aller für den konkreten Einzelfall bedeutsamen Umstände (§ 20 SGB X). Sie haben dabei alle tatsächlichen Umstände zu ermitteln, deren Kenntnis erforderlich ist, um die gegensätzlichen Interessen des Arbeitgebers und des schwerbehinderten Arbeitnehmers gegeneinander abwägen zu können. Die **Aufklärungspflicht** wird **verletzt**, wenn das Integrationsamt sich damit begnügt, das **Vorbringen des Arbeitgebers nur** auf seine **Schlüssigkeit hin zu überprüfen**.[182]

Das Integrationsamt bedient sich aller **Beweismittel**, die es für erforderlich hält, um eine objektive Klärung des Sachverhalts herbeizuführen. Dabei kann es insbesondere Auskünfte jeder Art einholen, Zeugen und Sachverständige vernehmen oder deren schriftliche Stellungnahme einholen (§ 21 SGB X). Weiter kann es Urkunden und Akten beiziehen und auch eine Betriebsbegehung (§ 163 Abs. 7 SGB IX) im Beisein aller Beteiligten vornehmen.[183]

---

180 BAG vom 22.9.2016 – 2 AZR 700/15, NZA 2017, 304 (307), Rn. 33 mwN; Neumann/Pahlen/Winkler/ Jabben, § 171 Rn. 9.

181 Vgl. dazu ausführlich Neumann/Pahlen/Winkler/Jabben, § 168 Rn. 17 mwN.

182 BVerwG vom 19.10.1995 – 5 C 24.93, BehindertenR 1996, 142; Bayerischer VGH vom 31.1.2013 – 12 B 12.860; Neumann/Pahlen/Winkler/Jabben, § 168 Rn. 69 mwN; aA OVG Lüneburg vom 12.7.1989, NZA 1990, 66 – bei verhaltensbedingten Kündigungsgründen.

183 Vgl. zur Sachverhaltsermittlung auch Düwell in LPK-SGB IX § 170 Rn. 28.

### d) Anhörungsgebot

Die Aufklärungspflicht des Integrationsamtes nach § 170 Abs. 2 SGB IX umfasst auch ein **Anhörungsgebot**, also die Verpflichtung, die Beteiligten, insbesondere den Arbeitgeber und den schwerbehinderten Menschen, anzuhören, dh ihnen Gelegenheit zu geben, sich zu den für die Entscheidung erheblichen Tatsachen zu äußern (§ 24 SGB X).[184] Dabei ist der in § 170 Abs. 2 SGB IX verwandte Begriff des „Hörens" weiter als der einer bloßen Stellungnahme, so dass das Integrationsamt dem schwerbehinderten Arbeitnehmer Gelegenheit geben muss, die Angelegenheit **mündlich** zu erörtern.[185] 587

Die unterlassene oder nicht ausreichend erfolgte Anhörung des Schwerbehinderten kann aber bis zum Abschluss des Verfahrens und auch noch im **Widerspruchsverfahren** nachgeholt werden.[186] Der schwerbehinderte Mensch kann zu seiner Anhörung einen bevollmächtigten **Rechtsanwalt** hinzuziehen (§ 13 Abs. 1, 3 SGB X).[187] Falls der schwerbehinderte Mensch eine mündliche Stellungnahme abgibt, wird das Integrationsamt in der Regel eine **Niederschrift** der Stellungnahme anfertigen; es ist dazu aber nicht verpflichtet.[188] 588

### e) Mitwirkungspflicht der Beteiligten

Die Verpflichtung zur Aufklärung des Sachverhalts durch das Integrationsamt ist allerdings nicht unbegrenzt. Sowohl der Arbeitgeber als auch der schwerbehinderte Mensch haben bei der Ermittlung des Sachverhalts mitzuwirken. Sie sollen insbesondere die ihnen bekannten Tatsachen und Beweismittel angeben (§ 21 Abs. 2 SGB X). 589

Ist das Integrationsamt – wie häufig – nicht in der Lage, den Sachverhalt ohne die Hilfe der Beteiligten in vollem Umfang aufzuklären, so endet die Verpflichtung zur Aufklärung dort, wo ein Beteiligter seine **Mitwirkungsobliegenheit** nicht erfüllt. In einem solchen Fall kann sich der Beteiligte, der seine Mitwirkungspflicht verletzt hat, später nicht auf eine fehlende Sachaufklärung berufen.[189] 590

### f) Gütliche Einigung

Nach § 170 Abs. 3 SGB IX soll das Integrationsamt in jeder Lage des Verfahrens auf eine **gütliche Einigung** hinwirken. Diese Pflicht gilt auch für das Widerspruchsverfahren. Ziele einer solchen gütlichen Einigung können sein: 591

---

184  Vgl. dazu Neumann/Pahlen/Winkler/Jabben, § 170 Rn. 21 mwN; Düwell in LPK-SGB IX § 170 Rn. 29.
185  Düwell in LPK-SGB IX § 170 Rn. 29; Neumann/Pahlen/Winkler/Jabben, § 170 Rn. 21; aA OVG Münster vom 25.4.1989, BehindertenR 1989, 165; Warendorf, BB 1986, 523; Zanker, BehindertenR 1987, 26; Braasch in Deinert/Neumann (Hrsg.), HdB SGB IX, § 19 Rn. 174 – nur sinnvoll, nicht zwingend.
186  Vgl. dazu BVerwG vom 11.11.1999, AP Nr. 1 zu § 17 SchwbG 1986 = EzA § 17 SchwbG 1986 Nr. 2; OVG Münster vom 8.3.1996, BehindertenR 1997, 47 für eine Anhörung vor dem Widerspruchsausschuss; Neumann/Pahlen/Winkler/Jabben, § 170 Rn. 21; Düwell in LPK-SGB IX § 170 Rn. 29.
187  Düwell in LPK-SGB IX § 170 Rn. 29.
188  BVerwG vom 1.7.1993, ZfS 1994, 50; Neumann/Pahlen/Winkler/Jabben, § 170 Rn. 21; Düwell in LPK-SGB IX § 170 Rn. 29.
189  VG Düsseldorf vom 11.9.1984 – 17 K 1383/82; Bayerischer VGH vom 31.1.2013 – 12 B 12.860.

- der weitere Bestand des Arbeitsverhältnisses, ggf. mit einer Änderung der Arbeitsbedingungen, die den gesundheitlichen Einschränkungen des schwerbehinderten oder gleichgestellten Arbeitnehmers angepasst werden,

- aber auch die Auflösung des Arbeitsverhältnisses gegen Zahlung einer Abfindung.

592  Gelingt es, eine gütliche Einigung zu finden, ist eine besondere **Form** nicht vorgeschrieben; es empfiehlt sich aus Beweisgründen jedoch, eine getroffene Einigung schriftlich festzuhalten.[190] Wird die Auflösung des Arbeitsverhältnisses vereinbart, so bedarf ein solcher Aufhebungsvertrag in jedem Fall zu seiner Wirksamkeit der Schriftform nach § 623 BGB.

593  **Hinweis:** An den **Arbeitgeber** können durch das Integrationsamt nach § 185 Abs. 3 S. 1 Nr. 2 SGB IX auch Zuschüsse zur behindertengerechten Einrichtung des Arbeitsplatzes gezahlt werden. Dies erleichtert uU die Anpassung des Arbeitsplatzes an die gesundheitlichen Einschränkungen des Arbeitnehmers und kann zur Sicherung des Arbeitsplatzes beitragen, was das Ziel der gütlichen Einigung ist.[191]

Kommt als Ergebnis der gütlichen Einigung ein **Aufhebungsvertrag** in Betracht, so empfiehlt sich die Hinzuziehung eines arbeits- und sozialrechtlich erfahrenen Rechtsanwaltes. Der Aufhebungsvertrag kann nachteilige Folgen für den Bezug von Arbeitslosengeld haben (Sperrzeit nach § 159 SGB III).[192] Über diese Folgen darf das Integrationsamt nicht umfassend beraten und der schwerbehinderte Arbeitnehmer sollte sich unbedingt über diese sozialrechtlichen Folgen eines Aufhebungsvertrages informieren und beraten lassen, bevor er eine so weitreichende Entscheidung wie den Abschluss eines Aufhebungsvertrages trifft. Nach der Rechtsprechung des BSG reicht der Nachweis aus, dass das Integrationsamt der arbeitgeberseitigen Kündigung zugestimmt hätte.[193]

594  Wenn es auch zu den Pflichten des Integrationsamtes zählt, auf eine gütliche Einigung hinzuwirken, so hat das Unterlassen eines Einigungsversuches nicht zur Folge, dass das Zustimmungsverfahren fehlerhaft und die Entscheidung im Widerspruchsverfahren und ggf. im verwaltungsgerichtlichen Verfahren aufzuheben wäre.[194]

### g) Mündliche Verhandlung

595  Der Entscheidung des Integrationsamtes soll, falls nach der Sachlage erforderlich, eine **mündliche Verhandlung** vorausgehen (§ 171 Abs. 1 SGB IX). Ob eine solche mündliche Verhandlung vom Integrationsamt durchgeführt wird, liegt in dessen

---

190  Neumann/Pahlen/Winkler/Jabben, § 170 Rn. 22; § 171 Rn. 6; Braasch in Deinert/Neumann (Hrsg.), HdB SGB IX, § 19 Rn. 176; Düwell in LPK-SGB IX § 170 Rn. 38.
191  Vgl. ausführlich zu den Leistungen des Integrationsamtes nach § 185 Abs. 3 und 4 SGB IX → Rn. 435 ff.; vgl. auch Schmidt, BEM, Rn. 176 ff.
192  Vgl. ausführlich zur Sperrzeit bei Arbeitsaufgabe, insbesondere bei Aufhebungs- oder Abwicklungsvertrag – Schmidt, SozVersR, Rn. 236 ff. und besonders zu schwerbehinderten Arbeitnehmern Rn. 292.
193  BSG vom 2.5.2012 – B 11 AL 6/11 R, NZS 2012, 874, Rn. 25, 33; vgl. auch Fachliche Weisungen (FW) der Bundesagentur für Arbeit 159.1.2.1 Buchstabe t), wonach ein wichtiger Grund vorliegt, wenn der Arbeitgeber die Zustimmung des Integrationsamtes (§ 168 SGB IX) nicht eingeholt hat, aber mit dieser zu rechnen gewesen wäre.
194  VGH Mannheim vom 5.9.1990 – 6 S. 102/90; Braasch in Deinert/Neumann (Hrsg.), HdB SGB IX, § 19 Rn. 178; Düwell in LPK-SGB IX § 170 Rn. 39 mwN.

**pflichtgemäßem Ermessen.**[195] Soll die Zustimmung versagt werden, weil etwa der Antrag durch den Arbeitgeber nicht ordnungsgemäß gestellt ist oder weil nach eigenem Vortrag des Arbeitgebers kein Kündigungsgrund vorliegt, bedarf es keiner mündlichen Verhandlung.[196]

### 3. Abschluss des Kündigungsschutzverfahrens

Sofern eine gütliche Einigung zwischen den Beteiligten durch Fortsetzung oder einvernehmliche Beendigung des Arbeitsverhältnisses erreicht wird, erledigt sich der Antrag des Arbeitgebers durch **Antragsrücknahme**. Kommt eine gütliche Einigung nicht zustande oder besteht aus anderen Gründen ein Interesse an einem formellen Abschluss des Verfahrens,[197] trifft das Integrationsamt über den Antrag des Arbeitgebers eine Entscheidung.

596

### a) Frist für die Entscheidung des Integrationsamtes (§ 171 Abs. 1 SGB IX)

Das Integrationsamt soll seine Entscheidung **innerhalb eines Monats** vom Tage des Eingangs des Antrages an treffen (§ 171 Abs. 1 SGB IX). Da es sich bei dieser Rechtsvorschrift um eine Sollvorschrift handelt, kann in begründeten Ausnahmefällen die Frist überschritten werden, ohne dass sich daraus Rechtsfolgen ergeben. Ein solcher Ausnahmefall liegt etwa vor, wenn **umfangreiche Ermittlungen** hinsichtlich des Kündigungssachverhaltes durchzuführen sind oder wenn bei einer angekündigten **Betriebsstilllegung** noch Anhaltspunkte für eine Fortführung oder **Übernahme des Betriebes** bestehen.

597

Ein nach Ablauf der Monatsfrist des § 171 Abs. 1 SGB IX erteilter Bescheid kann allein wegen der Fristüberschreitung durch den Arbeitgeber nicht angefochten werden; es besteht kein Anspruch des Arbeitgebers auf eine Entscheidung binnen Monatsfrist.[198] Eine **sachlich nicht gerechtfertigte Überschreitung** des Monatszeitraums kann jedoch zu **Schadensersatzansprüchen** des Arbeitgebers gegen das betreffende Bundesland nach § 839 BGB iVm Art. 34 GG führen.[199] Nach Ablauf von drei Monaten ist darüber hinaus eine **Untätigkeitsklage** zum Verwaltungsgericht möglich (§ 75 VwGO).[200]

598

### b) Zustimmungsfiktion (§ 171 Abs. 5 SGB IX)

Nach der Sonderregelung in § 171 Abs. 5 SGB IX werden die Integrationsämter in den Fällen des § 172 Abs. 1 S. 1 und Abs. 3 SGB IX verpflichtet, die Entscheidung innerhalb **eines Monats** zu treffen. Wird innerhalb dieser Frist eine Entscheidung nicht getroffen, gilt die Zustimmung als erteilt, so dass der Arbeitgeber die Kündigung aus-

599

195 Braasch in Deinert/Neumann (Hrsg.), HdB SGB IX, § 19 Rn. 184; Neumann/Pahlen/Winkler/Jabben, § 171 Rn. 6; vgl. dazu auch Düwell in LPK-SGB IX § 171 Rn. 5.
196 Braasch in Deinert/Neumann (Hrsg.), HdB SGB IX, § 19 Rn. 185.
197 ZB wenn mit Zustimmung des Integrationsamtes eine Kündigung ausgesprochen und in einem nachfolgenden Kündigungsschutzverfahren ein gerichtlicher Vergleich geschlossen werden soll.
198 Neumann/Pahlen/Winkler/Jabben, § 171 Rn. 3; Düwell in LPK-SGB IX § 171 Rn. 7; Braasch in Deinert/Neumann (Hrsg.), HdB SGB IX, § 19 Rn. 228 mwN.
199 Griebeling, NZA 2005, 494 (500); Düwell in LPK-SGB IX § 171 Rn. 7; Neumann/Pahlen/Winkler/Jabben, § 171 Rn. 3 mwN.
200 Vgl. dazu Neumann/Pahlen/Winkler/Jabben, § 171 Rn. 3; Braasch in Deinert/Neumann (Hrsg.), HdB SGB IX, § 19 Rn. 229 mwN.

sprechen kann, auch wenn noch keine Zustimmung des Integrationsamtes erfolgt ist. Gem. § 171 Abs. 5 SGB IX tritt also die **Zustimmungsfiktion** ein, wenn in den Fällen des § 172 Abs. 1 S. 1 und Abs. 3 SGB IX innerhalb eines Monats keine Entscheidung des Integrationsamtes vorliegt. Für die Frage, ob ein Fiktionsfall vorliegt, ist also zu prüfen,

- ob der Betrieb/die Dienststelle nicht nur vorübergehend eingestellt oder aufgelöst wird (Betriebsstilllegung) und

- ob zwischen dem Tag der Kündigung und dem Tag, bis zu dem Gehalt oder Lohn gezahlt werden, mindestens drei Monate liegen.

600 Es kommt also im Hinblick auf die Fiktionswirkung nur auf das Vorliegen der Voraussetzungen des § 172 Abs. 1 S. 1 SGB IX an. Die Prüfung des in § 172 Abs. 1 S. 3 SGB IX geregelten Ausnahmefalles der Ermessensbindung (sog **Umsetzungsklausel**) ist nicht Tatbestandsvoraussetzung der Fiktionswirkung. Die Prüfung, ob eine Weiterbeschäftigung auf einem freien Arbeitsplatz in einem anderen Betrieb oder einer anderen Dienststelle desselben Arbeitgebers mit Einverständnis des schwerbehinderten Mitarbeiters möglich und für den Arbeitgeber zumutbar ist (§ 172 Abs. 1 S. 3 SGB IX), ist im Rahmen der Entscheidung in der Sache durch das Integrationsamt vorzunehmen.[201]

601 Insofern ist es möglich, dass in Fällen der nicht nur vorübergehenden Einstellung in Betrieben und Dienststellen, in denen die Fiktion eintreten kann, die Sachentscheidung im Rahmen des pflichtgemäßen Ermessens nach § 168 SGB IX zu treffen ist, weil der schwerbehinderte Mensch einen anderen Arbeitsplatz beim gleichen Arbeitgeber – für diesen zumutbar – besetzen kann (§ 172 Abs. 1 S. 3 SGB IX). Diese Entscheidung ist dann jedoch durch das Integrationsamt – wegen der Fiktion des § 171 Abs. 5 SGB IX – innerhalb eines Monats zu treffen.

602 In den in § 172 Abs. 3 SGB IX geregelten **Insolvenzfällen** tritt die Zustimmungsfiktion des § 171 Abs. 5 SGB IX ein, wenn durch das Integrationsamt nicht binnen eines Monats über die Zustimmung entschieden worden ist. Ist also das Insolvenzverfahren über das Vermögen des Arbeitgebers eröffnet worden und liegt eine der weiteren Voraussetzungen des § 172 Abs. 3 Ziff. 1 bis 4 SGB IX vor, gilt ebenfalls die Regelung des § 171 Abs. 5 SGB IX.[202]

603 Ist Gegenstand des Verfahrens eine **außerordentliche Kündigung**, ist das Integrationsamt verpflichtet, seine Entscheidung innerhalb von zwei Wochen nach Eingang des Antrags zu treffen; andernfalls gilt die Zustimmung zur außerordentlichen Kündigung als erteilt (§ 174 Abs. 3 SGB IX).

604 Wie auch bei der Regelung in § 174 Abs. 3 SGB IX nach der Rechtsprechung des Bundesarbeitsgerichtes anerkannt, reicht es bei der **Zustimmungsfiktion** des § 171 Abs. 5 SGB IX zur Wahrung der Frist ebenfalls aus, wenn der Bescheid innerhalb eines Monats nach Eingang des Antrags beim Integrationsamt den Machtbereich des

---

201 Düwell in LPK-SGB IX § 171 Rn. 37.
202 Vgl. dazu Düwell in LPK-SGB IX § 171 Rn. 33.

Integrationsamtes verlassen hat.[203] Die Entscheidung muss dem Arbeitgeber innerhalb der Frist nicht schriftlich mitgeteilt oder sogar zugestellt werden; es reicht vielmehr jede Art der Bekanntgabe, auch mündlich, telefonisch oder per Fax, aus. Die schriftliche Entscheidung bzw. Begründung kann dann nachgereicht werden.

Um für den betroffenen Arbeitnehmer erkennbar zu machen, dass – wenn auch durch   605
Fiktion – der Kündigung zugestimmt wurde, muss das Integrationsamt auch diese
**fiktive Zustimmung** nach § 171 Abs. 5 SGB IX dem betroffenen Arbeitnehmer mit
**schriftlichem Bescheid bekannt geben**, der mit einer Rechtsbehelfsbelehrung zu versehen ist.[204] Der schwerbehinderte Arbeitnehmer kann gegen diese Entscheidung **Widerspruch und Klage** zum Verwaltungsgericht erheben.[205] Da gem. § 171 Abs. 5 S. 3
SGB IX die Absätze 3 und 4 entsprechend gelten, haben Widerspruch und Anfechtungsklage gegen die fiktive Zustimmung ebenfalls keine aufschiebende Wirkung.

Im Fall der **Zustimmungsfiktion** muss der **Arbeitgeber** die **Kündigung binnen eines
Monats** erklären. Wie bei der außerordentlichen Kündigung beginnt auch im Fall der
Fiktionswirkung des § 171 Abs. 5 SGB IX die **Frist zur Erklärung der Kündigung** für
den Arbeitgeber mit Eintritt der Fiktion oder Mitteilung über die Entscheidung.

**Hinweis:** Für den schwerbehinderten **Arbeitnehmer** beginnt die Klagefrist gegen eine   606
nach fiktiver Entscheidung des Integrationsamtes ausgesprochene Kündigung des Arbeitgebers immer erst mit Bekanntgabe der fiktiven Entscheidung durch das Integrationsamt ihm gegenüber (§ 4 S. 4 KSchG). Wird ihm vom Integrationsamt die fiktive
Zustimmung nach § 171 Abs. 5 SGB IX nicht bekannt gegeben, so kann er nach § 4
S. 4 KSchG ohne Begrenzung durch die Dreiwochenfrist – bis zur Grenze der Verwirkung – Kündigungsschutzklage zum Arbeitsgericht erheben.[206]

### c) Form und Bekanntgabe der Entscheidung (§ 171 Abs. 2 SGB IX)

Nach § 171 Abs. 2 SGB IX ist die Entscheidung des Integrationsamtes dem Arbeitge-   607
ber und dem schwerbehinderten Beschäftigten zuzustellen. Daraus ergibt sich, dass
die Entscheidung des Integrationsamtes immer **schriftlich** zu erfolgen hat, und zwar
nach §§ 35, 36 SGB X **mit Begründung und Rechtsbehelfsbelehrung** beiden Beteiligten – Arbeitgeber und schwerbehindertem Arbeitnehmer – **förmlich bekannt** gemacht
werden muss.[207] Die **förmliche Zustellung** der Entscheidung des Integrationsamtes **an
den Arbeitgeber** ist **Wirksamkeitsvoraussetzung** für die Entscheidung des Integrationsamtes; unterbleibt die Zustellung, ist die **Entscheidung unwirksam**.[208] Für den **Arbeitgeber** bedeutet die Zustellung des Zustimmungsbescheides auch, dass von jetzt an

203  BAG vom 9.2.1994 – 2 AZR 720/93, NZA 1994, 1030 (1032).
204  So für § 174 Abs. 3 S. 2 SGB IX – BVerwG vom 10.9.1992 – 5 C 39/88, BVerwGE 91, 7; in diesem Sinne
     auch Griebeling, NZA 2005, 494 (501).
205  Vgl. dazu Cramer, NZA 2004, 694 (704).
206  BAG vom 3.7.2003 – 2 AZR 487/02, NZA 2003, 1335 (1336).
207  Vgl. dazu Neumann/Pahlen/Winkler/Jabben, § 171 Rn. 2; Braasch in Deinert/Neumann (Hrsg.), HdB
     SGB IX, § 19 Rn. 226.
208  Düwell in LPK-SGB IX § 171 Rn. 15 mwN.

die Kündigungssperre aufgehoben ist und der Lauf der Fristen für die Kündigungserklärung nach § 171 Abs. 3 SGB IX und § 174 Abs. 2 SGB IX beginnt.[209]

608 **Hinweis:** Da eine unter Verletzung der Zustellungsvorschriften durchgeführte Zustellung unwirksam ist, kann der **Arbeitgeber** deshalb nicht wirksam kündigen, solange ihm die Entscheidung des Integrationsamtes nicht wirksam zugestellt worden ist. Die **mündliche Bekanntgabe** genügt nicht.[210] Allerdings hindert die noch ausstehende Zustellung ihn nicht am Ausspruch der Kündigung. Maßgeblich ist, dass der Zustimmungsbescheid des Integrationsamtes zur ordentlichen Kündigung dem Arbeitgeber zugestellt worden ist, bevor das Kündigungsschreiben dem schwerbehinderten Menschen nach § 130 BGB zugeht.[211] Ist die Arbeitgeberkündigung zu früh, weil sie dem schwerbehinderten Menschen vor erfolgter Zustellung des Zustimmungsbescheides des Integrationsamtes an den Arbeitgeber zugeht, so kann der Arbeitgeber die Nichtigkeit der vorzeitigen Kündigung **nicht mehr heilen.** Ihm bleibt es jedoch unbenommen, nach Zustellung des Zustimmungsbescheides **erneut** die Kündigung gegenüber dem schwerbehinderten Menschen zu erklären. Diese spätere Kündigungserklärung, die den zugestellten Zustimmungsbescheid des Integrationsamts als erteilte Erlaubnis zur ordentlichen Kündigung nutzt, muss jedoch dem schwerbehinderten Menschen noch in der Monatsfrist des § 171 Abs. 3 SGB IX zugehen, sonst ist sie zu spät und damit, weil die Erlaubnis abgelaufen ist, gem. § 134 BGB **unwirksam.**[212]

609 Aus Gründen der Rechtssicherheit und Rechtsklarheit sowie der Gesetzessystematik ist hingegen, trotz des scheinbar entgegenstehenden Wortlautes von § 171 Abs. 2 SGB IX, die **Zustellung** der Entscheidung des Integrationsamtes **an den Arbeitnehmer** keine **Wirksamkeitsvoraussetzung** für die Entscheidung des Integrationsamtes und hat für ihn allein die Bedeutung, dass mit der Zustellung des Zustimmungsbescheides der Lauf der Widerspruchsfrist beginnt.[213]

610 **Hinweis:** Unabhängig von der Beantwortung der Frage, ob auch die Zustellung der Entscheidung des Integrationsamtes an den Arbeitnehmer Wirksamkeitsvoraussetzung für diese Entscheidung ist, beginnt ohne Zustellung der Entscheidung des Integrationsamtes an den schwerbehinderten Arbeitnehmer die Widerspruchsfrist nicht zu laufen und auch nicht die Klagefrist von drei Wochen nach § 4 S. 1 KSchG (§ 4 S. 4 KSchG). Insofern können dem Arbeitnehmer keine rechtlichen Nachteile entstehen. Für den Arbeitgeber muss dagegen Rechtssicherheit bestehen, ob er nach einer ihm zugestellten Zustimmung des Integrationsamtes nunmehr kündigen kann oder nicht.

611 Nach § 171 Abs. 2 S. 2 SGB IX hat das Integrationsamt der Bundesagentur für Arbeit eine Abschrift seiner Entscheidung zu übersenden. Ein Verstoß gegen diese Verpflich-

---

209  BAG vom 17.2.1982 – 7 AZR 846/79; BAG vom 5.9.1986 – 7 AZR 136/85; Düwell in LPK-SGB IX § 171 Rn. 14.
210  BAG vom 16.10.1991 – 2 AZR 332/91, BB 1992, 360; Düwell in LPK-SGB IX § 171 Rn. 15.
211  Düwell in LPK-SGB IX § 171 Rn. 15 unter Verweis auf die Kommentierung zu § 168 Rn. 43 ff.
212  So Düwell in LPK-SGB IX § 171 Rn. 15 mwN.
213  Wie hier: Düwell in LPK-SGB IX § 171 Rn. 14; ErfK/Rolfs, SGB IX § 171 Rn. 2; aA Wirksamkeitsvoraussetzung: Neumann/Pahlen/Winkler/Jabben, § 171 Rn. 7; Griebeling in Hauck/Noftz, SGB IX, § 171 Rn. 9; Braasch in Deinert/Neumann (Hrsg.), HdB SGB IX, § 19 Rn. 235 mwN.

tung hat aber keinen Einfluss auf die Wirksamkeit der Entscheidung des Integrationsamtes.[214]

### d) Ausspruch der Kündigung im Falle der zustimmenden Entscheidung (§ 171 Abs. 3 SGB IX)

Erteilt das Integrationsamt die Zustimmung zur ordentlichen Kündigung, kann der Arbeitgeber die ordentliche Kündigung nur innerhalb eines Monats nach Zustellung der Zustimmung aussprechen (§ 171 Abs. 3 SGB IX). Erreicht der Arbeitgeber die Zustimmung erst im **Rechtsmittelverfahren** gegen eine ablehnende Entscheidung des Integrationsamtes, gilt die Monatsfrist auch im Anschluss an eine Entscheidung des Widerspruchsausschusses nach Widerspruch oder nach einem Urteil des Verwaltungsgerichtes.[215]   612

Die **Monatsfrist** des § 171 Abs. 3 SGB IX ist eine **Ausschlussfrist**, gegen deren Versäumung eine **Wiedereinsetzung in den vorherigen Stand** nicht in Betracht kommt.[216]

**Hinweis:** Lässt der **Arbeitgeber** also die **Monatsfrist** des § 171 Abs. 3 SGB IX verstreichen, ist der Ausspruch der Kündigung danach nicht mehr zulässig. Will der Arbeitgeber weiterhin die Kündigung erklären, muss er erneut einen Antrag auf Erteilung der Zustimmung beim zuständigen Integrationsamt stellen und kann erst nach erneuter Zustimmung des Integrationsamtes nach § 168 SGB IX wieder kündigen.   613

Die Frist berechnet sich nach den §§ 186 ff. BGB.[217] Durch eine **Insolvenz** wird die Frist nicht unterbrochen, sondern läuft weiter.[218]   614

Für den **Beginn der Monatsfrist** ist allein der Zeitpunkt der förmlichen Zustellung der Zustimmung des Integrationsamtes an den Arbeitgeber entscheidend; der Tag der Zustellung selbst wird nicht mitgerechnet (§ 187 Abs. 1 BGB). Auch die Zustellung des sog **Negativattestes**, wonach die beabsichtigte Kündigung nicht der Zustimmung des Integrationsamtes nach § 168 SGB IX bedarf, setzt den Lauf der Frist in Gang.[219]   615

Der Arbeitgeber kann also die **Kündigung** erklären, sobald ihm der **Zustimmungsbescheid förmlich zugestellt** worden ist, auch wenn er dem schwerbehinderten Arbeitnehmer noch nicht zugestellt worden ist.[220] Auf die Zustellung der Zustimmung an den Arbeitnehmer kommt es also nicht an; diese kann vorher, gleichzeitig oder später erfolgen.[221] Für die **außerordentliche Kündigung** gilt eine andere Regelung.[222]   616

---

214 Einhellige Auffassung, vgl. Neumann/Pahlen/Winkler/Jabben, § 171 Rn. 8; ErfK/Rolfs, SGB IX § 171 Rn. 2; Düwell in LPK-SGB IX § 171 Rn. 16.

215 BAG vom 16.10.1991 – 2 AZR 332/91, BB 1992, 360; ErfK/Rolfs, SGB IX § 171 Rn. 3; Neumann/Pahlen/Winkler/Jabben, § 171 Rn. 11 mwN.

216 Düwell in LPK-SGB IX § 171 Rn. 30; Neumann/Pahlen/Winkler/Jabben, § 171 Rn. 12 mwN; ErfK/Rolfs, SGB IX § 171 Rn. 3 mwN.

217 Vgl. dazu ausführlich Neumann/Pahlen/Winkler/Jabben, § 171 Rn. 12 mwN.

218 Neumann/Pahlen/Winkler/Jabben, § 171 Rn. 12; Düwell in LPK-SGB IX § 171 Rn. 30 unter Hinweis auf LAG Düsseldorf vom 3.3.1982 – 5 Sa 1532/81, ZIP 1982, 737.

219 ErfK/Rolfs, SGB IX § 171 Rn. 3 mwN.

220 BAG vom 17.2.1982 – 7 AZR 846/79, AP Nr. 1 zu § 15 SchwbG; BAG vom 16.10.1991 – 2 AZR 332/91, BB 1992, 360; ErfK/Rolfs, SGB IX § 171 Rn. 2; Neumann/Pahlen/Winkler/Jabben, § 171 Rn. 10; Braasch in Deinert/Neumann (Hrsg.), HdB SGB IX, § 19 Rn. 247 mwN.

221 Neumann/Pahlen/Winkler/Jabben, § 171 Rn. 10.

222 Vgl. dazu unten im Abschnitt zur außerordentlichen Kündigung, → Rn. 851.

617    Dass die Kündigung innerhalb der Monatsfrist erklärt sein muss, bedeutet, dass es auf den Zugang der Kündigung ankommt (§ 130 Abs. 1 S. 1 BGB). § 171 Abs. 3 SGB IX ist so zu lesen, dass die **Kündigung** dem schwerbehinderten oder gleichgestellten Arbeitnehmer **innerhalb der Frist zugehen** muss.[223] Eine **nicht formgerechte Zustellung** der Zustimmungsentscheidung des Integrationsamtes an den Arbeitgeber kann die Monatsfrist nicht in Gang setzen, weil es in diesem Fall an einer wirksamen Zustimmung des Integrationsamtes fehlt.[224] Daher kann der Arbeitgeber auch vor Zustellung der Zustimmung an ihn nicht wirksam kündigen.[225] Da es auf den Zugang der Kündigung ankommt, kann aber das Kündigungsschreiben schon vor der Zustellung des Bescheides des Integrationsamtes abgesandt werden, wenn die schriftliche Entscheidung des Integrationsamtes schon vorliegt, dem Arbeitgeber vorab mitgeteilt wird und wenn die Kündigung nach der Zustellung des Bescheides des Integrationsamtes dem Arbeitnehmer zugeht.[226]

618    **Hinweis:** Gerade bei der Berechnung der Monatsfrist des § 171 Abs. 3 SGB IX sollte der **Arbeitgeber** äußerste Sorgfalt walten lassen und die dargestellten Grundsätze beachten, da er weder vor Beginn der Monatsfrist noch nach Ablauf dieser Frist wirksam kündigen kann. Der Arbeitgeber trägt das Risiko des Ob und Wann des Zugangs, wobei die Kündigung dem schwerbehinderten Menschen weder zu früh noch zu spät zugehen darf.[227] Geht die Kündigungserklärung dem schwerbehinderten Menschen zu, bevor dem Arbeitgeber der Zustimmungsbescheid zugestellt wird, ist die Kündigung unwirksam.[228] Allerdings darf der Arbeitgeber das Kündigungsschreiben an den schwerbehinderten Arbeitnehmer schon vor der Zustellung absenden, etwa um einen Kündigungstermin einzuhalten. Wenn dieses Kündigungsschreiben aber dem schwerbehinderten Menschen zugeht, bevor der Zustimmungsbescheid des Integrationsamtes dem Arbeitgeber förmlich zugestellt worden ist, ist die Kündigung nach § 134 BGB unwirksam, da in diesem Fall der verfrühten Kündigungserklärung noch keine wirksame Zustimmung des Integrationsamtes vorlag. Für die Wirksamkeit der Zustimmung des Integrationsamtes ist die förmliche Zustellung an den Arbeitgeber Wirksamkeitsvoraussetzung.[229] Erfolgt etwa die **Zustellung des Bescheides mittels Einschreiben**, so wird der Bescheid nach § 4 VwZG erst mit dem dritten Tag nach Aufgabe zur Post wirksam. Aus Gründen der Rechtsklarheit kommt es auf den vorangegangen tatsächlichen Zugang des Bescheides nicht an. Geht also eine Kündigung bereits vor Ablauf der Drei-Tages-Zustellungsfrist zu, ist diese verfrüht erklärte

---

223  LAG Hamm vom 19.11.2009 – 8 Sa 771/09, LAGE § 171 SGB IX Nr. 1; ErfK/Rolfs, SGB IX § 171 Rn. 3; Griebeling, NZA 2005, 494 (501); Neumann/Pahlen/Winkler/Jabben, § 171 Rn. 14; Düwell in LPK-SGB IX § 171 Rn. 31 mwN.

224  BAG vom 16.10.1991 – 2 AZR 332/91, BB 1992, 360.

225  BAG vom 16.10.1991 – 2 AZR 332/91, BB 1992, 360; LAG Hamm vom 9.11.2000 – 8 Sa 1016/00, EzA-SD 2000, Nr. 5; LAG Köln vom 20.3.1990 – 11 Sa 1291/89, NZA 1990, 746; Neumann/Pahlen/Winkler/Jabben, § 171 Rn. 10 mwN.

226  Vgl. dazu Griebeling, NZA 2005, 494 (500); Neumann/Pahlen/Winkler/Jabben, § 171 Rn. 10 mwN.

227  Vgl. dazu Düwell in LPK-SGB IX § 171 Rn. 31.

228  Vgl. dazu Düwell in LPK-SGB IX § 171 Rn. 31, 15, § 168 Rn. 43 ff.

229  Vgl. dazu Düwell in LPK-SGB IX § 171 Rn. 31, 15, § 168 Rn. 43 ff.; vgl. auch oben → Rn. 616.

Kündigung unwirksam.[230] Bei einer Zustellung an einen Rechtsanwalt genügt das mit Datum und Unterschrift versehene Empfangsbekenntnis.[231]

Muss der Arbeitgeber **mehrere ordentliche Kündigungen** aussprechen, etwa weil die erste Kündigung nicht formgerecht war, weil sie wegen fehlender Vollmacht nach § 174 S. 1 BGB zurückgewiesen worden ist oder weil die Kündigung dem schwerbehinderten Menschen zu einem Zeitpunkt zugegangen ist, zu dem der Zustimmungsbescheid dem Arbeitgeber noch nicht förmlich zugestellt war, kann der Arbeitgeber innerhalb der Monatsfrist nach § 171 Abs. 3 SGB IX von der seitens des Integrationsamtes erteilten Zustimmung dergestalt Gebrauch machen, dass er nicht vor jeder weiteren ordentlichen Kündigung nochmals das Zustimmungsverfahren einleiten und durchführen muss. Dies gilt nach der neueren Rechtsprechung des BAG jedenfalls dann, wenn der **Kündigungssachverhalt** der weiteren ordentlichen Kündigung(en) **identisch** ist und der Ausspruch der weiteren Kündigung(en) letztlich lediglich im Hinblick auf bestehende formelle Bedenken hinsichtlich der bereits erklärten Kündigung erfolgt.[232]

619

**Hinweis:** Bei unverändertem Sachverhalt kann der Arbeitgeber innerhalb der Monatsfrist zur Not auch mehrfach kündigen. Ein Nachschieben anderer, im Verfahren vor dem Integrationsamt nicht eingebrachter Gründe im Kündigungsschutzprozess ist unzulässig.[233] Hat sich der für den Kündigungsentschluss des Arbeitgebers maßgebliche Sachverhalt inzwischen geändert, muss der Arbeitgeber den Betriebsrat vor einer erneuten Kündigung nach § 102 Abs. 1 S. 2 BetrVG beteiligen, selbst dann, wenn das Anhörungsverfahren nach § 102 BetrVG zuvor bereits abgeschlossen war.[234]

620

Versäumt der Arbeitgeber die Monatsfrist zur Kündigung, verliert die Zustimmung ihre privatrechtsgestaltende Wirkung und die Kündigungssperre des § 168 SGB IX lebt wieder auf.

621

#### e) Keine aufschiebende Wirkung von Rechtsmitteln (§ 171 Abs. 4 SGB IX)

Widerspruch und Klage gegen die Zustimmung des Integrationsamtes haben nach § 171 Abs. 4 SGB IX keine aufschiebende Wirkung. Der Arbeitgeber kann also innerhalb der Monatsfrist nach § 171 Abs. 3 SGB IX die Kündigung auch dann erklären, wenn der schwerbehinderte Mensch gegen die Zustimmung des Integrationsamtes **Widerspruch** bzw. **Klage** eingelegt hat.[235]

622

---

230  LAG Hamm vom 9.11.2000 – 8 Sa 1016/00, EzA-SD 2000, Nr. 5; LAG Baden-Württemberg vom 22.9.2006 – 18 Sa 28/06; Düwell in LPK-SGB IX § 171 Rn. 13; aA LAG Berlin-Brandenburg vom 19.12.2014 – 2 Sa 1846/14 – eine Kündigung, die nach Zustellung des Zustimmungsbescheides des Integrationsamtes nach § 171 SGB IX per Einschreiben/Empfangsbekenntnis mit Rückschein, aber vor dem dritten Tag nach Aufgabe zur Post ausgesprochen wird, ist nach der vorherigen Zustimmung gem. § 168 Abs. 1 SGB IX und damit wirksam ausgesprochen.
231  Düwell in LPK-SGB IX § 171 Rn. 13.
232  BAG vom 8.11.2007 – 2 AZR 425/06, NZA 2008, 471 (473); vgl. dazu auch Düwell in LPK-SGB IX § 171 Rn. 15; § 168 Rn. 45.
233  BAG vom 8.11.2007 – 2 AZR 425/06, NZA 2008, 471 (473); ErfK/Rolfs, SGB IX § 171 Rn. 3.
234  BAG vom 22.9.2016 – 2 AZR 700/15, NZA 2017, 304 (307), Rn. 33 mwN.
235  ErfK/Rolfs, SGB IX § 171 Rn. 4; vgl. auch Düwell in LPK-SGB IX § 171 Rn. 28 zur fehlenden aufschiebenden Wirkung.

623 Auch die Arbeitsgerichte sind an den Bescheid des Integrationsamtes gebunden, solange er nicht aufgehoben ist. Es steht aber im pflichtgemäßen Ermessen des Arbeitsgerichtes, ob eine Aussetzung des arbeitsgerichtlichen Verfahrens in Betracht kommt (vgl. dazu unten → Rn. 755 ff.).

### f) Beteiligung von Betriebsrat, Personalrat und Schwerbehindertenvertretung

624 Die **Anhörung des Betriebsrates** nach § 102 BetrVG kann vor, während oder nach dem Zustimmungsverfahren vor dem Integrationsamt durchgeführt werden, muss aber so rechtzeitig erfolgen, dass der Arbeitgeber die Monatsfrist des § 171 Abs. 3 SGB IX wahren kann.[236] Gleiches gilt für die Beteiligung des Personalrates nach § 79 BPersVG. Allerdings ist, wenn eine Anhörung des Betriebs- bzw. Personalrates bereits vor der Zustimmung des Integrationsamtes stattgefunden hat, eine erneute Anhörung erforderlich, wenn sich der Kündigungssachverhalt zwischenzeitlich wesentlich verändert hat. Dies gilt selbst dann, wenn das Anhörungsverfahren nach § 102 BetrVG zuvor bereits abgeschlossen war.[237]

625 Auch die **Schwerbehindertenvertretung** ist vom Arbeitgeber nach § 178 Abs. 2 S. 1 SGB IX in allen Angelegenheiten, die einen einzelnen schwerbehinderten Menschen betreffen, unverzüglich und umfassend zu unterrichten und vor einer Entscheidung anzuhören. Damit soll es der Vertrauensperson ermöglicht werden, nach § 178 Abs. 1 SGB IX tätig zu werden und die geeigneten Maßnahmen und Stellungnahmen durchzuführen. Es handelt sich um ein eigenes, der Schwerbehindertenvertretung kraft Amtes zustehendes Recht, das die Vertrauensperson selbst durchsetzen kann.[238]

626 Nach dem neuen § 178 Abs. 2 S. 3 SGB IX ist die Kündigung eines schwerbehinderten Menschen unwirksam, wenn sie ohne vorherige Beteiligung der Schwerbehindertenvertretung erfolgt ist. Diese neue Vorschrift ist mit dem Bundesteilhabegesetz in das SGB IX aufgenommen worden und als neuer Satz 3 in § 95 Abs. 2 SGB IX bereits zum 30.12.2016 in Kraft getreten. Ab dem 1.1.2018 findet sich die Regelung allerdings nicht mehr in § 95 Abs. 2 SGB IX aF, sondern aufgrund der neuen Nummerierung des BTHG in § 178 Abs. 2 S. 3 SGB IX.[239] Die Vorschrift lautet wie folgt:

**Die Kündigung eines schwerbehinderten Menschen, die der Arbeitgeber ohne eine Beteiligung nach Satz 1 ausspricht, ist unwirksam.**

627 Die bisherige Regelung in § 95 Abs. 2 SGB IX aF bei der Kündigung eines schwerbehinderten Menschen ohne Beteiligung der Schwerbehindertenvertretung wurde verschärft und durch Einfügung des Satz 3 in die Regelung des § 95 Abs. 2 SGB IX aF die Rechtsfolge einer ohne die Beteiligung der Schwerbehindertenvertretung ausgesprochenen Kündigung dahingehend neu geregelt, dass diese Kündigung unwirksam

---

236 ErfK/Rolfs, SGB IX § 171 Rn. 3; Neumann/Pahlen/Winkler/Jabben, § 168 Rn. 16 mwN.
237 St. Rspr. des BAG, vgl. nur BAG vom 20.1.2000 – 2 AZR 378/99, NZA 2000, 768 (769) mwN; BAG vom 22.9.2016 – 2 AZR 700/15, NZA 2017, 304 (307), Rn. 33 mwN; ErfK/Rolfs, SGB IX § 170 Rn. 1; Neumann/Pahlen/Winkler/Jabben, § 171 Rn. 9.
238 Neumann/Pahlen/Winkler/Jabben, § 178 Rn. 8 mwN.
239 Vgl. zur Entstehungsgeschichte: Bayreuther, NZA 2017, 87 (88); Düwell in LPK-SGB IX § 178 Rn. 53.

ist,[240] was nach bisheriger Auslegung des § 95 Abs. 2 S. 2 SGB IX aF durch das BAG nicht der Fall war.[241]

Schon nach der bisherigen Fassung des § 95 Abs. 2 SGB IX aF war der Arbeitgeber **628** allerdings verpflichtet, die Schwerbehindertenvertretung in allen Angelegenheiten, die einen einzelnen oder die schwerbehinderten Arbeitnehmer als Gruppe berühren, unverzüglich und umfassend zu unterrichten und vor einer Entscheidung anzuhören und sie von der getroffenen Entscheidung zu unterrichten (§ 178 Abs. 2 S. 1 SGB IX). Dies betraf insbesondere eine Abmahnung,[242] eine Versetzung,[243] Ein- und Umgruppierungen und auch Kündigungen.[244] Insofern liegt kein Verstoß gegen eine unzulässige Rückwirkung von Rechtsnormen vor, wenn Arbeitgeber noch Ende des Jahres Maßnahmen zur Kündigung des Arbeitnehmers eingeleitet haben, obgleich die Rechtsfolge des § 95 Abs. 2 S. 3 SGB IX aF erst mit Wirkung zum 30.12.2016 eingeführt worden ist.[245]

Diese Regelung in § 178 Abs. 2 S. 1 SGB IX begründet eine informationelle Allzu- **629** ständigkeit der Schwerbehindertenvertretung. Sinn dieser sehr weitgehenden Unterrichtungs- und Anhörungspflicht der Schwerbehindertenvertretung ist es, zu vermeiden, dass eine Entscheidung des Arbeitgebers die Belange schwerbehinderter Menschen beeinträchtigt. Deshalb soll die Schwerbehindertenvertretung vor jeder Entscheidung Gelegenheit haben, aus ihrer fachlichen Sicht auf mögliche, vom Arbeitgeber nicht bedachte Auswirkungen seiner Entscheidung hinwirken zu können.[246] Die Schwerbehindertenvertretung soll in die Lage versetzt werden, den ihr aus § 178 Abs. 1 SGB IX auferlegten Pflichten zu entsprechen, insbesondere die Interessen des schwerbehinderten Menschen sachgerecht zu vertreten und ihm beratend und helfend zur Seite zu stehen.[247]

Die, auch bereits in § 95 Abs. 2 S. 2 SGB IX aF vorgesehene, weitere Regelung in **630** § 178 Abs. 2 S. 2 SGB IX geht dahin, dass die Durchführung oder Vollziehung einer ohne Beteiligung der Schwerbehindertenvertretung nach § 178 Abs. 2 S. 1 SGB IX ge-

---

240 BT-Drs. 18/10523, 67.
241 BAG vom 28.7.1983 – 2 AZR 122/82, Rn. 24 ff. zur Vorgängerregelung des § 178 Abs. 2 SGB IX; LAG Hamm vom 19.2.1982 – 4 Sa 462/81; LAG Rheinland-Pfalz vom 18.8.1993 – 10 Sa 332/93, NZA 1993, 1133; vgl. dazu auch von Boetticher, Das neue Teilhaberecht, § 2 Rn. 17; Düwell in LPK-SGB IX § 178 Rn. 68 mwN.
242 BAG vom 17.8.2010 – 9 ABR 83/09, NZA 2010, 1431, Rn. 14.
243 BAG vom 17.8.2010 – 9 ABR 83/09, NZA 2010, 1431, Rn. 14; LAG Rheinland-Pfalz vom 5.10.2011 – 8 TaBV 9/11, Rn. 25, BehindertenR 2012, 203.
244 BAG vom 17.8.20100 – 9 ABR 83/09, NZA 2010, 1431, Rn. 14; vgl auch Kleinebrink, DB 2017, 126 (131); Düwell in LPK-SGB IX § 178 Rn. 50; ErfK/Rolfs, SGB IX § 178 Rn. 6 mwN.
245 LAG Sachsen vom 8.6.2018 – 5 Sa 458/17, Rn. 60 ff. – Revision entschieden durch BAG vom 13.12.2018 – 2 AZR 378/18: In diesem Fall hatte der Arbeitgeber die Zustimmung des Integrationsamtes am 16.12.2016 beantragt, das seine Zustimmung am 20.2.2017 erteilt hatte. Erst am 15.3.2017 unterrichtete der Arbeitgeber die SBV, nachdem er bereits am 7.3.2017 den Betriebsrat angehört hatte. Am 24.3.2017 kündigte der Arbeitgeber zum 30.9.2017. Das LAG Sachsen sah die Beteiligung der SBV am 15.3.2017 als nicht mehr unverzüglich an. Darüber hinaus führt das LAG Sachsen in den Rn. 60 ff. seiner Entscheidung aus, dass das Beteiligungserfordernis des SGB entsprechend § 95 Abs. 2 S. 1 SGB IX aF auch schon vor dem 31.12.2016 bestanden habe, wenn auch ohne die Rechtsfolge nach Abs. 2 S. 3. Der Arbeitgeber habe auch mit Einführung des § 95 Abs. 2 S. 3 SGB IX am 30.12.2016 jederzeit und nicht erst nahezu drei Monate später die SBV beteiligen und damit dem gesetzgeberischen Zweck entsprechen können.
246 Düwell in LPK-SGB IX § 178 Rn. 35.
247 LAG Sachsen vom 8.6.2018 – 5 Sa 458/17, Rn. 51 mwN; Düwell in LPK-SGB IX § 178 Rn. 35.

troffenen Entscheidung auszusetzen ist; die Beteiligung ist innerhalb von sieben Tagen nachzuholen; sodann ist endgültig zu entscheiden. Zur Durchsetzung ihres Beteiligungsanspruchs kann die Schwerbehindertenvertretung das Arbeitsgericht anrufen (vgl. § 2 a Abs. 1 Nr. 3 a ArbGG). Dort kann sie – ggf. im Wege der einstweiligen Verfügung – geltend machen, die **Durchführung oder Vollziehung der Entscheidung auszusetzen**, bis die Beteiligung nachgeholt ist. Ein entsprechender Beschluss des Arbeitsgerichtes kann Grundlage für eine gerichtliche Vollstreckung sein. Zuwiderhandlungen seitens des Arbeitgebers können **Ordnungsgelder** von bis zu 250.000 EUR nach sich ziehen (§ 85 Abs. 1 ArbGG iVm § 1720 Abs. 1 ZPO).[248] Darüber hinaus wird die Verletzung der Unterrichtungs- und Anhörungspflicht als Ordnungswidrigkeit nach § 238 Abs. 1 Nr. 8 SGB IX mit einem Bußgeld geahndet.

631  Die **Nichtanhörung der Schwerbehindertenvertretung** nach § 178 Abs. 2 S. 1 SGB IX ist in individualrechtlichen Kündigungsstreitigkeiten **bislang sanktionslos** gewesen.[249] Von Seiten der Vertrauenspersonen schwerbehinderter Menschen wurde jedoch beklagt, dass sie vom Arbeitgeber oftmals nicht beteiligt werden, obwohl sie nach § 178 Abs. 2 S. 1 SGB IX zu beteiligen wären. Der Gesetzgeber geht aber davon aus, dass gerade im Zusammenhang der Beendigung des Arbeitsverhältnisses die Beteiligung der Schwerbehindertenvertretung besonders wichtig ist, weil gerade für schwerbehinderte Menschen die Aufrechterhaltung ihrer Arbeitsverhältnisse von überragender Bedeutung ist. Um in diesem besonders wichtigen Zusammenhang die Beteiligung der Schwerbehindertenvertretung zu sichern, wurde deshalb mit der neuen Regelung in Satz 3 des § 178 Abs. 2 SGB IX festgelegt, dass eine **Kündigung**, die ohne die erforderliche Beteiligung der Schwerbehindertenvertretung ausgesprochen wird, **unwirksam** ist und das Arbeitsverhältnis nicht beendet.[250]

632  Die Beteiligungspflicht besteht **bei jeder Kündigung eines schwerbehinderten oder gleichgestellten Menschen** (§ 151 Abs. 3 SGB IX), also auch bei **Änderungskündigungen**, nicht hingegen bei Teilkündigungen.[251] Es ist nicht erforderlich, dass die Kündigung im Zusammenhang mit der Behinderung steht, so dass auch zB Kündigungen im Zuge einer Massenentlassung aufgrund einer vollständigen Betriebsstilllegung der Unwirksamkeitsandrohung unterliegen.[252] Von der Unwirksamkeitsandrohung des § 178 Abs. 2 S. 3 SGB IX werden auch Kündigungen in der Wartezeit des § 1 Abs. 1 KSchG erfasst. § 173 Abs. 1 S. 1 Nr. 1 SGB IX findet weder direkte noch analoge Anwendung, so dass es der Beteiligung der Schwerbehindertenvertretung auch dann bedarf, wenn die Kündigung nicht dem Zustimmungserfordernis des Integrationsamtes nach den §§ 168 ff. SGB IX unterliegt.[253] Die Vorschrift des § 178 Abs. 2 S. 3 SGB IX

---

248  Vgl. dazu die Gesetzesbegründung BT-Drs. 18/10523, 67 und Düwell in LPK-SGB IX § 178 Rn. 125 mwN.
249  BAG vom 28.7.1983 – 2 AZR 122/82, Rn. 24 ff.; Düwell in LPK-SGB IX § 178 Rn. 53.
250  BT-Drs. 18/10523, 67; vgl. dazu auch Düwell in LPK-SGB IX § 178 Rn. 53.
251  BAG vom 13.12.2018 – 2 AZR 378/18, Rn. 12; ArbG Hagen vom 6.3.2018 – 5 Ca 1902/17, Rn. 26 mwN; Düwell in LPK-SGB IX § 178 Rn. 54.
252  BAG vom 13.12.2018 – 2 AZR 378/18, Rn. 12.
253  BAG vom 13.12.2018 – 2 AZR 378/18, Rn. 12; ArbG Hagen vom 6.3.2018 – 5 Ca 1902/17, Rn. 26 mwN; ArbG Hamburg vom 12.6.2018 – 21 Ca 455/17, Rn. 20; ErfK/Rolfs, SGB IX § 178 Rn. 8 mwN; Bayreuther, NZA 2017, 87 (88) mwN; Lingemann/Steinhauser, NJW 2017, 1369; Düwell in LPK-SGB IX § 178 Rn. 55.

findet sich im Kapitel 5 des SGB IX, und § 173 SGB IX, der die Ausnahmen zum Zustimmungserfordernis des Integrationsamtes nach den §§ 168 ff. SGB IX regelt, bezieht sich nach dem ausdrücklichen Gesetzeswortlaut auf die „Vorschriften dieses Kapitels", also des Kapitel 4 – Kündigungsschutz. Für diese Sichtweise spricht zudem, dass die Schwerbehindertenvertretung ja auch bei der Einstellung eines schwerbehinderten Menschen zu beteiligen ist,[254] wenn eine **objektive Schwerbehinderung oder Gleichstellung** des Arbeitnehmers gegeben ist.

**Hinweis:** Daher ist die Schwerbehindertenvertretung ausnahmslos bei jeder Kündigung eines schwerbehinderten Menschen, also auch in den ersten sechs Monaten des Bestehens des Arbeitsverhältnisses nach Satz 1 des § 178 Abs. 2 SGB IX, zu beteiligen.[255]

633

Umstritten ist, ob § 178 Abs. 2 S. 3 SGB IX Anwendung findet, wenn zwar objektiv eine **Schwerbehinderung oder Gleichstellung besteht**, der **Arbeitgeber** aber hiervon vor Ausspruch der Kündigung **keine Kenntnis** hatte. Nach der Rechtsprechung des BVerwG bestehen die Beteiligungsrechte der Schwerbehindertenvertretung nur, wenn dem Arbeitgeber die Schwerbehinderung, Gleichstellung des Arbeitnehmers oder zumindest die Beantragung derselben durch den Arbeitnehmer bekannt ist bzw. die Schwerbehinderung offensichtlich ist, zB bei einem Rollstuhlfahrer. Zur Begründung verweist die verwaltungsgerichtliche Rechtsprechung darauf, dass der mit der Anhörung der Schwerbehindertenvertretung bezweckte Schutz der Schwerbehinderten und diesen gleichgestellten Menschen nicht von Amts wegen gewährt wird, sondern nur wenn der Schutz durch Mitteilung des schwerbehinderten Menschen durch Mitteilung der Schwerbehinderung, Gleichstellung oder Beantragung dem Arbeitgeber (Dienstherrn) mitgeteilt wird.[256]

634

**Hinweis:** Eine Kündigung, die der Arbeitgeber in Unkenntnis der Schwerbehinderteneigenschaft ausspricht, ist daher nicht wegen der unterbliebenen Beteiligung der Schwerbehindertenvertretung nach § 178 Abs. 2 S. 3 SGB IX unwirksam, wenn der Arbeitgeber erst nach Zugang der Kündigung von der Schwerbehinderung oder Gleichstellung erfährt, es sei denn, dass die Schwerbehinderung offensichtlich ist, zB bei einem Rollstuhlfahrer.[257]

635

Demgegenüber wird von Teilen der Literatur vertreten, dass die bei § 168 SGB IX anerkannten Regeln im Fall der Unkenntnis des Arbeitgebers von der Schwerbehinderung oder Gleichstellung (vgl. dazu → Rn. 762 ff.) auf die Anhörung der Schwerbehindertenvertretung nach § 178 Abs. 2 SGB IX übertragen sind und damit dem Arbeitgeber die Möglichkeit eröffnet wird, sich auch noch innerhalb von drei Wochen nach Zugang der Kündigung auf die in diesem Zeitpunkt bereits bestehende Schwer-

636

---

254  Bayreuther, NZA 2017, 87 (88) mwN.
255  BAG vom 13.12.2018 – 2 AZR 378/18, Rn. 12; ErfK/Rolfs, SGB IX § 178 Rn. 8 mwN; Bayreuther, NZA 2017, 87 (88) mwN; Düwell in LPK-SGB IX § 178 Rn. 55.
256  BVerwG vom 7.4.2011 – 2 B 79/10, BeckRS 2011, 50613; BVerwG vom 15.12.1988 – 5 C 67.85, BVerwGE 81, 84, 86 f.; BVerwG vom 17.9.1981 – 2 C 4.79; BVerwG vom 22.8.1990 – 2 B 15.90 und vom 17.8.1998 – 2 B 61.98, Rn. 12 mwN.
257  So auch ErfK/Rolfs, SGB IX § 178 Rn. 8 mwN; Koch in Schaub, § 180, Rn. 14; Düwell in LPK-SGB IX § 178 Rn. 57.

behinderung oder die ggf. rückwirkend auf den Antragszeitpunkt bewilligte Gleichstellung zu berufen,[258] wenn der Arbeitnehmer nicht im Vorfeld der Kündigung die Frage nach der Schwerbehinderung oder Gleichstellung wahrheitswidrig verneint hat.[259] Ob dann auch § 173 Abs. 3 SGB IX analoge Anwendung finden müsse, ist ebenfalls streitig, wird aber trotz dessen Beschränkung auf „dieses Kapitel" bejaht.[260] Diese Auffassung ist abzulehnen, da sich die aus § 173 Abs. 3 SGB IX abzuleitenden Rück- oder Vorwirkungen nur auf den Sonderkündigungsschutz nach §§ 168 ff. SGB IX beziehen.[261]

637 **Hinweis:** Insbesondere **entfällt das Beteiligungserfordernis** nach § 178 Abs. 2 SGB IX, wenn der schwerbehinderte bzw. gleichgestellte Beschäftigte die zulässige Frage nach dem Vorliegen einer Schwerbehinderung oder Gleichstellung im Vorfeld einer beabsichtigten Kündigung wahrheitswidrig verneint hat.[262] Daher ist Arbeitgebern zu empfehlen, im Vorfeld einer beabsichtigten Kündigung nach dem Vorliegen einer Schwerbehinderung oder Gleichstellung zu fragen. Das **Beteiligungserfordernis entfällt auch,** wenn zum Zeitpunkt des Zugangs der Kündigung noch kein Anerkennungs- bzw. Gleichstellungsbescheid nach §§ 2 Abs. 3, 152 SGB IX vorgelegen hat, es sei denn die Schwerbehinderteneigenschaft des Arbeitnehmers wäre offensichtlich.

638 Da § 178 Abs. 2 S. 3 SGB IX auf Satz 1 dieses Absatzes verweist, ist für die Frage des **Zeitpunktes** und des **Umfangs der Unterrichtung** der Schwerbehindertenvertretung auf die bisherige Auslegung des § 178 Abs. 2 S. 1 SGB IX durch Rechtsprechung und Literatur abzustellen.[263]

639 **Hinweis:** Grundsätzlich sollte der Arbeitgeber berücksichtigen, dass die Unwirksamkeitsfolge des § 178 Abs. 2 S. 3 SGB IX nicht nur bei einer unterlassenen, sondern auch bei einer fehlerhaften bzw. nicht ordnungsgemäßen Beteiligung der Schwerbehindertenvertretung eintritt, weil in diesem Fall ebenfalls keine Beteiligung nach § 178 Abs. 1 S. 1 SGB IX vorliegt.[264]

640 § 178 Abs. 2 S. 1 SGB IX sieht eine **dreistufige Beteiligung der Schwerbehindertenvertretung** vor und daher muss auch der Arbeitgeber drei Handlungspflichten aus § 178

---

258 Bayreuther, NZA 2017, 87 (88); Kleinebrink, DB 2017, 126 (127); von Boetticher, Das neue Teilhaberecht, § 2 Rn. 17.
259 Vgl. zu diesem Fragerecht des Arbeitgebers im bestehenden Arbeitsverhältnis nach dem Vorliegen einer Schwerbehinderung bei berechtigtem Interesse – BAG vom 16.2.2012 – 6 AZR 553/10, NZA 2012, 555 ff.; vgl. dazu → Rn. 124.
260 Bayreuther, NZA 2017, 87 (88); Boecken, VSSR 2017, 69 (81 ff.); Lingemann/Steinhauser, NJW 2017, 1369; aA Kleinebrink, DB 2017, 126 (128).
261 Düwell in LPK-SGB IX § 178 Rn. 57.
262 Düwell in LPK-SGB IX § 178 Rn. 57; nach der Rechtsprechung des BAG ist im bestehenden Arbeitsverhältnis für die Frage nach dem Vorliegen einer Schwerbehinderung bzw. nach einem diesbezüglich gestellten Antrag ein berechtigtes, billigenswertes und schutzwürdiges Interesse jedenfalls nach sechs Monaten – Frist des § 173 Abs. 1 Nr. 1 SGB IX – zu bejahen, um dem Arbeitgeber im Vorfeld einer beabsichtigten Kündigung zu ermöglichen, die Schwerbehinderung bei der Sozialauswahl gemäß § 1 Abs. 3 KSchG zu berücksichtigen sowie den Sonderkündigungsschutz nach §§ 168 ff. SGB IX zu berücksichtigen – BAG vom 16.12.2012 – 6 AZR 553/10, NZA 2012, 555 ff. – ein solches berechtigtes Interesse ist auch im Hinblick auf das Beteiligungsverfahren nach § 178 Abs. 3 SGB IX zu bejahen.
263 Vgl. zur zeitlichen Reihenfolge der Beteiligung etwa Mühlmann, NZA 2017, 884 ff. und → Rn. 659.
264 ArbG Hagen vom 6.3.2018 – 5 Ca 1902/17, Rn. 23; LAG Sachsen vom 8.6.2018 – 5 Sa 458/17, Rn. 49 ff. – Revision entschieden durch BAG vom 13.12.2018 – 2 AZR 378/18; Düwell in LPK-SGB IX § 178 Rn. 58; Klein, NJW 2017, 852 (856).

Abs. 2 S. 1 SGB IX als Wirksamkeitsvoraussetzung der Kündigung nach § 178 Abs. 2 S. 3 SGB IX beachten:

1. Er muss vor Ausspruch der Kündigung die Schwerbehindertenvertretung unverzüglich und umfassend unterrichten,

2. sie vor der Entscheidung anhören und

3. ihr die getroffene Entscheidung unverzüglich mitteilen.[265]

Die **Beteiligung der Schwerbehindertenvertretung** hat nach § 178 Abs. 2 S. 1 SGB IX „unverzüglich" und umfassend zu erfolgen. Damit wird vom Arbeitgeber gefordert, die Schwerbehindertenvertretung „ohne schuldhaftes Zögern" (§ 121 Abs. 1 BGB) zu unterrichten. Im Fall einer Kündigung hat also der Arbeitgeber die Beteiligung durchzuführen, **sobald** er den **Kündigungsentschluss gefasst** hat.[266]    641

**Hinweis:** Die Beteiligung der Schwerbehindertenvertretung nach § 178 Abs. 2 S. 1 SGB IX muss also **am Beginn** der vom Arbeitgeber bei beabsichtigter Kündigung eines schwerbehinderten oder gleichgestellten Arbeitnehmers (§ 151 Abs. 3 SGB IX) zu treffenden Maßnahmen stehen.[267] Wird der **Antrag auf Zustimmung zur Kündigung** nach §§ 168 ff. SGB IX **ohne erfolgte Beteiligung der Schwerbehindertenvertretung** nach § 178 Abs. 2 S. 1 SGB IX gestellt, hat ihn das Integrationsamt zurückzuweisen und darf die Zustimmung zur Kündigung nicht erteilen.[268]    642

Nach Auffassung des BAG tritt die Unwirksamkeitsfolge des § 178 Abs. 2 S. 3 SGB IX allerdings nicht ein, wenn der Arbeitgeber die Schwerbehindertenvertretung überhaupt vor Ausspruch der Kündigung ordnungsgemäß angehört hat, so dass die Anhörung zur Abwendung der Unwirksamkeit der Kündigung nicht schon erfolgen muss, bevor der Arbeitgeber den Betriebs- oder Personalrat beteiligt oder das Integrationsamt um Zustimmung zur beabsichtigten Kündigung ersucht.[269]

Nach diesseits vertretener Auffassung ist der Auffassung des BAG, wonach die Unwirksamkeitsfolge nicht eingreift, wenn der Arbeitgeber „nur" die Mitteilungspflicht nach § 178 Abs. 2 S. 1 Hs. 2 SGB IX verletzt,[270] nicht zu folgen. Die Unterrichtung durch den Arbeitgeber soll der Schwerbehindertenvertretung eine Meinungsbildung und eine Stellungnahme gegenüber dem Arbeitgeber ermöglichen. Daher muss sie auch unverzüglich nach Bildung des Kündigungswillens beim Arbeitgeber erfolgen, damit die Schwerbehindertenvertretung überhaupt noch die zu treffende Entscheidung durch das Äußern von Bedenken oder Einbringen von Anregungen beeinflussen kann. Insbesondere soll die Schwerbehindertenvertretung in Kenntnis der besonderen Belange der zu kündigenden schwerbehinderten Person auf die Willensbildung des    643

---

265  Vgl. dazu Düwell in LPK-SGB IX § 178 Rn. 58.
266  Düwell in LPK-SGB IX § 178 Rn. 60.
267  So auch LAG Sachsen vom 8.6.2018 – 5 Sa 458/17, Rn. 52 – Revision entschieden durch BAG vom 13.12.2018 – 2 AZR 378/18; ArbG Hagen vom 6.3.2018 – 5 Ca 1902/17, Rn. 29; ArbG Herne vom 3.7.2018 – 3 Ca 294/18, Rn. 34 mwN; ErfK/Rolfs, SGB IX § 178 Rn. 9; vgl. dazu auch ausführlich Düwell in LPK-SGB IX § 178 Rn. 60.
268  ErfK/Rolfs, SGB IX § 178 Rn. 10; Bayreuther, NZA 2017, 87 (90) mwN.
269  BAG vom 13.12.2018 – 2 AZR 378/18, Rn. 16 ff., 19 mwN; so auch Mühlmann, NZA 2017, 884 (886).
270  BAG vom 13.12.2018 – 2 AZR 378/18, Rn. 14.

Arbeitgebers Einfluss nehmen können. Die Möglichkeit der **Einflussnahme** soll auch **unmittelbar** erfolgen, so dass auch eine mittelbare Unterrichtung der Schwerbehindertenvertretung über den Betriebsrat oder im Rahmen des Verfahrens beim Integrationsamt, soweit sich diese Beteiligungen überhaupt ergeben, ausscheidet.[271] In dem Moment, in dem der Arbeitgeber den Antrag auf Zustimmung an das Integrationsamt stellt, hat er seine Willensbildung im Hinblick auf die Entscheidung zur Kündigung bereits abgeschlossen und seinen Willen nach außen manifestiert, so dass zu diesem Zeitpunkt gerade keine Mitwirkung der Schwerbehindertenvertretung mehr möglich ist. Eine gleichzeitige Beteiligung der Schwerbehindertenvertretung mit dem Zustimmungsantrag beim Integrationsamt genügt daher nach diesseits vertretener Auffassung nicht; vielmehr darf die Zustimmung des Integrationsamtes erst nach Abschluss der Beteiligung der Schwerbehindertenvertretung beantragt werden.[272]

644 Dafür spricht auch, dass das Beteiligungsrecht der Schwerbehindertenvertretung nach § 178 Abs. 2 S. 1 SGB IX auch in dem Fall besteht, dass der schwerbehinderte Arbeitnehmer während der **Probezeit** gekündigt wird.[273] In diesem Fall ist aber wegen der Ausnahmeregelung des § 173 Abs. 1 Nr. 1 SGB IX keine Zustimmung des Integrationsamtes erforderlich, so dass es nicht zu einem Zustimmungsverfahren beim Integrationsamt kommen kann. Es kann im Hinblick auf die Willensbildung des Arbeitgebers hinsichtlich der beabsichtigten Kündigung keinen Unterschied machen, ob die Kündigung der Zustimmung des Integrationsamtes bedarf oder nicht.

645 **Hinweis:** Wenn auch nach diesseits vertretener Auffassung die Beteiligung der Schwerbehindertenvertretung nach § 178 Abs. 2 S. 1 SGB IX **vor Einreichung des Zustimmungsantrags** nach den §§ 168 ff. SGB IX durchzuführen ist,[274] so reicht es nach der Rechtsprechung des BAG aus, wenn der Arbeitgeber die Schwerbehindertenvertretung überhaupt vor Ausspruch der Kündigung anhört, da nach Auffassung des BAG die Kündigungsentscheidung erst durch den Kündigungsausspruch „vollzogen" wird.[275]

---

271  LAG Sachsen vom 8.6.2018 – 5 Sa 458/17, Rn. 52; aA BAG vom 13.12.2018 – 2 AZR 378/18.
272  ArbG Herne vom 3.7.2018 – 3 Ca 294/18, Rn. 35; so auch ArbG Hagen vom 6.3.2018 – 5 Ca 1902/17, Rn. 29 ff.; ArbG Leipzig vom 10.8.2017 – 8 Ca 1122/17, DB 2018, 1862; Düwell in LPK-SGB IX § 178 Rn. 60 mwN; aA – zeitgleich mit dem Zustimmungsantrag beim Integrationsamt nach §§ 168 ff. SGB IX genügt: LAG Sachsen vom 8.6.2018 – 5 Sa 458/17, Rn. 54, 55; BAG vom 13.12.2018 – 2 AZR 378/18, Rn. 19.
273  ArbG Hamburg vom 12.6.2018 – 21 Ca 455/17, Rn. 21 mwN.
274  ArbG Hagen vom 6.3.2018 – 5 Ca 1902/17, Rn. 29 ff.; ArbG Herne vom 3.7.2018 – 3 Ca 294/18, Rn. 34 mwN; Düwell in LPK-SGB IX § 178 Rn. 60 mwN; Klein, NJW 2017, 852 (854); Bayreuther, NZA 2017, 87 (90) mwN; ErfK/Rolfs, SGB IX § 178 Rn. 9; aA das Positionspapier der BIH, Beteiligung der Schwerbehindertenvertretung vor Ausspruch einer Kündigung nach § 95 Abs. 2 SGB IX (Unwirksamkeitsklausel), Köln, April 2017: vor oder nach dem Zustimmungsverfahren und/oder der Anhörung des Betriebsrates, aber auch nicht zwingend bevor die Zustimmung des Integrationsamtes beantragt und/oder der Betriebsrat angehört wird – Revision entschieden durch BAG vom 13.12.2018 – 2 AZR 378/18; Mühlmann, NZA 2017, 884 (885 ff.); Kleinebrink, DB 2017, 126 (128); zeitgleich mit dem Zustimmungsantrag beim Integrationsamt nach §§ 168 ff. SGB IX: LAG Sachsen vom 8.6.2018 – 5 Sa 458/17, Rn. 54, 55: nicht erst nach Abschluss eines Verfahrens beim Integrationsamt und/oder der Anhörung des Betriebsrates, aber auch nicht zwingend bevor die Zustimmung des Integrationsamtes beantragt und/oder der Betriebsrat angehört wird – Revision entschieden durch BAG vom 13.12.2018 – 2 AZR 378/18; Mühlmann, NZA 2017, 884 (885 ff.); Kleinebrink, DB 2017, 126 (128).
275  BAG vom 13.12.2018 – 2 AZR 378/18, Rn. 19 mwN.

Das BAG begründet seine abweichende Auffassung mit der in § 178 Abs. 2 S. 2   646
SGB IX durch den Gesetzgeber vorgesehenen Nachholungsmöglichkeit der Beteiligung der Schwerbehindertenvertretung, die im Fall einer beabsichtigten Kündigung
nicht durch die „neue" Unwirksamkeitsandrohung in § 178 Abs. 2 S. 3 SGB IX verdrängt werde. Der Nachholungsanspruch gehöre nach den Vorstellungen des Gesetzgebers zum Beteiligungsanspruch der Schwerbehindertenvertretung[276] und stelle sicher, dass diese auf die Willensbildung des Arbeitgebers Einfluss nehmen kann, und
werde seinerseits durch die Unwirksamkeitsandrohung gestärkt: Wenn sogar eine
Nachholung unterbleibt, sei die Kündigung unwirksam.[277]

Die **Beteiligung der Schwerbehindertenvertretung kann nicht nachgeholt werden**   647
(§ 178 Abs. 2 S. 2 SGB IX), da § 178 Abs. 2 S. 3 SGB IX nur auf Satz 1, nicht aber auf
Satz 2 verweist.[278] Nach anderer Auffassung des BAG kann jedoch die unterbliebene
Beteiligung der Schwerbehindertenvertretung jedenfalls bis zum Kündigungszugang
nachgeholt werden.[279]

Der Arbeitgeber verwirklicht allerdings den Bußgeldtatbestand des § 238 Abs. 1 Nr. 8   648
SGB IX, wenn er die Schwerbehindertenvertretung nicht „rechtzeitig" unterrichtet
oder anhört.[280]

**Hinweis:** Die **nachträgliche Beteiligung** der Schwerbehindertenvertretung nach § 178   649
Abs. 2 S. 1 SGB IX nach dem Kündigungsausspruch ist unzulässig; eine ohne deren
Beteiligung ausgesprochene Kündigung ist unwirksam, gleiches gilt – wie bei § 102
BetrVG – für eine unzureichende Beteiligung.[281]

Das bedeutet auch, dass eine **vorläufige Aussetzung der Maßnahme** nach § 178   650
Abs. 2 S. 2 SGB IX jedenfalls dann nicht mehr in Betracht kommt, wenn dem Arbeitnehmer die Kündigung bereits zugegangen ist. Vielmehr ist die Kündigung unheilbar
nichtig, so dass der Arbeitgeber eine erneute Kündigung auf den Weg bringen
muss.[282]

Bei einer beabsichtigten **außerordentlichen Kündigung** muss die Beteiligung innerhalb   651
der zweiwöchigen Frist des § 174 Abs. 2 SGB IX vorgenommen werden; die Kündigung darf analog § 174 Abs. 5 SGB IX auch nach Ablauf dieser Frist erfolgen, wenn
zuvor alle weiteren Schritte unverzüglich eingeleitet worden waren.[283]

Der Arbeitgeber hat die Schwerbehindertenvertretung nicht nur unverzüglich über   652
seinen Entschluss einer bevorstehenden Kündigung zu unterrichten, sondern auch
**umfassend,** und er hat der Schwerbehindertenvertretung **Gelegenheit zur Stellungnah-**

---

276   Vgl. dazu BT-Drs. 18/10523, 67.
277   BAG vom 13.12.2018 – 2 AZR 378/18, Rn. 16 ff., 18; Benkert, NJW-Spezial 2017, 370.
278   ArbG Herne vom 3.7.2018 – 3 Ca 294/18, Rn. 33; ArbG Hagen vom 6.3.2018 – 5 Ca 1902/17, Rn. 34;
      ErfK/Rolfs, SGB IX § 178 Rn. 9, 10; Klein, NJW 2017, 853 (855).
279   BAG vom 13.12.2018 – 2 AZR 378/18, Rn. 17 ff., 19 mwN.
280   So auch BAG vom 13.12.2018 – 2 AZR 378/18, Rn. 18 aE.
281   Koch in Schaub, § 180, Rn. 14.
282   Bayreuther, NZA 2017, 87 (90).
283   ErfK/Rolfs, SGB IX § 178 Rn. 9; vgl. auch Düwell in LPK-SGB IX § 178 Rn. 65, der ergänzend darauf hin-
      weist, dass bei der außerordentlichen Kündigung eine weitere Anhörung vor Ausspruch der Kündigung
      entfällt; es reicht aus, wenn der Arbeitgeber zeitgleich zur Kündigung von der erteilten oder fiktiven Zu-
      stimmung unterrichtet.

me zu geben. In diesem Rahmen ist die Schwerbehindertenvertretung vom Arbeitgeber so umfassend zu unterrichten, dass sie sich ohne weitere Nachforschungen ein eigenes Bild von der geplanten Kündigung machen kann.[284] Darüber hinaus muss der Arbeitgeber der Schwerbehindertenvertretung die Möglichkeit geben, **Einwendungen zu erheben,** und dass er sich mit diesen, wenn sie gemacht werden, auseinandersetzt. Eine **Erörterung oder Beratung** mit der Schwerbehindertenvertretung wird nicht gefordert.[285] Die Unterrichtung muss die Schwerbehindertenvertretung in die Lage versetzen, auf die Willensbildung des Arbeitgebers einzuwirken.[286]

653 **Umfassende Unterrichtung** der Schwerbehindertenvertretung iSv § 178 Abs. 2 S. 1 SGB IX bedeutet auch, dass der Arbeitgeber alle die Tatsachen und Überlegungen mitteilt, die seinen Kündigungsentschluss (mit) bedingen.[287] Der **Umfang der Unterrichtungspflicht** der Schwerbehindertenvertretung nach § 178 Abs. 2 S. 1 SGB IX entspricht der Unterrichtungspflicht in § 102 Abs. 1 BetrVG,[288] wobei zu berücksichtigen ist, dass die Schwerbehindertenvertretung nur die Interessen des betroffenen Arbeitnehmers wahrnehmen soll und mit einem etwaigen Widerspruch **keinen Weiterbeschäftigungsanspruch** für den schwerbehinderten oder gleichgestellten Arbeitnehmer begründen kann.[289] Der Arbeitgeber hat daher neben den notwendigen Angaben zur Person auch Angaben zur Art der Kündigung, seinen hierfür maßgeblichen Erwägungen und ggf. bekannten Einwendungen des schwerbehinderten Beschäftigten zu machen, die dieser im Zusammenhang mit der beabsichtigten Kündigung erhoben hat.[290] Der Arbeitgeber muss die Umstände mitteilen, die seinen Kündigungsentschluss tatsächlich bestimmt haben (**Grundsatz der „subjektiven Determinierung"**). Dabei darf er Umstände, die sich bei objektiver Betrachtung zugunsten des Arbeitnehmers auswirken können, der Schwerbehindertenvertretung nicht deshalb vorenthalten, weil sie für seinen Kündigungsentschluss nicht von Bedeutung waren,[291] so dass der Arbeitgeber die Kündigung auf Gründe, die er der Schwerbehindertenvertretung nicht mitgeteilt hat, individualrechtlich nicht stützen kann.[292]

654 Teilweise wird vertreten, dass die Schwerbehindertenvertretung – wie auch das Integrationsamt im Zustimmungsverfahren nach §§ 168 ff. SGB IX – weder berufen noch berechtigt sei, die beabsichtigte Kündigung außerhalb von behinderungsspezifischen Gesichtspunkten auf ihre Vereinbarkeit mit dem allgemeinen Arbeitsrecht zu beurteilen, so dass der Arbeitgeber in Bezug auf die beabsichtigte Kündigung Umstände, die in keinem, auch keinem mittelbaren Zusammenhang mit der Schwerbehinderung ste-

---

284 Bayreuther, NZA 2017, 87 (89) mwN; Düwell in LPK-SGB IX § 178 Rn. 62 mwN.
285 ErfK/Rolfs, SGB IX § 178 Rn. 9; Bayreuther, NZA 2017, 87 (89); Lingemann/Steinhauser, NJW 2017, 1369 (1371).
286 BAG vom 13.12.2018 – 2 AZR 378/18, Rn. 21.
287 Düwell in LPK-SGB IX § 178 Rn. 62 mwN.
288 BAG vom 13.12.2018 – 2 AZR 378/18, Rn. 21.
289 ErfK/Rolfs, SGB IX § 178 Rn. 9, 10; Koch in Schaub, § 180, Rn. 14.
290 ArbG Hamburg vom 12.6.2018 – 21 Ca 455/17, Rn. 21 mwN; vgl. auch Mühlmann, NZA 2017, 884 (885).
291 BAG vom 13.12.2018 – 2 AZR 378/18, Rn. 21; vgl. zum Grundsatz der subjektiven Determinierung und dessen objektiven Grenzen – BAG vom 16.7.2015 – 2 AZR 15/15, NZA 2016, 99.
292 ErfK/Rolfs, SGB IX § 178 Rn. 9.

hen, nicht mitzuteilen brauche.[293] Es besteht jedoch – auch nach Auffassung des BAG – keine Reduzierung des Unterrichtungsinhalts auf schwerbehindertenspezifische Kündigungsbezüge.[294]

**Hinweis:** Im Hinblick auf ein mögliches Prozessrisiko empfiehlt es sich in der arbeitsrechtlichen Praxis, auch die Schwerbehindertenvertretung so umfassend wie den Betriebsrat nach § 102 BetrVG zu unterrichten.[295]     655

Die Anhörung bedarf keiner Form; aus Beweisgründen ist aber **Schrift- oder Textform** zu empfehlen.[296]     656

Es fehlt in der Neuregelung des § 178 Abs. 2 S. 3 SGB IX allerdings an einer **Fristenbestimmung** wie bei § 102 BetrVG. In Literatur und Rechtsprechung wird zu Recht angenommen, dass sich der Inhalt der Anhörung und die Dauer der Frist für eine Stellungnahme der Schwerbehindertenvertretung nach den für die Anhörung des Betriebsrates nach § 102 Abs. 2 BetrVG geltenden Grundsätzen richten (**Wochenfrist**);[297] in besonders eiligen Angelegenheiten – wie einer **außerordentlichen Kündigung** – verkürzt sich die Frist auf **drei Tage**.[298] Teilweise wird auch empfohlen, dass der Arbeitgeber der Schwerbehindertenvertretung selbst eine Frist zur Stellungnahme setzen solle[299] bzw. eine generelle Frist von drei Tagen als ausreichend angesehen.[300] Nach zutreffender Auffassung des BAG bedarf es einer solchen Fristsetzung durch den Arbeitgeber nicht.[301]     657

Die Beteiligung von Schwerbehindertenvertretung nach § 178 Abs. 2 SGB IX und Betriebsrat nach § 102 BetrVG stehen unabhängig nebeneinander.[302]     658

**Hinweis:** Der Arbeitgeber kann also Betriebsrat und Schwerbehindertenvertretung parallel zueinander anhören:     659

→ 1. BR + SBV (parallel) → 2. Antrag beim Integrationsamt

→ 1. SBV → 2. BR → 3. Integrationsamt

→ 1. SBV → 2. Integrationsamt → 3. BR[303]

---

293  Bayreuther, NZA 2017, 87 (89); vgl. auch Lingemann/Steinhauser, NJW 2017, 1369 (1370).
294  BAG vom 13.12.2018 – 2 AZR 378/18, Rn. 21 mwN; so auch Düwell in LPK-SGB IX § 178 Rn. 62 mwN; Boecken, VSSR 2017, 69 (75); ErfK/Rolfs, SGB IX § 178 Rn. 9; Klein, NJW 2017, 852 (854); Mühlmann, NZA 2017, 884 (885).
295  So für die arbeitsrechtliche Praxis auch Bayreuther, NZA 2017, 87 (89).
296  ErfK/Rolfs, SGB IX § 178 Rn. 9; Kleinebrink, DB 2017, 126 (127); vgl. dazu auch die Entscheidung des ArbG Hamburg vom 12.6.2018 – 21 Ca 455/17, in der der Arbeitgeber nur ein Telefonat mit der SBV geführt hatte und offen geblieben war, welche Informationen der Arbeitgeber dem Schwerbehindertenvertreter in diesem Telefonat hat zukommen lassen.
297  BAG vom 13.12.2018 – 2 AZR 378/18, Rn. 23; Düwell in LPK-SGB IX § 178 Rn. 66 mwN; ErfK/Rolfs, SGB IX § 178 Rn. 10; Kleinebrink, DB 2017, 126 (129); Klein, NJW 2017, 853 (855); Bayreuther, NZA 2017, 87 (89) mwN; Koch in Schaub, § 180 Rn. 14; Schnelle, NZA 2017, 880 (882); aA Mühlmann, NZA 2017, 884 (887) – drei Tage sind immer ausreichend.
298  BAG vom 13.12.2018 – 2 AZR 378/18, Rn. 23.
299  Lingemann/Steinhauser, NJW 2017, 1369 (1370).
300  Mühlmann, NZA 2017, 884 (887).
301  BAG vom 13.12.2018 – 2 AZR 378/18, Rn. 23.
302  BAG vom 13.12.2018 – 2 AZR 378/18, Rn. 31 unter Hinweis auf BT-Drs. 18/10523, 67; ErfK/Rolfs, SGB IX § 178 Rn. 9; Bayreuther, NZA 2017, 87 (90).
303  Vgl. zu dieser Reihenfolge – Bayreuther, NZA 2017, 87 (90); vgl. auch Düwell in LPK-SGB IX § 178 Rn. 61 mwN.

→ oder nach Auffassung des BAG BR + SBV parallel oder nach dem Antrag beim Integrationsamt bzw. nach dessen Zustimmung, aber in jedem Fall vor Ausspruch der Kündigung. Nach Auffassung des BAG muss zur Abwendung der Unwirksamkeit der Kündigung die Anhörung nicht schon erfolgen, bevor der Arbeitgeber den Betriebs- oder Personalrat beteiligt oder das Integrationsamt um Zustimmung ersucht.[304] Die – rechtzeitige – Beteiligung der Schwerbehindertenvertretung ist danach nicht Voraussetzung für eine ordnungsgemäße Anhörung des Betriebsrates.[305]

660   **Richtiger Empfänger** ist die gewählte Vertrauensperson und bei ihrer Verhinderung das erste stellvertretende Mitglied der Schwerbehindertenvertretung (§ 177 Abs. 1 S. 1 SGB IX).[306] Ist im Betrieb eine Schwerbehindertenvertretung nicht gewählt, ist – sofern vorhanden – die **Gesamt- bzw. die Konzernschwerbehindertenvertretung**[307] zu beteiligen. Auch wenn die **Vertrauensperson Mitglied des Betriebs- oder Personalrats** ist, genügt der Hinweis nicht, dass die Information zugleich für die Schwerbehindertenvertretung ist.[308]

661   Die Pflicht zur Beteiligung der Schwerbehindertenvertretung besteht auch unabhängig davon, dass das Integrationsamt gemäß § 170 Abs. 2 SGB IX eine Stellungnahme der Schwerbehindertenvertretung im behördlichen Zustimmungsverfahren einzuholen hat. Eine solche **Stellungnahme der Schwerbehindertenvertretung im Zustimmungsverfahren beim Integrationsamt** ersetzt die Anhörung nach § 178 Abs. 2 S. 1 SGB IX nicht.[309]

662   Gemäß § 178 Abs. 2 S. 1 Hs. 2 SGB IX hat der Arbeitgeber das **Ergebnis seiner Entscheidung**, also ggf. den Umstand, dass er die Kündigung ausgesprochen hat, der Schwerbehindertenvertretung unverzüglich mitzuteilen.

663   **Hinweis:** Hält also der Arbeitgeber nach der Beteiligung der Schwerbehindertenvertretung, unabhängig davon, ob diese sich zu der beabsichtigten Kündigung geäußert hat oder nicht, an seiner Kündigungsabsicht fest, muss er dies der Schwerbehindertenvertretung unverzüglich mitteilen.[310]

664   Auch diese Mitteilung nach § 178 Abs. 1 S. 1 Hs. 2 SGB IX muss vor der Beantragung der Zustimmung zur Kündigung beim Integrationsamt (§§ 168 ff. SGB IX) erfolgen. Da § 178 Abs. 2 S. 3 SGB IX in Bezug auf die Unwirksamkeit der Kündigung eines schwerbehinderten oder gleichgestellten Arbeitnehmers auf die „Beteiligung nach Satz 1" verweist, führt nach diesseits vertretener Auffassung auch die Verletzung der Pflicht zur Mitteilung der getroffenen Entscheidung nach der Anhörung

304   BAG vom 13.12.2018 – 2 AZR 378/18, Rn. 19 mwN.
305   BAG vom 13.12.2018 – 2 AZR 378/18, Rn. 31.
306   Düwell in LPK-SGB IX § 178 Rn. 48, 63.
307   ArbG Darmstadt vom 14.11.2017 – 9 Ca 249/17, Rn. 25 ff.
308   Düwell in LPK-SGB IX § 178 Rn. 48, 63 mwN.
309   ArbG Hagen vom 6.3.2018 – 5 Ca 1902/17, Rn. 26; Lingemann/Steinhauser, NJW 2017, 1369 (1371) unter II. 4.); Düwell in LPK-SGB IX § 178 Rn. 64.
310   Vgl. dazu auch ErfK/Rolfs, SGB IX § 178 Rn. 10; Kleinebrink, DB 2017, 126 (130).

($ 178 Abs. 2 S. 1 Hs. 2 SGB IX) zur Unwirksamkeit der Kündigung nach § 178 Abs. 2 S. 3 SGB IX.[311]

Nach **erfolgreichem Zustimmungsantrag**, wenn also der Arbeitgeber die zugestellte 665 Erlaubnis zur Abgabe der Erklärung der **ordentlichen Kündigung** binnen Monatsfrist nach § 171 Abs. 3 SGB IX erhalten hat, muss – jedenfalls dann, wenn sich der Kündigungssachverhalt geändert hat oder die Zustimmung nur unter Bedingungen oder Auflagen erteilt wird – eine erneute Unterrichtung und Anhörung der Schwerbehindertenvertretung erfolgen. Sonst reicht die bloße Unterrichtung der Schwerbehindertenvertretung über die Erteilung der Erlaubnis zur ordentlichen Kündigung vor Ausspruch der ordentlichen Kündigung aus.[312] Zwar mag der Arbeitgeber schon das Kündigungsschreiben erstellt haben, er darf es jedoch nicht vor Zugang der Mitteilung an die Schwerbehindertenvertretung aus seinem Machtbereich geben, also weder in den Postausgang geben noch zur Aushändigung an einen Boten übergeben und erst recht nicht dem Betroffenen aushändigen.[313]

Bei **außerordentlicher Kündigung** bedarf es ebenfalls der Beteiligung der Schwer- 666 behindertenvertretung; nach fiktiver oder erteilter Zustimmung des Integrationsamtes zur außerordentlichen Kündigung reicht es im Hinblick auf die Frist des § 174 Abs. 5 SGB IX aus, wenn der Arbeitgeber zeitgleich zur Kündigung die Schwerbehindertenvertretung von der erteilten oder fiktiven Zustimmung unterrichtet.[314]

Eine ohne ordnungsgemäße Beteiligung der Schwerbehindertenvertretung ausgespro- 667 chene **Kündigung** ist nach § 134 BGB iVm § 178 Abs. 2 S. 3 SGB IX **unwirksam**.

**Hinweis:** Diese Unwirksamkeit der Kündigung muss jedoch vom Arbeitnehmer frist- 668 gerecht innerhalb der Dreiwochenfrist des § 4 KSchG gerichtlich geltend gemacht werden.[315]

Davon unabhängig liegt auch eine **Ordnungswidrigkeit** nach § 238 Abs. 1 Nr. 8 669 SGB IX vor, die durch die Bundesagentur für Arbeit mit einem Bußgeld in Höhe von 10.000 EUR geahndet werden kann. Eine nachträgliche Durchführung der Beteiligung der Schwerbehindertenvertretung und eine vorläufige Aussetzung der Vollziehung der Maßnahme kommen jedenfalls dann nicht mehr in Betracht, wenn dem schwerbehinderten Arbeitnehmer die Kündigung bereits zugegangen ist. Sie ist dann unheilbar nichtig. Der Arbeitgeber muss dann erneut kündigen.[316]

Ist der zu kündigende **schwerbehinderte Arbeitnehmer Mitglied des Betriebs- oder** 670 **Personalrates**, muss die Zustimmung zur Kündigung nach den §§ 103 BetrVG, 108 BPersVG durch das Vertretungsorgan vorliegen oder durch das Gericht ersetzt werden.[317] Gleiches gilt, wenn es um die Kündigung eines schwerbehinderten **Mitglieds**

---

311  Düwell in LPK-SGB IX § 178 Rn. 64; aA ErfK/Rolfs, SGB IX § 178 Rn. 10; Boeken, VSSR 2017, 69 (78 ff.); aA BAG vom 13.12.2018 – 2 AZR 378/18, Rn. 14.
312  Düwell in LPK-SGB IX § 178 Rn. 64 mwN.
313  Düwell in LPK-SGB IX § 178 Rn. 58.
314  Düwell in LPK-SGB IX § 178 Rn. 65 mwN.
315  Düwell in LPK-SGB IX § 178 Rn. 59.
316  Vgl. dazu auch Bayreuther, NZA 2017, 87 (90) mwN.
317  Vgl. dazu ausführlich Neumann/Pahlen/Winkler/Jabben, § 168 Rn. 17 mwN.

**der Schwerbehindertenvertretung** geht, da die Vertrauenspersonen gegenüber den Arbeitgebern nach § 179 Abs. 3 S. 1 SGB IX die gleiche persönliche Rechtsstellung, insbesondere den gleichen Kündigungs-, Versetzungs- und Abordnungsschutz, wie ein Betriebsrats- oder Personalratsmitglied haben.

671 Geht es um die **Kündigung der Vertrauensperson der Schwerbehinderten**, ist diese wegen Interessenkollision rechtlich verhindert, zu ihrer eigenen Kündigung Stellung zu nehmen. An ihrer Stelle ist ihr **Stellvertreter** anzuhören.[318] Ebenso ist ein von der Kündigung betroffenes Betriebsratsmitglied von der Beratung und Beschlussfassung des Betriebsrates ausgeschlossen.

### g) Mindestkündigungsfrist (§ 169 SGB IX)

672 Bei der ordentlichen Kündigung endet das Arbeitsverhältnis nicht sofort mit Zugang der Kündigung beim Arbeitnehmer, sondern erst nach Ablauf der im Einzelfall geltenden Kündigungsfrist. § 169 SGB IX sieht eine **vierwöchige Mindestkündigungsfrist** für schwerbehinderte Arbeitnehmer vor. § 169 SGB IX gilt nur für die Kündigung des Arbeitsverhältnisses **durch den Arbeitgeber**, nicht aber für eine Kündigung durch den Arbeitnehmer.[319] Diese Mindestkündigungsfrist gilt sowohl für **Beendigungs-** als auch für **Änderungskündigungen**.[320] Für die Berechnung der vier Wochen gelten die §§ 186 ff. BGB.[321]

673 Für den schwerbehinderten Arbeitnehmer können sich aus seinem Arbeitsvertrag, aus einem Tarifvertrag[322] oder auch aus gesetzlichen Regelungen günstigere Kündigungsfristen ergeben, die der **Mindestkündigungsfrist** des § 169 SGB IX **vorgehen**.[323] Die Vorschrift des § 169 SGB IX ist **zwingendes Recht** und kann weder einzelvertraglich noch durch Tarifvertrag oder Betriebsvereinbarung im Voraus verkürzt werden.[324]

674 Die Mindestkündigungsfrist ist grundsätzlich auch bei einer Kündigung durch den **Insolvenzverwalter** zu beachten. Die Frist des § 169 SGB IX zählt zu den maßgeblichen Kündigungsfristen iSd § 113 InsO, mit welcher der Insolvenzverwalter kündigen kann, so dass die Frist von drei Monaten zum Monatsende des § 113 InsO nicht eingreift.[325] § 169 SGB IX findet dagegen keine Anwendung beim Abschluss eines **Aufhebungsvertrages**.[326]

675 Die Mindestkündigungsfrist gilt auch nicht in den in § 173 Abs. 1 und 2 SGB IX genannten Ausnahmefällen,[327] also insbesondere dann nicht, wenn das Arbeitsverhältnis ohne Unterbrechung noch nicht länger als sechs Monate bestanden hat. In diesen

---

318  Vgl. dazu Düwell in LPK-SGB IX § 178 Rn. 23 mwN.
319  Vgl. dazu auch Düwell in LPK-SGB IX § 169 Rn. 7.
320  Düwell in LPK-SGB IX § 169 Rn. 3 mwN; ErfK/Rolfs, SGB IX § 169 Rn. 1.
321  Vgl. dazu Braasch in Deinert/Neumann (Hrsg.), HdB SGB IX, § 19 Rn. 93; Düwell in LPK-SGB IX § 169 Rn. 8; Neumann/Pahlen/Winkler/Jabben, § 169 Rn. 9 mwN.
322  Hier sind auch allgemeinverbindliche Tarifverträge zu beachten, die für alle Arbeitsverhältnisse unabhängig von einer Tarifbindung gelten.
323  Neumann/Pahlen/Winkler/Jabben, § 169 Rn. 5.
324  ErfK/Rolfs, § 169 Rn. 1; Neumann/Pahlen/Winkler/Jabben, § 169 Rn. 4.
325  Düwell in LPK-SGB IX § 169 Rn. 9 mwN; Neumann/Pahlen/Winkler/Jabben, § 169 Rn. 6 mwN.
326  Neumann/Pahlen/Winkler/Jabben, § 169 Rn. 4.
327  Vgl. hierzu Düwell in LPK-SGB IX § 169 Rn. 3, insbesondere zu den weiteren Ausschlusstatbeständen, ausführlich Neumann/Pahlen/Winkler/Jabben, § 169 Rn. 3.

Fällen sind aber unabhängig davon die einzelvertraglichen oder gesetzlichen Mindestkündigungsfristen (§ 622 BGB) einzuhalten. Maßgeblich für die Anwendbarkeit der Regelung in § 169 SGB IX ist der **Zugang der Kündigung**.

Bei einer **außerordentlichen Kündigung** gilt die Mindestkündigungsfrist nach § 169    676
SGB IX nicht. Obwohl eine außerordentliche Kündigung in der Regel als fristlose Kündigung ausgesprochen wird, kann der Arbeitgeber jedoch auch eine sogenannte „soziale Auslauffrist" einräumen, die aber keine Kündigungsfrist darstellt.

## IV. Entscheidung des Integrationsamtes

### 1. Ermessensentscheidung

Über den Antrag des Arbeitgebers auf Zustimmung zur beabsichtigten Kündigung    677
trifft das Integrationsamt zum Schluss des Kündigungsverfahrens eine Entscheidung, falls der Antrag nicht, zB auf Grund einer gütlichen Einigung zwischen den Beteiligten, gegenstandslos ist oder in sonstiger Weise zurückgenommen wird. Die Entscheidung des Integrationsamtes ist ein **Verwaltungsakt**. Die Parteien des Verfahrens – Arbeitgeber und schwerbehinderter Mensch – können gegen die Entscheidung **Widerspruch** einlegen. Mit der Entscheidung wird die Zustimmung zur Kündigung (§ 168 SGB IX) oder zur Beendigung des Arbeitsverhältnisses (§ 175 SGB IX) erteilt oder versagt.

### a) Pflichtgemäßes Ermessen

Bei einer **ordentlichen Kündigung** trifft das Integrationsamt seine Entscheidung auf    678
Grund einer alle Umstände des Einzelfalles berücksichtigenden Ermessensentscheidung nach pflichtgemäßem Ermessen, soweit dieses Ermessen nicht nach § 172 SGB IX eingeschränkt ist.[328]

Bei der Anwendung des Ermessens hat das Integrationsamt unter Berücksichtigung    679
der Zielsetzung des besonderen Kündigungsschutzes die Belange des schwerbehinderten Arbeitnehmers an der Erhaltung seines Arbeitsplatzes und die Interessen des Arbeitgebers, die vorhandenen Arbeitsplätze wirtschaftlich zu nutzen und den Betrieb nach betriebswirtschaftlichen Gesichtspunkten zu führen, nach dem Maßstab der Zumutbarkeit gegeneinander abzuwägen.[329] Insbesondere hat es zu prüfen, ob die geltend gemachten Kündigungsgründe im Zusammenhang mit der Behinderung stehen und zu berücksichtigen, dass das SGB IX den Zweck verfolgt, dem schwerbehinderten Menschen möglichst seinen Arbeitsplatz zu erhalten.[330]

Einerseits soll der schwerbehinderte Arbeitnehmer gegenüber dem nichtbehinderten    680
Arbeitnehmer nicht ins Hintertreffen geraten. Die Nachteile, denen er auf dem allgemeinen Arbeitsmarkt infolge seiner Behinderung ausgesetzt ist, sollen ausgeglichen

---

328  BVerwG vom 28.11.1958 – 5 C 32.56, BverwGE 8, 46; Braasch in Deinert/Neumann (Hrsg.), HdB SGB IX, § 19 Rn. 185; Neumann/Pahlen/Winkler/Jabben, § 168 Rn. 69 mwN; vgl. auch Düwell in LPK-SGB IX § 172 Rn. 3, 4 mwN.

329  Düwell in LPK-SGB IX § 172 Rn. 5 mwN; Braasch in Deinert/Neumann (Hrsg.), HdB SGB IX, § 19 Rn. 187, 188 mwN.

330  Vgl. dazu auch Braasch in Deinert/Neumann (Hrsg.), HdB SGB IX, § 19 Rn. 186; Neumann/Pahlen/Winkler/Jabben, § 168 Rn. 69 mwN.

werden. Auf der anderen Seite darf die Gestaltungsfreiheit des Arbeitgebers, dem die Verantwortung für die Existenz und die wirtschaftliche Arbeitsweise des Betriebes obliegt, nicht zu stark eingeengt werden. Denn das SGB IX verfolgt nicht den Zweck, den behinderten Menschen letztlich unkündbar zu machen.[331] Ein Arbeitgeber muss den schwerbehinderten Arbeitnehmer auch nicht „durchschleppen".[332]

681 Das Integrationsamt hat bei der beabsichtigten Kündigung eines schwerbehinderten oder gleichgestellten Arbeitnehmers zu erwägen, ob er auf **einem anderen freien Arbeitsplatz** im Betrieb eingesetzt werden kann, der seiner Behinderung gerecht wird,[333] oder ob der Arbeitgeber durch zumutbare organisatorische Maßnahmen einen **leidensgerechten Arbeitsplatz** schaffen kann, wozu er nach § 164 Abs. 4 Nr. 4 und 5 SGB IX verpflichtet ist. Hierbei sind besonders langjährig beschäftige und ältere Arbeitnehmer schutzwürdig, die im Falle ihrer Entlassung mit einer langjährigen Arbeitslosigkeit rechnen müssten.

682 Die Zustimmung des Integrationsamtes ist nicht präjudiziell für das Kündigungsschutzverfahren; das Integrationsamt darf auch nicht die **Sozialwidrigkeit der Kündigung** prüfen.[334] Während die Arbeitsgerichte den einzelnen Arbeitnehmer vor einer sozial ungerechtfertigten Kündigung schützen sollen, liegt die Aufgabe des Integrationsamtes darin, dafür zu sorgen, dass den schwerbehinderten Menschen insgesamt kein für sie geeigneter Arbeitsplatz verloren geht.[335] Bei offenkundiger Unwirksamkeit der beabsichtigten Kündigung kann das Integrationsamt die Zustimmung verweigern.[336]

683 Bei einer geplanten **Änderungskündigung** hat das Integrationsamt auch die Angemessenheit und Zumutbarkeit des für den schwerbehinderten Arbeitnehmer vorgesehenen neuen Arbeitsplatzes oder der neuen Arbeitsbedingungen zu prüfen (§ 172 Abs. 2 SGB IX).[337]

#### b) Fehlerhafte Ermessensausübung

684 Wenn das Integrationsamt bei der **Ermessensausübung** von einem unvollständigen oder falschen Sachverhalt ausgeht, oder wenn es erhebliche Umstände des Einzelfalles unberücksichtigt lässt, handelt es **ermessensfehlerhaft**. Die Entscheidung ist dann **rechtswidrig** und kann durch Einlegung eines Rechtsbehelfs erfolgreich angefochten werden. Es können zB folgende **Ermessensfehler** vorliegen:

---

331 Vgl. BVerwG vom 11.9.1990 – 5 B 63/90, Buchholz 436.61, § 15 SchwbG 1986, Nr. 4; OVG Rheinl.-Pfalz v. 29.5.1998 – 12 A 12950/97; VG Stuttgart vom 7.2.2011 – 11 K 2352/10.

332 Neumann/Pahlen/Winkler/Jabben, § 168 Rn. 70 mwN; BVerwG vom 28.2.1968 – V C 33.66, BVerwGE 29, 140; OVG Hamburg vom 27.11.1987 – Bf I 36/85, BB 1989, 220.

333 OVG Bremen vom 10.11.1981 – 2 BA 39/81, ZfSH 1982, 122.

334 BVerwG vom 2.7.1992 – 5 C 51/90, BVerwGE 90, 287; BVerwG vom 19.5.1995 – 5 C 24/93, BVerwGE 99, 336, 340; BVerwG vom 11.11.1999 – 5 C 23/99, AP Nr. 1 zu § 17 SchwbG 1986 = NZA 2000, 146; VGH Mannheim vom 24.11.2005 – 9 S 2178/05, NZA-RR 2006, 183; ErfK/Rolfs, SGB IX § 172 Rn. 2; Bauer/Powietzka, NZA-RR 2004, 505 (511); vgl. ausführlich Düwell in LPK-SGB IX § 172 Rn. 7, 8 zur Abgrenzung der Ermessensentscheidung des Integrationsamtes zur arbeitsgerichtlichen Rechtmäßigkeitsprüfung.

335 BAG vom 25.11.1971 – 2 AZR 44/71, AP Nr. 41 zu § 3 KSchG = EzA § 4 KSchG nF Nr. 4.

336 BVerwG vom 11.11.1999 – 5 C 23/99, NZA 2000, 146; Düwell in LPK-SGB IX § 172 Rn. 9 jeweils mwN.

337 VG Darmstadt vom 12.4.1978 – V E 253/75, DB 1979, 116; Düwell in LPK-SGB IX § 172 Rn. 66 ff. mwN.

- keine Berücksichtigung der Leistungsfähigkeit und der wirtschaftlichen Lage des Betriebes,[338]

- einseitiges Abstellen auf Fehlzeiten des schwerbehinderten Arbeitnehmers im Betrieb,

- schärfere Anforderungen für einzelne Betriebe, insbesondere für den öffentlichen Dienst,[339]

- fehlende oder nicht ausreichende Prüfung, ob ein anderer Arbeitsplatz zur Verfügung steht,[340]

- Anlegung besonderer Kriterien für einzelne Arbeitnehmergruppen, etwa für leitende Angestellte,[341]

- alleiniges Abstellen auf die verminderte Leistungsfähigkeit des schwerbehinderten Arbeitnehmers,[342]

- einseitiges Abstellen auf Fehlzeiten des schwerbehinderten Arbeitnehmers,[343]

- fehlende Berücksichtigung einer dem Arbeitgeber zumutbaren technischen Umgestaltung des Arbeitsplatzes oder eines anderen Arbeitsplatzes, auf den der schwerbehinderte Mensch versetzt werden kann (§ 164 Abs. 4 SGB IX),

- fehlende Berücksichtigung einer möglichen Betreuung durch den Integrationsfachdienst (IFD – §§ 192 ff. SGB IX),

- fehlende Berücksichtigung der geminderten Leistungsfähigkeit des schwerbehinderten Arbeitnehmers, die durch Leistungen zur Teilhabe ausgeglichen werden kann,

- Versagung der Zustimmung, weil der in einem Kleinbetrieb tätige Arbeitnehmer keinen allgemeinen Kündigungsschutz genießt,[344]

- fehlende Berücksichtigung der Betriebsstilllegung.[345]

### c) Ermessensspielraum

Hält das Integrationsamt sich im Rahmen der Ermessensregeln, dann verbleibt ihm   685
im Allgemeinen ein Ermessensspielraum, innerhalb dessen die Entscheidung rechtmä-

---

338  Neumann/Pahlen/Winkler/Jabben, § 168 Rn. 70 mwN.
339  BVerwG vom 21.10.1964 – V C 14.63, BVerwGE 19, 327.
340  BVerwG vom 28.2.1968 – V C 33.66, BVerwGE 29, 140; BVerwG vom 5.6.1975 – V C 57.73, BVerwGE 48, 264; Neumann/Pahlen/Winkler/Jabben, § 168 Rn. 70 mwN.
341  Neumann/Pahlen/Winkler/Jabben, § 168 Rn. 70 mwN.
342  Neumann/Pahlen/Winkler/Jabben, § 168 Rn. 70 mwN.
343  OVG Saarland vom 3.4.1995 – 8 R 51/93, BehindertenR 1995, 154; dabei können Fehlzeiten von ca. 30 % über mehrere Jahre eine Zustimmung rechtfertigen, OVG Münster vom 21.3.1990 – 13 A 1605/89, BehindertenR 1991, 93.
344  Allein aus diesem Grund darf die Zustimmung nicht versagt werden; das Integrationsamt darf nur Erwägungen anstellen, die sich speziell aus der Schwerbehindertenfürsorge herleiten und prüfen, ob die geltend gemachten Kündigungsgründe im Zusammenhang mit der Behinderung stehen, VGH Mannheim vom 4.3.2002 – 7 S 1651/01, NZA-RR 2002, 417.
345  Eine Betriebsstilllegung erfordert die Zustimmung auch, wenn die besonderen Voraussetzungen des § 172 Abs. 1 S. 1 SGB IX nicht erfüllt sind, weil jede andere Entscheidung ermessensfehlerhaft wäre, OVG Brandenburg vom 17.10.2003 – 4 B 59/03.

ßig ist, auch wenn eine andere Entscheidung ebenso vertretbar wäre. Nur **unter den Voraussetzungen** des § 172 SGB IX ist die **Ermessensentscheidung eingeschränkt.**

686 Das Integrationsamt kann die Zustimmung zur Kündigung grundsätzlich auch von **Bedingungen** abhängig machen, soweit hierfür ein Ermessensspielraum besteht (§ 32 Abs. 2 Nr. 2 SGB X). Zulässig ist danach etwa die Bedingung, dass die Zustimmung bei einer bereits durchgeführten Betriebsstilllegung von einer dreimonatigen Gehaltszahlung abhängig gemacht wird.[346] Soweit die Zustimmung von einer Bedingung abhängig gemacht wird, wird sie erst **wirksam**, wenn die **Bedingung eingetreten** ist. Eine **vorherige Kündigung** durch den Arbeitgeber ist **nichtig.**[347]

687 Das Integrationsamt kann die Zustimmung zur Kündigung auch mit einer **Auflage** verbinden (§ 32 Abs. 2 Nr. 4 SGB X). Eine solche Auflage kann zB sein, dass der Arbeitgeber bestimmte gesetzliche Vorgaben, etwa Gehaltsfortzahlung für mindestens drei Monate über den Tag der Kündigung hinaus, erfüllt. Zulässig sind auch Auflagen, die mit der Absicherung des Arbeitsverhältnisses zusammenhängen und besondere Härten für den schwerbehinderten Arbeitnehmer vermeiden sollen, zB begrenzte Weiternutzung der Dienstwohnung. Bei einer Auflage kann der Arbeitgeber – im Gegensatz zur Bedingung – bereits **nach Erteilung der Zustimmung wirksam kündigen**, ohne zuvor die Auflagen erfüllt zu haben.[348] Andere Nebenbestimmungen zur Zustimmung, zB eine Verpflichtung zur Zahlung einer Abfindung an den schwerbehinderten Arbeitnehmer, sind unzulässig und führen zur Unwirksamkeit der Kündigung.

### 2. Bewertung der Kündigungsgründe

688 Wenn auch das Integrationsamt grundsätzlich nicht über die Frage der **Sozialwidrigkeit der Kündigung** zu entscheiden hat, so muss es sich doch eine eigene Überzeugung von der Richtigkeit der vom Arbeitgeber vorgetragenen Kündigungsgründe bilden und hat insoweit all das von **Amts wegen zu ermitteln** (§ 20 SGB X), was erforderlich ist, um die gegenseitigen Interessen des schwerbehinderten Arbeitnehmers und seines Arbeitgebers gegeneinander abwägen zu können.[349] Die **Aufklärungspflicht wird verletzt**, wenn das Integrationsamt sich damit begnügt, das **Vorbringen des Arbeitgebers** nur auf seine **Schlüssigkeit hin zu überprüfen.**[350] Diesen so ermittelten Sachverhalt hat es dann unter Berücksichtigung aller Gesichtspunkte zu bewerten. Die Interessen des schwerbehinderten Arbeitnehmers verlieren dabei umso mehr an Gewicht, als der Kündigungsgrund mit der Behinderung in keinem Zusammenhang steht.[351]

689 Wenn der Arbeitgeber trotz angemessener Fristsetzung seinen Antrag nicht begründet, ist der Antrag durch das Integrationsamt ohne weitere Einholung von Stellungnahmen und ohne Ermessensausübung abzuweisen. Dasselbe gilt, wenn die **beabsich-**

---

346 Vgl. zur Entgeltfortzahlung für drei Monate Düwell in LPK-SGB IX § 172 Rn. 53 ff.
347 BAG vom 12.7.1990 – 2 AZR 35/90, EzA § 19 SchwbG 1986 Nr. 1 = NZA 1991, 348.
348 BAG vom 12.7.1990 – 2 AZR 35/90, EzA § 19 SchwbG 1986 Nr. 1 = NZA 1991, 348.
349 BVerwG vom 6.2.1995 – RzK IV 8 a Nr. 37; Neumann/Pahlen/Winkler/Jabben, § 168 Rn. 69 mwN; vgl. dazu auch Düwell in LPK-SGB IX § 172 Rn. 3 ff.
350 BVerwG vom 19.10.1995 – 5 C 24.93, BVerwGE 99, 336, 339 = NZA-RR 1996, 288; Bayerischer VGH vom 31.1.2013 – 12 B 12.860.
351 BVerwG vom 19.10.1995 – 5 C 24.93, BVerwGE 99, 336, 339 = NZA-RR 1996, 288; vgl. dazu auch ErfK/Rolfs, SGB IX § 172 Rn. 1.

tigte **Kündigung** nach der **Überzeugung des Integrationsamtes** nach kündigungsrechtlichen Vorschriften **offensichtlich unwirksam** wäre; in diesem Fall ist der Antrag ebenfalls ohne Ermessensausübung zurückzuweisen.[352] Im Übrigen darf das Integrationsamt aber nicht die **Sozialwidrigkeit der Kündigung** und die übrigen Kündigungsgründe prüfen.[353]

Zu **unterscheiden** sind **betriebsbedingte Kündigungsgründe** und solche, die in der **Person** oder dem **Verhalten** des schwerbehinderten Beschäftigten ihre Ursache haben.

### a) Betriebsbedingte Gründe

Betriebsbedingte Gründe beruhen häufig auf dem **Wegfall des Arbeitsplatzes.** Die Ursachen hierfür können zB Arbeitsmangel infolge Auftragsrückgangs oder Rationalisierungsmaßnahmen sein.   690

**Unternehmerische Entscheidungen,** die zum Wegfall von Arbeitsplätzen führen, zB   691 Unrentabilität, Organisationsänderungen oder Produktionseinschränkungen, darf das Integrationsamt nur daraufhin prüfen, ob sie offensichtlich unsachlich oder willkürlich sind.[354] Steht fest, dass der Arbeitsplatz weggefallen ist, muss das Integrationsamt sorgfältig prüfen, ob die **Umsetzung** auf einen **gleichwertigen anderen freien Arbeitsplatz** möglich ist.[355] Gleichwertig und damit vergleichbar ist ein Arbeitsplatz, auf dem der Arbeitgeber den schwerbehinderten Arbeitnehmer auf Grund seines Direktionsrechtes ohne Änderung des Arbeitsvertrages weiterbeschäftigen kann. Frei sind die zum Zeitpunkt der Kündigung **unbesetzten Arbeitsplätze.** Der **Arbeitgeber** ist **nicht verpflichtet,** einen neuen Arbeitsplatz zu schaffen, um die Kündigung zu vermeiden,[356] oder dem schwerbehinderten Arbeitnehmer „Beförderungsstellen" anzubieten.[357] Zur **behindertengerechten Ausstattung des Arbeitsplatzes** nach § 164 Abs. 4 S. 1 Nr. 4 und 5 SGB IX ist der Arbeitgeber aber verpflichtet, soweit ihm dies nicht unzumutbar ist oder staatliche oder berufsgenossenschaftliche Vorschriften oder beamtenrechtliche Vorschriften entgegenstehen (§ 164 Abs. 4 S. 3 SGB IX).

Ebenso wie bei Wegfall der persönlichen Eignung für die Weiterarbeit am bisherigen   692 Arbeitsplatz führt der Wegfall des zuletzt zugewiesenen Arbeitsplatzes nach der Konzeption der §§ 164 ff. SGB IX nicht ohne Weiteres zum Wegfall des Beschäftigungsanspruchs.[358] Daher kann ein schwerbehinderter Arbeitnehmer auch Anspruch auf an-

352  VGH Mannheim vom 4.3.2002 – 7 S 1651/01, NZA-RR 2002, 417; ErfK/Rolfs, SGB IX § 172 Rn. 2 mwN; für diesen offensichtlichen Fall wohl auch Bauer/Powietzka, NZA-RR 2004, 505 (512).

353  BVerwG vom 11.11.199 – 5 C 23/99, AP Nr. 1 zu § 17 SchwbG 1986; VGH Mannheim vom 24.11.2005 – 9 S 2178/05, NZA-RR 2006, 183; ErfK/Rolfs, SGB IX § 172 Rn. 2; Bauer/Powietzka, NZA-RR 2004, 505 (511); vgl. auch ausführlich in LPK-SGB IX § 172 Rn. 7, 8 zur Abgrenzung der Ermessensentscheidung des Integrationsamtes zur arbeitsgerichtlichen Rechtmäßigkeitsprüfung.

354  Vgl. OVG Münster vom 23.1.1992 – 13 A 297/91, NZA 1992, 844; aA ErfK/Rolfs, SGB IX § 172 Rn. 3; OVG Schleswig vom 12.6.2002 – 2 M 50/02, BehindertenR 2003, 91 f.; VG Minden vom 27.5.2002 – 7 K 851/02, NZA-RR 2003, 248 – unternehmerische Entscheidung ist vom Integrationsamt hinzunehmen und grundsätzlich nicht überprüfbar.

355  Vgl. dazu BVerwG vom 5.6.1975 – V C 57.73, BVerwGE 48, 264; BAG vom 28.4.1998 – 9 AZR 348/97, NZA 1999, 152; ErfK/Rolfs, SGB IX § 172 Rn. 3; Düwell in LPK-SGB IX § 172 Rn. 33 mwN.

356  BAG vom 3.2.1977 – 2 AZR 476/75, DB 1977, 1320; vgl. dazu auch Bauer/Powietzka, NZA-RR 2004, 505 (512) mwN; vgl. dazu auch Düwell in LPK-SGB IX § 172 Rn. 33 mwN.

357  BAG vom 29.3.1990 – 2 AZR 369/89, NZA 1991, 181 = DB 1991, 173; Düwell in LPK-SGB IX § 172 Rn. 33 mwN.

358  BAG vom 10.5.2005 – 9 AZR 230/04; Düwell in LPK-SGB IX § 172 Rn. 33.

derweitige Beschäftigung haben, und soweit der bisherige Arbeitsvertrag diese Beschäftigungsmöglichkeit nicht abdeckt, auf eine entsprechende Vertragsänderung.[359] Besteht ein **geeigneter Arbeitsplatz**, ist dieser jedoch **nicht frei**, ist der Arbeitgeber zur Freimachung verpflichtet, sofern dies im Rahmen einer **Versetzung** möglich ist, was auch die Kettenversetzung mit einschließt.[360] Dem **Arbeitgeber** ist allerdings **nicht zuzumuten, andere Arbeitnehmer zu entlassen**, um eine Stelle für den Schwerbehinderten freizumachen.[361]

693 Bei **betriebsbedingten Kündigungsgründen** ist nicht selten eine **soziale Auswahl** unter mehreren für eine Entlassung in Betracht kommenden und vergleichbaren Arbeitnehmern zu treffen. Wenn die Auswahl auf einen schwerbehinderten Arbeitnehmer fällt, hat das Integrationsamt zu prüfen, ob der Arbeitgeber den besonderen Schutzzweck des Sozialgesetzbuches IX beachtet hat, zumal die Schwerbehinderung auch zu den vier Kriterien des § 1 Abs. 3 S. 1 KSchG gehört, die der Arbeitgeber im Rahmen der sozialen Auswahl zu beachten hat. Das besondere Schutzinteresse des schwerbehinderten Menschen kann den Interessen des Arbeitgebers überwiegen, so dass durch den Arbeitgeber eine andere soziale Auswahl zu treffen und es ihm zuzumuten ist, den schwerbehinderten Menschen weiter zu beschäftigen. Daher hat das Integrationsamt stets zu prüfen, ob eine andere Einsatzmöglichkeit in Betracht kommt; insbesondere wenn der Arbeitgeber die **Beschäftigungsquote** nach § 154 SGB IX nicht erfüllt hat.[362]

694 Hinweis: Wenn der **Arbeitgeber** die **Beschäftigungsquote** schwerbehinderter Menschen nach § 154 SGB IX **nicht erfüllt**, ist er in seiner organisatorischen Organisationsfreiheit eingeschränkt, was oft nicht bekannt ist. Er hat nach § 164 Abs. 3 S. 1 SGB IX auch Maßnahmen zu ergreifen, um **Ersatzarbeitsplätze** für die zur Kündigung anstehenden schwerbehinderten Menschen einzurichten. Das kann im Einzelfall die Verpflichtung zum Unterlassen der Fremdvergabe von Aufträgen oder deren Rücknahme bedeuten. Nur soweit die geeignete Maßnahme zur Herstellung der behinderungsgerechten Mindestbeschäftigung nach § 164 Abs. 3 S. 2 SGB IX unzumutbar ist, wird der die Beschäftigungspflicht nicht erfüllende Arbeitgeber von diesem Eingriff in die Organisationsfreiheit freigestellt.[363] Im Rahmen der Personalplanung hat der Arbeitgeber nach § 92 Abs. 3 S. 2 BetrVG den Betriebsrat über die geplanten Maßnahmen zur Sicherstellung der Mindestbeschäftigung zu informieren. Verletzt er diese Pflicht, begeht er eine Ordnungswidrigkeit, die nach § 121 BetrVG zu ahnden ist.[364]

695 **Nicht in die soziale Auswahl einzubeziehen** sind nach § 1 Abs. 3 S. 2 KSchG Arbeitnehmer, deren Weiterbeschäftigung im berechtigten betrieblichen Interesse liegt. Die besonders hohe Krankheitsanfälligkeit eines Arbeitnehmers begründet bei der Sozial-

---

359  BAG vom 28.4.1998 – 9 AZR 348/97; Düwell in LPK-SGB IX § 172 Rn. 33.
360  BAG vom 10.5.2005 – 9 AZR 230/04; Düwell in LPK-SGB IX § 172 Rn. 33.
361  BVerwG vom 11.9.1990 – 5 B 63.90; Thüringer OVG vom 26.11.2003 – 3 Ko 858/01; BAG vom 20.11.2014 – 2 AZR 664/13, NZA 2015, 931, Rn. 35 mwN; vgl. auch Schmidt, BEM, Rn. 132 ff.; Düwell in LPK-SGB IX § 172 Rn. 33.
362  Düwell in LPK-SGB IX § 172 Rn. 30.
363  Düwell in LPK-SGB IX § 172 Rn. 30 mit Beispielen, § 164 Rn. 175.
364  Düwell in LPK-SGB IX § 164 Rn. 175.

auswahl für sich noch kein berechtigtes betriebliches Interesse iSv § 1 Abs. 3 S. 2 KSchG, einen anderen vergleichbaren und nach § 1 Abs. 3 S. 1 KSchG weniger schutzbedürftigen Arbeitnehmer weiter zu beschäftigen.[365]

Die **zutreffende Sozialauswahl** iSd § 1 Abs. 3 KSchG ist dagegen **nicht durch das Integrationsamt zu überprüfen**, dies obliegt in der Regel den Arbeitsgerichten.[366] Die Verweigerung der Zustimmung kann nur ausnahmsweise dann in Betracht kommen, wenn **offensichtlich** eine **fehlerhafte Sozialauswahl** durch den Arbeitgeber getroffen worden ist, der schwerbehinderte Arbeitnehmer also gekündigt werden soll, obwohl ein bereits auf den ersten Blick vergleichbarer anderer Arbeitnehmer nicht gekündigt wird und der schwerbehinderte Arbeitnehmer diesem anderen Arbeitnehmer gegenüber evident sozial schutzbedürftiger ist.[367]

**696**

Gleiches gilt auch für **Kleinbetriebe**, in denen bei schwerbehinderten und gleichgestellten Arbeitnehmern die Kündigung ebenfalls der Zustimmung des Integrationsamtes nach § 168 SGB IX bedarf. Das Bundesverfassungsgericht hat gefordert, dass auch außerhalb des Anwendungsbereiches des § 1 Abs. 3 KSchG bei Auswahlentscheidungen „ein gewisses Maß an sozialer Rücksichtnahme" erforderlich sei und insbesondere „ein durch langjährige Mitarbeit erdientes Vertrauen in den Fortbestand des Arbeitsverhältnisses nicht unberücksichtigt bleiben" dürfe.[368]

**697**

In Umsetzung dieser verfassungsgerichtlichen Anforderungen verlangt das BAG, gestützt auf § 242 BGB, eine Auswahl unter Berücksichtigung sozialer Gesichtspunkte, wobei aber im Verhältnis zu den Maßstäben des § 1 Abs. 3 KSchG ein deutlich reduzierter Kontrollmaßstab gelten soll.[369] Auch hierbei ist in Kleinbetrieben das Kriterium der Schwerbehinderung zwar mit zu berücksichtigen, die Kündigung ist aber nur dann offensichtlich unwirksam, wenn der gekündigte schwerbehinderte oder gleichgestellte Arbeitnehmer bereits auf den ersten Blick ein „**evident höheres soziales Schutzbedürfnis**" als ein vergleichbarer anderer Arbeitnehmer[370] hat. Nur in diesem Fall darf die Zustimmung durch das Integrationsamt verweigert werden; die Prüfung der Rechtswirksamkeit der Kündigung obliegt dann im Übrigen den Arbeitsgerichten.

### b) Gründe in der Person

Den personenbedingten Kündigungen liegen meist krankheitsbedingte Fehlzeiten, mangelnde Eignung oder Minderleistung zugrunde. Bei **personenbedingten Gründen** prüft das Integrationsamt, ob durch technische oder organisatorische Maßnahmen am Arbeitsplatz oder im Arbeitsumfeld das Arbeitsverhältnis erhalten werden kann. Dies vor Ausspruch einer Kündigung zu prüfen, ist nach § 167 Abs. 1 SGB IX auch

**698**

---

365  BAG vom 31.5.2007 – 2 AZR 306/06, NZA 2007, 1362 (1364).
366  Bauer/Powietzka, NZA-RR 2004, 505 (512) mwN; Düwell in LPK-SGB IX § 172 Rn. 31 mwN.
367  BVerwG vom 11.11.1999 – 5 C 23.99, NZA 2000, 146, Rn. 20 mwN; Bauer/Powietzka, NZA-RR 2004, 505 (512) stimmen diesem Ausnahmefall zu, sind ansonsten aber ablehnend gegenüber einer Prüfung des Integrationsamtes, auch auf offensichtliche Fehler bei der Sozialauswahl; so auch Düwell in LPK-SGB IX § 172 Rn. 31 mwN.
368  BVerfG vom 27.1.1998 – 1 BwL 22/93, NZA 1998, 470.
369  BAG vom 21.2.2001 – 2 AZR 15/00, NZA 2001, 833; BAG vom 6.2.2003 – 2 AZR 672/01, NZA 2003, 717.
370  Bauer/Powietzka, NZA-RR 2004, 505 (513).

Aufgabe des Arbeitgebers. In Betracht kommt dabei die **behinderungsgerechte Gestaltung** des bisherigen **Arbeitsplatzes** oder die **Umsetzung** auf einen nach Möglichkeit gleichwertigen anderen behinderungsgerechten Arbeitsplatz, auch wenn der Arbeitgeber grundsätzlich nicht verpflichtet ist, für den schwerbehinderten Arbeitnehmer einen zusätzlichen Arbeitsplatz einzurichten.[371]

699   Das Integrationsamt prüft bei **zu geringer Arbeitsleistung oder sonstigen Leistungsminderungen**, über welche beruflichen Kenntnisse, Fähigkeiten und Fertigkeiten der behinderte Arbeitnehmer verfügt, ob der Arbeitsplatz bzw. die Tätigkeit behinderungsgerecht gestaltet werden kann sowie welche Möglichkeiten der Verbesserung von Fähigkeiten und Fertigkeiten bestehen und genutzt werden können. Wenn die personenbedingte Minderleistung nicht durch Maßnahmen des Arbeitgebers behoben werden kann, ist durch das Integrationsamt auch zu prüfen, ob durch Zahlung eines Beschäftigungssicherungszuschusses nach § 185 Abs. 3 SGB IX das Gleichgewicht zwischen Leistung und Gegenleistung annähernd wiederhergestellt werden kann.[372] Die Zumutbarkeitsgrenze wird überschritten, wenn die Weiterbeschäftigung nicht mehr zu einem wirtschaftlich sinnvollen Austausch von Leistung und Gegenleistung führt.[373]

700   Dabei ist zu berücksichtigen, dass der schwerbehinderte Mensch gegenüber seinem Arbeitgeber gem. § 164 Abs. 4 S. 1 Nr. 1 SGB IX einen **Rechtsanspruch auf behinderungsgerechte Beschäftigung** hat. Gerade bei einer personenbedingten Kündigung ist der Arbeitgeber verpflichtet, jede mögliche zumutbare und geeignete Maßnahme zu ergreifen, die im Rahmen der betrieblichen Interessen die Kündigung zu vermeiden hilft.[374] Das Integrationsamt hat bei einer beabsichtigten krankheitsbedingten Kündigung stets zu prüfen, ob die Weiterbeschäftigung auf einem anderen freien, behinderungsgerechten Arbeitsplatz möglich ist,[375] ggf. nach einer zumutbaren **Umschulungs- oder Fortbildungsmaßnahme**,[376] auf die unter den Voraussetzungen des § 164 Abs. 4 S. 1 Nr. 2 und 3 SGB IX ebenfalls ein Anspruch des schwerbehinderten Menschen bestehen kann. Dabei hat das Integrationsamt den Arbeitgeber durch Beratungsdienstleistungen, auch mit denen des Integrationsfachdienstes, und durch Angebote der begleitenden Hilfe (§ 185 Abs. 2, 3 SGB IX) zu unterstützen (§ 164 Abs. 4 S. 2 SGB IX).[377] Der **Arbeitgeber** ist **zwar nicht verpflichtet**, für den schwerbehinderten Menschen einen **zusätzlichen Arbeitsplatz einzurichten**[378] und muss auch keinen anderen Arbeitnehmer entlassen, um für den Schwerbehinderten Platz zu schaffen; er

---

371   BAG vom 29.1.1997 – 2 AZR 9/96, NZA 1997, 709; BAG vom 28.4.1998 – 9 AZR 348/97, NZA 1999, 152; ErfK/Rolfs, SGB IX § 172 Rn. 3 mwN; Düwell in LPK-SGB IX § 172 Rn. 21 mwN.

372   Vgl. dazu auch Düwell in LPK-SGB IX § 172 Rn. 1 mwN.

373   BVerwG vom 19.10.1995 – 5 C 24.93, BehindertenR 1996, 142; vgl. auch Düwell in LPK-SGB IX § 172 Rn. 16 mwN; vgl. auch Schmidt, BEM, Rn. 132 ff.

374   Düwell in LPK-SGB IX § 172 Rn. 14 mwN; Schmidt, BEM, Rn. 132 ff.; vgl. dazu auch → Rn. 224 ff.

375   BAG vom 4.10.2005 – 9 AZR 632/04, NZA 2006, 442 (444); BAG vom 14.3.2006 – 9 AZR 411/05, NZA 2006, 1214 (1216) mwN.

376   BAG vom 10.3.1977 – 2 AZR 79/76, DB 1977, 1463.

377   Vgl. zu den finanziellen und sonstigen Hilfen des Integrationsamtes sowie der Rehaträger für Arbeitgeber – Schmidt, BEM, Rn. 194 ff. und → Rn. 435 ff.

378   BAG vom 4.10.2005 – 9 AZR 632/04, NZA 2006, 442 (444); BAG vom 14.3.2006 – 9 AZR 411/05, NZA 2006, 1214 (1216) mwN.

muss aber den Schwerbehinderten im Rahmen der vorhandenen Arbeitsplätze, einen geeigneten **behinderungsgerechten Arbeitsplatz zuweisen.**[379] Soweit zumutbar, muss der Arbeitgeber auch im Rahmen des § 164 Abs. 4 SGB IX durch zumutbare organisatorische Maßnahmen einen behinderungsgerechten Arbeitsplatz schaffen.[380] Der schwerbehinderte Arbeitnehmer kann im Rahmen seines Rechtsanspruchs nach § 164 Abs. 4 SGB IX verlangen, nur mit leichteren Arbeiten beschäftigt zu werden, sofern im Betrieb die Möglichkeit zu einer Aufgabenumverteilung besteht.[381] Dazu muss der Arbeitgeber den Arbeitsablauf und die Verteilung so umorganisieren, dass der schwerbehinderte Mitarbeiter nur die leichteren Arbeiten zugeteilt bekommt.[382]

**Hinweis:** Häufig kennen Arbeitgeber die Förderungsmöglichkeiten nach § 185 Abs. 2 und 3 SGB IX nicht, so dass es sinnvoll sein kann, wenn die am Zustimmungsverfahren nach §§ 168 ff. SGB IX Beteiligten, wie Betriebsrat, Schwerbehindertenvertretung oder aber auch der Anwalt des Arbeitnehmers bzw. Arbeitgebers, diese Förderungsmöglichkeiten ins Gespräch bringen, falls diese nicht schon durch das Integrationsamt angeboten werden.[383]  701

Im Rahmen der Ermessensentscheidung sind auch die Präventionsverpflichtungen des Arbeitgebers vor einer krankheitsbedingten Kündigung nach § 167 Abs. 1 SGB IX und § 167 Abs. 2 SGB IX (**BEM** – betriebliches Eingliederungsmanagement) zu berücksichtigen. Auch wenn die **Durchführung eines Präventionsverfahrens nach § 167 SGB IX keine Rechtmäßigkeitsvoraussetzung** für die Zustimmungsentscheidung des Integrationsamtes nach §§ 168 ff. SGB IX ist, kann dieses doch die Nichtdurchführung im Rahmen seiner Ermessensentscheidung zulasten des Arbeitgebers berücksichtigen, wenn bei gehöriger Durchführung des Präventionsverfahrens die Möglichkeit bestanden hätte, die Kündigung zu vermeiden.[384] Die Nichtdurchführung des Präventionsverfahrens vor Beantragung der Zustimmung zur personenbedingten Kündigung nach § 168 SGB IX führt daher regelmäßig zur Aussetzung des Zustimmungsverfahrens. Der Arbeitgeber ist aufzufordern, das Präventionsverfahren nachzuholen und bei einer Weigerung des Arbeitgebers ist die Zustimmung zu einer krankheitsbedingten Kündigung durch das Integrationsamt zu verweigern, sofern bei Durchführung des BEM Möglichkeiten einer alternativen Weiterbeschäftigung bestanden hätten. Nur dann, wenn auch ein BEM die Kündigung nicht vermeiden kann, darf bei Unter-  702

---

379  BVerwG vom 5.6.1975 – V C 57.73, BVerwGE 48, 264; ErfK/Rolfs, SGB IX § 172 Rn. 3.
380  Düwell in LPK-SGB IX § 172 Rn. 20, der sich dafür ausspricht, dass der Arbeitgeber nach den Grundsätzen der Entscheidung des BAG vom 10.5.2005 – 9 AZR 230/04, NZA 2006, 155 (158), einen Arbeitsplatz freimachen muss; vgl. zu der Beschäftigungspflicht auf einem behinderungsgerechten Arbeitsplatz Edenfeld, NZA 2012, 713 (719); Nassibi, NZA 2012, 720 ff.
381  BAG vom 14.3.2006 – 9 AZR 411/05, NZA 2006, 1214, Rn. 18; LAG Hessen vom 5.11.2012 – 21 Sa 593/10, Rn. 27; LAG Rheinland-Pfalz vom 20.3.2013 – 8 Sa 512/12, Rn. 31, 34; LAG Hessen vom 21.3.2013 – 5 Sa 842/11, Rn. 39.
382  BAG vom 4.10.2005 – 9 AZR 632/04, NZA 2006, 442, Rn. 27 mwN; LAG Stuttgart vom 22.6.2005 – 2 Sa 11/05, Behindertenrecht 2006, 82; LAG Hessen vom 21.3.2013 – 5 Sa 842/11, Rn. 39.
383  Vgl. zu den finanziellen und sonstigen Hilfen des Integrationsamtes für Arbeitgeber Schmidt, BEM, Rn. 194 ff. und → Rn. 435 ff.
384  BVerwG vom 29.8.2007 – 5 B 77/07, NJW 2008, 166, Rn. 5 mwN; BVerwG vom 19.8.2013 – 5 B 47/13, Rn. 12; BAG vom 20.11.2014 – 2 AZR 755/13, NZA 2015, 612, Rn. 24 ff.; BAG vom 13.5.2015 – 2 AZR 565/14, NZA 2015, 1249, Rn. 28 ff.; vgl. dazu auch Düwell in LPK-SGB IX § 172 Rn. 15, 23.

lassung des BEM die Zustimmung des Integrationsamtes erteilt werden.[385] Ist dem Arbeitnehmer eine gesetzliche **Rente wegen voller Erwerbsminderung** iSd § 43 Abs. 2 SGB VI bewilligt worden, belegt dies allein **nicht die objektive Nutzlosigkeit eines BEM**, wobei zu berücksichtigen ist, dass die arbeitsrechtlichen Voraussetzungen einer krankheitsbedingten Arbeitsunfähigkeit und die sozialrechtlichen Voraussetzungen einer Erwerbsminderung nicht die gleichen sind.[386]

703　Beruft sich der Arbeitgeber auf **krankheitsbedingte Fehlzeiten**, so hat das Integrationsamt die Richtigkeit dieser Angaben zu überprüfen und in seine Abwägung auch die Prognose über zukünftige Fehlzeiten einzubeziehen.[387] Die weitergehende Prüfung, ob die prognostizierte Fehlzeit im Ergebnis so erheblich ist, dass eine **Kündigung sozial gerechtfertigt** wäre, ist keine spezifisch behindertenrechtliche, sondern eine Frage des allgemeinen Kündigungsschutzes und deshalb allein von den Arbeitsgerichten im Kündigungsschutzverfahren zu beantworten.[388]

704　Im Rahmen der Ermessensentscheidung des Integrationsamtes ist die Frage, ob ein **Zusammenhang zwischen Kündigungsgrund und Behinderung** besteht, besonders wichtig. Hat der Kündigungsgrund seine Ursache gerade in der Behinderung, ist von einer gesteigerten Fürsorgepflicht des Arbeitgebers auszugehen; an die Zumutbarkeit des Arbeitgebers sind höhere Anforderungen zu stellen. Dies gilt in besonderem Maße, wenn die Behinderung auf einen im Betrieb erlittenen **Arbeitsunfall** zurückzuführen ist.

705　Die Pflicht zur Sachaufklärung durch das Integrationsamt findet dann seine Grenze, wenn der schwerbehinderte **Arbeitnehmer** seiner **Mitwirkungspflicht** nach § 21 Abs. 2 SGB X **nicht nachkommt**.[389] Insbesondere dann, wenn der schwerbehinderte Arbeitnehmer in einem vom Arbeitgeber durchgeführten BEM-Verfahren nach § 167 Abs. 2 SGB IX nicht mitgewirkt hat, kann er sich im Zustimmungsverfahren und späteren Kündigungsschutzverfahren vor dem Arbeitsgericht nur noch auf Weiterbeschäftigungsmöglichkeiten berufen, die sich erst nach Abschluss des BEM bis zum Zeitpunkt der Kündigung ergeben haben.[390]

### c) Gründe im Verhalten

706　Bei **persönlichem Fehlverhalten** eines schwerbehinderten oder gleichgestellten Arbeitnehmers verliert der besondere Kündigungsschutz nach dem SGB IX an Bedeutung. In diesen Fällen werden schwerbehinderte Menschen im Prinzip genauso behandelt wie nicht behinderte Arbeitnehmer. Das Integrationsamt hat zu prüfen, inwieweit die

385　BVerwG vom 19.8.2013 – 5 B 47/13, Rn. 12; so auch Düwell in LPK-SGB IX § 172 Rn. 15, 23; vgl. dazu auch Deinert, NZA 2010, 969 (974).

386　BAG vom 13.5.2015 – 2 AZR 565/14, NZA 2015, 1249, Rn. 21; vgl. dazu auch Düwell in LPK-SGB IX § 172 Rn. 22 unter Hinweis darauf, dass schon der erweiterte Bestandsschutz in § 175 SGB IX zeigt, dass der Gesetzgeber die Erhaltung der Beschäftigungsmöglichkeit nach Auslaufen der Zeitrente anstrebt.

387　Düwell in LPK-SGB IX § 172 Rn. 15 unter Hinweis auf OVG Münster vom 21.3.1990 – 13 A 1605/89, BehindertenR 1991, 93.

388　OVG Münster vom 27.2.1998 – 24 A 6870/95, BehindertenR 1998, 170; Düwell in LPK-SGB IX § 172 Rn. 16.

389　Düwell in LPK-SGB IX § 172 Rn. 24.

390　BAG vom 10.12.2009 – 2 AZR 400/08, NZA 2010, 398 (399), Rn. 24; Düwell in LPK-SGB IX § 167 Rn. 109, § 172 Rn. 24; Schmidt, BEM, Rn. 119 mwN.

Pflichtverletzung auf der Behinderung beruht. Selbst bei einem ursächlichen Zusammenhang kann die Zustimmung freilich zu erteilen sein, wenn zB der schwerbehinderte Arbeitnehmer die Würde und das Persönlichkeitsrecht anderer Arbeitnehmer des Betriebes wiederholt verletzt hat.[391] Ein **verhaltensbedingter Grund** für die Kündigung liegt vor, wenn der Arbeitnehmer gegen arbeitsvertragliche Pflichten verstößt, obwohl er sich anders verhalten könnte. Dabei kommen als Kündigungsgründe in Betracht:

- **Leistungsstörungen** (Schlechtleistung, unentschuldigtes Fehlen oder sonstige Verstöße gegen die Arbeitspflicht),

- **Störungen der betrieblichen Ordnung** (Beleidigung von Vorgesetzten oder Arbeitskollegen, Verstöße gegen Verhaltenspflichten wie Rauch- oder Alkoholverbot),

- **Störungen im Vertrauensbereich** (unerlaubte Handlungen, insbesondere Straftaten),

- **Verletzung von Nebenpflichten** (verspätete Krankmeldung, Nichtvorlegen von Arbeitsunfähigkeitsbescheinigungen).

Kommt es durch Streitereien zu Störungen des Arbeitsverhältnisses, so ist streitig, ob mit in die Interessenabwägung einbezogen werden soll, ob der Arbeitgeber oder der schwerbehinderte Arbeitnehmer die Störung überwiegend zu verantworten haben[392] oder ob nur dies nur für den Fall gelten soll, dass die Streitigkeit im Zusammenhang mit einer Behinderung besteht (zB Hänseleien wegen der Behinderung und Reaktion mit übersteigerter Aggressivität).[393]    707

**Außerdienstliches Verhalten** ist grundsätzlich nicht kündigungsrelevant, es sei denn, es wirkt sich auf das Arbeitsverhältnis aus. Dies gilt beispielsweise auch für **Straftaten**, die außerhalb des Dienstes begangen werden.    708

Die **Präventionspflicht des § 167 Abs. 1 SGB IX** gilt auch zur Verhütung einer verhaltensbedingten Kündigung. Auch wenn das Arbeitsverhältnis auf Grund eines Verhaltens des schwerbehinderten Arbeitnehmers gefährdet ist, können geeignete Maßnahmen, zB Umsetzung, Abmahnung, Ermahnung oder ebenso die Inanspruchnahme von Hilfen des Integrationsfachdienstes eine Kündigung vermeiden. Auch im Zustimmungsverfahren betreffend eine verhaltensbedingte Kündigung ist das Präventionsverfahren grundsätzlich nachzuholen, wenn es vom Arbeitgeber vor dem Antrag auf Zustimmung nicht ordnungsgemäß durchgeführt worden ist und bei einer Weigerung des Arbeitgebers ist ebenfalls die Zustimmung zu einer verhaltensbedingten Kündigung durch das Integrationsamt zu verweigern. Die Durchführung eines Präventionsverfahrens ist damit zwar keine Rechtmäßigkeitsvoraussetzung für die Zustimmungsentscheidung des Integrationsamtes nach § 168 SGB IX, dieses Verfahren ist jedoch bei der Ermessensentscheidung des Integrationsamtes über die Zustimmung zur Kün-    709

---

391   OVG Lüneburg vom 4.12.1990 – 14 L 60/89, AP Nr. 1 zu § 19 SchwbG 1986; ErfK/Rolfs, SGB IX § 172 Rn. 3.
392   Bejahend BVerwG vom 2.7.1992 – 5 C 51.90, BVerwGE 90, 287.
393   Düwell in LPK-SGB IX § 172 Rn. 27 mwN.

digung nach § 168 SGB IX und unter dem Gesichtspunkt des Verhältnismäßigkeitsgrundsatzes ggf. zulasten des Arbeitgebers zu berücksichtigen, wenn bei Durchführung des Präventionsverfahrens die Möglichkeit bestanden hätte, die Kündigung zu
vermeiden.[394] Dies gilt nur dann nicht, wenn die Störungen im Arbeitsverhältnis so
erheblich sind, dass sie auch durch ein Präventionsverfahren nicht mehr verhindert
werden können und bei Durchführung des Präventionsverfahrens die Möglichkeit bestanden hätte, die Kündigung zu vermeiden.[395]

710 **Hinweis:** Gerade im Zustimmungsverfahren ist von Seiten eines Arbeitnehmervertre-
ters auf die Nachholung eines unterlassenen Präventionsverfahrens nach § 167 Abs. 1
SGB IX zu achten. Nach der Rechtsprechung des BAG und des BVerwG kann allenfalls in Ausnahmefällen davon ausgegangen werden, dass präventive Maßnahmen die
Kündigung hätten verhindern können, wenn das Integrationsamt die nach § 168
SGB IX erforderliche Zustimmung zur Kündigung erteilt hat.[396] Ist also einmal die
Zustimmung des Integrationsamtes nach § 168 SGB IX zur Kündigung erfolgt, ohne
dass ein Präventionsverfahren durchgeführt worden ist, steht dies im Kündigungsschutzprozess vor dem Arbeitsgericht einer Rechtmäßigkeit nur noch bei Vorliegen
besonderer Anhaltspunkte entgegen. Allerdings hat der 2. Senat des BAG in einer
neueren Entscheidung es offengelassen, ob an dieser, in der Literatur kritisierten
Rechtsprechung festzuhalten ist.[397]

711 Nach arbeitsrechtlichen Grundsätzen muss der Arbeitgeber vor Ausspruch einer verhaltensbedingten Kündigung alle ihm zumutbaren Maßnahmen zur Vermeidung der
Kündigung ergriffen haben. Er darf daher grundsätzlich erst dann kündigen, wenn er
den Arbeitnehmer vergeblich **wegen seines Verhaltens abgemahnt hat** und es erneut
zu einem vertragswidrigen Verhalten des schwerbehinderten Arbeitnehmers gekommen ist.[398] Auch im **Vertrauensbereich** ist die Abmahnung erforderlich, wenn der Arbeitnehmer mit vertretbaren Gründen annehmen konnte, sein Verhalten sei nicht ver-
tragswidrig oder werde vom Arbeitgeber zumindest nicht als erhebliches, den Bestand des Arbeitsverhältnisses gefährdendes Verhalten aufgefasst.[399] Eine **Abmahnung** ist **nur dann entbehrlich**, wenn es um schwere Pflichtverletzungen geht, deren
Rechtswidrigkeit für den Arbeitnehmer ohne Weiteres erkennbar und bei denen eine
Hinnahme des Verhaltens durch den Arbeitgeber offensichtlich ausgeschlossen ist.[400]
Aufgrund dieser Ausnahmen vom Regelfall der Abmahnung soll die Frage der **Erfor-**

---

394 BVerwG vom 19.8.2013 – 5 B 47/13, Rn. 12.
395 BVerwG vom 19.8.2013 – 5 B 47/13, Rn. 12; Düwell in LPK-SGB IX § 172 Rn. 27.
396 BAG vom 7.12.2006 – 2 AZR 182/06, NZA 2007, 617; BAG vom 8.11.2007 – 2 AZR 425/06, NZA
     2008, 471; BVerwG vom 19.8.2013 – 5 B 47/13, Rn. 12; so auch ErfK/Rolfs, § 167 Rn. 3; aA Düwell, BB
     2011, 2485 (2487).
397 BAG vom 20.11.2014 – 2 AZR 664/13, NZA 2015, 931, Rn. 40, 41; vgl. dazu auch BAG vom
     13.12.2018 – 2 AZR 378/18, Rn. 34, wo es der 2. Senat des BAG hat dahinstehen lassen, ob die Entschei-
     dung des Senats vom 7.12.2006 – 2 AZR 182/06, Rn. 28 so zu verstehen sei, dass dem Arbeitgeber eine
     Vortragserleichterung allein aufgrund der Tatsache zukommt, dass das Integrationsamt der Kündigung zu-
     gestimmt hat.
398 BAG vom 17.1.1991 – 2 AZR 375/90, DB 1991, 1226 = NZA 1991, 557.
399 BAG vom 9.1.1986 – 2 ABR 24/85, DB 1986, 1339.
400 BAG vom 10.2.1999 – 2 ABR 31/98, NZA 1999, 708.

derlichkeit einer vorherigen **Abmahnung** nicht Gegenstand der Ermessenserwägungen des Integrationsamtes sein, sondern ist den Arbeitsgerichten zu überlassen.[401]

### 3. Einschränkung des Ermessens (§ 172 SGB IX)

In § 172 Abs. 1 SGB IX sind drei Tatbestände aufgeführt, bei deren Vorliegen das Integrationsamt einem Antrag auf Zustimmung zur Kündigung in der Regel zustimmen muss bzw. zustimmen soll:    712

- Einstellung und Auflösung von Betrieben und Dienststellen (§ 172 Abs. 1 S. 2 SGB IX),[402]

- Betriebseinschränkung (§ 172 Abs. 1 S. 2 SGB IX),[403]

- Weiterbeschäftigung auf einem anderen Arbeitsplatz (§ 172 Abs. 1 S. 3 SGB IX).[404]

Das Integrationsamt soll weiterhin die Zustimmung erteilen, wenn dem schwerbehinderten Mitarbeiter ein anderer **angemessener und zumutbarer Arbeitsplatz gesichert ist** (§ 172 Abs. 2 SGB IX).[405] Auch hier ist das **Ermessen** des Integrationsamtes **eingeschränkt** mit der Folge, dass es die Zustimmung zur beantragten Kündigung in der Regel zu erteilen hat, wenn die in § 172 Abs. 2 SGB IX genannten Voraussetzungen gegeben und besondere Tatbestände nicht erkennbar sind, die gleichwohl die Versagung der Zustimmung rechtfertigen würden (sog „**atypischer Fall**").    713

§ 172 Abs. 2 SGB IX ist auch auf Arbeitgeber anwendbar, die nicht zur Beschäftigung schwerbehinderter Menschen nach § 154 SGB IX verpflichtet sind. Die Vorschrift des § 172 Abs. 2 SGB IX ist vor allem auf die **Änderungskündigung** zugeschnitten, bei der das Integrationsamt die Zustimmung erteilen muss, wenn die Voraussetzungen des § 172 Abs. 2 SGB IX erfüllt sind und nicht besondere Umstände eine Ausnahme rechtfertigen.[406] Darüber hinaus ist § 172 Abs. 2 SGB IX auch dann anwendbar, wenn derselbe oder ein anderer Arbeitgeber dem schwerbehinderten Arbeitnehmer den Abschluss eines neuen Arbeitsvertrages verbindlich zugesagt hat.[407]    714

Wie bei der Regelung in § 172 Abs. 1 S. 3 SGB IX muss der neue Arbeitsplatz den durch die Behinderung bedingten Einsatzmöglichkeiten und der Vorbildung des schwerbehinderten Menschen entsprechen,[408] wobei auch die Verpflichtung des neuen Arbeitgebers zur behindertengerechten Gestaltung der Arbeitsplätze zu berücksichtigen ist (§ 164 Abs. 4 S. 1 Nr. 4, 5 SGB IX).[409]

---

401  BVerwG vom 2.7.1992 – 5 C 51/90, BVerwGE 90, 287; Düwell in LPK-SGB IX § 172 Rn. 26.
402  Vgl. dazu ausführlich Düwell in LPK-SGB IX § 172 Rn. 35 ff.
403  Vgl. dazu ausführlich Düwell in LPK-SGB IX § 172 Rn. 45 ff.
404  Vgl. dazu ausführlich Düwell in LPK-SGB IX § 172 Rn. 59 ff.
405  Vgl. dazu Neumann/Pahlen/Winkler/Jabben, § 172 Rn. 2; Braasch in Deinert/Neumann (Hrsg.), HdB SGB IX, § 19 Rn. 217 ff.; vgl. dazu auch ausführlich Düwell in LPK-SGB IX § 172 Rn. 59 ff.
406  Neumann/Pahlen/Winkler/Jabben, § 172 Rn. 27.
407  Vgl. dazu Neumann/Pahlen/Winkler/Jabben, § 172 Rn. 27; ErfK/Rolfs, SGB IX § 172 Rn. 9 mwN.
408  Düwell in LPK-SGB IX § 172 Rn. 67; ErfK/Rolfs, SGB IX § 172 Rn. 9 mwN.
409  Vgl. zu den weiteren Einzelheiten Düwell in LPK-SGB IX § 172 Rn. 66 ff.

715  Gesichert iSv § 172 Abs. 2 SGB IX ist der Arbeitsplatz nur dann, wenn dem schwerbehinderten Menschen ein vertraglicher Anspruch auf den Arbeitsplatz zusteht.[410] Er ist nicht gesichert, wenn der besondere Kündigungsschutz – und sei es nur zeitweise – entfällt. Daher kann weder bei einem **befristeten** noch bei einem **auflösend bedingten Arbeitsverhältnis** von einem gesicherten Arbeitsplatz gesprochen werden.[411]

Der „andere Arbeitsplatz" kann sich nicht nur bei einem fremden, sondern ebenso bei demselben Arbeitgeber befinden.[412]

716  Die Vorschrift des § 172 Abs. 2 SGB IX ist dann nicht anzuwenden, wenn der „andere Arbeitsplatz" **nicht „angemessen" oder „zumutbar"** ist; es fehlt dann an einem der Tatbestandsmerkmale dieser Vorschrift. Die Frage, wann der andere Arbeitsplatz „angemessen" ist, lässt sich nicht nach den Wünschen des Schwerbehinderten beantworten. „Angemessen" ist nach der Rechtsprechung der Arbeitsplatz, der nach Entgelt und Art der Tätigkeit den Fähigkeiten, den durch die Behinderung bedingten Einsatzmöglichkeiten und der Vorbildung des Schwerbehinderten entspricht.[413] Bei der Zumutbarkeit des neuen Arbeitsplatzes sind die weiteren Rahmenbedingungen mit zu berücksichtigen. Hierzu gehören neben dem Entgelt

- die bisherigen Sozialleistungen,
- die verkehrsmäßige Anbindung,
- die Entfernung zum Wohnort des schwerbehinderten Arbeitnehmers,
- die Folgen für das familiäre und soziale Umfeld und
- sonstige finanzielle Folgekosten für den schwerbehinderten Arbeitnehmer.[414]

In diesem Fall ist das Ermessen des Integrationsamtes bei seiner Entscheidung über den Antrag auf Zustimmung zur Änderungskündigung nicht eingeschränkt; es gilt der allgemeine Grundsatz des pflichtgemäßen Ermessens des Integrationsamtes.[415]

717  Möglich ist auch ein neuer Arbeitsplatz mit geringerer Entlohnung, wobei aber die Entgeltabsenkung zumutbar sein muss und die Lebensstellung des schwerbehinderten Arbeitnehmers nicht als solche verschlechtert.[416] Die **Zumutbarkeit einer Entgelteinbuße** muss deutlich unter derjenigen Grenze bei der Widerruflichkeit von Entgeltbestandteilen liegen, die dort nach der Rechtsprechung des BAG mit 25 bis 30 % ange-

---

410  Neumann/Pahlen/Winkler/Jabben, § 172 Rn. 27 mwN.

411  Braasch in Deinert/Neumann (Hrsg.), HdB SGB IX, § 19 Rn. 220; Düwell in LPK-SGB IX § 172 Rn. 69 mwN.

412  Düwell in LPK-SGB IX § 172 Rn. 64 mwN, wonach in diesem Fall bei Verdrängung eines anderen Arbeitnehmers eine „Sozialauswahl" mangels Betriebsbezugs ausscheidet.

413  OVG Münster vom 3.2.2009 – 12 A 2931/08, BehindertenR 2009, 175, Rn. 7, 8 unter Hinweis auf BVerwG vom 12.1.1966 – V C 62.64, BVerwGE 23, 123.

414  VG Göttingen vom 22.6.2006 – 2 A 200/05; OVG Münster vom 23.1.1992 – 13 A 107/91; OVG Koblenz vom 28.11.1996 – 12 A 10457/96, ZB 3/99 (ZB Info); Braasch in Deinert/Neumann (Hrsg.), HdB SGB IX, § 19 Rn. 218, 219; Neumann/Pahlen/Winkler/Jabben, § 172 Rn. 30.

415  OVG Münster vom 3.2.2009 – 12 A 2931/08, BehindertenR 2009, 175, Rn. 4.

416  OVG Münster vom 3.2.2009 – 12 A 2931/08, BehindertenR 2009, 175, Rn. 12; BVerwG vom 12.1.1966 – V C 62.64, BVerwGE 23, 123; Neumann/Pahlen/Winkler/Jabben, § 172 Rn. 29 mit einem Rechtsprechungsüberblick.

nommen wird.[417] Daher dürfte bei § 172 Abs. 2 SGB IX allenfalls eine Entgelteinbuße von bis zu maximal 30 % zumutbar sein,[418] wobei auch freiwillige Leistungen in den Vergleich der Arbeitsbedingungen mit einzubeziehen sind.[419] Darüber hinaus dürfte bei geringeren Einkommen eine Einbuße von mehr als 20 % nicht mehr zumutbar sein. Ein schwerbehinderter Arbeitnehmer kann nicht nur deswegen auf ein geringeres Einkommen verwiesen werden, weil ein anderer Arbeitsplatz gesichert ist.[420]

Die Frage, ob der neue Arbeitsplatz zumutbar und angemessen ist, ist eine Rechtsfrage, die unbeschränkt sowohl im Widerspruchsverfahren als auch verwaltungsgerichtlich voll nachprüfbar ist.[421]     718

Stimmt das Integrationsamt einer Änderungskündigung zu, so ist darin die Zustimmung zu einer Beendigungskündigung enthalten, wenn der schwerbehinderte Mensch der Änderungskündigung nicht zustimmt. Lehnt der Arbeitnehmer das Angebot auf Fortführung des Arbeitsverhältnisses zu geänderten Bedingungen ab, so geht es im folgenden Kündigungsschutzprozess nur noch um die Beendigung des Arbeitsverhältnisses durch die ausgesprochene Kündigung; eine Fortsetzung zu geänderten Bedingungen entfällt. Es ist dann nach Ablehnung des mit der Kündigung verbundenen Änderungsangebotes durch den schwerbehinderten Arbeitnehmer keine erneute Zustimmung des Integrationsamtes mehr erforderlich.     719

Ist ein **Insolvenzverfahren eröffnet** worden, soll das Integrationsamt unter den in **§ 172 Abs. 3 SGB IX** aufgeführten Voraussetzungen die Zustimmung zur Kündigung des schwerbehinderten Arbeitnehmers erteilen, also dann, wenn     720

1. der schwerbehinderte Mensch in einem Interessenausgleich namentlich als einer der zu entlassenden Arbeitnehmer bezeichnet wird (§ 125 der Insolvenzordnung),

2. die Schwerbehindertenvertretung beim Zustandekommen des Interessenausgleichs gem. § 178 Abs. 2 SGB IX beteiligt worden ist,

3. der Anteil der nach dem Interessenausgleich zu entlassenden schwerbehinderten Menschen an der Zahl der beschäftigten schwerbehinderten Menschen nicht größer ist als der Anteil der zu entlassenden übrigen Arbeitnehmer an der Zahl der beschäftigten übrigen Arbeitnehmer und

---

417  Vgl. dazu BAG vom 12.1.2005 – 5 AZR 364/04, NZA 2005, 465 (467); BAG vom 11.10.2006 – 5 AZR 721/05, NZA 2007, 87.

418  Das BVerwG hat eine Herabgruppierung um eine Tarifgruppe mit einer Gehaltsminderung um 10 % als zumutbar angesehen, BVerwG vom 12.1.1966, AP Nr. 6 zu § 18 SchwBeschG; eine Senkung des Einkommens von mehr als einem Drittel wird dagegen nicht mehr als zumutbar angesehen – OVG Münster vom 3.2.2009 – 12 A 2931/08, BehindertenR 2009, 175, Rn. 16.

419  Neumann/Pahlen/Winkler/Jabben, § 172 Rn. 29 mwN; aA OVG Münster vom 23.1.1992 – 13 A 107/91, wonach sich ein Vergleich mit dem früheren Arbeitsplatz verbietet und ein anderer Arbeitsplatz schon dann angemessen sein soll, wenn sich das dem Arbeitnehmer zu gewährende Entgelt im Rahmen der üblicherweise zu erwartenden Entlohnung hält.

420  Neumann/Pahlen/Winkler/Jabben, § 172 Rn. 29; Braasch in Deinert/Neumann (Hrsg.), HdB SGB IX, § 19 Rn. 223 mwN.

421  Neumann/Pahlen/Winkler/Jabben, § 172 Rn. 31, 28 mwN.

4. die Gesamtzahl der schwerbehinderten Menschen, die nach dem Interessenausgleich bei dem Arbeitgeber verbleiben sollen, zur Erfüllung der Beschäftigungspflicht nach § 154 SGB IX ausreicht.[422]

721 Mit der Eröffnung des Insolvenzverfahrens braucht nicht notwendigerweise eine Betriebsstilllegung verbunden zu sein, da der Betrieb durch den Insolvenzverwalter fortgeführt werden kann. Daher ist dieser Fall gesondert in § 172 Abs. 3 SGB IX geregelt worden.

722 Der Anwendbarkeit des § 172 Abs. 3 SGB IX steht es nicht entgegen, wenn eine **Schwerbehindertenvertretung** beim Arbeitgeber nicht gebildet worden ist; in diesem Fall genügt das Vorliegen der übrigen Voraussetzungen.[423] Bei Vorliegen der Voraussetzungen des § 172 Abs. 3 SGB IX hat das Integrationsamt in der Regel seine Zustimmung zu erteilen, wenn nicht besondere Umstände vorliegen (sog „atypischer Fall").[424]

### V. Rechtsmittel

### 1. Widerspruch und Klage

723 Gegen die Entscheidung des Integrationsamtes können sowohl der Arbeitgeber bei Ablehnung der Zustimmung als auch der schwerbehinderte Arbeitnehmer bei Zustimmung des Integrationsamtes zur Kündigung **Widerspruch** erheben. Im Widerspruchsverfahren wird die Entscheidung des Integrationsamtes in vollem Umfang nochmals überprüft.

724 Gegen den dann ergehenden Widerspruchsbescheid kann **Klage** zum Verwaltungsgericht erhoben werden. Die **Frist** für Widerspruch und die Anfechtungsklage zum Verwaltungsgericht beträgt jeweils einen **Monat nach** Zustellung des Bescheides bzw. des Widerspruchsbescheides (§§ 70, 74 VwGO). Diese Frist von einem Monat gilt aber nur, wenn der Bescheid eine schriftliche Rechtsmittelbelehrung enthält (§ 58 Abs. 1 VwGO). Ist die Belehrung unterblieben oder unrichtig, gilt als Rechtsmittelfrist ein Jahr nach Zustellung des Bescheides (§ 58 Abs. 2 VwGO).

Der Widerspruch und die Anfechtungsklage gegen die Zustimmung des Integrationsamtes zur Kündigung haben **keine aufschiebende Wirkung** (§ 171 Abs. 4 SGB IX).

725 Damit ist klargestellt, dass der **Arbeitgeber** – trotz Widerspruchs des schwerbehinderten Menschen gegen die zustimmende Entscheidung des Integrationsamtes – **kündigen** kann. Gem. § 171 Abs. 3 SGB IX muss er sogar – unabhängig von der Einlegung eines Rechtsmittels – innerhalb eines Monats nach zustimmender Entscheidung der Behörde die Kündigung erklären, wenn er nicht sein Kündigungsrecht verlieren will. Der Arbeitgeber trägt jedoch das Risiko, dass die Kündigung bei Erfolg des Rechtsmittels unwirksam ist.

---

422 Vgl. zu den einzelnen Voraussetzungen Düwell in LPK-SGB IX § 172 Rn. 70 ff.; ErfK/Rolfs, § 172 Rn. 10; Braasch in Deinert/Neumann (Hrsg.), HdB SGB IX, § 19 Rn. 222 f.; Neumann/Pahlen/Winkler/Jabben, § 172 Rn. 32 ff.
423 ErfK/Rolfs, SGB IX § 172 Rn. 10.
424 Neumann/Pahlen/Winkler/Jabben, § 172 Rn. 37.

Hat das Integrationsamt ein sog **Negativattest** erteilt, dh erklärt, dass seine Zustim- 726
mung zur Kündigung nicht erforderlich ist, kann der Arbeitnehmer dieses Negativattest als Bescheid – wie auch eine Zustimmung zur Kündigung – zunächst im Widerspruchsverfahren und anschließend ggf. durch das Verwaltungsgericht überprüfen
lassen. Hält das Integrationsamt den Widerspruch gegen das Negativattest für begründet, hilft es ihm gem. § 72 VwGO dadurch ab, dass es die Zustimmung zur Kündigung versagt.

### 2. Widerspruchsausschuss

Über den Widerspruch entscheidet der beim Integrationsamt gebildete Widerspruchs- 727
ausschuss (§§ 201 Abs. 1, 202 SGB IX). Der **Widerspruchsausschuss beim Integrationsamt** besteht aus sieben Mitgliedern, und zwar aus zwei schwerbehinderten Arbeitnehmern, zwei Arbeitgebern, je einer Vertreterin/einem Vertreter des Integrationsamtes und der Bundesagentur für Arbeit sowie einer Vertrauensperson der schwerbehinderten Menschen (§ 202 Abs. 1 SGB IX).

Der Widerspruchsausschuss der **Bundesagentur für Arbeit** ist für den Widerspruch 728
gegen Bescheide zuständig, die die Bundesagentur für Arbeit auf Grund des Teil 2 des
SGB IX erlässt (§ 201 Abs. 2 SGB IX), und besteht ebenfalls aus sieben Mitgliedern,
die sich wie beim Widerspruchsausschuss des Integrationsamtes zusammensetzen
(§ 203 Abs. 1 SGB IX).

Im Widerspruchsverfahren sind der **Arbeitgeber und der schwerbehinderte Mensch** 729
vor der Entscheidung **anzuhören** (§ 204 Abs. 2 SGB IX). Dies erfolgt grundsätzlich im
Rahmen der Ermittlungen der Geschäftsstelle des Widerspruchsausschusses, die die
Entscheidungen des Widerspruchsausschusses vorbereitet.

Auch für den Widerspruchsausschuss gilt der Grundsatz des § 170 Abs. 3 SGB IX, in 730
jeder Lage des Verfahrens auf eine **gütliche Einigung hinzuwirken**. Es kann daher
sinnvoll sein, dass auch im Widerspruchsverfahren eine mündliche Verhandlung mit
den Beteiligten stattfindet.

Die Widerspruchsausschüsse haben das Recht, nach eigenem Ermessen eine andere 731
Entscheidung zu treffen als das Integrationsamt oder die Agentur für Arbeit. Die Widerspruchsausschüsse sind nicht auf die Nachprüfung beschränkt, ob das Integrationsamt oder die Bundesagentur für Arbeit die gesetzlichen Vorschriften beachtet und
sich im Rahmen des ihnen vom Gesetz zuerkannten Ermessens gehalten haben, sondern sie entscheiden in vollem Umfang selbstständig. Sie können den Verwaltungsakt
der Behörde abändern, aufheben und durch eine eigene Entscheidung ersetzen; insbesondere können sie auch selbst ihr **eigenes, freies und pflichtgemäßes Ermessen** ausüben.[425] Damit wird gewährleistet, dass eine zweite, vom Integrationsamt unabhän-
gige Stelle den gesamten Sachverhalt sowohl in tatsächlicher als auch in rechtlicher
Hinsicht noch einmal überprüft.

---

425  Vgl. dazu Neumann/Pahlen/Winkler/Jabben, § 201 Rn. 31.

732 Für die Überprüfung der Entscheidung des Integrationsamtes ist im Widerspruchsverfahren der historische Sachverhalt maßgebend, der der Kündigung zugrunde liegt; dies schließt es aus, Tatsachen und Umstände zu berücksichtigen, die erst nach der Kündigung eingetreten sind und nicht zu dem der Kündigung zugrundeliegenden Sachverhalt gehören.[426]

733 **Hinweis:** Ein **Arbeitgeber** kann aber seine Antragstellung auf Grund neuer, nach der Ablehnung der Zustimmung bekannt gewordener oder eingetretener Tatsachen jederzeit erneuern, und zwar auch dann, wenn das Rechtsmittelverfahren gegen die ablehnende Entscheidung über den ersten Antrag noch nicht abgeschlossen ist.

734 Hält der Widerspruchsausschuss den Widerspruch für begründet, hilft er ihm ab (§ 72 VwGO). Die dem Widerspruch abhelfende Entscheidung ist wiederum eine **erneute Verwaltungsentscheidung**, und zwar ein Verwaltungsakt mit Doppelwirkung sowohl gegenüber dem Arbeitnehmer als auch dem Arbeitgeber, gegen den die **jetzt belastete Partei Widerspruch** einlegen kann.[427]

735 Der **Widerspruchsbescheid** ist nach § 73 Abs. 3 VwGO zu begründen, mit einer Rechtsmittelbelehrung zu versehen und zuzustellen. Zugestellt wird von Amts wegen nach den Vorschriften des Verwaltungszustellungsgesetzes. Der Widerspruchsbescheid bestimmt auch, wer die Kosten des Widerspruchsverfahrens zu tragen hat.[428]

### 3. Überprüfung durch das Verwaltungsgericht

736 Das in erster Instanz angerufene Verwaltungsgericht prüft gem. § 114 VwGO, ob der angefochtene Verwaltungsakt, nämlich die Entscheidung des Integrationsamtes in der Gestalt des Widerspruchsbescheides, rechtswidrig ist, weil die gesetzlichen Grenzen des Ermessens überschritten worden sind oder von dem Ermessen in einer dem Zweck der gesetzlichen Ermächtigung nicht entsprechenden Weise Gebrauch gemacht worden ist.

737 Dagegen findet keine gerichtliche Nachprüfung der **Zweckmäßigkeit** einer vertretbaren Entscheidung der Behörde statt. Das Gericht ist nicht befugt, sein Ermessen an die Stelle des Ermessens der Verwaltungsbehörde (Integrationsamt und Widerspruchsausschuss) zu setzen und eine andere Entscheidung zu treffen, die das Verwaltungsgericht für zweckmäßiger hält. Ein gerichtlich nicht überprüfbarer Ermessensspielraum liegt insbesondere dann vor, wenn die Behörde in Zweifelsfällen eine von mehreren vertretbaren Entscheidungen trifft.

738 Der Arbeitgeber und der schwerbehinderte Arbeitnehmer sind also im verwaltungsgerichtlichen Verfahren auf die Feststellung begrenzt, ob das Integrationsamt bei Erteilung oder Versagung der Zustimmung die gesetzlichen Vorschriften verletzt hat, und können darüber hinaus nur noch geltend machen, dass sich die Entscheidung des In-

---

426 BVerwG vom 7.3.1991 – 5 B 114/89, NZA 1991, 511; BVerwG vom 22.1.1993 – 5 B 80.92, BehindertenR 1994, 21; BVerwG vom 10.11.2008 – 5 B 79/08, Rn. 4, 5 mwN; so auch Neumann/Pahlen/Winkler/Jabben, § 168 Rn. 81.
427 Neumann/Pahlen/Winkler/Jabben, § 201 Rn. 28.
428 Vgl. dazu ausführlich Neumann/Pahlen/Winkler/Jabben, § 201 Rn. 33.

tegrationsamtes nicht im Rahmen des Ermessens gehalten habe. Da die Zustimmung oder ihre Versagung eine Ermessensentscheidung ist, kann das **Verwaltungsgericht nur nachprüfen**, ob das Integrationsamt der Kündigung aus sachfremden Gründen zugestimmt und das ihm zustehende pflichtgemäße **Ermessen überschritten** oder **missbraucht** hat.[429]

Dieser verwaltungsgerichtlichen Prüfung ist nicht die Sachlage im Zeitpunkt der letzten mündlichen Tatsachenverhandlung zugrunde zu legen, sondern der der Kündigung zugrundeliegende Sachverhalt im **Zeitpunkt der Entscheidung über den Widerspruch** (Erlass des Widerspruchsbescheides); später eingetretene Änderungen der Sachlage sind unerheblich.[430]                                                                     739

Stellt das Verwaltungsgericht die Rechtswidrigkeit der Entscheidung des Integrationsamtes bzw. der Entscheidung des Widerspruchsausschusses fest, hebt es den Bescheid auf und verweist die Sache zur neuen Entscheidung an das Integrationsamt. Das **Verwaltungsgericht** kann also selbst **keine neue Entscheidung über den Antrag** des Arbeitgebers auf Zustimmung zur Kündigung treffen.                                                740

**Hinweis:** Daher ist es sinnvoll, dass Arbeitgeber und schwerbehinderter Arbeitnehmer, wenn das Integrationsamt nicht in ihrem Sinne entschieden hat, bereits den Widerspruch ausführlich begründen und im Widerspruchsverfahren eingehend ihre Argumente vorbringen. Der Widerspruchsausschuss kann – anders als das Verwaltungsgericht im nachfolgenden Klageverfahren – eine eigene Entscheidung treffen und eigenes Ermessen ausüben.                                                          741

Für die Klage des Arbeitnehmers gegen den Zustimmungsbescheid des Integrationsamtes fehlt das **Rechtsschutzbedürfnis**, wenn die Kündigung offensichtlich wirksam ist, weil der Arbeitnehmer nicht fristgerecht Kündigungsschutzklage erhoben hat oder das Arbeitsverhältnis nach der Zustimmung einvernehmlich beendet hat.[431] Dagegen besteht ein Rechtsschutzbedürfnis dann, wenn die Kündigungsschutzklage rechtskräftig abgewiesen worden ist, da in diesem Fall nach Aufhebung der Zustimmung des Integrationsamtes eine **Restitutionsklage des schwerbehinderten Arbeitnehmers** möglich ist.                                                                  742

**Hinweis:** Der **Gegenstandswert** für das verwaltungsgerichtliche Verfahren betreffend die Wirksamkeit der Erteilung bzw. Versagung der Zustimmung nach § 168 SGB IX durch das Integrationsamt berechnet sich nicht nach dem dreifachen Bruttomonatsgehalt entsprechend § 42 Abs. 2 S. 1 GKG. Gem. § 52 Abs. 1 GKG bestimmt sich der Gegenstandswert im verwaltungsgerichtlichen Verfahren nach der sich aus dem Antrag des Klägers für ihn ergebenden Bedeutung der Angelegenheit, wobei nach § 52 Abs. 2 GKG ein Streitwert von 5.000 EUR als Regelgegenstandswert zugrunde zu le-   743

---

429  VG Minden vom 27.5.2002 – 7 K 851/02, NZA-RR 2003, 248; OVG Münster vom 23.1.1992 – 13 A 297/91, BehindertenR 1992, 113 = NZA 1992, 844; BVerwG vom 28.2.1968 – V C 33.66, AP Nr. 29 zu § 14 SchwBeschG; Neumann/Pahlen/Winkler/Jabben, § 68 Rn. 71 mwN, § 201 Rn. 55, 57 ff.
430  BVerwG vom 7.3.1991 – 5 B 114/89, NZA 1991, 511; BVerwG vom 22.1.1993 – 5 B 80.92, BehindertenR 1994, 21; so auch Neumann/Pahlen/Winkler/Jabben, § 168 Rn. 81.
431  So für den Fall der einvernehmlichen Beendigung nach Zustimmung OVG Münster vom 23.9.1996 – 24 A 4887/94, BB 1997, 1056.

gen ist, wenn der Sach- und Streitstand für die Bestimmung des Streitwertes keine genügenden Anhaltspunkte bietet. Dieser Regelgegenstandswert in Höhe von 5.000 EUR ist für das Zustimmungsverfahren der Streitwertberechnung zugrunde zu legen.[432] Gem. § 23 Abs. 1 S. 1 RVG bestimmt sich auch der für die Rechtsanwaltsgebühren maßgebende Gegenstandswert nach den für die Gerichtsgebühren geltenden Wertvorschriften und damit entsprechend § 52 Abs. 2 GKG.

### 4. Bedeutung der Zustimmungsentscheidung für den Ausspruch und die Wirksamkeit der Kündigung

744 Die **Kündigung durch den Arbeitgeber** ist zulässig und **muss auch innerhalb der einmonatigen Frist** des § 171 Abs. 3 SGB IX **ausgesprochen** werden, sobald die Zustimmung von einer zuständigen Instanz (Integrationsamt, Widerspruchsausschuss oder nach Rückverweisung durch das Verwaltungsgericht) erteilt worden ist. Die **Einlegung eines Rechtsbehelfs** gegen die Zustimmung **ändert daran nichts**, auch wenn die Zustimmung zur Kündigung bis zur rechtskräftigen Entscheidung über ihre Wirksamkeit schwebend unwirksam ist.[433] **Widerspruch und Klage** des schwerbehinderten Arbeitnehmers haben **keine aufschiebende Wirkung**.[434]

745 Die **Rückwirkung einer Zustimmungsaufhebung** ist allein für das **Rechtsmittelverfahren** erheblich. Da die Zustimmung des Integrationsamtes nach § 168 SGB IX Zulässigkeitsvoraussetzung für eine Kündigung ist, kann der Arbeitgeber immer erst nach Vorliegen dieser Zustimmung die Kündigung wirksam erklären. Deshalb kann eine **Zustimmung** auch **nie auf eine frühere Kündigung zurückwirken**.[435]

746 Folgende **Fallgestaltungen** sind möglich:

- Lehnt das Integrationsamt die Zustimmung ab und wird sie erst auf Grund eines Widerspruches des Arbeitgebers durch den Widerspruchsausschuss oder nach einem Klageverfahren vor dem Verwaltungsgericht erteilt,

  → kann auch die Kündigung erst nach dieser erstmaligen Zustimmung innerhalb der Frist des § 171 Abs. 3 SGB IX ausgesprochen werden.

- Wird eine vom Integrationsamt ausgesprochene Zustimmung später auf Grund eines Widerspruches oder einer Klage des schwerbehinderten Arbeitnehmers zum Verwaltungsgericht aufgehoben,

  → entfällt die rechtliche Voraussetzung für eine durch den Arbeitgeber bereits ausgesprochene **Kündigung**; diese wird **rückwirkend unwirksam**.[436] Daraus kann sich ein Annahmeverzug des Arbeitgebers und ein Lohnnachzahlungsanspruch des schwerbehinderten Arbeitnehmers ergeben.[437]

---

432  OVG Münster vom 4.4.1989 – 13 B 265/89, BehindertenR 1990, 72; OVG Münster vom 10.2.1992 – 13 E 1352/91, DB 1992, 692; VGH München vom 9.2.1981 – 38 XII 78, BayVBl. 1982, 59; Neumann/Pahlen/Winkler/Jabben, § 168 Rn. 72 mwN.
433  BAG vom 15.5.1986 – 2 AZR 497/85.
434  Vgl. dazu Düwell in LPK-SGB IX § 168 Rn. 48, 61.
435  Vgl. dazu Neumann/Pahlen/Winkler/Jabben, § 168 Rn. 77.
436  BAG vom 15.5.1986 – 2 AZR 497/85; Neumann/Pahlen/Winkler/Jabben, § 168 Rn. 79.
437  Vgl. dazu im Einzelnen Neumann/Pahlen/Winkler/Jabben, § 168 Rn. 79.

■ Wird die Zustimmung erteilt, im Rechtsmittelverfahren aber aufgehoben und entscheidet das Verwaltungsgericht dann wiederum anders, so dass widersprüchliche Entscheidungen im Verlauf des Rechtsweges vorliegen,

→ kommt es stets auf die endgültige Entscheidung an; eine nur zwischenzeitliche Aufhebung der Zustimmung, die nicht rechtskräftig wird, lässt die Zustimmung nicht in der Weise wegfallen, dass die Kündigung unwirksam würde und nach der in höherer Instanz wieder bestätigten Zustimmung erneut ausgesprochen werden müsste.

■ Wird die Zustimmung rechtskräftig bestätigt,

→ wirkt die Bestätigung auf den Zeitpunkt der Zustimmung zurück, so dass es bei der Wirksamkeit der nach erstmaliger Zustimmung fristgerecht (§ 171 Abs. 3 SGB IX) ausgesprochenen Kündigung verbleibt, auch wenn zwischenzeitlich eine Instanz anderer Ansicht war, diese dann aber nicht rechtskräftig geworden ist.[438]

Wird die angefochtene Zustimmung endgültig vom Verwaltungsgericht bestätigt, so wirkt die Bestätigung auf den früheren Zeitpunkt zurück, selbst wenn dieser Zeitpunkt sehr weit in der Vergangenheit liegt.[439]    747

### 5. Rechtsweg zum Arbeitsgericht

#### a) Einhaltung der Dreiwochenfrist des § 4 S. 1 KSchG

Neben den Rechtsmitteln des besonderen Kündigungsschutzes nach dem SGB IX – Widerspruch und Klage vor dem Verwaltungsgericht – steht dem schwerbehinderten Arbeitnehmer in Bezug auf die Kündigung auch der **Rechtsweg zum Arbeitsgericht** offen.[440] Wenn der Arbeitgeber ohne vorherige Zustimmung des Integrationsamtes kündigt, ist die Kündigung wegen Verstoßes gegen § 168 SGB IX nach § 134 BGB nichtig.[441] Der schwerbehinderte Arbeitnehmer muss die Unwirksamkeit der Kündigung durch Kündigungsschutzklage zum Arbeitsgericht geltend machen, und zwar grundsätzlich innerhalb der **dreiwöchigen Klagefrist** des § 4 S. 1 KSchG.    748

**Hinweis:** Das BAG hat entschieden, dass es dabei ausreicht, wenn sich der Arbeitnehmer in der Klageschrift auf die Schwerbehinderung beruft, eine gesonderte Mitteilung sei nicht mehr erforderlich.[442] Allerdings kann sich nach einer weiteren Entscheidung des BAG ein Arbeitnehmer, der seine Eigenschaft als schwerbehinderter Mensch allein in der bei Gericht eingereichten Klageschrift mitteilt, nicht auf den Rechtsgedanken des § 167 ZPO stützen, wenn die Zustellung außerhalb der für eine    749

---

438 Neumann/Pahlen/Winkler/Jabben, § 168 Rn. 80; aA LAG Köln vom 11.10.2002 – RzK IV 8 a Nr. 54, das bei einer Aufhebung der Zustimmung in einer Rechtsmittelinstanz die Unwirksamkeit einer zuvor ausgesprochenen Kündigung annimmt, auch wenn die aufhebende Entscheidung angefochten wird und noch nicht rechtskräftig ist.

439 BAG vom 25.11.1971 – 2 AZR 44/71, EzA § 4 KSchG nF Nr. 4 = DB 1972, 1344; Neumann/Pahlen/Winkler/Jabben, § 168 Rn. 81 mwN.

440 Vgl. zu diesem „doppelgleisigen Rechtsweg" ErfK/Rolfs, SGB IX § 168 Rn. 14; Düwell in LPK-SGB IX § 168 Rn. 51 und zu rechtspolitischen Alternativen Rn. 61 ff.

441 BAG vom 13.2.2008 – 2 AZR 864/06, NZA 2008, 1055 (1056), Rn. 11; vgl. dazu auch Düwell in LPK-SGB IX § 168 Rn. 51.

442 BAG vom 23.2.2010 – 2 AZR 659/08, NZA 2011, 411, Rn. 19 ff.

unmittelbare Übermittlung an den Arbeitgeber zuzugestehenden Zeitspanne erfolgt.[443] Im Zweifel sollte daher bei Ausnutzung der dreiwöchigen Klagefrist eine gesonderte schriftliche Mitteilung an den Arbeitgeber erfolgen, was nach Auffassung des BAG dem Arbeitnehmer nicht zum Nachteil gereichen darf.[444]

750 **Problematisch** im Hinblick auf die Einhaltung der dreiwöchigen Klagefrist des § 4 S. 1 KSchG sind die Fälle, in denen die **Kündigung ohne Zustimmung des Integrationsamtes ausgesprochen** wird. Dabei sind folgende **Fallgestaltungen** möglich:

- Hatte der Arbeitgeber **keine Kenntnis** von der Schwerbehinderteneigenschaft bzw. der Gleichstellung oder deren Beantragung und hatte der Arbeitgeber folglich die Zustimmung des Integrationsamtes vor Ausspruch der Kündigung nicht beantragt,

  → muss sich der schwerbehinderte Arbeitnehmer – zur Erhaltung des Sonderkündigungsschutzes nach § 168 SGB IX – **innerhalb von drei Wochen** nach Zugang der Kündigung auf diesen Sonderkündigungsschutz **berufen**.[445]

- Ein Berufen auf den Sonderkündigungsschutz innerhalb dieses Zeitraums ist regelmäßig nicht als illoyal verspätet anzusehen. Hierbei darf es dem Arbeitnehmer auch nicht zum Nachteil gereichen, wenn er – etwa zu Beweiszwecken – eine schriftliche Mitteilung wählt.[446]

**Teilt der Arbeitnehmer** dem Arbeitgeber seinen **Schwerbehindertenstatus** bzw. seine Gleichstellung jedoch **nicht innerhalb dieser drei Wochen** mit, so kann sich der Arbeitnehmer auf den Sonderkündigungsschutz nicht mehr berufen, denn mit Ablauf der Klagefrist des § 4 S. 1 KSchG tritt eine **Heilung** des eigentlich gegebenen Nichtigkeitsgrundes nach § 134 BGB iVm § 168 SGB IX ein (§ 7 KSchG).[447] Auch wenn der Arbeitnehmer dem Arbeitgeber seinen Schwerbehindertenstatus bzw. seine Gleichstellung oder die entsprechende Beantragung innerhalb von drei Wochen nach Kündigungszugang mitteilt, muss er also zugleich die Klagefrist des § 4 S. 1 KSchG einhalten, denn zum Zeitpunkt des Zugangs der Kündigung war dem Arbeitgeber der Sonderkündigungsschutz nicht bekannt und er konnte eine Zustimmung des Integrationsamtes nicht beantragen. Mit Zugang der Kündigung ist die Klagefrist des § 4 S. 1 KSchG angelaufen und wird durch die Bekanntgabe der Schwerbehinderung bzw. Gleichstellung nicht gehemmt. Der Verstoß gegen § 134 BGB iVm § 168 SGB IX wird nach § 4 S. 1 KSchG iVm § 7 KSchG bei nicht rechtzeitiger Klageerhebung geheilt.[448]

---

443  BAG vom 22.9.2016 – 2 AZR 700/15, NZA 2017, 304 (305), Rn. 22; aA Nägele, NZA 2010, 1377 (1379).
444  BAG vom 22.9.2016 – 2 AZR 700/15, NZA 2017, 304 (305), Rn. 22.
445  BAG vom 13.2.2008 – 2 AZR 864/06, NZA 2008, 1055 (1059), Rn. 45; BAG vom 11.12.2008 – 2 AZR 395/07, NZA 2009, 556, Rn. 17; BAG vom 9.6.2011 – 2 AZR 703/09, NZA-RR 2011, 516; BAG vom 23.2.2010 – 2 AZR 659/08, NZA 2011, 411; kritisch dazu Gelhaar, NZA 2011, 673 ff.; LSG Rheinland-Pfalz vom 20.3.2012 – 3 Sa 505/11, BeckRS 2012, 69867; ErfK/Kiel, KSchG § 4 Rn. 25 mwN.
446  Dies hat das BAG in seinem Urteil vom 22.9.2016 – 2 AZR 700/15, NZA 2017, 304 (305), Rn. 20 ff. noch einmal ausdrücklich klargestellt und begründet.
447  BAG vom 13.2.2008 – 2 AZR 864/06, NZA 2008, 1055 (1059), Rn. 45.
448  BAG vom 13.2.2008 – 2 AZR 864/06, NZA 2008, 1055 (1059), Rn. 46.

- Kündigt der Arbeitgeber **in Kenntnis** der Schwerbehinderteneigenschaft bzw. der Gleichstellung oder deren Beantragung, ohne zuvor die Zustimmung des Integrationsamtes einzuholen,

  → beginnt die dreiwöchige Klagefrist des § 4 S. 1 KSchG erst ab Bekanntgabe der Entscheidung der Behörde, hier des Integrationsamtes, an den Arbeitnehmer zu laufen (§ 4 S. 4 KSchG).

  Eine ohne Bekanntgabe einer Zulässigkeitserklärung der Behörde an den Arbeitnehmer diesem gegenüber ausgesprochene Kündigung setzt den Gang der Dreiwochenfrist wegen § 4 S. 4 KSchG nicht in Gang.[449] Vielmehr kann der schwerbehinderte Arbeitnehmer die Unwirksamkeit der Kündigung bis zur **Grenze der Verwirkung** gerichtlich geltend machen.[450]

- Wird dem Arbeitnehmer der Zustimmungsbescheid des Integrationsamtes erst nach Zugang der Kündigung zugestellt,

  → läuft die Dreiwochenfrist zur Erhebung der Kündigungsschutzklage gem. § 4 S. 4 KSchG **erst von der Zustellung des Bescheides an**.[451]

  Im Kündigungsschutzprozess trägt der Arbeitnehmer, der den Sonderkündigungsschutz als Ausnahmetatbestand für sich in Anspruch nimmt, allerdings die **Darlegungs- und Beweislast** dafür, dass er schwerbehindert ist und sich fristgemäß gegenüber dem Arbeitgeber auf seine Schwerbehinderteneigenschaft berufen hat.

**Hinweis:** Im Hinblick auf die neue Rechtsprechung des BAG, die eine Heilung des  751
Verstoßes des Arbeitgebers gegen § 134 BGB iVm §§ 4 S. 1, 7 KSchG bei nicht rechtzeitiger Klageerhebung binnen drei Wochen nach Zugang der Kündigung annimmt,[452] ist einem schwerbehinderten oder gleichgestellten **Arbeitnehmer** zu raten, auf jeden Fall die **dreiwöchige Klagefrist** des § 4 S. 1 KSchG **einzuhalten** und binnen dieser Frist seinem **Arbeitgeber nochmals die Schwerbehinderung bzw. Gleichstellung oder deren Beantragung mitzuteilen**, wenn er nicht sicher sein kann, ob sein Arbeitgeber hiervon Kenntnis hat bzw. die entsprechende Mitteilung an den Arbeitgeber nicht nachweisen kann. Nur in dem Fall, in dem der Arbeitgeber bei Ausspruch der Kündigung Kenntnis von der Schwerbehinderteneigenschaft bzw. Gleichstellung oder deren rechtzeitiger Beantragung hatte, was der Arbeitnehmer nachweisen muss, und trotzdem vor Ausspruch der Kündigung die Zustimmung des Integrationsamtes nicht eingeholt hat, muss der Arbeitnehmer die Dreiwochenfrist des § 4 S. 1 KSchG nicht einhalten.

---

449 So bereits BAG vom 3.7.2003 – 2 AZR 487/02, NZA 2003, 1335 = BAGE 107, 50 für die nach § 18 Abs. 1 BErzGG erforderliche Zustimmung zur Kündigung einer im Erziehungsurlaub befindlichen Arbeitnehmerin durch einen Insolvenzverwalter, bestätigt durch BAG vom 13.2.2008 – 2 AZR 864/06, NZA 2008, 1055 (1058), Rn. 38 mwN.
450 BAG vom 13.2.2008 – 2 AZR 864/06, NZA 2008, 1055, Rn. 35 mwN.
451 BAG vom 17.2.1982 – 7 AZR 846/79, EzA § 15 SchwbG Nr. 1 = NJW 1982, 2630; BAG vom 13.2.2008 – 2 AZR 864/06, NZA 2008, 1055; BAG vom 23.2.2010 – 2 AZR 659/08, NZA 2011, 411; Neumann/Pahlen/Winkler/Jabben, § 168 Rn. 8 mwN.
452 BAG vom 13.2.2008 – 2 AZR 864/06, NZA 2008, 1055 (1059), Rn. 46.

752 Der schwerbehinderte Arbeitnehmer muss die Dreiwochenfrist des § 4 KSchG auch dann einhalten, wenn er gleichzeitig die Zustimmung des Integrationsamtes mit einem Widerspruch oder einer Klage angreift.[453]

753 **Hinweis:** Ein schwerbehinderter Arbeitnehmer muss also beachten, dass sein gegen die Zustimmung eingelegter Widerspruch bzw. seine Klage vor dem Verwaltungsgericht die dreiwöchige Klagefrist nicht hinausschieben.

754 Versäumt der Arbeitnehmer die Dreiwochenfrist, so gilt die Kündigung gem. § 7 KSchG als von Anfang an rechtswirksam.

**b) Bindung der Arbeitsgerichte an die Entscheidung des Integrationsamtes**

755 Beruft sich der schwerbehinderte Arbeitnehmer bei Erhebung einer Kündigungsschutzklage beim Arbeitsgericht auf das Fehlen einer Zustimmung des Integrationsamtes nach § 168 SGB IX, ist im Rahmen des arbeitsgerichtlichen Verfahrens zu prüfen, ob die Kündigung zustimmungsbedürftig ist, und wenn ja, ob sie rechtswirksam erteilt worden oder wegen fehlender Zustimmung nichtig ist. Die **Arbeitsgerichte** können über die Wirksamkeit der Kündigung nicht entscheiden, bevor nicht feststeht, ob eine wirksame Zustimmung des Integrationsamtes nach § 168 SGB IX vor der Kündigung erteilt worden ist, und sind dabei an eine durch das Integrationsamt rechtswirksam erteilte oder verweigerte Zustimmung wegen der sogenannten **Tatbestandswirkung** gebunden, sofern die Entscheidung des Integrationsamtes nicht ausnahmsweise nichtig ist. Aufgrund dieser Tatbestandswirkung haben alle Behörden und auch die Arbeitsgerichte die Entscheidung des Integrationsamtes – bis zu ihrer Aufhebung – als wirksam zu behandeln und sie ihren weiteren Entscheidungen zugrunde zu legen, auch wenn sie im Verwaltungsrechtsweg angefochten und noch nicht formell rechtskräftig ist.[454] Die durch das Integrationsamt erteilte Zustimmung zur Kündigung entfaltet – es sei denn, sie wäre nichtig – für den Kündigungsschutzprozess so lange Wirksamkeit, wie sie nicht bestands- oder rechtskräftig aufgehoben worden ist.[455] Für die Berechtigung des Arbeitgebers, auf der Grundlage des Zustimmungsbescheids die Kündigung zunächst zu erklären, ist es ohne Bedeutung, ob die Zustimmung vom Widerspruchsausschuss oder einem Gericht aufgehoben wird, solange die betreffende Entscheidung nicht bestands- bzw. rechtskräftig ist.[456]

756 Sind die vom Arbeitsgericht zuprüfenden Verwaltungsakte nicht bestandskräftig, so ist nach § 148 ZPO die **Aussetzung des anhängigen Kündigungsrechtsstreites** vor dem Arbeitsgericht zu prüfen, wobei diese nach neuerer Rechtsprechung des BAG im **Ermessen der Arbeitsgerichte** steht.[457]

---

453 Braasch in Deinert/Neumann (Hrsg.), HdB SGB IX, § 19 Rn. 256.
454 BAG vom 2.3.2006 – 2 AZR 46/05, NZA 2006, 1211 (1213), Rn. 17 mwN; BAG vom 23.5.2013 – 2 AZR 991/11, NZA 2013, 1373, Rn. 22.
455 BAG vom 23.5.2013 – 2 AZR 991/11, NZA 2013, 1373, Rn. 22.
456 BAG vom 23.5.2013 – 2 AZR 991/11, NZA 2013, 1373, Rn. 23.
457 BAG vom 20.1.2000 – 2 AZR 378/99, BAGE 93, 255; BAG vom 17.6.2003 – 2 AZR 245/02, BAGE 106, 293; BAG vom 2.3.2006 – 2 AZR 53/05, NZA-RR 2006, 636, Rn. 56 mwN; BAG vom 7.12.2006 – 2 AZR 182/06, NZA 2007, 617 (618) Rn. 17 mwN; LAG Köln vom 13.8.2009 – 7 Sa 355/09, Rn. 18; vgl. dazu auch Braasch in Deinert/Neumann (Hrsg.), HdB SGB IX, § 19 Rn. 255; Neumann/Pahlen/Winkler/Jabben, § 168 Rn. 22 mwN; kritisch Düwell in LPK-SGB IX § 168 Rn. 61 ff.

Eine **Aussetzung des Kündigungsschutzprozesses** nach § 148 ZPO verzögert das arbeitsgerichtliche Verfahren idR erheblich. Daher kann – trotz Vorrangs einer verwaltungsgerichtlichen Entscheidung – das Arbeitsgericht im Hinblick auf das in den §§ 9 Abs. 1, 61 a ArbGG gerade für Kündigungsschutzverfahren geregelte Beschleunigungsgebot von einer Aussetzung des arbeitsgerichtlichen Verfahrens absehen, wenn es erhebliche Hinweise gibt, dass das verwaltungsgerichtliche Verfahren keine Aussicht auf Erfolg hat.[458] Gegenüber dem vorrangigen Zweck einer Aussetzung – einander widersprechende Entscheidungen zu verhindern – sind der Nachteil einer langen Verfahrensdauer und die daraus für die Parteien entstehenden Folgen abzuwägen. Dabei kommt bei Bestandsschutzstreitigkeiten dem gesetzlich geregelten Beschleunigungsgrundsatz von §§ 9 Abs. 1, 61 a und 64 Abs. 8 ArbGG eine besondere Bedeutung zu.[459] Das **BAG** geht davon aus, dass die **Aussetzung des Kündigungsschutzprozesses** für die Dauer des Verwaltungsrechtsstreites über die Wirksamkeit der Zustimmung **in der Regel nicht angezeigt** ist.[460]

Der schwerbehinderte Arbeitnehmer wird jedoch auch dann nicht rechtlos gestellt, wenn das Arbeitsgericht sein Ermessen dahingehend ausübt, dass es den Kündigungsrechtsstreit nicht gem. § 148 ZPO aussetzt und die Kündigungsschutzklage des schwerbehinderten Arbeitnehmers trotz noch nicht rechtskräftiger Entscheidung über die Zustimmung zur beabsichtigten Kündigung im Verwaltungsrechtsweg rechtskräftig abweist, weil die Kündigung nach Auffassung des Arbeitsgerichtes arbeitsrechtlich wirksam war. Wird anschließend die Zustimmung im Verwaltungsrechtsweg rechtskräftig aufgehoben, kann der schwerbehinderte Arbeitnehmer die **Wiederaufnahme des arbeitsgerichtlichen Verfahrens** analog zu § 580 Nr. 6 ZPO betreiben.[461]

Das arbeitsgerichtliche Verfahren ist dann **nicht auszusetzen**, wenn es auf die Wirksamkeit der Zustimmung des Integrationsamtes nicht ankommt, etwa weil eine zustimmungsbedürftige Kündigung ausgesprochen wurde, ohne dass die vorherige Zustimmung vorgelegen hat, oder weil das Arbeitsgericht die Kündigung wegen fehlender sozialer Rechtfertigung iSv § 1 KSchG ohnehin für unwirksam erachtet.[462]

Will der Arbeitgeber die Kündigung im Kündigungsschutzprozess auf Gründe stützen, die er im Zustimmungsverfahren nach den §§ 168 ff. SGB IX nicht genannt hat, ist ein solches „**Nachschieben**" im Hinblick auf den Kündigungsschutz nach dem SGB IX uneingeschränkt zulässig.[463] Anders ist dies jedoch, wenn der Arbeitgeber die

757

758

759

760

---

458 LAG Köln vom 13.3.1999 – 13 Sa 1548/98, ZB 2001, 8.
459 BAG vom 26.9.1991 – 2 AZR 132/91, NZA 1992, 1043; BAG vom 2.3.2006 – 2 AZR 53/05, NZA-RR 2006, 636, Rn. 56.
460 BAG vom 2.3.2006 – 2 AZR 53/05, NZA-RR 2006, 636; BAG vom 23.5.2013 – 2 AZR 991/11, NZA 2013, 1373, Rn. 28.
461 BAG vom 15.8.1984 – 7 AZR 558/82, EzA § 580 ZPO Nr. 2 = AP Nr. 13 zu § 12 SchwbG mit zust. Anm. Gaul; BAG vom 24.11.2005 – 2 AZR 514/04, NZA 2006, 665 (667) mwN; BAG vom 2.3.2006 – 2 AZR 53/05, NZA-RR 2006, 636, Rn. 56 mwN; LAG Köln vom 13.8.2009 – 7 Sa 355/09, Rn. 18; Braasch in Deinert/Neumann (Hrsg.), HdB SGB IX, § 19 Rn. 257; ErfK/Rolfs, SGB IX § 168 Rn. 14; Fenski, BB 2001, 570 (571) mwN.
462 LAG Hessen vom 12.11.1993 – 15 Ta 346/93; LAG Köln vom 3.2.1997 – 5 Ta 30/97, LAGE § 148 ZPO Nr. 31; Braasch in Deinert/Neumann (Hrsg.), HdB SGB IX, § 19 Rn. 256; aA Neumann/Pahlen/Winkler/Jabben, § 168 Rn. 22 für den Fall der Sozialwidrigkeit der Kündigung.
463 LAG Sachsen vom 24.11.1999 – 3 Sa 164/99, BB 2000, 2051.

dem Integrationsamt mitgeteilten Kündigungsgründe fallenlässt und die Kündigung im Kündigungsschutzprozess auf völlig neue Kündigungsgründe stützt. In diesem Fall ist eine erneute Zustimmung des Integrationsamtes erforderlich, da die bisher erteilte Zustimmung einen nicht mehr vorhandenen Sachverhalt betrifft.

761 **Hinweis:** Besteht im Betrieb ein Betriebsrat oder ein Personalrat, ist ohnehin ein Nachschieben von Kündigungsgründen im Kündigungsschutzprozess nur eingeschränkt möglich.

## VI. Besondere Tatbestände

### 1. Unkenntnis des Arbeitgebers von der Schwerbehinderung

762 Häufig hat der Arbeitgeber keine Kenntnis von einer Schwerbehinderung des Arbeitnehmers, etwa weil die Schwerbehinderung erst im Laufe des Arbeitsverhältnisses eingetreten ist und der Arbeitnehmer dies dem Arbeitgeber nicht mitgeteilt hat.[464] Hat aber der schwerbehinderte Arbeitnehmer im Zeitpunkt des Zugangs der Kündigung einen Bescheid über seine Schwerbehinderteneigenschaft oder seine Gleichstellung erhalten oder wenigstens unter Beachtung der Regelung in § 173 Abs. 3 SGB IX rechtzeitig einen entsprechenden Antrag gestellt, so steht ihm nach der ständigen Rechtsprechung des BAG der Sonderkündigungsschutz nach den §§ 168 ff. SGB IX auch dann zu, wenn der Arbeitgeber von der Schwerbehinderteneigenschaft nichts wusste.[465]

763 Hat der Arbeitgeber die Kündigung in Unkenntnis der bereits getroffenen oder beantragten Feststellung der Schwerbehinderteneigenschaft oder Gleichstellung des Arbeitnehmers **ausgesprochen**, muss allerdings der schwerbehinderte Arbeitnehmer innerhalb einer angemessenen Frist nach Zugang der Kündigung gegenüber dem Arbeitgeber seine bereits festgestellte oder beantragte Schwerbehinderteneigenschaft oder Gleichstellung geltend machen. Das Erfordernis der **Geltendmachung des Sonderkündigungsschutzes** ist unter dem Gesichtspunkt einer ansonsten eintretenden Verwirkung zu sehen.[466] Die **Verwirkung** setzt jedoch voraus, dass der Arbeitgeber die Schwerbehinderung oder den Antrag nicht kennt und deshalb mit der Zustimmungspflichtigkeit der Kündigung nicht rechnen kann.[467] Im Falle des Betriebsübergangs nach § 613 a BGB muss sich der Betriebserwerber die Kenntnis des Betriebsver-

---

464  Hierzu besteht nach Auffassung des BAG vom 13.2.2008 – 2 AZR 864/06, NZA 2008, 1055 (1056), Rn. 18, auch nach der gesetzlichen Neuregelung in § 173 Abs. 3 SGB IX keine Verpflichtung; so auch BAG vom 11.12.2008 – 2 AZR 395/07, NZA 2009, 556, Rn. 28 mwN; aA Bauer/Powietzka, NZA-RR 2004, 505 (507); Cramer, NZA 2004, 698 (704).

465  BAG vom 7.3.2002 – 2 AZR 612/00, NZA 2002, 1145 (1146); BAG vom 20.1.2005 – 2 AZR 675/03, NZA 2005, 689 (690); BAG vom 12.1.2006 – 2 AZR 539/05, NZA 2006, 1035 (1036); BAG vom 1.3.2007 – 2 AZR 650/05, DB 2007, 1540; BAG vom 13.2.2008 – 2 AZR 864/06, NZA 2008, 1055 (1059); BAG vom 11.12.2008 – 2 AZR 395/07, NZA 2009, 556, Rn. 26; BAG vom 9.6.2011 – 2 AZR 703/09, NZA-RR 2011, 516, Rn. 21 mwN.

466  BAG vom 12.1.2006 – 2 AZR 539/05, NZA 2006, 1035 (1036); BAG vom 1.3.2007 – 2 AZR 650/05, DB 2007, 1540, Rn. 30; BAG vom 11.12.2008 – 2 AZR 395/07, NZA 2009, 556 (557), Rn. 17; BAG vom 23.2.2010 – 2 AZR 659/08, NZA 2011, 411, Rn. 16 mwN; BAG vom 9.2.2011 – 7 AZR 221/10, NZA 2011, 854; BAG vom 9.6.2011 – 2 AZR 703/09, NZA-RR 2011, 516; vgl. auch BAG vom 16.2.2012 – 6 AZR 553/10, NZA 2012, 555 (556), Rn. 10 mwN; LAG Rheinland-Pfalz vom 20.3.2012 – 3 Sa 505/11, BeckRS 2012, 69867.

467  BAG vom 11.12.2008 – 2 AZR 395/07; NZA 2009, 556 (557), Rn. 17 mwN.

äußerers von der Schwerbehinderteneigenschaft eines Arbeitnehmers zurechnen lassen.[468]

Für die **fristwahrende Kenntnis des Arbeitgebers** reicht es aus, wenn der Betriebsrat 764
ihm im Rahmen des Anhörungsverfahrens nach § 102 BetrVG mitteilt, der Arbeitnehmer sei schwerbehindert bzw. gleichgestellt bzw. habe einen Antrag auf Feststellung seiner Schwerbehinderung/Gleichstellung gestellt; es ist nicht erforderlich, dass der Arbeitnehmer den Betriebsrat um Weiterleitung dieser Information gebeten hat und der Betriebsrat als Erklärungsbote des Arbeitnehmers anzusehen ist.[469]

Eine **zeitliche Begrenzung der Geltendmachung** des **besonderen Kündigungsschutzes** 765
**durch den Arbeitnehmer** ist im Übrigen nur in den Fällen erforderlich, in denen ein Schutzbedürfnis auf Seiten des Arbeitgebers anzuerkennen ist. Der Arbeitgeber kann regelmäßig keinen Vertrauensschutz in Anspruch nehmen, wenn er die Schwerbehinderung oder den Antrag vor Ausspruch der Kündigung kannte und deshalb mit dem Zustimmungserfordernis rechnen musste.[470] Ein solches Schutzbedürfnis ist etwa zu verneinen, wenn die **Schwerbehinderung für den Arbeitgeber offensichtlich** ist[471] und er deshalb auch ohne Kenntnis, ob der Arbeitnehmer einen Feststellungsantrag beim Versorgungsamt gestellt hat, vorsorglich die Zustimmung zur Kündigung beim Integrationsamt beantragen kann.[472] Hat der Arbeitnehmer seine Anerkennung als schwerbehinderter Mensch nicht beantragt, reicht dem Arbeitgeber zum Ausspruch der Kündigung ein **Negativattest** des Integrationsamtes.[473]

**Hinweis:** Der Arbeitnehmer muss sich also regelmäßig rechtzeitig selbst auf den Son- 766
derkündigungsschutz berufen. Geschieht dies zu spät, wird der Sonderkündigungsschutz verwirkt und der Arbeitnehmer kann sich nicht mehr auf das Fehlen der vorherigen Zustimmung des Integrationsamtes berufen.[474]

Die frühere Rechtsprechung des BAG sah eine Frist von **einem Monat** nach Zugang 767
der ohne Zustimmung nach den §§ 168 ff. SGB IX ausgesprochenen Kündigung als angemessen an.[475] Diese Rechtsprechung wurde in der Literatur dahingehend kritisiert, dass sie zu einem Wertungswiderspruch führen würde.[476] Um diesen zu vermeiden, wird in der Literatur teilweise vertreten, dass sich der schwerbehinderte Arbeit-

---

468 BAG vom 11.12.2008 – 2 AZR 395/07, NZA 2009, 556, Rn. 18.
469 BAG vom 20.1.2005 – 2 AZR 675/03, NZA 2005, 689 (690 f.)
470 BAG vom 23.2.2010 – 2 AZR 659/08, NZA 2011, 411, Rn. 16; BAG vom 9.6.2011 – 2 AZR 703/09, NZA-RR 2011, 516, Rn. 25.
471 Eine Offenkundigkeit der Schwerbehinderteneigenschaft, also das Vorliegen eines GdB von mindestens 50, ist etwa anzunehmen, wenn der Arbeitnehmer im Rollstuhl sitzt oder taub mit schweren Sprachstörungen ist – BAG vom 13.2.2008 – 2 AZR 864/06, NZA 2008, 1055 (1057), Rn. 22.
472 St. Rspr. des BAG, vgl. nur BAG vom 20.1.2005 – 2 AZR 675/05, NZA 2005, 689 (690) mwN; bestätigt durch BAG vom 13.2.2008 – 2 AZR 864/06, NZA 2008, 1055 (1057), Rn. 20; BAG vom 9.6.2011 – 2 AZR 703/09, NZA-RR 2011, 516, Rn. 25 mwN.
473 BAG vom 13.2.2008 – 2 AZR 864/06, NZA 2008, 1055 (1057), Rn. 20; BAG vom 9.6.2011 – 2 AZR 703/09, NZA-RR 2011, 516, Rn. 35 mwN.
474 BAG vom 1.3.2007 – 2 AZR 650/05, DB 2007, 1540, Rn. 30.
475 Vgl. nur BAG vom 30.6.1983 – 2 AZR 10/82, EzA § 12 SchwbG Nr. 13; BAG vom 5.7.1990 – 2 AZR 8/90, AP Nr. 1 zu § 15 SchwbG 1986 = NZA 1991, 667; BAG vom 11.5.2000 – 2 AZR 276/99, NZA 2000, 1106 (1107) mwN.
476 Däubler, AiB 2005, 387, 394; Etzel in FS zum 25-jährigen Bestehen der ARGE Arbeitsrecht im DAV, 246, 254 f.; J. Schmidt, NZA 2004, 79 (81) mwN.

nehmer gegenüber dem Arbeitgeber – in Anlehnung an die Frist des § 9 MuSchG – binnen zwei Wochen nach Zugang der Kündigung auf den Sonderkündigungsschutz nach den § 168 ff. SGB IX berufen müsse.[477] Eine andere Literaturmeinung verlangt, dass der schwerbehinderte Arbeitnehmer – außer im Falle der Offenkundigkeit der Schwerbehinderteneigenschaft – vor Zugang der Kündigung die Schwerbehinderteneigenschaft mitgeteilt und nachgewiesen haben muss.[478]

768 Mit der **Rechtsprechung des BAG** ist aber davon auszugehen, dass nach der Neufassung des § 4 KSchG[479] der schwerbehinderte Arbeitnehmer bei Unkenntnis des Arbeitgebers seine Schwerbehinderteneigenschaft bzw. seine Gleichstellung oder eine entsprechende rechtzeitige Antragstellung binnen **drei Wochen** nach Zugang der Kündigung dem Arbeitgeber mitteilen muss, wenn er den Sonderkündigungsschutz nicht verlieren will.[480] So wird eine Harmonisierung mit der dreiwöchigen Klagefrist nach § 4 S. 1 KSchG erreicht, die – auch unter Berücksichtigung von § 4 S. 4 KSchG – bei Unkenntnis des Arbeitgebers von der Schwerbehinderteneigenschaft bzw. Gleichstellung durch den schwerbehinderten Arbeitnehmer einzuhalten ist.[481]

769 **Hinweis:** Daher muss ein schwerbehinderter **Arbeitnehmer** in jedem Fall binnen drei Wochen nach Zugang einer Kündigung Klage zum Arbeitsgericht erheben (§ 4 S. 1 KSchG), um mit dieser geltend zu machen, dass die Zustimmung des Integrationsamtes zur Kündigung nach § 168 SGB IX nicht vorliegt. Gleichzeitig muss er sich auf den Sonderkündigungsschutz berufen. Die Mitteilung der Schwerbehinderteneigenschaft bzw. Gleichstellung oder einer entsprechenden Antragstellung kann formfrei an den Arbeitgeber oder einen kündigungsberechtigten Vertreter erfolgen,[482] muss aber durch den Arbeitnehmer nachgewiesen werden können. Eine Mitteilung, die in der fristgerecht (§ 4 S. 1 KSchG) erhobenen Kündigungsschutzklage erfolgt, ist ausreichend.[483] Allerdings kann sich nach einer weiteren Entscheidung des BAG ein Arbeitnehmer, der seine Eigenschaft als schwerbehinderter Mensch allein in der bei Gericht eingereichten Klageschrift mitteilt, nicht auf den Rechtsgedanken des § 167 ZPO stützen, wenn die Zustellung außerhalb der für eine unmittelbare Übermittlung an den Arbeitgeber zuzugestehenden Zeitspanne erfolgt.[484] Im Zweifel sollte daher bei Ausnutzung der dreiwöchigen Klagefrist eine **gesonderte schriftliche Mitteilung**

---

477 Etzel in FS zum 25-jährigen Bestehen der ARGE Arbeitsrecht im DAV, 246, 254 f.; so wohl auch J. Schmidt, NZA 2004, 79 (81).
478 Cramer, NZA 2004, 698 (704); Bauer/Powietzka, NZA-RR 2004, 505 (507); Neumann/Pahlen/Winkler/Jabben, § 168 Rn. 36; § 173 Rn. 23.
479 Erstreckung der dreiwöchigen Klagefrist nach § 4 S. 1 KSchG auf alle Unwirksamkeitsgründe einer Kündigung ab dem 1.1.2004 – Gesetz zu Reformen am Arbeitsmarkt vom 24.12.2003, BGBl. I, 3002 ff.
480 BAG vom 12.1.2006 – 2 AZR 539/05, NZA 2006, 1035 (1037), Rn. 24; BAG vom 1.3.2007 – 2 AZR 650/05, DB 2007, 1540, Rn. 30; BAG vom 6.9.2007 – 2 AZR 324/06, NZA 2008, 407 (409); BAG vom 13.2.2008 – 2 AZR 864/06, NZA 2008, 1055 (1056), Rn. 19; BAG vom 23.2.2010 – 2 AZR 659/08, NZA 2011, 411 (412), Rn. 16; BAG vom 9.2.1011 – 7 AZR 221/10, NZA 2011, 854, Rn. 22; so auch ErfK/Rolfs, SGB IX § 168 Rn. 9 mwN; kritisch zur Rspr. des BAG – Gehlhaar, NZA 2011, 673 ff.
481 BAG vom 13.2.2008 – 2 AZR 864/06, NZA 2008, 1055 (1059), Rn. 45 ff.
482 ErfK/Rolfs, SGB IX § 168 Rn. 7, 8; Neumann/Pahlen/Winkler/Jabben, § 168 Rn. 34.
483 BAG vom 23.2.2010 – 2 AZR 659/08, NZA 2011, 411, Rn. 19; vgl. auch ErfK/Rolfs, SGB IX § 168 Rn. 9.
484 BAG vom 22.9.2016 – 2 AZR 700/15, NZA 2017, 304 (305), Rn. 22; aA Nägele, NZA 2010, 1377 (1379).

an den Arbeitgeber erfolgen, was nach Auffassung des BAG dem Arbeitnehmer nicht zum Nachteil gereichen darf.[485]

Dabei können folgende **Fallgestaltungen** auftreten:                                770

■ Der Arbeitnehmer ist **schwerbehindert** bzw. iSd § 151 Abs. 2 und 3 SGB IX gleichgestellt, die Schwerbehinderteneigenschaft bzw. Gleichstellung ist vor Zugang der Kündigung festgestellt, der **Arbeitgeber weiß dies aber nicht:**

→ Kündigt der Arbeitgeber, muss der Arbeitnehmer binnen der Dreiwochenfrist des § 4 KSchG Kündigungsschutzklage erheben und dem Arbeitgeber seine Schwerbehinderung mitteilen sowie sich auf den Sonderkündigungsschutz des SGB IX berufen, damit dieser erhalten bleibt. Die ohne vorherige Zustimmung des Integrationsamtes ausgesprochene Kündigung des Arbeitgebers ist nichtig (§ 168 SGB IX, § 134 BGB); der Kündigungsschutzklage ist stattzugeben, falls der Arbeitgeber die Kündigung nicht zurücknimmt. Es ist nicht erforderlich, dass der Arbeitnehmer gleichzeitig den Bescheid über die Schwerbehinderung vorlegt; es reicht die objektive Existenz eines geeigneten Bescheides.[486]

Auch die Regelung des § 173 Abs. 3 SGB IX, wonach der besondere Kündigungsschutz keine Anwendung findet, wenn zum Zeitpunkt der Kündigung die Eigenschaft als schwerbehinderter Mensch nicht nachgewiesen ist, steht dem Ergebnis nicht entgegen. Die Formulierung „nachgewiesen" verlangt keine Mitteilung des Feststellungs- bzw. Gleichstellungsbescheides an den Arbeitgeber.[487]

■ Der Arbeitnehmer stellt **erst nach Zugang der Kündigung** einen **Antrag** auf Feststellung der Schwerbehinderteneigenschaft oder Gleichstellung und wird rückwirkend als schwerbehindert anerkannt bzw. gleichgestellt:

→ Ein Kündigungsschutz besteht in dieser Fallgestaltung nicht.[488]

Den Interessen des schwerbehinderten Arbeitnehmers wird dadurch Rechnung getragen, dass das Arbeitsgericht die Schwerbehinderteneigenschaft bei der Interessenabwägung im Rahmen des § 1 KSchG bzw. § 626 BGB sowie auch bei der Prüfung der Sozialwidrigkeit nach § 1 Abs. 3 S. 1 KSchG berücksichtigt.[489] Nach einer Entscheidung des 2. Senates des BAG steht dem Arbeitnehmer ggf. der **Restitutionsgrund** des § 580 Nr. 7 b ZPO analog zur Seite, wenn im – noch nicht abgeschlossenen – sozialgerichtlichen Verfahren festgestellt wird, dass der Arbeitnehmer tatsächlich zum Zeitpunkt des Zugangs der Kündigung schwerbehindert war.[490]

---

485  BAG vom 22.9.2016 – 2 AZR 700/15, NZA 2017, 304 (305), Rn. 22.
486  BAG vom 11.12.2008 – 2 AZR 395/07, NZA 2009, 556, Rn. 28; BAG vom 9.6.2011 – 2 AZR 703/09, NZA-RR 2011, 516, Rn. 35.
487  BAG vom 13.2.2008 – 2 AZR 864/06, NZA 2008, 1055 (1056), Rn. 18; BAG vom 11.12.2008 – 2 AZR 395/07, NZA 2009, 556, Rn. 28; BAG vom 9.6.2011 – 2 AZR 703/09, NZA-RR 2011, 516, Rn. 35.
488  HM und st. Rspr. des BAG, vgl. etwa BAG vom 11.5.2000 – 2 AZR 276/99, NZA 2000, 1106; BAG vom 24.11.2005 – 2 AZR 514/04, NZA 2006, 665; Rn. 27 mwN; BAG vom 9.6.2011 – 2 AZR 703/09, NZA-RR 2011, 516, Rn. 33.
489  BAG vom 20.1.2000 – 2 AZR 378/99, NZA 2000, 768 (770 f.)
490  BAG vom 24.11.2005 – 2 AZR 514/04, NZA 2006, 665, Rn. 28.

■ Der Arbeitnehmer hat fristgerecht nach § 173 Abs. 3 SGB IX spätestens drei Wochen **vor Zugang der Kündigung einen Antrag** auf Feststellung der Schwerbehinderteneigenschaft gestellt oder die Gleichstellung mit einem schwerbehinderten Menschen beantragt; die Schwerbehinderteneigenschaft oder Gleichstellung (§ 151 Abs. 2 S. 2 SGB IX) wird rückwirkend anerkannt und der Arbeitnehmer hat gegen die ohne Zustimmung des Integrationsamtes ausgesprochene Kündigung des Arbeitgebers fristgerecht binnen drei Wochen Kündigungsschutzklage zum Arbeitsgericht erhoben und den Umstand der Antragstellung rechtzeitig innerhalb der laufenden Dreiwochenfrist dem Arbeitgeber mitgeteilt:

→ In dieser Fallgestaltung ist der Kündigungsschutzprozess nach pflichtgemäßem Ermessen des Arbeitsgerichtes bis zur rechtskräftigen Entscheidung über den Anerkennungsantrag durch das Versorgungsamt gem. § 148 ZPO entweder auszusetzen oder fortzuführen, obwohl noch nicht feststeht, ob der Arbeitnehmer im Zeitpunkt des Zugangs der Kündigung schwerbehindert oder gleichgestellt war. Das BAG geht allerdings davon aus, dass die Aussetzung des Kündigungsschutzprozesses für die Dauer des Verwaltungsrechtsstreites über die Wirksamkeit der Zustimmung in der Regel nicht angezeigt ist.[491] Dabei ist es ausreichend, wenn sich der Arbeitnehmer innerhalb der laufenden Dreiwochenfrist auf die noch nicht durch Bescheid festgestellte Schwerbehinderung oder Gleichstellung beruft, er muss nicht zugleich die Rechtzeitigkeit der Antragstellung darlegen.[492]

■ Wird dann im Anerkennungsverfahren beim Versorgungsamt rückwirkend zum Zeitpunkt des Zugangs der Kündigung die Schwerbehinderteneigenschaft oder Gleichstellung des Arbeitnehmers festgestellt, ist die Kündigung wegen fehlender Zustimmung des Integrationsamtes unwirksam. Setzt das Arbeitsgericht den Kündigungsschutzprozess nicht bis zur rechtskräftigen Entscheidung über den Anerkennungsantrag aus, sondern weist die Kündigungsschutzklage rechtskräftig ab, so kann der schwerbehinderte Arbeitnehmer analog zu § 580 Nr. 7 b ZPO die Wiederaufnahme des Kündigungsschutzprozesses (**Restitutionsklage**) betreiben, falls erst nach Rechtskraft des klageabweisenden Urteils im Kündigungsschutzprozess die Schwerbehinderteneigenschaft rückwirkend bis zum Zeitpunkt des Zugangs der Kündigung festgestellt wird.[493]

771 **Weiß der Arbeitgeber**, dass der Arbeitnehmer **schwerbehindert** oder **gleichgestellt** ist, und hat das Integrationsamt der erstrebten Beendigung durch auflösende Bedingung nicht zugestimmt, beginnt die Klagefrist des § 4 S. 4 KSchG nicht und auch nicht eine

---

491 BAG vom 23.5.2013 – 2 AZR 991/11, NZA 2013, 1373, Rn. 28 unter Hinweis auf BAG vom 2.3.2006 – 2 AZR 53/05, NZA-RR 2006, 636.

492 BAG vom 9.6.2011 – 2 AZR 703/09, NZA-RR 2011, Rn. 33 ff.; Neumann/Pahlen/Winkler/Jabben, § 168, Rn. 37.

493 BAG vom 15.8.1984 – 7 AZR 558/82, EzA § 580 ZPO Nr. 2 = AP Nr. 13 zu § 12 SchwbG mit zust. Anm. Gaul; BAG vom 24.11.2005 – 2 AZR 514/04, NZA 2006, 665 (667) mwN; BAG vom 2.3.2006 – 2 AZR 53/05, NZA-RR 2006, 636, Rn. 56 mwN; LAG Köln vom 13.8.2009 – 7 Sa 355/09, Rn. 18; BAG vom 29.9.2011 – 2 AZR 674/10, Rn. 33; BAG vom 23.5.2013 – 2 AZR 991/11, NZA 2013, 1373, Rn. 24 mwN; Braasch in Deinert/Neumann (Hrsg.), HdB SGB IX, § 19 Rn. 257; ErfK/Rolfs, SGB IX § 168 Rn. 14; Fenski, BB 2001, 570 (571) mwN.

Frist für eine Bedingungskontrollklage nach §§ 21, 17 S. 1 TzBfG.[494] Im Falle des **Betriebsübergangs** nach § 613 a BGB muss sich der **Betriebserwerber** die **Kenntnis** des **Betriebsveräußerers** von der Schwerbehinderteneigenschaft eines Arbeitnehmers **zurechnen lassen**.[495]

## 2. Änderungskündigung

Eine Änderungskündigung ist dann gegeben, wenn der Arbeitgeber das Arbeitsverhältnis kündigt und dem Arbeitnehmer im Zusammenhang mit der Kündigung die Fortsetzung des Arbeitsverhältnisses zu geänderten Arbeitsbedingungen anbietet (§ 2 KSchG). Der Arbeitgeber ist außerhalb seines **Direktionsrechtes**[496] nicht berechtigt, den Inhalt des Arbeitsvertrages einseitig zu ändern; er muss also im Allgemeinen kündigen und die Fortsetzung des Arbeitsvertrages zu den von ihm gewünschten Bedingungen anbieten, wenn sich der schwerbehinderte Mensch nicht mit den angestrebten Arbeitsbedingungen einverstanden erklärt und der Arbeitgeber eine Änderung der Arbeitsbedingungen nicht mit dem ihm zustehenden Direktionsrecht erreichen kann.[497]   772

Eine solche **Änderungskündigung** bedarf – wie die Beendigungskündigung, die zur Entlassung eines schwerbehinderten Menschen führt – ebenfalls der **vorherigen Zustimmung des Integrationsamtes** (§ 168 SGB IX).[498] Die Änderungskündigung kann unter Einhaltung der bestehenden Kündigungsfristen als ordentliche Kündigung erfolgen; sie kann auch ausnahmsweise aus wichtigem Grund als **außerordentliche Kündigung** ausgesprochen werden.   773

**Im Zustimmungsverfahren** zu einer Änderungskündigung **prüft das Integrationsamt** zunächst, ob die Zustimmung nach § 172 Abs. 2 SGB IX zu erteilen ist. Nach dieser Vorschrift soll die Zustimmung erteilt werden, wenn dem schwerbehinderten Menschen ein anderer angemessener und zumutbarer Arbeitsplatz gesichert ist. In diesem Fall muss das Integrationsamt die Zustimmung regelmäßig erteilen und darf sie nur ausnahmsweise – bei Vorliegen besonderer Umstände, die eine Entscheidung zugunsten des schwerbehinderten Menschen rechtfertigen – versagen.[499]   774

Diese Vorschrift ist gerade bei Änderungskündigungen von Bedeutung. Denn der „andere Arbeitsplatz" kann auch der bisherige Arbeitsplatz – nur zu geänderten Bedingungen – oder ein anderer Arbeitsplatz desselben Arbeitgebers sein.[500] Die **Angemessenheit des anderen Arbeitsplatzes** beurteilt sich nach der Art der Beschäftigung, dem Verhältnis des Arbeitsentgelts zur ausgeübten Tätigkeit und den sonstigen Ar-

---

494  BAG vom 9.2.2011 – 7 AZR 221/10, NZA 2011, 854 (856), Rn. 20 ff.
495  BAG vom 11.12.2008 – 2 AZR 395/07, NZA 2009, 556, Rn. 18.
496  Vgl. ausführlich zur Abgrenzung zwischen Direktionsrecht und Änderungskündigung bei der einseitigen Änderung von Arbeitsbedingungen: Braasch in Deinert/Neumann (Hrsg.), HdB SGB IX, § 19 Rn. 38.
497  Nach der neueren Rechtsprechung des BAG hat die Ausübung des Direktionsrechtes durch den Arbeitgeber Vorrang vor einer Änderungskündigung, BAG vom 6.9.2007 – 2 AZR 368/06, NZA-RR 2008, 291; kritisch dazu Hunold, NZA 2008, 860 ff.
498  ErfK/Rolfs, SGB IX § 168 Rn. 11; Braasch in Deinert/Neumann (Hrsg.), HdB SGB IX, § 19 Rn. 41; Neumann/Pahlen/Winkler/Jabben, § 168 Rn. 56 mwN.
499  OVG Münster vom 23.5.1984 – 8 A 130/83; Braasch in Deinert/Neumann (Hrsg.), HdB SGB IX, § 19 Rn. 37; Neumann/Pahlen/Winkler/Jabben, § 168 Rn. 57 mwN.
500  OVG Münster vom 5.4.1989 – 13 A 31/88, ZB 4/95 (ZB Info).

beitsbedingungen.[501] Im Rahmen der Prüfung der **Zumutbarkeit** sind alle Umstände zu berücksichtigen, die mit dem neuen Arbeitsplatz im weiteren Sinne zusammenhängen.[502]

775 Wenn die Voraussetzungen des § 172 Abs. 2 SGB IX nicht vorliegen, wird die Entscheidung auf Grund des dem Integrationsamt zustehenden **pflichtgemäßen Ermessens** getroffen.[503] Dies kann bedeuten, dass bei Abwägung aller Umstände dem Antrag auch dann entsprochen wird, wenn der Arbeitsplatz nicht angemessen und zumutbar ist, die einzige Alternative hierzu jedoch eine Beendigungskündigung wäre. Bei der Interessenabwägung ist auch zu berücksichtigen, ob der Arbeitgeber die Prävention nach § 167 Abs. 1 und 2 SGB IX durchgeführt hat oder nicht.

776 **Hinweis:** Bereits vor einem beabsichtigten Arbeitsplatzwechsel sollten sowohl der Arbeitgeber als auch der **Betriebs-/Personalrat** und die **Schwerbehindertenvertretung** zu klären versuchen, ob der bisherige Arbeitsplatz durch technische und organisatorische Maßnahmen und ggf. durch behinderungsgerechte Umgestaltung für den schwerbehinderten Mitarbeiter erhalten oder ob jedenfalls ein gleichwertiger anderer Arbeitsplatz gefunden werden kann. Dabei können das Integrationsamt und der Integrationsfachdienst (§§ 192 ff. SGB IX) eingeschaltet werden. Die **Schwerbehindertenvertretung** ist durch den Arbeitgeber unverzüglich und umfassend vor einer Änderung der Arbeitsbedingungen eines schwerbehinderten oder gleichgestellten Menschen zu unterrichten und vor einer Entscheidung zu hören. Der Arbeitgeber hat ihr die getroffene Entscheidung unverzüglich mitzuteilen (§ 178 Abs. 2 S. 1 SGB IX).

### 3. Zustimmung zur außerordentlichen Kündigung (§ 174 SGB IX)

777 Abweichend vom Regelfall der ordentlichen Kündigung besteht bei Vorliegen eines wichtigen Grundes ausnahmsweise die Möglichkeit, das Arbeitsverhältnis außerordentlich zu kündigen. Nach dem Gesetz werden als wichtiger Grund Tatsachen angesehen, aufgrund derer dem Kündigenden die Fortsetzung des Arbeitsverhältnisses bis zum Ablauf der Kündigungsfrist oder bis zu der vereinbarten Beendigung des Arbeitsverhältnisses nicht zugemutet werden kann (§ 626 BGB).

778 Im Gegensatz zur ordentlichen Kündigung gelten also für die außerordentliche Kündigung keine Kündigungsfristen, auch nicht die **Mindestkündigungsfrist** nach § 169 SGB IX.

779 Auch die außerordentliche Kündigung eines schwerbehinderten Menschen durch den Arbeitgeber bedarf gem. § 174 Abs. 1 SGB IX iVm § 168 SGB IX der vorherigen Zustimmung des Integrationsamtes. Der Regelfall der außerordentlichen Kündigung ist die **fristlose Kündigung**, durch die das Arbeitsverhältnis sofort beendet werden soll.

---

501  AA OVG Münster vom 23.1.1992 – 13 A 107/91, wonach sich die Angemessenheit des anderen Arbeitsplatzes allein nach den Bedingungen der Arbeit und der Arbeitsstätte an sich und nicht im Vergleich mit dem früheren Arbeitsplatz beurteilt.
502  OVG Koblenz vom 13.12.1996 – 12 A 10457/96, ZB 3/99 (ZB Info).
503  Vgl. dazu ErfK/Rolfs, SGB IX § 172 Rn. 1 mwN.

Streitig ist, ob § 174 SGB IX vollständig auch für eine **außerordentliche Kündigung** 780
**mit notwendiger bzw. sozialer Auslauffrist** gegenüber einem ordentlich unkündbaren
Arbeitnehmer gilt.[504] In einer älteren Entscheidung hatte das BAG lediglich allgemein
entschieden, dass § 174 SGB IX als solcher auch für eine außerordentliche Kündigung mit sozialer Auslauffrist gilt, die gegenüber einem ordentlich kündbaren Arbeitnehmer ausgesprochen worden war.[505] In diesem Urteil hatte es jedoch keine Aussa-
gen über die spezielle Geltung der Fiktionswirkung nach § 174 Abs. 3 SGB IX getroffen. Im arbeitsrechtlichen Schrifttum und in der Rechtsprechung sind die Meinungen
geteilt. Von einem Teil des arbeitsrechtlichen Schrifttums und in der verwaltungsgerichtlichen Rechtsprechung wird § 174 SGB IX insgesamt uneingeschränkt – und damit die Fiktionswirkung des § 174 Abs. 3 SGB IX – auch auf außerordentliche Kündigungen mit sozialer Auslauffrist angewandt.[506] Nahezu ebenso viele Autoren und das
LAG Köln sprechen sich für eine differenzierte, eingeschränkte Anwendung des § 174
SGB IX auf außerordentliche Kündigungen mit Auslauffrist aus. Sie wenden für derartige Kündigungen nur § 174 Abs. 2 und Abs. 5 SGB IX an und halten die Absätze 3
und 4 der Vorschrift für unanwendbar, an deren Stelle die § 171 Abs. 1 und 5 SGB IX
treten.[507] Dieser Auffassung ist zu folgen, da es einen Wertungswiderspruch darstellt,
dass der geringer ausgestaltete Schutz vor außerordentlichen Kündigungen nach
§ 174 SGB IX, insbesondere § 174 Abs. 3 und 4 SGB IX, auf eigentlich sozial schutz-
bedürftigere, ordentlich unkündbare Arbeitnehmer angewandt wird und nur bei einer
derartigen eingeschränkten Anwendung des § 174 SGB IX der tarifliche Sonderkündigungsschutz hinreichend gewahrt wird.[508] Das BAG hat in einer neueren Entscheidung allerdings entschieden, dass die Zustimmungsfiktion des § 174 Abs. 3 SGB IX
auch bei einer außerordentlichen Kündigung mit sozialer Auslauffrist gilt.[509]

Das Kündigungsschutzverfahren richtet sich weitgehend nach den Vorschriften über 781
die ordentliche Kündigung. Es gibt jedoch einige wichtige Besonderheiten:

### a) Antrag auf Zustimmung zur außerordentlichen Kündigung
### aa) Zweiwochenfrist (§ 174 Abs. 2 SGB IX)

Der Arbeitgeber kann die Zustimmung zur außerordentlichen Kündigung **nur inner-** 782
**halb von zwei Wochen** beantragen, wobei der Eingang des Antrags beim Integrationsamt maßgebend ist (§ 174 Abs. 2 S. 1 SGB IX). Die **Frist beginnt** mit dem Zeitpunkt,
in dem der Arbeitgeber von den für die Kündigung maßgebenden Tatsachen Kenntnis

---

504  Bejahend: st. Rspr. des BAG, vgl. BAG vom 12.8.1999 – 2 AZR 748/98, NZA 1999, 1267; BAG vom
      12.5.2005 – 2 AZR 159/04, NZA 2005, 1173, Rn. 19; ErfK/Rolfs, SGB IX § 174 Rn. 2; Neumann/Pahlen/
      Winkler/Jabben, § 174 Rn. 4; verneinend: Düwell in LPK-SGB IX § 174 Rn. 10 mwN.
505  BAG vom 12.5.2005 – 2 AZR 159/04, NZA 2005, 1173.
506  VG Stuttgart vom 7.2.2011 – 11 K 2352/10; VG Düsseldorf vom 10.6.2013 – 13 K 6670/12; Neumann/
      Pahlen/Winkler/Jabben, § 174 Rn. 4; ErfK/Rolfs, SGB IX § 174 Rn. 2; vgl. auch die weiteren Schrifttums-
      nachweise in LAG Köln vom 29.1.2014 – 3 Sa 866/13, BehindertenR 2014, 142, Rn. 25.
507  LAG Köln vom 31.10.2012 – 3 Sa 1062/11, BehindertenR 2013, 195, Rn. 36, 37; LAG Köln vom
      29.1.2014 – 3 Sa 866/13, BehindertenR 2014, 142, Rn. 26 mwN; so auch Düwell in LPK-SGB IX § 174
      Rn. 11 mwN; Beyer, jurisPR-ArbR 28/2013, Anm. 4; Griebeling, NZA 2005, 494 (500); Schmitz in Feldes/
      Kohte/Stevens-Bartol, SGB IX, § 174 Rn. 5.
508  So auch zu Recht Düwell in LPK-SGB IX § 174 Rn. 11 und LAG Köln vom 29.1.2014 – 3 Sa 866/13, Be-
      hindertenR 2014, 142, Rn. 28 ff.
509  BAG vom 22.10.2015 – 2 AZR 381/14, NZA 2016, 482.

erlangt (§ 174 Abs. 2 S. 2 SGB IX). Dabei kommt es auf die Kenntnis der Person beim Arbeitgeber an, der im konkreten Fall das Recht zur Kündigung zusteht.[510]

783    Wie im Fall des § 626 Abs. 2 BGB beginnt die Ausschlussfrist, wenn der **Kündigungsberechtigte** eine zuverlässige und möglichst vollständige Kenntnis der für die Kündigung maßgebenden Tatsachen hat, die ihm die Entscheidung ermöglicht, ob die Fortsetzung des Arbeitsverhältnisses zumutbar ist oder nicht.[511] Ein zur Kündigung Berechtigter, der Anhaltspunkte für einen Sachverhalt hat, der zur außerordentlichen Kündigung berechtigen könnte, kann Ermittlungen anstellen und den Betroffenen anhören, ohne dass die Frist zu laufen beginnt. Um den Lauf der Frist aber nicht länger als unbedingt notwendig hinaus zu schieben, muss die Anhörung innerhalb einer kurzen Frist erfolgen. Die Frist darf im Allgemeinen **nicht mehr als eine Woche** betragen, kann aber bei Vorliegen besonderer Umstände überschritten werden.[512] Das Integrationsamt hat die Einhaltung der Frist **von Amts wegen** zu überprüfen.[513] Im Kündigungsschutzprozess ist der **Arbeitgeber** als Kündigungsberechtigter für die Einhaltung der Ausschlussfrist **darlegungs- und beweispflichtig**.[514]

784    Auch bei sog **Dauertatbeständen**, wie lang anhaltenden Erkrankungen, ist die Rechtsprechung des BAG zu § 626 Abs. 2 BGB auf § 174 Abs. 2 SGB IX zu übertragen.[515] In dem Fall, dass der schwerbehinderte Arbeitnehmer infolge Arbeitsunfähigkeit seine vertraglich vereinbarte Leistung nicht mehr erbringen kann, liegt ein Dauertatbestand vor, der sich fortlaufend neu verwirklicht. Bei solchen echten Dauertatbeständen beginnt die Ausschlussfrist erst mit Beendigung des länger anhaltenden Zustandes.[516]

785    Bei einer **außerordentlichen krankheitsbedingten Kündigung** reicht es aus, dass die dauernde Unfähigkeit, die vertraglichen Dienste zu erbringen, bis in die letzten zwei Wochen vor Ausspruch der Kündigung angehalten hat.[517] Ein Dauertatbestand kann nach der Rechtsprechung des BAG selbst bei nicht durchgehender Arbeitsunfähigkeit anzunehmen sein.[518]

786    Das Integrationsamt muss die Wahrung der Zweiwochenfrist des § 174 Abs. 2 SGB IX **von Amts wegen** prüfen (§ 20 SGB X).[519] Ist die Frist des § 174 Abs. 2 SGB IX bei Antragstellung durch den Arbeitgeber bereits verstrichen, ist der Antrag des Arbeitgebers durch das Integrationsamt als unzulässig zu verwerfen, da eine ge-

---

510   Vgl. dazu ausführlich Düwell in LPK-SGB IX § 174 Rn. 13.
511   BAG vom 21.4.2005 – 2 AZR 255/04, NZA 2005, 991 (992); BAG vom 2.2.2006 – 2 AZR 57/05, AP Nr. 204 zu § 626 BGB mwN; BAG vom 2.3.2006 – 2 AZR 46/05, NZA 2006, 1211 (1212) mwN; ErfK/Rolfs, SGB IX § 174 Rn. 3 mwN; Düwell in LPK-SGB IX § 174 Rn. 13 mwN.
512   BAG vom 2.3.2006 – 2 AZR 46/05, NZA 2006, 1211 (1214) mwN; LAG Köln vom 15.4.2010 – 13 Sa 1449/09.
513   BVerwG vom 2.5.1996 – 5 B 186.95; vgl. auch Düwell in LPK-SGB IX § 174 Rn. 13.
514   BAG vom 1.2.2007 – 2 AZR 333/06, NZA 2007, 744.
515   ErfK/Rolfs, SGB IX § 174 Rn. 3.
516   BAG vom 13.5.2004 – 2 AZR 36/04, NZA 2004, 1271 (1272) mwN.
517   So BAG vom 21.3.1996 – 2 AZR 455/95, NZA 1996, 871; BAG vom 13.5.2004 – 2 AZR 36/04, NZA 2004, 1271 (1272).
518   BAG vom 27.11.2003 – 2 AZR 601/02, EzA § 626 BGB 2002 Krankheit Nr. 1.
519   BVerwG vom 2.5.1996 – 5 B 186.95, Buchholz 436.61 § 21 SchwbG Nr. 7; Düwell in LPK-SGB IX § 174 Rn. 13; ErfK/Rolfs, SGB IX § 174 Rn. 4.

setzliche Voraussetzung für die Zustimmung fehlt.[520] Deshalb darf das Integrationsamt die Zustimmung zur Kündigung nicht erteilen.[521]

Die **Zweiwochenfrist** des § 174 Abs. 2 S. 1 SGB IX ist **nicht verlängerbar**. Eine Wiedereinsetzung in den vorigen Stand kommt selbst dann **nicht** in Betracht, wenn die ordentliche Kündigung ausgeschlossen ist.[522] Auch für einen mit einem zurückgenommenen Zustimmungsantrag inhaltsgleichen **Zweitantrag** läuft keine neue Antragsfrist.[523]

### bb) Verhältnis zwischen der Zweiwochenfrist nach § 174 Abs. 2 SGB IX und der nach § 626 Abs. 2 BGB

Dabei ist in Literatur und Rechtsprechung streitig, ob in dem Fall, dass der Arbeitgeber die Antragsfrist des § 174 Abs. 2 SGB IX versäumt und das Integrationsamt dennoch seine Zustimmung zur außerordentlichen Kündigung erteilt hat, eine gem. § 174 Abs. 5 SGB IX unverzüglich nach Zustimmung des Integrationsamtes erklärte außerordentliche Kündigung des Arbeitgebers in ihrer Wirksamkeit unabhängig von der Frist des § 626 Abs. 2 BGB zu beurteilen ist oder nicht.

Nach der Rechtsprechung des BAG sowie nach inzwischen herrschender Auffassung in der Literatur verdrängt die Vorschrift des § 174 Abs. 2 S. 1 SGB IX die Kündigungserklärungsfrist des § 626 Abs. 2 BGB nicht. Mit dem bestandskräftigen, zustimmenden Verwaltungsakt des Integrationsamtes steht nicht etwa zugleich fest, dass die Zweiwochenfrist des § 626 Abs. 2 BGB gewahrt ist. In einem arbeitsgerichtlichen Kündigungsschutzverfahren haben die Arbeitsgerichte die Einhaltung der Frist des § 626 Abs. 2 BGB eigenständig zu prüfen.[524]

Nach dieser Auffassung wird also die Ausschlussfrist des § 626 Abs. 2 S. 1 BGB durch § 174 Abs. 2 SGB IX nicht modifiziert. Die **Fristen des § 626 Abs. 2 S. 1 BGB und § 174 SGB IX** bestehen somit selbstständig nebeneinander und verdrängen einander nicht gegenseitig.[525]

Das folgt zum einen daraus, dass mit der eigenständigen Prüfung der Ausschlussfrist des § 626 Abs. 2 S. 1 BGB durch die Arbeitsgerichte keine Aussage über die verwaltungsrechtliche Frage verbunden ist, ob die Frist des § 174 Abs. 2 S. 1 SGB IX als Voraussetzung einer wirksamen Zustimmung des Integrationsamtes eingehalten worden ist. Soweit die Arbeitsgerichte die Einhaltung der Ausschlussfrist des § 626 Abs. 2 S. 1 BGB in eigener Kompetenz als Voraussetzung der außerordentlichen Kündigung prüfen, steht damit nicht zugleich die Wirksamkeit des zustimmenden Verwaltungs-

787

788

789

790

791

---

520 ErfK/Rolfs, SGB IX § 174 Rn. 4.
521 BVerwG vom 15.3.1989, Buchholz 436.61 § 21 SchwbG Nr. 2.
522 VGH Mannheim vom 5.8.1996 – 7 S 483/95, NZA-RR 1997, 90; ErfK/Rolfs, SGB IX § 174 Rn. 3; Düwell in LPK-SGB IX § 174 Rn. 17.
523 VGH Mannheim vom 5.8.1996 – 7 S 483/95, NZA-RR 1997, 90; Düwell in LPK-SGB IX § 174 Rn. 17.
524 BAG vom 2.3.2006 – 2 AZR 46/05, NZA 2006, 1211; BAG vom 1.2.2007 – 2 AZR 333/06, NZA 2007, 744, Rn. 14; LAG Köln vom 4.2.2010 – 6 Sa 1045/09, EzA-SD 2010, Nr. 6, 16, Rn. 14; Fenski, BB 2001, 570 (571); ErfK/Rolfs, SGB IX § 174 Rn. 4.
525 BAG vom 2.3.2006 – 2 AZR 46/05, NZA 2006, 1211 (1212) mwN; BAG vom 1.2.2007 – 2 AZR 333/06, NZA 2007, 744, Rn. 14; LAG Köln vom 4.2.2010 – 6 Sa 1045/09, EzA-SD 2010, Nr. 6, 16, Rn. 14; Hauck/Noftz, SGB IX § 174 Rn. 5; Braasch in Deinert/Neumann (Hrsg.), HdB SGB IX, § 19 Rn. 191; Fenski, BB 2001, 570 (571); aA Düwell in LPK-SGB IX § 174 Rn. 18.

aktes des Integrationsamtes zur Kontrolle an. Die Überprüfung, ob der Verwaltungsakt rechtmäßig ist, insbesondere, ob das Integrationsamt die Einhaltung der Ausschlussfrist des § 174 Abs. 2 S. 1 SGB IX zu Recht bejaht hat, wird durch die Prüfung der Ausschlussfrist nach § 626 Abs. 2 S. 1 BGB durch die Arbeitsgerichte nicht berührt.[526] Zum anderen ist die zustimmende Entscheidung des Integrationsamtes nach den §§ 168, 174 SGB IX für die Arbeitsgerichte bei der Prüfung der Zweiwochenfrist des § 626 Abs. 2 S. 1 BGB nicht bindend.[527]

792   Nach anderer Auffassung soll in dem Fall, dass die Antragsfrist des § 174 Abs. 2 S. 1 SGB IX vom Arbeitgeber versäumt worden ist, dessen ungeachtet aber das Integrationsamt der außerordentlichen Kündigung zugestimmt hat, eine danach erklärte Kündigung in ihrer Wirksamkeit unabhängig von der Frist des § 626 Abs. 2 BGB zu beurteilen sein. Begründet wird dies damit, dass § 174 Abs. 5 SGB IX die Kündigungserklärungsfrist eigenständig regle und andernfalls die Arbeitsgerichte mittelbar über die Wirksamkeit der Zustimmung des Integrationsamtes befinden würden, was unzulässig sei.[528]

793   Die unterschiedlichen Konsequenzen dieser beiden Auffassungen zeigen sich in folgendem Beispiel.

794   **Beispiel:**[529] Der schwerbehinderte Arbeitnehmer A aus Berlin möchte für Freitag, den 18.5.2018, den Tag nach Christi Himmelfahrt, Urlaub haben, um für ein langes Wochenende nach Köln zu fahren. Dieser Urlaub kann ihm aus betriebsbedingten Gründen nicht gewährt werden, was ihm vom Personalleiter des Unternehmens B mitgeteilt wird, worauf A erwidert: „Da gibt es ja noch die Möglichkeit des Gelbmanns." Am 18.5.2018 wird A arbeitsunfähig, was er dem Personalleiter seines Arbeitgebers B ordnungsgemäß mitteilt und nachweist. B hat aufgrund der Andeutungen des A einen Privatdetektiv P engagiert, der A nach Köln folgt und feststellt, dass A sich „wie Bolle amüsiere"; dies ergibt sich auch detailliert aus dem Bericht des P. Am Montag, dem 21.5.2018, erhält der Personalleiter den Bericht des P; am Dienstag, dem 22.5.2018, hört er den A zu einer beabsichtigten außerordentlichen Kündigung an; am Mittwoch, dem 23.5.2018, den im Betrieb B bestehenden Betriebsrat. Der Betriebsrat möchte mehr Aufklärung darüber erhalten, woran A erkrankt sei, was der Personalleiter dem Betriebsrat erst am 4.6.2018 mitteilt. Am Mittwoch, dem 6.6.2018, stimmt der Betriebsrat einer beabsichtigten außerordentlichen Kündigung des A zu; am Freitag, dem 8.6.2018, beantragt B die Zustimmung des Integrationsamtes zur außerordentlichen Kündigung. Diese Zustimmung erhält B am 15.6.2018 per Fax, am 18.6.2018 wird sie B zugestellt. Der Personalleiter spricht mit Schreiben vom 18.6.2018 eine außerordentliche Kündigung aus, welche A am 19.6.2018 zugeht. Gegen diese außerordentliche Kündigung erhebt A fristgerecht Klage zum Arbeitsgericht Berlin.

795   Der Arbeitgeber B hat im Beispielsfall die Zweiwochenfrist des § 174 Abs. 2 S. 1 SGB IX gem. §§ 187 Abs. 1, 188 BGB verstreichen lassen, denn am Mittwoch, dem 23.5.2018, hatte er unzweifelhaft Kenntnis von allen für die Kündigung maßgebenden Tatsachen erlangt, weil er an diesem Tag den Betriebsrat zur beabsichtigten Kündigung anhörte. Auf die Art der Krankheit des Arbeitnehmers A bzw. ob B davon

---

526   BAG vom 2.3.2006 – 2 AZR 46/05, NZA 2006, 1211 (1213), Rn. 14 ff. mwN; Fenski, BB 2001, 570 (571).
527   BAG vom 2.3.2006 – 2 AZR 46/05, NZA 2006, 1211 (1213), Rn. 16; Fenski, BB 2001, 570 (571); Braasch in Deinert/Neumann (Hrsg.), HdB SGB IX, § 19 Rn. 191.
528   Neumann/Pahlen/Winkler/Jabben, § 174 Rn. 17 mwN; Düwell in LPK-SGB IX § 174 Rn. 18.
529   In Abwandlung des Sachverhaltes, der der Entscheidung des LAG Berlin vom 17.12.1999 – 19 Sa 1739/99 zugrunde lag.

wusste, kommt es nicht an, da die außerordentliche Kündigung auch dann wirksam wäre, wenn A tatsächlich erkrankt wäre.[530] Dies hat das Integrationsamt bei seiner zustimmenden Entscheidung jedoch nicht gesehen.

Nach der in der Literatur vertretenen abweichenden Meinung[531] wäre die durch den **796** Personalleiter am 19.6.2018 unverzüglich nach Zugang der zustimmenden Entscheidung des Integrationsamtes ausgesprochene außerordentliche Kündigung trotz Versäumung der Frist des § 174 Abs. 2 S. 1 SGB IX wirksam, weil nach dieser Auffassung § 174 Abs. 5 SGB IX die Kündigungserklärungsfrist von zwei Wochen eigenständig regelt und die Zweiwochenfrist des § 626 Abs. 2 BGB durch die Arbeitsgerichte in diesem Fall nicht mehr zu prüfen ist. Selbst wenn der Arbeitnehmer A im Kündigungsschutzprozess die Nichteinhaltung der Antragsfrist nach § 174 Abs. 2 SGB IX rügen würde, so wäre den Arbeitsgerichten eine Überprüfung der Frist verwehrt. Allenfalls könne der Zustimmungsbescheid des Integrationsamtes nach § 40 Abs. 1 SGB X als nichtig angesehen werden, wenn es offensichtlich ist, dass die Frist überschritten wurde und das Integrationsamt pflichtwidrig die Fristwahrung überhaupt nicht geprüft hat.[532] Ansonsten muss der schwerbehinderte Mensch wegen der Nichteinhaltung der Frist des § 174 Abs. 2 SGB IX den Zustimmungsbescheid des Integrationsamtes (§ 174 Abs. 3 S. 1 SGB IX) oder die fingierte Zustimmung des Integrationsamtes (§ 174 Abs. 3 S. 2 SGB IX) mit Widerspruch und Anfechtungsklage vor dem Verwaltungsgericht anfechten.[533]

Nach Auffassung des BAG und der herrschenden Meinung in der Literatur ist die **797** Einhaltung der Zweiwochenfrist des § 626 Abs. 2 S. 1 BGB als Wirksamkeitsvoraussetzung der außerordentlichen Kündigung in eigener Kompetenz durch die Arbeitsgerichte zu prüfen, so dass die bereits eingetretene Fristversäumung nicht allein dadurch „geheilt" werden kann, dass das Integrationsamt die Zustimmung zur beabsichtigten außerordentlichen Kündigung erteilt hat.[534]

Nach dieser herrschenden Auffassung kann im arbeitsgerichtlichen Verfahren trotz **798** erteilter Zustimmung des Integrationsamtes die erklärte außerordentliche Kündigung an der Nichteinhaltung der Zweiwochenfrist des § 626 Abs. 2 S. 1 BGB scheitern, wenn die Zweiwochenfrist des § 174 Abs. 2 S. 1 BGB bei Ausspruch der außerordentlichen Kündigung bereits abgelaufen ist. Dies gilt nicht nur für den Fall, dass die Nichteinhaltung der Frist des § 174 Abs. 2 SGB IX offenkundig ist.[535]

Entgegen der dargestellten abweichenden Meinung in der Literatur[536] führt die Rege- **799** lung des § 174 Abs. 5 SGB IX zu keinem anderen Ergebnis. Für den Fall, dass die Zweiwochenfrist des § 626 Abs. 2 S. 1 BGB nach Erteilung der Zustimmung bereits

---

530  BAG vom 5.11.1992 – 2 AZR 147/92, BB 1993, 434 = DB 1993, 486.
531  Düwell in LPK-SGB IX § 174 Rn. 18; ErfK/Niemann, BGB § 626 Rn. 228 b.
532  Düwell in LPK-SGB IX § 174 Rn. 18 mwN.
533  Düwell in LPK-SGB IX § 174 Rn. 18.
534  BAG vom 2.3.2006 – 2 AZR 46/05, NZA 2006, 1211 (1213) mwN; ErfK/Rolfs, § 174 Rn. 4; Fenski, BB 2001, 570 (571); Braasch in Deinert/Neumann (Hrsg.), HdB SGB IX, § 19 Rn. 191.
535  Braasch in Deinert/Neumann (Hrsg.), HdB SGB IX, § 19 Rn. 191; Fenski, BB 2001, 570 (571); aA Düwell in LPK-SGB IX § 174 Rn. 18 mwN.
536  Nach dieser Meinung regelt § 174 Abs. 5 SGB IX die Kündigungserklärungsfrist eigenständig – ErfK/Niemann, BGB § 626 Rn. 228 b.

abgelaufen ist, verlangt § 174 Abs. 5 SGB IX die unverzügliche Erklärung der außerordentlichen Kündigung. Damit ist aber nur klargestellt, dass nach erteilter Zustimmung keine neue Ausschlussfrist zu laufen beginnt.

800 § 174 Abs. 5 SGB IX will dem Umstand Rechnung tragen, dass es dem Arbeitgeber regelmäßig nicht möglich ist, bis zum Ablauf der zweiwöchigen Ausschlussfrist des § 626 Abs. 2 S. 1 BGB bei einem schwerbehinderten Menschen auch noch die Zustimmung des Integrationsamtes einzuholen.[537] Würde es die Regelung in § 174 Abs. 5 SGB IX nicht geben, würde die außerordentliche Kündigung in vielen Fällen daran scheitern, dass zum Zeitpunkt des Ablaufs der Zweiwochenfrist des § 626 Abs. 2 S. 1 BGB die Zustimmung des Integrationsamtes noch nicht vorliegt. Der Anwendungsbereich des § 174 Abs. 5 SGB IX wird aber gar nicht erst eröffnet, wenn die Zweiwochenfrist des § 626 Abs. 2 S. 1 BGB bereits vor Antragstellung beim Integrationsamt abgelaufen war.[538]

801 Im Beispielsfall führt dies zu dem zutreffenden Ergebnis, dass die am 18.6.2018 ausgesprochene außerordentliche Kündigung unwirksam ist, obwohl das Integrationsamt nach den §§ 168, 174 SGB IX seine Zustimmung erteilt hatte. Die am 8.6.2018 durch den Arbeitgeber beantragte Zustimmung zur Kündigung des A erfolgte nach Ablauf sowohl der Frist des § 626 Abs. 2 S. 1 BGB als auch nach Ablauf der Frist des § 174 Abs. 2 S. 1 SGB IX. Hat aber der Arbeitgeber den Antrag auf Zustimmung für eine beabsichtigte außerordentliche Kündigung nicht fristgemäß gestellt, kann er die außerordentliche Kündigung nach § 626 Abs. 2 S. 1 BGB nicht mehr fristgemäß aussprechen, die Kündigung ist unwirksam.[539]

802 **Hinweis:** Bei einer außerordentlichen Kündigung ist daher **äußerste Sorgfalt bei der Einhaltung der Frist des § 174 Abs. 2 SGB IX geboten.** Wird diese Zweiwochenfrist des § 174 Abs. 2 SGB IX versäumt, verliert der Arbeitgeber damit seine Möglichkeit zur außerordentlichen Kündigung, weil stets zugleich die Frist des § 626 Abs. 2 BGB verstrichen ist. Die Kündigung kann damit bei verspäteter Antragstellung beim Integrationsamt also selbst dann unwirksam sein, wenn das Integrationsamt die Zustimmung erteilt hat. Der Arbeitgeber ist dann auf eine neue Antragstellung für eine allein noch zulässige ordentliche Kündigung beschränkt.

803 Eine **Wiedereinsetzung in den vorherigen Stand** bei Versäumung der Antragsfrist des § 174 Abs. 2 SGB IX kommt nicht in Betracht, selbst dann nicht, wenn die ordentliche Kündigung ausgeschlossen ist.[540]

804 Auch in der Fallvariante, dass der schwerbehinderte **Arbeitnehmer** dem Arbeitgeber das Vorliegen einer Schwerbehinderung bzw. Gleichstellung oder deren rechtzeitige Beantragung nach § 173 Abs. 3 SGB IX erst **nach Ausspruch der außerordentlichen Kündigung mitteilt** und sodann das Integrationsamt auf einen entsprechenden Antrag

---

537   BAG vom 2.3.2006 – 2 AZR 46/05, NZA 2006, 1211 (1214), Rn. 22 mwN.
538   BAG vom 2.3.2006 – 2 AZR 46/05, NZA 2006, 1211 (1214), Rn. 22.
539   So auch Fenski, BB 2001, 570 (571).
540   VGH Mannheim vom 5.8.1996 – 7 S 483/95, NZA-RR 1997, 90; ErfK/Rolfs, SGB IX § 174 Rn. 3; Düwell in LPK-SGB IX § 174 Rn. 17.

des Arbeitgebers die Zustimmung zu einer beabsichtigten außerordentlichen Kündigung erteilt, ist eine außerordentliche Kündigung nicht mehr möglich, wenn der Arbeitgeber zuvor die Zweiwochenfrist des § 626 Abs. 2 BGB versäumt hat.[541]

**Beispiel (Abwandlung):** Der schwerbehinderte Arbeitnehmer A aus Berlin möchte für Freitag, den 18.5.2018, den Tag nach Christi Himmelfahrt, Urlaub haben, um für ein langes Wochenende nach Köln zu fahren. Dieser Urlaub kann ihm aus betriebsbedingten Gründen nicht gewährt werden, was ihm vom Personalleiter des Unternehmens B mitgeteilt wird, worauf A erwidert: „Da gibt es ja noch die Möglichkeit des Gelbmanns." Am 18.5.2018 wird A arbeitsunfähig, was er dem Personalleiter ordnungsgemäß mitteilt und nachweist. Der Personalleiter hat aufgrund der Andeutungen des A einen Privatdetektiv engagiert, der A nach Köln folgt und detailliert in seinem Bericht feststellt, dass A sich „wie Bolle amüsiert". Am Montag, dem 21.5.2018, erhält der Personalleiter den Bericht des Privatdetektivs und hört den A am 23.5.2018 zu dem Bericht an. Erst am Dienstag, dem 12.6.2018, spricht B gegenüber A die außerordentliche Kündigung aus, wobei A dem B seine Schwerbehinderteneigenschaft zuvor nicht mitgeteilt hatte, diese B also nicht bekannt war. Am Freitag, dem 15.6.2018, teilt A dem B mit, dass er schwerbehindert ist, woraufhin B noch am 15.6.2018 die Zustimmung zur außerordentlichen Kündigung des A beim Integrationsamt beantragt. Diese Zustimmung erhält B am 26.6.2018 per Fax, am 27.6.2018 wird sie ihm zugestellt. B kündigt A mit Schreiben vom 27.6.2018, das A am 28.6.2018 zugeht, nochmals außerordentlich, wogegen sich A mit seiner Klage zum Arbeitsgericht Berlin wendet.

In dieser Abwandlung des Beispielsfalles ist die am 12.6.2018 ausgesprochene außerordentliche Kündigung bereits deswegen unwirksam, weil sie ohne Zustimmung des Integrationsamtes erfolgt war (§§ 168, 174 SGB IX). Zum Zeitpunkt des Ausspruchs der ersten außerordentlichen Kündigung vom 12.6.2018 war A schwerbehindert. Der Sonderkündigungsschutz steht dem schwerbehinderten Arbeitnehmer nach den §§ 168 ff. SGB IX auch dann zu, wenn der Arbeitgeber von der Schwerbehinderteneigenschaft oder der Antragstellung beim Versorgungsamt nichts wusste.[542] Der Arbeitnehmer muss allerdings, will er sich den Sonderkündigungsschutz nach den §§ 168 ff. SGB IX erhalten, nach Zugang der Kündigung innerhalb einer Frist von drei Wochen gegenüber dem Arbeitgeber seine bereits festgestellte oder zur Feststellung beantragte Schwerbehinderteneigenschaft geltend machen.[543] Diese angemessene Frist hat A mit der Mitteilung seiner Schwerbehinderteneigenschaft an B am 15.6.2018 eingehalten.

Auch in dieser Fallgestaltung der späteren Mitteilung der beantragten oder festgestellten Schwerbehinderung bzw. Gleichstellung durch den Arbeitnehmer ist die Einhaltung der Zweiwochenfrist des § 626 Abs. 2 BGB in eigener Kompetenz der Arbeitsgerichte zu überprüfen. Die Zweiwochenfrist des § 626 Abs. 2 S. 1 BGB war im Beispielsfall bereits im Zeitpunkt des Ausspruchs der ersten außerordentlichen Kündigung am 12.6.2018 abgelaufen, denn spätestens am 23.5.2018 verfügte B über eine

805

806

807

---

541 Ein solcher Sachverhalt lag der Entscheidung des BAG vom 2.3.2006 – 2 AZR 46/05, NZA 2006, 1211 ff. zugrunde.

542 BAG vom 7.3.2002 – 2 AZR 612/00, NZA 2002, 1145 (1146); BAG vom 20.1.2005 – 2 AZR 675/03, NZA 2005, 689 (690); BAG vom 12.1.2006 – 2 AZR 539/05, NZA 2006, 1035 (1036); BAG vom 1.3.2007 – 2 AZR 650/05, DB 2007, 1540; BAG vom 13.2.2008 – 2 AZR 864/06, NZA 2008, 1055 (1059); BAG vom 11.12.2008 – 2 AZR 395/07, NZA 2009, 556, Rn. 26; BAG vom 9.6.2011 – 2 AZR 703/09, NZA-RR 2011, 516, Rn. 21 mwN.

543 BAG vom 12.1.2006 – 2 AZR 539/05, NZA 2006, 1035 (1037), Rn. 24; BAG vom 1.3.2007 – 2 AZR 650/05, DB 2007, 1540, Rn. 30; BAG vom 6.9.2007 – 2 AZR 324/06, NZA 2008, 407 (409); BAG vom 13.2.2008 – 2 AZR 864/06, NZA 2008, 1055 (1056), Rn. 19; BAG vom 11.12.2008 – 2 AZR 395/07, NZA 2009, 556 (557); BAG vom 9.6.2011 – 2 AZR 703/09, NZA-RR 2011, 516, Rn. 21 mwN.

zuverlässige und vollständige Kenntnis der für die Kündigung maßgeblichen Tatsachen, die ihm die Entscheidung ermöglichte, ob die Fortsetzung des Arbeitsverhältnisses zumutbar ist oder nicht.[544]

808 Eine bereits eingetretene Versäumung der Erklärungsfrist des § 626 Abs. 2 S. 1 BGB kann auch nicht dadurch „geheilt" werden, dass der Arbeitnehmer erst nach Zugang der außerordentlichen Kündigung das Vorliegen seiner Schwerbehinderung oder Gleichstellung bzw. eine entsprechende Antragstellung mitteilt und sodann das Integrationsamt auf einen entsprechenden Antrag des Arbeitgebers die Zustimmung zur beabsichtigten außerordentlichen Kündigung erteilt.[545]

809 Zwar gehört die Kenntnis des Arbeitgebers von der festgestellten bzw. beantragten Schwerbehinderteneigenschaft oder Gleichstellung des Arbeitnehmers zu den für die positive Kenntnis nach § 174 Abs. 2 S. 1 SGB IX und damit für den Fristbeginn maßgeblichen Tatsachen.[546] Hieraus folgt jedoch nicht, dass einem Arbeitgeber, der trotz vollständiger Kenntnis von den sonstigen kündigungsbegründenden Umständen innerhalb der Frist von § 626 Abs. 2 S. 1 BGB darauf nicht reagiert hat, nur deshalb über § 174 SGB IX der Weg zu einer außerordentlichen Kündigung (wieder) eröffnet würde, weil er einige Zeit nach Erlangung dieser Kenntnisse auch von der festgestellten bzw. beantragten Schwerbehinderteneigenschaft oder Gleichstellung erfährt und deshalb eine neue Zweiwochenfrist nach § 626 Abs. 2 S. 1 BGB zu laufen beginnen würde. Für den **Beginn der Ausschlussfrist** des § 626 Abs. 2 S. 1 BGB ist die **fehlende Kenntnis** von der **Schwerbehinderteneigenschaft** grundsätzlich **unerheblich**.[547] Die Einhaltung der Frist des § 626 Abs. 2 BGB ist eigenständig von den Arbeitsgerichten zu überprüfen.[548] Mit dem Zweck der Ausschlussfrist des § 626 Abs. 2 S. 1 BGB,[549] dem betroffenen Arbeitnehmer innerhalb eines begrenzten Zeitraums von zwei Wochen Klarheit darüber zu verschaffen, ob ein Sachverhalt zum Anlass für eine außerordentliche Kündigung genommen wird oder nicht, wäre es nicht zu vereinbaren und würde auch eine nicht zu rechtfertigende Schlechterstellung eines schwerbehinderten Menschen bedeuten, wenn dem Arbeitgeber nach Ablauf der Frist des § 626 Abs. 2 S. 1 BGB noch eine weitere Möglichkeit zur außerordentlichen Kündigung nur deshalb eröffnet würde, weil er erst nach Ausspruch der verfristeten außerordentlichen Kündigung erfahren hat, dass der Arbeitnehmer schwerbehindert bzw. gleichgestellt ist.[550]

810 Daher hat der Personalleiter von B im abgewandelten Beispielsfall zwar die Frist des § 174 Abs. 2 SGB IX eingehalten und auch die zweite außerordentliche Kündigung

---

544 Vgl. zu dieser Definition des Beginns der Zweiwochenfrist gem. § 626 Abs. 2 S. 1 BGB – BAG vom 2.3.2006 – 2 AZR 46/05, NZA 2006, 1211 (1214) mwN.
545 So BAG vom 2.3.2006 – 2 AZR 46/05, NZA 2006, 1211 ff.
546 BAG vom 2.3.2006 – 2 AZR 46/05, NZA 2006, 1211 (1213), Rn. 20 mwN; Düwell in LPK-SGB IX § 174 Rn. 16; ErfK/Rolfs, SGB IX § 174 Rn. 3 mwN.
547 So BAG vom 2.3.2006 – 2 AZR 46/05, NZA 2006, 1211 (1213), Rn. 20; aA Düwell in LPK-SGB IX § 174 Rn. 16.
548 BAG vom 2.3.2006 – 2 AZR 46/05, NZA 2006, 1211; Fenski, BB 2001, 570 (571).
549 Vgl. zum Schutzzweck des § 626 Abs. 2 S. 1 BGB: BAG vom 21.4.2005 – 2 AZR 255/04, NZA 2005, 991 (993) mwN.
550 BAG vom 2.3.2006 – 2 AZR 46/05, NZA 2006, 1211 (1213) mwN; in diesem Sinne auch Düwell in LPK-SGB IX § 174 Rn. 16.

gegenüber A unverzüglich nach Erteilung der Zustimmung des Integrationsamtes ausgesprochen (§ 174 Abs. 5 SGB IX). Trotzdem ist die zweite außerordentliche Kündigung vom 27.6.2018 unwirksam, weil zum Zeitpunkt der ersten außerordentlichen Kündigung die Zweiwochenfrist des § 626 Abs. 2 S. 1 BGB bereits abgelaufen war und dies durch die Arbeitsgerichte eigenständig geprüft werden kann. Die Vorschrift des § 174 Abs. 2 S. 1 SGB IX verdrängt die Kündigungserklärungsfrist des § 626 Abs. 2 S. 1 BGB nicht und ist eigenständig von den Arbeitsgerichten zu überprüfen.[551]

**Hinweis:** Selbst wenn der Arbeitnehmer seine festgestellte oder beantragte Schwerbehinderung erst nach Ausspruch einer außerordentlichen Kündigung mitteilt, kann dies nicht die Versäumung der Zweiwochenfrist des § 626 Abs. 2 S. 1 BGB durch den Arbeitgeber heilen. Dies gilt auch dann, wenn das Integrationsamt nach Mitteilung der festgestellten oder beantragten Schwerbehinderung durch den Arbeitnehmer dem durch den Arbeitgeber gem. § 174 Abs. 2 S. 1 SGB IX fristgerecht gestellten Antrag auf Zustimmung zur außerordentlichen Kündigung zustimmt und der Arbeitgeber dann erneut unverzüglich nach Vorliegen der Zustimmung des Integrationsamtes gem. § 174 Abs. 5 SGB IX außerordentlich kündigt. In dieser Fallgestaltung wird über § 174 SGB IX der Weg zu einer außerordentlichen Kündigung nicht wieder eröffnet. 811

Anders ist der Fall zu entscheiden, wenn bei Ausspruch einer (ersten) außerordentlichen Kündigung die Zweiwochenfrist des § 626 Abs. 2 S. 1 BGB (noch) nicht abgelaufen war und der schwerbehinderte Arbeitnehmer nach Zugang dieser außerordentlichen Kündigung seine beantragte oder festgestellte Schwerbehinderteneigenschaft dem Arbeitgeber fristgerecht mitteilt. Zwar ist dann die erste außerordentliche Kündigung wegen Verstoßes gegen § 174 Abs. 1 iVm § 85 SGB IX unwirksam, von der Mitteilung des Arbeitnehmers an läuft aber für den Arbeitgeber eine neue Zweiwochenfrist iSv § 174 Abs. 2 SGB IX. 812

#### cc) Fristberechnung bei Sonderkündigungsschutz und Beteiligung der Interessenvertretungen nach § 102 BetrVG und § 79 BPersVG

Die vorstehenden Grundsätze gelten auch dann, wenn ein schwerbehinderter Mensch zugleich **Mitglied des Betriebs-, Personal-, Staatsanwalts- oder Richterrates** oder der **Schwerbehindertenvertretung** ist. Gem. § 179 Abs. 3 S. 1 SGB IX besitzen die Vertrauenspersonen der schwerbehinderten Menschen gegenüber dem Arbeitgeber die gleiche persönliche Rechtsstellung, insbesondere den gleichen Kündigungs-, Versetzungs- und Abordnungsschutz, wie ein Mitglied des Betriebs-, Personal-, Staatsanwalts- oder Richterrates. 813

Hat der Arbeitgeber rechtzeitig innerhalb der Ausschlussfrist des § 626 Abs. 2 S. 1 BGB bei der zuständigen Arbeitnehmervertretung iSv § 176 SGB IX[552] die Zustimmung beantragt und bei verweigerter Zustimmung noch innerhalb der Zweiwochen- 814

---

551  BAG vom 2.3.2006 – 2 AZR 46/05, NZA 2006, 1211 (1213), Rn. 16 ff.; Fenski, BB 2001, 570 (571); ErfK/Rolfs, SGB IX § 174 Rn. 4.
552  Betriebs-, Personal-, Staatsanwalts- und Richterrat.

frist des § 626 Abs. 2 S. 1 BGB die Ersetzung der Zustimmung beantragt, so ist die Kündigung nicht wegen Versäumung der Ausschlussfrist des § 626 Abs. 2 S. 1 BGB unwirksam, wenn das Mitbestimmungsverfahren bei Ablauf der Zweiwochenfrist noch nicht abgeschlossen ist.[553]

815 In diesem Fall hat der Arbeitgeber jedoch den Zustimmungsantrag beim Betriebs- bzw. Personalrat so rechtzeitig zu stellen, dass er bei ausdrücklicher oder wegen Fristablaufs zu unterstellender Verweigerung der Zustimmung noch vor Ablauf der Ausschlussfrist innerhalb der Zweiwochenfrist des § 626 Abs. 2 S. 1 BGB das Zustimmungsersetzungsverfahren einleiten kann.

816 Insofern ist der Literaturmeinung nicht zu folgen, nach der der Arbeitgeber die Zustimmung auch noch unverzüglich nach erteilter oder fingierter Zustimmung des Integrationsamtes beim Betriebsrat nach § 103 BetrVG beantragen können soll.[554] Auch wenn das Betriebsratsmitglied nicht schwerbehindert wäre, muss der Arbeitgeber bei einer außerordentlichen Kündigung so rechtzeitig die Zustimmung des Betriebsrates nach § 103 BetrVG beantragen, dass er bei Nichterteilung der Zustimmung noch innerhalb der Zweiwochenfrist des § 626 Abs. 2 BGB die Ersetzung der Zustimmung beim Arbeitsgericht beantragen kann.[555] Die Nichtäußerung des Betriebsrates gilt bei angemessener Fristsetzung von drei Tagen durch den Arbeitgeber als verweigert,[556] so dass der Arbeitgeber dann noch rechtzeitig innerhalb der Zweiwochenfrist des § 626 Abs. 2 S. 1 BGB die Zustimmungsersetzung beantragen kann und muss.

817 Insofern darf der Arbeitgeber nicht besser gestellt werden, als wenn der Arbeitnehmer nicht schwerbehindert wäre. Weil der Kündigungsgegner möglichst rasch, spätestens nach Ablauf von zwei Wochen, Klarheit darüber haben soll, ob ihm wegen eines bestimmten Fehlverhaltens eine außerordentliche Kündigung droht,[557] muss der Arbeitgeber sowohl bei nicht schwerbehinderten als auch bei schwerbehinderten Arbeitnehmern innerhalb der Frist des § 626 Abs. 2 S. 1 BGB die erforderliche Zustimmung des Betriebs- bzw. Personalrates beantragen und bei verweigerter Zustimmung auch das weitere Mitbestimmungsverfahren einleiten. Es reicht nicht aus, dass der Arbeitgeber lediglich kurz vor Ablauf der Zweiwochenfrist beim Personalrat die Zustimmung zur Kündigung beantragt und nach Ablauf der Frist bei verweigerter Zustim-

553  So BAG vom 8.6.2000 – 2 AZR 375/99, NZA 2001, 212 (213); BAG vom 2.2.2006 – 2 AZR 57/05, AP Nr. 204 zu § 626 BGB; BAG vom 18.8.1977 – 2 ABR 19/77, BAGE 29, 270 = AP Nr. 10 zu § 103 BetrVG 1972; vgl. auch Düwell in LPK-SGB IX § 174 Rn. 31.

554  So Neumann/Pahlen/Winkler/Jabben, § 174 Rn. 29; in der Entscheidung vom 5.10.2005 – 10 TaBV 22/05, NZA-RR 2006, 245 (246) hat das LAG Rheinland-Pfalz diese Frage offengelassen.

555  BAG vom 22.8.1974 – 2 ABR 17/74; vom 20.3.1975 – 2 ABR 111/74 und vom 18.8.1977 – 2 ABR 19/77, AP NRn 1, 2, 10 zu § 103 BetrVG 1972; BAG vom 10.12.1992 – 2 ABR 32/92, AP Nr. 4 zu § 170 ArbGG 1979.

556  BAG vom 18.8.1977 – 2 ABR 19/77, BAGE 29, 270 = AP Nr. 10 zu § 103 BetrVG 1972.

557  Vgl. zum Schutzzweck der Ausschlussfrist des § 626 Abs. 2 S. 1 BGB: BAG vom 21.4.2005 – 2 AZR 255/04, NZA 2005, 991 (993) mwN.

mung das weitere Mitbestimmungsverfahren einleitet.[558] § 174 Abs. 3 SGB IX ist nicht – auch nicht analog – anwendbar.[559]

**Hinweis:** Bedarf die außerordentliche Kündigung des schwerbehinderten Menschen der Zustimmung des **Betriebsrates** nach § 103 BetrVG oder des **Personalrates** nach § 79 BPersVG, so muss der Arbeitgeber innerhalb der Zweiwochenfrist des § 626 Abs. 2 S. 1 BGB sowohl den Antrag auf Zustimmung zur außerordentlichen Kündigung beim Betriebs- oder Personalrat als auch den Antrag auf Zustimmung beim zuständigen Integrationsamt nach § 174 Abs. 2 S. 1 SGB IX stellen. Bei einer Verweigerung der Zustimmung durch den Betriebsrat muss innerhalb der Zweiwochenfrist die Ersetzung der fehlenden Zustimmung des Betriebsrates beantragt werden.[560] Gleiches gilt, wenn der schwerbehinderte Mensch Mitglied der Schwerbehindertenvertretung oder einer anderen Personalvertretung iSv § 176 SGB IX ist.

818

In entsprechender Anwendung des § 174 Abs. 5 SGB IX muss der Arbeitgeber dann die außerordentliche Kündigung unverzüglich nach **Abschluss des Mitbestimmungsverfahrens** erklären. Dies hat das BAG sowohl für den Bereich des Personalvertretungsrechtes[561] als auch für den Anwendungsbereich des § 103 BetrVG[562] entschieden und darauf hingewiesen, dass an dieser Rechtsprechung, die auch auf breite Zustimmung in der Literatur gestoßen sei, festzuhalten sei.[563]

819

Insofern muss diese Rechtsprechung entsprechende Anwendung finden, wenn ein schwerbehinderter Mensch gleichzeitig **Vertrauensperson der Schwerbehinderten** ist, da die Vertrauensperson die gleiche persönliche Rechtsstellung, insbesondere den gleichen Kündigungs-, Versetzungs- und Abordnungsschutz wie ein Mitglied des Betriebs-, Personal-, Staatsanwalts- oder Richterrates besitzt (§ 179 Abs. 3 S. 1 SGB IX). Das LAG Hamm nimmt an, der außerordentlichen Kündigung des Mitglieds der Schwerbehindertenvertretung müsse die Schwerbehindertenvertretung und nicht der Betriebsrat zustimmen.[564]

820

Die **Anhörung des Betriebsrates** nach § 102 BetrVG bzw. die **Anhörung des Personalrates** nach § 79 Abs. 3 BPersVG muss der Arbeitgeber so rechtzeitig einleiten, dass dieses Beteiligungsverfahren vor Ablauf der Frist des § 626 Abs. 2 S. 1 BGB abgeschlossen ist. Die am letzten Tag der Frist des § 626 Abs. 2 BGB eingeleitete Beteiligung des Betriebs- oder Personalrates führt, auch wenn die Frist nach § 174 Abs. 3

821

---

558  BAG vom 8.6.2000 – 2 AZR 375/99, NZA 2001, 212.
559  BAG vom 2.2.2006 – 2 AZR 57/05, AP Nr. 204 § 626 BGB; vgl. dazu auch Düwell in LPK-SGB IX § 174 Rn. 31 mwN.
560  In diesem Sinne auch BAG vom 18.8.1977 – 2 ABR 19/77, BAGE 29, 270 = AP Nr. 10 zu § 103 BetrVG 1972; BAG vom 2.2.2006 – 2 AZR 57/05, AP Nr. 204 § 626 BGB.
561  BAG vom 8.6.2000 – 2 AZR 375/99, NZA 2001, 212 ff.
562  BAG vom 18.8.1977 – 2 ABR 19/77, BAGE 29, 270 = NJW 1978, 661; BAG vom 21.10.1983 – 7 AZR 281/82, BAGE 43, 368.
563  BAG vom 8.6.2000 – 2 AZR 375/99, NZA 2001, 212 (213) mwN auf die zustimmende Literatur; vgl. auch Düwell in LPK-SGB IX § 174 Rn. 31.
564  LAG Hamm vom 21.1.2011 – 13 TaBV 72/10, AiB 2011, 553 = BehindertenR 2011, 185 mit zustimmender Anmerkung von Grimme, AiB 2011, 555 und ablehnender Anmerkung von Müller-Wenner, ArbuR 2012, 79; Kayser, BehindertenR 2011, 188 und Beyer, jurisPR-ArbR 22/2011, Anm. 1.

S. 1 SGB IX noch läuft, zur Unwirksamkeit der Kündigung wegen nicht ordnungsgemäßer Anhörung des Betriebs- bzw. Personalrates.[565]

822 § 174 Abs. 2 SGB IX wandelt die Frist des § 626 Abs. 2 BGB nur bezüglich des Erfordernisses der vorherigen Zustimmung des Integrationsamtes ab, verlängert aber nicht grundsätzlich die Frist des § 626 Abs. 2 BGB. Auch § 174 Abs. 5 SGB IX will nur dem Umstand Rechnung tragen, dass es dem Arbeitgeber eines zu kündigenden schwerbehinderten Arbeitnehmers bei einer außerordentlichen Kündigung regelmäßig nicht möglich ist, bis zum Ablauf der zweiwöchigen Ausschlussfrist des § 626 Abs. 2 S. 1 BGB die Zustimmung des Integrationsamtes einzuholen.[566] In dem Fall, dass der zu kündigende Arbeitnehmer nicht schwerbehindert ist, muss der Arbeitgeber die Beteiligung des Betriebs- bzw. Personalrates so rechtzeitig einleiten, dass er die außerordentliche Kündigung noch innerhalb der laufenden Zweiwochenfrist des § 626 Abs. 2 S. 1 BGB erklären kann. Die erforderliche Anhörung muss vor Ablauf der Ausschlussfrist des § 626 Abs. 2 S. 1 BGB durchgeführt werden, die nicht um die Anhörungsfrist von drei Tagen verlängert wird.[567]

823 Da der Schutzzweck der Kündigungserklärungsfristen bei der außerordentlichen Kündigung auch darin besteht, für den Vertragsteil, der die Voraussetzungen für eine außerordentliche Kündigung verwirklicht hat, Rechtssicherheit zu schaffen,[568] darf sich für den Arbeitgeber die Erklärungsfrist des § 626 Abs. 2 S. 1 BGB nicht nur deshalb verlängern, weil der Arbeitnehmer schwerbehindert ist, da ansonsten eine Benachteiligung aufgrund der Behinderung eintreten würde, die gem. § 7 Abs. 1 AGG unzulässig wäre.

824 Die in Literatur und Rechtsprechung vertretene gegenteilige Auffassung,[569] wonach der Arbeitgeber das Verfahren der Anhörung des Betriebsrates nach § 102 BetrVG zu einer beabsichtigten außerordentlichen Kündigung eines schwerbehinderten Menschen auch nach dem Ende des Zustimmungsverfahrens oder nach dem Eintritt der Zustimmungsfiktion noch einleiten könne, ist abzulehnen. Zwar muss nach dieser Auffassung der Arbeitgeber innerhalb der kürzest möglichen Zeit das Anhörungsverfahren einleiten und nach dessen Beendigung die Kündigung in der kürzest möglichen Zeit erklären,[570] doch verkennt diese Auffassung, dass sie den Arbeitgeber bei der außerordentlichen Kündigung eines schwerbehinderten Arbeitnehmers besser stellt und dass damit die Frist des § 626 Abs. 2 S. 1 BGB in unzulässiger Weise verlängert wird.

---

565 Wie hier Braasch in Deinert/Neumann (Hrsg.), HdB SGB IX, § 19 Rn. 74, der allerdings zu Unrecht davon ausgeht, dass eine Unwirksamkeit der Kündigung nicht vorliegt, wenn der Betriebs- oder Personalrat ausdrücklich seine Zustimmung zur beabsichtigten Kündigung erteilt.

566 So BAG vom 15.11.2001 – 2 AZR 380/00, NZA 2002, 971 (973); BAG vom 21.4.2005 – 2 AZR 255/04, NZA 2005, 991 (992) mwN.

567 BAG vom 18.8.1977 – 2 ABR 19/77, EzA § 103 BetrVG 1972 Nr. 20 = NJW 1978, 210; Linck in Schaub, § 127 Rn. 33–36.

568 St. Rspr. des BAG, vgl. etwa BAG vom 21.4.2005 – 2 AZR 255/04, NZA 2005, 991 (993) mwN.

569 BAG vom 22.1.1987 – 2 ABG 6/86, NZA 1987, 563; LAG Rheinland-Pfalz vom 31.3.2004 – 10 Sa 1437/03, NZA-RR 2005, 71; LAG Sachsen vom 28.6.2002 – 3 Sa 832/01; Neumann/Pahlen/Winkler/Jabben, § 174 Rn. 29; ErfK/Rolfs, SGB IX § 174 Rn. 9.

570 BAG vom 3.7.1980 – 2 AZR 340/78, EzA § 18 SchwbG Nr. 3 = NJW 1981, 1332; BAG vom 1.4.1981 – 1 AZR 1003/79, EzA § 102 BetrVG 1972 Nr. 45 m.abl. Anm. Löwisch = NJW 1981, 2772; LAG Rheinland-Pfalz vom 31.3.2004 – 10 Sa 1437/03, NZA-RR 2005, 71.

**Hinweis:** Insofern muss bei einer Schwerbehinderung des außerordentlich zu kündi-     825
genden Arbeitnehmers davon ausgegangen werden, dass sich die Ausschlussfrist des
§ 626 Abs. 2 S. 1 BGB nicht um die Äußerungsfrist des Betriebs- bzw. Personalrates
verlängert.

Eine Ausnahme besteht lediglich dann, wenn nach Beendigung des Zustimmungsver-     826
fahrens neue, für die Kündigung erhebliche Umstände vorliegen, zB dann, wenn das
Integrationsamt dem Arbeitgeber mitteilt, die Kündigung bedürfe nicht der Zustimmung des Integrationsamtes (sog **Negativattest**), und der Betriebsrat im Anhörungsverfahren lediglich auf den besonderen Kündigungsschutz nach den §§ 168 ff. SGB IX
verwiesen hat, ohne sich mit den durch den Arbeitgeber vorgebrachten Gründen für
die außerordentliche Kündigung zu befassen.[571]

#### dd) Form und Inhalt des Antrags

Hinsichtlich der **Form** des Antrags und der örtlichen **Zuständigkeit** des Integrations-     827
amtes gilt § 170 SGB IX entsprechend.[572] Gem. § 170 Abs. 1 S. 1 SGB IX ist der Antrag bei dem für den Sitz des Betriebes oder der Dienststelle **zuständigen Integrationsamt schriftlich** zu stellen. Dabei ist auch die elektronische Form zugelassen (§ 126
Abs. 3 BGB).[573]

Der zwar innerhalb der Zweiwochenfrist des § 174 Abs. 2 SGB IX, aber bei einem     828
**unzuständigen Integrationsamt** gestellte Antrag auf Zustimmung ist **nicht fristwahrend**. § 16 SGB I, wonach der Antrag auf Sozialleistungen auch bei einem unzuständigen Leistungsträger oder einer unzuständigen Gemeinde fristwahrend gestellt werden
kann, kann weder unmittelbar noch entsprechend angewandt werden.

**Hinweis:** Der **Arbeitgeber** sollte daher bei der Beantragung der Zustimmung zur au-     829
ßerordentlichen Kündigung eines Arbeitnehmers insbesondere darauf achten, dass
der nach § 174 Abs. 2 SGB IX **fristgebundene Antrag** bei dem tatsächlich gem. § 170
Abs. 1 S. 1 SGB IX **örtlich zuständigen Integrationsamt** gestellt wird.

Der Arbeitgeber kann sich bei der Antragstellung auch vertreten lassen (§ 13 SGB X).     830
Eine Antragstellung durch einen **Vertreter** ist nicht alleine deshalb unwirksam, weil
dieser dem Antrag keine **Vollmacht** beigefügt hat. Dies ergibt sich aus § 13 Abs. 1 S. 3
SGB X, wonach der Bevollmächtigte nur auf Verlangen seine Vollmacht schriftlich
nachzuweisen hat.[574]

Was den **Inhalt** des Antrags angeht, muss der Arbeitgeber erkennbar zum Ausdruck     831
bringen, dass er eine **außerordentliche Kündigung** aussprechen und zu dieser Kündigung die Zustimmung des Integrationsamtes beantragen will. Bringt der Arbeitgeber
dies nicht deutlich genug zum Ausdruck, ist von einem Antrag auf Zustimmung zu
einer ordentlichen Kündigung auszugehen.[575] Rechtlich handelt es sich nämlich um

---

571 BAG vom 1.4.1981 – 1 AZR 1003/79, EzA § 102 BetrVG 1972 Nr. 45 m. abl. Anm. Löwisch = NJW 1981,
    2772.
572 ErfK/Rolfs, SGB IX § 174 Rn. 3.
573 Neumann/Pahlen/Winkler/Jabben, § 174 Rn. 17.
574 VG Karlsruhe vom 9.3.2004 – 5 K 3302/02, BehindertenR 2004, 114.
575 Düwell in LPK-SGB IX § 174 Rn. 14.

zwei getrennte Verwaltungsverfahren, die unterschiedlichen Regeln folgen. Insbesondere kann die Entscheidung des Integrationsamtes unterschiedlich ausfallen, weil § 172 SGB IX einerseits und § 174 SGB IX andererseits unterschiedliche Voraussetzungen an die Einschränkung des Ermessens stellen. Dementsprechend liegt in der **Zustimmung zur außerordentlichen Kündigung nicht zugleich die Zustimmung zur ordentlichen Kündigung.**[576]

832 **Hinweis:** Will der Arbeitgeber den schwerbehinderten Arbeitnehmer zusammen mit der außerordentlichen Kündigung zugleich vorsorglich ordentlich kündigen oder will er sich die Möglichkeit der Umdeutung der möglicherweise unwirksamen außerordentlichen Kündigung in eine ordentliche Kündigung offen halten, sollte er in erster Linie die Zustimmung zur außerordentlichen Kündigung beim Integrationsamt beantragen, hilfsweise aber auch die Zustimmung des Integrationsamtes zu einer ordentlichen Kündigung. Andernfalls läuft er Gefahr, dass die Umdeutung einer unwirksamen außerordentlichen in eine wirksame ordentliche Kündigung unzulässig ist.

833 Eine **Umdeutung** einer unwirksamen außerordentlichen Kündigung in eine wirksame ordentliche Kündigung ist zwar nach allgemeinen arbeitsrechtlichen Grundsätzen grundsätzlich möglich. Im Rahmen des § 174 SGB IX ist allerdings eine Umdeutung dann nicht zulässig, wenn der Arbeitgeber nicht auch vorsorglich die Zustimmung zu einer ordentlichen Kündigung beantragt hat.[577] Wenn das Integrationsamt lediglich der außerordentlichen Kündigung zugestimmt hat, ist darin weder eine Zustimmung zur ordentlichen Kündigung konkludent enthalten, noch kann seine Entscheidung nach § 43 Abs. 1 SGB X in eine Zustimmung zur ordentlichen Kündigung umgedeutet werden.[578]

834 **Hinweis:** Der Arbeitgeber sollte den Antrag auf Zustimmung zu einer außerordentlichen Kündigung grundsätzlich **so ausführlich begründen**, dass das **Integrationsamt prüfen kann**, ob ein **Zusammenhang mit der Behinderung besteht.** Darüber hinaus ist in dem Antrag anzugeben, an welchem kalendermäßig bestimmten Tag dem Arbeitgeber die Kündigungsgründe bekannt geworden sind. Die Nichteinhaltung dieser Voraussetzungen berechtigt das Integrationsamt grundsätzlich, die Entscheidung über den Antrag abzulehnen. **Ein Nachschieben neuer Kündigungsgründe** oder von Tatsachen zur Kenntniserlangung der Kündigungsgründe ist im späteren verwaltungsgerichtlichen Verfahren grundsätzlich nicht mehr zulässig.[579] Das BAG lässt allerdings Ausnahmen zu, wenn der nachgeschobene Kündigungsgrund offensichtlich nicht im Zusammenhang mit der Behinderung steht, weil dann die Zustimmung auch für diesen Kündigungsgrund hätte erteilt werden müssen.[580]

---

576 ErfK/Rolfs, SGB IX § 174 Rn. 8; BAG vom 7.7.2011 – 2 AZR 355/10, NZS 2011, 1412, Rn. 36; BAG vom 23.1.2014 – 2 AZR 372/13, NZA 2014, 895, Rn. 27.
577 BAG vom 16.10.1991 – 2 AZR 332/91, NZA 1992, 503; LAG Köln vom 31.2.1991 – 7 Sa 48/90, LAGE § 626 BGB Nr. 57; LAG Köln vom 11.8.1998 – 3 Sa 100/98, LAGE § 626 BGB Nr. 121 = NZA-RR 1999, 415; Neumann/Pahlen/Winkler/Jabben, § 174 Rn. 7 und Rn. 16 jeweils mwN.
578 BAG vom 7.7.2011 – 2 AZR 355/10, NZA 2011, 1412, Rn. 36 mwN.
579 VGH Mannheim vom 5.8.1996 – 7 S 483/95, NZA-RR 1997, 90; Düwell in LPK-SGB IX § 174 Rn. 15.
580 BAG vom 20.1.1984 – 7 AZR 143/82; BAG vom 3.4.1986 – 2 AZR 324/85, NZA 1986, 677.

### ee) Frist zur Entscheidung durch das Integrationsamt über den gestellten Antrag (§ 174 Abs. 3 SGB IX)

Dem Interesse der Beteiligten (Arbeitgeber und schwerbehinderter Mensch) an einer raschen Klärung der Rechtslage bei einer außerordentlichen Kündigung des Arbeitsverhältnisses wird auch im Zustimmungsverfahren dadurch Rechnung getragen, dass das Integrationsamt die Entscheidung innerhalb von zwei Wochen vom Tage des Eingangs des Antrages auf Zustimmung zur Kündigung an zu treffen hat (§ 174 Abs. 3 S. 1 SGB IX). Die Zweiwochenfrist des § 174 Abs. 3 S. 1 SGB IX ist nach den §§ 187, 188 BGB zu berechnen. Fällt der letzte Tag der so berechneten Frist auf einen Samstag, Sonntag oder Feiertag, wird die Frist bis zum Ablauf des nächsten Werktages verlängert (§ 193 BGB). 835

Wird innerhalb der Zweiwochenfrist eine Entscheidung nicht getroffen, gilt die Zustimmung als erteilt (**Zustimmungsfiktion** – § 174 Abs. 3 S. 2 SGB IX). Die Einlegung eines Rechtsmittels wird dadurch aber nicht ausgeschlossen.[581] 836

Die Vorschrift des § 170 Abs. 2 SGB IX über die Einholung von Stellungnahmen durch das Integrationsamt, die Anhörung des schwerbehinderten Arbeitnehmers sowie die Verpflichtung des Integrationsamtes, auf eine gütliche Einigung hinzuwirken, gilt auch bei außerordentlichen Kündigungen (§ 174 Abs. 1 SGB IX) und ergibt sich auch aus dem Amtsermittlungsgrundsatz des § 20 SGB X. 837

Allerdings ist zu beachten, dass das Integrationsamt sein Verfahren beschleunigt durchführen muss, da es seine Entscheidung **innerhalb von zwei Wochen nach Antragstellung** zu treffen hat. Daher erfolgt auch die Anhörung des schwerbehinderten Arbeitnehmers und die Einholung der Stellungnahme des Betriebs- oder Personalrates und der Schwerbehindertenvertretung mit sehr kurzen Fristen.[582] 838

Das Integrationsamt muss seine Entscheidung bei der außerordentlichen Kündigung innerhalb von **zwei Wochen** nach Eingang des Antrags endgültig treffen. Das Integrationsamt ist nicht befugt, diese Frist von zwei Wochen zu verlängern oder eine nur vorläufige Entscheidung zu treffen, etwa weil der Sachverhalt noch ermittelt werden muss. Es darf auch nicht die Zustimmung mit der Begründung ablehnen, eine abschließende Entscheidung sei wegen der kurzen Frist nicht möglich. 839

Entscheidet das Integrationsamt nicht binnen der in § 174 Abs. 3 SGB IX festgelegten Frist, kommen **Schadensersatzansprüche des Arbeitgebers** gegen das Integrationsamt gem. § 839 BGB, Art. 34 GG in Betracht. Das Integrationsamt hat eine entsprechende Amtspflicht auch gegenüber dem Arbeitgeber iSv § 839 BGB, Art. 34 GG.[583] Der Schaden besteht dann in dem Fortbestand des Arbeitsverhältnisses mit der Lohnzahlungspflicht, ohne dass dem Arbeitgeber eine Weiterbeschäftigung zugemutet werden kann. 840

---

581 BVerwG vom 10.9.1992 – 5 C 39/88, BVerwGE 91, 7 = ZB 4/95 (ZB Info).
582 Düwell in LPK-SGB IX § 174 Rn. 19.
583 BGH vom 12.6.1986 – III ZR 192/85, VersR 1986, 1100; BGH vom 26.1.1989 – III ZR 75/88; OLG Koblenz vom 21.1.1988 – 7 U 130/87, VersR 1989, 748.

841    Eine solche **Schadensersatzpflicht** ist lediglich dann abzulehnen, wenn das Integrationsamt über den Antrag des Arbeitgebers auf Zustimmung zur außerordentlichen Kündigung deshalb nicht fristgerecht entscheiden konnte, weil dieser Antrag unvollständig, insbesondere hinsichtlich der Begründung, war und der Sachverhalt im Wege der Amtsermittlung auch nicht zureichend ermittelt werden konnte. Bevor das Integrationsamt einen solchen unzureichend begründeten Antrag des Arbeitgebers ablehnt, muss es den Arbeitgeber als Antragsteller auf die Mängel hinweisen und von Amts wegen weitere Tatsachen ermitteln. Der Arbeitgeber kann dann seinen Antrag nachbessern und weitere Tatsachen zur Begründung seines Antrags vortragen. Das Integrationsamt muss dann seine Entscheidung auf der Grundlage der durch den Arbeitgeber vorgetragenen und durch das Integrationsamt von Amts wegen ermittelten Tatsachen treffen. Diese Entscheidung wird, wenn die ermittelten Tatsachen aus Sicht des Integrationsamtes eine Zustimmung nicht rechtfertigen, auf Ablehnung der beantragten Entscheidung lauten.

842    Auch ein **unvollständiger Antrag** setzt die Frist des § 174 Abs. 3 SGB IX in Gang. Die durch § 174 Abs. 2 und 3 S. 1 SGB IX modifizierte Ausschlussfrist des § 626 Abs. 2 S. 1 BGB duldet keine weitere Verlängerung, die der Arbeitgeber andernfalls durch einen unvollständig begründeten Antrag zu Lasten des schwerbehinderten Arbeitnehmers herbeiführen könnte. Insbesondere würde die Auffassung, ein unvollständiger Antrag würde die Frist des § 174 Abs. 3 S. 1 SGB IX nicht in Gang setzen und damit auch nicht die Fiktionswirkung des § 174 Abs. 3 S. 2 SGB IX erzeugen können, dazu führen, dass Abgrenzungsprobleme hinsichtlich des Fristbeginns und des Fiktionseintritts entstehen. Es obläge einer späteren gerichtlichen Beurteilung, ob der Antrag des Arbeitgebers tatsächlich so unvollständig begründet war, dass die Frist nicht begonnen hat zu laufen. Der Beginn der gesetzlichen Frist des § 174 Abs. 3 S. 1 SGB IX und die Fiktionswirkung des § 174 Abs. 3 S. 2 SGB IX können aber nicht von der Voll- bzw. der Unvollständigkeit eines Antrags abhängen, sondern nur davon, ob ein Antrag fristgerecht gestellt worden ist. Einzige Voraussetzung ist nach dem Gesetzeswortlaut der §§ 174 Abs. 1, 87 Abs. 1 SGB IX, dass der Arbeitgeber die Zustimmung schriftlich beim zuständigen Integrationsamt beantragt. Somit setzt auch die Fiktion des § 174 Abs. 3 S. 2 SGB IX (nur) einen schriftlichen Antrag auf Zustimmung voraus.[584]

843    **Hinweis:** Ein **Arbeitgeber** ist daher gut beraten, gerade bei der Beantragung einer Zustimmung zu einer außerordentlichen Kündigung seinen Antrag so ausführlich zu begründen, dass das Integrationsamt seine Entscheidung binnen der Zweiwochenfrist des § 174 Abs. 3 SGB IX treffen kann.

844    Auch wenn die Zustimmung des Integrationsamtes zur Kündigung gem. § 174 Abs. 3 S. 2 SGB IX fingiert wird, weil es innerhalb der Zweiwochenfrist keine endgültige Entscheidung getroffen hat, ist das Integrationsamt nicht von der sich aus den §§ 171 Abs. 2, 174 Abs. 1 SGB IX ergebenden Verpflichtung befreit, die Zustimmung zur außerordentlichen Kündigung dem Arbeitgeber und dem schwerbehinderten Arbeitneh-

---

584    LAG Rostock vom 22.7.2004 – 1 Sa 62/04.

mer zuzustellen. Erst durch die noch vorzunehmende Zustellung der Entscheidung beginnt die **Widerspruchsfrist** für den schwerbehinderten Arbeitnehmer zu laufen.[585]

Das Integrationsamt hat über den Antrag des Arbeitgebers auf Zustimmung zur au- 845 ßerordentlichen Kündigung auch dann zu entscheiden, wenn der Arbeitnehmer die Feststellung seiner Schwerbehinderteneigenschaft oder Gleichstellung nur beantragt hat, aber eine rechtskräftige Feststellung noch nicht erfolgt ist. Wie für die ordentliche Kündigung ist Voraussetzung für das Zustimmungserfordernis nach § 174 SGB IX das Vorliegen der Schwerbehinderteneigenschaft nach § 2 Abs. 2 SGB IX bzw. die Gleichstellung mit einem schwerbehinderten Menschen nach § 2 Abs. 3 SGB IX, mindestens aber die rechtzeitige Beantragung iSv § 173 Abs. 3 SGB IX. Im Hinblick auf die Schwerbehinderteneigenschaft reicht auch die **Offenkundigkeit der Schwerbehinderung** aus, um den besonderen Sonderkündigungsschutz zu begründen,[586] bei der **Gleichstellung** dagegen nicht.[587]

Ist die Schwerbehinderteneigenschaft des zu kündigenden Arbeitnehmers noch nicht 846 festgestellt, hat das Integrationsamt ein **Negativattest** zu erteilen, falls die Voraussetzungen des § 173 Abs. 3 SGB IX nicht vorliegen.[588]

Entscheidet das Integrationsamt über den Antrag des Arbeitgebers, handelt es sich 847 um einen **vorsorglichen Verwaltungsakt** des Integrationsamtes, dem der Vorbehalt immanent ist, dass das Verfahren vor dem Versorgungsamt zu einer Feststellung der Schwerbehinderteneigenschaft des Arbeitnehmers führt.[589] Hier ergeben sich folgende **Fallgestaltungen:**

- Stimmt das Integrationsamt der außerordentlichen Kündigung zu,

  → kann der Arbeitgeber kündigen, ohne dass es auf die nachfolgende Entscheidung über den Antrag des Arbeitnehmers auf Feststellung seiner Schwerbehinderteneigenschaft ankommt. Der Arbeitnehmer kann allerdings gegen die zustimmende Entscheidung des Integrationsamtes **Widerspruch** und ggf. auch **Klage zum Verwaltungsgericht** erheben.

- Stimmt das Integrationsamt der außerordentlichen Kündigung nicht zu,

  → kann der Arbeitgeber zwar auch ohne zustimmende Entscheidung außerordentlich kündigen, handelt aber auf das Risiko hin, dass die außerordentliche Kündigung unwirksam ist, wenn nachträglich die Schwerbehinderteneigenschaft des Arbeitnehmers festgestellt wird. Wird dagegen die Schwerbehinderteneigenschaft nicht nachträglich festgestellt, ist der Ablehnungsbescheid des Integrations-

585 BVerwG vom 10.9.1992 – 5 C 39/88, BVerwE 91, 7, 10 = NZA 1993, 76; BAG vom 12.5.2005 – 2 AZR 159/04, NZA 2005, 1173 (1174).
586 St. Rspr. des BAG, vgl. nur BAG vom 24.11.2005 – 2 AZR 514/04, NZA 2006, 665 (667); BAG vom 13.2.2008 – 2 AZR 864/06, NZA 2008, 1055 (1056), Rn. 17 mwN; vgl. auch ErfK/Rolfs, SGB IX § 173 Rn. 6; Cramer, NZA 2004, 698 (704).
587 BAG vom 24.11.2005 – 2 AZR 514/04, NZA 2006, 665 (667).
588 Düwell in LPK-SGB IX § 174 Rn. 22.
589 BVerwG vom 15.12.1988 – 5 C 67/85, EzA § 15 SchwbG 1986 Nr. 6; Düwell in LPK-SGB IX § 174 Rn. 22.

amtes gegenstandslos und die ohne Zustimmung ausgesprochene außerordentliche Kündigung ist wirksam.

848 Hat der Arbeitgeber von einem Antrag des Arbeitnehmers auf Feststellung der Schwerbehinderteneigenschaft **Kenntnis erlangt** und beantragt er deshalb innerhalb der Frist des § 174 Abs. 2 SGB IX die Zustimmung des Integrationsamtes, statt die Kündigung selbst zu erklären, kann sich der Arbeitnehmer nach Treu und Glauben nicht auf die Versäumung der Zweiwochenfrist des § 626 Abs. 2 BGB berufen, wenn er tatsächlich nicht schwerbehindert war und die Kündigung deshalb nicht der Zustimmung des Integrationsamtes bedurfte.[590] Gleiches gilt, wenn der Arbeitgeber vom Wegfall der Schwerbehinderteneigenschaft keine Kenntnis erlangt hat, da insoweit eine **Offenbarungsverpflichtung des Arbeitnehmers** besteht.[591]

849 **Hinweis:** Der **Arbeitgeber** muss in diesem Fall die **Kündigung** jedoch in entsprechender Anwendung des § 174 Abs. 5 SGB IX **unverzüglich erklären**, nachdem er vom Wegfall der Schwerbehinderteneigenschaft Kenntnis erlangt hat.

850 Zur Einhaltung der Zweiwochenfrist des § 174 Abs. 3 S. 1 SGB IX genügt es, dass das Integrationsamt spätestens am letzten Tag der Zweiwochenfrist die Entscheidung getroffen hat. Die **Entscheidung** des Integrationsamtes ist „getroffen", wenn der behördeninterne Entscheidungsvorgang abgeschlossen ist.[592] Die Zustimmungsentscheidung muss darüber hinaus **innerhalb der Zweiwochenfrist dem Arbeitgeber** mündlich oder fernmündlich **bekannt gegeben** worden sein, wobei die Entscheidung zum Zeitpunkt ihrer Bekanntgabe noch nicht in schriftlicher Form vorliegen muss.[593] Sie braucht darüber hinaus dem Arbeitgeber **noch nicht** innerhalb dieses ohnehin knapp bemessenen Zeitraumes **zugestellt** worden sein.[594]

851 Anders als bei einer ordentlichen Kündigung bedarf es der **Zustellung** der schriftlichen **Entscheidung des Integrationsamtes vor dem Zugang der Kündigungserklärung nicht**. § 174 SGB IX enthält eine von § 171 SGB IX abweichende, speziellere Regelung.[595]

852 **Hinweis:** In der Regel teilt das Integrationsamt dem Arbeitgeber die Entscheidung noch innerhalb der Zweiwochenfrist vorab fernmündlich oder in sonstiger Weise mit, falls der Antrag abgelehnt wird. Wenn der Arbeitgeber binnen der Zweiwochenfrist keine Entscheidung über seinen Antrag erhalten hat, kann er sich auch nach der Entscheidung des Integrationsamtes erkundigen. Der Arbeitgeber ist bei zustimmender Entscheidung nach einer für ihn positiven Information des Integrationsamtes bereits

---

590  BAG vom 27.2.1987 – 7 AZR 632/85, EzA § 626 BGB Ausschlussfrist Nr. 1 = AP Nr. 26 zu § 626 BGB = NZA 1988, 429; Grimm/Baron, DB 2000, 570 (571).
591  Grimm/Baron, DB 2000, 570 (571).
592  BAG vom 13.5.1981 – 7 AZR 144/79, BAGE 35, 268; BAG vom 9.2.1994 – 2 AZR 720/93, NZA 1994, 1030 = BAGE 75, 358 = ZB 4/95 (ZB Info) = BehindertenR 1994, 19; BAG vom 12.5.2005 – 2 AZR 159/04, NZA 2005, 1173 (1174).
593  So ausdrücklich BAG vom 12.5.2005 – 2 AZR 159/04, NZA 2005, 1173 (1174); LAG Düsseldorf vom 29.1.2004 – 5 Sa 1588/03, NZA-RR 2004, 406 (Vorinstanz zu BAG vom 12.5.2005 – 2 AZR 159/04, NZA 2005, 1173 ff.).
594  ErfK/Rolfs, SGB IX § 174 Rn. 5.
595  BAG vom 12.5.2005 – 2 AZR 159/04, NZA 2005, 1173 (1174) mwN.

berechtigt, die außerordentliche Kündigung auszusprechen. Er muss die Zustellung des Bescheides nicht mehr abwarten.[596] Allerdings stellt die telefonische Erklärung des Sachbearbeiters des Integrationsamtes, „die Sache verfristen zu lassen", gerade keine dem Kündigungsantrag des Arbeitgebers stattgebende Entscheidung dar.[597] In diesem Fall muss der Arbeitgeber den Eintritt der Zustimmungsfiktion nach § 174 Abs. 3 S. 2 SGB IX abwarten, die erst nach 14 Tagen um Mitternacht eintritt.[598]

### b) Einschränkung des Ermessens (§ 174 Abs. 4 SGB IX)
### aa) Zweck und Ausnahmen der Regelung in § 174 Abs. 4 SGB IX

Gem. § 174 Abs. 4 SGB IX soll das Integrationsamt die Zustimmung erteilen, wenn 853 die Kündigung aus einem Grunde erfolgt, der nicht im Zusammenhang mit der Behinderung steht. Sein Ermessen ist also im Hinblick auf die Zustimmung zur außerordentlichen Kündigung im Gegensatz zur ordentlichen Kündigung stark eingeschränkt.

§ 174 Abs. 4 SGB IX gibt grundsätzlich dem Kündigungsinteresse des Arbeitgebers 854 Vorrang vor dem Interesse des schwerbehinderten Arbeitnehmers an der Erhaltung des Arbeitsplatzes, wenn für eine außerordentliche Kündigung ein Grund gegeben ist, der nicht im Zusammenhang mit der Behinderung steht. Der **Zweck** dieser Regelung in § 174 Abs. 4 SGB IX ist also darin zu sehen, dass das Integrationsamt nicht anstelle der Arbeitsgerichte über schwierige arbeitsrechtliche Fragen entscheiden soll, die nichts mit der Behinderung zu tun haben; darüber hinaus sollen schwerbehinderte Arbeitnehmer durch das SGB IX nicht stärker vor einer außerordentlichen Kündigung geschützt werden als nichtbehinderte Arbeitnehmer.[599]

Das Integrationsamt muss also bei fehlendem Zusammenhang in aller Regel die Zu- 855 stimmung erteilen. Nur wenn vom Normalfall abweichende Umstände vorliegen, also ein sog „**atypischer Fall**", kann die Zustimmung im Einzelfall versagt werden.[600]

Ein derartiger „atypischer Fall" liegt vor, wenn die außerordentliche Kündigung dem 856 schwerbehinderten Arbeitnehmer, im Vergleich zu den der Gruppe der schwerbehinderten Arbeitnehmer im Falle außerordentlicher Kündigung allgemein zugemuteten Belastungen, ein Sonderopfer abverlangt.[601] Hierfür reichen allgemeine Schwierigkeiten bei der Arbeitsplatzsuche, fortgeschrittenes Alter und langjährige Beschäftigung beim gleichen Arbeitgeber nicht aus. Eine solche Ausnahmesituation kann nur bei einer besonders schwierigen Vermittlungssituation für den schwerbehinderten Arbeitnehmer angenommen werden. Die Frage, ob Ausnahmegründe vorliegen, die es dem

---

596 ErfK/Rolfs, SGB IX § 174 Rn. 5.
597 BAG vom 19.6.2007 – 2 AZR 226/06, NZA 2007, 1153, Rn. 15.
598 BAG vom 19.6.2007 – 2 AZR 226/06, NZA 2007, 1153, Rn. 16.
599 VGH Mannheim vom 24.11.2005 – 9 S 2178/05, NZA-RR 2006, 183; so auch BVerwG vom 2.7.1992 – 5 C 39/90, BVerwGE 90, 275.
600 VGH Mannheim vom 24.11.2005 – 9 S 2178/05, NZA-RR 2006, 183; BVerwG vom 2.7.1992 – 5 C 39/90, BVerwGE 90, 275; OVG Münster vom 22.1.2009 – 12 A 2094/08, BehindertenR 2010, 73, Rn. 3, 4 mwN; ErfK/Rolfs, SGB IX § 174 Rn. 6; Düwell in LPK-SGB IX § 174 Rn. 24 mwN.
601 BVerwG vom 2.7.1992 – 5 C 39/90, BVerwGE 90, 275; ErfK/Rolfs, SGB IX § 174 Rn. 6; OVG Münster vom 26.3.2008 – 12 A 2914/07; Düwell in LPK-SGB IX § 174 Rn. 24 mwN.

Integrationsamt erlauben, die Zustimmung zu verweigern, ist gerichtlich voll nachprüfbar.[602]

### bb) Zusammenhang zwischen Kündigungsgrund und Behinderung

857 „Im Zusammenhang mit der Behinderung" stehen die Gründe der außerordentlichen Kündigung dann, wenn sich das Verhalten des schwerbehinderten Menschen aus der Behinderung ergibt und der Zusammenhang nicht nur ein entfernter ist. Auch ein **mittelbarer Zusammenhang** genügt grundsätzlich, um einen Zusammenhang mit der Behinderung zu bejahen, zB Beschaffungskriminalität bei einem suchtkranken Arbeitnehmer.[603]

858 Dabei kommt es nicht nur auf die nach § 152 SGB IX festgestellten Behinderungen an. Ein Zusammenhang mit der Behinderung ist ausnahmsweise auch dann gegeben, wenn neben den anerkannten Behinderungen ein zusätzliches Leiden (zB eine psychische Behinderung) vorliegt, das (noch) nicht förmlich durch das Versorgungsamt anerkannt ist, und nur dieses Leiden im Zusammenhang mit dem Kündigungsgrund steht.[604]

859 Insoweit ist das Integrationsamt zur entsprechenden **Aufklärung des Sachverhaltes** und zur Prüfung verpflichtet, ob ein Zusammenhang zwischen Kündigungsgrund und Behinderung besteht.[605] Dabei kann das Integrationsamt im Rahmen seiner Amtsermittlungspflicht nach den §§ 20, 21 Abs. 1 S. 2 Nr. 2 SGB X auch ein Gutachten eines Sachverständigen einholen. Eine Verpflichtung zur Einholung eines **Sachverständigengutachtens** über den Gesundheitszustand des schwerbehinderten Menschen besteht aber nicht[606] und wird auch wegen der kurzen Zweiwochenfrist in der Regel aus Zeitgründen nicht in Betracht kommen.

860 Besteht kein Zusammenhang zwischen der Behinderung und dem Kündigungsgrund, darf das Integrationsamt nicht die Prüfung vornehmen, ob der festgestellte Kündigungsgrund ein „**wichtiger Grund**" iSd § 626 BGB ist, weil dies über den Schutzzweck des Sozialgesetzbuches IX hinausgeht.[607] Hierüber haben allein die Arbeitsgerichte zu entscheiden.

861 Etwas anderes gilt ausnahmsweise dann, wenn die vom Arbeitgeber angegebenen Gründe eine außerordentliche Kündigung offensichtlich nicht rechtfertigen. Dabei kann eine **offensichtliche Unwirksamkeit** der Kündigung nur dann angenommen werden, wenn sie ohne jeden vernünftigen Zweifel und ohne Beweiserhebung offen zuta-

---

602 BVerwG vom 2.7.1992 – 5 C 39/90, BVerwGE 90, 275.
603 OVG Münster vom 23.5.2000 – 22 A 3145/98, NZA-RR 2000, 587 = BehindertenR 2000, 176; OVG Münster vom 27.6.2011 – 12 A 705/11, Rn. 23; Düwell in LPK-SGB IX § 174 Rn. 25.
604 OVG Münster vom 15.5.1986 – 10 A 760/84, ZB 4/95 (ZB Info).
605 VG Gelsenkirchen vom 5.5.1988 – 2 K 326/88, BehindertenR 1989, 46.
606 BVerwG vom 18.5.1988 – 5 B 135/87, Buchholz 436.61 § 15 SchwbG 1986 Nr. 1; VGH Mannheim vom 5.7.1989 – 6 S 1739/87, BB 1989, 2400; VG Gelsenkirchen vom 5.5.1988 – 2 K 326/88, BehindertenR 1989, 46.
607 BVerwG vom 2.7.1992 – 5 C 39/90, BVerGE 90, 275 = BehindertenR 1992, 165; VGH Mannheim vom 24.11.2005 – 9 S 2178/05, NZA-RR 2006, 183; OVG Münster vom 22.1.2009 – 12 A 2094/08, BehindertenR 2010, 73, Rn. 20; ErfK/Rolfs, SGB IX § 174 Rn. 6; Düwell in LPK-SGB IX § 174 Rn. 27; aA Neumann/Pahlen/Winkler/Jabben, § 174 Rn. 21.

ge liegt und sich jedem Kündigenden geradezu aufdrängt.[608] Grundsätzlich soll es bei fehlendem Zusammenhang mit der Behinderung nicht Aufgabe des Integrationsamtes sein, komplexe und streitige Sachverhalte durch langwierige Beweiserhebungen (Zeugenvernehmung, Einholung von Gutachten) aufzuklären. Ist die außerordentliche Kündigung aber offensichtlich unwirksam, ist eine Abweichung von der Soll-Vorschrift des § 174 Abs. 4 SGB IX sachlich gerechtfertigt und auch geboten.

Für einen Zusammenhang zwischen der Behinderung und dem Kündigungsgrund    862
reicht jedoch nach der Rechtsprechung nicht jedweder Einfluss der Behinderung auf das Verhalten des Behinderten aus. Ein Zusammenhang im Sinne einer conditio sine qua non allein ist nicht ausreichend. Der erforderliche Zusammenhang ist vielmehr erst dann gegeben,

- wenn die jeweilige Behinderung unmittelbar oder mittelbar zu Defiziten in der Einsichtsfähigkeit und/oder Verhaltenssteuerung des schwerbehinderten Arbeitnehmers geführt hat, denen behinderungsbedingt nicht entgegengewirkt werden konnte, und

- wenn das einer Kündigung aus wichtigem Grund zugrunde liegende Verhalten des schwerbehinderten Arbeitnehmers gerade auf diese behinderunsbedigte, mangelhafte Verhaltenssteuerung zurückzuführen ist. Das Verhalten des Schwerbehinderten muss sich dafür zumindest zwanglos aus der Behinderung ergeben und der Zusammenhang nicht ein nur entfernter sein.[609]

Der fehlende Zusammenhang des Kündigungsgrundes mit der Behinderung ist in    863
Zweifelsfällen **vom Arbeitgeber darzulegen und zu beweisen.** Lässt sich ein Zusammenhang zwischen der außerordentlichen Kündigung und der Behinderung nicht völlig ausschließen, so dass die Entscheidung zulasten des Arbeitgebers ausfällt,[610] oder besteht ein nur mittelbarer Zusammenhang, führt dies dazu, dass das Ermessen des Integrationsamtes nicht eingeschränkt ist und dass das Integrationsamt nicht zur Erteilung der Zustimmung zur außerordentlichen Kündigung nach § 174 Abs. 4 SGB IX verpflichtet ist.

Bei Vorliegen der Voraussetzungen des § 172 SGB IX, der gem. § 174 Abs. 1 SGB IX    864
auch bei der Zustimmung zur außerordentlichen Kündigung anwendbar ist, kann das Integrationsamt aber trotzdem verpflichtet sein, die Zustimmung zur außerordentlichen Kündigung zu erteilen.

**Hinweis:** Daher muss bei einer außerordentlichen Kündigung nicht nur die Ein-    865
schränkung des Ermessens des Integrationsamtes unter den Voraussetzungen des § 174 Abs. 4 SGB IX, sondern auch unter den Voraussetzungen des § 172 SGB IX,

---

608  Wie hier VGH Mannheim vom 24.11.2005 – 9 S 2178/05, NZA-RR 2006, 183 (184); OVG Münster vom 22.1.2009 – 12 A 2094/08, BehindertenR 2010, 73, Rn. 20; aA Neumann/Pahlen/Winkler/Jabben, § 174 Rn. 21, der verlangt, dass alle Umstände der Kündigung, soweit im Rahmen der Amtsermittlung möglich, aufgeklärt und beurteilt werden; aA auch ErfK/Rolfs, SGB IX § 174 Rn. 6, wonach das Integrationsamt seine Zustimmung selbst bei offenkundiger Unwirksamkeit der außerordentlichen Kündigung nicht verweigern darf.
609  OVG Münster vom 27.6.2011 – 12 A 705/10, Rn. 27 ff. mwN.
610  VGH Mannheim vom 5.7.1989 – 6 S 1739/87, BB 1989, 2400; OVG Münster vom 27.6.2011 – 12 A 705/10, Rn. 21 mwN.

der über § 174 Abs. 1 SGB IX auch bei der außerordentlichen Kündigung anwendbar ist, geprüft werden.

### cc) Ermessensgesichtspunkte

866   Besteht ein Zusammenhang zwischen der Behinderung und den Kündigungsgründen, liegt es im **pflichtgemäßen Ermessen** des Integrationsamtes, ob es die Zustimmung zur außerordentlichen Kündigung erteilt oder nicht. In diesem Fall hat das Integrationsamt – soweit ihm dies innerhalb der Zweiwochenfrist des § 174 Abs. 3 SGB IX möglich ist – alle Umstände zu ermitteln, die für die Frage von Bedeutung sind, ob dem Arbeitgeber eine Weiterbeschäftigung des schwerbehinderten Menschen zumutbar ist oder nicht. Was entsprechend dem Schutzzweck des Sozialgesetzbuches IX bei einem Zusammenhang mit der Behinderung als ausreichender Grund für die Zustimmung zu einer beabsichtigten außerordentlichen Kündigung anzusehen ist, lässt sich nur aufgrund einer Einzelfallprüfung beurteilen.

867   § 167 Abs. 1 SGB IX ist als **Präventionsvorschrift** grundsätzlich auch im Zustimmungsverfahren bei der außerordentlichen Kündigung anwendbar. Häufig kommt es deshalb zur außerordentlichen Kündigung, weil ein Zustand erst durch länger andauerndes Verhalten unzumutbar wird, so dass durchaus im Vorfeld einer außerordentlichen Kündigung eingegriffen werden kann, bevor die Schwierigkeiten so eskalieren, dass die Fortsetzung des Arbeitsverhältnisses bis zum Ende der ordentlichen Kündigungsfrist und damit iSd § 626 BGB unzumutbar wird. Insofern hat das Integrationsamt im Rahmen seiner pflichtgemäßen Ermessensausübung durchaus mit zu berücksichtigen, ob der Arbeitgeber arbeitsplatzerhaltende Präventionsmaßnahmen iSv § 167 Abs. 1 SGB IX durchgeführt hat, was wegen des auch bei einer außerordentlichen Kündigung geltenden Ultima-Ratio-Prinzips zur Verweigerung der Zustimmung durch das Integrationsamt führen kann.

868   Grundsätzlich kann auch bei **Krankheit** unter Umständen eine personenbedingte außerordentliche Kündigung ausgesprochen werden. Das gilt jedoch nur ausnahmsweise und vor allem bei lang anhaltender Krankheit oder wiederholten Erkrankungen für eine außerordentliche Kündigung mit notwendiger sozialer Auslauffrist eines ordentlich unkündbaren Arbeitnehmers, wenn der Arbeitnehmer krankheitsbedingt auf Dauer außerstande ist, die vertraglich geschuldete Arbeitsleistung zu erbringen; ein Leistungsaustausch ist dann nicht mehr möglich.[611] Gerade hier ist aber die besondere Situation des schwerbehinderten Menschen zu berücksichtigen, so dass zu prüfen ist, ob nach der Gesundheitsprognose im Kündigungszeitpunkt in unzumutbarem Umfang mit weiterem krankheitsbedingten Ausfall zu rechnen ist.[612] Auch finden die Präventionsvorschriften des § 167 Abs. 1 und Abs. 2 SGB IX Anwendung. Sowohl bei der Prävention nach § 167 Abs. 1 SGB IX als auch bei dem in § 167 Abs. 2 SGB IX gesetzlich vorgeschriebenen **„betrieblichen Eingliederungsmanagement"** handelt es

---

611   BAG vom 25.4.2018 – 2 AZR 6/18, Rn. 17; BAG vom 28.10.2010 – 2 AZR 688/09, Rn. 32; BAG vom 26.11.2009 – 2 AZR 272/08, Rn. 24; BAG vom 13.5.2004 – 2 AZR 36/04, NZA 2004, 1271 (1273); Neumann/Pahlen/Winkler/Jabben, § 174 Rn. 22 mwN.
612   BAG vom 13.5.2004 – 2 AZR 36/04, NZA 2004, 1271 (1273).

sich um eine Ausprägung des Verhältnismäßigkeitsgrundsatzes,[613] der grundsätzlich auch bei der außerordentlichen krankheitsbedingten Kündigung zu beachten ist.

### c) Ausspruch der außerordentlichen Kündigung nach zustimmender Entscheidung (§ 174 Abs. 5 SGB IX)

Nach § 626 Abs. 2 BGB kann der Arbeitgeber die außerordentliche Kündigung nur innerhalb von zwei Wochen ab Kenntnis der für die Kündigung maßgebenden Tatsachen erklären. Diese Frist würde aber wegen der erforderlichen Zustimmung des Integrationsamtes in vielen Fällen verstreichen und zur Unwirksamkeit der außerordentlichen Kündigung führen.  869

Deshalb bestimmt § 174 Abs. 5 SGB IX, dass die Kündigung auch nach Ablauf der Frist des § 626 Abs. 2 S. 1 BGB erfolgen kann, wenn sie **unverzüglich** nach Erteilung der Zustimmung durch das Integrationsamt erklärt wird. § 174 Abs. 5 SGB IX will dem Umstand Rechnung tragen, dass es dem Arbeitgeber eines zu kündigenden schwerbehinderten Menschen regelmäßig nicht möglich ist, bis zum Ablauf der zweiwöchigen Ausschlussfrist des § 626 Abs. 2 S. 1 BGB die Zustimmung des Integrationsamtes einzuholen. Die Vorschrift dient dem Schutz des Arbeitgebers.[614]  870

Da durch § 174 Abs. 5 SGB IX die Zweiwochenfrist des § 626 Abs. 2 BGB lediglich ausgedehnt wird, greift die Vorschrift erst dann ein, wenn die Frist des § 626 Abs. 2 BGB abgelaufen ist.[615] § 174 Abs. 5 SGB IX greift danach **nicht** ein, wenn der **Kündigungsgrund einen Dauertatbestand** darstellt und deshalb der Lauf der Frist des § 626 Abs. 2 BGB bei Zustimmung des Integrationsamtes noch nicht einmal begonnen hatte, was etwa bei Dauererkrankungen der Fall ist.[616]  871

- Liegt die **Zustimmung des Integrationsamtes vor Ablauf der Zweiwochenfrist** des § 626 Abs. 2 BGB vor,  872

  → so muss der Arbeitgeber die außerordentliche Kündigung nicht unverzüglich erklären, sondern kann die gesetzliche Zweiwochenfrist des § 626 Abs. 2 BGB **voll ausschöpfen**.[617]

- Wenn dagegen die **Zweiwochenfrist** des § 626 BGB bereits abgelaufen ist, greift § 174 Abs. 5 SGB IX ein,

  → daher muss die außerordentliche Kündigung in diesem Fall unverzüglich durch den Arbeitgeber erklärt werden.[618]

„**Unverzüglich erklärt**" ist die Kündigung, wenn sie ohne schuldhaftes Zögern (§ 121 BGB) nach Erteilung der Zustimmung erklärt wird, wobei § 174 Abs. 5 SGB IX vom Arbeitgeber fordert, für den unverzüglichen Zugang der Kündigungserklärung zu sor-  873

---

613 BAG vom 28.6.2007 – 6 AZR 750/06, NZA 2007, 1049 (1053).
614 BAG vom 15.11.2001 – 2 AZR 380/00, NZA 2002, 970; BAG vom 21.4.2005 – 2 AZR 225/04, NZA 2005, 991 (992).
615 BAG vom 13.5.2004 – 2 AZR 36/04, NZA 2004, 1271 (1273) mwN.
616 So BAG vom 7.11.2002 – 2 AZR 475/01, NZA 2003, 719 (722) mwN.
617 ErfK/Rolfs, SGB IX § 174 Rn. 7; Fenski, BB 2001, 570 (572); BAG vom 15.11.2001 – 2 AZR 380/00, NZA 2002, 970 (973) mwN.
618 BAG vom 13.5.2004 – 2 AZR 36/04, NZA 2004, 1271; BAG vom 19.4.2012 – 2 AZR 118/11, NZA 2013, 507 (508), Rn. 13 mwN; ErfK/Rolfs, SGB IX § 174 Rn. 7 mwN.

gen; die bloß **unverzügliche Absendung des Kündigungsschreibens** ist **nicht ausreichend.**[619]

874 Die Rechtsprechung stellt an die **Unverzüglichkeit** des Handelns des Arbeitgebers weit strengere Anforderungen als bei vergleichbaren Bestimmungen, wie etwa § 17 Abs. 1 S. 2 MuSchG. Schuldhaft ist ein Zögern dann, wenn das Zuwarten durch die Umstände des Einzelfalles nicht geboten ist. „Unverzüglich" bedeutet damit weder „sofort" noch ist damit eine starre Zeitvorgabe verbunden.[620] Es kommt vielmehr auf eine verständige Abwägung der beiderseitigen Interessen an,[621] wobei in der Regel zwei Tage ausreichend sind. Die Rechtsprechung hat ebenfalls ein Zuwarten des Arbeitgebers von **mehr als zwei Tagen als zu lang** angesehen.[622] Dabei ist allerdings nicht allein die objektive Lage maßgebend. Solange derjenige, dem unverzügliches Handeln abverlangt wird, nicht weiß, dass er die betreffende Rechtshandlung vornehmen muss, oder es mit vertretbaren Gründen annehmen kann, er müsse sie noch nicht vornehmen, liegt kein „schuldhaftes" Zögern vor.[623]

875 Für die Zulässigkeit des Ausspruchs der Kündigung reicht die mündliche oder telefonische Bekanntgabe der zustimmenden Entscheidung durch das Integrationsamt aus. Einer **vorherigen Zustellung** dieser Entscheidung **bedarf es** für den Ausspruch der außerordentlichen Kündigung – anders als bei der ordentlichen Kündigung – **nicht.**[624]

876 Beschränkt sich aber das Integrationsamt darauf, gerade keine zustimmende Entscheidung iSv § 174 Abs. 3 SGB IX zu treffen, sondern den Fristablauf nach § 174 Abs. 3 S. 1 SGB IX abzuwarten, stellt dies nicht die nach § 174 SGB IX erforderliche Zustimmungserklärung dar. Wird bereits im Laufe des Tages, an dem zu Mitternacht die Frist des § 174 Abs. 3 S. 2 SGB IX verstreicht, die Kündigung vom Arbeitgeber ausgesprochen, so ist das zu früh; die Kündigung ist dann, weil noch keine **Zustimmungsfiktion** „als getroffen gilt", rechtsunwirksam.[625]

877 **Hinweis:** Mit der mündlichen, auch telefonischen, Bekanntgabe der zustimmenden Entscheidung des Integrationsamtes hat der Arbeitgeber sichere Kenntnis davon, dass

619 BAG vom 3.7.1980 – 2 AZR 340/78, EzA § 18 SchwbG Nr. 3 = AP Nr. 6 zu § 21 SchwbG 1986; Neumann/Pahlen/Winkler/Jabben, § 174 Rn. 26; ErfK/Rolfs, SGB IX § 174 Rn. 7 mwN.

620 BAG vom 21.4.2005 – 2 AZR 225/04, NZA 2005, 991 (992); LAG Rheinland-Pfalz vom 13.2.2014 – 5 Sa 262/13, NZA-RR 2014, 352, Rn. 30; ErfK/Rolfs, SGB IX § 174 Rn. 8; Düwell in LPK-SGB IX § 174 Rn. 32.

621 BAG vom 21.4.2005 – 2 AZR 225/04, NZA 2005, 991 (992); BAG vom 2.2.2006 – 2 AZR 57/05, AP Nr. 204 zu § 626 BGB; BAG vom 19.4.2012 – 2 AZR 118/11, NZA 2013, 507 (508), Rn. 16 mwN; LAG Rheinland-Pfalz vom 13.2.2014 – 5 Sa 262/13, NZA-RR 2014, 352, Rn. 30; Düwell in LPK-SGB IX § 174 Rn. 32.

622 LAG Rheinland-Pfalz vom 5.10.2005 – 10 TaBV 22/05, NZA-RR 2006, 245 (246); LAG Rheinland-Pfalz vom 13.2.2014 – 5 Sa 262/13, NZA-RR 2014, 352, Rn. 31 – sechs Kalendertage (vier Arbeitstage) sind nicht mehr unverzüglich; vgl. auch ErfK/Rolfs, SGB IX § 174 Rn. 7.

623 BAG vom 19.4.2012 – 2 AZR 118/11, NZA 2013, 507 (508), Rn. 16 mwN; LAG Rheinland-Pfalz vom 13.2.2014 – 5 Sa 262/13, NZA-RR 2014, 352, Rn. 30.

624 LAG Düsseldorf vom 29.1.2004, NZA-RR 2004, 406; BAG vom 15.5.1997 – 2 AZR 43/96, NZA 1998, 33; BAG vom 12.8.1999 – 2 AZR 748/98, EzA § 21 SchwbG 1986 Nr. 10 = NZA 1999, 1267 = AP Nr. 7 zu § 21 SchwbG 1986; BAG vom 21.4.2005 – 2 AZR 255/04, NZA 2005, 991 (992) mwN; BAG vom 12.5.2005 – 2 AZR 159/04, NZA 2005, 1173; BAG vom 19.6.2007 – 2 AZR 226/06, NZA 2007, 1153, Rn. 13 mwN; BAG vom 19.4.2012 – 2 AZR 118/11, NZA 2013, 507 (508), Rn. 15; vgl. auch Düwell in LPK-SGB IX § 174 Rn. 33 mwN.

625 BAG vom 19.4.2012 – 2 AZR 118/11, NZA 2013, 507 (508), Rn. 14; vgl. auch Düwell in LPK-SGB IX § 174 Rn. 34.

das Integrationsamt in seinem Sinne entschieden hat. Der **Arbeitgeber** braucht dann nicht mehr mit der außerordentlichen Kündigung zu warten und darf es auch nicht, weil er ansonsten nicht unverzüglich kündigen würde.[626] Der Arbeitgeber muss also, sobald er von der Zustimmung des Integrationsamtes erfährt, für den unverzüglichen Zugang der außerordentlichen Kündigung beim Arbeitnehmer sorgen, ansonsten läuft er Gefahr, dass die außerordentliche Kündigung unwirksam ist.

Trifft das Integrationsamt **innerhalb der ihm zur Verfügung stehenden Frist von zwei Wochen keine Entscheidung,** gilt die **Zustimmung zur Kündigung** als erteilt (§ 174 Abs. 3 S. 2 SGB IX). Auch in diesem Fall muss die Kündigung nunmehr unverzüglich erklärt werden. Eine Kündigung, die entgegen § 174 Abs. 5 SGB IX nicht unverzüglich nach Eintritt der Zustimmungsfiktion des Abs. 3 S. 2 erklärt worden ist, ist unwirksam. **878**

**Hinweis:** Um für den Fall, dass das Integrationsamt innerhalb der Zweiwochenfrist keine Entscheidung trifft, das Ende der Zweiwochenfrist und damit den Beginn der Ausschlussfrist zum Ausschluss der Kündigung bestimmen zu können, muss sich der Arbeitgeber alsbald nach der Beantragung der Zustimmung zur Kündigung beim Integrationsamt nach dem Tag des Eingangs seines Antrags erkundigen.[627] Ferner sollte sich der Arbeitgeber am ersten Arbeitstag nach Ablauf der Zweiwochenfrist im eigenen Interesse beim Integrationsamt erkundigen, ob es eine Entscheidung getroffen hat oder nicht.[628] **879**

Es können sich folgende **Fallgestaltungen** ergeben: **880**

- Das Integrationsamt hat innerhalb der Frist des § 174 Abs. 3 S. 1 SGB IX eine zustimmende Entscheidung getroffen, den Arbeitgeber mündlich über seine Entscheidung informiert, der Zustimmungsbescheid ist aber noch nicht zugestellt:

  → Der Arbeitgeber muss für den unverzüglichen Zugang der Kündigungserklärung beim Arbeitnehmer sorgen, darf aber die Zweiwochenfrist des § 626 Abs. 2 BGB ausschöpfen, falls die Entscheidung durch das Integrationsamt vor deren Ablauf getroffen worden ist.

- Das Integrationsamt hat innerhalb der Frist des § 174 Abs. 3 S. 1 SGB IX eine zustimmende Entscheidung fristgerecht getroffen und dem Arbeitgeber zugestellt:

  → Der Arbeitgeber muss ebenfalls unverzüglich für den Zugang der Kündigung beim Arbeitnehmer sorgen.

---

626  So ausdrücklich BAG vom 21.4.2005 – 2 AZR 255/04, NZA 2005, 991 ff.
627  BAG vom 3.7.1980 – 2 AZR 340/78, EzA § 18 SchwbG Nr. 3
628  Insofern besteht eine Obliegenheit des Arbeitgebers, sich beim Integrationsamt zu erkundigen, ob es innerhalb der Frist des § 174 Abs. 3 S. 1 SGB IX eine Entscheidung getroffen hat, weil andernfalls die Zustimmung fingiert wird – BAG vom 19.4.2012 – 2 AZR 118/11, NZA 2013, 507 (508), Rn. 23 mwN.

- Das Integrationsamt hat innerhalb der Frist des § 174 Abs. 3 S. 1 SGB IX die Zustimmung verweigert:

  → In diesem Fall sollte der Arbeitgeber nach Zustellung des ablehnenden Bescheides zunächst Widerspruch und ggf. Klage zum Verwaltungsgericht erheben und darf noch keine außerordentliche Kündigung aussprechen.[629]

881   Wird die Zustimmung des Integrationsamtes zur außerordentlichen Kündigung erst auf den Widerspruch des Arbeitgebers gegen den ablehnenden Bescheid des Integrationsamtes oder nach einer verwaltungsgerichtlichen Klage erteilt, so ist die Kündigung alsdann ebenfalls unverzüglich zu erklären, und zwar dann, wenn der Arbeitgeber sichere Kenntnis davon hat, dass der Widerspruchsausschuss in seinem Sinne entschieden hat.[630]

882   Legt dagegen der schwerbehinderte Arbeitnehmer ein Rechtsmittel gegen eine zustimmende Entscheidung des Integrationsamtes ein, hat dies **keine aufschiebende Wirkung** (§ 171 Abs. 4 SGB IX iVm § 174 Abs. 1 SGB IX). Der Arbeitgeber hat auch in diesem Fall für den unverzüglichen Zugang der außerordentlichen Kündigung zu sorgen, sobald das Integrationsamt eine zustimmende Entscheidung getroffen hat.[631]

883   **Hinweis:** Um allen Schwierigkeiten aus dem Wege zu gehen, sollte der Arbeitgeber, dem innerhalb der Zweiwochenfrist des § 174 Abs. 2 S. 1 SGB IX kein Bescheid des Integrationsamtes förmlich zugestellt worden ist, sicherheitshalber **zweimal kündigen**: Einmal unverzüglich nach Ablauf der Zweiwochenfrist und ein weiteres Mal vorsorglich nach der förmlichen Zustellung eines Zustimmungsbescheides des Integrationsamtes.

Damit wird der Arbeitgeber in jedem Fall den Anforderungen des § 174 Abs. 5 SGB IX gerecht, gleichgültig welche Voraussetzungen für eine Entscheidung des Integrationsamtes iSv § 174 Abs. 3 SGB IX aufgestellt werden.

### 4. Erweiterter Beendigungsschutz

#### a) Beendigung des Arbeitsverhältnisses ohne Kündigung bei Berufs- bzw. Erwerbsunfähigkeit oder Erwerbsminderung auf Zeit

884   Nach § 175 SGB IX bedarf die Beendigung des Arbeitsverhältnisses eines schwerbehinderten Menschen auch dann der vorherigen Zustimmung des Integrationsamtes, wenn sie im Falle des Eintritts einer teilweisen Erwerbsminderung, der Erwerbsminderung auf Zeit, der Berufsunfähigkeit oder der Erwerbsunfähigkeit auf Zeit ohne Kündigung erfolgt.

885   **Zweck** dieser Regelung ist es, das Integrationsamt auch in den Fällen zu beteiligen, in denen das Arbeitsverhältnis wegen tarifvertraglicher bzw. sonstiger kollektiv- oder

---

629   Vgl. dazu Düwell in LPK-SGB IX § 174 Rn. 41.
630   BAG vom 21.4.2005 – 2 AZR 225/04, NZA 2005, 991 (992).
631   Vgl. dazu ErfK/Rolfs, SGB IX § 174 Rn. 7; Düwell in LPK-SGB IX § 174 Rn. 41.

individualrechtlicher Regelung ohne Kündigung endet.[632] Die Vorschrift gilt ebenso für **Gleichgestellte** iSv §§ 2 Abs. 3, 151 Abs. 2 SGB IX.[633]

§ 175 SGB IX gilt jedoch nicht für den in § 173 SGB IX genannten Personenkreis, da nach § 173 SGB IX alle Vorschriften des zweiten Teils, Kapitel 4 des SGB IX keine Anwendung finden.[634] Wegen der in § 173 Abs. 3 SGB IX geregelten Ausnahme vom Geltungsbereich des Kündigungsverbotes nach § 168 SGB IX muss bereits drei Wochen vor dem Auflösungszeitpunkt ein Antrag auf Feststellung der Schwerbehinderteneigenschaft nach § 152 Abs. 1 S. 3 SGB IX oder ein Antrag auf Gleichstellung bei der Agentur für Arbeit nach § 151 Abs. 2 SGB IX gestellt worden sein.[635] In den Fällen, in denen – insbesondere im öffentlichen Dienst – aufgrund tarifvertraglicher Regelungen das Arbeitsverhältnis mit Ablauf des Monats endet, in dem der Bescheid eines Rentenversicherungsträgers zugestellt wird, wonach der Beschäftigte teilweise erwerbsgemindert ist, kommt es dabei nicht auf den Zeitpunkt des Zugangs des Rentenbescheides an, sondern auf den Zugang der Unterrichtung nach §§ 21, 15 Abs. 2 TzBfG. 886

**Beispiel:**[636] Die A ist seit dem 1.12.1996 bei dem Rentenversicherungsträger R, der auch eine Rehabilitationsklinik betreibt, als Masseurin beschäftigt. Auf den Arbeitsvertrag findet ua der Tarifvertrag der Deutschen Rentenversicherung Knappschaft-Bahn-See (TV DRV KBS) Anwendung. § 33 Abs. 2 TV DRV KBS regelt ua: „Das Arbeitsverhältnis endet ferner mit Ablauf des Monats, in dem der Bescheid eines Rentenversicherungsträgers (Rentenbescheid) zugestellt wird, wonach die/der Beschäftigte voll oder teilweise erwerbsgemindert ist. Die/der Beschäftigte hat den Arbeitgeber von der Zustellung des Rentenbescheides unverzüglich zu unterrichten. Beginnt die Rente erst nach der Zustellung des Rentenbescheides, endet das Arbeitsverhältnis mit Ablauf des dem Rentenbeginn vorangehenden Tages. Liegt im Zeitpunkt der Beendigung des Arbeitsverhältnisses eine nach § 175 SGB IX (bis 31.12.2017: § 92 SGB IX) erforderliche Zustimmung des Integrationsamtes noch nicht vor, endet das Arbeitsverhältnis mit Ablauf des Tages der Zustellung des Zustimmungsbescheides des Integrationsamtes. ...".[637] Die A war seit dem 8.7.2011 arbeitsunfähig erkrankt. Am 6.2.2012 stellte sie einen Antrag auf Leistungen zur Rehabilitation und nahm in der Folgezeit an einer Rehabilitationsmaßnahme teil. Aus dem abschließenden Bericht des Rentenversicherungsträgers ergibt sich, dass die A zwar noch leichte Tätigkeiten des allgemeinen Arbeitsmarktes mehr als sechs Stunden täglich ausüben kann, aber nicht mehr ihre Tätigkeit als Masseurin; diese kann sie nur noch unter drei Stunden täglich ausüben. Auf Antrag der A bewilligte ihr die Rentenversicherung mit Bescheid vom 18.9.2012 ab dem 1.2.2012 eine unbefristete Rente wegen teilweiser Erwerbsminderung (§ 43 Abs. 1 SGB VI). Mit Bescheid der Agentur für Arbeit vom 5.12.2012 wurde die A auf ihren Antrag mit Wirkung vom 19.10.2012 einem schwerbehinderten Menschen gleichgestellt. Von der Antragstellung wurde der Arbeitgeber am 26.10.2012 unterrichtet. Mit Schreiben vom 5.4.2013 teilte der Arbeitgeber mit, dass das Arbeitsverhältnis aufgrund der Rentenbewilligung zwei Wochen nach Zugang dieses Schreibens, spätestens mit Ablauf des 22.4.2013, enden werde. Das Schreiben ging der A am 8.4.2013 zu. Die A macht mit ihrer am 29.4.2013 beim Arbeitsgericht eingereichten Klage, die dem Arbeitgeber am 10.5.2013 zugestellt worden ist, geltend, dass das Arbeitsverhältnis nicht nach § 33 Abs. 2 TV DRV KBS geendet habe, da der Arbeitgeber die dafür nach § 175 SGB IX (bis 31.12.2017: § 92 SGB IX) not- 887

---

632 BAG vom 28.6.1995 – 7 AZR 555/94, NZA 1996, 374 (376) mwN; vgl. zur Entstehungsgeschichte und dem Zweck der Vorschrift auch Braasch in Deinert/Neumann (Hrsg.), HdB SGB IX, § 19 Rn. 134; Neumann/Pahlen/Winkler/Jabben, § 175 Rn. 1; Düwell in LPK-SGB IX § 175 Rn. 1 f.
633 Düwell in LPK-SGB IX § 175 Rn. 5; BAG vom 16.1.2018 – 7 AZR 622/15, NZA 2017, 925, Rn. 19.
634 Düwell in LPK-SGB IX § 175 Rn. 5; BAG vom 16.1.2018 – 7 AZR 622/15, NZA 2017, 925, Rn. 20.
635 Düwell in LPK-SGB IX § 175 Rn. 5; BAG vom 16.1.2018 – 7 AZR 622/15, NZA 2017, 925, Rn. 18, 21.
636 Nach der Entscheidung des BAG vom 16.1.2018 – 7 AZR 622/15, NZA 2017, 925.
637 Solche Regelungen finden sich auch in anderen Tarifverträgen des öffentlichen Dienstes, insbesondere auch in § 33 Abs. 2 TVöD.

wendige Zustimmung des Integrationsamtes nicht eingeholt habe, obwohl er Kenntnis von ihrer Behinderung und dem Gleichstellungsantrag gehabt habe. Die A macht also ihren Sonderkündigungsschutz als einem schwerbehinderten Menschen Gleichgestellte geltend.

888 Im Fall einer Kündigung setzt das Eingreifen des Sonderkündigungsschutzes grundsätzlich voraus, dass im Zeitpunkt des Zugangs der Kündigung entweder die Schwerbehinderung bereits anerkannt (oder eine Gleichstellung erfolgt) ist oder die Stellung des Antrags auf Anerkennung der Schwerbehinderung (bzw. Gleichstellung) mindestens drei Wochen zurückliegt.[638] In diesem Fall der Beendigung des Arbeitsvertrags aufgrund der tariflichen Regelung nach § 33 Abs. 2 TV DRV KBS bzw. vergleichbarer Tarifverträge des öffentlichen Dienstes kommt es entscheidend darauf an, ob als der dem „Zugang der Kündigung" entsprechende Zeitpunkt der Zeitpunkt des Zugangs des Rentenbescheides (im Beispielsfall: 18.9.2012) anzusehen ist oder vielmehr der Zeitpunkt der Unterrichtung nach §§ 21, 15 Abs. 2 TzBfG (im Beispielsfall: 8.4.2013). Im Zeitpunkt des Zugangs des Rentenbescheides war die Arbeitnehmerin noch nicht gleichgestellt, denn sie hatte den Antrag auf Gleichstellung nach § 151 Abs. 2 SGB IX erst am 19.10.2012 gestellt. Das BAG und die Literatur gehen davon aus, dass maßgeblicher Zeitpunkt der Zugang der Unterrichtung über die Beendigung des Arbeitsverhältnisses nach §§ 21, 15 Abs. 2 TzBfG ist, so dass es darauf ankommt, ob bei Zugang der Unterrichtung nach §§ 21, 15 Abs. 2 TzBfG die Anerkennung als schwerbehinderter Mensch (§ 152 Abs. 1 S. 1 SGB IX) oder die Gleichstellung (§ 151 Abs. 1 und 2 SGB IX) bereits erfolgt war oder der Arbeitnehmer den entsprechenden Antrag mindestens drei Wochen (§ 14 Abs. 2 S. 2 SGB IX) zuvor gestellt hatte.[639] Dieser Auffassung ist zu folgen, denn zu Recht weist sie darauf hin, dass nur diese Auslegung dem Zweck der §§ 168, 175 S. 1 SGB IX entspricht, der darin besteht, im Vorfeld einer Vertragsbeendigung den gesetzlich besonders geschützten Interessen eines schwerbehinderten oder gleichgestellten Arbeitnehmers Rechnung zu tragen und eine damit unvereinbare Vertragsbeendigung zu verhindern. Diesem Schutzzweck liefe es zuwider, wenn der Arbeitgeber die Zustimmung des Integrationsamtes zu der Vertragsbeendigung nicht einholen müsste, obwohl er ab der Zustellung des Rentenbescheides die gesetzlichen Schutzinteressen des schwerbehinderten bzw. gleichgestellten Arbeitnehmers wahrzunehmen hat.[640]

889 Nicht einbezogen in den Anwendungsbereich sind allerdings die sog **Dienstordnungsangestellten** bei der Sozialversicherung, wenn auf das Arbeitsverhältnis Beamtenrecht anzuwenden ist und der Dienstherr einen schwerbehinderten Arbeitnehmer wegen Dienstunfähigkeit vorzeitig in den Ruhestand versetzen will.[641]

890 § 175 SGB IX umfasst alle Fälle einer Beendigung des Arbeitsverhältnisses bei Eintritt einer Berufs- bzw. Erwerbsunfähigkeit auf Zeit oder bei Eintritt voller oder teilweiser Erwerbsminderung auf Zeit. Eine Regelung mit dem Inhalt, dass in diesen Fällen

---

638  St. Rspr. des BAG, vgl. nur BAG vom 16.1.2018 – 7 AZR 622/15, NZA 2017, 925 (927), Rn. 21 mwN.
639  BAG vom 16.1.2018 – 7 AZR 622/15, NZA 2017, 925 (927), Rn. 21 ff.; zustimmend Düwell in LPK-SGB IX § 175 Rn. 5.
640  BAG vom 16.1.2018 – 7 AZR 622/15, NZA 2017, 925 (927), Rn. 23.
641  BAG vom 24.5.2012 – 6 AZR 679/10, NZA 2012, 1158 unter Aufgabe der früheren Rspr. BAG vom 20.10.1977 – 2 AZR 688/76, AP Nr. 1 zu § 19 SchwbG = EzA § 19 SchwbG Nr. 1; ErfK/Rolfs, SGB IX § 175 Rn. 1; vgl. dazu auch Düwell in LPK-SGB IX § 175 Rn. 5.

oder in einem Teil dieser Fälle das Arbeitsverhältnis ohne Kündigung endet, kann in **Tarifverträgen**, im **Einzelarbeitsvertrag** oder – im Rahmen des § 77 Abs. 3 BetrVG – in einer **Betriebsvereinbarung** enthalten sein.[642] Ohne eine solche auf das Arbeitsverhältnis anwendbare Regelung bedarf es im Falle des Eintritts der teilweisen Erwerbsminderung bzw. Berufsunfähigkeit oder der Erwerbsminderung bzw. Erwerbsunfähigkeit auf Zeit stets einer Kündigung des Arbeitnehmers, um das Arbeitsverhältnis zu beenden.

Schließen die Parteien jedoch in den in § 175 SGB IX genannten Fällen einen **Aufhebungsvertrag**, ist § 175 SGB IX nicht anwendbar; die vorherige Zustimmung des Integrationsamtes ist nicht erforderlich, da ein Verzicht des schwerbehinderten Arbeitnehmers auf den Schwerbehindertenschutz nach Eintritt der Voraussetzungen des besonderen Schwerbehindertenschutzes zulässig ist.[643]   891

Ebenso wenig ist die vorherige Zustimmung erforderlich, wenn in einem Arbeitsvertrag, in einem Tarifvertrag oder einer Betriebs- bzw. Dienstvereinbarung eine automatische Beendigung des Arbeitsverhältnisses im Falle der nicht nur zeitlich begrenzten, also der **dauernden Erwerbsminderung oder Erwerbsunfähigkeit** vorgesehen ist; es liegt auch keine planwidrige Lücke vor.[644]   892

Nach einer in der Literatur vertretenen Mindermeinung soll die Vorschrift zudem gelten, wenn das Arbeitsverhältnis bei Vorliegen der in § 175 S. 1 SGB IX genannten Voraussetzungen nicht beendet, sondern lediglich zum **Ruhen** gebracht wird.[645] Dieser Meinung, die damit begründet wird, dass rein faktisch auch beim Ruhen eine Beendigung iSd § 175 SGB IX vorliegt, ist jedoch nicht zu folgen.[646] Der Wortlaut des § 175 SGB IX spricht von der „Beendigung des Arbeitsverhältnisses", die bei einem Ruhen des Arbeitsverhältnisses gerade nicht vorliegt.   893

Da die Entscheidung über die Beantragung der Zustimmung des Integrationsamtes eine Angelegenheit ist, die den einzelnen schwerbehinderten Menschen berührt, muss der Arbeitgeber vor der Antragstellung die Schwerbehindertenvertretung nach § 178 Abs. 2 S. 1 SGB IX unterrichten und anhören (vgl. dazu → Rn. 625 ff.). Die Vorschrift des § 178 Abs. 2 S. 3 SGB IX findet dagegen keine Anwendung, da kein Kündigungstatbestand gegeben ist. Insofern besteht für die Schwerbehindertenvertretung nur die Möglichkeit, die Aussetzung der Vollziehung nach § 178 Abs. 2 S. 2 SGB IX zu verlangen. Darüber hinaus greift der Bußgeldtatbestand des § 238 Abs. 1 Nr. 8 SGB IX.[647]   894

---

642   Vgl. dazu Braasch in Deinert/Neumann (Hrsg.), HdB SGB IX, § 19 Rn. 141 mwN.
643   Vgl. auch Braasch in Deinert/Neumann (Hrsg.), HdB SGB IX, § 19 Rn. 142; differenzierend Düwell in LPK-SGB IX § 175 Rn. 8.
644   AllgM, BAG vom 10.12.2014 – 7 AZR 1002/12, Rn. 39; so auch LAG Hamm vom 13.8.2015 – 15 Sa 97/15; vgl. auch Braasch in Deinert/Neumann (Hrsg.), HdB SGB IX, § 19 Rn. 142; ErfK/Rolfs, SGB IX § 175 Rn. 1; Düwell in LPK-SGB IX § 175 Rn. 14 mwN.
645   So Neumann/Pahlen/Winkler/Jabben, § 175 Rn. 4.
646   Wie hier: ErfK/Rolfs, SGB IX § 175 Rn. 1.
647   Düwell in LPK-SGB IX § 175 Rn. 29 mwN.

### b) Kenntnis des Arbeitgebers

895 Der Schutz des § 175 SGB IX greift auch ein, wenn der Arbeitgeber beim Eintritt der Erwerbsminderung, Berufsunfähigkeit oder Erwerbsunfähigkeit **keine Kenntnis** von der Schwerbehinderteneigenschaft oder Gleichstellung bzw. deren rechtzeitiger Beantragung nach § 173 Abs. 3 SGB IX hatte.[648] Dabei hat die Feststellung der teilweisen oder vollen Erwerbsminderung nicht automatisch die Schwerbehinderteneigenschaft oder die Gleichstellung zur Folge. Krankheiten, die zur Berufs- oder Erwerbsunfähigkeit führen, sind nicht ohne Weiteres ausreichend, um gleichzeitig eine Schwerbehinderung zu begründen.[649]

896 **Hinweis:** Damit der Schutz im Arbeitsverhältnis über § 175 SGB IX greifen kann, ist daher erwerbsgeminderten Arbeitnehmern zu raten, spätestens bei Beantragung einer Erwerbsminderungsrente zudemeinen **Antrag auf Feststellung der Schwerbehinderung** beim Versorgungsamt zu stellen und darüber hinaus einen Gleichstellungsantrag nach § 151 Abs. 2 SGB IX bei der dafür zuständigen Agentur für Arbeit, wenn nur ein geringerer GdB als 50, aber wenigstens ein GdB von 30 durch das Versorgungsamt festgestellt wird (§ 2 Abs. 3 SGB IX).

897 Dabei können sich folgende **Fallgestaltungen** ergeben:

■ Ist die Schwerbehinderteneigenschaft oder die Gleichstellung des Arbeitnehmers zum maßgeblichen Beendigungszeitpunkt[650] weder festgestellt noch vom Arbeitnehmer ein entsprechender Antrag auf Erteilung eines entsprechenden Bescheides gestellt worden,

→ ist die vorherige Zustimmung auch in den durch § 175 SGB IX geregelten Fällen nicht erforderlich.

■ Ist die Schwerbehinderteneigenschaft oder Gleichstellung bereits festgestellt oder hat der Arbeitnehmer den entsprechenden Antrag mindestens drei Wochen zuvor gestellt, und besteht dadurch unter Beachtung von § 173 Abs. 3 SGB IX besonderer Kündigungsschutz als schwerbehinderter Mensch,

→ so muss sich der Arbeitnehmer innerhalb der dreiwöchigen Klagefrist nach §§ 21, 17 S. 1 TzBfG gegenüber dem Arbeitgeber auf den besonderen Kündigungsschutz berufen.[651]

---

648 Vgl. auch Braasch in Deinert/Neumann (Hrsg.), HdB SGB IX, § 19 Rn. 150.

649 BAG vom 16.11.1982 – 3 AZR 220/81, AP Nr. 4 zu § 62 BAT mwN; Braasch in Deinert/Neumann (Hrsg.), HdB SGB IX, § 19 Rn. 150.

650 Vgl. zum maßgeblichen Zeitpunkt → Rn. 886 ff.; dies ist bei einer Beendigung des Arbeitsverhältnisses aufgrund von einer durch Rentenbescheid festgestellten Teilerwerbsminderungsrente – etwa in Tarifverträgen des öffentlichen Dienstes – nicht der Zeitpunkt des Zugangs des Erwerbsminderungsrentenbescheides, sondern der Zeitpunkt des Zugangs der Unterrichtung des Arbeitgebers nach §§ 21, 15 Abs. 2 TzBfG beim schwerbehinderten oder gleichgestellten Arbeitnehmer, BAG vom 16.1.2018 – 7 AZR 622/15, NZA 2017, 925 (927), Rn. 21 ff.; zustimmend Düwell in LPK-SGB IX § 175 Rn. 5, 17 ff.

651 Die dreiwöchige Klagefrist der §§ 21, 17 S. 1 TzBfG gilt nicht nur für die Geltendmachung der Rechtswirksamkeit der Bedingungsabrede, sondern auch für den Streit über den Eintritt der auflösenden Bedingung, so BAG vom 6.4.2011 – 7 AZR 704/09, NZA-RR 2013, 43 unter Abkehr von der früheren Rechtsprechung, vgl. BAG vom 21.1.2009 – 7 AZR 843/07 und BAG vom 23.6.2004 – 7 AZR 440/03; vgl. dazu Düwell in LPK-SGB IX § 175 Rn. 28.

Die dreiwöchige Klagefrist nach §§ 21, 17 S. 1 TzBfG beginnt bei Bedingungskon-    898
trollklagen grundsätzlich mit dem Tag, an dem die auflösende Bedingung eingetreten
ist.[652] In den Fällen der Beendigung des Arbeitsverhältnisses aufgrund durch Rentenbescheid gewährter Rente wegen teilweiser Erwerbsminderung vor allem im öffentlichen Dienst endet der auflösend bedingte Arbeitsvertrag nach §§ 21, 15 TzBfG frü-
hestens zwei Wochen nach Zugang der schriftlichen Unterrichtung des Arbeitnehmers durch den Arbeitgeber über den Eintritt der Bedingung. In diesen Fällen, in denen die Bedingung bereits vor Ablauf der Zweiwochenfrist eingetreten ist, wird die
Klagefrist gemäß §§ 21, 17 S. 1 und S. 3, 15 Abs. 2 TzBfG erst mit dem Zugang der
schriftlichen Erklärung des Arbeitgebers, das Arbeitsverhältnis sei aufgrund des Eintritts der Bedingung beendet, in Lauf gesetzt.[653]

**Beispiel:** Im obigen Beispielsfall begann demnach die Klagefrist mit Zugang der Beendigungs-    899
mitteilung des Arbeitgebers vom 5.4.2013 bei der A am 8.4.2013 und endete am 29.4.2013 (§§ 187
Abs. 1, 188 Abs. 2 Alt. 1 BGB). Die A hat mit Schriftsatz vom 29.4.2013, der am selben Tag beim Arbeitsgericht eingegangen und dem beklagten Arbeitgeber am 10.5.2013 und damit „demnächst"
(§ 167 ZPO) zugestellt worden ist, die Klagefrist gewahrt.

Die Klagefrist für die Bedingungskontrollklage nach §§ 21, 17 S. 1 TzBfG beginnt    900
dagegen nicht, wenn der Arbeitgeber weiß, dass der Arbeitnehmer schwerbehindert
ist, und das Integrationsamt der erstrebten Beendigung durch auflösende Bedingung
nicht zugestimmt hat. Das folgt aus § 4 S. 4 KSchG, der analog anzuwenden ist.[654]
§§ 21, 17 S. 1 TzBfG sind unbeabsichtigt lückenhaft. Im Bedingungskontrollrecht besteht eine vergleichbare Interessenlage wie im Fall des Sonderkündigungsschutzes
schwerbehinderter Arbeitnehmer.[655] Die Klagefrist der §§ 21, 27 S. 1 TzBfG beginnt
in diesen Fällen in Analogie zu § 4 S. 4 KSchG erst mit Bekanntgabe der zustimmenden Behördenentscheidung.

### c) Prüfung der Weiterbeschäftigungsmöglichkeiten

Die entsprechende Anwendung der Vorschriften über die Zustimmung zur ordentli-    901
chen Kündigung bedeutet, dass für das Antragsverfahren § 170 SGB IX und für die
Entscheidung des Integrationsamtes die §§ 171–173 SGB IX gelten. Die Regelungen
über die **Zustimmung zur außerordentlichen Kündigung** (§ 174 SGB IX) sind auch
dann nicht entsprechend anwendbar, wenn ein Ausscheiden ohne Einhaltung einer
Auslauffrist vorgesehen ist.[656] Insofern hat der Arbeitgeber den Zustimmungsantrag
nicht innerhalb einer bestimmten Frist zu stellen.

Darüber hinaus gilt nicht § 174 Abs. 3 SGB IX, sondern es gelten die §§ 168, 170    902
SGB IX. Das Integrationsamt soll **binnen eines Monats** entscheiden und nach **pflichtgemäßem Ermessen** prüfen, ob der Arbeitsplatz ggf. für die Dauer der Nichtbeschäf-

---

652  BAG vom 16.1.2018 – 7 AZR 622/15, NZA 2017, 925 (926), Rn. 14.
653  BAG vom 16.1.2018 – 7 AZR 622/15, NZA 2017, 925 (926), Rn. 14 mwN; vgl. dazu auch Düwell in
     LPK-SGB IX § 175 Rn. 28 mwN.
654  BAG vom 9.2.2011 – 7 AZR 221/10, NZA 2011, 854, Rn. 18; vgl. dazu auch Düwell in LPK-SGB IX
     § 175 Rn. 28 mwN.
655  BAG vom 9.2.2011 – 7 AZR 221/10, NZA 2011, 854, Rn. 22; vgl. dazu auch ErfK/Rolfs, SGB IX § 175
     Rn. 2; Braasch in Deinert/Neumann (Hrsg.), HdB SGB IX, § 19 Rn. 150; Düwell in LPK-SGB IX § 175
     Rn. 13.
656  Neumann/Pahlen/Winkler/Jabben, § 175 Rn. 5 mwN.

tigung freizuhalten ist.[657] Es hat also im Rahmen seiner Entscheidung nach § 175 SGB IX zu prüfen, ob dem Arbeitgeber **unter Berücksichtigung aller Umstände des Einzelfalles**, insbesondere der Verhältnisse des Arbeitgebers und der voraussichtlichen Dauer der Erwerbsminderung, eine **Offenhaltung des Arbeitsplatzes zumutbar** ist.[658] Dies ist dann der Fall, wenn der Arbeitgeber bei einer Erwerbsminderung auf Zeit die Zeit der Erwerbsminderung überbrücken kann, zB durch die Einstellung von Aushilfskräften oder die befristete Beschäftigung anderer Arbeitnehmer auf der Stelle des schwerbehinderten Menschen oder durch organisatorische Änderungen im Betrieb.[659]

903 Nach § 33 Abs. 3 TVöD-AT endet bzw. ruht das Arbeitsverhältnis ohnehin nicht, wenn der Beschäftigte nach seinem vom Rentenversicherungsträger festgestellten Leistungsvermögen auf seinem bisherigen oder einem anderen geeigneten und freien Arbeitsplatz weiterbeschäftigt werden könnte, soweit dringende dienstliche bzw. betriebliche Gründe nicht entgegenstehen und der Beschäftigte innerhalb von zwei Wochen nach Zugang des Rentenbescheides seine Weiterbeschäftigung schriftlich beantragt. Für die Frage, ob ein Arbeitsplatz iSv § 33 Abs. 3 TVöD frei ist, haben die Gerichte auf den Zeitpunkt der auflösenden Bedingung abzustellen. Das gilt auch dann, wenn die tatsächliche Beendigung des Arbeitsverhältnisses aufgrund der einzuhaltenden Ankündigung der Beendigung nach § 15 Abs. 2 TzBfG erst nach dem Zeitpunkt liegt, nach der eine ordentliche Kündigung binnen eines Monats nach Zustellung der Zustimmung dem Kündigungsadressaten zugehen muss. Die Monatsfrist des § 171 Abs. 3 SGB IX findet auf die Mitteilung über den Eintritt der auflösenden Bedingung nach § 15 Abs. 2 TzBfG weder unmittelbare noch analoge Anwendung.[660]

904 **Hinweis:** Diese Möglichkeit einer zumutbaren Weiterbeschäftigung auf einem anderen freien Arbeitsplatz kommt insbesondere bei verminderter Erwerbsminderung wegen Berufsunfähigkeit (§ 240 SGB VI) in Betracht, da in diesem Fall zwar das Leistungsvermögen für die bisherige Tätigkeit regelmäßig auf weniger als sechs Stunden herabgesunken ist, aber eine andere Tätigkeit uU noch ausgeübt werden kann, ggf. nach Ausstattung des Arbeitsplatzes mit den erforderlichen technischen Arbeitshilfen (§ 164 Abs. 4 S. 1 Nr. 5 SGB IX).

905 Bei Vorliegen von **voller Erwerbsminderung auf Zeit**, also einem Herabsinken der Erwerbsfähigkeit auf unter drei Stunden täglich, ist die Zustimmung nach § 175 SGB IX ebenfalls eher zu erteilen, weil dann davon auszugehen ist, dass der schwerbehinderte Mensch keine Arbeitsleistung mehr erbringen kann. Dabei kommt es auch darauf an, wie lange die volle Erwerbsminderung dauern wird und wann mit einer Wiederherstellung der vollen oder teilweisen Leistungsfähigkeit des schwerbehinderten Menschen zu rechnen ist. **Zukünftige Umstände** dürfen hierbei nur dann in die

---

657 Vgl. dazu Braasch in Deinert/Neumann (Hrsg.), HdB SGB IX, § 19 Rn. 146; Neumann/Pahlen/Winkler/Jabben, SGB IX § 175 Rn. 5 mwN.
658 Vgl. dazu auch Braasch in Deinert/Neumann (Hrsg.), HdB SGB IX, § 19 Rn. 146; Neumann/Pahlen/Winkler/Jabben, § 175 Rn. 2 unter Hinweis auf BT-Drs. 8/2696, 17.
659 Heuser, BehindertenR 1987, 29 (33).
660 LAG Berlin-Brandenburg vom 28.3.2006 – 7 Sa 1970/05; vgl. auch Düwell in LPK-SGB IX § 175 Rn. 25.

Abwägung einbezogen werden, wenn ihr Eintritt mit hinreichender Sicherheit voraussehbar ist.[661]

Ist mit einer **Besserung der Erwerbsfähigkeit** in absehbarer Zeit und mit hinreichender Sicherheit zu rechnen, kann das Interesse des schwerbehinderten Menschen an der Offenhaltung seines Arbeitsplatzes die Interessen des Arbeitgebers überwiegen, so dass die Zustimmung nicht zu erteilen ist. Das gilt vor allem auch mit Rücksicht darauf, dass eine Vermittlung eines neuen Arbeitsplatzes durch die Agentur für Arbeit auf besondere Schwierigkeiten stößt, wenn eine vorübergehende Erwerbsminderung bestanden hat.[662]

906

Insbesondere aber bei der **Rente wegen teilweiser Erwerbsminderung** sind die Ansprüche des schwerbehinderten Menschen auf angemessene Beschäftigung und auf Teilzeitarbeit im Rahmen der Zustimmungsentscheidung nach § 175 SGB IX durch das Integrationsamt besonders zu berücksichtigen. Die Rente wegen teilweiser Erwerbsminderung, die gewährt wird, wenn der Arbeitnehmer noch zwischen drei und sechs Stunden unter den üblichen Bedingungen des Arbeitsmarktes tätig sein kann, ist nur eine Teilrente, bei der der Gesetzgeber davon ausgeht, dass der Betroffene tatsächlich noch in Teilzeit erwerbstätig ist. Daher soll dem schwerbehinderten Arbeitnehmer, dem eine Rente wegen teilweiser Erwerbsminderung gewährt wird, möglichst ein Teilzeitarbeitsplatz in seinem bisherigen Betrieb erhalten bleiben. Es ist auch möglich, das bisherige Vollzeitarbeitsverhältnis für die Dauer der befristeten Rente in ein Teilzeitarbeitsverhältnis zu ändern.

907

### d) Rechtsfolgen

Fehlt die Zustimmung des Integrationsamtes, gilt das Arbeitsverhältnis auf unbestimmte Zeit fort, bis die Zustimmung des Integrationsamtes erteilt worden ist.[663] Erst wenn die Zustimmung erteilt und zugestellt worden ist, beginnt die Frist zu laufen, die für ein Ausscheiden bei teilweiser oder voller Erwerbsminderung bzw. Berufs- oder Erwerbsunfähigkeit auf Zeit im Einzelfall vertraglich oder tariflich festgelegt ist.[664]

908

Bei einem **Ruhen des Arbeitsverhältnisses**[665] sind die Zeiten des Ruhens nur dann auf die Betriebszugehörigkeit anzurechnen, wenn dies ausdrücklich vereinbart oder tarifvertraglich bestimmt ist.[666]

909

---

661 OVG Münster vom 17.1.1989 – 13 A 1955/88, BehindertenR 1990, 138; vgl. zur Entscheidung des Integrationsamtes bei Erwerbsminderungsrenten auch ausführlich Düwell in LPK-SGB IX § 175 Rn. 12 und zu Berufsunfähigkeitsrenten Rn. 12.
662 Vgl. dazu auch Neumann/Pahlen/Winkler/Jabben, § 175 Rn. 2.
663 AllgM, vgl. etwa Braasch in Deinert/Neumann (Hrsg.), HdB SGB IX, § 19 Rn. 147.
664 Neumann/Pahlen/Winkler/Jabben, § 175 Rn. 6; vgl. auch Braasch in Deinert/Neumann (Hrsg.), HdB SGB IX, § 19 Rn. 148.
665 ZB nach § 33 Abs. 2 S. 6 TVöD-AT.
666 BAG vom 25.10.2001 – 6 AZR 718/00, BAGE 99, 250 = NZA 2002, 1052; eine solche Anrechnung findet sich in § 19 BAT sowie in § 33 Abs. 3 TVöD; vgl. dazu auch Braasch in Deinert/Neumann (Hrsg.), SGB IX, § 19 Rn. 147.

910 Erteilt das Integrationsamt die beantragte Zustimmung, so **endet das Arbeitsverhältnis** mit der Zustellung der Entscheidung an den schwerbehinderten Arbeitnehmer.[667] Die nach § 171 Abs. 2 S. 1 SGB IX vorgeschriebene Zustellung der Entscheidung an den Arbeitgeber ist keine Wirksamkeitsvoraussetzung für die Beendigung, wenn eine gestaltende Erklärung des Arbeitgebers nicht erforderlich ist. Beendigungsgrund des Arbeitsverhältnisses ist die in der jeweiligen Rechtsgrundlage enthaltene auflösende Bedingung. Daher findet auch § 169 SGB IX, der die **Mindestkündigungsfrist** regelt, keine Anwendung.

911 Ist vertraglich oder tarifvertraglich eine **Auslauffrist** oder eine der Kündigungsfrist entsprechende Frist für das automatische Ausscheiden festgelegt, beginnt diese Frist mit der Zustellung der Entscheidung an den Arbeitnehmer zu laufen.[668]

912 Ebenso wenig wie bei der Kündigung kommt es im Fall der automatischen Beendigung des Arbeitsverhältnisses eines schwerbehinderten Menschen darauf an, ob die Zustimmung des Integrationsamtes von dem schwerbehinderten Arbeitnehmer angefochten worden ist. Wird die erteilte Zustimmung im **Widerspruchs- bzw. Klageverfahren** vor dem Verwaltungsgericht nachträglich aufgehoben, entfällt die Wirksamkeit des Ausscheidens rückwirkend mit der Folge, dass das Arbeitsverhältnis fortbesteht.[669] Gleiches gilt, wenn der Bescheid des Rentenversicherungsträgers durch den schwerbehinderten Arbeitnehmer erfolgreich angefochten wird und die Erwerbsminderung nachträglich entfällt.[670]

---

667 Braasch in Deinert/Neumann (Hrsg.), HdB SGB IX, § 19 Rn. 148; Neumann/Pahlen/Winkler/Jabben, § 175 Rn. 6.
668 Braasch in Deinert/Neumann (Hrsg.), HdB SGB IX, § 19 Rn. 148; Neumann/Pahlen/Winkler/Jabben, § 175 Rn. 6.
669 Vgl. dazu Braasch in Deinert/Neumann (Hrsg.), HdB SGB IX, § 19 Rn. 149; Neumann/Pahlen/Winkler/Jabben, § 175 Rn. 6.
670 Dieser Fall ist jedoch eher selten, vgl. dazu auch Neumann/Pahlen/Winkler/Jabben, § 175 Rn. 6; Braasch in Deinert/Neumann (Hrsg.), HdB SGB IX, § 19 Rn. 149, der auch ausführlich die Möglichkeiten einer Feststellungsklage des Arbeitnehmers in einem solchen Fall darstellt.

# Stichwortverzeichnis

Die Zahlen bezeichnen die Randnummern.